Steinmann   Die Verletzung von Geschäftsgeheimnissen
            durch Arbeitnehmer

Karlsruher Schriften zum Wettbewerbs- und Immaterialgüterrecht (KWI)

Herausgegeben von

Dr. Hans-Jürgen Ahrens
o. Professor an der Universität Osnabrück
Richter am Oberlandesgericht Celle a. D.

Dr. Joachim Bornkamm
Vorsitzender Richter am Bundesgerichtshof a. D.
Honorarprofessor an der Universität Freiburg i. Br.

Dr. Thomas Dreier, M.C.J. (NYU)
o. Professor am Karlsruher Institut für Technologie (KIT)
Honorarprofessor an der Universität Freiburg i. Br.

Dr. Christian Heinze, LL.M. (Cambridge)
o. Professor an der Universität Heidelberg

Dr. Mary-Rose McGuire, M.Jur. (Göttingen)
o. Professorin an der Universität Osnabrück

Dr. Louisa Specht-Riemenschneider
o. Professorin an der Universität Bonn

Band 43

Carl Heymanns Verlag 2021

Die Verletzung von Geschäftsgeheimnissen durch Arbeitnehmer

Von

Dr. iur. Sabrina Steinmann, LL.M. (Stockholm)

Carl Heymanns Verlag 2021

Zitiervorschlag: *Steinmann*, Die Verletzung von Geschäftsgeheimnissen durch Arbeitnehmer (KWI Bd. 43), Rn. 1

Bibliografische Information der Deutschen Nationalbibliothek
Die Deutsche Nationalbibliothek verzeichnet diese Publikation in der Deutschen Nationalbibliografie; detaillierte bibliografische Daten sind im Internet über http://dnb.d-nb.de abrufbar.

ISBN 978-3-452-29893-5

www.wolterskluwer.de

Alle Rechte vorbehalten.
© 2021 Wolters Kluwer Deutschland GmbH, Wolters-Kluwer-Str. 1, 50354 Hürth.

Das Werk einschließlich aller seiner Teile ist urheberrechtlich geschützt. Jede Verwertung außerhalb der engen Grenzen des Urheberrechtsgesetzes ist ohne Zustimmung des Verlages unzulässig und strafbar. Das gilt insbesondere für Vervielfältigungen, Übersetzungen, Mikroverfilmungen und die Einspeicherung und Verarbeitung in elektronischen Systemen.

Verlag, Herausgeber und Autorin übernehmen keine Haftung für inhaltliche oder drucktechnische Fehler.

Umschlagkonzeption: Martina Busch, Grafikdesign, Homburg-Kirrberg
Satz: R. John + W. John GbR, Köln
Druck und Weiterverarbeitung: SDK Systemdruck Köln GmbH & Co. KG

Gedruckt auf säurefreiem, alterungsbeständigem und chlorfreiem Papier.

Vorwort

Arbeitnehmer stellen eines der größten Risiken für den Verlust von Geschäftsgeheimnissen dar. Dieser Umstand beruht auf dem umfangreichen, aber zugleich notwendigen Zugang, den sie zu den Informationen eines Unternehmens haben. Folge ist nicht nur, dass die Arbeitnehmer mit den erlangten Informationen zugunsten ihres Arbeitgebers wirtschaften, sondern auch, dass das geheime Wissen sowohl unabsichtlich und leichtfertig als auch im Einzelfall böswillig weitergegeben wird. Trotz der hohen wirtschaftlichen Schäden, die ein solcher ungewollter Geheimnisverlust verursacht, war der gesetzliche Schutz aufgrund seiner lückenhaften und konzeptionell verfehlten Ausgestaltung aber nicht geeignet, einen effizienten Schutz für Unternehmen zu gewährleisten. Aus diesem Grund prägten in den vergangenen Jahrzehnten vor allem richterrechtliche Grundsätze und Einzelfallentscheidungen den Geheimnisschutz gegenüber Arbeitnehmern.

Anlass für die Untersuchung hat die Neugestaltung des Geheimnisschutzrechts durch das Geschäftsgeheimnisgesetz gegeben. Trotz seiner Neutralität in Bezug auf das Arbeitsrecht ermöglicht die nunmehr bestehende Schutzkonzeption eine vollständige Neubewertung. Die vorliegende Arbeit beleuchtet daher nicht nur die aktuellen gesetzlichen Vorgaben des Geheimnisschutzrechts, sondern soll auch dazu beitragen, die im Kontext des arbeitsrechtlichen Geheimnisschutzes bestehenden Probleme einer Lösung zuzuführen.

Die vorliegende Arbeit wurde im Wintersemester 2020/2021 von der juristischen Fakultät der Universität Osnabrück zur Promotion angenommen. Literatur und Rechtsprechung sind bis April 2021 berücksichtigt.

Mein besonderer Dank gilt meiner Doktormutter, Frau Professorin *Dr. Mary-Rose McGuire*. Sie hat mir nicht nur die Anregung für dieses praxisrelevante Thema gegeben, sondern mich bei der Erstellung stets mit Ideen und wertvoller Kritik begleitet. Bedanken möchte ich mich auch bei Herrn Professor *Dr. Hans-Jürgen Ahrens* für die zügige Erstellung des Zweitgutachtens sowie die hilfreichen Anmerkungen. Den Herausgebern danke ich für die Aufnahme der Dissertation in die Schriftenreihe.

Bedanken möchte ich mich zudem bei der *Hans Mühlenhoff*-Stiftung für die Verleihung des *Hans-Mühlenhoff* Preises und die damit verbundene Förderung.

Meiner damaligen Lehrstuhl-Kollegin Frau *Marie Krahforst* möchte ich für die vielfältige Unterstützung und wertvollen Ratschläge danken.

Zuletzt möchte ich mich herzlich bei meinen Eltern bedanken, die mich während meiner juristischen Ausbildung stets ermutigt und unterstützt haben.

Osnabrück, im August 2021 *Sabrina Steinmann*

Inhaltsübersicht

Vorwort V

Inhalt IX

A. Einleitung 1
I. Problemstellung und Gegenstand der Arbeit 1
II. Gang der Untersuchung 7

B. Die rechtlichen Rahmenbedingungen 9
I. Die Entwicklung des Geheimnisschutzrechts 10
II. Die Rechtslage vor der Geheimnisschutzreform 16
III. Das Gesetz zum Schutz von Geschäftsgeheimnissen 33
IV. Der Geheimnisschutz in Arbeitsverhältnissen 43
V. Zusammenfassung 79

C. Der Schutzgegenstand: Das Geschäftsgeheimnis 81
I. Der Begriff des Geschäftsgeheimnisses 81
II. Der Geheimnischarakter 87
III. Wirtschaftlicher Wert durch Geheimhaltung 91
IV. Angemessene Geheimhaltungsmaßnahmen 99
V. Berechtigtes Interesse an der Geheimhaltung 118
VI. Die Folgen des Fehlens der Schutzvoraussetzungen 120
VII. Zusammenfassung 121

D. Die Abgrenzung zum Erfahrungswissen 123
I. Problemaufriss 123
II. Der Begriff des Erfahrungswissens 124
III. Die Rechtsnatur des Geschäftsgeheimnisses 133
IV. Die Zuordnung von Geschäftsgeheimnissen 157
V. Die Abgrenzung von Geschäftsgeheimnissen und Erfahrungswissen .. 188

E. Der Schutzumfang: Die Verletzungstatbestände 191
I. Die Systematik der Tatbestände 191
II. Die Erlangung eines Geschäftsgeheimnisses 197
III. Die Nutzung und Offenlegung eines Geschäftsgeheimnisses 204
IV. Die Verletzung eines Geschäftsgeheimnisses durch Arbeitnehmer . 207
V. Nachwirkende Geheimhaltungspflichten der Arbeitnehmer 219
VI. Fortwirkung der Geheimhaltungspflichten durch nachvertragliche Abreden .. 254
VII. Zusammenfassung 264

F. Die Schranken des Geheimnisschutzes 265
I. Die Rechtfertigungsgründe 265

Inhaltsübersicht

II.	Die Ausübung des Rechts auf Meinungs- und Informationsfreiheit	268
III.	Der Hinweisgeberschutz	270
IV.	Die Wahrnehmung der Arbeitnehmervertretung	285
V.	Zusammenfassung	287

G.	**Die Rechtsfolgen einer Geheimnisverletzung**	289
I.	Ansprüche aus dem Geschäftsgeheimnisgesetz	289
II.	Arbeitsrechtliches Sanktionsinstrumentarium	293
III.	Gegenrechte des Arbeitnehmers	295
IV.	Die Arbeitgeberhaftung für die Verletzung fremder Geschäftsgeheimnisse	298
V.	Prozessuale Besonderheiten des Geschäftsgeheimnisgesetzes	302
VI.	Zusammenfassung	307

H.	**Zusammenfassung in Thesen**	309
I.	Defizite des lauterkeitsrechtlichen Geheimnisschutzes	309
II.	Das Geschäftsgeheimnisgesetz	309
III.	Geheimnisschutz gegenüber Arbeitnehmern	311
IV.	Dogmatische Einordnung des Geschäftsgeheimnisses	311
V.	Zuordnung zum Geheimnisinhaber	312
VI.	Die (nachvertragliche) Geheimhaltungspflicht der Arbeitnehmer	313
VII.	Rechtsfolgen und Grenzen einer Geschäftsgeheimnisverletzung	314
VIII.	Abschließender Vergleich	314

Abkürzungen 317

Literatur 321

Sachregister 339

Inhalt

Vorwort V

Inhaltsübersicht VII

A. Einleitung 1
I. Problemstellung und Gegenstand der Arbeit 1
II. Gang der Untersuchung 7

B. Die rechtlichen Rahmenbedingungen 9
I. Die Entwicklung des Geheimnisschutzrechts 10
1. Der Geheimnisschutz im Lauterkeitsrecht 10
2. Die Reform des Geheimnisschutzrechts 12
   a) Anlass für die Harmonisierung in der EU 12
   b) Das Gesetzgebungsverfahren des GeschGehG 14
3. Zwischenergebnis 16

II. Die Rechtslage vor der Geheimnisschutzreform 16
1. Die Ausgestaltung und das Schutzkonzept 16
   a) Die lauterkeitsrechtlichen Einzelstraftatbestände 16
   b) Der Schutzzweck der Normen 20
   c) Die Strafrechtsakzessorietät des zivilrechtlichen Geheimnisschutzes 22
2. Defizite der gesetzlichen Ausgestaltung 24
   a) Schwächen und Lücken der Schutzkonzeption 24
   b) Verortung im Lauterkeitsrecht 26
   c) Rechtsfolgensystem und Schutz im Prozess 27
3. Der lauterkeitsrechtliche Schutz gegenüber Arbeitnehmer 28
   a) Die Grenzen des straf- und zivilrechtlichen Geheimnisschutzes 28
   b) Die Ausweitung des § 17 Abs. 2 Nr. 2 UWG aF 29
   c) Der originär zivilrechtliche Geheimnisschutz 30
4. Zusammenfassung 32

III. Das Gesetz zum Schutz von Geschäftsgeheimnissen 33
1. Die unionsrechtlichen Vorgaben der Geschäftsgeheimnis-Richtlinie 33
   a) Richtlinienziel und -systematik 33
   b) Gegenstand und Anwendungsbereich 35
   c) Umsetzungsvorgaben und Harmonisierungsgrad 36
   d) Zwischenergebnis 38
2. Die Regelungsstruktur des Gesetzes 38
3. Der Schutzzweck des GeschGehG 40
4. Der Anwendungsbereich 41
5. Zwischenergebnis 42

IX

Inhalt

IV.	Der Geheimnisschutz in Arbeitsverhältnissen	43
1.	Der arbeitsrechtliche Kontext des Geheimnisschutzes	43
	a) Das Spannungsverhältnis zwischen Arbeitnehmer und Arbeitgeber	43
	b) Die Interessenlage im Laufe des Arbeitsverhältnisses	46
2.	Verhältnis zum Geschäftsgeheimnisgesetz	48
	a) Autonomie der Sozialpartner und der Abschluss von Kollektivverträgen	49
	b) Die Rechte und Pflichten der Arbeitnehmer und Arbeitnehmervertretungen	50
3.	Die Schutzausgestaltung nach arbeitsrechtlichen Regelungen	52
	a) Überblick über die Pflichten des Arbeitnehmers	52
	b) Der Begriff des Arbeitnehmers im Geheimnisschutzrecht	54
	c) Die vertragsimmanente Geheimhaltungspflicht	57
	(a) Dogmatische Herleitung aus § 241 Abs. 2 BGB	57
	(b) Umfassendes Offenlegungs- und Nutzungsverbot	59
	d) Das vertragsimmanente Wettbewerbsverbot	62
	(a) Dogmatische Herleitung aus § 60 HGB	62
	(b) Umfang und Einschränkung des Wettbewerbsverbotes	63
	(c) Verhältnis zur Geheimhaltungspflicht	65
	e) Zeitliche Grenzen der vertragsimmanenten Pflichten	66
	f) Rechtsgeschäftliche Erweiterungen der Pflichten	69
	(a) Zweck und Bedeutung von Geheimhaltungsvereinbarungen	69
	(b) Inhalt und Grenzen der Vertragsfreiheit	69
	(c) Nachvertragliche Geheimhaltungsvereinbarungen	72
	(d) Tarifverträge und Betriebsvereinbarungen	72
	g) Gesetzliche Geheimhaltungspflichten und Nutzungsbeschränkungen	73
	(a) Pflichten aus arbeitsrechtlichen Sonderverhältnissen	73
	(b) Geheimhaltungspflicht des Arbeitnehmererfinders	75
	(c) Fortwirken im nachvertraglichen Bereich	76
	h) Zwischenergebnis	76
4.	Auswirkungen der Reform auf den arbeitsrechtlichen Geheimnisschutz	77
V.	Zusammenfassung	79
C.	**Der Schutzgegenstand: Das Geschäftsgeheimnis**	**81**
I.	Der Begriff des Geschäftsgeheimnisses	81
1.	Geschäftsgeheimnisse und Know-How	81
2.	Anforderungen an Geschäftsgeheimnisse	83
3.	Anwendbarkeit des Geschäftsgeheimnisbegriffs im Arbeitsrecht	85
II.	Der Geheimnischarakter	87
1.	Das zentrale Merkmal des Geschäftsgeheimnisses	87
2.	Die Voraussetzungen der Bekanntgabe an Dritte und Arbeitnehmer	88
3.	Branchenbekanntes Wissen und leichte Zugänglichkeit	89
4.	Zwischenergebnis	90
III.	Wirtschaftlicher Wert durch Geheimhaltung	91
1.	Kommerzielle Verwertbarkeit des Wissens	91
2.	Wirtschaftlicher Wert rechtswidriger Informationen	92
	a) Rechtfertigungs- und Tatbestandslösung nach bisherigem Recht	93

		b) Kommerzieller Wert von rechtswidrigen Informationen	94
		c) Folgen für den Geheimnisschutz	97
IV.	\multicolumn{2}{l}{*Angemessene Geheimhaltungsmaßnahmen*}	99

IV. *Angemessene Geheimhaltungsmaßnahmen* 99
1. Erhöhte objektive Anforderungen 99
2. Art und Umfang der Geheimhaltungsmaßnahmen 101
3. Prüfung der Angemessenheit 102
4. Geheimhaltungsmaßnahmen im Arbeitsverhältnis 104
    a) Maßnahmen als Obliegenheit des Arbeitgebers 104
    b) Organisatorische und informationstechnische Maßnahmen 106
        (a) Auswahl von Arbeitnehmern 106
        (b) Weisungen des Arbeitgebers 107
        (c) Zugangs- und Zugriffsbeschränkungen 109
        (d) Regelmäßige Dokumentation und Kontrolle 111
    c) Arbeitsrechtliche Maßnahmen 111
        (a) Vertragsimmanente Geheimhaltungspflicht als Maßnahme 112
        (b) Geheimhaltungsvereinbarungen als Maßnahme 113
        (c) Folgen des Fehlens oder der Unwirksamkeit einer Vereinbarung ... 114
        (d) Die Besonderheiten hinsichtlich ehemaliger Arbeitnehmer 116
5. Zwischenergebnis 117

V. *Berechtigtes Interesse an der Geheimhaltung* 118

VI. *Die Folgen des Fehlens der Schutzvoraussetzungen* 120

VII. *Zusammenfassung* 121

D. Die Abgrenzung zum Erfahrungswissen 123

I. *Problemaufriss* 123

II. *Der Begriff des Erfahrungswissens* 124
1. Einheits- und Trennbarkeitstheorie in der Rechtsprechung 124
2. Meinungsstand und Abgrenzungsversuche im Schrifttum 126
3. Abgrenzung über den Begriff des Erfahrungswissens 127
    a) Begrenzung des Schutzgegenstandes 127
    b) Annäherung an den Begriff des Erfahrungswissens 129
4. Abgrenzung über die Zuordnung an den Geheimnisinhaber 131
5. Zwischenergebnis 132

III. *Die Rechtsnatur des Geschäftsgeheimnisses* 133
1. Vorbemerkungen 133
2. Der Meinungsstand bis zum Inkrafttreten des Geschäftsgeheimnisgesetzes .. 134
    a) Die wesentlichen Diskussionspunkte 134
    b) Die Ansichten in Literatur und Rechtsprechung 136
3. Das Verhältnis zwischen Geheimnisschutz und Geistigem Eigentum 138
    a) Geheimnisschutz als Ergänzung 138
    b) Geheimnisschutz als Alternative 140
        (a) Überschneidung der Anwendungsbereiche 140
        (b) Vergleich von Geheimhaltung und Schutzrechtserlangung 141
        (c) Einschränkungen des Geheimnisschutzes 143

Inhalt

		c) Zwischenergebnis	145
4.		Qualifizierung des Geschäftsgeheimnisses nach der Reform	145
	a)	Gesetzesbegründung, Richtlinienerwägungen und Gesetzgebungshistorie	146
	b)	Gesetzessystematik und Schutzausgestaltung	148
	c)	Die Ausgestaltung der Schutzposition	150

           (a) Die Ausschlussfunktion 151
           (b) Die Zuordnungsfunktion 153
           (c) Immaterialgüterrechtsähnliche Schutzposition 155
      d) Zwischenergebnis 156
  5. Konsequenzen der Einordnung als schutzrechtsähnliche Position 156

IV. Die Zuordnung von Geschäftsgeheimnissen 157
  1. Der Inhaber des Geschäftsgeheimnisses 157
  2. Faktisches Element: Die Kontrolle über ein Geschäftsgeheimnis 160
  3. Rechtliches Element: Die Rechtmäßigkeit der Kontrolle 161
      a) Unterscheidung von Geheimnisträger und Geheimnisinhaber 161
      b) Rechtliche Herrschaftsbefugnis 163
      c) Das System der Rechtszuordnung 164
  4. Das Recht am Arbeitsergebnis 165
      a) Der Begriff des Arbeitsergebnisses 165
      b) Geistige Leistungen und Immaterialgüterrechte als Arbeitsergebnisse ... 166
           (a) Schutzfähige Erfindungen 166
           (b) Nicht schutzfähige technische Leistungen 168
           (c) Sonstige Immaterialgüter und Immaterialgüterrechte 168
      c) Zwischenergebnis 169
  5. Die immaterialgüterrechtliche Zuordnung von geistigen Leistungen 169
      a) Patent- und gebrauchsmusterfähige Erfindungen 169
           (a) Der Anwendungsbereich des Arbeitnehmererfindungsgesetzes 169
           (b) Diensterfindungen 171
                (i) Mitteilungspflichten und das Inanspruchnahmerecht 171
                (ii) Umfang und Folgen der Rechtszuordnung 172
                (iii) Die betriebsgeheime Erfindung 173
           (c) Freie Erfindungen 174
                (i) Mitteilungspflicht und Pflicht zur Nutzungsrechtsvergabe 174
                (ii) Umfang der Rechtszuordnung 174
           (d) Zwischenergebnis 175
      b) Technische Verbesserungsvorschläge 175
           (a) Voraussetzung der Rechtszuordnung 175
           (b) Mitteilungspflicht technischer Verbesserungsvorschläge 176
           (c) Zwischenergebnis 177
      c) Geistige Schöpfungen 178
           (a) Pflichtwerke und freie Werke 178
           (b) Mitteilungs- und Anbietungspflicht 180
           (c) Vergütungstatbestände im Urheberrecht 181
           (d) Zwischenergebnis 182
      d) Leistungsschutzrechte 182
      e) Recht am Sortenschutz 183
      f) Recht auf das eingetragene Design und Halbleiterschutzrecht 184
      g) Zusammenfassung der immaterialgüterrechtlichen Zuordnung 184

Inhalt

6.	Konsequenzen für den Erwerb rechtmäßiger Kontrolle durch Arbeitgeber	186
V.	*Die Abgrenzung von Geschäftsgeheimnissen und Erfahrungswissen*	188
E.	**Der Schutzumfang: Die Verletzungstatbestände**	191
I.	*Die Systematik der Tatbestände*	191
1.	Die Schutzkonzeption des Geschäftsgeheimnisgesetzes	191
2.	Die Bedeutung der strafrechtlichen Verhaltensnormen	193
3.	Die Handlungsformen der Erlangung, Nutzung und Offenlegung	195
II.	*Die Erlangung eines Geschäftsgeheimnisses*	197
1.	Die unbefugte Erlangung nach § 4 GeschGehG	197
	a) Die Erlangung einer Verkörperung des Geschäftsgeheimnisses	197
	b) Die Generalklausel des unbefugten Erwerbs	198
	c) Die mittelbare Erlangung von Geschäftsgeheimnissen	199
2.	Die befugte Erlangung nach § 3 GeschGehG	200
	a) Deklaratorische Aufzählung rechtmäßiger Verhaltensweisen	200
	b) Der Ausschluss des Reverse Engineering	202
3.	Grenzziehung zwischen befugter und unbefugter Erlangung	203
III.	*Die Nutzung und Offenlegung eines Geschäftsgeheimnisses*	204
1.	Die Befugnis zur Nutzung und Offenlegung	204
2.	Die unbefugte Erlangung als Vortat	205
3.	Verstoß gegen eine Verwendungsbeschränkung	205
IV.	*Die Verletzung eines Geschäftsgeheimnisses durch Arbeitnehmer*	207
1.	Die arbeitgeberseitige Zustimmung in Erlangung, Nutzung und Offenlegung	207
2.	Die unbefugte Erlangung des Geschäftsgeheimnisses durch Arbeitnehmer	210
	a) Das Überschreiten von Zugangs- und Zugriffsbeschränkungen	210
	b) Anknüpfungspunkt der unbefugten Erlangung	210
	c) Das Reverse Engineering durch Arbeitnehmer	212
	d) Die Ausnutzung anderer Arbeitnehmer	213
	e) Zwischenergebnis	213
3.	Die unbefugte Verwendung von Geschäftsgeheimnissen durch Arbeitnehmer	214
	a) Vorbemerkungen	214
	b) Die Verpflichtungen während des bestehenden Arbeitsverhältnisses	215
	c) Die Verpflichtungen nach Beendigung des Arbeitsverhältnisses	217
4.	Zwischenergebnis	218
V.	*Nachwirkende Geheimhaltungspflichten der Arbeitnehmer*	219
1.	Ausgangslage im nachvertraglichen Bereich	219
2.	Streitstand zur Nachwirkung der Geheimhaltungspflicht	221
	a) Beschränkte Geheimhaltungspflicht nach dem BAG	221
	(a) Grundsatz: Umfassende Geheimhaltungspflicht	221
	(b) Grenzen der Geheimhaltungspflicht	222
	b) Geheimhaltungspflicht als Ausnahme nach dem BGH	223
	(a) Grundsatz: Nutzungs- und Offenlegungsfreiheit	224
	(b) Grenzen der Nutzungs- und Offenlegungsfreiheit	224
	(c) Vergleichbarkeit mit dem Lösungsansatz des Bundesarbeitsgerichts	228

		c)	Positionen im Schrifttum	230

- c) Positionen im Schrifttum ... 230
  - (a) Befürwortung einer nachvertraglichen Geheimhaltungspflicht ... 230
  - (b) Ablehnung einer nachvertraglichen Geheimhaltungspflicht ... 232
- d) Zwischenergebnis ... 233
3. Nachwirkung von Geheimhaltungspflichten nach der Geheimnisschutzreform ... 233
   - a) Der dogmatische Ansatz für die Nachwirkung von arbeitsvertraglichen Pflichten ... 233
   - b) Keine entgegenstehenden gesetzgeberischen Wertungen ... 236
     - (a) Keine Anwendbarkeit des § 90 HGB analog ... 237
     - (b) Kein Ausschluss über die Möglichkeit einer Geheimhaltungsvereinbarung ... 237
     - (c) Vereinbarkeit mit gesetzlich statuierten Geheimhaltungspflichten ... 238
   - c) Vereinbarkeit einer nachvertraglichen Geheimhaltungspflicht mit dem Geschäftsgeheimnisgesetz ... 239
     - (a) Gesetzesbegründung und Richtlinienerwägungen ... 239
     - (b) Wirtschaftspolitische Betrachtung eines nachvertraglichen Geheimnisschutzes ... 241
       - (i) Einschränkung der Arbeitnehmermobilität ... 241
       - (ii) Innovations- und Investitionsförderung ... 243
       - (iii) Effektive Ressourcenverteilung ... 244
       - (iv) Gewährleistung der unternehmerischen Effizienz ... 245
       - (v) Zwischenergebnis ... 246
     - (c) Schutzkonzeption des Geschäftsgeheimnisgesetzes ... 247
       - (i) Zivilrechtliche Erweiterung des Schutzes ... 247
       - (ii) Ausgleich der entgegenstehenden Interessen ... 249
     - (d) Zwischenergebnis ... 250
   - d) Inhaltliche Bestimmung der nachwirkenden Geheimhaltungspflicht ... 250
     - (a) Beschränkung auf Geschäftsgeheimnisse ... 251
     - (b) Geheimhaltungspflicht und Nutzungsbeschränkung ... 251
     - (c) Zeitliche Grenzen der nachwirkenden Geheimhaltungspflicht ... 253
   - e) Zwischenergebnis ... 254

VI. *Fortwirkung der Geheimhaltungspflichten durch nachvertragliche Abreden* ... 254
1. Nachvertragliche Geheimhaltungsvereinbarungen ... 255
   - a) Bedeutung als Geheimhaltungsmaßnahme ... 255
   - b) Umfang und Inhalt der Vereinbarung ... 256
2. Nachvertragliche Wettbewerbsverbote ... 258
   - a) Bedeutung und Bedarf nach Wettbewerbsverboten ... 258
   - b) Anforderungen an nachvertragliche Wettbewerbsverbote ... 259
   - c) Umfang und Rechtsfolgen eines wirksamen Wettbewerbsverbots ... 260
3. Abgrenzung zwischen Geheimhaltung und Wettbewerbsverbot ... 261
4. Zwischenergebnis ... 263

VII. *Zusammenfassung* ... 264

F. Die Schranken des Geheimnisschutzes ... 265

I. *Die Rechtfertigungsgründe* ... 265

1.	Überblick	265
2.	Einordnung und Reichweite der Tatbestände	266
II.	*Die Ausübung des Rechts auf Meinungs- und Informationsfreiheit*	268
III.	*Der Hinweisgeberschutz*	270
1.	Die Bedeutung und das Spannungsfeld des Whistleblowing	270
2.	Der Hinweisgeberschutz im Lauterkeitsrecht	272
3.	Vorgaben im internationalen Recht und Unionsrecht	274
	a) Grundrechte-Charta und Europäische Menschenrechtskonvention	274
	b) Die Geschäftsgeheimnis- und die Whistleblower-Richtlinie	275
4.	Die Regelung des Hinweisgeberschutzes im GeschGehG	276
	a) Allgemeines	276
	b) Rechtswidrige Handlung oder Fehlverhalten	277
	(a) Informationen über rechtswidriges Verhalten	277
	(b) Berufliches oder sonstiges Fehlverhalten	279
	c) Handeln zum Schutz des öffentlichen Interesses	280
	d) Adressat und Verfahren des Hinweisgeberschutzes	282
	e) Zwischenergebnis	285
IV.	*Die Wahrnehmung der Arbeitnehmervertretung*	285
V.	*Zusammenfassung*	287

G. Die Rechtsfolgen einer Geheimnisverletzung 289

I.	*Ansprüche aus dem Geschäftsgeheimnisgesetz*	289
1.	Die zivilrechtlichen Schutzmaßnahmen	289
2.	Auswirkungen auf den lauterkeits- und deliktsrechtlichen Schutz	291
II.	*Arbeitsrechtliches Sanktionsinstrumentarium*	293
III.	*Gegenrechte des Arbeitnehmers*	295
1.	Arbeitsrechtliche Haftungsbeschränkung	295
2.	Anspruchsausschluss bei Unverhältnismäßigkeit	296
IV.	*Die Arbeitgeberhaftung für die Verletzung fremder Geschäftsgeheimnisse*	298
1.	Die Haftung des Inhabers eines Unternehmens	298
2.	Quasi-vertragliche Zurechnung des Handelns der Beschäftigten	299
3.	Ansprüche des Dritten gegen den Arbeitgeber	300
4.	Maßnahmen gegen die Verletzung fremder Geschäftsgeheimnisse	301
V.	*Prozessuale Besonderheiten des Geschäftsgeheimnisgesetzes*	302
1.	Rechtswegzuständigkeit	302
2.	Prozessuale Möglichkeiten	305
VI.	*Zusammenfassung*	307

H. Zusammenfassung in Thesen 309

I.	*Defizite des lauterkeitsrechtlichen Geheimnisschutzes*	309
II.	*Das Geschäftsgeheimnisgesetz*	309

Inhalt

III.	Geheimnisschutz gegenüber Arbeitnehmern	311
IV.	Dogmatische Einordnung des Geschäftsgeheimnisses	311
V.	Zuordnung zum Geheimnisinhaber	312
VI.	Die (nachvertragliche) Geheimhaltungspflicht der Arbeitnehmer	313
VII.	Rechtsfolgen und Grenzen einer Geschäftsgeheimnisverletzung	314
VIII.	Abschließender Vergleich	314

Abkürzungen 317

Literatur 321

Sachregister 339

A. Einleitung

I. Problemstellung und Gegenstand der Arbeit

Der rechtliche Schutz von Geschäftsgeheimnissen ist in den vergangenen Jahren zunehmend in den Fokus von Gesetzgebung, Wissenschaft und Praxis gerückt. Grund für das anwachsende Interesse ist nicht nur die enorme wirtschaftliche Bedeutung von Geschäftsgeheimnissen, sondern auch deren vielseitige Anwendungsmöglichkeiten und ihre Vorteile gegenüber den traditionellen Immaterialgüterrechten.[1] Besonders in den Fällen, in welchen ein immaterialgüterrechtlicher Schutz unmöglich oder unwirtschaftlich erscheint, stellt die Geheimhaltung eine wichtige Ergänzung und Alternative dar.[2] Im Gegensatz zu den klassischen Schutzrechten sind Geschäftsgeheimnisse nämlich weder gegenständlich, zeitlich noch territorial begrenzt und müssen nicht durch ein kostspieliges und langwieriges Registerverfahren angemeldet und offengelegt werden. Deshalb übersteigt die Zahl der geheim gehaltenen Informationen die der angemeldeten Schutzrechte bei Weitem. In Zukunft ist zu erwarten, dass die Anwendungsfälle aufgrund der stetigen Verlagerung von der Produktion und dem Vertrieb körperlicher Güter hin zu einer modernen datenbasierten Wirtschaft mit zunehmend verkürzten Innovationszyklen weiterhin ansteigen.[3]

Auch wenn sich der tatsächliche Wert von Geschäftsgeheimnissen nicht quantifizieren lässt, können die vielfältigen Anwendungsbeispiele aufschlussreich sein. Ökonomisch betrachtet sind Geschäftsgeheimnisse nämlich Immaterialgüter, die gegen eine entsprechende Gegenleistung verwertet und bilanziert werden können.[4] Derartige Verträge über den Transfer von Informationen in

---

1 Vgl. dazu *Almeling* (2012), S. 1094.
2 *Harte-Bavendamm*, in: Harte/Henning, Vor § 17 Rn. 1; *Ann*, in: Ann/Loschelder/Grosch, Kap. 1 A. Rn. 1; *Westermann*, Kap. 1 Rn. 1; *Stumpf*, S. 29; *Apel/Walling*, DB 2019, 891 (891); *Hiéramente/Golzio*, CCZ 2018, 262 (262); *Alexander*, WRP 2017, 1034 (1034); *Ann*, GRUR-Prax 2016, 465 (465) betont, dass ein effektiver Technologieschutz ohnehin nicht nur durch das Patentrecht oder präventive Maßnahmen möglich ist.
3 *Köhler*, in: Köhler/Bornkamm/Feddersen UWG (2019), Vor § 17 Rn. 1; *Kraßer*, GRUR 1970, 587 (588); *Ann*, GRUR 2014, 12 (13); *Stumpf*, S. 29; *McGuire et al.*, GRUR Int. 2010, 829 (831). Dies zeigt sich auch darin, dass in wesentlichen Industriesektoren der Großteil der Innovationen als Geheimnis geschützt wird, vgl. INS-Studie – Status quo des Know-How-Schutzes im Maschinen- und Anlagenbau (2013).
4 BGH, Urt. v. 27.04.2006, GRUR 2006, 1044 (1046) – Kundendatenprogramm; *Harte-Bavendamm*, in: Harte/Henning, Vor § 17 Rn. 2a; *Ohly*, in: Ohly/Sosnitza, Vor § 17 Rn. 3 ff.; Einer Verwertung in der Zwangsvollstreckung und Insolvenz ist ebenso möglich, vgl. BGH, Urt. v. 25.01.1955 – I ZR 15/53, GRUR 1955, 388 (390) – Dücko.

A. Einleitung

Form einer Veräußerung[5] oder lizenzrechtlichen Nutzungsüberlassung treffen auf ein großes wirtschaftliches Interesse. Insbesondere kleine Unternehmen können die mit der Entwicklung neuer Produkte oder Fertigungsmethoden verbundenen Kosten und Risiken nur selten tragen, sodass sie auf das Wissen innovativer Unternehmen angewiesen sind.[6] Anerkannt ist daher, dass Geschäftsgeheimnisse Grundlage eines nicht unerheblichen Vermögenswertes und Wettbewerbsvorsprungs und somit ausschlaggebend für den unternehmerischen Erfolg sein können.[7]

3 Wesentlicher Charakterzug des Geheimnisschutzes ist aber, dass dieser nicht durch einen hoheitlichen Rechtsakt verliehen wird, sondern auf der faktischen Geheimhaltung einer Information beruht. Damit geht zugleich eine immense Verletzlichkeit einher. Denn das Geheimnis geht unwiederbringlich verloren, sobald es, sei es auch auf rechtswidrige Weise, offenbart wird. Die Verhinderung des Verlustes ist für Unternehmen indes eine komplizierte Angelegenheit, denn zusammen mit der steigenden wirtschaftlichen Attraktivität bleibt es nicht aus, dass Dritte versuchen an die Informationen zu gelangen.[8] Neben unvermeidbaren Prüfungs- und Auskunftspflichten gegenüber der öffentlichen Verwaltung, Informationsrechten Externer oder dem Investigativjournalismus, ist in diesem Zusammenhang der stetige technische Fortschritt ein gewichtiger Faktor.[9] Während Informationen früher in physischer Form unter Verschluss gehalten werden konnten, werden sie heute auf tragbaren Datenträgern oder in Clouds gespeichert, über moderne Kommunikationstechnologien übermittelt oder elektronisch verarbeitet. Dies erleichtert nicht nur die Mitnahme großer Informationsmengen auf kleinsten Speichergeräten, sondern ermöglicht Dritten den Zugriff von außerhalb. Dieses Risiko wird durch den globalen Wettbewerb, das Outsourcing von Prozessen und die hohe Mitarbeiterfluktuation verstärkt.[10]

4 Für Mitbewerber ist die Ausbeutung fremder Geschäftsgeheimnisse aus ökonomischer Sicht indes ein kostenreduzierender Faktor und zugleich eine attraktive Möglichkeit zum Ausgleich des Wettbewerbsnachteils. Ihre Zugriffspunkte

---

5 Umstritten ist die dogmatische Grundlage für die Übertragung, vgl. *Köhler*, in: Köhler/Bornkamm/Feddersen (2019), Vor § 17 Rn. 3.
6 *Stumpf*, S. 29.
7 Vgl. bspw. BGH, Urt. v. 25.01.1955 – I ZR 15/53, GRUR 1955, 388 (390) – *Dücko*; BGH, Urt. v. 16.10.1962 – KZR 11/61, GRUR 1963, 207 (210) – Kieselsäure; *Stier/Hasselblatt*, in: Götting/Nordemann, Vor § 17 Rn. 1; *Ohly*, in: Ohly/Sosnitza, Vor § 17 Rn. 2; *Blank*, in: Hasselblatt, § 24 Rn. 1; *Gaugenrieder*, BB 2014, 1987 (1987); *McGuire*, GRUR 2015, 424 (425); *Müllmann*, WRP 2018, 1177 (1177).
8 Study on Trade Secrets and Confidential Business Information in the Internal Market (MARKT/2011/128/D) S. 13; S. 3; *Ann*, in: Ann/Grosch/Loschelder (2010), Kap. 1 A Rn. 4; *Brammsen*, ZIP 2016, 2193; *Lemley*, 61 Stan. L. Rev. (2008), 311 (313).
9 Dazu *Müllmann*, WRP 2018, 1177 (1179); KOM (2011) 287 S. 19.
10 Erwägungsgrund 4 Geschäftsgeheimnis-Richtlinie EU/2016/943.

und Methoden sind dabei vielfältig.[11] Neben dem planmäßigen Erfassen und Analysieren von öffentlich zugänglichen Informationen und der Abwerbung von qualifizierten Arbeitnehmern, werden Informationen gezielt mit illegalen Methoden gesammelt.[12] Dabei kann der Verlust von Geschäftsgeheimnissen zum Teil existenzbedrohend für Unternehmen sein.[13] Studien ergaben, dass ca. 70 % der deutschen Unternehmen Opfer eines Datendiebstahls waren und ca. 20 % hierdurch einen Schaden erlitten haben. In Deutschland wird der volkswirtschaftliche Schaden jährlich auf mehrere Milliarden Euro geschätzt.[14] Das tatsächliche Ausmaß lässt sich mangels verlässlicher Daten aber nicht mit Genauigkeit bestimmen, da viele Taten trotz der hohen Schadenssummen nicht zur Anzeige gebracht wurden. Dieses widersprüchliche Verhalten beruht primär auf den schlechten Durchsetzungsmöglichkeiten des bisherigen Rechts.[15]

In einer Vielzahl der Fälle einer Verletzung von Geschäftsgeheimnissen sind Beschäftigte des geschädigten Unternehmens beteiligt.[16] Die Motive für einen Geheimnisverrat sind vielseitig. Weniger treue Mitarbeiter lassen sich durch Dritte instrumentalisieren und sind bereit, geheime Informationen zu beschaffen. Entweder tun sie dies aus eigenem Antrieb oder sie werden mit finanziellen Anreizen dazu verleitet. Daneben stellt aber auch die sorglose Behandlung der Geschäftsgeheimnisse einen gewichtigen Faktor für den Wissensabfluss dar. Mitarbeiter sind sich ihrer Nachlässigkeit und ihres geheimnisschädigenden Verhaltens häufig nicht bewusst, weil sie um die Bedeutung der Informationen nicht wissen oder irrtümlicherweise der Ansicht sind, sie könnten sich einem Außenstehenden anvertrauen.[17] Nicht nur sichern sie sensible Daten auf ungeschützten Speichergeräten, welche sie vom Betriebsgelände entfernen, sondern

---

11 *Kiethe/Groeschke*, WRP 2005, 1358 (1359); *Stier/Hasselblatt*, in: Götting/Nordemann, Vor § 17 Rn. 4.
12 *Brammsen*, in: MüKo LauterkeitsR (2014), Vor § 17 UWG, Rn. 7; *Stancke*, BB 2013, 1418 (1419); *Stumpf*, S. 29; *McGuire*, GRUR 2016, 1000 (1001).
13 *Harte-Bavendamm*, in: Harte/Henning, Vor § 17 Rn. 3; *Müllmann*, WRP 2018, 1177.
14 Vgl. Bitkom e.V., Spionage, Sabotage und Datendiebstahl, Studienbericht 2018, S. 15, 25; *Kalbfus, in:* Harte-Bavendamm/Ohly/Kalbfus, Einl. C Rn. 1.
15 Vgl. zu den Mängeln des lauterkeitsrechtlichen Geheimnisschutzes *Brammsen*, in: MüKo LauterkeitsR (2014), Vor § 17 UWG, Rn. 7; *Kiethe/Groeschke*, WRP 2005, 1358 (1359); *Kiethe/Hohmann*, NStZ 2006, 185.
16 Baker McKenzie Study on Trade Secrets and Confidential Business Information in the Internal Market, S. 16 beziffert bei versuchter oder vollendeter Geheimnisverletzung Wettbewerber mit 53%, ehemalige Arbeitnehmer mit 45 % und Kunden mit 31 %; Bitkom e.V., (2018), S. 28 beziffert die Fälle mit Beteiligung von Arbeitnehmern auf 61%; Dazu *Ohly*, in: Ohly/Sosnitza, Vor § 17 Rn. 2; *Harte-Bavendamm*, in: Gloy/Loschelder/Erdmann, § 77 Rn. 7; *Ann*, GRUR 2014, 12 (15).
17 *Kiethe/Hohmann*, NStZ 2006, 185.

A. Einleitung

sie teilen diese während Privatgesprächen oder geben sie ohne Hintergedanken preis.[18]

6   Mit einem Risiko ist auch die Nutzung privater Kommunikationsgeräte oder Social-Media Accounts für dienstliche Zwecke und die Einrichtung eines Home-Office Arbeitsplatzes behaftet,[19] da die Informationen das Unternehmensgelände verlassen und dadurch für Unbefugte leichter zugänglich werden. Neben der Vermischung von dienstlichen und privaten Daten, die im Hinblick auf die Datensicherheit regelmäßig unbedacht behandelt werden, stellt sich zudem das Problem, dass sich fremde, nicht für den Unternehmer kontrollierbare Endgeräte im Unternehmen bewegen und Zugriff auf das interne Netzwerk haben. Gleichzeitig können sich die Endgeräte der Mitarbeiter in fremden Netzwerken befinden und dort besonders leicht ausspioniert werden. Damit wird aber deutlich, dass nicht nur der Mensch ein Risiko darstellt, sondern der technische Fortschritt Unternehmen anfälliger für einen Informationsverlust macht.[20]

7   Während sich derartige Risiken durch technische und tatsächliche Maßnahmen weitgehend ausschließen lassen, ist dies im Hinblick auf die Mitarbeiter nur in begrenztem Umfang möglich. Vollständig verhindern lässt sich der Zugriff auf die Informationen nämlich nicht, da Arbeitnehmer andernfalls nicht ihrer arbeitsvertraglich geschuldeten Tätigkeit nachgehen könnten. Die Kenntnis der Arbeitnehmer von Geschäftsgeheimnissen ist daher notwendig, um die Effizienz eines Unternehmens zu wahren. Gleichzeitig wird mit der Aufnahme in den Betrieb häufig Beschäftigten auch die Zugriffsmöglichkeit auf sämtliche Interna, die nicht ihren Arbeitsbereich betreffen, erleichtert. Denn mit dem Zugang zum Betriebsgelände und dem internen Netzwerk wird eine der wesentlichen Barrieren des Unternehmensschutzes beseitigt. Aus eben diesem umfangreichen Zugang ergibt sich das hohe Gefährdungspotential für Geschäftsgeheimnisse, welches von Arbeitnehmern ausgeht. Einen vergleichbar weitgehenden Zugriff können Mitbewerber demgegenüber nur durch unlautere Mittel erlangen.[21] Diese umfassende Kenntnis erklärt auch, dass der Schaden, den der Verlust von unternehmenskritischen Informationen durch Handlungen von Arbeitnehmern verursacht, als zehnmal höher geschätzt wird als der durch punktuelle Verluste aufgrund von Wirtschaftsspionage.[22]

---

18   Beispielhaft ist der Fall eines Arbeitnehmers, der in einem Bewerbungsgespräch wichtige Informationen über den geplanten Internetauftritt seines derzeitigen Arbeitgebers offenbart hatte, um seine persönlichen Qualifikationen hervorzuheben, vgl. AG Reutlingen, Urt. v. 17.07.2014 – 9 Ds 22 Js 23818/12.
19   Ausweislich einer Studie arbeiten ca. 31% der Arbeitnehmer regelmäßig von zu Hause, Studie Bundesverband Informationswirtschaft, Telekommunikation und Neue Medien (Bitcom) »Arbeiten in der digitalen Welt«, Berlin 2013.
20   Zu den Auswirkungen der Digitalisierung im Arbeitsverhältnis, *Günther/Böglmüller*, NZA 2015, 1025; *Siems*, WRP 2007, 1146 (1146); *Kiethe/Groesche*, WRP 2005, 1358 (1358f.).
21   *Gaugenrieder/Unger-Hellmich*, WRP 2011, 1364 (1365).
22   KOM (2011) 287 S. 19.

Durch die steigende Mitarbeiterfluktuation und zunehmenden Informationsmengen mit denen Arbeitnehmer im Rahmen ihrer Arbeitstätigkeit in Kontakt kommen, hat sich das Risiko in den letzten Jahren noch deutlich verstärkt. Infolgedessen rückt der Geheimnisschutz gegenüber Arbeitnehmern zunehmend in den Vordergrund.[23] Während langfristige und zum Teil lebenslange Anstellungen in einem einzigen Unternehmen früher noch üblich waren,[24] besteht heutzutage in vielen Branchen die Notwendigkeit eines Orts- oder Arbeitsplatzwechsels, um beruflich Erfolg zu haben oder den Arbeitsplatz an die persönlichen Bedürfnisse anzupassen. Grund dafür ist neben der zunehmenden Bedeutungslosigkeit territorialer Grenzen auch der ausgeprägte Wettbewerb um qualifizierte Arbeitnehmer, die nicht selten von der Konkurrenz abgeworben werden, um deren Wettbewerbsfähigkeit zu sichern oder auszubauen.[25] Während die gesteigerte Arbeitnehmermobilität so den Wettbewerb und den Wissenstransfer fördert, bedeutet diese stetige Fluktuation aus der Perspektive der Unternehmen die Gefahr, dass mit den Arbeitnehmern auch das geheime Wissen zum Mitbewerber wechselt.[26] Ein Arbeitgeber möchte diesen Abfluss verhindern, denn er hat von vornherein das Risiko der Schaffung und wirtschaftlich sinnvollen Verwendung der Information getragen. Andererseits verfolgen Arbeitnehmer mit der Verwendung der Informationen zugunsten eines Dritten nicht nur unlautere Zwecke.[27] Denn die in ihrem Gedächtnis verbliebenen geheimen Informationen werden zu einem Teil ihrer beruflichen Erfahrungen und Kenntnisse. Diese sind nicht nur relevant für eine effiziente Beschäftigung im bisherigen Unternehmen, sondern auch für den zukünftigen wirtschaftlichen Erfolg und die Chancen auf dem Arbeitsmarkt. Damit stellt sich die Frage, ob der ausscheidende Beschäftigte die redlich erlangten Informationen weiterhin nutzen darf oder nicht.

In dieser Phase stößt das Interesse des Arbeitgebers am Schutz seiner Geschäftsgeheimnisse auf das Arbeitnehmerinteresse, sein gesamtes redlich erworbenes Wissen zum Zwecke seines beruflichen Fortkommens verwerten zu können. Die Auflösung dieses Interessenkonfliktes soll »das umstrittenste und schwierigste Thema im Rahmen des zivilrechtlichen Geheimnisschutzes«[28] sein. Dogmatisch ließ sich in diesem Zusammenhang bisher nämlich nur schwer begründen, wie einem Arbeitnehmer abseits von wirksamen Geheimhaltungsvereinbarungen oder Wettbewerbsverboten die Nutzung seiner Fähigkeiten und

---

23 *Siems*, WRP 2007, 1146; *Kreitner*, in: Küttner, Betriebsgeheimnis Rn. 1.
24 *Sander*, GRUR Int. 2013, 217 (219).
25 *Hasselblatt*, in: Gloy/Loschelder/Erdmann, § 57 Rn. 183; Nach BGH Urt. v. 4.3.2004, I ZR 221/01 GRUR 2004, 696 (698) – Direktansprache am Arbeitsplatz wird die Abwerbung unter Berücksichtigung von der nach Art. 12 Abs. 1 GG gewährten freien Arbeitsplatzwahl des Beschäftigten und dem Recht ihr berufliches Fortkommen durch einen Wechsel zu verbessern als erlaubt angesehen.
26 *Kiethe/Groeschke*, WRP 2005, 1358 (1363).
27 *Harte-Bavendamm*, in: Gloy/Loschelder/Erdmann, § 77 Rn. 1.
28 *Harte-Bavendamm*, in: Gloy/Loschelder/Erdmann, § 77 Rn. 5.

A. Einleitung

Kenntnisse nach Beendigung des Beschäftigungsverhältnisses untersagt werden konnte. Mit Beendigung des Arbeitsverhältnisses endet nämlich zugleich sowohl die faktische als auch die rechtliche Einflussmöglichkeit des Arbeitgebers auf den Arbeitnehmer. Gesetzliche Regelungen bestanden für den Zeitraum nach Beendigung des Arbeitsverhältnisses auch nicht. Ungeklärt war zudem die in diesem Zusammenhang relevante Abgrenzung zwischen den Erfahrungen und Fähigkeiten der Arbeitnehmer einerseits und den geschützten Geschäftsgeheimnissen andererseits, da diese sich im Wesentlichen überschneiden. Einigkeit bestand lediglich darüber, dass ein Ausgleich zwischen den grundrechtlich geschützten Interessen der Arbeitnehmer und Arbeitgeber herbeigeführt werden muss.[29]

10 Ohnehin stand die Ausgestaltung des gesetzlichen Geheimnisschutzes lange in einem eklatanten Widerspruch zu den stets hervorgehobenen wirtschaftlichen und praktischen Vorteilen der Geheimhaltung und den bekannten Risiken. Die nationalen Regelungen waren lückenhaft und der Harmonisierungsgrad auf europäischer Ebene gering.[30] Die Folgen waren Rechtsunsicherheit und Durchsetzungsschwierigkeiten für national und international agierende Unternehmen. Dies beruhte im deutschen Recht auf der konzeptionell verfehlten Ausgestaltung, die im Verletzungsfall kaum in der Lage war einen zufriedenstellenden Ausgleich zu schaffen. Aus diesem Grund prägten vor allem richterrechtliche Grundsätze und Einzelfallentscheidungen den Geheimnisschutz gegenüber Arbeitnehmern.[31] Wie weit der Geheimnisschutz in Arbeitsverhältnissen insofern reichen kann, ohne das berufliche Fortkommen der Arbeitnehmer unangemessen zu beschränken, war seit langem Gegenstand einer kontroversen Diskussion und hat sich bisher einem zufriedenstellenden Lösungsansatz verschlossen.

11 Die Frage nach der Ausgestaltung des Geheimnisschutzes in Arbeitsverhältnissen gewinnt aber vor allem aufgrund der gesetzgeberischen Reformen des Geheimnisschutzes an Aktualität. Grund dafür sind europäische Harmonisierungsbemühungen, die den Abweichungen in den Rechtsordnungen der Mitgliedsstaaten entgegenwirken sollten. Entsprechend hat sich durch das auf der Geschäftsgeheimnis-Richtlinie[32] basierende Gesetz zum Schutz von Geschäftsgeheimnissen[33] die bestehende Rechtslage in entscheidenden Punkten geändert. Der bisher lauterkeitsrechtlich geprägte Geheimnisschutz wird in einem eigenständigen Gesetz verankert. Folge dieses Ansatzes ist zugleich ein abweichen-

---

29 *Ohly*, GRUR 2014, 1 (9).
30 Zu den Defiziten des deutschen Geheimnisschutzes, vgl. S. 23 ff.
31 Vgl. bspw. BGH, Urt. v. 21.12.1962 – I ZR 47/61 GRUR 1983, 367 – Industrieböden; BGH, Urt. v. 27.04.2006, I ZR 126/03, GRUR 2006, 1044 – Kundendatenprogramm.
32 Richtlinie EU/2016/943 des Europäischen Parlaments und des Rates über den Schutz vertraulichen Know-Hows und vertraulicher Geschäftsinformationen (Geschäftsgeheimnisse) vor rechtswidrigem Erwerb sowie rechtswidriger Nutzung und Offenlegung, ABl. L 157/1.
33 BGBl. I 2019, S. 466.

des Schutzsystem, das vor allem zivilrechtliche Regelungen bereithält. Dies wird gewiss Auswirkungen auf die Behandlung von Geheimnisverletzungen von Arbeitnehmern haben und bietet damit die Möglichkeit, die alt bekannten Probleme einer angemessenen Lösung zuzuführen. Die Neuerungen geben entsprechend Anlass dazu, die Auswirkungen auf den lückenhaften Schutz und den aufgezeigten Interessenkonflikt zu untersuchen. Denn neben der Etablierung von zivilrechtlichen Verbotstatbeständen und Ansprüchen, hat sich auch der Schutzgegenstand des Geheimnisschutzes nicht unwesentlich verändert.

In diesem Zusammenhang wurde Arbeitnehmern vor Umsetzung der Richtlinie seitens der Presse und Teilen des Schrifttums eine deutliche Verschlechterung ihrer Rechtsstellung vorausgesagt, da sie weder rechtswidriges Verhalten an die Öffentlichkeit bringen dürften, noch erworbene Kenntnisse bei einem neuen Arbeitgeber verwenden könnten. Hier würden die unklaren Regelungen und pauschalen Bezüge auf das Arbeitsrecht zu Rechtsunsicherheiten führen.[34] Nachfolgend sollen daher das neue Recht untersucht und nachgeprüft werden, ob diese kritische Prognose zutreffend oder überspitzt ist.

II. Gang der Untersuchung

Zum Zwecke dieser Untersuchung soll zunächst das Regelungsziel und die Ausgestaltung des bisherigen deutschen Rechts dem unionsrechtlich geprägten Geschäftsgeheimnisgesetz gegenübergestellt werden. Dadurch sollen der Schutzgegenstand und Schutzumfang umfassend erörtert werden. Dies dient als Basis für die Darstellung der Entwicklung des lauterkeitsrechtlichen Geheimnisschutzes hin zu einem eigenständigen Geschäftsgeheimnisgesetz.

Im Speziellen soll sodann auf den arbeitsrechtlichen Geheimnisschutz eingegangen werden, welcher vor allem auf arbeitsvertraglichen Grundsätzen beruht. Arbeitsrechtliche Geheimhaltungspflichten wurden nämlich aufgrund der bisherigen kursorischen Ausgestaltung des Geheimnisschutzes nur in wenigen Fällen gesetzlich festgelegt. Vor diesem Hintergrund erscheint es zweckmäßig darzustellen, inwiefern die arbeitsrechtlichen Grundsätze und Regelungen in das neue Recht eingliedern. Hierbei soll bereits auf den bestehenden arbeitsrechtlichen Geheimnisschutz eingegangen und dieser in seinen Grundzügen dargestellt werden. Es wird sich die Frage stellen, ob das Geschäftsgeheimnisgesetz Auswirkungen auf den Schutz im Arbeitsverhältnis haben wird oder ob dieser sich nur in seiner bisherigen Ausgestaltung in das neue Schutzkonzept einfügen muss.

---

34 Besonders kritisch *Böning/Heidfeld*, AuA 2018, 555; *Bauschke*, öAT 2019, 133 (136); *Karthaus*, NZA 2018, 1180; vgl. netzpolitik.org, EU-RL zu Geschäftsgeheimnissen verschlechtert Situation von Arbeitnehmern und Whistleblower, abrufbar: https://netzpolitik.org/2016/eu-richtlinie-zu-geschaeftsgeheimnissen-verschlechtert-situation-von-arbeitnehmern-und-whistleblowern.

A. Einleitung

15   Darauf folgt im zweiten Teil die Darstellung des Schutzgegenstandes. Bereits die Bestimmung des Schutzgegenstandes stellt wesentliche Weichen im Hinblick auf den Geheimnisschutz gegenüber Arbeitnehmern. Denn nur im Falle des Vorliegens eines geschützten Geschäftsgeheimnisses greifen die Anspruchsgrundlagen des Geschäftsgeheimnisgesetzes ein. Durch die Geheimnisschutzreform wurde indes auch ein neuer Geheimnisbegriff etabliert, der zusätzliche Anforderungen stellt, die der Geheimnisinhaber zu erfüllen hat. Hierzu zählen in erster Linie die angemessenen Geheimhaltungsmaßnahmen, die es nicht nur gegenüber Externen einzurichten gilt, sondern auch gegenüber den eigenen Arbeitnehmern.

16   Im Rahmen der Bestimmung des Schutzgegenstandes wird sich herausstellen, dass Arbeitnehmer durch Geheimhaltungspflichten nicht an der weiteren Nutzung ihres Erfahrungswissens gehindert werden können. Daher sollen sich Überlegungen anschließen, auf welchem Weg sich das Erfahrungswissen von den Geschäftsgeheimnissen unterscheiden lässt. Zu hinterfragen werden an dieser Stelle daher nicht nur die Schutzvoraussetzungen des Geschäftsgeheimnisses sein, sondern auch dessen dogmatische Einordnung und Zuordnung. Anknüpfungspunkt für eine Abgrenzung soll nämlich die Zuordnung der geschaffenen Innovationen und geistigen Schöpfungen nach immaterial- und arbeitsrechtlichen Grundsätzen sein. Diese bieten ein ausdifferenziertes System, um eine Zuordnung des zugrunde liegenden Wissens zu erreichen und damit eine trennscharfe Abgrenzung gegenüber den Erfahrungen der Arbeitnehmer zu gewährleisten.

17   Auf die Bestimmung des Schutzgegenstandes folgt eine detaillierte Darstellung der Verletzungstatbestände. Ausgangspunkt ist erneut das besondere Spannungsverhältnis zwischen Arbeitnehmer und Arbeitgeber. Dabei gilt es sowohl zwischen der Erlangung und Verwendung von Geschäftsgeheimnissen als auch zwischen den Pflichten in bestehenden und beendeten Arbeitsverhältnissen zu unterscheiden. Neben der Frage nach der Nachwirkung der vertragsimmanenten Geheimhaltungspflichten des Arbeitnehmers bei Beendigung des Arbeitsverhältnisses, ist zudem offen, in welchem Ausmaß der Arbeitgeber diese nachvertraglichen Pflichten durch eigenständige Abreden erweitern kann.

18   Abschließend sind die Grenzen des Geheimnisschutzes gegenüber Arbeitnehmern nach den Regelungen des Geschäftsgeheimnisgesetzes zu betrachten. Dieses stellt spezielle Rechtfertigungsgründe bereit. Insbesondere wird hier der in den Medien präsente Hinweisgeberschutz auf seine Bedeutung und Ausgestaltung zu untersuchen sein. Letztlich stellt sich sodann die Frage nach den Rechtsfolgen einer Geheimnisverletzung. Neben den Ansprüchen des Geschäftsgeheimnisgesetzes werden auch arbeitsrechtliche Sanktionen in Betracht kommen.

19   In der Zusammenschau dieser einzelnen Untersuchungsgegenstände wird ein konsistenter Ansatz für die Definition und Zuordnung von Geschäftsgeheimnissen im Arbeitsverhältnis entworfen. Hierdurch wird eine rechtssichere Abgrenzung zwischen dem Wissen, welches insbesondere ehemalige Arbeitnehmer weiterverwenden dürfen und solchem, das dem Arbeitgeber vorbehalten ist, entwickelt.

B. Die rechtlichen Rahmenbedingungen

Das Gesetz zum Schutz von Geschäftsgeheimnissen ist am 26.04.2019 in Kraft getreten. Mit ihm ging eine vollständige Neuregelung des Geheimnisschutzes in Deutschland einher, indem es den rudimentären Schutz des Lauterkeitsrechts in ein eigenständiges Gesetz überführte. Bis dahin war der Geheimnisschutz im deutschen Recht nämlich nur vereinzelt und unübersichtlich geregelt. Der Schutz bestand aus einer Verflechtung von lauterkeits- und immaterialgüterrechtlichen Regelungen sowie straf-, arbeits- und vertragsrechtlichen Ansätzen.[35] Währenddessen wurde die Rechtspraxis größtenteils durch richterliche Rechtsfortbildung und die Festlegung von Grundsätzen geprägt.[36]

20

Das Geschäftsgeheimnisgesetz enthält nunmehr umfassende Regelungen zum materiell- und verfahrensrechtlichen Schutz von Geheimnissen, sodass statt vereinzelter Vorschriften in zahlreichen Gesetzen nunmehr ein Stammgesetz besteht, welches die grundlegenden Regelungen bündelt und damit ein einheitliches Regelungskonzept für den Umgang mit Geschäftsgeheimnissen geschaffen hat. Ergänzt wird es durch zahlreiche spezielle Geheimhaltungspflichten, die in den jeweiligen Spezialgesetzen verblieben sind. Trotz seiner neutralen Formulierung wird das Gesetz vor allem auch Auswirkungen auf den Geheimnisschutz gegenüber Arbeitnehmern haben, denn die zivilrechtliche Schutzkonzeption ist geeignet, zahlreiche Schwierigkeiten im Umgang mit arbeitsvertraglichen Geheimhaltungspflichten aufzulösen.

21

Die Schaffung eines neuen Stammgesetzes lässt zunächst einen Blick auf die Historie des Geheimnisschutzes sinnvoll erscheinen. Zwar basiert das GeschGehG im Großteil auf der Geschäftsgeheimnis-Richtlinie, jedoch beschäftigt die unbefugte Erlangung, Nutzung und Offenlegung von geheimem Wissen – vor allem auch im arbeitsrechtlichen Zusammenhang – die Praxis bereits seit mehr als 100 Jahren.[37] Die in dieser Zeit erarbeiteten arbeitsrechtlichen Prinzipien und Erwägungen werden – wie sich noch zeigen wird – auch weiterhin für die Anwendung und Auslegung des Geheimnisschutzrechtes relevant bleiben.

22

---

35 Neben den §§ 17 ff. UWG aF fanden sich einige weniger relevante strafrechtliche Vorschriften zum Schutz von geheimen Informationen in §§ 201 f. StGB und zahlreiche weitere Spezialnormen wie z.B. §§ 120 BetrVG; 404 AktG, 85 GmbHG, 151 GenG, 333 HGB, 96, 99, 353 b StGB, welche nicht zwangsläufig auf Geschäftsgeheimnisse aber Berufsgruppen zugeschnitten sind.
36 *Harte-Bavendamm*, in: Gloy/Loschelder/Erdmann, § 77 Rn. 7; *Ohly*, GRUR 2014, 1; *Dumont*, BB 2018, 2441 (2442); *Ann*, GRUR-Prax 2016, 465; *Fusbahn*, IPRB 2016, 212 (213).
37 *Reinfeld* (2019), § 1 Rn. 16.

B. Die rechtlichen Rahmenbedingungen

I. Die Entwicklung des Geheimnisschutzrechts

1. Der Geheimnisschutz im Lauterkeitsrecht

23   Der Bedarf nach einem rechtlichen Schutz von Geschäftsgeheimnissen ist ein Phänomen, das mit der fortschreitenden Industrialisierung an Bedeutung gewann und in modernen Informationsgesellschaften unentbehrlich ist.[38] In Deutschland haben sich einheitliche gesetzliche Regelungen des Geheimnisschutzes erst Ende des 19. Jahrhunderts herausgebildet und wurden im Laufe der Zeit sukzessive erweitert. Während die Industrie für einen umfangreichen Schutz plädierte, da sie die Begrenzung des Schutzes von Innovationen auf das Patentrecht als unzureichend empfand, wurde dem entgegengehalten, dass die Geheimhaltung den Fortschritt hemme und die ohnehin unterprivilegierte Arbeiterschicht im Interesse weniger Industrieller benachteilige.[39]

24   Bei der Ausgestaltung des Gesetzes zur Bekämpfung des Unlauteren Wettbewerbs versuchte der Gesetzgeber 1896 Abhilfe zu verschaffen: Die Weitergabe und Verwertung fremder Geschäftsgeheimnisse wurde ausdrücklich in den §§ 9[40] und 10[41] UWG 1896 mit Strafe bedroht, die grob dem Grundtatbestand des heutigen § 23 Abs. 1 Nr. 3 GeschGehG (§ 17 Abs. 1 UWG aF) und § 23 Abs. 1 Nr. 1 und 2 GeschGehG (§ 17 Abs. 2 UWG aF) entsprechen.[42] Erfasst war zunächst nur der Geheimnisverrat durch Angestellte, Arbeiter oder Lehrlinge während des Beschäftigungsverhältnisses. Daneben wurde die Verleitung zu einer unbefugten Mitteilung und die Verwertung oder Weitergabe erfasst, die

---

38   Vgl. zur historischen Entwicklung des Geheimnisschutzes vor Erlass des UWG 1896 ausführlich *Brammsen*, in: MüKo LauterkeitsR (2014), Vor § 17 UWG Rn. 1 und auch die Ausführungen von *Nastelski*, GRUR 1957, 1.
39   *v. Stechow* (2002), S. 269 ff.
40   § 9 UWG 1896: »Mit Geldstrafe bis zu dreitausend Mark oder mit Gefängnis bis zu einem Jahr wird bestraft, wer als Angestellter, Arbeiter oder Lehrling eines Geschäftsbetriebes Geschäfts- oder Betriebsgeheimnisse, die ihm vermöge des Dienstverhältnisses anvertraut oder sonst zugänglich geworden sind, während der Geltungsdauer des Dienstverhältnisses unbefugt an andere zu Zwecken des Wettbewerbs oder in der Absicht, dem Inhaber des Geschäftsbetriebes Schaden zuzufügen, mitteilt. Gleiche Strafe trifft denjenigen, welcher Geschäfts- oder Betriebsgeheimnisse, deren Kenntnis er durch eine der in Abs. 1 bezeichneten Mitteilungen oder durcheine gegen das Gesetz oder die guten Sitten verstoßende Handlung erlangt hat, zu Zwecken des Wettbewerbs unbefugt verwertet oder an andere mitteilt (...).«
41   § 10 UWG 1896: »Wer zum Zwecke des Wettbewerbes es unternimmt, einen anderen zu einer unbefugten Mitteilung der im § 9 Abs. 1 bezeichneten Art zu bestimmen, wird mit Geldstrafe bis zu zweitausend Mark oder mit Gefängnis bis zu neun Monaten bestraft.«
42   *Brammsen*, in: MüKo LauterkeitsR (2014), Vor § 17 UWG Rn 6; *Ohly*, GRUR 2014, 1 (5); *Köhler*, in: Köhler/Bornkamm/Feddersen (2019), § 17 Rn. 1.

durch einen solchen Geheimnisverrat oder durch eine gesetzeswidrige oder gegen die guten Sitten verstoßende Handlung begünstigt wurde.[43] Der Schutz war damit eng umgrenzt. Er endete mit dem Arbeitsverhältnis und erfasste nicht die unbefugte Erlangung durch Arbeitnehmer, sondern nur die Weitergabe an Dritte. Die Strafbarkeit eines nachvertraglichen Verrats wurde dagegen trotz anhaltender Diskussionen im Interesse der Arbeitnehmer nicht in das Gesetz aufgenommen.[44] Dritte konnten daher in der Regel nur belangt werden, wenn sie das Geheimnis zuvor von einem Arbeitnehmer, der gegen § 9 UWG 1986 verstieß, erlangt hatten, da der Beweis für einen eigenen Gesetzes- oder Sittenverstoß meist nicht erbracht werden konnte. Diese Schutzlücke hatte zur Folge, dass sich der Schutz nur auf den internen Geheimnisschutz gegenüber den eigenen Arbeitnehmern konzentrierte.[45]

Trotz anhaltender Kritik an der rechtlichen Ausgestaltung und Forderungen nach einem zivilrechtlichem Schutz wurden die Vorschriften im Rahmen der Umgestaltungen des UWG 1909 ohne inhaltliche Änderungen lediglich in die §§ 17 ff. verschoben.[46] Hinzugefügt wurde die Vorlagenfreibeuterei in § 18 UWG, um auch die Verwertung oder Weitergabe von Vorlagen durch außenstehende Geschäfts- oder Vertragspartner zu erfassen, denen das Geheimnis anvertraut wurde.[47] Durch eine Notverordnung von 1932[48] wurden die Tatbestände um den Eigennutz als unlauteres Motiv ergänzt und eine Strafschärfung für Auslandstaten eingeführt.[49] Jedoch blieben wesentliche Reformwünsche der Industrie nach der Ausweitung der Strafbarkeit unerfüllt. Gefordert wurde weiterhin vor allem eine Ausweitung des Schutzes gegenüber ehemaligen Arbeitnehmern.[50]

Erst mit dem 2. Gesetz zur Bekämpfung der Wirtschaftskriminalität 1986[51] wurde schließlich die Wirtschaftsspionage unter Strafe gestellt. Es trug dem Umstand Rechnung, dass aufgrund des technischen Fortschritts und des globaleren Wettbewerbs neue Gefahren für geheim gehaltene Informationen entstanden.[52] Deswegen wurde der Schutz auf eine Reihe von Ausspähungs- und Vorbereitungshandlungen deutlich vorverlagert. Zudem wurden die Versuchsstrafbarkeit und Regelbeispiele für schwere Fälle des Geheimnisverrats eingeführt.[53] Die

---

43 *Harte-Bavendamm*, in: Gloy/Loschelder/Erdmann, § 77 Rn. 3.
44 *Kraßer*, GRUR 1977, 177 (186); *Mes*, GRUR 1979, 584 (586) mwN.
45 *Aldoney Ramirez* (2009), S. 94; *Kalbfus*, in: BeckOK UWG, Vor § 17 Rn. 31.
46 RGBl. 1909, S. 499.
47 Die Vorschrift geht auf Initiative der Stickerei- und Spitzenindustrie zurück, die den Missbrauch der überlassenen Muster an beauftragte Lohnhersteller beklagte, vgl. dazu *Harte-Bavendamm*, in: FS für Köhler, S. 235.
48 Notverordnung zum Schutze der Wirtschaft, v. 9. März 1932, RGBl. I S. 121.
49 Grund dafür waren enorme Schäden, die die deutsche Industrie durch ausländische Spionage nach dem 1. Weltkrieg erlitt, vgl. *Pfeiffer*, FS für Nirk, S. 863.
50 *Nastelski*, GRUR 1957, 1 (2, 4); *Kalbfus,* in BeckOK UWG, Vor § 17 Rn. 29 mwN.
51 BGBl. I S. 721; dazu ausführlicher *Möhrenschlager*, wistra 1986, 137.
52 *Kalbfus*, in: BeckOK UWG, Vor § 17 Rn. 31; *Kiethe/Groeschke*, WRP 2005, 1358 (1365).
53 Begr. RegE 2. WiKG, BT-Drs. 10/5058, S. 39 ff.

nachfolgenden Reformen des UWG, vor allem die grundlegende Reform von 2004, ließen die Regelungen im Wesentlichen unverändert.[54] Lediglich der Wortlaut wurde angepasst und der in § 19 UWG aF bestehende Schadensersatzanspruch gestrichen, da ein solcher als überflüssig empfunden wurde.[55]

27 Der Schutz geheim gehaltener Informationen war damit seit jeher im Lauterkeitsrecht verankert und primär strafrechtlich ausgestaltet, während zivilrechtlicher Schutz nur über akzessorische Normen gewährleistet werden konnte.[56] Dass die Einführung von zivilrechtlichen Regelungen nicht Gegenstand ernsthafter Erwägungen war, lässt sich nicht nur auf die Parallele zur strafrechtlichen Veruntreuung zurückführen,[57] sondern auch anhand der besonderen Verletzlichkeit von Geschäftsgeheimnissen und des typischen Tathergangs erklären. Als die potentiellen Täter einer Geheimnisverletzung und die wesentliche Lücke in der Geheimhaltung wurden nämlich schon früh die Beschäftigten eines Unternehmens ausgemacht.[58] Gleichzeitig bestand aber eine hohe Wahrscheinlichkeit, dass diese nicht über die finanziellen Ressourcen verfügten, um die Schäden zu kompensieren. Aus Gründen der effektiven Prävention richtete der Gesetzgeber sein Augenmerk daher auf die Entwicklung strafrechtlicher Normen. Zwar gewährleisteten diese keine wirtschaftliche Kompensation, jedoch wurde die präventive Abschreckung der Strafnormen gegenüber dem Deliktsrecht als am Effektivsten angesehen, um dem Verlust von Geschäftsgeheimnissen vorzubeugen.[59] Ihren Ursprung hat die gesetzgeberische Entscheidung, eine strafrechtliche Konzeption zu wählen, daher in dem Konflikt zwischen Arbeitgeber und Arbeitnehmer.[60] Diese blieb bis zum Inkrafttreten des Geschäftsgeheimnisgesetzes im Jahr 2019 bestehen.

2. Die Reform des Geheimnisschutzrechts

a) Anlass für die Harmonisierung in der EU

28 Eingeleitet wurde die Reform des Geheimnisschutzes durch den europäischen Gesetzgeber.[61] Anlass für die Harmonisierungsbestrebungen waren die stark divergierenden Regelungssysteme in den Rechtsordnungen der Mitgliedsstaaten, die dazu führten, dass grenzüberschreitende Transaktionen mit einem erheb-

---

54 Begr. RegE UWG 2004, BT-Drs. 15/1487 S. 26.
55 Begr. RegE UWG 2004, BT-Drs. 15/1487 S. 15; *Kraßer*, GRUR 1970, 587 (589).
56 *Köhler*, in: Köhler/Bornkamm/Feddersen (2019), § 17 Rn. 51 ff.; *Ohly*, in: Ohly/Sosnitza, § 17 Rn. 35 ff.; *Schubert*, in: Franzen/Gallner/Oetker, RL 2016/943 Art. 1 Rn. 5.
57 *Ohly*, GRUR 2014, 1 (5).
58 *Lemley*, 61 Stan. L. Rev. (2008), 311 (313).
59 *Nastelski*, GRUR 1957, 1 (2); *Harte-Bavendamm*, in: Gloy/Loschelder/Erdmann, § 77 Rn. 3; *McGuire et al.*, GRUR Int. 2010, 829 (831).
60 *Harte-Bavendamm*, in: FS für Köhler, S. 236.
61 Ausführlich zur Entstehungsgeschichte vgl. COM (2013) (13 endg, 2013/0402 (COD)).

lichen Risiko behaftet waren.[62] Daneben trat die teils geringe Regelungsdichte, durch welche hohe Informations- und Transaktionskosten anfielen und geringe Rechtssicherheit bestand.[63] Denn bis zum Erlass der Geschäftsgeheimnis-Richtlinie existierten abgesehen vom Übereinkommens über handelsbezogene Aspekte der Rechte des geistigen Eigentums (TRIPS)[64] keine Rechtsakte, die die nationalen Gesetzgeber zu einer Ausgestaltung des Schutzes verpflichteten, sodass der Geheimnisschutz lange Zeit zu den wenigen nicht harmonisierten Bereichen des Wirtschaftsrechts gehörte.[65] Erhebliche Schwierigkeiten bereitete schon die systematische Verortung, da nicht überall ein zivilrechtlicher Schutz vorgesehen war, sondern entweder lauterkeitsrechtliche Verbote bestanden, eine Zuordnung zum Recht des Geistigen Eigentums vorgenommen wurde oder sogar überhaupt keine einschlägige Rechtsgrundlage gegeben war.[66] Dadurch unterschied sich der Geheimnisschutz von den stark harmonisierten Immaterialgüterrechten zu denen ihm stets eine enge Verwandtschaft bescheinigt wurde.[67] Es bestand daher ein Bedürfnis zur Schaffung eines einheitlichen Schutzniveaus, um einen Wissenstransfer ohne aufwendige vertragliche Absicherungen zu ermöglichen.[68]

Daran hatte auch die Aufnahme des Geheimnisschutzes in Art. 39 Abs. 2 des TRIPS im Jahr 1994 wenig geändert.[69] Ziel des Abkommens ist es, Verzerrungen und Behinderungen des internationalen Handels zu beseitigen und einen Schutz der Rechte des Geistigen Eigentums zu fördern und sicherzustellen.[70] Über Art. 39 Abs. 2 TRIPS schließt dies nicht offenbarte Informationen – der Sache nach Geschäftsgeheimnisse – als Schutzobjekt mit ein.[71] Da es sich allerdings nur um einen Mindeststandard handelt, konnte diese Verpflichtung abweichend umgesetzt werden und war nicht in der Lage einen einheitlichen Rahmen zu schaffen.[72] Obwohl der Schutz so durch das TRIPS-Abkommen auf völkerrechtlicher Ebene Anerkennung fand, wurde er im europäischen Rechtsraum

---

62 Erwägungsgrund 6 f. Geschäftsgeheimnis-RL EU/2016/943.
63 Erwägungsgrund 6–9 Geschäftsgeheimnis-RL EU/2016/943; Study on Trade Secrets and Confidential Business Information in the Internal Market MARKT/2011/128/D, S. 3 ff.
64 BGBl II S. 1730.
65 Erwägungsgrund 4 Geschäftsgeheimnis-RL EU/2016/943.; *Schubert*, in: Franzen/Gallner/Oetker, RL 2016/943 Art. 1 Rn. 1; *Kalbfus*, GRUR 2016, 1009 (1009).
66 *Heinzke*, CCZ 2016, 179.
67 *Kalbfus*, GRUR 2016, 1009 (1009); *Ohly*, GRUR 2014, 1 (3 f.).
68 *Ohly*, GRUR 2014, 1 (2); KOM (2011) 287 S. 19.
69 *Sander*, GRUR Int. 2013, 217; *Ann*, in: Ann/Loschelder/Grosch, Kap. 1 A. Rn. 3 ff.
70 Vgl. Präambel des TRIPS-Abkommens.
71 *Harte-Bavendamm*, in: Harte/Henning, Vor § 17 Rn. 1, 2a; *Ann*, in: Ann/Loschelder/Grosch, Kap. 1 A. Rn. 1; *Ohly*, in: Ohly/Sosnitza, Vor § 17, Rn. 4.
72 Die endgültige Regelung des Art. 39 TRIPS stellt einen Kompromiss zwischen Hochtechnologie und Dritt- und Schwellenländern dar, vgl. *Ohly*, GRUR 2014, 1 (2); *Ann*, in: Ann/Loschelder/Grosch, Kap. 1 A. Rn. 7.

B. Die rechtlichen Rahmenbedingungen

30 allenfalls am Rande erwähnt und betraf nicht unmittelbar die Ausgestaltung des Schutzes.[73]
Dieser uneinheitliche Rechtsrahmen stellte nach Ansicht der Kommission ein Hemmnis für die Schaffung einer »Innovationsunion« dar, sodass sie sich bereits 2011 der Vereinheitlichung des Geheimnisschutzes annahm. Anhand von Studien und Konsultationen analysierte die Kommission das bestehende Schutzniveau und stellte die Fragmentierung des Geheimnisschutzes und die darauf beruhenden wirtschaftlichen Probleme fest.[74] Die EU-Kommission attestierte damit einen ineffizienten Schutz, der sich insbesondere in der Diskrepanz zwischen den Angaben über wirtschaftliche Schäden und der geringen Anzahl von Prozessen widerspiegelte.[75] Ergebnis des eingeleiteten Gesetzgebungsverfahrens ist die am 8. Juni 2016 in Kraft getretene Geschäftsgeheimnis-Richtlinie, welche bis zum 9. Juni 2018 in nationales Recht umzusetzen war.

b) Das Gesetzgebungsverfahren des GeschGehG

31 Um die Vorgaben der Geschäftsgeheimnis-Richtlinie umzusetzen, hat der deutsche Gesetzgeber das Gesetz zum Schutz von Geschäftsgeheimnissen erlassen.[76] Das Gesetz hob die bisherigen Regelungen der §§ 17–19 UWG aF auf und etablierte ein originär zivilrechtliches Schutzsystem in einem eigenständigen Stammgesetz. Die strafrechtlichen Regelungen finden sich inhaltlich ähnlich, aber umgestaltet in § 23 GeschGehG wieder. Damit tritt der zivilrechtliche Schutz deutlich in den Vordergrund.

32 In Kraft trat das GeschGehG am 26. April 2019 und damit ein Jahr nach Ablauf der Umsetzungsfrist. Grund für die Verzögerung war nicht nur die lange Dauer der Regierungsbildung im Anschluss an die Bundestagswahl 2017, sondern die große Regelungsdichte der Richtlinie, welche den deutschen Gesetzgeber zur Schaffung eines neuen Stammgesetzes drängte. Hinzu trat der vehemente Widerstand einiger Interessengruppen gegen bestimmte Regelungen. Diskutiert

---

[73] So richtete sich die RL zur Durchsetzung der Rechte des Geistigen Eigentums 2004/48/EG an die klassischen Immaterialgüterrechte, setzte aber im Rahmen der Auskunfts- und Besichtigungsansprüche Artt. 6 Abs. 1, 7 Abs. 1, 8 Abs. 3 lit. e) den Schutz vertraulicher Informationen voraus. Ebenso wurde die kartellrechtliche Wirksamkeit von Know-how-Verträgen in der Gruppenfreistellungsverordnung für den Technologie-Transfer EU/316/2014 geregelt, allerdings nur die wettbewerbliche Relevanz solcher Vereinbarungen und nicht den Geheimnisschutz als solcher, vgl. dazu ausführlich *Winzer*, Rn. 54.

[74] Hogan Lovells International LLP, Study on Trade Secrets and Parasitic Copying (Look-alikes) (MARKT/2010/20/D), Januar 2012; Baker McKenzie, Study on trade secrets and confidential business Information in the Internal Market (MARKT/2011/128/D), März 2013.

[75] Erwägungsgrund 24 Geschäftsgeheimnis-RL EU/2016/943.

[76] Gesetzes zur Umsetzung der RL (EU) 2016/943 zum Schutz von Geschäftsgeheimnissen vor rechtswidrigem Erwerb sowie rechtswidriger Nutzung und Offenlegung (GeschGehG), BGBl. I 2019, 366.

wurde weniger über die rechtlich relevanten Fragen wie die Richtlinienkonformität oder die Ausgestaltung der Tatbestände, Ansprüche und Verfahren, sondern vielmehr über einzelne Ausnahmetatbestände. Befürchtet wurden vor allem die Absenkung des Schutzniveaus und die Verschlechterung der Situation für Whistleblower und Journalisten.[77]

Bereits im April 2018 hatte das Bundesministerium für Justiz und Verbraucherschutz den ersten Referentenentwurf vorgelegt. Der Gesetzesentwurf hatte für einige kritische Stellungnahmen vor allem von Arbeitnehmer- und Arbeitgeberinteressenverbänden gesorgt.[78] Von Seiten der Gewerkschaften wurde etwa befürchtet, dass Arbeitnehmer, Gewerkschafter und Betriebsräte erweiterten Geheimhaltungspflichten unterliegen würden. Dadurch würde vor allem die Tätigkeit der Arbeitnehmervertreter enorm erschwert, da eine offene Kommunikation nicht mehr möglich wäre. Zugleich stünde den Arbeitgebern aufgrund des objektiven Maßstabs ein zu großer Freiraum bei der Bestimmung der geschützten Informationen zu. Journalistenverbände bemängelten in diesem Zusammenhang die drohenden Beschränkungen der Presse-, Meinungs- und Informationsfreiheit.[79] Demgegenüber kritisierten Arbeitgeberverbände neben den zahlreichen unbestimmten Rechtsbegriffen des Referentenentwurfs vor allem den Verzicht auf das Erfordernis eines internen Klärungsversuches durch Hinweisgeber.[80]

33

Der abgeänderte Regierungsentwurf wurde nach den ersten Beratungen im Bundestag am 11. Oktober 2018 an den Ausschuss für Recht und Verbraucherschutz verwiesen. Dieser führte am 12. Dezember 2018 eine öffentliche Anhörung mit Sachverständigen durch. Im Rahmen dieser wurde dem Gesetzesentwurf nur wenig Zustimmung, dafür aber viel Ablehnung entgegengebracht. In dieser Anhörung sorgte vor allem das Verhältnis des Geheimnisschutzes zum Hinweisgeberschutz und investigativem Journalismus für Diskussionsstoff.[81] Das System aus Verbotstatbestand und Rechtfertigung sei besonders abschreckend für Journalisten. Die Diskussionen drehten sich damit vor allem um die nunmehr in § 5 GeschGehG niedergelegten Ausnahmetatbestände. Der Ausschuss hat am 13. März 2019 eine Beschlussempfehlung abgegeben, die versuchte auf die Kritik einzugehen und in Teilen Änderungen enthielt.[82] Diese geänderte Empfehlung wurde am 21. März 2019 im Bundestag angenommen und passierte knapp einen Monat später den Bundesrat.

34

---

77 Vgl. BT-Protokoll 19/55, S. 6073.
78 Vgl zu der jeweiligen Kritik *Müllmann*, ZRP 2019, 25 mwN.
79 Stellungnahme Deutscher Journalisten Verband u.a. vom 18.05.2018, abrufbar unter https://www.bmjv.de/SharedDocs/Gesetzgebungsverfahren/DE/GeschGehG.html (zuletzt abgerufen am 07.03.2021).
80 Stellungnahme Bundesvereinigung der Deutschen Arbeitgeberverbände vom 16.05.2018, abrufbar unter https://www.bmjv.de/SharedDocs/Gesetzgebungsverfahren/DE/GeschGehG.html (zuletzt abgerufen am 07.03.2021).
81 BT-Protokoll 19/55, S. 6073 f.; *Müllmann*, ZRP 2019, 25 (26) mwN.
82 BT-Drs. 19/8300.

B. Die rechtlichen Rahmenbedingungen

3. Zwischenergebnis

35 Erst die Umsetzung der Geschäftsgeheimnis-Richtlinie hat damit zu einer eigenständigen zivilrechtlichen Regelung zum Schutz von Geschäftsgeheimnissen geführt. Damit stehen sich zwei grundverschiedene Schutzkonzepte gegenüber, welche gewiss auch im Hinblick auf Arbeitnehmer ein unterschiedliches Schutzniveau bieten. Denn von einem strafrechtlich geprägten Schutz verschob sich dieser hin zu einem zivilrechtlichen System mit ergänzenden Strafvorschriften für besonders eklatante Fälle. Nachfolgend soll daher die Rechtslage vor Inkrafttreten des Geschäftsgeheimnisgesetzes dargestellt werden; außerdem auf welche Art und Weise Arbeitgeber unter diesem Regelungssystem Schutz gegen die Geheimnisverletzung durch Arbeitnehmer geboten wurde. Dem soll das neue Recht gegenübergestellt werden, um im Anschluss festzustellen, welche Änderungen sich für den Schutz in Arbeitsverhältnissen konkret ergeben.

II. Die Rechtslage vor der Geheimnisschutzreform

36 Mit dem alten Geheimnisschutzrecht, dessen Kernregelungen sich im UWG befanden, und dem neuen Stammgesetz stehen sich nunmehr zwei grundverschiedene Schutzkonzeptionen gegenüber. Um eine Aussage dahingehend treffen zu können, ob sich die Situation für Arbeitnehmer verschlechtert oder verbessert, muss der bisherige Geheimnisschutz im Hinblick auf seine Ausgestaltung untersucht werden. Nachfolgend soll daher analysiert werden, welche Defizite der bisherige gesetzliche Geheimnisschutz aufwies und wie sich diese im Rahmen des Geheimnisschutzes gegenüber Arbeitnehmern bemerkbar machten.

1. Die Ausgestaltung und das Schutzkonzept

a) Die lauterkeitsrechtlichen Einzelstraftatbestände

37 Ausgangspunkt des lauterkeitsrechtlichen Geheimnisschutzes war der gesetzlich nicht definierte Begriff des Betriebs- und Geschäftsgeheimnisses. Diese Lücke wurde durch die Gerichte in ständiger Rechtsprechung geschlossen:[83] Demnach wurden als Betriebs- und Geschäftsgeheimnisse unternehmensbezogene Tat-

---

83 Vgl. bspw. BGH, Urt. v. 27.04.2006, I ZR 126/03, GRUR 2006, 1044 Rn. 19 – *Kundendatenprogramm* mit Verweis auf BGH, Urt. 15.3.1955, I ZR 111/53, GRUR 1955, 424 (425) – *Möbelpaste*; BGH, Urt. v. 7.11.2002, I ZR 64/00, GRUR 2003, 356 (358) – *Präzisionsmessgeräte*; *McGuire*, GRUR 2015, 424 (425); *Harte-Bavendamm*, in: FS für Büscher, S. 314; *Kalbfus*, Rn. 106; *Mayer*, GRUR 2011, 884 (885).

sachen geschützt, die nicht offenkundig, sondern nur einem begrenzten Personenkreis bekannt waren und nach dem Willen des Geheimnisträgers aufgrund eines berechtigten wirtschaftlichen Interesses geheim gehalten werden sollten.[84] Dieses Begriffsverständnis wurde für Tatbestände anderer Rechtsgebiete mit einem Bezug zu Geschäftsgeheimnissen übernommen.[85] Damit stimmte der deutsche Geheimnisbegriff nicht vollständig mit den völkerrechtlichen Vorgaben des TRIPS-Abkommens überein,[86] denn er gewährte einen weitergehenden Schutz, indem statt objektiver Geheimhaltungsmaßnahmen bereits ein bloßer subjektiver Geheimhaltungswille genügte.[87] Allerdings war dies TRIPS-konform, weil Letzteres nur einen Mindeststandard darstellt.

Die zentralen Vorschriften des Geheimnisschutzes enthielten in § 17 UWG aF mit dem Geheimnisverrat, der Betriebsspionage und der Geheimnishehlerei sowie der Vorlagenfreibeuterei in § 18 UWG aF strafrechtliche Verhaltensnormen.[88] Diese erfassten spezielle Tatmodalitäten und durften aufgrund des Bestimmtheitsgebotes nicht ausgeweitet werden. Während die Wahl der Ausgestaltung – wie bereits dargestellt[89] – dem Umstand geschuldet war, dass die Präventionswirkung des Strafrechts gegenüber den Beschäftigten als effektivstes Mittel angesehen wurde, hat der Gesetzgeber bei der sukzessiven Erweiterung den Schutz jeweils nur an aktuelle Gegebenheiten angepasst.[90] Bei genauer Betrachtung wird die Fixierung auf bestimmte Fallgruppen deutlich. 38

Der für Arbeitnehmer bedeutsame Tatbestand des Geheimnisverrats in § 17 Abs. 1 UWG aF, welcher abweichend von der Systematik des UWG gegen die eigenen Beschäftigten gerichtet war, verbot jede Offenlegungshandlung eines Arbeitnehmers. Einschränkungen erfuhr der Tatbestand zahlreiche, denn das Geheimnis musste dem Täter im Rahmen des Beschäftigungsverhältnisses zu- 39

---

84 Vgl. BVerfG MMR 2006, 375 (376); BGH, Urt. v. 7.11.2002, I ZR 64/00, GRUR 2003, 356 (358) – Präzisionsmessgeräte; BGH Urt. v. 15.03.1955 – I ZR 111/53, GRUR 1955, 424 (425) – Möbelwachspaste; BHG, Urt. v. 27.04.2006 – I ZR 126/03, GRUR 2006, 1044 Rn 19 – Kundendatenprogramm; OLG Celle WRP 2015, 1009 Rn. 14; BGH, Urt. v. 26.2.2009 – I ZR 28/06, GRUR 2009, 603 Rn. 13 – Versicherungsuntervertreter; BGH, Urt. 1.7.1960, I ZR 72/59, GRUR 1961, 40 (43) – Wurftaubenpresse.
85 Vgl. bspw. §§ 203 StGB, 172 Nr. 2 GVG, 120 BetrVG, 404 AktG.
86 Geschützt waren nach Art. 39 Abs. 2 TRIPS: »Nicht offenbarte Informationen, die einen kommerziellen Wert haben, weil sie geheim sind und die Gegenstand von den Umständen entsprechenden angemessenen Geheimhaltungsmaßnahmen durch die Person sind, die die rechtmäßige Kontrolle besitzt.«
87 *Harte-Bavendamm*, in: Harte/Henning, Vor § 17 Rn. 10b; *McGuire et al.*, GRUR Int. 2010, 829 (830).
88 Ausführlich zu den Tatbeständen, vgl. *Többens*, WRP 2005, 552 (555).
89 Vgl. unter A.I.1.
90 Vgl. hierzu die Darstellung unter A.I.; *Brammsen*, in: MüKo LauterkeitsR (2014) § 17 UWG Rn. 1 f.; *Nastelski*, GRUR 1957, 1 (2); *Harte-Bavendamm*, in: Gloy/Loschelder/Erdmann, § 77 Rn. 3; *McGuire et al.*, GRUR Int. 2010, 829 (831).

gänglich gemacht worden sein. Erforderlich war insofern eine gewisse Kausalität zwischen der Erlangung und dem Arbeitsverhältnis. Der Tatbestand war daher nicht erfüllt, wenn der Arbeitnehmer das Geheimnis bereits vor Eintritt in das Arbeitsverhältnis kannte oder es unabhängig von diesem erfuhr.[91] Als Sonderdelikt war der Geheimnisverrat damit in seinem Anwendungsbereich auf eine beim Geheimnisträger beschäftigte Person als Täter und eine Tathandlung während des Beschäftigungsverhältnisses beschränkt.[92] Nicht erfasst waren bspw. die ehemaligen Beschäftigten eines Unternehmens und zwar selbst dann nicht, wenn sie das Geheimnis während des Beschäftigungsverhältnisses erlangt hatten.[93] Diese gravierende Begrenzung diente der Gewährleistung der Arbeitnehmermobilität, gefährdete zugleich aber die Effektivität des Schutzes.[94]

40   Im Vergleich dazu enthielt die Betriebsspionage nach § 17 Abs. 2 Nr. 1 UWG aF zwar keine personelle oder temporäre Beschränkung, aber eine sachliche, da nur genau beschriebene Handlungsweisen bestraft wurden. Der Gesetzgeber wollte nämlich nicht *per se* jede unbefugte Erlangung pönalisieren, sondern beschränkte sich auf die typischen und als gefährlich eingestuften Erscheinungsformen der Betriebsspionage.[95] Über die unbefugte Erlangung hinaus mussten daher entweder technische Mittel angewendet, eine Wiedergabe erstellt oder die Verkörperung des Geheimnisses mitgenommen werden.[96] Dadurch wurde der Schutz einerseits nach vorne verlagert, sodass Vorbereitungshandlungen erfasst waren; andererseits verengt, da nur eine Verkörperung Tatobjekt sein konnte und nicht die mündlich mitgeteilte Information.[97]

41   Demgegenüber wurde die Verwertung und Offenlegung nur in den Fällen des § 17 Abs. 2 Nr. 2 UWG aF als Geheimnishehlerei bestraft, wenn eine diesem

---

91 *Harte-Bavendamm*, in: Harte/Henning, § 17 Rn. 9; *Ohly*, in: Ohly/Sosnitza, § 17 Rn. 14.
92 *Harte-Bavendamm*, in: Gloy/Loschelder/Erdmann, § 77 Rn. 7.
93 Ebenfalls nicht erfasst waren Gesellschafter, Kommanditisten und Aktionäre sowie Freiberufler und Wettbewerber, vgl dazu: *Harte-Bavendamm*, in: Harte/Henning, § 17 Rn. 8; *Ohly*, in: Ohly/Sosnitza, § 17 Rn. 13; *Köhler*, in: Köhler/Bornkamm/Feddersen (2019), § 17 Rn. 14.
94 BGH, Urt. v. 16.11.1954 – I ZR 180/53, GRUR 1955, 402 (404 f.) – Anreißgeräte.
95 BT-Drucks. 10/5058, S. 40.
96 Anzuwenden ist im Rahmen des § 17 Abs. 2 Nr. 1 lit. c UWG aF der Wegnahmebegriff des § 242 Abs. 1 StGB, vgl. BGH, GRUR 2012, 1048 Rn. 14 – MOVICOL-Zulassungsantrag; *Wiese* (2017), S. 64; *Diemer*, in: Erbs/Kohlhaas, UWG § 17 Rn. 39. Daher keine Wegnahme bei bestehendem Alleingewahrsam des Täters. Daher konnten Arbeitnehmer nicht Täter einer Betriebsspionage sein, wenn sie ihre Arbeitsmittel mitnahmen. Dies ergibt sich aus einem Umkehrschluss zu der Anwendung von § 17 Abs. 2 Nr. 2 UWG aF bei dem Rückgriff auf redlich angefertigte Unterlagen. a.A. *Brammsen*, in: MüKo LauterkeitsR (2020), § 17 UWG Rn. 92 und *Ohly*, in: Ohly/Sosnitza, § 17 Rn. 19, denen es auf eine dauerhafte Besitzsicherung ankam.
97 Die Handlung musste auf eine gewisse Gefährlichkeit hin untersucht und ggf. teleologisch reduziert werden, vgl. LG Berlin, Urteil vom 08.12.2011 – 52 O 155/11, BeckRS 2012, 03811.

Anschlussdelikt entsprechende Vortat gegeben war. In Betracht kam ein Geheimnisverrat durch einen Ersttäter nach § 17 Abs. 1, eine eigene oder fremde Betriebsspionage nach § 17 Abs. 2 Nr. 1 oder eine Verschaffung oder Sicherung auf eine andere unbefugte Art und Weise. Dem Begriff der Hehlerei zuwider, konnte die Vortat daher auch durch den Täter selbst begangen werden.[98] Die sonstige unbefugte Verschaffung oder Sicherung hatte in diesem Zusammenhang den Charakter eines Auffangtatbestandes, welcher im Hinblick auf die enge Ausgestaltung der anderen Tatbestände teilweise extensiv gehandhabt wurde.[99] Maßstab sollte lediglich eine Vortat sein, welche sich in ihrer Gefährlichkeit an den anderen Tatbeständen orientierte.

§ 18 UWG aF stellte eine ergänzende Norm dar, welche die unbefugte Verwertung anvertrauter Vorlagen als »Vorlagenfreibeuterei« und damit einen Vertrauensbruch pönalisierte. Beschränkt war sie sachlich auf im geschäftlichen Verkehr anvertraute geheime technische Vorlagen. Damit war der Tatbestand in mehrerer Hinsicht besonders: Einerseits wurde kein Betriebs- oder Geschäftsgeheimnis gefordert.[100] Andererseits verlässt die Vorlage das Unternehmen mit dem Willen des Geheimnisträgers. Die Regelung erfasste somit Fälle von untreuen Geschäftspartnern und klammerte Arbeitnehmer durch das Erfordernis des geschäftlichen Verkehrs im Verhältnis zu ihren Arbeitgebern aus.[101] 42

Daneben setzten die §§ 17, 18 UWG aF grundsätzlich Vorsatz voraus, der sich auf alle Tatbestandsmerkmale und ggf. auch die Vortaten beziehen musste.[102] Sämtliche Tatbestände forderten zudem ein besonderes subjektives Motiv, indem sie zu Zwecken des Wettbewerbs, aus Eigennutz oder mit Drittbegünstigungs- oder Schädigungsabsicht erfolgen mussten. Des Weiteren mussten die Tathandlungen unbefugt sein.[103] Während überwiegend angenommen wurde, dass das Vorliegen des Tatbestandes die Unbefugtheit indiziere und nur im Falle 43

---

98 *Wiese* (2017), S. 66 f.
99 Im Zusammenhang mit ehemaligen Arbeitnehmern betonte der BGH, dass die Anforderungen hier nicht hoch sein sollten, vgl. BGH, Urt. v. 21.12.1962 – I ZR 47/61, GRUR 1963, 367 (368 f.) – Industrieböden; BGH, Urt. v. 19.11.1982 – I ZR 99/80, GRUR 1983, 179 (181) – Stapelautomat; BGH, Urt. v. 27.04.2006, I ZR 126/03, BGH GRUR 2006, 1044 Rn. 14 ff. – Kundendatenprogramm. Probleme im Hinblick auf Art. 103 Abs. 2 GG sieht *Brammsen*, in: MüKo LauterkeitsR (2020) § 17 UWG Rn. 115 mwN; *Otto*, wistra 1988, 125 (129).
100 BGH, Urt. v. 17.12.1981, X ZR 71/80, GRUR 1982, 225 (226) – Straßendecke II; Ausführliche Auflistung der möglichen Schutzgegenstände bei *Köhler*, in: Köhler/Bornkamm/Feddersen (2019), § 18 Rn. 9 f.
101 Statt vieler *Brammsen*, in: MüKo LauterkeitsR (2014), § 18 UWG Rn. 11 f. und *Harte-Bavendamm*, in: Harte/Henning, § 18 Rn. 1.
102 Dazu *Wiese* (2017), S. 75.
103 Vgl. zu den §§ 17, 18 UWG jeweils *Brammsen,* in: Müko LauterkeitsR (2014), § 17 UWG Rn. 55 ff., 96 ff., 133 ff. und § 18 UWG Rn. 27 ff.

B. Die rechtlichen Rahmenbedingungen

eines Rechtfertigungsgrundes wegfalle,[104] wurde das Merkmal von der Rechtsprechung vermehrt als Korrektiv auf Tatbestandsebene angewandt, um eine Verletzung in unbilligen Fällen durch eine Interessenabwägung ablehnen zu können.[105] Lediglich in § 17 Abs. 2 Nr. 2 Var. 3 UWG aF wurde das Merkmal einhellig als ein Tatbestandsmerkmal anerkannt.[106] Relevant wurde diese Diskussion bspw. im Rahmen der Zulässigkeit des Reverse Engineering, das nach bisher h.M. als unbefugt angesehen wurde.[107] Das jüngere Schrifttum war dem nicht gefolgt und hat dafür plädiert, auf Basis einer Interessenabwägung die Unbefugtheit und damit die Rechtswidrigkeit in diesen Fällen abzulehnen.[108]

b) Der Schutzzweck der Normen

44 Der mit den lauterkeitsrechtlichen Vorschriften verfolgte Schutzzweck wurde ebenfalls nicht einheitlich beurteilt. Das vorherrschende Schrifttum war der Auffassung, die §§ 17 ff. UWG aF dienten dem Schutz kollektiver Interessen und gewährleisteten einen fairen Wettbewerb. Der Normzweck wurde daher überwiegend in der Bekämpfung von unlauterem Marktverhalten gesehen.[109] Zum Teil wurde gleich- oder nachrangig ein Schutz des Vermögens angenommen.[110] Lediglich das spezielle Schrifttum zum Geheimnisschutzrecht stellte den Vermögensschutz und die Vorteile für die Wirtschaft in Form von Investitionsschutz und Innovationsförderung in den Mittelpunkt.[111]

45 Neben der systematischen Verortung im Lauterkeitsrecht wurde der Schutz eines fairen Wettbewerbs mit den hohen Schadenssummen und der damit einhergehenden Gefahr durch Wirtschaftsspionage begründet.[112] Erlangung und

---

104 Siehe dazu exemplarisch *Harte-Bavendamm*, in: Harte/Henning, § 17 Rn. 21; *Brammsen*, in: MüKo LauterkeitsR (2014), § 17 UWG Rn. 55; *Diemer*, in: Erbs/Kohlhaas, UWG § 17 Rn. 23.
105 *Ohly*, in: Ohly/Sosnitza, § 17 Rn. 26; *Ohly*, GRUR 2014, 1 (6); *Janssen/Maluga*, in: MüKoStGB (2015), § 17 UWG Rn. 52; a.A. *Kalbfus*, Rn. 573.
106 Vgl. dazu exemplarisch *Brammsen*, in: MüKo LauterkeitsR (2014) § 17 UWG Rn. 115 ff.
107 Vgl. dazu exemplarisch RGZ 149, 329 (334) – Stiefeleisenpresse; *Harte-Bavendamm*, in FS für Köhler, S. 245 f.
108 *Ohly*, in: Ohly/Sosnitza UWG (2016) § 17 Rn. 26a; *Wiese* (2017), S. 65 mwN.
109 Ausführlich *Arians*, Band 2, S. 307 (339 ff.); *Staffler*, NZWiSt 2018, 269 (271); *Köhler*, in: Köhler/Bornkamm/Feddersen (2019), § 17 Rn. 2 mwN; *Pfeiffer*, FS für Nirk, S. 865; *Janssen/Maluga*, in: MüKoStGB UWG (2015), § 17 Rn. 10; *Rützel*, GRUR 1995, 557; a.A. *Brammsen*, in: MüKo LauterkeitsR (2014) § 17 UWG Rn. 4 f.
110 *Köhler/Hasselblatt*, in: Götting/Nordemann, § 17 Rn. 1.
111 *Ann*, in: Ann/Loschelder/Grosch, Kap. 1 Rn. 2 ff.; *Engländer/Zimmermann*, NZWiSt 2012, 328 (332); *Mayer*, GRUR 2011, 885 (885); *Vormbrock*, in: Götting/Meyer/Vormbrock, § 30 Rn. 15.
112 *Köhler*, in: Köhler/Bornkamm/Feddersen (2019), § 17 Rn. 2; *Többens*, NStZ 2000, 505.

Verwertung fremder Geschäftsgeheimnisse verschaffte dem Täter nämlich einen unberechtigten Wettbewerbsvorsprung und widersprach damit dem Ideal eines fairen Wettbewerbs. Darüber hinaus beeinflusste das internationale Recht die Verankerung im Lauterkeitsrecht, da Art. 39 TRIPS und Art. 10bis PVÜ den Schutz in den Kontext des Wettbewerbsrechts stellten.

Davon abgesehen war der innere Zusammenhang mit dem Lauterkeitsrecht in seiner heutigen Ausprägung und den Schutzzwecken des § 1 UWG gering. Dies ist daran erkennbar, dass die §§ 17 ff. UWG aF seit 1986 trotz der Modernisierung des Lauterkeitsrechts kaum Veränderungen erfahren haben. Insbesondere wurde erst im Zuge der UWG Reform 2004 die moderne Schutzzwecktrias verankert und der Kreis der Normadressaten auf Unternehmen und Selbstständige festgelegt.[113] Demgegenüber stellte der Geheimnisschutz in seinem Grundtatbestand weiterhin sogar einen dem Lauterkeitsrecht wesensfremden Schutz gegenüber Beschäftigten bereit.[114] Daher ließ sich die Schutzzwecktrias des § 1 UWG nicht auf diese Regelungen übertragen und fand zudem im Wortlaut der §§ 17 ff. UWG aF keinen Niederschlag.[115] Wäre ein marktregelnder Zweck beabsichtigt gewesen, hätte die Verwertung durch den Wettbewerber, der mittelbar einen unlauteren Wettbewerbsvorsprung erlangt hat, Gegenstand des Schutzes sein müssen. Tatsächlich war sogar eine Sanktionierung möglich, wenn der Handlung der Wettbewerbszweck fehlte oder diese nicht zu spürbaren Marktbeeinträchtigungen führte. Trotz seiner Verankerung im Lauterkeitsrechts konnte es daher schon nach altem Recht nicht primäres Ziel des Geheimnisschutzes gewesen sein, den Wettbewerb vor unlauterem Handeln zu schützen.[116]

Die Gesetzesmaterialien erwecken vielmehr den Eindruck, dass der Gesetzgeber den Schutz deutscher Unternehmen erreichen wollte. Im Einklang damit stand auch das Antragserfordernis in § 17 Abs. 5 UWG aF, da ein solches nur bei Delikten gegen ein Rechtssubjekt Sinn macht. Dass dies bezweckt wurde, wird vor allem an § 17 Abs. 6 UWG aF deutlich, der auf § 5 Nr. 7 StGB verweist. Dadurch wurde der Schutz territorial auf Auslandstaten, die zu Lasten eines deutschen Unternehmens gingen, ausgeweitet. Dies widerspricht dem Anwendungsbereich des UWG, den deutschen Markt und damit lediglich Inlandssachverhalte zu regeln. Wesentliches Motiv des deutschen Gesetzgebers war daher ersichtlich der Schutz inländischer Unternehmen gegen Industriespionage, sodass der Individualschutz des Geheimnisträgers im Vordergrund stand.[117]

---

113 Vgl. die Definition der geschäftlichen Handlung, § 2 UWG.
114 *Harte-Bavendamm*, in: Gloy/Loschelder/Erdmann, § 77 Rn. 7.
115 *McGuire*, GRUR 2016, 1000 (1005).
116 Ausdrücklich, *Brammsen*, in: MüKo LauterkeitsR (2014), § 17 UWG Rn. 4.
117 *McGuire,* GRUR 2016, 1000 (1005); *Brammsen*, in: MüKo LauterkeitsR (2014), § 17 UWG Rn. 4; Sekundär den Schutz der Allgemeinheit bejahend *Ohly*, in: Ohly/Sosnitza § 17 Rn. 1.

c) Die Strafrechtsakzessorietät des zivilrechtlichen Geheimnisschutzes

48 Die strafrechtliche Konzeption der Kernregelungen war in Bezug auf die Schaffung eines zivilrechtlichen Schutzes hinderlich, da sie den Schutz mangels eigenständigen Regelungssystems auf zivilrechtliche Generalklauseln verengte. Unterlassungs-, Beseitigungs- und Schadensersatzansprüche waren somit nur durch einen Rückgriff auf diese möglich und damit anerkanntermaßen lückenhaft.[118]

49 Zunächst konnte die positiv festgestellte Verletzung der §§ 17–19 UWG aF akzessorische zivilrechtliche Abwehr- und Schadensersatzansprüche i.V.m. §§ 823 und 1004 BGB analog auslösen.[119] Denn einerseits waren die Regelungen Schutzgesetze im Sinne des § 823 Abs. 2 BGB und zugleich konnte jede Verletzung der Tatbestände einen Rechtsbruch nach § 3a UWG darstellen, sofern eine geschäftliche Handlung i.S.d. § 2 Abs. 1 Nr. 1 UWG vorlag.[120] Sodann konnte der Geheimnisträger neben dem Schadensersatz auch Beseitigung und Unterlassen i.V.m. § 1004 BGB analog bzw. nach §§ 8 f. UWG geltend machen.[121] Die Berechnung des Schadensersatzes war nach den immaterialgüterrechtlichen Regeln möglich, sodass der Geheimnisträger zwischen dem Ersatz des konkreten Schadens, dem Wert einer hypothetischen Lizenz oder der Gewinnherausgabe wählen konnte.[122] Durch die oben dargestellte tatbestandliche Einengung war die Anwendung des § 823 Abs. 2 BGB und der weiteren Ansprüche jedoch erheblich eingeschränkt und in einer Zusammenschau ungeeignet, ein ausreichendes Schutzniveau zu gewährleisten.

50 Der gesetzliche Schutz war zudem weder in subjektiver noch in objektiver Hinsicht an die Voraussetzungen des strafrechtlichen Schutzes gebunden. Denn die Regelungen der §§ 17–19 UWG aF betrafen eine gesetzgeberische Wertung hinsichtlich der strafrechtlichen Regelungen, sodass der zivilrechtliche Schutz unabhängig von diesem zu beurteilen war. Dies war zum Teil auch erforderlich, da die Konformität mit dem TRIPS-Abkommen nur durch die Hinzuziehung ergänzender Generalklauseln erreicht werden konnte. Unter den engen Voraussetzungen der § 3 UWG und § 826 BGB war daher eine Erweiterung des Schutzes

---

118 Vgl bspw. *Ohly*, GRUR 2014, 1 (2); *Stier/Hasselblatt*, in: Götting/Nordemann, Vor § 17 Rn. 10; a.A. *Kiethe/Groeschke*, WRP 2005, 1358 (1370): »ein effizientes Rechtsschutzinstrumentarium«.
119 *Kiethe/Groeschke*, WRP 2005, 1358 (1361); *Harte-Bavendamm*, in: Gloy/Loschelder/Erdmann, § 77 Rn. 3.
120 BGH, Urt. v. 27.04.2006, I ZR 126/03, BGH GRUR 2006, 1044 Rn. 17 – Kundendatenprogramm; BGH, Urt. v. 26.03.2009, I ZR 28/06, NJW 2009, 1420 (1422) – Versicherungsuntervertreter; nach BT Drucks. 15/1487, S. 26 soll bereits ein Verstoß gegen den objektiven Tatbestand genügen.
121 *Ohly*, in: Ohly/Sosnitza, § 17 Rn. 2; *Stancke*, BB 2013, 1418 (1421).
122 BGH, WRP 2008, 938 Rn. 6; *Siems*, WRP 2007, 1146 (1147) und bereits *Kraßer*, GRUR 1977, 177 (182).

möglich.[123] Ein Handeln ließ sich daneben auch als Mittel wettbewerbsfremder Nachahmung i.S.v. § 4 Nr. 3 UWG deuten oder konnte durch die Verschaffung eines Marktvorsprungs eine gezielte Behinderung nach § 4 Nr. 4 UWG begründen.[124] Dadurch konnte Schutz in Fällen erlangt werden, in denen der Tatbestand der Strafnormen nicht erfüllt war.[125] Im Falle der sittenwidrigen Schädigung nach § 826 BGB war der Schutz unabhängig von einem Wettbewerbsverhältnis möglich und nicht an die kurze Verjährungsfrist des § 11 UWG gebunden.[126] Darüber hinaus wurde die Verwertung fremder Geschäftsgeheimnisse unter den Tatbestand der Eingriffskondiktion nach § 812 Abs. 1 S. 1 Alt. 2 BGB und der angemaßten Eigengeschäftsführung nach § 687 Abs. 2 BGB angedacht. Nicht abschließend geklärt waren aber die Einzelheiten unter denen eine Haftung in Betracht kam.[127]

Die Schwierigkeiten führten vor allem im Schrifttum dazu, eine Lösung über einen allgemeinen deliktsrechtlichen Anspruch aus § 823 Abs. 1 BGB zu konstruieren.[128] Das Bedürfnis nach einer solchen Konstruktion entstand nicht nur aufgrund der fehlenden Haftung in Fahrlässigkeitskonstellationen und bei einer fehlenden Wettbewerbshandlung, sondern gerade auch bei Verletzungshandlungen durch ausgeschiedene Beschäftigte.[129] Die genannten Ansprüche kamen nur gegen den tatsächlichen Verletzer in Betracht, aber nicht gegen denjenigen, der einen wirtschaftlichen Vorteil aus der Tat gezogen hatte. Dies war problematisch, wenn ein Mitbewerber die Information von einem Arbeitnehmer oder Geschäftspartner erlangt und verwertet hatte, ihm selbst aber kein Vorwurf gemacht werden konnte.[130] Zwar erscheint die Anwendung des § 823 Abs. 1 BGB im Ergebnis als eine gerechte Lösung, jedoch würde der Rückgriff auf das BGB zugleich den restriktiven §§ 17 ff UWG a.F. widersprechen. Zudem drohten

51

---

123 *Ohly*, in: Ohly/Sosnitza, § 17 Rn. 1; *Kalbfus*, Rn. 25; *Nastelski*, GRUR 1957, 1 (5); BGH, Urt. v. 17.05.1960, I ZR 34/59, GRUR 1960, 554 (555) – Handstrickverfahren; BGH, Urt. v. 01.07.1960, I ZR 72/59, GRUR 1961, 40 (42) – Wurftaubenpresse; BGH, Urt. v. 10.07.1963, I ZR 21/62, GRUR 1964, 31 (32) – Petromax II.
124 Zu § 4 UWG vgl. *Winzer* (2018), Rn. 88 ff. sowie *Wiese* (2017), S. 84 f.
125 BGH, Urt. v. 21.12.1962 – I ZR 47/61, GRUR 1963, 367 (369) – Industrieböden; RG, GRUR 1936, 573 (578) – Albertus Stehfix; BGH, Urt. v. 16.11.1954 – I ZR 180/53, GRUR 1955, 402 (404) – Anreißgeräte; BGH, Urt. v. 19.11.1982 – I ZR 99/80, GRUR 1983, 179 (181) – Stapelautomat; *Ohly*, in: Ohly/Sosnitza, § 17 Rn. 4; *Kurz* (2013), Rn. 638.
126 *Kiethe/Groeschke*, WRP 2005, 1358 (1361); *Harte-Bavendamm*, in Gloy/Loschelder/Erdmann, § 77 Rn. 5; *Kraßer*, GRUR 1970, 587 (589).
127 *Ohly*, in Ohly/Sosnitza, Vor § 17 Rn. 10.
128 *Mes*, GRUR 1979, 584 (592 ff.).
129 *Kiethe/Groeschke*, WRP 2005, 1358 (1361); *Doepner*, in FS für Tillmann, S. 106.
130 *Kraßer*, GRUR 1970, 177 (182 f.); *Bartenbach*, Rn. 2572; *McGuire*, GRUR 2016, 1000 (1002).

dogmatische Widersprüche.[131] Denn mit der Anwendung von § 823 Abs. 1 BGB hätte man dem Geheimnis entgegen der gesetzgeberischen Wertung faktisch den Charakter eines absoluten Schutzrechtes zugesprochen, obwohl dies überwiegend abgelehnt wurde.[132] Nicht abschließend geklärt war schließlich die in diesem Zusammenhang relevante Frage, welches Rechtsgut geschützt werden sollte.[133] Die Ansichten reichten vom Schutz des Unternehmens[134], des Vermögens[135], der unternehmerischen Geheimnissphäre[136], eines Teils des eingerichteten Gewerbebetriebs[137] oder lediglich der Wettbewerbsordnung.[138] Obwohl die Anerkennung als absolutes Recht ganz überwiegend abgelehnt wurde, wollte ein Großteil der Stimmen über eine solche systemwidrige Anwendung des § 823 Abs. 1 BGB zumindest im Einzelfall die Schutzlücken schließen.[139]

52 Mangels verlässlicher Anspruchsgrundlagen für einen gesetzlichen Schutz stellte vor allem das Vertragsrecht einen wesentlichen Schwerpunkt des zivilrechtlichen Geheimnisschutzes dar. In der Praxis waren daher Geheimhaltungsverpflichtungen, nachvertragliche Wettbewerbsverbote und vertragliche Sanktionsmechanismen weit verbreitet. Jedoch hatten auch diese nicht selten keinen Bestand vor Gericht, da die Rechtsprechung unter Berücksichtigung der gegenseitigen Interessen an ihre Ausgestaltung strenge Anforderungen stellte.[140]

2. Defizite der gesetzlichen Ausgestaltung

a) Schwächen und Lücken der Schutzkonzeption

53 Das dargestellte Grundkonzept war im Wesentlichen unverändert seit mehr als 100 Jahren in Geltung und wurde nur sukzessive und vorsichtig erweitert. Entsprechend beruhte der gesetzliche Schutz in seiner Ausgestaltung und seinem

---

131 Ausführlich *Harte-Bavendamm*, in: Harte/Henning, § 17 Rn. 50; ablehnend *Brammsen*, in: MüKo LauterkeitsR (2014) § 17 UWG Rn. 7; *Witz*, in: FS für Bornkamm, S. 513 f.; *Wagner*, in: MüKoBGB, § 823 Rn. 320.
132 Zu der Kontroverse *Köhler*, in: Köhler/Bornkamm/Feddersen (2019), Vor § 17 Rn. 2; *Kraßer*, GRUR 1970, 587 (594 f.); *McGuire*, GRUR 2015, 424 (427).
133 Statt vieler m.w.N. *Ohly*, GRUR 2014, 1 (8) und *Ann*, GRUR-Prax 2016, 465 (466); dagegen *Brammsen*, in: MüKo LauterkeitsR (2014) § 17 Rn. 7.
134 *Wagner*, in: MüKoBGB, § 823 Rn. 320.
135 *Brammsen*, in: MüKo LauterkeitsR (2014) § 17 UWG Rn. 6.
136 *Diemer*, in: Erbs/Kohlhaas, UWG § 17 Rn. 2; *Harte-Bavendamm*, in: Harte/Henning, § 17 Rn. 2.
137 Vgl. exemplarisch *Ann*, GRUR 2007, 39 (42); *Doepner*, in: FS für Tilmann, S. 106; *Enders*, GRUR 2012, 25 (28).
138 *Rupp*, WRP 1985, 676; *Otto*, wistra 1988, 125 (126); *Diemer,* in: Erbs/Kohlhaas, UWG § 17 Rn. 2.
139 Zu der Kontroverse *Kraßer*, GRUR 1970, 587 (594f.); *Köhler*, in: Köhler/Bornkamm/Feddersen (2019), Vor § 17 Rn. 2.
140 *Winzer*, Rn. 89; *Reinfeld* (2019), § 1 Rn. 11; *Rosenthal/Hamann*, NJ 2019, 321, (322).

Regelungszweck auf einem völlig veralteten wirtschaftlichen und technologischen Umfeld und war nicht in der Lage, den Herausforderungen der modernen Wirtschaft gerecht zu werden.[141] Vor diesem Hintergrund war anerkannt, dass der Schutz von Geschäftsgeheimnissen nicht mehr zeitgemäß ausgestaltet war und sowohl erhebliche dogmatische als auch praktische Defizite aufwies, die sich durch Rechtsunsicherheit und Durchsetzungsschwierigkeiten erkennbar machten.[142] Tatsächlich wurden im Jahr 2017 nur knapp 300 Strafverfahren wegen Geheimnisverletzung eingeleitet[143] und noch weniger Zivilklagen anhängig gemacht.[144]

Vor allem die strafrechtliche Konzeption brachte eine Vielzahl an Problemen mit sich. Zwar wurde dadurch der Unwertgehalt der Taten zum Ausdruck gebracht, da Geheimnisverletzungen nicht als Teil eines fairen Leistungswettbewerbs anerkannt werden sollten. Jedoch engte die konkrete Ausgestaltung den Anwendungsbereich der Normen ein und wirkte sich entsprechend auf den zivilrechtlichen Schutz aus. Der Gesetzgeber hatte mit den Vorschriften nur bestimmte Fallgruppen avisiert, deren detailgenaue Ausgestaltung sich beispielhaft in der Unterscheidung zwischen der Art der verwendeten technischen Mittel in § 17 Abs. 2 Nr. 1 UWG aF zeigte.[145] Die Straftatbestände unterlagen zudem dem Bestimmtheitsgebot nach Art. 103 Abs. 2 GG und waren damit einer Lückenfüllung durch Analogie nicht zugänglich. Folglich war es der Rechtsprechung versperrt, die Tatbestände weiterzuentwickeln und an neue Medien, Technologien und andere Gegebenheiten anzupassen.[146] Eine von ihrem Unrechtsgehalt gleichwertige oder sogar folgenschwerere Handlung konnte daher nicht sanktioniert werden, wenn nicht alle Tatbestandsmerkmale in personeller, zeitlicher und sachlicher Hinsicht erfüllt waren oder der Vorsatz nicht nachgewiesen werden konnte.[147] Besonders deutlich wurden die Probleme, die mit den Tatbestandseinschränkungen einhergingen, wenn die Rechtsprechung § 17 Abs. 2 Nr. 2 Var. 3 UWG aF als Korrektiv einsetzte. 54

Im Falle einer unberechtigten Geheimnisverwertung konnte das UWG dem Geheimnisträger damit nur unzureichende Schutzmaßnahmen gewähren.[148] Der beschränkte Anwendungsbereich brachte enorme Regelungslücken auch in zivil- 55

---

141 *Alexander*, in: Köhler/Bornkamm/Feddersen (2021), GeschGehG § 23 Rn. 6.
142 *Harte-Bavendamm*, in: Harte-Bavendamm/Ohly/Kalbfus, Einl. A Rn. 43; *McGuire*, GRUR 2015, 424; *Enders*, GRUR 2012, 25 (28); a.A. *Kiethe/Groeschke*, NStZ 2006, 185 (191).
143 Polizeiliche Kriminalstatistik des BKA (2017), V1.0 Schlüssel 715300 und 715400.
144 Der Gesetzgeber geht von zwanzig Verfahren jährlich aus, RegE Begründung, S. 19.
145 BT-Drs. 10/5058, 40.
146 *Kalbfus*, GRUR 2016, 1009 (1013).
147 *Ohly*, GRUR 2014, 1 (5); *Ohly*, in: Ohly/Sosnitza, § 17 Rn. 2; *McGuire*, GRUR 2016, 1000 (1002); Vgl. bspw. AG Reutlingen, Urt. v. 17.7.2014, 9Ds 22 Js 23818/12, BeckRS 2012, 23457; *Köhler*, in: Köhler/Bornkamm/Feddersen (2019), § 17 Rn. 58.
148 *Dumont*, BB 2018, 2441 (2442).

rechtlicher Hinsicht mit sich. Der Weg über die lauterkeitsrechtlichen und deliktsrechtlichen Generalklauseln unabhängig von den §§ 17–19 UWG aF war ebenso ungewiss, da abgesehen von bestimmten Einzelfällen unklar war, welche Anforderungen gestellt werden. Dass der Schutz dadurch lückenhaft und inkonsequent war, zeigt sich nicht zuletzt an den schon erwähnten Erweiterungsversuchen in der Rechtsprechung durch Generalklauseln und den Versuchen die Schutzlücken über § 823 Abs. 1 BGB zu schließen.[149] Um dem entgegenzuwirken wurde im Schrifttum vor allem eine ergänzende deliktsrechtliche Regelung gefordert, die nicht dem Bestimmtheitsgebot unterlag und damit einen flexibleren Schutz ermöglichen sollte.[150]

b) Verortung im Lauterkeitsrecht

56 Durch die Verortung des Geheimnisschutzes im Lauterkeitsrecht ergaben sich auch dogmatische Schwierigkeiten. Die Entscheidung war historisch nachvollziehbar, jedoch spätestens seit der UWG Reform 2004 nicht mehr passend. Der Schutzzweck und die Normadressaten der Unlauterkeitstatbestände und des Geheimnisschutzes stimmten nämlich trotz einiger Überschneidungen nicht überein. Dennoch wurde aufgrund der Verankerung im UWG stets betont, dass dem lauterkeitsrechtlich geschützten Geheimnisträger kein Rechtsgut zugeordnet wurde und die unlautere Handlung im Vordergrund stünde. Gleichzeitig wollte man die Schutzlücken über § 823 Abs. 1 BGB schließen. Dies wäre allerdings nur möglich, wenn Geschäftsgeheimnisse als sonstiges Recht i.S.v. § 823 Abs. 1 BGB und damit als selbstständiges Rechtsgut anerkannt worden wären. Ging es beim Geheimnisschutz aber – wie größtenteils vertreten – um die Sanktion von Fehlverhalten, kam nur eine Anerkennung als Schutzgesetz in Betracht.[151] Hinzu trat, dass dieser für das Lauterkeitsrecht typische unbestimmte Rechtsbegriff der Unbefugtheit ungeeignet war, einen rechtssicheren Rahmen zu schaffen. Ob die Handlung unbefugt war, war sowohl für den potentiellen Verletzer als auch den Geheimnisträger nur schwer zu prognostizieren.

57 Die fehlende Bestimmung des Rechtsguts steht zugleich im Widerspruch zu der Möglichkeit der rechtsgeschäftlichen Verwertung. In Rechtsprechung und Schrifttum war nämlich anerkannt, dass Geschäftsgeheimnisse veräußert, lizenziert oder bilanziert werden konnten.[152] Trotz dieser Feststellungen war der Gegenstand eines Know-how-Vertrages ungeklärt, denn nach überwiegender An-

---

149 *Ohly*, in: Ohly/Sosnitza, § 17 Rn. 2; *Harte-Bavendamm*, in: Gloy/Loschelder/Erdmann, § 77 Rn. 3; RG, GRUR 1936, 573 (577) – Albertus Stehfix; BGH, Urt. v. 21.12.1962 – I ZR 47/61, GRUR 1963, 367 (369) – Industrieböden; BGH, Urt. v. 19.11.1982 – I ZR 99/80, GRUR 1983, 179 (180 f.) – Stapelautomat.
150 Bspw. *Brammsen*, in: MüKo LauterkeitsR (2014), Vor § 17 UWG Rn 6; *Ohly*, GRUR 2014, 1 (5); *Harte-Bavendamm*, in: FS für Köhler, S. 235.
151 Ausführlich dazu *Ohly*, GRUR 2014, 1 (6 f.).
152 BGH, Urt. v. 25.01.1955 – I ZR 15/53, GRUR 1955, 388 – Dücko.

sicht waren Geschäftsgeheimnisse weder Sachen noch Rechte.[153] Die dogmatische Grundlage für die Übertragung wurde entweder in §§ 929 ff. analog, §§ 413, 398, 402 BGB oder §§ 398 ff. analog gesehen.[154] Im Hinblick auf eine Lizenzierung wurden die §§ 581 ff. BGB herangezogen.[155] Problematisch war dies nicht nur, weil das Pflichtenprogramm der Parteien damit unklar blieb, sondern auch, wenn die vertragliche Grundlage unwirksam war. Sodann konnte dem vermeintlichen Vertragspartner kein Vorwurf aus §§ 17, 18 UWG gemacht werden und es blieb offen, ob das Wissen berechtigterweise weitergenutzt werden durfte. Der BGH sprach in diesen Fällen ein Nutzungsverbot aus.[156] Um dieses konsistent zu erklären, hätte das Geheimnis aber entgegen der h.M. als Rechtsgut anerkannt werden müssen, um einen Zuordnungswechsel zu begründen.[157]

c) Rechtsfolgensystem und Schutz im Prozess

Auch das Rechtsfolgensystem entsprach nicht dem Schutzbedarf der Praxis, denn unmittelbar angeordnet waren nur strafrechtliche Konsequenzen. Trotz der Androhungen von hohen Freiheitsstrafen, trugen die Sanktionen nicht dem Bedürfnis des Geheimnisträgers ausreichend Rechnung, da Bestrafung und Vergeltung für ihn nur nebensächlich waren. Vielmehr stand aus der Perspektive des Opfers der Schutz des wirtschaftlichen Wertes im Mittelpunkt, sodass dem zivilrechtlichen Schutz größere Bedeutung beigemessen wurde als der Strafverfolgung.[158] Der wirtschaftliche Schaden entstand den Unternehmen nämlich durch den Verlust des Wettbewerbsvorsprunges, welcher durch Haft- und Geldstrafen nicht kompensiert werden konnte. Einem auf Beseitigung, Rückruf und Vernichtung gerichteter Anspruch, welcher dem Grunde nach notwendig gewesen sen wäre, um den Wettbewerbsvorsprung wiederherzustellen, fehlte jedoch die ausdrückliche Rechtsgrundlage.[159] Möglich waren derartige Begehren daher lediglich über die schon angesprochenen allgemeinen zivil- und lauterkeitsrechtlichen Anspruchsgrundlagen. Zudem waren Sanktionen gegen den Einzeltäter vorgesehen und nur im Ausnahmefall gegen den Mitbewerber, der den

58

---

153 *Köhler*, in: Köhler/Bornkamm/Feddersen (2019), Vor § 17 Rn. 3.
154 Vgl. dazu mwN *Köhler*, in: Köhler/Bornkamm/Feddersen (2019), Vor § 17 Rn. 3 f.
155 *Wagner*, in: BeckOK BGB, § 581 Rn. 10; *Harke*, in: MüKoBGB, § 581 Rn. 27; *Weidenkaff*, in: Palandt, BGB § 581 Rn. 3.
156 BGH, Urt. v. 25.01.1955 – I ZR 15/53, GRUR 1955, 388 – Dücko.
157 *McGuire*, in: Büscher, Vor § 17 Rn. 47.
158 *Kraßer*, GRUR 1970, 587; *Kraßer*, GRUR 1977, 177; *Ohly*, GRUR 2014, 1 (5); *Harte-Bavendamm*, in: FS für Köhler, S. 235; *Dumont*, BB 2018, 2441 (2441); *McGuire* GRUR 2015, 424 (424); *Stier/Hasselblatt*, in: Götting/Nordemann, Vor § 17 Rn. 10.
159 Vgl. dazu *McGuire*, in: Büscher, Vor § 17 Rn. 48 f.

wirtschaftlichen Vorteil aus der Tat zog. Von Interesse war ein solches Verfahren daher nur, wenn der ehemalige Arbeitnehmer zum Wettbewerber aufstieg.

59 Das Anzeigeverhalten und die vergleichsweise niedrige Zahl höchstrichterlicher Urteile verdeutlichen die Tendenz, Streitigkeiten in diesem Bereich außergerichtlich beizulegen. Dies hat seinen Ursprung darin, dass neben dem potentiell schlechten Image aus einem Strafprozess, die Durchsetzung von Ansprüchen wegen einer Verletzung von Geschäftsgeheimnissen riskant war. Mangels zivilprozessualer Regelungen war es nämlich schwierig gegen Geheimnisverletzungen effektiv vorzugehen.[160] Im Prozess musste der Geheimnisinhaber regelmäßig zwischen dem Prozessgewinn und dem Verlust des Geheimnisses abwägen. Das entscheidende Problem war, dass der Geheimnisträger aufgrund des Beibringungsgrundsatzes das Geheimnis offenlegen musste, da er ansonsten mangels substantiierten Klagevortrags den Prozess verlor.[161] Verbunden war damit aber die Kenntnisnahme des Beklagten von dem Geschäftsgeheimnis. Dies war dann problematisch, wenn der Beklagte das Wissen tatsächlich noch nicht oder nur in Teilen kannte. Die bisherigen Regelungen in den § 172 Nr. 3 und § 174 Abs. 3 GVG boten hier keinen ausreichenden Schutz.[162]

3. Der lauterkeitsrechtliche Schutz gegenüber Arbeitnehmer

a) Die Grenzen des straf- und zivilrechtlichen Geheimnisschutzes

60 Die rudimentäre Ausgestaltung des lauterkeitsrechtlichen Schutzes hatte entsprechende Auswirkungen auf den Schutz gegenüber Arbeitnehmern. Bis zum Inkrafttreten des Geschäftsgeheimnisgesetzes normierte § 17 Abs. 1 UWG aF die unrechtmäßige Geheimnisverletzung durch sämtliche Arbeitnehmer. Vor allem die temporäre Beschränkung des Tatbestandes auf aktive Arbeitsverhältnisse wirkte sich auf den Geheimnisschutz gegenüber Arbeitnehmern aus. Aus strafrechtlicher Sicht war der Schutz daher lediglich auf den Zeitraum des bestehenden Beschäftigungsverhältnisses begrenzt, um die Mobilität der Arbeitnehmer nicht einzuschränken. Damit waren im nachvertraglichen Bereich strafrechtliche Konsequenzen per se ausgeschlossen.[163] Eine Ausdehnung des Tatzeitraums des § 17 Abs. 1 UWG aF auf einen nachvertraglichen Verrat war aufgrund des strafrechtlichen Bestimmtheitsgebots versperrt. Im Grunde bestand somit im nach-

---

160 Ausführlich dazu *Hauck*, NJW 2016, 2218 (2221 ff.); *Ohly*, GRUR 2014, 1 (2); *Doepner*, in: FS für Tilmann, S. 105; *Rojahn*, in: FS für Loewenheim, S. 251.
161 Ausführlich *McGuire* GRUR 2015, 424 (427 ff.); *Dumont*, BB 2018, 2441 (2442).
162 *Dumont*, BB 2018, 2441 (2442).
163 *Arians*, in: Oehler, S. 307 (354 ff.); *Rengier*, in: Fezer (2009), § 17 Rn. 38; *Kalbfus*, Rn. 505 mit Verweis auf Rn. 194, 198 ff.; *Stumpf*, S. 32; *Vormbrock*, in: Götting/Meyer/Vormbrock, § 30 Rn. 20; *Gaugenrieder/Unger-Hellmich*, WRP 2011, 1364 (1369).

vertraglichen Bereich lediglich die Möglichkeit rechtswidrig erlangte Informationen über § 17 Abs. 2 UWG aF zu schützen, während sich eine Haftung für den in der Praxis relevantesten Fall der redlich erlangten Geschäftsgeheimnisse nur selten begründen ließ. Da es sich hier um strafrechtliche Sanktionen handelte und die Rechte und Pflichten sich mit Vertragsende reduzieren, erscheint die Wertung einer Straflosigkeit insoweit richtig, gerade weil der Unrechtsgehalt deutlich geschmälert ist. Dennoch führte diese Begrenzung zu erheblichen Schwierigkeiten in der Praxis eine zivilrechtliche Haftung für offensichtlich rechtswidrige nachvertragliche Verwendungshandlungen zu begründen.

b)   Die Ausweitung des § 17 Abs. 2 Nr. 2 UWG aF

Um die Haftung im nachvertraglichen Bereich zu erweitern und Lücken zu schließen, griff der Bundesgerichtshof zusätzlich auf den Tatbestand des »sich sonst unbefugt Verschaffens oder Sicherns« in § 17 Abs. 2 Nr. 2 Alt. 3 UWG aF zurück. Die Generalklausel ermöglichte es, jede unübliche Art der Kenntnisverschaffung als unredlich einzustufen. Einen besonderen Vertrauensbruch erforderte dies nicht.[164] Bereits das Überschreiten der arbeitsvertraglichen Befugnisse sollte als Vortat ausreichen, um im Ergebnis die Schutzlücke des § 17 Abs. 1 UWG aF zu schließen.[165] In diesem Fall handele der Arbeitnehmer nämlich wie ein Externer und brach gewissermaßen in die Geheimnissphäre des Arbeitgebers ein. 61

Andererseits wurde ein unbefugter Kenntniserwerb auch dann angenommen, wenn der Beschäftigte das Wissen im Rahmen seiner Tätigkeit berechtigterweise erfahren hat.[166] Hier lassen sich zwei unterschiedliche Sachverhalte ausmachen: Einerseits war der nachvertragliche Rückgriff auf Unterlagen, die der ehemalige Beschäftigte während des Beschäftigungsverhältnisses befugtermaßen angefertigt hatte, als unbefugt angesehen worden.[167] Denn mit Beendigung des Arbeitsverhältnisses verlören sie die Nutzungsbefugnis, sodass eine Weiternutzung einer unbefugten Erlangung gleich stünde.[168] Damit beschränkte der BGH die nachvertragliche Nutzung auf Informationen, welche der Beschäftigte in seinem Gedächtnis behalten hatte.[169] 62

Ähnlich verhielt es sich, wenn ein Beschäftigter sich das befugt erlangte Geheimnis systematisch einprägte oder auf ähnliche nicht betrieblich veranlasste 63

---

164 *Harte-Bavendamm*, in: Harte/Henning, § 17 Rn. 32.
165 BGH, Urt. v. 19.11.1982 – I ZR 99/80, GRUR 1983, 179 (181) – Stapelautomat.
166 *Harte-Bavendamm*, in: Harte/Henning, § 17 Rn. 32.
167 BGH, Urt. v. 24.11.1959, GRUR 1960, 294 – Kaltfließpressverfahren; BGH, Urt. v. 7.11.2002, I ZR 64/00, GRUR 2003, 356 (358) – Präzisionsmessgeräte; BGH, Urt. v. 19.12.2002, I ZR 119/00, GRUR 2003, 453 (454) – Verwertung von Kundenlisten; BGH, Urt. v. 26.2.2009 – I ZR 28/06, GRUR 2009, 603 Rn. 15 – Versicherungsuntervertreter.
168 BGH, Urt. v. 27.04.2006, I ZR 126/03, BGH GRUR 2006, 1044 Rn. 14 – Kundendatenprogramm; *Köhler*, in: Köhler/Bornkamm/Feddersen (2019), § 17 Rn. 47 mwN.
169 BGH, Urt. 14.01.1999, GRUR 1999, 934 (935) – Weinberater.

Weise einverleibte, um es später verwenden zu können. Einerseits überschritt er damit seine arbeitsvertraglichen Befugnisse, andererseits begann er damit eine Handlung, die in der Gefährlichkeit mit der Herstellung einer Verkörperung nach § 17 Abs. 2 Nr. 1 lit. b UWG aF vergleichbar war.[170] In diesen Fällen war es daher sogar irrelevant, ob der Beschäftigte ursprünglich befugten Zugang zu dem Wissen hatte oder sich diesen Zugang bereits durch andere unbefugte Handlungen verschafft hat.[171]

64 Der BGH betonte in diesem Zusammenhang, dass die Anforderungen an einen Nachweis unredlicher Erlangung nicht allzu hoch sein sollten.[172] Insbesondere bei großen Informationsmengen oder starken Übereinstimmungen komplizierter technischer Gerätschaften wurde in der Regel eine Verletzungshandlung angenommen. Dadurch wollte der BGH zu Recht verhindern, dass Arbeitnehmer durch einen Rückgriff auf Unterlagen oder ein Auswendiglernen, Informationen zum Nachteil des ehemaligen Arbeitgebers weiternutzten.[173] Jedoch begegnete diese Weite, die dazu geeignet war, jede Erlangungshandlung zu pönalisieren, Bedenken im Hinblick auf den strafrechtlichen Bestimmtheitsgrundsatz nach Art. 103 Abs. 2 GG. Insbesondere erschien kaum verlässlich festzustellen, ob die Kenntnisse lediglich auf einem guten Gedächtnis, langjähriger Tätigkeit oder tatsächlich eine der genannten Verhaltensweise beruhte. Daran eine Strafbarkeit zu knüpfen war nicht nur im Hinblick auf den Bestimmtheitsgrundsatz zu weitgehend, sondern aufgrund der Beweisschwierigkeiten auch kaum möglich.[174]

c) Der originär zivilrechtliche Geheimnisschutz

65 Abseits der lauterkeitsrechtlichen Vorschriften konnte ein nachvertraglicher Geheimnisverrat allenfalls originär zivilrechtliche Ansprüche auslösen. Dies war zugleich aber auch nur über die schwer zu begründenden Voraussetzungen der Generalklauseln möglich, sodass Regelungslücken entstanden.[175] Die Rechtsprechung wandte hier vor allem § 3 UWG und § 826 BGB[176] an und schloss

---

170 RG, GRUR 1936, 573 (577) – Albertus Stehfix.
171 *Harte-Bavendamm*, in: Harte/Henning, § 17 Rn. 32.
172 BGH, Urt. v. 21.12.1962, GRUR 1963, 367 (369) – Industrieböden; bestätigt in BGH, Urt. v. 27.04.2006, GRUR 2006, 1044 (1045) – Kundendatenprogramm.
173 *Harte-Bavendamm*, in: Harte/Henning UWG (2016) § 17 Rn. 32.
174 *Ohly*, in: Ohly/Sosnitza UWG (2016), § 17 Rn. 21; *Rengier*, in: Fezer (2009), § 17 Rn. 68; *Kalbfus*, Rn. 240; *Köhler*, in: Köhler/Bornkamm/Feddersen (2019), § 17 Rn. 47. Folge dieser Rechtsprechung, nach welcher ehemalige Beschäftigte allenfalls solche Kenntnisse verwenden dürfe, welche sie auf natürlich Weise im Gedächtnis behalten, ist auch, dass die Bedeutung der Generalklauseln abnahm, vgl. *Harte-Bavendamm*, in: Harte/Henning, § 17 Rn. 49.
175 *Kalbfus*, Rn. 505.
176 Vgl. BGH, Urt. v. 21.12.1962 – I ZR 47/61, GRUR 1963, 367 (369) – Industrieböden; BGH, Urt. v. 10.07.1963, I ZR 21/62, GRUR 1964, 31 (32) – Petromax II.

auch eine Anwendung des § 823 Abs. 1 nicht *per se* aus.[177] Ein Wettbewerbs- oder Sittenverstoß ließ sich jedoch nur bejahen, wenn besondere Umstände vorlagen, die anhand einer umfangreichen Interessenabwägung im Einzelfall beurteilt wurden.[178] Solche Umstände wurden lediglich bejaht, wenn der ehemalige Beschäftigte unmittelbar nach seinem Ausscheiden schlagartig den gesamten Kundenstamm mitnahm[179] oder noch während des Beschäftigungsverhältnisses unter Verwendung von anvertrauten Kundendaten zielgerichtet Kunden abgeworben hatte.[180] Die Generalklauseln waren aufgrund der vielseitigen Streitpunkte und hohen Anforderungen kaum in der Lage für Rechtssicherheit im Falle nachvertraglicher Geheimnisverletzungen zu sorgen.

Die Rechtsprechung des Bundesgerichtshofes weist eine ausgeprägte Kontinuität auf, wonach außerhalb des Anwendungsbereiches von § 17 Abs. 1 UWG aF auf Grundlage des § 3 Abs. 1 UWG kein Rechtsschutz gegenüber ehemaligen Arbeitnehmern gewährt wird. Die *Industrieböden*-Entscheidung vermag über diese Feststellung nicht hinweg zu helfen, da es sich um eine Kumulation von unterschiedlichen Faktoren handelte, die kaum jemals wieder in der gleichen Konstellation auftreten werden. Dies zeigt sich deutlich an der später ergangenen *Spritzgießwerkzeuge*-Entscheidung, welche aufzeigt, dass das Vorliegen von nur einigen dieser Faktoren nicht ausreichen soll. Die Begründung der Anwendung der § 3 UWG und § 826 BGB in Ausnahmefällen und der weiten Auslegung des § 17 UWF aF erscheint allerdings insgesamt widersprüchlich. Denn während der BGH den Straftatbestand massiv erweiterte, um bestimmte Regelungslücken zu schließen, verengte er den zivilrechtlichen Schutz im Grunde soweit, dass er kaum zur Anwendung kam. Diese Widersprüche sind nicht nur der fehlenden gesetzlichen Rechtsgrundlage für den nachvertraglichen Bereich geschuldet, sondern beruhen auch auf den Schwierigkeiten, die bestehende Rechtslage mit den Interessen der Arbeitsvertragsparteien zu vereinbaren. Im Ergebnis gewährte der BGH daher einen restriktiven Schutz für Geschäftsgeheimnisse im nachvertraglichen Bereich.[181] Wegen dieses unzureichenden gesetzlichen Schutzes stand in der Praxis der Arbeitsvertrag als Basis für eine Geheimhaltungspflicht im Vordergrund. Auf diese Regelungen und Grundsätze soll erst im Rahmen der Darstellung des arbeitsvertraglichen Geheimnisschutzes eingegangen werden.

66

---

177 So bspw. BGH, Urt. v. 25.01.1955 – I ZR 15/53, GRUR 1955, 388 – Dücko. Zu den dogmatischen Widersprüchen hinsichtlich der Anwendbarkeit von § 823 Abs. 1 BGB.
178 BGH, Urt. 19.11. 1982 – I ZR 99/80, GRUR 1983, 179 (181) – Stapelautomat; BGH, Urt. v. 3.5.2001 – I ZR 153/99, GRUR 2002, 91 (92) – Spritzgießwerkzeuge.
179 BGH, Urt. v. 06.11.1963 – Ib ZR 41/62 u. 40/63, GRUR 1964, 215 – Milchfahrer.
180 BGH, Urt. v. 22.04. 2004 – I ZR 303/01, GRUR 2004, 704 – Verabschiedungsschreiben.
181 BGH, Urt. v. 3.5.2001 – I ZR 153/99, GRUR 2002, 91 (92) – Spritzgießwerkzeuge; *Richters/Wodtke*, NZA-RR 2003, 281 (287); *Salger/Breitfeld*, BB 2005, 154 (156) mwN.

4. Zusammenfassung

67 Der Geheimnisschutz unter dem UWG aF sah sich vehement der Kritik ausgesetzt, dass er lückenhaft sei, weil weder Begriffsbestimmungen noch ein zivilrechtliche Rechtsfolgen vorgesehen waren. Die gesetzgeberischen Bemühungen wurden in diesem Zusammenhang als unzureichend beschrieben.

68 Schwierigkeiten ergaben sich durch die Konzeption vor allem im Hinblick auf die zivilrechtliche Haftung. Die Hürden reichten von dem schwer zu erbringenden Nachweis bestimmter Tathandlungen und Motive über das unvollständige Rechtsfolgensystem, welches nur im Ausnahmefall gegen denjenigen, der den wirtschaftlichen Vorteil aus der Tat zog, Ansprüche gewährte bis hin zu der riskanten gerichtlichen Durchsetzung. Selbst wenn es gelang die Hürden zu überwinden, konnte der Wettbewerbsvorsprung nicht wiederhergestellt und der entstandene Schaden nicht kompensiert werden. Damit bestand eine eklatante Diskrepanz zwischen den angeblichen Vorteilen des Geheimnisschutzes und den faktischen Problemen. Unter Berücksichtigung dieser Lückenhaftigkeit war der Geheimnisschutz in keinem Fall dazu geeignet, Investitionen zu fördern, eine rechtsgeschäftliche Verwertung wirksam abzusichern oder unökonomische Schutzmaßnahmen obsolet zu machen. Daher wurde das Geheimnisschutzrecht bisher auch als »Stiefkind«[182], »Aschenputtel«[183], »Störenfried und Sorgenkind«[184] bezeichnet.

69 Dies galt insbesondere mit Blick auf die Arbeitnehmer eines Unternehmens. Denn der Schutz gegenüber diesen war gesetzlich kaum ausgestaltet und führte in der Rechtsprechung allenfalls zu Einzelfallentscheidungen. Maßgeblich für diese mangelhafte Ausgestaltung des Schutzes war das Unvermögen des Gesetzgebers, die Interessen der Arbeitnehmer und Arbeitgeber in Einklang zu bringen. Einerseits wurde nämlich nur das Strafrecht als wirksames präventives Mittel anerkannt, andererseits begrenzte der Gesetzgeber die Haftung damit zugleich auf ganz bestimmte Fälle. Es war daher für Unternehmen häufig kaum möglich, eine Geheimnisverletzung rechtlich zu verfolgen. Vor diesem Hintergrund kann es nicht überraschen, dass der bestehende Schutzumfang und die gesetzgeberischen Bemühungen in der Literatur schon früh als unübersichtlich und ineffizient bezeichnet wurden. Aus diesem Grund waren aus deutscher Sicht die Harmonisierungsbestrebungen des europäischen Gesetzgebers besonders zu begrüßen, denn sie führten dazu, dass das Geheimnisschutzrecht grundlegend überarbeitet werden musste.

---

182 *Ann*, GRUR 2007, 39 (39).
183 Hogan Lovells International LLP, Study on Trade Secrets and Parasitic Copying (Look-alikes) (MARKT/2010/20/D), Januar 2012, Rn. 34.
184 *McGuire*, GRUR 2015, 424.

III. Das Gesetz zum Schutz von Geschäftsgeheimnissen

Das Geschäftsgeheimnisgesetz dient dem Schutz von Geschäftsgeheimnissen vor unbefugter Erlangung, Nutzung und Offenlegung, § 1 Abs. 1 GeschGehG. Es ist seit dem 26. April 2019 in Kraft. Maßgeblich beeinflusst durch die Geschäftsgeheimnis-Richtlinie, enthält es eine umfassende Neuregelung des Geheimnisschutzes in einem eigenständigen Gesetz. Die Schaffung eines Stammgesetzes war im Hinblick auf die Umsetzung der zugrundeliegenden Richtlinie notwendig.[185] Aufgrund der großen Regelungsdichte und den umfangreichen, für das deutsche Recht neuen, zivilrechtlichen Vorschriften wäre eine Einpassung in das Gesetz gegen den unlauteren Wettbewerb ungeeignet gewesen. Gleichzeitig passt das neue Geheimnisschutzrecht aufgrund seiner grundverschiedenen Ausrichtung und Konzeption nicht mehr zum lauterkeitsrechtlichen Schutz, denn es handelt sich ausdrücklich nicht mehr um marktverhaltensregelnde Vorschriften und weist andere Normadressaten auf.

Wie nachfolgend darzulegen ist, liegt dem Gesetz folgendes Regelungsmodell zugrunde: Der Schutzgegenstand, das Geschäftsgeheimnis, ist einem Rechteinhaber zugewiesen, dem wegen einer Verletzung seines Geschäftsgeheimnisses zivilrechtliche Ansprüche zustehen. Diese kann er im Wege des Zivilverfahrens unter Beachtung spezieller verfahrensrechtlicher Regelungen geltend machen. Ergänzend stehen strafrechtliche Normen zur Verfügung.

1. Die unionsrechtlichen Vorgaben der Geschäftsgeheimnis-Richtlinie

a) Richtlinienziel und -systematik

Das Geschäftsgeheimnisgesetz unterliegt einem starken unionsrechtlichen Einfluss, da es im Wesentlichen auf der Richtlinie über den Schutz vertraulichen Know-hows und vertraulicher Geschäftsinformationen (Geschäftsgeheimnisse) vor rechtswidrigem Erwerb sowie rechtswidriger Nutzung und Offenlegung[186] beruht. Diese trat am 8. Juni 2016 in Kraft und war bis zum 9. Juni 2018 durch die Mitgliedsstaaten umzusetzen.

Ziel der Richtlinie ist die Vereinheitlichung des europäischen Geheimnisschutzes und die Stärkung der Innovationsfähigkeit von Unternehmen, indem diese durch einen angemessenen Schutz in die Lage versetzt werden, Informationen vertraulich auszutauschen und miteinander zu kooperieren.[187] Dies soll

---

185 *Kalbfus*, GRUR 2016, 1009 (1017).
186 ABl. Nr. L 157 v. 15. Juni 2016 S. 1.
187 Erwägungsgründe 1, 3, 10 der Geschäftsgeheimnis-RL EU/2016/943; *Köhler*, in: Köhler/Bornkamm/Feddersen (2019), Vor § 17 Rn. 11; *Schubert*, in: Franzen/Gallner/Oetker, RL 2016/943 Art. 1 Rn. 3; *Alexander* WRP 2017, 1034 (1035).

durch eine zivilrechtliche Harmonisierung im Binnenmarkt erreicht werden.[188] Der Schutz der geschaffenen und geheim gehaltenen Informationen selbst ist nur ein aus Sicht der Unternehmen wünschenswerter Nebeneffekt, während die Richtlinie den Technologietransfer ermöglichen möchte, um dadurch die Verbreitung und Schaffung von Wissen und Innovationen zu fördern.[189] Um Effizienzverluste und die Hemmung des Wissensaustausches zudem zu vermeiden, soll ein starker rechtlicher Schutz überspitzte Geheimhaltungsmaßnahmen verhindern, die bisher eine produktive Zusammenarbeit zwischen Unternehmen behindert haben.[190] Auch soll die Verfügbarkeit des Patentschutzes durch den Schutz der erfinderischen Vorstufen mittels Geheimhaltung gefördert werden. Bezweckt ist damit, ein kreatives Umfeld für die Erzeugung von geistigen Leistungen und Investitionen in Innovationen zu schaffen.[191] Der Geheimnisschutz soll dadurch eine Lücke zwischen Immaterialgüterrecht und Wettbewerbsrecht schließen, die bisher nur unzureichend ausgefüllt wurde und damit die Funktionsfähigkeit des Wettbewerbs schützen.[192] Damit weicht der Schutzzweck der Richtlinienregelung – wie eingangs erwähnt – von dem des lauterkeitsrechtlich geprägten deutschen Geheimnisschutzes, den unverfälschten Wettbewerb zu schützen, nunmehr ab.

74   Zur Umsetzung dieser Ziele vereinheitlicht die Richtlinie die Begrifflichkeiten, die rechtswidrigen und rechtmäßigen Erlangungs-, Nutzungs- und Offenlegungshandlungen und die materiell-rechtlichen Ansprüche im Fall der Verletzung. Hervorzuheben ist in diesem Zusammenhang vor allem, dass die Richtlinie erstmals eine einheitliche Definition des Schutzgegenstandes gewährleistet, die im Einklang mit dem TRIPS-Abkommen nunmehr Geheimhaltungsmaßnahmen verlangt, um den Schutzbereich des Gesetzes zu eröffnen. Vorgesehen sind Ansprüche auf Beseitigung und Unterlassen als auch Schadensersatz und den Rückruf und die Vernichtung von Produkten. Diese Maßnahmen stellen darauf ab, nicht bloß eine Verletzung zu kompensieren, sondern den Wettbewerbsvorsprung wiederherzustellen. Diese müssen auf der einen Seite fair, gerecht, wirksam und abschreckend sein, andererseits dürfen sie die Rechtsdurchsetzung nicht unnötig kompliziert, kostspielig oder umständlich machen. Darüber hinaus sind Vorschriften für den Schutz des Geheimnisses im Prozess vorgesehen. Selbstverständlich muss die Verhältnismäßigkeit gewahrt und missbräuchliches Verhalten verhindert werden.

75   Die Geschäftsgeheimnis-Richtlinie beinhaltet insofern umfangreiche zivilrechtliche und prozessuale Regelungen für die Ausgestaltung des Geheimnisschutzes. Diese entsprechen der Systematik und dem Umfang der Regelungen für Schutzrechte und erlauben einen differenzierten Interessenausgleich, indem

---

188 *Alexander*, WRP 2019, 673 (674); *Heinzke*, CCZ 2016, 179 (180).
189 Erwägungsgrund 3 Geschäftsgeheimnis-RL EU/2016/943.
190 Erwägungsgrund 4, 8, 9 Geschäftsgeheimnis-RL EU/2016/943.
191 *McGuire*, GRUR 2016, 1000 (1006).
192 Erwägungsgrund 3, 16 Geschäftsgeheimnis-RL EU/2016/943.

der Schutzgegenstand festgelegt und einem Inhaber zugeordnet wird. Der Fokus wird damit von der unlauteren und deliktischen Handlung hin zu Geheimnisinhaber und Schutzgegenstand verschoben.[193]

b) Gegenstand und Anwendungsbereich

Gegenstand der Richtlinie ist folglich der Schutz von Geschäftsgeheimnissen[194] vor rechtswidrigem Erwerb, rechtswidriger Nutzung und rechtswidriger Offenlegung ausschließlich auf zivilrechtlicher Ebene.[195] Das in Deutschland und einer Reihe anderer Mitgliedsstaaten bestehende strafrechtliche System kann daneben weiterhin bestehen bleiben, muss aber an die Richtlinie angepasst werden, da ein zivilrechtlich erlaubtes Verhalten unter Berücksichtigung der Einheit der Rechtsordnung nicht gleichzeitig zu einer strafrechtlichen Sanktionierung führen darf.[196]

76

Die Richtlinie soll sich insgesamt in die Rechtsordnung einfügen und daher auch Regelungen, die eine Offenlegung von Geschäftsgeheimnissen im öffentlichen Interesse vorsehen, unberührt lassen. Dazu gehören die Informations-, Vorlage- und Auskunftspflichten gegenüber Behörden und die Verpflichtung nationaler und internationaler Behörden die Informationen zu veröffentlichen.[197] Weitere Grenzen findet die Richtlinie in dem Recht auf freie Meinungsäußerung und der Informationsfreiheit zugunsten der Pressefreiheit im Sinne der Grundrechtecharta. Damit ist die Grundrechtsausübung jedoch nicht vollständig aus dem Anwendungsbereich der Richtlinie ausgenommen, sondern kann im Rahmen der Beurteilung der Rechtmäßigkeit und Rechtfertigung von Handlungen zum Tragen kommen.[198] Neben dem Schutz der Autonomie der Sozialpartner inklusive dem Recht auf Kollektivvertragshandlungen nach Art. 28 GRCh, wird ausdrücklich auch Bezug auf den Schutz der Arbeitnehmermobilität genommen.[199] Zugleich soll das Geheimnisschutzrecht weder den klassischen immaterialgüterrechtlichen Schutz noch das Kartellrecht einschränken, sondern neben

77

---

193 *Heinzke,* CCZ 2016, 179 (180).
194 Damit weicht die Terminologie zwar von den nach deutschem Recht geschützten Betriebs- und Geschäftsgeheimnissen ab, jedoch ist damit keine inhaltliche Änderung verbunden, Erwägungsgrund 14 Geschäftsgeheimnis-RL EU/2016/943. Zur Terminologie des Geheimnisschutzes und dem Geheimnisbegriff, siehe Rn. 186 ff.
195 Vgl Art. 6 und Erwägungsgrund 10 Geschäftsgeheimnis-RL EU/2016/943.
196 Vgl. Erwägungsgrund 10 Geschäftsgeheimnis-RL EU/2016/943; Dem Europäischen Gesetzgeber fehlt nach Art. 83 Abs. 2 AEUV ohnehin die Kompetenz zum Erlass strafrechtlicher Vorschriften; *Köhler,* in: Köhler/Bornkamm/Feddersen (2019), Vor § 17 Rn. 11; *Hauck,* NJW 2016, 2218; *Goldhammer,* NVwZ 2017, 1809 (1816).
197 Art. 1 Abs. 2 lit. b, c; Erwägungsgrund 11.
198 Bspw. bei Art. 3 Abs. 1 lit c, d; Art. 5 lit b, c Geschäftsgeheimnis-RL EU/2016/943.
199 Erwägungsgrund 13 Geschäftsgeheimnis-RL EU/2016/943. Über den Einfluss der Richtlinie auf die Arbeitnehmermobilität soll innerhalb von sechs Jahren nach Inkrafttreten durch die Kommission berichtet werden.

diesen stehen.[200] Gegenüber der Durchsetzungs-Richtlinie[201] stellt die Richtlinie im Falle der Überschneidung eine *lex specialis* dar.[202] Klargestellt wird zudem, dass der Schutz personenbezogener Daten unberührt bleibt und nunmehr von der Datenschutzgrundverordnung EU/2016/679 erfasst wird.[203]

c) Umsetzungsvorgaben und Harmonisierungsgrad

78 Für einige Diskussion während des Gesetzgebungsverfahrens hat der Grad der Harmonisierung gesorgt. Zwar stellt Art. 1 Abs. 1 UAbs. 2 ausdrücklich klar, dass die Richtlinie lediglich einen Mindestschutz vorschreibt und damit nicht abschließend ist. Jedoch wird dieser Grundsatz durch einen daran anschließenden weitreichenden Katalog an Vorschriften durchbrochen, der einen weitergehenden Schutz verbietet. Insoweit darf die Umsetzung weder hinter den aufgelisteten Vorgaben[204] zurückbleiben noch über diese hinausgehen. Damit verfolgt die Richtlinie einen kombinierten Ansatz aus Mindest- und Vollharmonisierung und stellt klar, inwieweit für die Mitgliedsstaaten die Möglichkeit verbleibt, über das Schutzniveau der Richtlinie hinauszugehen.[205] Vollharmonisiert sind unter anderem die materiell-rechtlichen Regelungen der Erlaubnistatbestände und Ausnahmen, die vornehmlich dem Schutz der Interessen Dritter dienen. Demgegenüber können die Mitgliedsstaaten nur noch über Teile des prozessualen Geheimnisschutzes und des Rechtsfolgensystems entscheiden. Gerade dieser geringe Gestaltungsspielraum bringt einen entscheidenden Vorteil gegenüber dem TRIPS-Abkommen mit sich, welches es nicht geschafft hat zu einer substantiellen Harmonisierung zu führen.

79 Unklarheit besteht aber im Hinblick auf die Verbindlichkeit der vorgegebenen Begriffsbestimmungen des Art. 2, denn diese finden sich nicht im Katalog der voll zu harmonisierenden Vorschriften wieder.[206] Im Hinblick auf den im Gesetzgebungsverfahren umfangreich diskutierten Harmonisierungsgrad ist ein Versehen des Gesetzgebers auszuschließen.[207] Insofern wären großzügigere Begriffsbestimmungen denkbar, mit der Folge, dass sich insbesondere für das deutsche

---

200 Erwägungsgrund 38, 39 Geschäftsgeheimnis-RL EU/2016/943.
201 Richtlinie 2004/48/EG v. 29.04.2004 zur Durchsetzung der Rechte des Geistigen Eigentums, ABl. 2004 Nr. L 195/16.
202 Erwägungsgrund 39 Geschäftsgeheimnis-RL EU/2016/943.
203 Erwägungsgrund 35 Geschäftsgeheimnis-RL EU/2016/943.
204 Art. 3, 5–6, 7 Abs. 1, 8, 9 Abs. 1 UAbs. 2, Abs. 3 und Abs. 4, 10 Abs. 2, 11, 13 und 15 Abs. 3 der Geschäftsgeheimnis-RL EU/2016/943.
205 Eingehalten werden müssen daher neben den Maßgaben des AEUV die Artikel 3, 5, 6, 7 Abs. 1, 8, 9 Abs. 1 Uabs. 2, Abs. 3 und 4, 10 Abs. 2, 11, 13 und 15 Abs. 3.
206 Ausführlich zum Streit *Harte-Bavendamm*, in: FS für Büscher, S. 313 ff.; *Heinzke*, CCZ 2016, 179; Für die Verbindlichkeit *McGuire*, GRUR 2016, 1000 (1006).
207 *Lejeune*, CR 2016, 330 (331).

III. Das Gesetz zum Schutz von Geschäftsgeheimnissen

Recht keine zwingende Änderung des Geheimnisbegriffs ergeben könnte.[208] Jedoch erscheint es widersinnig, einen einheitlichen Schutz durch eine Vielzahl an gleichlaufenden Normen anzustreben, wenn gleichzeitig die Möglichkeit bestünde, den Anwendungsbereich durch ein abweichendes Verständnis des Schutzgegenstandes zu verschieben.[209] Dies läuft dem Zweck der Rechtsangleichung zuwider und stört den vom europäischen Gesetzgeber ausgewogenen Interessenausgleich, da zahlreiche Vorschriften an den Geheimnisbegriff anknüpfen.[210] Dazu zählen vor allem die zentralen und vollharmonisierten Vorschriften über rechtmäßige bzw. gerechtfertigte Handlungen und den Geheimnisschutz im Prozess. Diese Vollharmonisierung muss daher indirekt auch die Begriffsbestimmungen erfassen.[211] Durch ein unterschiedliches Verständnis wäre der Anwendungsbereich dieser Vorschriften deutlich umgestellt und der Harmonisierungsgrad unterwandert. Daher dürfen die Begriffe jedenfalls in diesen Vorschriften keine abweichende Bedeutung haben. Aus diesem Grund betont die Richtlinie auch, dass es wichtig sei, eine homogene Definition des Geschäftsgeheimnisbegriffs festzulegen.[212]

Zudem widerspräche eine abweichende Begriffsbestimmung dem vom Unionsgesetzgeber gefundenen Ausgleich zwischen den gegenläufigen Interessen im Geheimnisschutzrecht.[213] Vorgesehen ist nämlich ein effektiver Schutz für den Geheimnisinhaber, der zugleich zugunsten der Meinungs- und Nachahmungsfreiheit eingeschränkt ist, vgl. Art. 1 Geschäftsgeheimnis-RL.[214] Ein erweiterter Geheimnisbegriff würde nun zu Lasten letzterer gehen, während eine enge Auslegung den Schutz des Geheimnisinhabers verengt. Für eine effektive Harmonisierung ist es daher unerlässlich, dass der Geheimnisbegriff trotz seines Bewertungsspielraumes explizit übernommen wird,[215] er ist daher

80

---

208 So jedenfalls OGH Wien, Beschluss v. 25.10.2016 – 4 Ob 165/16t, BeckRS 2016, 117117, unter 2.3.(b) – Ticketsysteme; *Lejeune*, CR 2016 330 (331); *Baranwoski/ Glaßl*, BB 2016, 2563 (2565); *Kalbfus*, GRUR 2016, 1009 (1011), empfiehlt im Ergebnis allerdings die Übernahme des Begriffs; *Schubert*, in: Franzen/Gallner/ Oetker, RL 2016 943 Art. 1 Rn. 4.
209 *McGuire*, in: FS für Harte-Bavendamm, S. 371 weist darauf hin, dass es sich bei den Begriffsbestimmungen des Art. 2 um eine vor die Klammer gezogene Regelung handelt, die sich einer Kategorisierung in Voll- und Mindestharmonisierung entzieht.
210 Erwägungsgrund 6 Geschäftsgeheimnis-RL EU/2016/943.
211 *McGuire*, in: FS für Harte-Bavendamm, S. 371.
212 Erwägungsgrund 14 Geschäftsgeheimnis-RL EU/2016/943.
213 *McGuire*, in: FS für Harte-Bavendamm, S. 372.
214 Erwägungsgrund 10 Geschäftsgeheimnis-RL EU/2016/943.
215 Vgl. auch *Harte-Bavendamm*, in: FS für Büscher, S. 313; *Stier/Hasselblatt*, in: Götting/Nordemann, Vor § 17 Rn. 5; *Maaßen*, GRUR 2019, 352 (353); *GRUR Stellungnahme*, GRUR 2018, 708 (709); *Kalbfus*, GRUR 2016, 1009 (1011) weist zusätzlich darauf hin, dass sodann ein Gleichlauf mit den internationalen Standards des TRIPS und wichtiger Industrienationen wie den USA und Japan gewährleistet wird.

im Hinblick auf die vollharmonisierten Vorschriften als verbindlich anzusehen.[216]

81 Verfehlt ist auch die Annahme, der nationale Gesetzgeber dürfe die Arbeitnehmermobilität zugunsten des Geheimnisschutzes einschränken.[217] Art. 1 Abs. 3 ist zwar kein Bestandteil des Katalogs. In der Sache handelt es sich ebenso wie bei Art. 1 Abs. 2 nicht um eine Regelung, die einer Mindestharmonisierung unterliegt und zugunsten des Geheimnisschutzes abgeschwächt werden könnte, sondern um eine Festlegung des Anwendungsbereiches. Diese ist vor die Klammer gezogen und entzieht sich somit grundsätzlich der Einordnung in einen Harmonisierungsgrad. Sie gewährleistet den Schutz der Arbeitnehmer und Arbeitnehmermobilität.

d) Zwischenergebnis

82 Die vom europäischen Gesetzgeber angestrebte Harmonisierung der zivilrechtlichen Geheimnisschutzvorschriften wurde größtenteils begrüßt, da der Geheimnisschutz in den meisten Mitgliedsstaaten eher rudimentär ausgestaltet war. Aufgrund des grundverschiedenen Regelungsansatzes im Vergleich zum deutschen Recht brachte die Richtlinie aber auch einschneidende Veränderungen mit sich. Der Einfluss auf das Geschäftsgeheimnisgesetz ist insofern unverkennbar.

2. *Die Regelungsstruktur des Gesetzes*

83 Die Systematik des Geschäftsgeheimnisgesetzes ist aus diesem Grund mit der Geschäftsgeheimnis-Richtlinie weitgehend deckungsgleich: Im ersten Abschnitt wird der Anwendungsbereich in § 1 mit einer Reihe wesentlicher Begrifflichkeiten in § 2 festgelegt. Zentral ist hier die Definition des Geschäftsgeheimnisses, welche somit den durch Richterrecht geprägten Begriff des Betriebs- und Geschäftsgeheimnisses ablöst.

84 Es folgen die Kernvorschriften mit den erlaubten, verbotenen und ausgenommenen Handlungen. Es stehen die tendenziell weiten Verletzungstatbestände des § 4 für die ein objektiver Eingriff genügt, sowohl gegen Erstverletzer, Dritte und rechtsverletzende Produkte zur Verfügung. Sie sind weder personell noch zeitlich beschränkt. Im Umkehrschluss teilen sie dem Geheimnisinhaber seine Befugnisse zu. Ansprüche sind demnach nur gegeben, wenn für die Erlangung, Nutzung oder Offenlegung keine Berechtigung vorliegt oder das Geheimnis

---

216 *McGuire*, GRUR 2016, 1000 (1006); a.A. OGH Wien, Beschl. v. 25.10.2016 – 4 Ob 165/16t, BeckRS 2016, 117117, unter 2.3.(b) – Ticketsysteme; *Baranowski/Glaßl*, BB 2016, 2563 (2565); *Schubert*, in: Franzen/Gallner/Oetker, RL 2016 943 Art. 1 Rn. 4.
217 So *Schubert*, in: Franzen/Gallner/Oetker, RL 2016/943 Art. 1 Rn. 4.

wissentlich von einem Dritten erlangt wird, der es seinerseits unbefugt erlangt oder verwendet hat.

Begrenzt werden diese Tatbestände durch eine Auflistung rechtmäßiger und ausgenommener Handlungen in den §§ 3 und 5. Demnach wird neben der unabhängigen Doppelschöpfung und der Erlaubnis des Reverse Engineering, die freie Kommunikation zwischen Arbeitnehmern und ihren Interessenvertretungen als rechtmäßig erachtet. Zugleich sind Handlungen grundsätzlich rechtmäßig, soweit diese nach dem Recht der Union oder des Mitgliedstaates vorgeschrieben oder erlaubt sind.[218] Eine Handlung ist ausgenommen, wenn diese zum Schutz eines berechtigten Interesses erfolgt ist. Als solches kommt die Meinungsfreiheit, die Aufdeckung illegalen Verhaltens oder die Wahrnehmung der Interessenvertretung in Betracht. Besonders hervor sticht hier das Zusammenspiel aus dem nunmehr legal definierten, aber dadurch engeren Geschäftsgeheimnisbegriff und den weiten zivilrechtlichen Eingriffstatbeständen mit ihren expliziten Grenzen. 85

Darauf folgen der Systematik des deutschen Rechts entsprechend die materiell-rechtlichen Ansprüche des Geheimnisinhabers gegen den Rechtsverletzer, welche sich stark an der Durchsetzungs-Richtlinie orientieren und damit denen der Immaterialgüterrechte weitgehend entsprechen. Verwendet jemand in rechtsverletzender Weise ein Geheimnis, kann der Inhaber auf Beseitigung oder Unterlassung klagen (§ 6) bzw. Rückruf oder Vernichtung der entsprechenden Produkte verlangen (§ 7)[219]. Auch steht ihm ein Auskunftsanspruch gegen den Rechtsverletzer zu (§ 8). Diese Ansprüche greifen verschuldensunabhängig, während Schadensersatzansprüche (§ 10) ein Verschulden des Anspruchsgegners voraussetzen und auch immaterielle Schäden erfassen können. Zusätzlich besteht die Möglichkeit den Inhaber eines Unternehmens (§ 12) haftbar zu machen, sofern einer seiner Beschäftigten die Tat ausgeführt hat. 86

Der dritte Abschnitt befasst sich mit dem Geheimnisschutz in gerichtlichen Verfahren, in denen Geschäftsgeheimnisse Streitgegenstand sind. Zweck der prozessualen Regelungen ist es, dass zukünftig nicht mehr zwischen dem Verlust des Prozesses oder des Geheimnisses gewählt werden muss.[220] Die Kernbestimmungen des prozessualen Geheimnisschutzes finden sich in § 16 GeschGehG, der den Rahmen für die Abwägung zwischen dem Recht des Geheimnisinhabers auf effektiven Rechtsschutz und dem des Prozessgegners auf ein faires Verfahren festlegt. Neben einem zeitlich über das Verfahren hinausreichenden Verbot der Nutzung oder Offenlegung von im Prozess erlangten Geheimnissen werden Mindeststandards geregelt. Darunter fallen der Öffentlichkeitsausschluss, die Beschränkung der Teilnahme an den mündlichen Verhandlungen und strafbewehrte Geheimhaltungspflichten für Verfahrensbeteiligte. 87

---

218 *Harte-Bavendamm*, in Harte/Henning, Vor § 17 Rn. 10c.
219 Vgl. hierzu *Partsch/Schindler*, NJW 2020, 2364.
220 Vgl. *Ohly*, GRUR 2019, 441 (449).

88   Abschließend wird der Schutz durch eine strafrechtliche Norm (§ 23) für besonders eklatante Fälle einer Geheimnisverletzung ergänzt.[221] Die bisherigen Straftatbestände der §§ 17 ff. UWG aF wurden aufgehoben und in ihren Grundzügen mit inhaltlicher Neuordnung an dieser Stelle in das GeschGehG überführt. Allerdings verweist der strafrechtliche Schutz nun auf die Handlungsverbote des § 4 GeschGehG und stellt damit bezeichnenderweise eine Zivilrechtsakzessorietät her. Die Funktion der Regelungen ist damit nur noch auf eine Ergänzung des zivilrechtlichen Geheimnisschutzes begrenzt, ermöglicht in Einzelfällen jedoch weiterhin den Rückgriff auf die staatsanwaltlichen Ermittlungsbefugnisse.

3. Der Schutzzweck des GeschGehG

89 Mit der Neugestaltung und der nahezu vollständigen Übernahme der durch Innovations- und Investitionsförderung geprägten Geschäftsgeheimnis-Richtlinie geht eine Änderung des Schutzzweckes gegenüber dem bisherigen nationalen Geheimnisschutz einher, welches vor allem den Schutz deutscher Unternehmen bezweckte.[222] Entsprechend wird im Rahmen der Gesetzesbegründung des GeschGehG durch den Gesetzgeber konsequenterweise klargestellt, dass der zukünftige Geheimnisschutz keine Marktverhaltensregelung mehr darstellt. Hingewiesen wird in diesem Zusammenhang darauf, dass die Geschäftsgeheimnis-Richtlinie in ihrem Anwendungsbereich zahlreiche Fälle einer unbefugten Geheimnisverletzung behandelt, die unabhängig von einem Wettbewerbsverhältnis sind. Daher war auch eine Umsetzung im UWG ausgeschlossen.[223] Damit wird eindeutig klargestellt, dass der Schutz eines unverfälschten Wettbewerbs nicht mehr Ziel des Geheimnisschutzes sein soll, sondern durch den Bezug zur Richtlinie vielmehr die Förderung von Innovation und Wirtschaft.

90   Während der Schutz von Informationen durch Geheimhaltung teilweise als innovationshemmend empfunden wurde, macht gerade die nunmehr bestehende Ausgestaltung deutlich, dass der Geheimnisschutz sehr wohl mit Innovation und Fortschritt im Einklang steht. Gewährt werden soll eine Geheimnissphäre für die Unternehmen, die gegen bestimmte Angriffsformen geschützt ist. Dieser Schutz greift eben dann nicht ein, wenn die Informationen auf eine redliche Art und Weise außerhalb dieser Geheimnissphäre erlangt wurde.

91   Die Abkehr vom bisherigen Schutzzweck wird bei Betrachtung des *Reverse Engineering* unter beiden Regimen deutlich. War dieses noch unter dem UWG aF von der herrschenden Ansicht als unbefugt angesehen worden, gehört es nunmehr zu den ausdrücklich erlaubten Handlungen nach § 3 GeschGehG. Dies erscheint schlüssig, sofern man bedenkt, dass der bisherige Schutz darauf beruhte, die Wirtschaft und einen fairen Wettbewerb vor unlauterem Verhalten zu

---

221 Hierzu ausführlich *Hieramente/Wagner*, GRUR 2020, 709.
222 Vgl. A. II. 1. b.
223 RegE GeschGehG, BT-Drs. 19/4724, S. 17.

schützen, sodass jede Übernahme fremder Leistungen verhindert werden sollte. Wenn aber die Geheimnissphäre im Vorfeld einer Patentierung oder Markteinführung geschützt werden soll um die freie Entfaltung der Unternehmen und das innovative Schaffen zu fördern, dann muss das *Reverse Engineering* erlaubt sein, sobald das Wissen in Form eines Produktes die geschützte Sphäre verlässt.[224] Konsequent ist es daher, den Wissenstransfer im Vorfeld zwischen Unternehmen durch die vertragliche Ausschlussmöglichkeit des *Reverse Engineering* zu fördern.[225]

Damit dient der Geheimnisschutz nunmehr explizit der Förderung von Innovation. Die Änderung des Zwecks hat sich jedoch nicht nur auf die Ausgestaltung der rechtlichen Regelungen durch den nationalen Gesetzgeber ausgewirkt, sondern ist stets auch im Rahmen einer Auslegung zu beachten. Dies wird bei Fragen hinsichtlich der Reichweite des Schutzgegenstandes und des Umfangs der Verletzungstatbestände von Bedeutung sein. 92

4. Der Anwendungsbereich

Das Geschäftsgeheimnisgesetz ist naturgemäß nur anwendbar, sofern es sich bei der fraglichen Information um ein Geschäftsgeheimnis i.S.d. § 2 Nr. 1 GeschGehG handelt. Abgesichert wird es gegen eine unbefugte Erlangung, Nutzung oder Offenlegung. Mit dem GeschGehG ist der Schutz von Geschäftsgeheimnissen allerdings keinesfalls abschließend geregelt. Vielmehr wurden spezielle Regelungskomplexe ausdrücklich aus dem Anwendungsbereich ausgeschlossen, sodass auf die Vorschriften der jeweiligen Spezialmaterie zurückgegriffen werden muss.[226] Dies ergibt sich aus dem Erlaubnistatbestand des § 3 Abs. 2 GeschGehG, der einen allgemeinen Vorrang gesetzlich geregelter Geheimnisschutzvorschriften etabliert. 93

Der Vorrang öffentlich-rechtlicher Geheimnisschutzvorschriften ergibt sich indes bereits aus § 1 Abs. 2 GeschGehG. Betont wird dadurch, dass das GeschGehG zwar die Rechtsfolgen einer Geheimnisverletzung zwischen Privaten regelt, jedoch nicht das Verhalten zwischen Privaten und öffentlichen Stellen reguliert. Keine Anwendung finden die Regelungen daher auf Informationsansprüche gegen öffentliche Stellen, die Geheimhaltungspflichten im öffentlichen Dienst und sonstige öffentlich-rechtliche Vorschriften zum Schutz von Geschäftsgeheimnissen.[227] Der nationale Gesetzgeber weist eigens auf die Möglichkeit einer abweichenden Definition des Geschäftsgeheimnisses im öffentlichen Recht 94

---

224 *McGuire*, GRUR 2016, 1000 (1006).
225 *McGuire*, GRUR 2016, 1000 (1006).
226 *Hiéramente/Golzio*, CCZ 2018, 262 (262).
227 RegE GeschGehG BT-Dr. 19/4724, S. 20; Erwägungsgrund 11 Geschäftsgeheimnis-RL EU/2016/943.

hin.²²⁸ Ebenso lässt das GeschGehG Vorschriften unberührt, nach denen es staatlichen Stellen gestattet ist, Informationen zu erheben oder an die Öffentlichkeit weiterzugeben, sofern dies zur Erledigung ihrer Aufgaben notwendig ist.²²⁹ Keine Auswirkungen hat das GeschGehG daher bspw. – so hebt es der Gesetzgeber hervor – auf die Vorschriften zum Zugang zu Umweltinformationen.²³⁰

95 Unberührt sollen nach § 1 Abs. 3 GeschGehG im Zusammenhang mit dem Schutz von Geschäftsgeheimnissen zudem unterschiedliche Regelungsgebiete bleiben, die bereits im Interesse der Allgemeinheit geregelt sind. Einerseits erschöpft sich der Geheimnisschutz nämlich nicht im GeschGehG, sondern erfährt bspw. in strafrechtlicher Hinsicht in den §§ 203 ff. StGB für bestimmte Berufsgruppen wie Rechtsanwälte oder Ärzte, die aufgrund ihrer beruflichen Stellung mit Geheimnissen in Kontakt treten, eine Verschärfung. Allerdings ist der Anwendungsbereich der beruflichen Verschwiegenheitspflichten gegenständlich nicht auf Geschäftsgeheimnisse begrenzt.²³¹ Andererseits sollen die Rechte schutzwürdiger Parteien nicht durch das Gesetz beschnitten werden. Daher bleiben die Meinungsäußerungsfreiheit nach Maßgabe von Art. 11 GRCh, welche vor allem im Bereich des Whistleblowing und investigativem Journalismus von Bedeutung ist, unberührt. Des Weiteren bleiben nach § 1 Abs. 3 Nr. 4 GeschGehG die Rechte und Pflichten der Arbeitnehmer und Arbeitnehmervertreter unberührt. Damit weist die Regelung des Anwendungsbereichs des § 1 GeschGehG im weitesten Sinne eine klarstellende Funktion auf und verdeutlicht das Verhältnis zu weiterhin bestehenden Regelungskomplexen. Deutlich wird, dass bei der Anwendung des GeschGehG immer auch der jeweilige Kontext des Einzelfalles und die entsprechenden Regelungen zu berücksichtigen sind.²³²

5. Zwischenergebnis

96 Das Geschäftsgeheimnisgesetz stellt damit eine grundlegende Neuerung für das deutsche Recht dar. Der Schutz ist nicht mehr derart eingeengt, wie er unter Geltung der §§ 17–19 UWG aF es noch war, da die Vorschriften nunmehr rein zivilrechtlich ausgestaltet und damit auch analogiefähig sind. Neben einer Definition des Geschäftsgeheimnisbegriffes sind nunmehr die rechtmäßigen und rechtswidrigen Verhaltensweisen und sogar Rechtfertigungsgründe festgelegt. Es bestehen sowohl verschuldensunabhängige Unterlassungs- und Beseitigungsansprüche gegen den unmittelbaren und den mittelbaren Täter als auch Schadensersatzansprüche im Falle von Verschulden. Hierbei hat sich der Gesetzgeber stark an der Geschäftsgeheimnis-Richtlinie orientiert und diese größtenteils über-

---

228 RegE GeschGehG BT-Dr. 19/4724, S. 20.
229 Erwägungsgrund 11 Geschäftsgeheimnis-RL EU/2016/943.
230 RegE GeschGehG BT-Dr. 19/4724, S. 21.
231 RegE GeschGehG BT-Dr. 19/4724, S. 21.
232 *Hiéramente/Golzio*, CCZ 2018, 262 (262).

nommen. Durch die neue Ausgestaltung können Fälle erfasst werden, die nach bisherigem Recht an den hohen Anforderungen der strafrechtlichen Konzeption scheiterten. Das Schutzniveau ist somit deutlich weiter und ausdifferenzierter.

IV. Der Geheimnisschutz in Arbeitsverhältnissen

Der Schutz von Geschäftsgeheimnissen ist – wie anhand des Anwendungsbereiches des GeschGehG aufgezeigt – nicht auf die Vorschriften des Geschäftsgeheimnisgesetzes begrenzt. Vielmehr bestanden bereits vor Inkrafttreten des GeschGehG insbesondere im Arbeitsrecht zahlreiche Regelungskomplexe, welche ebenfalls einen Schutz von Geschäftsgeheimnissen vermitteln. Wegen des lückenhaften Schutzes des tradierten Lauterkeitsrechts erscheint es nicht verwunderlich, dass sich entsprechende Regelungen auf Grundlage der besonderen arbeitsrechtlichen Interessenlage herausgebildet haben. Untersucht werden soll nachfolgend, welchen Umfang der arbeitsrechtliche Geheimnisschutz aufweist und in welchem Verhältnis er zum GeschGehG steht.

97

1. Der arbeitsrechtliche Kontext des Geheimnisschutzes

a) Das Spannungsverhältnis zwischen Arbeitnehmer und Arbeitgeber

Der Geheimnisschutz spielt in Arbeitsverhältnissen eine besondere Rolle, da der Informationsaustausch dem Arbeitsalltag immanent ist. Arbeitnehmer erlangen im Rahmen ihrer dienstlichen Tätigkeit permanent Zugang zu den Geschäftsgeheimnissen eines Unternehmens und behalten diese in ihrem Gedächtnis. Gleichzeitig erhalten Interessenvertretungen wie der Betriebsrat durch ihre Anhörungs- und Mitbestimmungsrechte zahlreiche Informationen, welche sich zum Teil mit den Geheimnissen eines Unternehmens überschneiden.[233] Folge ist nicht nur, dass die Arbeitnehmer mit den erlangten Informationen zugunsten ihres Arbeitgebers wirtschaften, sondern auch, dass das geheime Wissen sowohl unabsichtlich und leichtfertig als auch im Einzelfall böswillig zur Erlangung eines Vorteils weitergegeben werden kann, wodurch dem Unternehmen hohe wirtschaftliche Schäden entstehen.[234] Ausweislich einer Studie gehen sogar zwei Drittel der Geheimnisverletzungen auf Taten von ehemaligen oder aktuellen Mitarbeitern zurück.[235] Insofern droht nicht nur das Risiko des Wissensabflusses durch Mitbewerber und Kooperationspartnern, sondern vor allem durch die eigenen

98

---

233 *Böning/Heidfeld*, AuR 2018, 555 (555).
234 *Bartenbach*, in: FS für Küttner, S. 114.
235 *Bitkom e.V.*, Spionage, Sabotage und Datendiebstahl, Studienbericht 2018, S. 28; *Kalbfus,* in: Harte-Bavendamm/Ohly/Kalbfus, Einl. C Rn. 1.

B. Die rechtlichen Rahmenbedingungen

Arbeitnehmer, welche einen direkten Zugriff auf das Wissen haben.[236] Ein arbeitsrechtlicher Bezug ist dem Geheimnisschutz daher grundsätzlich immanent. Der Geheimnisschutz ist in solchen Konstellationen mit den jeweiligen Interessen und den allgemeinen Grundsätzen des Arbeitsrechts in Einklang zu bringen.

99 Den Ausgangspunkt für die vorliegend untersuchte Problematik stellen damit die gegenläufigen und vielfältigen Interessen dar, in deren Spannungsfeld sich der Schutz von Geschäftsgeheimnissen seit jeher bewegt. In diesem Kontext spielen die Interessen der Arbeitsvertragsparteien eine entscheidende Rolle.[237] Der Ausgleich zwischen diesen stellt eines der umstrittensten Probleme des Geheimnisschutzes dar und zieht sich wie »ein roter Faden durch die hundertjährige rechtspolitische Diskussion«.[238]

100 Arbeitgeber haben auf der einen Seite ein starkes Interesse an einer umfangreichen Absicherung der im Unternehmen geschaffenen und bestehenden Informationen, um zu verhindern, dass diese nach außen getragen werden. Sie beruhen nämlich in der Regel auf hohen Investitionen, sodass der Abfluss unternehmenskritischen Wissens und der damit einhergehende Verlust des Wettbewerbsvorsprungs die Unternehmenssubstanz enorm schädigen kann.[239] Die Schaffung eines dauerhaften Wettbewerbsvorteils ist aber nur möglich, sofern das Wissen nicht frei verfügbar und verwertbar ist. Dem Unternehmen ist entsprechend daran gelegen, das Wissen für sich zu monopolisieren bzw. das Rechtsgut zu erlangen. Neben der Erlangung eines klassischen Schutzrechtes kommt vor allem dann, wenn dieses nicht erreichbar ist oder nicht lohnenswert erscheint, die Geheimhaltung der Informationen in Betracht. Allerdings ist der Schutz durch Geheimhaltung besonders verletzlich, denn jede Offenbarungshandlung kann seinen Bestand entfallen lassen. Dem Geheimnisinhaber ist somit in besonderem Maße daran gelegen, einen umfassenden und abschreckenden Schutz zu erlangen, um seine Wettbewerbsposition zu sichern.[240] Dies gilt aufgrund der aufgezeigten Risiken insbesondere gegenüber Arbeitnehmern.[241] Unter Berücksichtigung der beträchtlichen Schäden, die durch Geheimnisverrat und Betriebsspionage jährlich entstehen, erscheint das Interesse an einem effek-

---

236 *Von Steinau-Steinrück*, NJW-Spezial 2019, 498 (499).
237 Vgl. exemplarisch BGH GRUR 1963, 367 (369) – Industrieböden; BGH GRUR 2002, 91 – Spritzgießwerkzeuge; *Harte-Bavendamm* in: Gloy/Loschelder/Erdmann, § 77 Rn. 1; *Kraßer*, GRUR 1977, 177 (186).
238 *Kalbfus*, Rn. 507; *Schmidt*, in: 36. DJT, S. 101 (140); *Harte-Bavendamm* in: Gloy/ Loschelder/Erdmann, § 77 Rn. 1; *Sander*, GRUR Int. 2013, 217 (218); *Köhler*, in: Köhler/Bornkamm/Feddersen (2019) Vor § 17 Rn. 6.
239 *Harte-Bavendamm*, in: Harte/Henning, UWG Vor § 17 Rn. 4; *Sander*, GRUR Int. 2013, 217 (219 f.).
240 *Ohly*, in: Ohly/Sosnitza UWG (2016), Vor § 17 Rn. 2; *Wunner*, WRP 2019, 710 (711).
241 *Bartenbach*, in: FS für Küttner, S. 114.

tiven Schutz auch begründet.²⁴² Dieses ist grundrechtlich durch Art. 12 GG bzw. Art. 14 GG geschützt.²⁴³

Dem steht das Interesse der Arbeitnehmer an einer ungehinderten Verwendung der erlangten Kenntnisse und Fähigkeiten zugunsten der eigenen Karriere entgegen.²⁴⁴ Denn sämtliche Informationen mit denen sie während ihres Beschäftigungsverhältnisses in Berührung kommen, bleiben ihnen in unterschiedlichem Ausmaß im Gedächtnis und tragen auf diese Weise zu ihren beruflichen Erfahrungen und ihren Qualifikation bei. Diese sind nicht nur für eine effiziente Beschäftigung im bisherigen Unternehmen relevant, sondern auch für ihren zukünftigen wirtschaftlichen Erfolg und ihre Chancen auf dem Arbeitsmarkt.²⁴⁵ In der Regel schaffen sie dieses Wissen sogar selbst. Daher wollen sie unter Umständen sowohl eine Kompensation, die über den einfachen Arbeitslohn hinausgeht, als auch Anerkennung für ihre Leistung in der Öffentlichkeit und vor allem die freie Verfügbarkeit über die von ihnen selbst geschaffenen Innovationen. Jede Begrenzung hat damit umfangreiche Auswirkungen auf die berufliche Existenz eines Arbeitnehmers, indem sie ihn daran hindert, seine Fähigkeiten vollumfänglich zu nutzen und seine Chancen auf den bestmöglichen Arbeitsplatz verschlechtern. Das Arbeitgeberinteresse findet damit seine Grenzen an der durch Art. 12 Abs. 1 GG gewährleisteten Berufsausübungs- und Berufswahlfreiheit.²⁴⁶

101

Dieser Interessenkonflikt spiegelt sich zugleich in den ambivalenten Allgemeininteressen: Der Schutz liegt einerseits nämlich im Interesse der allgemeinen Wettbewerbsordnung, denn nur eine rechtliche Absicherung des Wissens hält dazu an, in die Schaffung von Innovationen zu investieren. Andererseits kann die mit dem Geheimnisschutz einhergehende Beschränkung der Arbeitnehmermobilität und des Nachahmungswettbewerbs ebenso den Vorstellungen eines idealen Wettbewerbs widersprechen.²⁴⁷

102

---

242 *Stier/Hasselblatt*, in: Götting/Nordemann, Vor § 17 Rn. 4; *Rauer*, GRUR-Prax 2014, 2; *Brammsen*, ZIP 2016, 2193.
243 Für Art. 12 GG: BVerfGE 115, 205 (229) – Geschäftsgeheimnis; Für Art. 14 GG BGH, Urt. v. 3.5.2001 – I ZR 153/99, GRUR 2002, 91 (93) – Spritzgießwerkzeuge; BAG, NZA 1994, 502 (504) – Titandioxid; *Brammsen*, in: MüKo LauterkeitsR (2014), § 17 Rn. 5. Es ist es für die Bedeutung und den Wert des Arbeitgeberinteresses irrelevant, in welchem Schutzbereich man dieses ansiedelt, vgl. *Stier/Hasselblatt*, in: Götting/Nordemann, Vor § 17 Rn. 6; *McGuire*, GRUR 2015, 424 (426); *Fischer/Fluck*, NVwZ 2013, 337 (338).
244 *Ohly*, in: Ohly/Sosnitza UWG (2016), Vor § 17 Rn. 2; *Wunner*, WRP 2019, 710 (711); *Sander*, GRUR Int. 2013, 217 (219); *McGuire*, GRUR 2016, 1000 (1001); *Stancke*, BB 2013, 1418 (1419); *Stumpf*, S. 30.
245 *Hoppe/Möller*, AuA 2015/4, 213; *Harte-Bavendamm* in: Gloy/Loschelder/Erdmann, § 77 Rn. 1; *Stier/Hasselblatt*, in: Götting/Nordemann, Vor § 17 Rn. 6; *Wunner*, WRP 2019, 710 (711); *Kather*, VPP 3/2005, 108 (108).
246 *Hoppe/Möller*, AuA 2015/4, 213.
247 *Harte-Bavendamm*, in: Harte/Henning UWG (2016), Vor § 17 Rn. 5; *Ohly*, GRUR 2014, 1 (9).

b) Die Interessenlage im Laufe des Arbeitsverhältnisses

103 Dass der Interessenkonflikt zwischen Arbeitnehmer und Arbeitgeber sowohl den Gesetzgeber als auch den Rechtsanwender regelmäßig vor immense Schwierigkeiten gestellt hat, ergibt sich aus der Vielzahl der in die Überlegung miteinzubeziehenden Aspekte. Denn die Interessen sind nicht lediglich starr auf die Geheimhaltung von Geschäftsgeheimnissen einerseits oder deren Offenlegungs- und Nutzungsmöglichkeit andererseits gerichtet. Vielmehr können diese je nach Situation variieren. Diese Vielschichtigkeit lässt sich besonders anhand der Interessenlage während des Bestandes und bei Beendigung eines Beschäftigungsverhältnisses darstellen.

104 Während des bestehenden Arbeitsverhältnisses befinden sich Arbeitnehmer und Arbeitgeber aufgrund des abgeschlossenen Arbeitsvertrages in einer Sonderverbindung zueinander. Hier treten die gegenseitigen Rücksichtnahme- und Schutzpflichten in den Vordergrund, wonach beide Seiten dazu angehalten sind, besonders sorgfältig mit den Gütern des anderen umzugehen und dessen Interessen zu wahren.[248] Die beiderseitigen Interessen laufen hier auch weitestgehend parallel, nicht zuletzt, da die Arbeitnehmer zum Schutz ihres Arbeitsplatzes am Erhalt der Unternehmenssubstanz interessiert sind. Denn neben dem Bestand des Arbeitsplatzes kann sich der wirtschaftliche Erfolg des Unternehmens ebenso auf ihr Gehalt und ihre Fortentwicklungsmöglichkeiten auswirken. Aus diesem Grund werden sie im Idealfall keine für den Arbeitgeber nachteiligen Handlungen vornehmen und ihre Kenntnisse und Fähigkeiten nur zu dessen Vorteil nutzen, aber auch versuchen, andere Arbeitnehmer am Geheimnisverrat zu hindern.

105 Der Informationsfluss im Inneren ist nicht nur geduldet, sondern auch gewollt. Arbeitgeber wollen und müssen die geheimen Informationen mit ihren Beschäftigten teilen und diesen erlauben, das Wissen anzuwenden, damit diese ihrer vertraglich geschuldeten Tätigkeit nachgehen können. Dabei befinden sie sich in der schwierigen Lage abwägen zu müssen, welche Informationen sie im Unternehmen frei zirkulieren lassen können, um Innovationsprozesse nicht zu hemmen, aber gleichzeitig nicht die Kontrolle über das Wissen zu verlieren. Denn je größer der Mitwisserkreis, desto größer ist die Wahrscheinlichkeit eines Geheimnisverlustes. Je niedriger der Informationsfluss aber ist, desto ineffizienter wirtschaftet ein Unternehmen. Aus diesem Grund befinden sich Arbeitgeber in einem Zwiespalt zwischen der Förderung von Innovation und dem Schutz der Geheimnisse.

106 An einem bestimmten Punkt kann ein Arbeitnehmer aus verschiedensten Gründen den Entschluss fassen, das derzeitige Beschäftigungsverhältnis aufzugeben. In diesem Moment driften die Interessen trotz Vertragsverhältnis auseinander. Es ist für den Arbeitnehmer nicht mehr vorrangig, das Unternehmen zu schützen, sondern vor allem möchte er seine Chancen auf der Suche nach

---

248 *Spinner*, in: MüKoBGB, § 611a Rn. 993.

einem anderen Arbeitsplatz steigern. Dafür möchte er sein Wissen gegenüber potentiellen Arbeitgebern in einer Bewerbung offenbaren, schlichtweg um seine Qualifikationen zu demonstrieren. Die Interessenlage schlägt damit nicht erst im Moment der Beendigung des Arbeitsverhältnisses um, sondern wandelt sich kontinuierlich bis dem Arbeitnehmer das eigene Fortkommen wichtiger ist, als der Schutz des derzeitigen Arbeitgebers. Die Arbeitnehmerinteressen können damit noch während des Beschäftigungsverhältnisses diametral zu denen des Arbeitgebers stehen.

Mit Beendigung des Arbeitsverhältnisses verschiebt sich die Interessenlage zwischen den Parteien des Arbeitsverhältnisses nunmehr endgültig. In diesem Moment sind das Arbeitsverhältnis und die daraus herzuleitenden Pflichten und Einwirkungsmöglichkeiten beendet und die anerkannte Freiheit des Einzelnen, sich den Arbeitsplatz aussuchen zu dürfen oder sogar mit dem ehemaligen Arbeitgeber in Wettbewerb zu treten, tritt in den Vordergrund.[249] Aus diesem Grund werden Arbeitnehmer nicht mehr *per se* am Erhalt der Unternehmenssubstanz interessiert sein, da sie am wirtschaftlichen Erfolg eines anderen oder des eigenen Unternehmens teilnehmen. Je nach Dauer der Anstellung hat ein Arbeitnehmer aber auch zahlreiche Informationen im Gedächtnis, auf die er zum Teil unbewusst, zum Teil bewusst zurückgreifen wird.[250] Deren Verwendung stellt für den Arbeitnehmer zugleich die Möglichkeit dar, sich beruflich fortzuentwickeln und ein höheres Arbeitseinkommen zu erzielen, da Wettbewerber ein Interesse an bereits qualifizierten Arbeitskräften und Informationen der Mitbewerber haben. Daher kann es relevant sein, dass er die während seiner Beschäftigung erlangten Informationen, welche sich mit den Geschäftsgeheimnissen des ehemaligen Arbeitgebers überschneiden können, in einem neuen Beschäftigungsverhältnis oder der eigenen Selbstständigkeit ungehindert verwenden darf.[251] Mit dem Ausscheiden endet aber nicht das Geheimhaltungsinteresse des Arbeitgebers an seinen Geschäftsgeheimnissen. Hier ist der angesprochene Interessengegensatz besonders ausgeprägt, sodass das berufliche Fortkommen des Arbeitnehmers mit dem Interesse des ehemaligen Arbeitgebers an der Geheimhaltung seiner Unternehmensinformationen in offenem Konflikt steht.[252]

107

Die Interessen der Arbeitsvertragsparteien sind somit in bestimmten Situationen gegenläufig. Während Arbeitgeber vor allem einen strikten Geheimnisschutz anstreben, stellt sich das Interesse der Arbeitnehmer als wechselhaft dar. Je nach Zufriedenheit und Lebenssituation des Beschäftigten wird es schwanken. Da jedoch heutzutage der Wechsel des Arbeitsplatzes für das berufliche Fortkommen regelmäßig notwendig ist, wird das Interesse des Arbeitnehmers

108

---

249 *Vogelsang*, in: Schaub ArbR-Hdb, § 55 Rn. 4; *Kather*, VPP 3/2005, 108 (108).
250 *Sander*, GRUR Int. 2013, 217 (219 f.).
251 *Hoppe/Möller*, AuA 2015/4, 213.
252 So auch *Harte-Bavendamm*, in: Harte/Henning, Vor § 17 Rn. 4 ff.; *Nastelski*, GRUR 1957, 1 (1).

B. Die rechtlichen Rahmenbedingungen

häufig schon im bestehenden Arbeitsverhältnis vom Arbeitgeberinteresse divergieren. Kern des Problems ist damit, dass dem Arbeitnehmer nicht *per se* die Nutzung des gesamten im Arbeitsverhältnis erlangten Wissens verboten werden kann, auch wenn es sich mit Geschäftsgeheimnissen überschneidet, sondern die Möglichkeiten gegeben sein muss, die Erfahrungen aus dem Beschäftigungsverhältnis weiternutzen zu dürfen.[253] Dies wird deutlich, wenn es um Erfahrungen geht, die vom Arbeitnehmer untrennbar und für die Ausführung seines erlernten Berufes notwendig sind. Keinesfalls kann aber jede Geheimnisverwertung oder Offenlegung vor allem nach Ende des Beschäftigungsverhältnisses von einem berechtigten Interesse des Arbeitnehmers getragen sein. Daran fehlt es, wenn Informationen verkauft oder preisgegeben werden, um den Arbeitgeber zu schädigen.[254]

109 Es wird aber deutlich, dass die Gegenstände, auf welche sich die kollidierenden Interessen beziehen, nicht deckungsgleich sind: Die Arbeitgeberinteressen verfolgen den Schutz der Geschäftsgeheimnisse. Nur Informationen, die einem rechtlichen Schutz unterliegen, können vom Arbeitgeber als solche für sich reklamiert werden und gegen die Verwendung durch Arbeitnehmer geschützt sein. Demgegenüber sind die legitimen Arbeitnehmerinteressen nicht unmittelbar auf die Verwendung von diesen Geschäftsgeheimnissen ausgerichtet, sondern auf die beruflich erlangten Erfahrungen und Kenntnisse, welche sich unter Umständen mit den Geschäftsgeheimnissen überschneiden.[255] Im Rahmen des Konfliktes geht es daher nicht mehr um die abstrakte Anerkennung eines rechtlichen Schutzes von Geschäftsgeheimnissen, sondern um die konkrete Frage, in welchem Umfang Arbeitnehmern die Nutzung ihres Wissens und ihrer Fähigkeiten während und nach Beendigung des Arbeitsverhältnisses untersagt werden kann.[256] Dieser Konflikt macht eine Betrachtung der Regelungen und Grundsätze bzgl. arbeitsrechtlicher Geheimhaltung und ihrem Verhältnis zum GeschGehG unabdingbar.

2. *Verhältnis zum Geschäftsgeheimnisgesetz*

110 Die vorstehende Analyse zeigt, dass im Geheimnisschutz die Interessen der Arbeitsvertragsparteien kollidieren. Da allerdings zwischen diesen ein Vertragsverhältnis besteht, dessen Regelungen und Grundsätze durch das Geschäftsgeheimnisgesetz nicht ohne Weiteres verdrängt werden können, ist zu hinterfragen, wie sich diese Systeme – Geschäftsgeheimnisgesetz und Arbeitsrecht – miteinander vertragen. Das Arbeitsrecht hat nämlich basierend auf den arbeitsvertraglichen Pflichten eigenständige Prinzipien für den Schutz von Geschäftsgeheim-

---

253 Erwägungsgrund 16 Geschäftsgeheimnis-RL EU/2016/943.
254 *Harte-Bavendamm*, in: Harte/Henning, Vor § 17 Rn. 4.
255 *Kalbfus*, Rn. 509.
256 *Ohly*, GRUR 2014, 1 (3).

nissen entwickelt. Bevor diese dargestellt werden, ist zunächst zu untersuchen, in welchem Verhältnis sie zum GeschGehG stehen und ob sie noch anwendbar sind.

a) Autonomie der Sozialpartner und der Abschluss von Kollektivverträgen

In § 1 Abs. 3 Nr. 3 GeschGehG, heißt es: »Es bleiben unberührt (...) 3. Die Autonomie der Sozialpartner und ihr Recht Kollektivverträge nach den bestehenden europäischen und nationalen Vorschriften zu schließen.« Die Vorschrift beruht auf Art. 1 Abs. 2 lit. d) der Geschäftsgeheimnis-Richtlinie und dient dem Schutz der speziellen Interessenlage bei der kollektiven Regelung von Arbeitsverhältnissen. Das Recht der Sozialpartner auf Abschluss von Kollektivverträgen soll durch das GeschGehG nicht in Frage gestellt werden. Angesprochen ist damit die Sozialpartnerschaft zwischen Gewerkschaften und Arbeitgeberverbänden, die ebenso Ausfluss der in Art. 9 Abs. 3 GG gewährleisteten Koalitionsfreiheit ist. 111

Erfasst sind davon allerdings lediglich Tarifverträge, denn sonstige kollektive Abreden wie Betriebsvereinbarungen stehen nicht im Einklang mit dem Begriff der Sozialpartner und sind gesondert in § 1 Abs. 3 Nr. 4 GeschGehG erwähnt.[257] Da der Regelungsinhalt beider Normen gleich ist, handelt es sich allerdings um eine Abgrenzung ohne praktische Relevanz.[258] 112

Kollektivvertragsparteien regeln in Tarifverträgen den Inhalt der Arbeitsverträge und können insofern auch Vorgaben zum Umgang mit geheimen Informationen enthalten. Diese Gestaltungsmöglichkeit soll den Parteien insofern erhalten bleiben und nicht durch das GeschGehG eingeschränkt werden. Abzulehnen ist demgegenüber die Ansicht, § 1 Abs. 3 Nr. 3 GeschGehG erlaube es, dass mittels eines Kollektivvertrages das Geheimnisschutzrecht gar dahingehend modifiziert werden könne, dass ein abweichender Geheimnisbegriff etabliert werden könnte.[259] Denn bei § 1 Abs. 3 Nr. 3 handelt sich nicht um eine Bereichsausnahme, welche die Geschäftsgeheimnisregelung für disponibel erklärt. Die Norm dient lediglich der Klarstellung, dass die Vorgaben des GeschGehG die Rechte der Sozialpartner und den Abschluss von Tarifverträgen nicht beeinträchtigen dürfen. Insbesondere mit der Klarstellung des europäischen Gesetzgebers, dass die im deutschen Recht in § 5 geregelten Ausnahmen durch einen Kollektivvertrag nicht umgangen werden dürfen,[260] geht einher, dass der definierte Geschäftsgeheimnisbegriff zugrunde zu legen ist. Andernfalls wäre der Anwendungsbereich 113

---

257 *Fuhlrott*, in BeckOK GeschGehG, § 1 Rn. 28; Zum gleichen Ergebnis kommt *Karthaus*, NZA 2018, 1180 (1181).
258 *Richter*, ArbRAktuell 2019, 375 (376); *Bauschke*, öÄT 2019, 133 (134).
259 So aber *Richter*, ArbRAktuell 2019, 375 (376); *Nabert/Peukert/Seeger*, NZA 2019, 583 (588).
260 Erwägungsgrund 12 Geschäftsgeheimnis-RL EU/2016/943.

der Ausnahmen verschoben.²⁶¹ Unbenommen bleiben sollen lediglich kollektivvertragliche Regelungen, die einen Bezug zum Umgang mit Geschäftsgeheimnissen aufweisen, wie etwa die vertragliche Begründung oder Ausgestaltung von Geheimhaltungspflichten.²⁶² Für das kollektive Arbeitsrecht bestehen insofern keine wesentlichen Veränderungen.²⁶³

b) Die Rechte und Pflichten der Arbeitnehmer und Arbeitnehmervertretungen

114 Eine Aussage über die Folgen der Geheimnisschutzreform für allgemeine arbeitsrechtliche Grundsätze ergibt sich indes aus § 1 Abs. 3 Nr. 4 GeschGehG. Dieser besagt: »*Es bleiben unberührt (...) 4. Die Rechte und Pflichten aus dem Arbeitsverhältnis und die Rechte der Arbeitnehmervertretung.*« Der Regelungszweck dieser Unberührt-Regelung wird aber als unklar²⁶⁴ oder diffus²⁶⁵ beschrieben. Obwohl sie offensichtlich im Zusammenhang mit Art. 1 Abs. 3 der Geschäftsgeheimnis-Richtlinie steht, beruht die Regelung nicht unmittelbar auf den Richtlinienvorgaben, denn sie wurde erst mit der abschließenden Beschlussempfehlung des Rechtsausschusses als Reaktion auf die anhaltende Kritik vor allem von Seiten der Gewerkschaften und Arbeitgeberverbänden eingeführt. Diese hatten eingewandt, dass das Gesetzesvorhaben die Arbeit der Arbeitnehmervertretung erschwere, Hinweisgeber kriminalisiere und Arbeitnehmerrechte einschränke.²⁶⁶

115 Zweck der Vorschrift ist es laut Gesetzesbegründung dennoch die Auslegungsregel des Art. 1 Abs. 3 der Geschäftsgeheimnis-Richtlinie zu berücksichtigen, um der Bedeutung der Arbeitnehmermobilität Rechnung zu tragen.²⁶⁷ Nach Art. 1 Abs. 3 der Richtlinie ist es untersagt, die Nutzung von Erfahrungen und Fähigkeiten, die Arbeitnehmer im normalen Verlauf ihrer Tätigkeit ehrlich erworben haben, zu beschränken. Zudem soll zur Gewährleistung der Arbeitnehmermobilität kein Anlass dazu geboten werden, zusätzliche arbeitsvertragliche Beschränkungen aufzuerlegen oder die Nutzung von Informationen zu begrenzen, welche nicht als Geschäftsgeheimnisse geschützt werden. Mit dem unionsrechtlichen Ausschluss der Regelungsgebiete ist jedoch keine abschließende Lösung für arbeitsrechtliche Sachverhalte getroffen worden. Denn dieser ist nicht derart zu verstehen, dass der Geheimnisschutz keine Anwendung findet und Arbeitnehmer von nun an frei darin wären, ihre Kenntnisse zu verwenden. Viel-

---

261 *Trebeck/Schulte-Wissermann*, NZA 2018, 1175 (1180).
262 *Fuhlrott*, in BeckOK GeschGehG, § 1 Rn. 29.
263 *Trebeck/Schulte-Wissermann*, NZA 2018, 1175 (1180).
264 *Fuhlrott*, in: BeckOK GeschGehG, § 1 Rn. 31.
265 *Nabert/Peukert/Seeger*, NZA 2019, 583 (583).
266 Vgl. Stellungnahme des DGB zur BT-Drs. 19/4724, 5 ff.; *Böning*, BT-Prot.-Nr. 19/30, Ausschuss für Recht und Verbraucherschutz, 18.12.2018, 13 f.
267 BT-Drucks. 19/8300, S. 13; *Naber/Peukert/Seeger*, NZA 2019, 583 (583).

mehr soll die Richtlinie an sich weder das Arbeitsvertragsrecht noch bestehende Vereinbarungen oder die Materie des Wettbewerbsverbotes beeinflussen.[268] Damit hat der Gesetzgeber sich schlichtweg einer Regelung mangels eines Konsenses im Europäischen Parlament entzogen. Dies lässt sich auf die stark divergierenden nationalen Grundsätze des Arbeitsrechts zurückführen, in die nicht unmittelbar eingegriffen werden sollte. Daher wurden die Rechte der Beschäftigten und das Arbeitsvertragsrecht im Rahmen der Richtlinie nicht harmonisiert.[269]

Betrachtet man die folgenden Regelungen des Geschäftsgeheimnisgesetzes, erscheint ein Ausschluss arbeitsrechtlicher Sachverhalte aus dem Anwendungsbereich des GeschGehG ohnehin widersprüchlich. Zwar hat der Gesetzgeber die Regelungen neutral ausgestaltet und weder die bisherigen personellen noch die temporären Beschränkungen des Geheimnisverrats in den zivilrechtlichen Tatbeständen aufgenommen. Diese Neutralität der Vorschriften darf aber nicht darüber hinwegtäuschen, dass alle Vorschriften vollumfänglich auf arbeitsrechtliche Sachverhalte anwendbar sind.[270] Dies ist vor allem bezüglich der Wahrnehmung der Arbeitnehmervertretung auffällig, denn die entsprechenden Rechte und Pflichten werden dreifach aus dem Schutzbereich des Gesetzes ausgenommen, vgl. § 1 Abs. 3 Nr. 4, § 3 Abs. 1 Nr. 3 und § 5 Nr. 3 GeschGehG. Auch die Anwendbarkeit von § 619a BGB wird im Rahmen des Schadensersatzanspruches hervorgehoben und ergibt nur Sinn, wenn man Arbeitnehmer als potentielle Rechtsverletzer i.S.d. § 2 Nr. 2 GeschGehG anerkennt.[271] Letztlich besteht auch in § 23 Abs. 1 Nr. 3 GeschGehG eine strafrechtliche Vorschrift, die nur Beschäftigte erfasst und auf die Verletzungstatbestände des § 4 GeschGehG Bezug nimmt. Somit werden Sachverhaltskonstellationen, in denen es um Geheimnisverletzungen durch Arbeitnehmer geht, durch das GeschGehG eindeutig erfasst. 116

Die Vorschrift bezweckt vielmehr einen Konflikt mit den bestehenden arbeitsrechtlichen Grundsätzen zum Schutz einer freien Ausgestaltung des Arbeitsverhältnisses und an einer sachgerechten Arbeitnehmervertretung zu vermeiden.[272] Die Regelung verdeutlicht damit den generellen Anwendungsvorrang von rechtsgeschäftlichen und gesetzlichen Regelungen im Hinblick auf arbeitsrechtliche Sachverhalte und flankiert letztlich § 3 Abs. 2 GeschGehG.[273] Es handelt 117

---

268 Art. 1 Abs. 3; Erwägungsgrund 13, 39 Geschäftsgeheimnis-Richtlinie EU/2016/943; Stellungnahme Max-Planck-Institut, in: GRUR Int 2014, 554 (556).
269 *Wiese* (2017), S. 109; *Bissels/Schroeders/Ziegelmayer*, DB 2016, 2295 (2297).
270 *Reinfeld* (2019), § 1 Rn. 80; *Kalbfus*, in: Harte-Bavendamm/Ohly/Kalbfus (2020), Einl. C Rn. 28.
271 Dafür spricht auch die Erwähnung von Arbeitnehmern in der Gesetzesbründung der Verletzungstatbestände, vgl. RegE GeschGehG, BT-Drs. 19/4724.
272 BT-Drucks. 19/8300, S. 13; *Alexander*, in: Köhler/Bornkamm/Feddersen (2021), Vorb. GeschGehG Rn. 87 ff.
273 Vgl. auch BT-Drucks. 19/8300, S. 13.

sich daher um eine Regelung mit deklaratorischem Charakter.[274] Keinesfalls ist aber eine Bereichsausnahme für das Arbeitsrecht geschaffen worden.[275]

118 Mangels eigenständiger Regelungen im GeschGehG, muss daher auf die allgemeinen arbeitsrechtlichen Grundsätze und Regelungen zurückgegriffen werden. Zudem enthalten weder die Geschäftsgeheimnis-Richtlinie noch das GeschGehG ausdrückliche Vorschriften zur Vertragsgestaltung. Die Wirksamkeit rechtsgeschäftlicher Abreden wird in § 3 Abs. 2 GeschGehG schlichtweg vorausgesetzt. Daher werden auch im Vertragsrecht die bisherigen Prinzipien der Rechtsprechung und die allgemeinen Regelungen des BGB Anwendung finden. Dies hat zur Folge, dass die arbeitsvertraglichen Regelungen und Grundsätze über Geheimhaltungspflichten und Wettbewerbsverbote grundsätzlich fortbestehen und durch die Geschäftsgeheimnis-Richtlinie und das GeschGehG nicht berührt werden.[276]

119 Damit sind bestehende arbeitsrechtliche Regelungen und Grundsätze praktisch in das neue Geheimnisschutzrecht hineinzulesen. Insofern treffen die alten arbeitsrechtlichen Prinzipien auf ein konzeptionell neues Geheimnisschutzrecht. Diese Grundsätze werden im Anwendungsbereich des GeschGehG auch durchaus eine Rolle spielen: Einerseits wird der Begriff des Geschäftsgeheimnisses durch sie beeinflusst, da sie sich auf den Umfang der notwendigen Geheimhaltungsmaßnahmen auswirken werden. Der Bestand einer arbeitsrechtlichen Geheimhaltungspflicht führt nämlich dazu, dass der Arbeitgeber im Hinblick auf die Einführung rechtlicher Schutzmaßnahmen entlastet wird.[277] Andererseits werden die arbeitsrechtlichen Pflichten im Rahmen der Verletzungstatbestände relevant, denn diese stellen unmittelbar auf eine bestehende Verpflichtung ab.[278] Solche Verpflichtungen können sich aus gesetzlichen oder vertraglichen Pflichten ergeben, sodass arbeitsrechtliche Pflichten und Abreden grundsätzlich eine Basis für Ansprüche nach dem GeschGehG sein können.

120 In arbeitsrechtlichen Sachverhaltskonstellationen wird es daher maßgeblich auf die Ausgestaltung der Verpflichtungen ankommen. Nachfolgend soll daher der Umfang der arbeitsrechtlichen Geheimnisschutzregelungen untersucht werden.

3. Die Schutzausgestaltung nach arbeitsrechtlichen Regelungen

a) Überblick über die Pflichten des Arbeitnehmers

121 Basierend auf dem oben geschilderten Interessenkonflikt und den Vertragspflichten hat sich auch im Arbeitsrecht ein Regelwerk zum Schutz von Geschäftsgeheimnissen entwickelt. Wegen des unzureichenden deliktischen Schutzes stand

---

274 *Reinfeld* (2019), § 1 Rn. 80.
275 *Preis/Seiwerth*, RdA 2019, 351 (352).
276 *Stellungnahme MPI*, GRUR Int. 2014, 554 (556); RegE GeschGehG BT-Drs. 19/4724, S. 26; *Niemann*, in: ErfKArbR (2021), BGB § 626 Rn. 154c.
277 Vgl. dazu B.IV.4.c.
278 Vgl. § 4 Abs. 2 Nr. 2 und 3 GeschGehG.

in der Praxis der Arbeitsvertrag sogar als Basis für den Geheimnisschutz gegenüber Arbeitnehmern im Vordergrund. Aus dem Arbeitsvertrag ergeben sich nämlich die Haupt- und Nebenleistungspflichten der Arbeitsvertragsparteien.[279] Gegenstand dieser ist auch, dass Arbeitnehmer im bestehenden Arbeitsverhältnis im Grunde alles zu unterlassen haben, was für den Arbeitgeber oder das Unternehmen nachteilig ist.[280] Diese Verpflichtung resultiert aus der allgemeinen arbeitsvertraglichen Rücksichtnahmepflicht auf die Rechte, Rechtsgüter und Interessen der anderen Vertragspartei und dem Grundsatz aus Treu und Glauben.[281] Aus dem Vertragsverhältnis ergibt sich daher schon unabhängig vom gesetzlichen Geheimnisschutz eine Geheimhaltungspflicht sämtlicher Arbeitnehmer.[282]

Dennoch finden sich in vielen Arbeitsverträgen Geheimhaltungsklauseln, welche die Geheimhaltungspflicht der Arbeitnehmer konkretisieren. Deren praktische Relevanz und Wirksamkeit bleibt allerdings häufig hinter der Vorstellung der Parteien zurück. Denn dabei sind die allgemeinen Grenzen der Vertragsgestaltung, der §§ 134, 138 BGB und das AGB-Recht zu beachten, sodass ein Arbeitnehmer nur in dieser Hinsicht verpflichtet werden kann, wenn dies durch die Belange des Unternehmens gerechtfertigt ist. Maßstab hierfür ist die Bedeutung des Geheimnisses für die Wettbewerbsfähigkeit des Unternehmens.[283] Die vertragliche Regelung kann daher nicht über die allgemeine Pflicht hinausgehen, sondern diese nur konkretisieren. 122

Daneben unterliegt jeder Arbeitnehmer einem vertragsimmanenten Wettbewerbsverbot, dass ihn dazu verpflichtet, nicht mit dem Arbeitgeber zu konkurrieren. Dazu gehörte selbstverständlicherweise, dass keine geheimen Informationen des Arbeitgebers im Rahmen des Konkurrenzgeschäftes genutzt oder offengelegt werden.[284] Zugleich bestehen als besondere Ausprägung dieses Grundsatzes gesetzliche Regelungen für bestimmte Arbeitnehmergruppen wie z.B. Betriebsratsmitglieder.[285] 123

Daher ergibt sich allein aus den arbeitsrechtlichen Pflichten ein weitreichender Geheimnisschutz während des Beschäftigungsverhältnisses, der bisher durch den öffentlichen Strafanspruch des § 17 Abs. 1 UWG aF nur noch flankiert wurde.[286] Angesichts des Schutzumfanges kommt der außervertraglichen Haftung 124

---

279 Ausführliche Darstellung der Pflichten des Arbeitgebers und des Arbeitnehmers bei *Joussen*, in: BeckOKArbR § 611a Rn. 184 ff bzw. 343 ff.
280 BAG, Urt. 16.08.1990, AP BGB § 611 Treuepflicht Nr. 10; *Preis*, in: ErfKArbR, BGB § 611a Rn. 709.
281 *Joussen*, in: BeckOK ArbR (2020), § 611a Rn. 443.
282 *Rolfs*, in: Preis, V 20 Verschwiegenheitspflicht Rn. 4 f.
283 *Schmeisser*, AnwZert ArbR 4/2020 Anm. 2.
284 BAG AP Nr. 7 zu § 611 Treuepflicht; BAG AP Nr. 10 zu § 611 Treuepflicht; *Reinfeld* (1989), S. 13; *Greßlin/Römermann*, BB 2016, 1461 (1462); *Kalbfus*, in: BeckOK UWG, § 17 Rn. 176.
285 §§ 90 HGB; 93 Abs. 1, 116 AktG, 79 BetrVG, 10 BPersVG, 24 ArbErfG.
286 *Kiethe/Groeschke*, WRP 2005, 1358 (1361); *Sander*, GRUR Int. 2013, 217 (224).

B. Die rechtlichen Rahmenbedingungen

vor allem im bestehenden Arbeitsverhältnis im Grunde nur eine nachgeordnete, allenfalls ergänzende Bedeutung zu. Nachfolgend sollen die einzelnen vertraglichen Pflichten detailliert dargestellt und insbesondere ihre Grenzen aufgezeigt werden.

b) Der Begriff des Arbeitnehmers im Geheimnisschutzrecht

125 Bevor auf die Ausgestaltung des arbeitsrechtlichen Geheimnisschutzes eingegangen werden kann, ist zunächst der personelle Anwendungsbereich zu bestimmen. Im Rahmen der vorliegenden Arbeit wird im Wesentlichen der Begriff des Arbeitnehmers verwendet, während im Geheimnisschutzrecht auch von Beschäftigten die Rede ist. Eine einheitliche Terminologie findet sich aber auch dort nicht.[287] Während der deutsche Gesetzgeber in der Gesetzesbegründung und dem Regelungskatalog sowohl Bezug auf Beschäftigte als auch Arbeitnehmer nimmt,[288] ist in der Geschäftsgeheimnis-Richtlinie im Wesentlichen die Rede von Arbeitnehmern und Arbeitsverträgen.[289] Damit wirft die abweichende Terminologie die Frage auf, ob bei der Anwendung des GeschGehG in personeller Hinsicht zwischen Beschäftigten und Arbeitnehmern unterschieden werden muss.

126 Das Bundesarbeitsgericht definiert den Begriff eines Arbeitnehmers dahingehend, dass aufgrund eines privatrechtlichen Vertrages in persönlicher Abhängigkeit eine Verpflichtung zur fremdbestimmten Arbeit besteht. Dies ist nunmehr ausdrücklich in § 611a BGB niedergelegt.[290] Dieser Begriff gilt jedoch im unionsrechtlichen Bereich nicht, sodass grundsätzlich Differenzen zwischen dem deutschen und europäischen Arbeitnehmerverständnis bestehen.[291] Der autonom unionsrechtlich geprägte Begriff, der sämtliche Personen erfasst, die während einer bestimmten Zeit für einen anderen mit dessen Weisung Leistungen erbringen und dafür eine Gegenleistung erhalten, ist deutlich weiter gefasst.[292]

---

287 Vgl. dazu, *Uffmann*, NZA-Beilage 2016, 5; *Wank*, EuZA 2016, 143.
288 Vgl. den Begriff »Beschäftigter« bei § 12, § 23 Abs. 1 Nr. 3 GeschGehG; RegE GeschGehG BT-Dr. 19/4724, BT-Dr. 19/4724 S. 26, 33, 41; der Begriff »Arbeitnehmer« § 1 Abs. 3 Nr. 4, § 3 Abs. 1 Nr. 3, § 5 Nr. 3; RegE GeschGehG BT-Dr. 19/4724, BT-Dr. 19/4724, S. 24, 26, 28, 32, 22.
289 Vgl. Erwägungsgrund 3, 13, 18, 30, Art. 1 Abs. 3, Art. 3 Abs. 1 lit. c), Art. 5 lit. c), Art. 14 Abs. 1.
290 BAG NJW 2018, 1194 (1195) – Arbeitnehmerstatus eines Musikschullehrers mwN.
291 *Röller*, in: Küttner, Arbeitnehmer (Begriff) Rn. 28 mwN.
292 Vgl. bspw. EuGH, Urt. 01.10.2015 – C-432/14 Rn. 22; EuGH, Urt. v. 03.07.1986 – 66/85, BeckRS 2004, 73510 Rn. 17; EuGH, Urt. 10.09.2014 – C-270/13, EuZW 2014, 946 Rn. 27; Auch Soldaten, Richter und Beamte sind nach diesem Begriffsverständnis als Arbeitnehmer einzuordnen, *Brechmann*, in: Calliess/Ruffert EUV/AEUV (2016), Art. 45 AEUV Rn. 12 f.

Anders als im deutschen Recht bestimmt er sich somit nicht danach, ob eine als Arbeitsverhältnis zu qualifizierende Rechtsbeziehung besteht.²⁹³

Ähnlich verhält es sich mit dem ursprünglich aus dem Sozialversicherungsrecht stammenden Begriff des Beschäftigten. Nach § 7 Abs. 1 S. 1 SGB IV ist die Beschäftigung als eine nichtselbstständige Arbeit definiert, die auch ein Arbeitsverhältnis sein kann. Hier stellt also ebenfalls nicht der Arbeitsvertrag den Ausgangspunkt dar, sondern der faktische Leistungsaustausch.²⁹⁴ Der Begriff des Beschäftigten ist damit deutlich weiter, erfasst neben dem klassischen Arbeitnehmer auch jede sonstige nicht selbstständige Person und ist somit vergleichbar mit dem europäischen Arbeitnehmerbegriff.²⁹⁵

Da sich das GeschGehG letztlich auch im Anwendungsbereich des Unionsrechts bewegt, ist diese Unterscheidung im personellen Anwendungsbereich von Relevanz. Durch die Verwendung eines unterschiedlichen Begriffs könnte es zu einer ungewollten Abweichung kommen. Im Ergebnis droht ein Unterlaufen der Mindestanforderungen der Geschäftsgeheimnis-Richtlinie. Denn durch die Anwendung des engeren deutschen Begriffsverständnisses, könnte das GeschGehG gegenüber der Richtlinie personell eingeschränkt sein.

Noch in der ursprünglichen Fassung des § 17 Abs. 1 UWG aF war der Täterkreis dem damaligen Sprachgebrauch entsprechend auf »Angestellte, Arbeiter oder Lehrlinge« begrenzt.²⁹⁶ Erst im Zuge der UWG Reform in 2004 wurde die Norm mit der Terminologie »in einem Unternehmen beschäftigte Person« und »Dienstverhältnis« an den modernen Sprachgebrauch angepasst und damit in die Lage versetzt, neue Beschäftigungsmodelle zu erfassen.²⁹⁷ Das Lauterkeitsrecht zog den Kreis der Normadressaten zugunsten eines umfangreichen Schutzes allerdings weit und umfasste alle im Unternehmen beschäftigte Personen unabhängig vom Bestand eines klassischen Dienstverhältnisses.²⁹⁸ Irrelevant war die Art der erbrachten Dienste und welchen Umfang die Befugnisse des Beschäftigten hatten. Ebenso musste er nicht weisungsgebunden sein oder ein Gehalt für seine Tätigkeit beziehen. Somit war irrelevant, welche Position der Beschäftigte im Unternehmen letztendlich formell einnahm. Der Begriff ging damit über die Arbeitnehmereigenschaft hinaus und erfasste sämtliche im Unternehmen tätige Personen.²⁹⁹ Daher konnten nach altem Recht neben klassischen Arbeitnehmern

---

293 *Baumgärtner*, in: BeckOK BGB, § 611a Rn. 22.
294 *Ulrich/Koch*, in: Schaub/Koch, Beschäftigungsverhältnis; *Preis*, in: ErfKArbR, BGB § 611a Rn. 17.
295 *Reinecke*, NJW 2018, 2081 (2081).
296 *Grimm*, in: AR-Blattei SD, 2004, 770 Rn. 13.
297 *Brammsen*, in: MüKo Lauterkeitsrecht UWG (2014), § 17 Rn. 33; *Gaugenrieder/Unger-Hellmich*, WRP 2011, 1364 (1368).
298 *Diemer*, in: Erbs/Kohlhaas, UWG § 17 Rn. 18.
299 *Köhler*, in: Köhler/Bornkamm/Feddersen (2019), § 17 Rn. 14; *Stumpf*, S. 32; *Gaugenrieder/Unger-Hellmich*, WRP 2011, 1364 (1368 f.); *Ohly*, in: Ohly/Sosnitza § 17 Rn. 13; *Vormbrock*, in: Götting/Meyer/Vormbrock, § 30 Rn. 20; *Rengier*, in: Fezer, § 17 Rn. 28; a.A. *Többens*, NStZ 2000, 505 (507).

auch Aufsichtsrat- und Vorstandsmitglieder, GmbH-Geschäftsführer, Praktikanten, Aushilfen und auch Heim- und Leiharbeitnehmer Täter sein.[300] Nicht erfasst waren jedoch Unternehmensteilhaber, also Gesellschafter einer OHG oder KG und Aktionäre einer AG sowie selbstständige Gewerbetreibende und Freiberufler.[301]

130 Das Geschäftsgeheimnisgesetz hat § 23 Abs. 1 Nr. 3 GeschGehG an den Begriff des Beschäftigungsverhältnisses angepasst und dieses weite Verständnis unverändert übernommen. Damit geht der Anwendungsbereich aber sogar über den unionsrechtlich vorgegebenen hinaus, da das deutsche Geheimnisschutzrecht insofern keine Weisungsgebundenheit voraussetzt.[302] Eine solche personelle Reichweite erscheint allerdings auch richtig, da die Gefährdung von dem faktischen Zugriff ausgeht und nicht davon, welche Art von Dienst- oder Weisungsverhältnis besteht. Ist die Person im Unternehmen tätig, erhält sie den besagten Zugriff und stellt dadurch ebenso eine Gefahr dar, unabhängig davon, ob es sich um einen klassischen Arbeitnehmer oder Praktikanten handelt. Da der Geheimnisschutz dadurch personell erweitert wird, steht dies auch nicht im Widerspruch zu der Richtlinie.[303]

131 Wenn jedoch die strafrechtlichen Regelungen einen so weiten Anwendungsbereich aufweisen, muss dies erst Recht für den zivilrechtlichen Geheimnisschutz gelten, insbesondere da das Strafrecht an diesen anknüpft. Insofern können die zivilrechtlichen Regelungen des GeschGehG nicht auf klassische Arbeitnehmer beschränkt sein. Dies wird letztlich auch dadurch deutlich, dass § 12 GeschGehG auf einen Beschäftigten als Rechtsverletzer abstellt.[304] Eine andere Auslegung würde zu Wertungswidersprüchen im Rahmen des Gesetzes führen. Die Wahl des Arbeitnehmerbegriffs in den Vorschriften des nationalen Rechts beruht daher allenfalls auf einer ungenauen Übersetzung der Geschäftsgeheimnis-Richtlinie. Entsprechend ist das Geschäftsgeheimnisgesetz auf sämtliche Beschäftigte im Unternehmen anwendbar. Im Rahmen dieser Arbeit soll daher der Begriff des Arbeitnehmers mit dem des Beschäftigten in diesem Sinne gleichgestellt werden. Erfasst werden sämtliche im Unternehmen beschäftigten Personen unabhängig von einem Weisungsverhältnis.

---

300 *Köhler*, in: Köhler/Bornkamm/Feddersen (2019), § 17 Rn. 14; *Diemer*, in: Erbs/Kohlhaas, UWG § 17 Rn. 18; *Gaugenrieder/Unger-Hellmich*, WRP 2011, 1364 (1369).
301 *Kiethe/Groeschke*, WRP 2005, 1358 (1363); *Gaugenrieder/Unger-Hellmich*, WRP 2011, 1364 (1369); *Diemer*, in: Erbs/Kohlhaas, UWG § 17 Rn. 18; *Köhler*, in: Köhler/Bornkamm/Feddersen (2019), § 17 Rn. 14.
302 RegE GeschGehG BT-Dr. 19/4724, S. 42; *Wunner*, WRP 2019, 710 (715 f.).
303 Ohnehin stellt der unionsrechtliche Arbeitnehmerbegriff keinen starren Begriff dar, sondern ist in gewissem Maße von einer Auslegung im jeweiligen Kontext abhängig, vgl. *Baumgärtner*, in: BeckOK BGB, § 611a Rn. 22.
304 Der Beschäftigtenbegriff in § 12 GeschGehG soll dem des Mitarbeiters in § 8 Abs. 2 UWG, des Angestellten in § 14 Abs. 7 MarkenG, des Arbeiters in § 44 Design und des Arbeitnehmers in § 99 UrhG entsprechen, vgl. *Alexander*, Köhler/Bornkamm/Feddersen (2021), § 12 GeschGehG Rn. 16.

IV. Der Geheimnisschutz in Arbeitsverhältnissen

c) Die vertragsimmanente Geheimhaltungspflicht

(a) Dogmatische Herleitung aus § 241 Abs. 2 BGB

Als ungeschriebener Rechtsgrundsatz[305] ist die allgemeine arbeitsvertragliche Geheimhaltungspflicht in ständiger Rechtsprechung der Arbeitsgerichte anerkannt.[306] Umstritten ist lediglich die dogmatische Herleitung und nicht der Bestand einer solchen Verschwiegenheitspflicht.[307] Während des Arbeitsverhältnisses ist der Arbeitsvertrag die wesentliche Quelle um die bestehenden Pflichten zu bestimmen. 132

Neben der Verpflichtung zur Ableistung der Arbeit als Hauptleistungspflicht, enthält dieser ergänzende Nebenpflichten, welche nach § 241 Abs. 2 BGB vom Inhalt des jeweiligen Schuldverhältnisses abhängen.[308] Dabei handelt es sich um Schutzpflichten[309] hinsichtlich der Rechte, Rechtsgüter und berechtigten Interessen des Arbeitgebers. Diese Schutzpflichten zielen auf die Wahrung des Integritätsinteresses, d.h. auf den Schutz der sonstigen Rechtsgüter einer Vertragspartei ab.[310] Dazu gehört auch der Schutz von Geschäftsgeheimnissen. Denn es handelt sich um besonders sensible Güter, deren Wert und Schutz durch eine einfache Offenbarungshandlung unwiederbringlich verloren gehen kann. Daher 133

---

305 Vgl. die bisherigen gesetzgeberischen Versuche: § 21 ArbG-Entwurf 1938; § 80 ArbG-Entwurf 1977, hrsg. Bundesm. für Arbeits- und Sozialordnung; § 90 ArbG-Entwurf 1992; § 90 ArbG-Sachen Entwurf 1995 (BR-Drucks. 293/95); § 90 ArbG-Brandenburg Entwurf 1996 (BR-Drucks. 671/96); § 77 ArbG-Entwurf 2007 von *Henssler/Preis*; Dazu *Bartenbach*, in: FS für Küttner, S. 118; *Reinfeld* (1989), S. 1.
306 BAG AP Nr. 1 zu § 611 – Schweigepflicht; *Kalbfus*, in: Harte-Bavendamm/Ohly/Kalbfus (2020), Einl. C, Rn. 5.
307 Einerseits wird sie als dem Arbeitsvertrag immanente Nebenpflicht zur Rücksichtnahme auf die geschäftlichen Interessen des Arbeitgebers aus § 241 Abs. 2 BGB angesehen (vgl *Kania*, in: Küttner, Verschwiegenheitspflicht, Rn. 2; *Reichold*, in: MHdB ArbR § 48 Rn. 32). Andererseits wird sie als Bestandteil der allg. Leistungstreuepflicht des Arbeitnehmers eingeordnet, §§ 241 Abs. 1, 242 BGB (*Joussen*, in: BeckOK ArbR, § 611a Rn. 463; *Preis*, in: ErfKArbR, BGB § 611a Rn. 710) oder mit dem Rechtsgedanken des § 60 HGB verknüpft (mwN *Bartenbach*, in: FS für Küttner, S. 118 Fn. 28).
308 *Joussen*, in: BeckOK ArbR, § 611a Rn. 443 f.
309 Die Terminologie ist uneinheitlich. Üblich sind Bezeichnungen wie »Rücksichtspflichten«, »Schutzpflichten«, »Nebenpflichten«, »Begleitpflichten«, »Treuepflichten«, »Sorgfaltspflichten«, vgl dazu *Grüneberg*, in: Palandt, BGB § 241 Rn. 6; *Olzen*, in: Staudinger § 241 Rn. 155; *Krebs*, in: Dauner-Lieb/Heidel/Ring, § 241 Rn. 4. Neben einer synonymen Verwendung werden die Begriffe zum Teil mit einem abweichenden Bedeutungsgehalt belegt, vgl. *Bachmann*, in: MüKoBGB, § 241 Rn. 33.
310 *Sutschet*, in BeckOK BGB, § 241 Rn. 42; *Schulze*, in: Schulze BGB, § 241 Rn. 4.

können sich Geheimhaltungspflichten mittelbar als Nebenpflicht aus dem Vertragsverhältnis ergeben.[311]

134 Da die Schutzpflicht ihren Ursprung im Schuldverhältnis selbst und der damit verbundenen Einwirkungsmöglichkeit auf die Rechtsgüter des anderen hat, hängt ihre Reichweite weitgehend von der konkreten Ausgestaltung des Vertragsverhältnisses ab. Hier sind Vertragszweck, Verkehrssitte und die Anforderungen des jeweiligen Geschäftsverkehrs heranzuziehen. Dabei handelt es sich um ein in einem starken Maße von einer Wertung des Anwenders geprägtes Ergebnis, welches eine allgemeingültige Aussage über den Umfang der Pflichten verhindert. Regelmäßig werden die Pflichten aber umso intensiver sein, je mehr das Vertragsverhältnis auf eine andauernde und vertrauensvolle Zusammenarbeit ausgerichtet ist.[312]

135 Gerade in Arbeitsverhältnissen sind die Schutzpflichten durch den personellen Charakter nach § 613 BGB stark ausgeprägt. Daher werden sie häufig auch als arbeitsvertragliche Treuepflichten bezeichnet.[313] Die Besonderheit gegenüber anderen Schuldverhältnissen liegt darin, dass das Vertragsverhältnis aufgrund der betrieblichen Eingliederung des Arbeitnehmers auf Dauer angelegt ist und mit einem gesteigerten sozialen Kontakt einhergeht. Es ist nicht nur auf einen einmaligen, abgrenzbaren Leistungsaustausch begrenzt. Dadurch hat der Arbeitnehmer weitgehende Einwirkungsmöglichkeiten auf die Rechtsgüter und Interessen des Arbeitgebers.[314] Dies wird im Falle von Geschäftsgeheimnissen besonders deutlich, da Arbeitnehmer einen notwendigen und umfangreichen Zugriff auf diese erlangen. Dieser Zugriff auf einzelne wertvolle oder eine Vielzahl geheimer Informationen geht mit entsprechenden Geheimhaltungspflichten einher. Denn Arbeitnehmer müssen das unternehmerische Ziel fördern und die berechtigten Interessen des Arbeitgebers wahrnehmen, sodass sie nicht berechtigt sind, geheime Informationen an die Öffentlichkeit zu tragen und damit dem Unternehmen durch den Verlust des Wettbewerbsvorsprunges zu schaden.[315]

---

311 *Kalbfus*, Rn. 271; *Kiethe/Groeschke*, WRP 2005, 1358 (1359); Zu den Nebenpflichten im Einzelnen, vgl. *Joussen*, in BeckOK ArbR, § 611a Rn. 446 ff.
312 *Reichold* in: MHdB ArbR, § 53 Rn. 14; *Schubert*, in: MüKoBGB, § 242 Rn. 192; *Olzen*, in: Staudinger, § 242 Rn. 517; *Sutschet*, in BeckOK BGB, § 241 Rn. 87.
313 BAG, Urt. v. 16.09.1990 – 2 AZR 113/90, AP BGB § 611 Treuepflicht Nr. 7 und 10; *Reichold*, in: MHdB ArbR, § 53 Rn. 2.Von der Terminologie wird zum Teil noch heute Gebrauch gemacht, allerdings wird diese i.d.R. als veraltet angesehen. Einen inhaltlichen Unterschied macht dies nicht; *Kreitner*, in: Küttner, Betriebsgeheimnis, Rn. 5: *Maier*, (1998) S. 329; *Taeger* (1988), S. 95.
314 *Reichold*, in: MHdB ArbR, § 54 Rn. 1; *Kalbfus*, Rn. 276.
315 BAG NZA 2009, 671 (674) – Ruhende Arbeitsverhältnis; BAG NJW 2004, 1547 / 1548) – Whistleblowing; *Kania*, in: Küttner, Verschwiegenheitspflicht Rn. 2; *Schmeding* (2006), S. 304; BAG AP Nr. 1 zu § 611 BGB – Schweigepflicht; *Kraßer*, GRUR 1977, 177 (185); *Kalbfus*, Rn. 273; *Reinfeld* (1989) S. 4; *Kissel*, NZA 1988, 145 (150); *Mölling* (1991), S. 8; *Röder-Hitschke*, in: Götting/Meyer/Vormbrock, § 19 Rn. 55; *Motzer*, (1982) S. 96.

Folglich ist jedem Arbeitsvertrag eine Geheimhaltungspflicht schon im Sinne einer Schutzpflicht aus § 241 Abs. 2 BGB immanent, ohne dass es einer gesonderten Vereinbarung bedarf.[316] Damit findet die arbeitsvertragliche Geheimhaltungspflicht zwar ihren Anlass im Abschluss oder der Anbahnung des Arbeitsvertrages, jedoch liegt die Rechtsgrundlage in § 241 Abs. 2 BGB und ist damit gesetzlicher Natur.[317]

(b) Umfassendes Offenlegungs- und Nutzungsverbot

Die vertragsimmanente Geheimhaltungspflicht besteht als allgemeine Schutzpflicht für sämtliche Beschäftigte. Sie verpflichtete dazu, über alle Tatsachen und internen Vorgänge Stillschweigen zu bewahren, die im Zusammenhang mit dem Beschäftigungsverhältnis zugänglich geworden sind, sofern sie von einem berechtigten Geheimhaltungsinteresse des Arbeitgebers getragen werden. Der Arbeitnehmer muss sich in jeder Hinsicht korrekt verhalten und darf sich Informationen nicht unbefugt verschaffen oder sie auf irgendeine Weise, die nicht von seiner Tätigkeit gedeckt ist verwerten, nutzen oder offenbaren.[318] Rechtswidrig sind damit sämtliche Tathandlungen unabhängig von etwaigen Motiven.[319] 136

Der Umfang einer solchen Vertragspflicht hängt nach § 241 Abs. 2 BGB vom Inhalt des Schuldverhältnisses und den Umständen des Einzelfalles ab. Je nach Stellung des Arbeitnehmers oder Dauer und Art der Tätigkeit kann ihre Ausgestaltung variieren. Aufgrund dessen handelt es sich um ein in einem starken Maß von einer Wertung des Anwenders geprägtes Ergebnis.[320] Je stärker die persönliche Bindung und das andauernde Vertrauens- und Näheverhältnis zwischen den Parteien ist, desto ausgeprägter sind die Schutzpflichten. Ausschlaggebend kann bspw. die Vereinbarung eines entsprechenden Entgeltes sein, in welchem sich das besondere Vertrauensverhältnis niederschlägt, oder wie umfangreich die Einwirkungsmöglichkeiten auf die Rechtsgüter des Vertragspartners sind. Wesentlich können auch die einzutretenden Schäden und Gefahren für eine Partei 137

---

316 *Bartenbach*, in: FS für Küttner, S. 118; *Kraßer*, GRUR 1977, 177 (185); *Gaugenrieder/Unger-Hellmich*, WRP 2011, 1364 (1373); *Reinfeld* (1989), S. 3; *Mölling* (1991), S. 13; *Ohly*, in: Ohly/Sosnitza § 17 Rn. 37; *Kalbfus*, Rn. 271; Vertragsimmanente Geheimhaltungspflichten sind auch dem Vertragszweck von Lizenz-, Beratungs- und Kooperationsverträgen zu entnehmen.
317 *Krebs*, in: Dauner-Lieb/Heidel/Ring, § 241 Rn. 20.
318 *Ohly*, in: Ohly/Sosnitza, § 17 Rn. 37; *Harte-Bavendamm*, in: Harte/Henning, § 17 Rn. 51; *Kraßer*, GRUR 1977, 177 (185); *Kalbfus*, Rn. 273; *Richters/Wodtke*, NZA-RR 2003, 281 (283).
319 *Kalbfus*, in: Harte-Bavendamm/Ohly/Kalbfus (2020), Einl. C Rn. 10; *Rolfs*, in: Preis, V 20 Verschwiegenheitspflicht Rn. 4 f.
320 *Kreitner*, in: Küttner, Treuepflicht Rn. 3; *Reichold* in: MHdB ArbR, § 53 Rn. 14; *Schubert*, in: MüKoBGB, § 242 Rn. 192; *Olzen*, in: Staudinger, § 242 Rn. 517; *Kraßer*, GRUR 1977, 177 (185); *Ohly*, in: Ohly/Sosnitza § 17 Rn. 37.

B. Die rechtlichen Rahmenbedingungen

sein.[321] Die allgemeine Schutzpflicht kann sich auch insoweit verstärken, als dass Arbeitnehmer dazu angehalten sind, Geheimnisverrat oder Betriebsspionage aktiv zu verhindern. Eine solche Garantenstellung kann den Beschäftigten treffen, wenn es sich um Geschäftsgeheimnisse aus seinem Arbeitsbereich handelt und ihn aufgrund seiner Vorbildung, Position und Personalverantwortung besondere Sorgfaltsanforderungen treffen. Daher unterliegen Arbeitnehmer in leitenden Positionen einem weitergehenden Pflichtenkreis.[322]

138 Inhaltlich ist der Arbeitnehmer zunächst zur Wahrung von Geschäftsgeheimnissen i.S.d. § 2 Nr. 1 GeschGehG angehalten.[323] Neben den geheimen Tatsachen aus dem technischen und kaufmännischen Bereich des Unternehmens können auch Informationen, die den Arbeitnehmer selbst betreffen, der Geheimhaltung unterliegen. Darunter können bspw. seine Gehälter, vertragliche Abreden und Arbeitnehmererfindungen fallen.[324] Die vertragsimmanente Geheimhaltungspflicht beschränkt sich jedoch nicht auf Geschäftsgeheimnisse, sondern erfasst sämtliche Betriebsinterna – sogenannte vertrauliche Angaben –, da es eine Nebenpflicht des Arbeitnehmers ist, alles zu unterlassen, was für den Arbeitgeber nachteilig ist. Vertrauliche Angaben sind keine Geschäftsgeheimnisse, werden dem Arbeitnehmer aber im Zusammenhang mit dem Arbeitsverhältnis zugänglich und müssen aufgrund eines legitimen Interesses des Arbeitgebers geheim gehalten werden. Ein solches besteht vor allem dann, wenn die Offenlegung der Information das Unternehmen schädigt oder in der öffentlichen Meinung herabwürdigt.[325] Darunter fallen ohne ausdrücklichen Hinweis auf die Vertraulichkeit persönliche Umstände und Verhaltensweisen des Arbeitgebers und anderer Arbeitnehmer, wie deren persönliche oder berufliche Entwicklung, die Kreditwürdigkeit und deren Gehalt.[326] Daneben werden solche Tatsachen erfasst, die vom Arbeitgeber in Ausübung seines Weisungsrechts als vertraulich bezeichnet werden, obwohl sie nicht die Anforderungen an ein Geschäftsgeheim-

---

321 BGH, GRUR 1963, 367 (370) – Industrieböden; *Sutschet*, in: BeckOK BGB, § 241 Rn. 43 f.; *Kalbfus*, Rn. 273.
322 *Kalbfus*, in: Harte-Bavendamm/Ohly/Kalbfus (2020), Einl. C Rn. 11; *Ohly*, in: Ohly/Sosnitza § 17 Rn. 37; *Harte-Bavendamm*, in: Harte/Henning, § 17 Rn. 51; *Kreitner*, in: Küttner, Treuepflicht Rn. 3; *Kraßer*, GRUR 1977, 177 (185); *Kiethe/Groeschke*, WRP 2005, 1358 (1359).
323 *Kania*, in: Küttner, Verschwiegenheitspflicht, Rn. 2; *Reichold*, in: MHdB ArbR, § 54 Rn. 32; *Linck*, in: Schaub ArbR-Hdb, § 55 Rn. 52; *Bachmann*, in: MüKoBGB, § 241 Rn. 107; *Reinfeld* (1989), S. 4; *Schmeding* (2006), S. 304.
324 *Kania*, in: Küttner, Verschwiegenheitspflicht Rn. 3; *Reichold*, in: MHdB ArbR, § 54 Rn. 37.
325 *Kania*, in: Küttner, Verschwiegenheitspflicht Rn. 6; *Reinfeld* (1989) S. 6 f.; *Taeger* (1988), S. 95.
326 *Reinfeld* (1989), S. 6f; *Reichold*, in: MHdB ArbR, § 54 Rn. 38; *Kalbfus*, in: Harte-Bavendamm/Ohly/Kalbfus (2020), Einl. C Rn. 8.

nis erfüllen.[327] Hierbei handelt es sich um eine Konkretisierung der Nebenpflichten des Arbeitnehmers. Erforderlich ist jedoch immer ein berechtigtes Interesse des Arbeitgebers.[328] Diese niedrigen Schutzvoraussetzungen von vertraulichen Angaben rechtfertigen sich mit den besonderen vertraglichen Treuepflichten. Folglich ist der Schutzbereich der vertragsimmanenten Geheimhaltungspflicht aber auch weitergezogen als eine bloße Pflicht zur Wahrung von Geschäftsgeheimnissen.[329]

Die Verpflichtung besteht gegenüber jedermann, d.h. nicht nur Dritten sondern unter Umständen auch im Verhältnis zu anderen Arbeitnehmern des Betriebes, sofern sie offensichtlich nicht zu dem Kreis der Wissenden gehören.[330] Nicht von Bedeutung ist, auf welche Art und Weise der Arbeitnehmer an das Wissen gelangt oder mit welcher Motivation die Weitergabe oder Verwertung erfolgt ist. In sämtlichen Fällen greift die allgemeine arbeitsvertragliche Geheimhaltungspflicht ein.[331] 139

Im Falle eines Verrates vom Geschäftsgeheimnissen oder vertraulichen Angaben liegt eine positive Vertragsverletzung vor, die Schadensersatzansprüche nach § 280 Abs. 1 gegen den Arbeitnehmer begründet.[332] Ausreichend ist bereits Fahrlässigkeit.[333] Bei entsprechender Schwere der Verletzung kann in der Verletzung jedoch zugleich ein Kündigungsgrund zu sehen sein.[334] 140

Nach neuer Rechtslage stellt das Vorliegen einer solchen Verpflichtung zudem einen Anknüpfungspunkt für eine zivil- und strafrechtliche Haftung nach dem GeschGehG dar. Allerdings gilt dies nur für geheime Informationen, die die Schutzvoraussetzungen des § 2 GeschGehG erreichen. Nicht anwendbar ist das GeschGehG daher auf vertrauliche Angaben. Deren Schutz ist auf vertragliche und allgemeine zivilrechtliche Grundsätze begrenzt. 141

Die vertragsimmanente Geheimhaltungspflicht erfasst somit sowohl redlich als auch unredlich erlangte Informationen und verbietet jegliche Verwertung und Offenlegung. Damit unterliegt jeder Arbeitnehmer einer Pflicht, die unabhängig 142

---

327 *Ohly*, in: Ohly/Sosnitza, § 17 Rn. 37; *Reinfeld*, in: MAHArbR, § 30 Rn. 12; *Richters/Wodtke*, NZA-RR 2003, 281 (283); *Bartenbach*, in: FS für Küttner, S. 119; *Schmeding* (2006), S. 305; *Grimm*, in: AR-Blattei SD (2004), 770, Rn. 14.
328 *Bartenbach*, in: FS für Küttner, S. 119; *Harte-Bavendamm*, in: Harte/Henning § 17 Rn. 51; *Motzer* (1982) S. 96; *Linck,* in: Schaub ArbR-Hdb, § 53 Rn. 47; *Kania*, in: Küttner, Verschwiegenheitspflicht Rn. 6.
329 *Reichold*, in: MHdB ArbR, § 54 Rn. 37; *Kiethe/Groeschke*, WRP 2005, 1358 (1359); *Van Caenegem*, § 8.02 (A); *Kalbfus*, Rn. 277.
330 *Linck,* in: Schaub ArbR-Hdb, § 53 Rn. 52; *Rolfs*, in: Preis, V 20 Verschwiegenheitspflicht, Rn. 7.
331 *Kraßer*, GRUR 1977, 177 (192); *Kiethe/Groeschke*, WRP 2005, 1358 (1359); *Schmeding* (2006), S. 305; *Harte-Bavendamm*, in: Gloy/Loschelder/Erdmann, § 77 Rn. 30; *Harte-Bavendamm*, in: Harte/Henning, § 17 Rn. 51.
332 *Schulze*, in: Schulze BGB, § 241 Rn. 4.
333 *Harte-Bavendamm*, in: Harte/Henning § 17 Rn. 51.
334 *Kraßer*, GRUR 1977, 177 (185).

von einer Vereinbarung und sachlich umfassender als eine bloße Geheimhaltungspflicht ist. Hier steht nicht mehr nur der bloße Schutz von Geschäftsgeheimnissen im Vordergrund, sondern vielmehr eine allgemeine Loyalitätspflicht des Beschäftigten.[335] Damit geht die arbeitsvertragliche Geheimhaltungspflicht über den bisherigen Schutz des UWG und auch über den des Geschäftsgeheimnisgesetzes hinaus, welche diese damit im Grunde nur noch flankieren.[336]

d) Das vertragsimmanente Wettbewerbsverbot

143 Sofern ein Arbeitnehmer ein Geschäftsgeheimnis im Rahmen einer gleichzeitigen selbstständigen Konkurrenztätigkeit oder als Angestellter bei einem Mitbewerber verwertet, verletzt er nicht nur die allgemeine arbeitsvertragliche Geheimhaltungspflicht, sondern auch das dem Arbeitsverhältnis immanente Wettbewerbsverbot.[337]

(a) Dogmatische Herleitung aus § 60 HGB

144 Dieses Wettbewerbsverbot wird einerseits anhand einer Analogie des § 60 HGB festgemacht, die aus dem Zusammenspiel zwischen der Rücksichtnahmepflicht nach § 241 Abs. 2 BGB[338] und der in § 110 GewO angelegten Gleichstellung von Arbeitnehmer und Handlungsgehilfe abgeleitet wird.[339] Andererseits wird vertreten, dass § 60 HGB im Grunde lediglich einen allgemeinen Rechtsgedanken konkretisiere, der seine Grundlage in der Rücksichtnahme- und Schutzpflicht des § 241 Abs. 2 BGB habe und den Arbeitgeberschutz vor Wettbewerbshandlungen beinhalte.[340] Daher sei jedem Arbeitsvertrag bereits ein Wettbewerbsverbot immanent, ohne dass es auf den persönlichen Anwendungs-

---

335 *Kalbfus*, Rn. 277.
336 *Rolfs*, in: Preis, V 20 Verschwiegenheitspflicht Rn. 5; *Kiethe/Groeschke*, WRP 2005, 1358 (1361); *Sander*, GRUR Int. 2013, 217 (224); *Schmeding* (2006), S. 306.
337 BAG, Urt. v. 19.12.2018 – 10 AZR 233/18, NZA 2019, 571 Rn. 53; BAG AP Nr. 7 zu § 611 Treuepflicht; BAG AP Nr. 10 zu § 611 Treuepflicht; *Reinfeld* (1989), S. 13; *Greßlin/Römermann*, BB 2016, 1461 (1462); *Kalbfus*, in: BeckOK UWG, § 17 Rn. 176.
338 Vgl bspw. BAG, Urt. v. 20.09.2006 – 10 AZR 439/05, NZA 2007, 977 (978); BAG, Urt. v. 24.03.2010 – 10 AZR 66/09, NZA 2010, 693 (694); BAG, Urt. v. 23.10.2014 – 2 AZR 644/13, NZA 2015, 429 (431).
339 *Singer/Preetz*, in: FS für Schwintowski, S. 803; BAG, Urt. v. 26.09.2007 – 10 AZR 511/06, NZA 2007, 1436 (1437); *Roth*, in: Baumbach/Hopt, HGB (2018) § 60 Rn. 1.
340 BAG Urt. v. 16.1.2013 – 10 AZR 560/11, NZA 2013, 748 (749); BAG Urt. v. 28.1.2010 – 2 AZR 1008/08, NZA-RR 2010, 461 (462); Urt. v. 16.8.1990 – 2 AZR 113/90, AP BGB § 611 Nr. 10 = NZA 1991, 141 (142).

bereich des § 60 HGB ankomme.[341] Konsequenzen im Hinblick auf einen unterschiedlichen Inhalt und Umfang des Wettbewerbsverbots hat die jeweilige Einordnung ebenfalls nicht.[342] Jedoch wird im Rahmen der Begründung der analogen Anwendung des § 60 HGB regelmäßig auf die Parallele zum nachvertraglichen Wettbewerbsverbot nach §§ 74 ff. HGB hingewiesen, welches bereits vor Einführung des § 110 GewO für Arbeitnehmer entsprechend galt.[343] Des Weiteren sei eine analoge Anwendung im Rahmen der Regelungssystematik des § 110 S. 2 GewO schlüssig.[344] Gleichzeitig könne nur durch diese Gleichstellung mit dem Handlungsgehilfen auch dem Gleichbehandlungsgrundsatz nach Art. 3 Abs. 1 GG entsprochen werden.[345]

Mögliche Rechtsfolgen einer Verletzung ergeben sich dann zugleich aus § 61 HGB in Form von Unterlassung und Schadensersatz oder einem Eintrittsrecht, wonach der Arbeitgeber das getätigte Rechtsgeschäft an sich ziehen kann. Auch kann der Arbeitgeber Auskunft verlangen, sofern es Anlass zur Vermutung einer Vertragsverletzung gibt.[346] Zusätzlich besteht im Einzelfall die Möglichkeit einer ordentlichen oder außerordentlichen Kündigung.[347]

145

(b) Umfang und Einschränkung des Wettbewerbsverbotes

Das allgemeine Wettbewerbsverbot gilt anerkanntermaßen für alle Arten von Beschäftigungsverhältnissen.[348] Eine Unterscheidung zwischen Voll- und Teilzeitbeschäftigten kann nicht gemacht werden, insbesondere da im Bereich der Teilzeitbeschäftigung eine höhere Schutzbedürftigkeit des Arbeitgebers besteht. Dem Arbeitnehmer steht es nämlich zu, eine weitere Tätigkeit aufzunehmen.[349] Nicht erfasst sind demgegenüber freie Mitarbeiter, Handelsvertreter[350] und Or-

146

---

341 BAG Urt. v. 24.3.2010 – 10 AZR 66/09, NZA 2010, 693, 694; Urt. v. 28.1.2010 – 2 AZR 1008/08, NZA-RR 2010, 461, 462; Urt. v. 20.9.2006 – 10 AZR 439/05, NZA 2007, 977, 978.
342 *Weidenkaff*, in Palandt, BGB § 611 BGb Rn. 42a verweist daher auf beide.
343 Vgl. BAG, Urt. 16.08.1990 – 2 AZR 113/90.
344 *Boecken/Rudkowski*, in Ebenroth/Boujong/Joost/Strohn, HGB (2020) § 60 Rn. 7.
345 *Oetker*, in: ErfKArbR, HGB § 60 Rn. 2.
346 Die Rechtsgrundlage ist umstritten: BAG, Urt. v. 24.04.1970 – 3 AZR 324/69, AP HGB § 60 Nr. 5 zieht diesen in Bezug auf den Schadensersatzanspruch aus § 61 Abs. 1 HGB; *Boecken*, in Ebenroth/Boujong/Joost/Strohn (2014), § 61 Rn. 25 sieht diesen in der allgemeinen Treuepflicht aus §§ 241 Abs. 2 BGB begründet.
347 *Dorner*, S. 65 f.; *Boecken*, in Ebenroth/Boujong/Joost/Strohn (2014), § 61 Rn. 4 ff.; *Wetzel*, in: BeckOK HGB, § 61 Rn. 27 ff.
348 *Wetzel*, in: BeckOK HGB, § 60 Rn. 1; Auszubildende unterliegen unter Berücksichtigung des § 10 Abs. 1 BBiG einem allgemeinen Wettbewerbsverbot, dazu *Boecken*, in Ebenroth/Boujong/Joost/Strohn (2014) § 60 Rn. 9.
349 *Boecken*, in Ebenroth/Boujong/Joost/Strohn (2014) § 60 Rn. 8; *Wetzel*, in: BeckOK HGB, § 60 Rn. 2.
350 Für Handelsvertreter gilt § 86 Abs. 1 S. 2 HGB.

ganmitglieder von Personen- und Kapitalgesellschaften, denn sie unterliegen speziellen gesetzlichen Wettbewerbsverboten, die dem allgemeinen vorgehen.[351] Sollte der Arbeitnehmer im Rahmen einer Arbeitnehmerüberlassung bei einem Unternehmen tätig sein, dann ist sein Arbeitgeber nur der Verleiher und nur diesem gegenüber ist er auch verpflichtet. Gegenüber dem Entleiher besteht kein Wettbewerbsverbot, jedoch sind Schutzpflichten des Leiharbeitnehmers zu beachten, die sich aus einem Vertrag mit Schutzwirkungen zugunsten Dritter ergeben.[352]

147 Das Wettbewerbsverbot bezieht sich auf eine Tätigkeit des Arbeitnehmers in dem Geschäftsfeld des Arbeitgebers.[353] Gedanke dahinter ist, dass der Arbeitnehmer verpflichtet ist eine Konfliktlage zu vermeiden, die geeignet ist, u.a. Geschäftsgeheimnisse des Arbeitgebers preiszugeben oder zu dessen Nachteil auszunutzen, jedoch nicht jegliche berufliche Tätigkeit zu verbieten.[354] Zwar erfasst der Wortlaut des § 60 HGB Handelsgewerbe im Allgemeinen, jedoch muss dies unter Berücksichtigung der Berufsfreiheit derart ausgelegt werden, dass nur Handelsgewerbe untersagt sind, die mit dem Arbeitgeber im Konflikt stehen. Entscheidend ist, ob das Handeln des Arbeitnehmers unter wirtschaftlicher Betrachtungsweise den Interessen des Arbeitgebers zuwiderläuft. Keine Wettbewerbstätigkeit liegt daher bspw. vor, wenn der Arbeitnehmer auf einer vor- oder nachgelagerten Marktstufe tätig ist.[355] Da jedoch nur der Zeitpunkt der Tätigkeit maßgeblich ist, kann sich der Geltungsbereich des Wettbewerbsverbots erweitern oder einschränken und damit den Spielraum des Arbeitnehmers nachträglich ändern, wenn der Arbeitgeber seine Geschäftsfelder vergrößert oder verkleinert. Sofern der Arbeitnehmer bereits vor der Geschäftserweiterung ein nicht konkurrierendes Gewerbe geführt hat, ist im Rahmen einer Gesamtabwägung zu berücksichtigen, ob der Arbeitnehmer bei Aufnahme seines Gewerbes mit der Erweiterung rechnen konnte und welche Investitionen er getätigt hat. Insofern kann der Arbeitnehmer unter Vertrauensschutzgesichtspunkten befugt sein, sein Gewerbe weiter zu führen.[356]

148 Ob jede Konkurrenztätigkeit für einen Mitbewerber nach § 60 Abs. 1 Alt. 2 HGB unabhängig von der Qualität untersagt ist, ist bisher nicht einheitlich beantwortet worden. Während das BAG dies angenommen hat, deutete es in einem *obiter dictum* bereits an, dass einfache Tätigkeiten, die nur zu einer untergeordneten wirtschaftlichen Unterstützung eines Mitbewerbers führen, nicht als Konkurrenztätigkeit zu qualifizieren sein könnten. Dies erscheint angemessen, da man

---

351 Dazu *Boecken*, in Ebenroth/Boujong/Joost/Strohn (2014), § 60 Rn. 9.
352 *Vogelsang*, in: Schaub ArbR-Hdb, § 54 Rn. 13.
353 *Singer/Preetz*, in: FS für Schwintowski, S. 804; *Vogelsang*, in: Schaub ArbR-Hdb § 54 Rn. 4.
354 *Schmeding* (2006), S. 306; *Singer/Preetz*, in: FS für Schwintowski, S. 804.
355 *Vogelsang*, in: Schaub ArbR-Hdb, § 54 Rn. 10, 15; *Singer/Preetz*, in: FS für Schwintowski, S. 804.
356 *Vogelsang*, in: Schaub ArbR-Hdb, § 54 Rn. 14.

im Rahmen der wirtschaftlichen Betrachtungsweise auch die Berufsfreiheit der Arbeitnehmer berücksichtigen muss. Tätigkeiten, die geringe wirtschaftliche Auswirkungen haben, beeinträchtigen auch die Interessen des Arbeitgebers kaum.[357] Insbesondere ist im Rahmen der modernen Arbeitswelt unter sozialen Gesichtspunkten zu berücksichtigen, dass einfache Arbeitskräfte auf das Einkommen aus mehreren Arbeitsverhältnissen angewiesen sind. Die Annahme eines absoluten Wettbewerbsverbotes wäre unbillig, denn in diesen Fällen wird dem Arbeitgeber nicht die arbeitsvertragliche Geheimhaltungspflicht aberkannt, sodass seinen Interessen ausreichend Rechnung getragen wird. Daher sind im Ergebnis nur Tätigkeiten, die eine gewisse wirtschaftliche Unterstützung eines Mitbewerbers bedeuten von dem Wettbewerbsverbot erfasst.[358]

Grundsätzlich ist es jedoch erlaubt während des bestehenden Arbeitsverhältnisses eine zukünftige Selbstständigkeit vorzubereiten, soweit damit noch kein Betrieb eines Handelsgewerbes und keine Konkurrenztätigkeit vorliegen. Erlaubt sind daher bspw. die Anmietung von Geschäftsräumen und der Erwerb von Marken, Internetdomains oder Waren.[359] Die Abgrenzung erfolgt darüber, ob bereits in die Geschäfts- und Wettbewerbsinteressen des Arbeitgebers eingegriffen wurde. Dies ist bspw. der Fall, wenn Werbemaßnahmen erfolgen oder andere Arbeitnehmer abgeworben werden.[360] Entscheidend ist also, ob der Arbeitnehmer werbend auftritt. Wurde im Vertrag ein nachvertragliches Wettbewerbsverbot vereinbart, sind dem Arbeitnehmer allerdings auch jegliche Vorbereitungshandlungen verboten, da er mit Beendigung des Arbeitsverhältnisses ohnehin nicht in Wettbewerb treten dürfte.[361]

149

(c) Verhältnis zur Geheimhaltungspflicht

Wettbewerbsverbote gehen somit über Geheimhaltungspflichten hinaus, da sie dem Arbeitnehmer nicht nur die Nutzung des geheimen Wissens verbieten, sondern darüber hinaus die Vermeidung von Wettbewerb in jeglicher Form einer Selbstständigkeit oder Unterstützung eines Mitbewerber bezwecken.[362] Sie stellen eine Intensivierung des Geheimnisschutzes dar und haben auch keine Auswirkungen auf bestehende Geheimhaltungspflichten, sondern flankieren diese.[363] Jedem Wettbewerbsverbot wohnt damit automatisch eine Geheimhaltungspflicht inne und geht darüber hinaus, indem es sogar die Mitteilung und Verwertung

150

---

357 BAG, Urt. v. 24.03.2010 – 10 AZR 66/09, NZA 2010, 693 (694); *Vogelsang*, in: Schaub ArbR-Hdb, § 54 Rn. 12.
358 *Singer/Preetz*, in: FS für Schwintowski, S. 805; *Vogelsang*, in: Schaub ArbR-Hdb, § 54 Rn. 15.
359 *Oetker*, in: ErfKArbR, HGB § 60 Rn. 6.
360 *Vogelsang*, in: Schaub ArbR-Hdb, § 54 Rn. 11.
361 BAG, Urt. v. 26.06.2008 – 2 AZR 190/07, NZA 2008, 1415 (1416).
362 *Dorner*, S. 64; *Kather*, VPP 3/2005, 108 (109).
363 *Oetker*, in: ErfKArbR, HGB § 60 Rn. 1.

von bekannten Informationen verhindern kann. Das Wettbewerbsverbot greift jedoch im Gegenzug dann nicht, wenn der Arbeitnehmer das Wissen ohne Gewinnabsicht und nicht als Teilnehmer am Geschäftsverkehr nutzt, etwa wenn er es nur zu privaten Zwecken verwendet.[364]

e) Zeitliche Grenzen der vertragsimmanenten Pflichten

151 Grundsätzlich entstehen die allgemeine arbeitsvertragliche Geheimhaltungspflicht und das vertragsimmanente Wettbewerbsverbot mit Abschluss des Arbeitsvertrages und dauern den gesamten Bestand des Arbeitsverhältnisses über an.[365] Der Arbeitsvertrag wird wie andere schuldrechtliche Vertragsverhältnisse mit einer Einigung durch zwei übereinstimmende Willenserklärungen zwischen Arbeitnehmer und Arbeitgeber abgeschlossen.[366] Es reicht jedoch bereits übereinstimmendes schlüssiges Verhalten aus, sodass bspw. auch keine Vergütung vereinbart sein muss.[367]

152 Gemeint ist der rechtliche Bestand des Arbeitsverhältnisses und nicht der tatsächliche.[368] Erst mit rechtlicher Auflösung des Vertragsverhältnisses entfällt das Arbeitsverhältnis und zwar unabhängig davon, ob ordentlich oder außerordentlich durch den Arbeitnehmer oder Arbeitgeber gekündigt wurde, das Arbeitsverhältnis wegen Befristung oder auflösender Bedingung entfallen ist oder ein Aufhebungsvertrag geschlossen wurde.[369] Unerheblich ist daher, ob das Arbeitsverhältnis faktisch nicht besteht, weil es entweder nicht in Vollzug gesetzt wurde oder vorzeitig durch eine Freistellung des Arbeitnehmers vor Ablauf der Kündigungsfrist tatsächlich beendet wurde. Mit der rechtlichen Auflösung des Vertragsverhältnisses enden auch und erst die entsprechenden Pflichten. In einem Weiterbeschäftigungsverhältnis[370] bestehen die Nebenpflichten aber fort.[371]

153 Damit wird in erster Linie das Arbeitgeberinteresse an einer Geheimhaltung berücksichtigt, während das Arbeitnehmerinteresse, welches sich in der Regel noch während des Bestandes des Beschäftigungsverhältnisses wandelt, in den Hintergrund tritt. Die gesetzlichen und vertraglichen Regelungen selbst unterscheiden nämlich nicht in diesem Sinne zwischen den Phasen des bestehenden Arbeitsverhältnisses. Nicht nur würde dies die Rechtslage von der Motivlage

---

364 BAG NJW 1962, 1365 (1366).
365 *Joussen*, in: BeckOK ArbR, § 611a BGB Rn. 470; *Brock*, in: Ann/Loschelder/Grosch, S. 123; *Mölling* (1991), S. 9.
366 *Melms*, in: MAHArbR, § 10 Rn. 1ff; *Joussen*, in: BeckOK ArbR, § 611a Rn. 67; Eine Ausnahme stellt das sogenannte faktische Arbeitsverhältnis dar, vgl. dazu ausführlich *Melms*, in: MAHArbR, § 10 Rn. 25 mwN.
367 *Preis*, in: ErfKArbR, BGB § 611a Rn. 21; *Melms*, in: MAHArbR, § 10 Rn. 3.
368 Zum rechtlichen Bestand und der Beendigung des Arbeitsverhältnisses vgl. S. 52 ff.
369 *Gaugenrieder/Unger-Hellmich*, WRP 2011, 1364 (1373); *Reinfeld* (1989), S. 9.
370 Zum Weiterbeschäftigungsverhältnis, vgl. *Pallasch*, NZA 2017, 353.
371 *Pallasch*, NZA 2017, 353 (356).

des Arbeitnehmers abhängig machen, auch ist kaum mit Sicherheit festzustellen, ab welchem Moment die rechtliche Einordnung sich ändern solle. Folge wären enorme Rechtsunsicherheiten. Für eine rechtliche Beurteilung kann daher ausschließlich der Bestand des Vertragsverhältnisses ausschlaggebend sein. Daher hat die sich während des Beschäftigungsverhältnisses wandelnde Interessenlage keinen Einfluss auf die Rechten und Pflichten der jeweiligen Vertragsparteien.

Das Wettbewerbsverbot besteht ausschließlich während der Laufzeit des Arbeitsvertrages. Sowohl im vor- als auch nachvertraglichen Bereich herrscht die allgemeine Wettbewerbsfreiheit. Dies findet seinen Ausdruck darin, dass §§ 74 ff. HGB spezielle Anforderungen an nachvertragliche Wettbewerbsverbote stellt. Bereits an dieser Stelle soll darauf hingewiesen werden, dass eine vertragliche Vereinbarung der Geheimhaltung über die Beendigung des Arbeitsverhältnisses hinaus durchaus möglich ist, wobei insbesondere die Grenzen zum Wettbewerbsverbot aufgrund der Anforderungen der §§ 74 ff. HGB nicht überschritten werden dürfen. Eine gewisse Berücksichtigung hat das Arbeitnehmerinteresse jedoch insoweit gefunden, indem bereits die Vorbereitung einer nachvertraglichen Konkurrenz grundsätzlich als erlaubt anzusehen ist.[372]

154

Die vertragsimmanente Geheimhaltungspflicht kann auch außerhalb des Geltungsbereichs des Arbeitsverhältnisses bestehen. Im vorvertraglichen Bereich kann es unter dem Gesichtspunkt der *culpa in contrahendo* zur einer Verpflichtung nach §§ 241 Abs. 2, 311 Abs. 2 BGB kommen, wenn und soweit der eine Teil dem anderen die Möglichkeit gewährt, auf seine Rechte, Rechtsgüter und Interessen einzuwirken.[373] Dies begründet keine Primärpflichten, sondern nur Sekundäransprüche aus § 280 Abs. 1 BGB. Im Einzelfall können sich daraus bereits Geheimhaltungspflichten ergeben, wenn dem Arbeitnehmer Geheimnisse preisgegeben werden.[374] Ansprüche dieser Art scheitern in der Regel jedoch an der Voraussetzung des Verschuldens des künftigen Vertragspartners,[375] sind aber auch deswegen gegenüber Arbeitnehmern eher selten einschlägig, da diesen im Einstellungsgespräch oder vor Vertragsabschluss in der Regel keine Informationen zugänglich gemacht werden. Dies kann allenfalls bei der Einstellung von Führungskräften notwendig sein und sollte durch vertragliche Vereinbarungen abgesichert werden.[376]

155

Ob die arbeitsvertragliche Geheimhaltungspflicht aber über die rechtliche Beendigung des Beschäftigungsverhältnisses hinauswirkt und die Schutzlücken des außervertraglichen Geheimnisschutzes auffüllen kann, blieb nach bisheriger Rechtslage umstritten. Dazu trug auch die mit den verstreuten Regelungskom-

156

---

372 Vgl. A. IV. 4. c. (2).
373 *Joussen*, in: BeckOK ArbR, § 611a Rn. 44.
374 *Kreitner*, in: Küttner, Betriebsgeheimnis, Rn. 6; *Reinfeld* (1989), S. 8 f.; *Rolfs*, in: Preis, V 20 Verschwiegenheitspflicht, Rn. 7.
375 *Richters/Wodtke*, NZA-RR 2003, 281 (283).
376 *Reinfeld* (1989), S. 15.

plexen verbundene Zuständigkeit unterschiedlicher Gerichtszweige bei. Beherrscht wurde der Konflikt nämlich von den widersprüchlichen Bewertung durch den Bundesgerichtshof[377] und das Bundesarbeitsgericht.[378] Hier stieß vor allem eine lauterkeitsrechtliche Sichtweise auf ein arbeitsrechtliches Verständnis der Problematik. Das Bundesarbeitsgericht ging grundsätzlich davon aus, dass der Arbeitnehmer nach Beendigung des Arbeitsverhältnisses aufgrund von Vertragsnachwirkungen zur Verschwiegenheit verpflichtet sei.[379] Eingeengt wurde diese Geheimhaltungspflicht jedoch im Hinblick auf das Erfahrungswissen der Arbeitnehmer, welches sie frei verwenden dürften.[380] Demgegenüber war ein Arbeitnehmer nach Ansicht des Bundesgerichtshofes ohne Abrede nicht mehr zur Geheimhaltung verpflichtet. Als argumentativer Ausgangspunkte diente dem Bundesgerichtshof die Wertung des § 17 Abs. 1 UWG aF, der nur im bestehenden Beschäftigungsverhältnis eingreife und den Gegenschluss zu lasse, dass die Nutzung von Informationen im nachvertraglichen Bereich freigestellt sei.[381]

157 Diese Uneinheitlichkeit in der Rechtsprechung der obersten Gerichtshöfe spiegelte sich auch in den unterschiedlichen Ansätzen im Schrifttum wider, sodass es im Grunde keine eindeutige Lösung bestand. Im Ergebnis führte dies immer zu einer unvermeidbaren und wenig rechtssicheren Interessenabwägung, die sämtliche Umstände des Einzelfalles zu berücksichtigen hatte.[382] Eine ausführliche Darstellung der jeweiligen Rechtsprechungslinien und der Ansichten im Schrifttum soll an geeigneter Stelle erfolgen.[383] Ob das Geschäftsgeheimnisgesetz zu einer anderen – möglicherweise eindeutigeren – Beurteilung dieser nachvertraglichen Pflicht beitragen kann, kann erst nach einer Untersuchung des Schutzgegenstandes und der Gesetzessystematik beurteilt werden.

158 Der Umfang und Bestand von arbeitsvertraglichen Pflichten, zu denen auch entsprechende Geheimhaltungspflichten zu zählen sind, ist daher vom rechtlichen Bestand des Arbeitsverhältnisses abhängig. Unterschieden werden müssen somit grundsätzlich die Phase der Vertragsanbahnung, des bestehenden Arbeitsverhältnisses und des beendeten Arbeitsverhältnisses.

---

377 Deutlich wird dies in BGH, Urt. v. 3.5.2001 – I ZR 153/99, GRUR 2002, 91 (92) – Spritzgießwerkzeuge; BGH, Urt. v. 21.12.1962 – I ZR 47/61, GRUR 1963, 367 – Industrieböden.
378 BAG, Urt. v. 16.3.1982 – 3 AZR 83/79, NJW 1983, 134 – Thrombosol.
379 BAGE 41, 21 (32 f.) – Thrombosol; BAG, Urt. v. 15.12.1987 – 3 AZR 474/86, NZA 1988, 502 – Kundenschutzabrede.
380 BAG, NZA 1994, 502 (504) – Titandioxid; BAG, Urt. v. 16.3.1982 – 3 AZR 83/79, NJW 1983, 134 – Thrombosol.
381 Vgl BGH GRUR 2006, 1044 Rn. 13 – Kundendatenprogramm; BGH GRUR 2002, 91 (92) – Spritzgießwerkzeuge; GRUR 1983, 179 (181) – Stapelautomat; GRUR 1964, 215 (216) – Milchfahrer; GRUR 1955, 402 (403) – Anreißgerät; BGH, GRUR 1963, 367 – Industrieböden.
382 BGH, GRUR 1963, 367 – Industrieböden; *Ohly*, GRUR 2014, 1 (10); *Mes*, GRUR 1979, 584 (588).
383 Vgl. unter D.V.2.

f) Rechtsgeschäftliche Erweiterungen der Pflichten

(a) Zweck und Bedeutung von Geheimhaltungsvereinbarungen

Die vertragsimmanente Geheimhaltungspflicht und das vertragsimmanente Wettbewerbsverbot des Arbeitnehmers sind dispositiv und können durch den Arbeitsvertrag, Betriebsvereinbarungen oder zusätzliche rechtsgeschäftliche Abreden sowohl konkretisiert, erweitert als auch – wenn gleich in der Praxis eher selten – eingeschränkt werden.[384] Dies beruht auf dem Grundsatz der Vertragsfreiheit aus Art. 2 GG.[385] Als Erweiterung des gesetzlichen Schutzes sind ausdrückliche Vereinbarungen zwischen dem Arbeitgeber und Arbeitnehmer durch die Rechtsprechung und das Schrifttum anerkannt und werden als ein unentbehrliches Mittel angesehen, um die Interessen des Arbeitgebers zu schützen.[386] Trotz der hohen Praxisrelevanz stellt sich ein Großteil der Geheimhaltungsabreden allerdings als deklaratorisch dar, denn sie weisen regelmäßig keinen über die weitgefasste vertragsimmanente Geheimhaltungspflicht hinausgehenden Anwendungsbereich auf.[387] Ungeachtet des Systemwechsels durch das GeschGehG werden Arbeitnehmer aber auch in Zukunft nur selten über diese Geheimhaltungspflichten explizit Bescheid wissen oder sich dieser in jeder Situation bewusst sein. Aus diesen Gründen empfiehlt sich zumindest eine Konkretisierung der Geheimhaltungspflicht durch eine einfache Geheimhaltungsklausel im Arbeitsvertrag, um ein Bewusstsein für das Bestehen und die Reichweite der Pflichten zu schaffen.[388] Trotz des i.d.R. deklaratorischen Charakters haben Geheimhaltungsvereinbarungen durch ihre Warn- und Belehrungsfunktion daher eine bedeutende Wirkung auf Arbeitnehmer und sind grundsätzlich anzuraten.[389]

159

(b) Inhalt und Grenzen der Vertragsfreiheit

Inhaltlich sollten Geheimhaltungsvereinbarungen gewisse Punkte wie den Gegenstand der Vereinbarung, den Schutzumfang und ihre Dauer enthalten. Hingewiesen werden sollte auf die gesetzlichen Pflichten, die Geheimhaltungsmaß-

160

---

384 *Bartenbach*, in: FS für Küttner, S. 120; *Harte-Bavendamm*, in: Harte/Henning, § 17 Rn. 51.
385 *Joussen*, in BeckOK ArbR, § 611a Rn. 488.
386 BGH, Urt. v. 19.11.1982 – I ZR 99/80 – GRUR 1983, 179 (180) – Stapelautomat; *Bartenbach*, in: FS für Küttner, S. 120 mwN.
387 *Richters/Wodtke*, NZA-RR 2003, 281 (288); *Mussiol*, in: Hasselblatt, § 25 Rn. 38; *Rolfs*, in: Preis, V 20 Verschwiegenheitspflicht Rn. 6.
388 *Reichold*, in: MHdB ArbR, § 54 Rn. 1; *Hoppe/Möller*, AuA 4/2015, S. 213 (214).
389 So auch *Eckhoff/Hoene*, ArbRB 2019, 256 (257); *Maaßen*, GRUR 2019, 352 (359) sieht in dem Fehlen von Geheimhaltungsvereinbarungen allerdings ein Indiz für den nachlässigen Umgang mit Geschäftsgeheimnissen.

nahmen anhand derer sich ein Geschäftsgeheimnis identifizieren lässt[390] und Regelungen für den jeweiligen Einzelfall. Letzteres kann bspw. die Arbeit im Homeoffice oder die Nutzung privater oder dienstlicher Endgeräte betreffen. Unter Umständen ist hier auch eine Verweisung auf eine Betriebsvereinbarung möglich. Geachtet werden sollte bei diesen Abreden allerdings auf die neue Terminologie des Geheimnisschutzrechts, damit ein Gleichlauf mit den gesetzlichen Regelungen erreicht wird.

161 Die Abrede sollte sich aber nicht nur auf die Geheimhaltung beschränken, sondern darüber hinaus auch eine Nutzungsbeschränkung enthalten, denn auch das Gesetz trennt klar zwischen der unbefugten Offenlegung und Nutzung.[391] Zudem sind die Parteien zu benennen, welchen das Wissen mitgeteilt und gegenüber welchen es geheim zu halten ist. Zu einem umfassenden Schutz gehört es, dass die allgemein anzuwendende Sorgfalt im Umgang mit Geschäftsgeheimnissen definiert und auch der Schutz vor einem Offenkundigwerden festgelegt wird. Arbeitnehmer können durch vertragliche Abreden auch dazu verpflichtet werden – gleich einer Garantenstellung – Maßnahmen gegen einen bevorstehenden Geheimnisverrat zu ergreifen. Hingewiesen werden sollte auf die zivilrechtlichen Konsequenzen und die mögliche Strafbarkeit eines Geheimnisverrats. Unter Umständen macht die Vereinbarung einer angemessenen Vertragsstrafe Sinn.[392]

162 Da Arbeitnehmer durch zu weitreichende Abreden unter Umständen massiv behindert werden können, stellt sich vor diesem Hintergrund die Frage, welche Grenzen individualvertraglichen Erweiterungen der Pflichten gesetzt sind. Solche finden sich in den gesetzlichen Vorschriften nach §§ 134, 138, 242, 305 ff. BGB und dem allgemeinen Verhältnismäßigkeitsgebot.[393] Formularvereinbarungen unterliegen insbesondere der Überprüfung auf eine unangemessene Benachteiligung und auf Transparenz nach § 307 Abs. 1 BGB.[394] Die Wirksamkeit einer Vereinbarung hängt daher im Einzelfall von ihrem Umfang ab.[395] Wesentliche Anforderung an eine wirksame Verpflichtung ist, dass die Geheimhaltung durch berechtigte betriebliche Interessen des Arbeitgebers gedeckt ist.[396] Dies ist für jedes Unternehmen unterschiedlich zu beurteilen, denn die Bedürfnisse beider Seiten variieren. In jedem Fall darf die Pflicht nicht so weit gehen, dass der Arbeitnehmer daran gehindert wird, eigene Interessen wahr zu nehmen.[397]

---

390 *McGuire*, WRP 2019, 679 (682).
391 Dazu ausführlich *McGuire*, WRP 2019, 679.
392 *Stancke*, BB 2013, 1418 (1424).
393 *Schmeding* (2006), S. 306; *Bartenbach*, in: FS für Küttner, S. 120.
394 *Rolfs*, in: Preis, V 20 Verschwiegenheitspflicht Rn. 33.
395 *Reinfeld*, in: MAHArbR § 30 Rn. 1; *Link*, in: Schaub ArbR-Hdb, § 53 Rn. 54; *Redeker/Pres/Gittinger*, WRP 2015, 681 (686).
396 LAF Rh.Pf., Urt. v. 21.02.2013 – 2 Sa 386/12, ZD 2013, 460; *Bartenbach*, in: FS für Küttner, S. 121; *Vogelsang*, in: Schaub ArbR-Hdb, § 54 Rn. 14; *Holthausen*, NZA 2019, 1377 (1380).
397 *Harte-Bavendamm*, in: Gloy/Loschelder/Erdmann § 77 Rn. 30; *Holthausen*, NZA 2019, 1377 (1380); *Holthausen*, NZA 2019, 1377 (1380).

Pauschale Geheimhaltungsvereinbarungen in denen der Arbeitnehmer verpflichtet wird, über sämtliche Umstände und Geschäftsvorfälle im Zusammenhang mit seinem Arbeitsverhältnis zu schweigen, stellen nach § 138 Abs. 1 BGB bzw. im Falle einer formularmäßigen Nutzung nach § 307 Abs. 1 S. 2 BGB eine unangemessene Vertragsbindung dar.[398] Die Grenze des Zumutbaren ist überschritten, da der Arbeitnehmer aufgrund des Wortlautes strenggenommen gehindert wäre, überhaupt ein Wort über seine Beschäftigung zu verlieren.[399] Eine Frage des Einzelfalls sind auch Geheimhaltungsverpflichtungen über den Inhalt des Arbeitsvertrages, insbesondere solche, die die Entgelthöhe des Arbeitnehmers betreffen. Solche sind nur im Ausnahmefall anzuerkennen, da der Arbeitgeber nur selten ein berechtigtes Interesse vorweisen können wird.[400] Da das Verbot zudem dazu führt, dass der Arbeitnehmer seine Rechte u.a. aus dem Gleichbehandlungsgrundsatz nicht geltend machen kann, werden derartige Abreden ohne Öffnungsklausel nach § 307 Abs. 1 BGB ohnehin unwirksam sein.[401]

163

Zudem kann die Geheimhaltungspflicht nicht auf Rechtsverhältnisse des Arbeitnehmers zu Dritten erstreckt werden. Ist der Arbeitnehmer zur Erlangung von Sozialleistungen oder bei der Wohnungs- oder Arbeitssuche dazu angehalten, Details seines Arbeitsverhältnisses offen zu legen, überwiegt sein Interesse regelmäßig. Vor allem aber ist es nicht möglich, gesetzliche Offenbarungspflichten gegenüber Behörden und sozialrechtliche Mitwirkungspflichten nach § 60 SGB I auszuschließen. In jedem Fall bietet es sich an, eine (deklaratorische) Klausel mitaufzunehmen, welche dem Arbeitnehmer einen Freistellungsanspruch zur Wahrung seiner Interessen gewährt und dem Arbeitnehmer aufzeigt, dass er sich nicht eigenmächtig befreien darf.[402]

164

Die Pflichten lassen sich daher nur in engen Grenzen erweitern. Aufgrund dessen muss sich der Arbeitgeber daher immer des Risikos einer Unwirksamkeit bewusst sein. Aus Disziplinierungsgründen kann es sich dennoch lohnen eine rechtlich risikobehaftete Klausel aufzunehmen, wenn sie in tatsächlicher Hinsicht eine Wirkung entfaltet.[403] Um die Wirksamkeit der Vereinbarung zusätzlich zu unterstützen, sollten der Zweck der Geheimhaltung aber ausdrücklich niedergelegt und zugleich Ausnahmen von der Pflicht mitbedacht werden.[404]

165

---

398 *Brock*, in: Ann/Loschelder/Grosch, S. 123; *Bartenbach*, in: FS für Küttner, S. 120; *Linck*, in: Schaub ArbR-Hdb, § 53 Rn. 50; *Preis*, in: ErfKArbR, BGB § 611a Rn. 714; *Richters/Wodtke*, NZA-RR 2003, 281 (288); *Holthausen*, NZA 2019, 1377 (1379 f.); *Kania*, in: Küttner, Verschwiegenheitspflicht Rn. 7; *Hoppe/Möller*, AuA 4/2015, 213 (214).
399 *Bartenbach*, in: FS für Küttner, S. 120.
400 *Rolfs*, in: Preis, V 20 Verschwiegenheitspflicht Rn. 33 ff. mwN; *Bartenbach*, in: FS für Küttner, S. 121; *Hoppe/Möller*, AuA 4/2015, 213 (214); *Kania*, in: Küttner, Verschwiegenheitspflicht Rn. 8.
401 LAG Mecklenburg-Vorpommern, 21.10.2009 – 2 Sa 183/09, BeckRS 2011, 65298.
402 AP Nr. 1 und 3 zu § 611 BGB Schweigepflicht.
403 *Holthausen*, NZA 2019, 1377 (1380).
404 *Gaul*, NZA 1988, 225 (233).

Die Unwirksamkeit einer individualvertraglichen Vereinbarung bedeutet jedoch nicht, dass der Arbeitnehmer sodann keiner Verpflichtung mehr unterliegt. Denn trotz der Nichtigkeit bleibt die arbeitsvertragliche Geheimhaltungspflicht als vertragsimmanente Nebenpflicht unberührt und gilt weiterhin.[405]

(c) Nachvertragliche Geheimhaltungsvereinbarungen

166 Der Arbeitgeber ist vor allem im nachvertraglichen Bereich faktisch auf die Vereinbarung von umfangreichen Geheimhaltungspflichten oder Wettbewerbsverboten angewiesen, um die aufgezeigten Rechtsunsicherheiten des gesetzlichen und vertragsimmanenten Schutzes zu vermeiden. Dadurch kann allerdings nur die finanzielle Verwertung bestimmter Geheimnisse, aber nicht die Verwertung des allgemeinen Erfahrungswissens erfasst werden. Denn eine nachvertragliche Geheimhaltungspflicht begründet für den Arbeitgeber regelmäßig keinen Anspruch auf Unterlassung von Wettbewerbshandlungen oder vergleichbaren Tätigkeiten. Soll dies erreicht werden, muss ein karenzentschädigungspflichtiges und zeitlich begrenztes Wettbewerbsverbot nach §§ 74 ff. HGB vereinbart werden.[406] Nachteil eines Wettbewerbsverbotes gegenüber einer einfachen Geheimhaltungsvereinbarung ist, dass es aufgrund der Entschädigungspflicht nicht selten teuer und die Wirkung oft nicht im Verhältnis zu den Kosten steht. Denn nicht selten treten Beweisschwierigkeiten im Hinblick auf verdeckte Wettbewerbshandlungen auf.[407]

167 Umstritten ist auch, welchen Umfang Geheimhaltungsvereinbarungen letztlich aufweisen dürfen und wann sie die Schwelle zum karenzentschädigungspflichtigem Wettbewerbsverbot nach §§ 74 ff. HGB überschreiten.[408] Im Wesentlichen geht es in diesem Zusammenhang um die Abgrenzung der Erfahrungen des Arbeitnehmers, deren Nutzung ihm ausschließlich mittels eines nachvertraglichen Wettbewerbsverbotes untersagt werden kann, von den Geschäftsgeheimnissen des Arbeitgebers, die in einem bestimmten Umfang durch Geheimhaltungsvereinbarungen gesichert werden können. Da das Erfahrungswissen bis heute keiner brauchbaren Definition zugeführt wurde und sich mit den Geschäftsgeheimnissen in der Regel überschneidet, ist vor allem im Grenzbereich die Bestimmung bislang von einer umfassenden Interessenabwägung abhängig.[409]

(d) Tarifverträge und Betriebsvereinbarungen

168 Rechtlich ist es darüber hinaus möglich, geheimnisschützende Regelungen in Tarifverträgen oder Betriebsvereinbarungen aufzunehmen. In Tarifverträgen

---

405 *Kania*, in: Küttner, Verschwiegenheitspflicht Rn. 7.
406 BAG, Urt. 15.12.1987, NZA 1988, 502.
407 *Lembke*, BB 2020, 52 (52).
408 *Kather*, VPP 3/2005, 108 (110).
409 *Holthausen*, NZA 2019. 1377 (1381).

werden explizite Geheimhaltungspflichten jedoch eher die Ausnahme sein. Denn diese Verträge gelten regelmäßig für eine ganze Branche und sind aus diesen Gründen kaum dazu geeignet, die jeweilige Interessenlage der Unternehmen im Hinblick auf die Geheimhaltung konkret zu adressieren.[410] Nur für ein Unternehmen und damit besser geeignet sind demgegenüber Betriebsvereinbarungen. Ohnehin bedürfen zahlreiche das Ordnungsverhalten regelnde tatsächliche Maßnahmen der Mitbestimmung des Betriebsrates nach § 87 Abs. 1 Nr. 1 und 6 BetrVG, sodass sich deren Behandlung im Rahmen einer Betriebsvereinbarung anbietet. Zudem bringt dies den Vorteil, dass ohne eine AGB-Kontrolle auf sämtliche Arbeitsverhältnisse unmittelbar eingewirkt werden kann.[411]

g) Gesetzliche Geheimhaltungspflichten und Nutzungsbeschränkungen

(a) Pflichten aus arbeitsrechtlichen Sonderverhältnissen

Neben den vertragsimmanenten Pflichten bestehen zudem in geringem Umfang gesetzliche Geheimhaltungsvorschriften. Solche sind im Bereich des Handels-, Gesellschafts- und Arbeitsrechts verankert und verpflichten bestimmte Personenkreise aufgrund ihrer Stellung zur Vertraulichkeit. Davon umfasst ist geheimes Wissen, welches diese Arbeitnehmer aufgrund einer Sonderstellung erlangt haben und nicht notwendigerweise zur Ausübung ihrer Tätigkeit erforderlich ist. Durch die Regelungen wird die arbeitsvertragliche Treuepflicht konkretisiert. 169

Im Gesellschaftsrecht regeln eine Reihe von Vorschriften die Geheimhaltungspflichten bestimmter Personengruppen. Vorstands- und Aufsichtsratsmitglieder einer Aktiengesellschaft sind so nach §§ 93 Abs. 1 S. 3 bzw. 116 AktG verpflichtet, über vertrauliche Angaben und insbesondere Betriebs- und Geschäftsgeheimnisse der Gesellschaft, welche sie im Zusammenhang mit ihrer Vorstandstätigkeit erfahren haben, Stillschweigen zu wahren. Entsprechende Regelungen finden sich in §§ 34 Abs. 1 Satz 2 und 41 GenG für Vorstands- und Aufsichtsmitglieder einer eingetragenen Genossenschaft. Inhaltsgleich ist die allgemein formulierte Sorgfaltspflicht eines Geschäftsführers einer GmbH, die sich aus § 43 Abs. 1 GmbHG ergibt.[412] Ergänzt werden diese Regelungen durch strafrechtliche Tatbestände in den § 404 AktG, § 85 GmbHG und § 151 GenG. Im Gegensatz zu diesen beschränken sich die zivilrechtlichen Regelungen aber nicht nur auf Geschäftsgeheimnisse, sondern erfassen auch vertrauliche Angaben. Solche vertraulichen Angaben müssen nicht die Voraussetzungen von Geschäftsgeheimnissen im engeren Sinn erfüllen. Vielmehr genügt es im Sinne einer allgemeinen Treuepflicht, wenn die betroffene Person sie aufgrund ihrer Tätigkeit erfährt und die Information als vertraulich bezeichnet wird oder eine 170

---

410 Dazu *Fuhlrott/Hiéramente*, DB 2019, 967 (972).
411 *Fuhlrott/Hiéramente*, DB 2019, 967 (972).
412 *Röder-Hitschke*, in Götting/Meyer/Vormbrock, § 19 Rn. 58.

B. Die rechtlichen Rahmenbedingungen

Offenlegung schädlich ist. Diese Geheimhaltungspflicht gilt auch gegenüber dem Betriebsrat.[413]

171 Betriebsratsmitglieder und ihre Vertreter dürfen gem. §§ 79 Abs. 1 S. 1, 99 Abs. 1 S. 3 BetrVG Betriebs- und Geschäftsgeheimnisse, die ihnen aufgrund ihrer Zugehörigkeit zum Betriebsrat bekannt geworden sind und als vertraulich bezeichnet wurden, weder offenbaren noch verwerten.[414] Über § 79 Abs. 2 BetrVG sind weitere Betriebsverfassungsorgane bestimmter Unternehmensarten erfasst. Auch die hinzugezogenen Sachverständigen unterliegen nach § 80 Abs. 4 BetrVG dieser Geheimhaltungspflicht. Relevant ist, dass nur formelle Geheimnisse, also solche die neben den materiellen Geheimnisvoraussetzungen ausdrücklich als geheimhaltungsbedürftig bezeichnet wurden, erfasst sind.[415] Eine darüber hinausgehende Geheimhaltungspflicht kann bestehen, sofern die Offenlegung bestimmter Tatsachen die Funktionsfähigkeit des Organs beeinträchtigt.[416] Unabhängig von einer Erklärung der Geheimhaltungsbedürftigkeit haben Betriebsratsmitglieder im Rahmen der Unterstützung eines Arbeitnehmers bei Verhandlungen über deren Inhalt und die Personalakte nach §§ 82 Abs. 2 S. 3, 83 Abs. 1 S. 3 BetrVG und persönliche Angelegenheiten, die ihnen im Rahmen personeller Einzelmaßnahmen bekannt geworden sind nach §§ 99 Abs. 1 S. 3, 102 Abs. 2 S. 5 BetrVG, Stillschweigen zu bewahren. Sofern der Arbeitnehmer aus dem Betriebsrat ausscheidet, endet seine Geheimhaltungspflicht nicht, § 79 Abs. 1 S. 2 BetrVG. Strafrechtlich wird dies durch § 120 BetrVG ergänzt.

172 Neben den Strafnormen für besondere Arbeitnehmergruppen enthält das Strafgesetzbuch in den §§ 202 ff. StGB einige Normen, die nicht nur aber auch Geschäftsgeheimnisse erfassen und auf bestimmte Amtsträger zugeschnitten sind. Weitere Mitteilungs- und Verwertungsverbote finden sich in zahlreichen Normen des StGB, sind jedoch von geringer praktischer Bedeutung.[417] Der Auszubildende ist z.B. nach § 13 S. 2 Nr. 6 BBiG zur Verschwiegenheit bzgl. Betriebs- und Geschäftsgeheimnissen verpflichtet. Entsprechende Vorschriften finden sich für Vertrauenspersonen behinderter Menschen in § 96 Abs. 7 S. 1 Nr. 1 SGB IX und für Personalvertretungen in § 10 Abs. 1 S. 1 BPersVG.[418] Tarifvertraglich kann ebenfalls eine Geheimhaltung angeordnet werden. Davon wurde für den öffentlichen Dienst in § 3 Abs. 1 TVöD bzw. § 3 Abs. 2 TV-L Gebrauch gemacht. Handelsvertreter sind erst im nachvertraglichen Bereich ausdrücklich zur Geheimhaltung verpflichtet, soweit die Offenlegung nach den Gesamtumständen der Berufsauffassung eines ordentlichen Kaufmanns wider-

---

413 Dazu mwN. *Kalbfus* Rn. 274.
414 Ausführlich zu den Geheimhaltungspflichten des Betriebsrates, *Taeger* (1988), S. 104 ff.
415 Ausführlich *Fuhlrott*, in: BeckOK GeschGehG, § 3 Rn. 19 ff.
416 So *Grimm*, in: AR-Blattei SD (2004), 770, Rn. 18.
417 Vgl. §§ 96, 99, 201, 202a, 206, 303a, 303b, 353b, 353d StGB.
418 *Bartenbach*, in: FS für Küttner, S. 119.

sprechen würde.[419] Jedoch unterliegt er auch Rücksichtnahme- und Schutzpflichten, da er nach § 86 Abs. 1 Hs. 2 HGB dazu angehalten ist, die Interessen des Unternehmers zu wahren. Gleichzeitig lässt sich aus dem Wortlaut der Umkehrschluss ziehen, dass Geschäftsgeheimnisse während und »auch« nach Beendigung geheim zu halten sind. Ein anderes Verständnis würde an dieser Stelle zu widersprüchlichen Ergebnissen führen, denn dann wäre er während des Vertragsverhältnisses befugt sämtliche Geheimnisse weiterzugeben und erst nachvertraglich zur Geheimhaltung verpflichtet. Ferner sind Arbeitnehmer, die mit der Datenverarbeitung befasst sind nach § 5 S. 2, 3 BDSG zur Geheimhaltung der Daten verpflichtet und zwar auch nachvertraglich.[420] Daneben sind nach § 37 BeamtStG Beamte ebenso wie Rechtsanwälte nach § 43a Abs. 2 BRAO, Patentanwälte nach § 39a Abs. 2 PatAnwO, Wirtschaftsprüfer nach § 43 Abs. 1 WiPrO und Steuerberater nach § 57 Abs. 1 StBerG zur Verschwiegenheit verpflichtet.

(b) Geheimhaltungspflicht des Arbeitnehmererfinders

Im vorliegenden Kontext ist § 24 Abs. 2 ArbErfG von besonderer Bedeutung, welcher vorsieht, dass Arbeitnehmer eine Diensterfindung geheim zu halten haben, solange sie nicht durch Erklärung in Textform durch den Arbeitgeber nach § 8 Abs. 1 ArbErfG freigegeben wird. Diese Geheimhaltungspflicht überdauert nach § 26 ArbErfG die Beendigung des Arbeitsverhältnisses und endet nur im Falle eines Verlustes des Geheimnischarakters durch Offenkundigwerden oder der Freigabeerklärung nach § 8 Abs. 1 ArbErfG. Wichtig ist diese Regelung sofern die Voraussetzungen nach §§ 17 Abs. 1, 13 Abs. 2 Nr. 3 ArbErfG für eine dauerhafte Behandlung als Geschäftsgeheimnis vorliegen.[421] In diesen Fällen besteht eine fortgehende Geheimhaltungspflicht des Arbeitnehmers.

Eine ähnliche Pflicht ergibt sich für Personen nach § 24 Abs. 3 ArbErfG, die aufgrund des ArbErfG von einer solchen Erfindung Kenntnis erlangt haben. Dabei werden nicht nur Diensterfindungen, sondern auch freie Erfindungen im Sinne des Gesetzes erfasst. Der Adressatenkreis ist trotz des engen Wortlautes weit zu ziehen und erfasst Personen, die typischerweise in Kontakt mit der Erfindung kommen.[422] So sind bspw. Mitarbeiter der Patentabteilung, Rechts- oder Patentanwälte, Vorgesetzte des Erfinders und sämtliche Mitarbeiter, die in Ausführung ihrer Tätigkeit Kenntnis von der Erfindung erlangt haben, erfasst. § 24 Abs. 3 ArbEG verbietet diesen Personen im Grunde das Verwerten und Offenlegen der Erfindung. Im Falle einer vertraglichen Sonderbeziehung zwischen der verpflichteten Person und dem Geheimnisträger ist § 24 Abs. 3 ArbErfG

173

174

---

419 Vgl. § 90 HGB.
420 *Rolfs*, in: Preis, V 20 Verschwiegenheitspflicht, Rn. 13.
421 *Kalbfus*, Rn. 274; *Richters/Wodtke*, NZA-RR 2003, 281 (282).
422 *Schwab*, ArbErfG (2018), § 24 Rn. 1.

B. Die rechtlichen Rahmenbedingungen

auch als eine Konkretisierung der vertraglichen Schutzpflicht anzusehen.[423] Verletzt ein Arbeitnehmer die Geheimnispflicht, können Schadensersatzansprüche aus § 823 Abs. 2 i.V.m. § 24 Abs. 2 ArbErfG entstehen.[424]

(c) Fortwirken im nachvertraglichen Bereich

175 Grundsätzlich bestehen gesetzlich normierte Geheimhaltungspflichten und Nutzungsbeschränkungen für einzelne Beschäftigtengruppen auch nach Beendigung des Arbeitsverhältnisses fort.[425] Die Arbeitnehmer unterliegen aufgrund der Sonderstellung, die sie inne hatten, weitergehenden Pflichten. Besonders deutlich wird dies im Falle eines ehemaligen Betriebsratsmitglieds. Als solches hatte der Arbeitnehmer besondere Einblicke und Informationsansprüche gegen den Arbeitgeber, um die Arbeitnehmerinteressenvertretung wahrnehmen zu können. Sofern ihm Geschäftsgeheimnisse anvertraut wurden, unterliegt er zugleich weitergehend der Rücksichtnahmepflicht wie dies bei gewöhnlichen Beschäftigten der Fall wäre. Zu nennen sind hier Fälle des Arbeitnehmererfinders nach §§ 24 Abs. 2, 26 ArbnErfG, des ehemaligen Vorstandes einer Aktiengesellschaft nach § 93 I S. 3 AktG, des ehemaligen Geschäftsführers einer GmbH nach § 43 Abs. 1 GmbHG bzw. einer Genossenschaft nach § 34 Abs. 1 S. 2 GenG, die Pflicht des Handelsvertreters in § 90 HGB[426] und als besonders relevante Norm für den ehemaligen Betriebsrat die Pflicht nach § 79 BetrVG. Flankiert sind diese Normen durch strafrechtliche Tatbestände. Des Weiteren wird angenommen, dass die gesellschafterliche Treuepflicht über die Auflösung der Gesellschaft hinweg Wirkung entfaltet und damit Geheimhaltungspflichten nachwirken lassen.[427]

h) Zwischenergebnis

176 Gegenüber dem Geheimnisschutz nach Lauterkeitsrecht oder dem Geschäftsgeheimnisgesetz bietet der arbeitsvertragliche Geheimnisschutz somit ein unabhängiges Schutzsystem, welches auf den vertraglichen Pflichten der Arbeitnehmer fußt und sich zum Teil sogar als umfangreicher darstellt. Die Abhängigkeit von Interessenabwägungen im Einzelfall führte allerdings bisher zu Rechtsunsicherheiten und Unklarheiten zwischen den Arbeitsvertragsparteien, welche Informationen vor allem im nachvertraglichen Bereich als geschützt anzusehen waren.

---

423 *Kalbfus*, Rn. 274.
424 *Rolfs*, in: Preis, V 20 Verschwiegenheitspflicht, Rn. 12; *Richters/Wodtke*, NZA-RR 2003, 281 (282).
425 *Bartenbach*, in: FS für Küttner, S. 122; *Dorner* (2013), S. 231.
426 Vgl. dazu BGH WRP 2009, 613 (615, Rn. 17 ff.) – Versicherungsuntervertreter; BGH GRUR 1999, 934 (935) – Weinberater; BGH NJW 1993, 1786 (1786 f.) – Handelsvertretervertrag.
427 *Tiedemann*, in: Scholz GmbHG, § 85 Rn. 4, 27.

Dieser Überblick verdeutlicht, dass auch im Arbeitsrecht kein einheitliches 177
Regelungssystem besteht, sondern eine fragmentarische Zuordnung von vertraglichen und gesetzlichen Geheimhaltungspflichten an bestimmte Arbeitnehmergruppen. Das Verhältnis zwischen den zahlreichen Geheimhaltungspflichten ist nicht abschließend bestimmt. Dies wird durch die unterschiedlich ausgestalteten Tatbestände mit abweichenden Anknüpfungspunkten, Handlungs- und Unterlassungsgeboten sowie zeitlichen Anwendungsbereichen und der uneinheitlichen Terminologie verschärft. Über all dem stehen die vertragsimmanenten Pflichten, die für fast alle diese Beschäftigtengruppen dem Grunde nach gelten und deutlich umfassender ausgestaltet sind. Trotz ihrer Anerkennung haben diese bis heute keine gesetzliche Niederlegung erfahren, sodass auch ihr Umfang zum Teil Unklarheiten unterliegt. Hinzu treten Vereinbarungen, deren Bedeutung im Hinblick auf die bestehenden vertragsimmanenten und gesetzlichen Regelungen fraglich erscheinen. Insgesamt ist festzustellen, dass trotz der Vielzahl der möglichen Anknüpfungspunkte das bestehende Mehrebenensystem unübersichtlich ist und der intendierte Schutz sich aufgrund der Rechtsunsicherheit als ineffektiv erweist.

4. Auswirkungen der Reform auf den arbeitsrechtlichen Geheimnisschutz

Damit bestehen die umfangreichen arbeitsrechtlichen Geheimhaltungspflichten 178
fort und werden durch das Geschäftsgeheimnisgesetz weder verdrängt noch substantiell verändert. Vielmehr werden sie sogar im Rahmen der Verletzungstatbestände des GeschGehG relevant. Eine ausdrückliche Geheimhaltungsvorschrift für Arbeitnehmer besteht nämlich im GeschGehG nicht, da dieses neutral formuliert ist und auf die jeweiligen Regelungskomplexe der Rechtsgebiete zurückgreift. Es wird damit bei den bisherigen Grundsätzen bleiben.

Für die Praxis bedeutet dies zugleich, dass die bestehenden Streitfragen be- 179
züglich des Bestandes und Umfangs nachvertraglicher Geheimhaltungspflichten durch das GeschGehG keine ausdrückliche Klärung erfahren.[428] Für diese Problematik bietet das Geschäftsgeheimnisgesetz nämlich – wie im Hinblick auf die Regelungen der Geschäftsgeheimnis-Richtlinie bereits zu erwarten gewesen ist – keine ausdrückliche Lösung an. Es mangelt dem Gesetz an einer Differenzierung danach, ob es sich um einen bestehenden oder ehemaligen Arbeitnehmer handelt. Gerade diese Abgrenzung ist jedoch nach deutschem Recht ausschlaggebend für die Frage nach dem Umfang der Nebenpflichten eines (ehemaligen) Arbeitnehmers.[429] Einerseits besteht damit nunmehr grundsätzlich die Möglichkeit, dass eine zivilrechtliche Haftung der Arbeitnehmer unabhängig vom Zeitpunkt der Handlung besteht und damit ein Rückgriff auf die Generalklauseln der § 826 BGB und § 3 UWG entbehrlich wird. Andererseits ist problematisch,

---

428 Kritisch dazu *Ohly*, GRUR 2019, 441 (446, 451).
429 *Reinfeld* (2019), § 2 Rn. 81.

dass die Verwendung des Geschäftsgeheimnisses auch in diesem Fall gegen eine Geheimhaltungspflicht verstoßen muss. Konkret stellt sich die Frage, welche Konsequenzen es für die Geheimhaltungspflicht nach sich zieht, wenn das Beschäftigungsverhältnis beendet wird. Inwieweit die Geheimhaltungspflicht nachwirkt, ist mangels entsprechender gesetzlicher Regelung weiterhin ungeklärt.[430]

180 Ebenso wird in der Gesetzesbegründung Bezug auf Art. 1 Abs. 3 lit. b) der Geschäftsgeheimnis-Richtlinie genommen, welcher den auch im bisherigen Recht bestehenden Grundsatz aufgreift, dass die Nutzung von redlich erworbenen Erfahrungen und Kenntnissen nicht beeinträchtigt werden darf. Angesprochen ist damit die nur schwer aufzulösende Abgrenzung zwischen Geschäftsgeheimnissen und Erfahrungswissen, die schon nach bisherigem Recht im nachvertraglichen Bereich zu Problemen führte: Einerseits wurde von dem Begriff des Erfahrungswissens für die Bestimmung des Umfangs einer nachwirkenden Geheimhaltungspflicht durch das Bundesarbeitsgericht Gebrauch gemacht. Andererseits sollte sich danach die Abgrenzung zwischen entschädigungsfreier nachvertraglicher Geheimhaltungsvereinbarung und entschädigungspflichtigem nachvertraglichem Wettbewerbsverbot richten.

181 Mangels entsprechender Regelungen wurde in der Literatur angenommen, dass es im Geheimnisschutz gegenüber Arbeitnehmern zu keinen signifikanten Änderungen kommen wird.[431] Die Ansicht scheint zu übersehen, dass die grundlegend geänderte Schutzkonzeption Anlass bietet, sämtliche Diskussionspunkte neu aufzugreifen. Die Wertung und der Inhalt sowohl der Geschäftsgeheimnis-Richtlinie als auch des GeschGehG sind nämlich zweifelsohne dazu geeignet, die bisherigen Ansichten zu überdenken und neue Argumentationswege zu gehen. Der Geheimnisschutz ist nämlich bisher auch wesentlich durch die Wertungen des § 17 UWG aF geprägt gewesen,[432] sodass es nunmehr plausibel erscheint, die Änderungen durch die Geheimnisschutzreform zum Anlass zu nehmen, diese Grundsätze zu überdenken. Zu hinterfragen ist daher, inwiefern sich die bisherigen arbeitsrechtlichen Grundsätze und Geheimhaltungspflichten in das neue Regelungskonzept des Geheimnisschutzrechts einfügen werden und wie das neue Geheimnisschutzrecht den arbeitsrechtlichen Geheimnisschutz dadurch im Ergebnis beeinflusst.

---

430 *Werner*, WRP 2019, 1428 (1430); *Wunner*, WRP 2019, 710 (713); *Schmeisser*, AnwZert ArbR 4/2020 Anm. 2.
431 *Preis*, in: ErfKArbR, BGB § 611a BGB Rn. 710.
432 Vgl. dazu RGZ 65, 333 (338) – Pomril; BGH, GRUR 1955, 402 (404 f.) – Anreißgeräte; BGH, GRUR 1963, 367 (369) – Industrieböden.

V. Zusammenfassung

Der Geschäftsgeheimnisschutz hat sich damit von einem strafrechtlichen Schutz, der vor allem auf dem Schutz gegenüber Arbeitnehmern basierte, zu einem Katalog an zivilrechtlichen Vorschriften entwickelt, der personell nicht mehr eingeschränkt ist und vor allem die Innovationsförderung im Blick hat.

Neben dem Geheimnisbegriff besteht sowohl eine neue Regelungsstruktur der Verletzungstatbestände als auch ein eigenständiges Rechtsfolgensystem, welches in gewissen Punkten Bezug auf den Konflikt zwischen den Arbeitsvertragsparteien nimmt. Das Arbeitsrecht steht damit erwartungsgemäß nicht im Mittelpunkt des Gesetzes, da dieses sich auf den Schutz von geheimen Informationen zur Förderung von Innovation konzentriert und damit einen abstrakten Schutz für sämtliche Sachverhalte schafft. Obwohl eine Festlegung durch den Gesetzgeber wünschenswert war, etablierte dieser weder in der Geschäftsgeheimnis-Richtlinie noch dem GeschGehG eine Norm, die das konkrete Verhalten Beschäftigter zum Gegenstand hatte und damit einerseits die Geheimhaltungspflichten hätte festhalten und andererseits eine Trennung vom Erfahrungswissen hätte aufzeigen können. Dennoch hat die Bedeutung des Geheimnisschutzes in Arbeitsverhältnissen über § 1 Abs. 3 GeschGehG Anklang gefunden. In diesem Zusammenhang ist zu hinterfragen, ob die mit arbeitsrechtlichen Sachverhalten einhergehenden arbeitsrechtlichen Grundsätze tatsächlich unverändert bestehen bleiben können oder vor dem Hintergrund der neuen Schutzkonzeption eine Änderung erfahren.

Während einige Anforderungen und Regelungen sich in jeglicher Hinsicht als neu erweisen und damit sowohl Arbeitnehmer als auch Arbeitgeber fordern werden, bestehen auch Regelungen, welche bestehende Probleme einer Lösung zuführen. Gleichsam wird sich aber auch zeigen, dass wesentliche Fragen durch die Geheimnisschutzreform nicht unmittelbar beantwortet worden sind. Es gilt insbesondere diese herauszuarbeiten, um sie im Anschluss einer Lösung zuzuführen.

C. Der Schutzgegenstand: Das Geschäftsgeheimnis

Eine wesentliche Neuerung für das deutsche Recht ist die Festlegung einer Definition des Geheimnisbegriffs. Während die Schutzvoraussetzungen bisher lediglich durch einen richterrechtlich geprägten Begriff bestimmt wurden und mit dem völkerrechtlichen Schutz des TRIPS-Abkommens nicht vollends übereinstimmten, finden sich nunmehr in § 2 Nr. 1 GeschGehG gesetzlich niedergelegte Anforderungen an ein Geschäftsgeheimnis, die mit dem TRIPS weitestgehend übereinstimmen. Dass der Begriff solange keine Legaldefinition erfahren hat, beruht auf einer bewussten Entscheidung des Gesetzgebers, der die Ausformung des Rechtsbegriffes dem Rechtsanwender überlassen wollte.[433] Da der Begriff nunmehr jedoch von zentraler Bedeutung für das Geschäftsgeheimnisgesetz ist, weil dadurch letztlich der Schutzgegenstand und damit der wesentliche Anwendungsbereich des Gesetzes festgelegt wird, erscheint die Definition nicht nur begrüßenswert, sondern auch notwendig.[434]

185

I. Der Begriff des Geschäftsgeheimnisses

1. Geschäftsgeheimnisse und Know-How

Ausgangspunkt des deutschen Geheimnisschutzes bildet damit von nun an der Begriff des Geschäftsgeheimnisses.[435] Dieser ist im Zuge der Richtlinienumsetzung eingeführt worden und hat damit das seit dem UWG 1896 bestehende Begriffspaar Betriebs- und Geschäftsgeheimnis abgelöst. Auch nach Erlass des GeschGehG findet sich die bisherige Bezeichnung allerdings weiterhin in einer Reihe vereinzelter Sondernormen wieder.[436]

186

Die traditionelle Unterscheidung zwischen Betriebsgeheimnissen, die sich auf den technischen Bereich beziehen und Geschäftsgeheimnissen, die Informationen

187

---

433 *Reinfeld* (2019), § 1 Rn. 103 mwN.
434 *Hauck*, WRP Die erste Seite 2018, Nr. 6; *Reinfeld* (2019), § 1 Rn. 99.
435 Die Terminologie ist sowohl in der Diskussion um den rechtlichen Geheimnisschutz als auch den gesetzlichen Bestimmungen uneinheitlich, *Kalbfus*, Rn. 8 mwN; zu den Begriffen »Know-how«, »nicht offenbarte Informationen«, »Betriebs- und Geschäftsgeheimnisse« und »Trade Secrets« ausführlich *Ann*, in: Ann/Loschelder/Grosch, Kap. 1 Rdn. 1–26.
436 Z.B. §§ 140 c PatG; 90, 333 HGB, 93 I 3, 404 AktG, 85 GmbHG, 34 I 2, 151 GenG, 315 UmwG, 19 PublG, 5, 14 EWIV-AG, 203 f. StGB, 13 Nr. 6 BBiG, 79, 120 BetrVG, 17 ArbEG.

kaufmännischer und organisatorischer Art erfassen, wurde damit dem Grunde nach aufgegebenDer Begriff des Geschäftsgeheimnisses schließt nunmehr beide Erscheinungsformen mit ein, denn erfasst sein soll ein »breites Spektrum von Informationen, das über das technologische Wissen hinausgeht und auch Geschäftsdaten (...) einschließt«.[437] Exemplarisch zählt die Richtlinie als solches Know-How, Geschäftsinformationen und technologische Informationen,[438] die Begründung des GeschGehG etwas präziser Herstellungsverfahren, Kunden- und Lieferantenlisten, Kosteninformationen, Geschäftsstrategien, Unternehmensdaten und -Analysen, Prototypen, Formeln und universitäre Forschungsergebnisse auf.[439] Allerdings kam der Unterscheidung zwischen kaufmännischen und technischen Geheimnissen in der Rechtsanwendung bislang ohnehin keine Bedeutung zu, da beide rechtlich in gleicher Weise behandelt werden.[440] Sie diente bei Erlass des UWG 1896 lediglich der Sicherstellung eines gegenständlich uneingeschränkten Schutzes. Infolgedessen machte sich das Bedürfnis nach einer Modernisierung der Bezeichnung durch den Gebrauch generalisierender Begriffe wie Unternehmens- oder Wirtschaftsgeheimnis bemerkbar.[441]

188 Im Kontext des gesetzlichen Geheimnisschutzes wird auch der Begriff des Know-how verwendet.[442] Erfassen soll er sämtliche geheimen Informationen, die aufgrund ihres Wertes verwertbar und verkehrsfähig sind. Dabei handelt es sich aber um einen ökonomisch geprägten Ausdruck und nicht um einen rechtlichen Fachbegriff.[443] Häufig wird er umfangreicher verstanden und soll sämtliche Informationen umfassen, die einen wirtschaftlichen Nutzen aufweisen, unabhängig davon, ob sie i.S.d. GeschGehG geheim sind. Damit wird daher auch branchenbekanntes Wissen, das für die Betriebsorganisation und den Betriebsablauf relevant ist, umfasst. Bedeutung hat der Begriff insbesondere bei

---

437 Erwägungsgrund 2 Geschäftsgeheimnis-RL EU/2016/943.
438 Erwägungsgrund 14 Geschäftsgeheimnis-RL EU/2016/943.
439 RegE GeschGehG, BT-Drs. 19/4724, S. 24.
440 RGSt 21, 90 (91); *Ohly*, GRUR 2014, 1 (4); *Harte-Bavendamm*, in: FS für Büscher, S. 314; *Köhler*, in: Köhler/Bornkamm/Feddersen (2019), § 17 UWG Rn. 4a; *Kraßer*, GRUR 1977, 177 (179); *Ann*, GRUR-Prax 2016, 465 (465); *Apel/Walling*, DB 2019, 891 (894).
441 Vgl. u.a. OLG Celle, GRUR 1969, 548 (549) – Abschaltplatte; *Dumont*, BB 2018, 2441 (2443); *Köhler*, in: Köhler/Bornkamm/Feddersen (2019), § 17 Rn. 4a; *Mayer*, GRUR 2011, 884 (885); *Ohly*, in: Ohly/Sosnitza, Vor § 17, Rn. 1; *Brammsen*, in: MüKo LauterkeitsR (2014) § 17 UWG Rn. 1 ff; *Mölling* (1991), S. 13.
442 Darstellung bei *Wurzer*, CCZ 2009, 49 (49 f); *McGuire*, GRUR 2015, 424 (425); *Enders*, GRUR 2012, 25 (27); Ablehnend *Brammsen*, in: MüKo LauterkeitsR (2014), § 17 UWG Rn. 8.
443 *Ann*, GRUR 2007, 39, 41; *Ohly*, in: Ohly/Sosnitza Vor §§ 17 Rn. 1; *Kalbfus*, Rn. 9; *Peter/Wiebe*, in: Busche/Stoll/Wiebe (2013), Art. 39 Rn. 7; nur für das Kartellrecht besteht eine Definition in Art. 1 lit. i TTG-VO. Dieser ist jedoch an die spezifischen Erfordernisse des Rechtsgebiets angepasst und lässt sich nicht auf andere Gebiete übertragen.

der rechtsgeschäftlichen Verwertung von Wissen, denn selbst der Erwerb bekannten Wissens kann von Vorteil sein, um den innerbetrieblichen Stand der Technik anzupassen oder sich die eigene Zusammenstellung der Informationen zu ersparen. Die Geheimhaltung ist in diesem Fall lediglich ein Wertfaktor.[444] Ebenso wird der Ausdruck Know-how mitunter auf technisches Wissen beschränkt oder das durch Immaterialgüterrechte geschützte Wissen ausgeklammert.[445] Demzufolge sind die Begriffe Know-how und Geschäftsgeheimnis nicht deckungsgleich.[446] Da das uneinheitliche Begriffsverständnis wesentliche Unsicherheiten mit sich bringt, soll auf die synonyme Anwendung verzichtet werden. Im Folgenden soll für eine nach § 2 GeschGehG geschützte Information der Terminologie des GeschGehG entsprechend ausschließlich der Begriff des Geheimnisses oder Geschäftsgeheimnisses genutzt werden.

2. Anforderungen an Geschäftsgeheimnisse

Der Begriff des Geschäftsgeheimnisses fasst unterschiedliche Güter unter einem gemeinsamen Oberbegriff zusammen. Er kann jede Information schützen, die dem Unternehmen einen Wettbewerbsvorsprung gewährt und geheim gehalten werden kann, unabhängig von ihrer Beschaffenheit, Qualität oder Darstellbarkeit.[447] Insbesondere wird der Anwendungsbereich nicht durch qualitative Anforderungen bezüglich Gegenstand, Neuheit oder Schöpfungshöhe beschränkt.[448] Der Geheimnisschutz kann somit eine Vielzahl an Informationen von ungleichem Gewicht und ungleicher Art erfassen. Neben einzelnen Geschäftsinformationen und -vorgängen können daher auch komplizierte Produktionsabläufe unter denselben Schutz gestellt werden. Hier stellt in den technologiebasierten Wirtschaftszweigen vor allem technisches Wissen,[449] das durch langjährige Forschung und Entwicklung generiert wurde, einen erheblichen Wertfaktor dar. Daneben können aber auch die zahllosen kaufmännischen Daten und Unterlagen, die sich aus dem allgemeinen Geschäftsbetrieb ergeben und die branchenunabhängig benötigt

189

---

444 *Bartenbach* (2013), Rn. 2549; *Ohly*, in: Ohly/Sosnitza Vor §§ 17–19 Rn. 1; *Brammsen*, in: MüKo LauterkeitsR (2014) § 17 UWG Rn. 8; *Kalbfus*, Rn. 8; *Kraßer*, GRUR 1970, 587 (590).
445 Irreführend ist die Verwendung des Begriffs Know-How parallel zum Betriebsgeheimnis im Titel der Geschäftsgeheimnis-Richtlinie, *Tiedemann*, in: FS für v. Caemmerer, S. 654.
446 *Ohly*, in: Ohly/Sosnitza, Vor § 17 Rn. 1; *Brammsen*, in: MüKo LauterkeitsR (2014), § 17 UWG Rn. 8; *Vormbrock*, in Götting/Meyer/Vormbrock, § 30 Rn. 4: *Reinfeld* (2019), § 1 Rn. 40f; *Kalbfus*, Rn. 8, 10.
447 *Alexander*, WRP 2017, 1034 (1037) mwN.; *Ann*, in: Ann/Loschelder/Grosch, Kap. 1 A. Rn. 1; *Nastelski* GRUR 1957, 1.
448 *Ann*, GRUR 2007, 39 (41).
449 Sog. Betriebsgeheimnisse: Konstruktionsplänen, Fertigungsmethoden, Rezepturen, Mustern, Modellen, Arbeitsanweisungen.

werden, geheim gehalten werden.[450] Technisch geprägte Geheimnisse sind auch nicht zwangsläufig wertvoller als kaufmännische.[451]

190 Dem Grunde nach sind sämtliche Informationen eines Unternehmens potentiell schutzfähig. Damit ist der Schutzgegenstand sowohl weiter als im Urheberrecht, welches keine Ideen schützt, als auch im Patentrecht, welches nur präzise ausgedrücktes technisches Wissen erfasst.[452] Jedoch erscheint es nicht gerechtfertigt, dass jede Information, die als vertraulich bezeichnet wird, rechtlich geschützt wird und ihre Verletzung Ansprüche auslöst. Es bedarf daher einer rechtssicher anwendbaren Definition des Geheimnisbegriffes, die den Schutzgegenstand eindeutig beschreibt und die Zahl der geschützten Informationen einschränkt. Nach § 2 Nr. 1 GeschGehG wird eine Information daher nur als Geschäftsgeheimnis geschützt, wenn sie:

a) weder insgesamt noch in der genauen Anordnung und Zusammensetzung ihrer Bestandteile den Kreisen, die üblicherweise mit dieser Art von Informationen umgehen, allgemein bekannt oder ohne weiteres zugänglich sind und daher von wirtschaftlichen Wert sind und

b) Gegenstand von den Umständen nach angemessenen Geheimhaltungsmaßnahmen durch ihren rechtmäßigen Inhaber sind und

c) bei der ein berechtigtes Interesse an der Geheimhaltung besteht.

191 Der neue Geheimnisbegriff tritt damit an die Stelle des durch richterrechtliche Rechtsfortbildung geprägten Begriffs des Betriebs- und Geschäftsgeheimnisses und dient der Umsetzung von Art. 2 Nr. 1 der Geschäftsgeheimnis-Richtlinie. Vollkommen obsolet wird aber die bisherige Definition nicht, da offensichtlich einige Begriffsmerkmale der neuen Legaldefinition weitgehend entsprechen.[453] Unternehmen müssen allerdings für alle geheim gehaltenen Informationen mit Inkrafttreten des GeschGehG die neuen Schutzvoraussetzungen beachten: Es muss sich um eine Information handeln, die geheim ist. Aufgrund dieser Geheimhaltung muss die Information einen wirtschaftlichen Wert aufweisen und sie muss durch den Geheimnisinhaber mit angemessenen Geheimhaltungsmaßnahmen geschützt werden. Zusätzlich ist ein berechtigtes Geheimhaltungsinteresse von Nöten. Aus dem eindeutigen Gesetzeswortlaut ergibt sich, dass diese Anforderungen kumulativ vorliegen müssen. Zugleich wird deutlich, dass die Anforderungen an Geschäftsgeheimnisse sich erhöhen werden, denn von nun an sind Geheimhaltungsmaßnahmen und ein kommerzieller Wert erforderlich sein.

---

450 Sog. Geschäftsgeheimnisse: Preis-, Kunden- und Lieferantenlisten, Kalkulationen, Bilanzen, Inventuren, Warenbezugsquellen, Kreditwürdigkeit, innerbetriebliche Tatsachen wie Jahresabschlüsse, Gehälter oder finanzielle Lage.
451 *Harte-Bavendamm* in: Harte/Henning Vor § 17 Rn. 2; *Kiethe/Groeschke*, WRP 2005, 1358 (1359); *Ann*, GRUR 2014, 12 (12 f.); *Kraßer* GRUR 1970, 587 (588); zurückhaltender noch *Nastelski* GRUR 1957, 1.
452 *Beckermann-Rodau*, 84 J.P.T.O.S. 371 (2002), Fn. 38.
453 RegE GeschGehG, BT-Drs. 19/4724, S. 24.

3. Anwendbarkeit des Geschäftsgeheimnisbegriffs im Arbeitsrecht

Während der nationale Gesetzgeber damit den neuen Geschäftsgeheimnisbegriff im Rahmen des Geschäftsgeheimnisgesetzes umsetzte, hatte dies keine unmittelbaren Änderungen des Wortlautes der bestehenden arbeitsrechtlichen Geheimhaltungsvorschriften zur Folge. Dort lässt sich daher weiterhin der Begriff der »Betriebs- und Geschäftsgeheimnisse« wiederfinden.[454] Ebenso betont der Gesetzgeber, dass die bestehenden arbeitsrechtlichen Regelungen unberührt bleiben sollen.[455] Damit drängt sich die Frage auf, ob der neue Geheimnisbegriff mit seinen Einschränkungen auch auf die bestehenden arbeitsrechtlichen Vorschriften und die vertragsimmanenten Pflichten eines Arbeitnehmers Wirkung entfaltet. Wesentliche Neuerung ist nämlich die Verpflichtung zur Etablierung angemessener Geheimhaltungsmaßnahmen. Unklar ist, ob ein Arbeitnehmer nach der vertragsimmanenten Geheimhaltungspflicht nur dann zur Geheimhaltung verpflichtet ist, wenn der Arbeitgeber dies zuvor durch entsprechende Maßnahmen abgesichert hat.

192

Der Geheimnisbegriff der gesetzlichen Spezialregelungen und vertragsimmanenten Pflichten ist seit jeher nicht kodifiziert, sondern wurde von der Definition der Rechtsprechung abhängig gemacht. Diese bezog sich im Wesentlichen auf das Verständnis des Betriebs- und Geschäftsgeheimnisses in den §§ 17 ff. UWG aF. Mit deren Aufhebung wäre es plausibel den neuen Geheimnisbegriff als Nachfolger des Betriebs- und Geschäftsgeheimnisses nunmehr auch auf das Arbeitsrecht zu übertragen.[456] Dies könnte durch den Regelungskontext bestätigt werden. Problematisch ist nämlich, dass ein abweichendes Begriffsverständnis in nationalen Regelungen zur Folge hätte, dass sich ein Ungleichgewicht zwischen der Behandlung von bestimmten Arbeitnehmergruppen und jedem Außenstehenden etablieren würde, wenn diese einer weitergehenden Geheimhaltungspflicht unterlägen. Darin bestünde nach *Preis* ein sachlich ungerechtfertigter Eingriff i.S.d. Art. 3 Abs. 1 GG. Aus diesem Grund müssten die in den Sondervorschriften bestehenden Begrifflichkeiten an § 2 Nr. 1 GeschGehG angepasst werden.[457]

193

Andererseits entfalten die Begriffsbestimmungen des § 2 GeschGehG ausweislich des Wortlautes nur Wirkung auf das GeschGehG, denn es handelt sich um Begriffe »*im Sinne dieses Gesetzes*«. Zugleich wies der Gesetzgeber – wie soeben erläutert – ausdrücklich darauf hin, dass bestehende arbeitsrechtliche Regelungen und Grundsätze durch das Geschäftsgeheimnis nicht angetastet werden sollen. Wendet man nun § 2 Nr. 1 GeschGehG lediglich auf dieses Gesetz an und erweitert ihn nicht auf etwaige gesetzliche Verpflichtungen, wäre

194

---

454 Vgl. § 79 BetrVG, § 404 AktG, § 85 GmbHG.
455 Vgl. § 1 Abs. 3 Nr. 4 GeschGehG; RegE GeschGehG, BT-Drs. 19/4724, S. 26.
456 *Preis/Seiwerth*, RdA 2019, 351 (353).
457 So *Preis/Seiwerth*, RdA 2019, 351 (353); *Preis*, in: ErfKArbR, BGB § 611a Rn. 711.

C. Der Schutzgegenstand: Das Geschäftsgeheimnis

die Rechtsprechung frei darin, an seinem Verständnis der sondergesetzlichen Vorschriften festzuhalten oder den Begriff an das GeschGehG anzupassen. Die Beibehaltung der alten weitergehenden Begrifflichkeiten stünde auch nicht in Konflikt mit der Harmonisierung durch die Geschäftsgeheimnis-Richtlinie.[458] Es ist daher zwar möglich, dass die Rechtsordnung von unterschiedlichen Geheimnisbegriffen ausgeht, jedoch kann das neue Begriffsverständnis im Rahmen einer Auslegung oder als Orientierungshilfe Beachtung finden.[459]

195 Hierbei ist zu beachten, dass im Falle der Geheimhaltungspflicht des Betriebsrates ein ausdrücklicher Hinweis auf die Verpflichtung zum Stillschweigen erfolgen muss, der seinerseits bereits eine ausreichende Geheimhaltungsmaßnahme sein kann. Zugleich ist zu bedenken, dass durch das GeschGehG die aktuelle Rechtslage im Hinblick auf das Zusammenspiel von Arbeitgeber und Arbeitnehmervertretung beibehalten werden sollte.[460]

196 Die vertragsimmanente Geheimhaltungspflicht lässt sich ohnehin nicht von gesetzlichen Begriffsbestimmungen beeinflussen. Es handelt sich um eine Verpflichtung, die ihren Ursprung im arbeitsrechtlichen Vertragsverhältnis hat und durch die dort bestehenden Interessen konkretisiert wird. Gesetzliche Vorschriften können nur begrenzt Einfluss auf sie ausüben. Aus diesem Grund ist die vertragsimmanente Pflicht schon nach bisherigem Recht deutlich weiter gewesen und wird auch in Zukunft neben Geschäftsgeheimnissen die vertraulichen Angaben des Arbeitgebers erfassen. Sie ist insofern nicht deckungsgleich mit dem Schutzgegenstand des GeschGehG. Dadurch wird deutlich, dass das Arbeitsrecht zwar einerseits über die arbeitsrechtlichen Geheimhaltungspflichten in das GeschGehG hineinwirkt, andererseits aber auch weitergehender ist, da es nicht auf dessen Schutzgegenstand beschränkt ist.

197 Lediglich im nachvertraglichen Bereich muss eine nachwirkende Geheimhaltungspflicht – sofern sie bejaht wird – auf Geschäftsgeheimnisse beschränkt sein. Dies hängt damit zusammen, dass das Vertragsverhältnis und die Weisungsrechte des Arbeitgebers beendet sind, sodass vertrauliche Angaben nicht mehr ohne Weiteres erfasst sein können. Hier muss der Arbeitnehmer wie ein Außenstehender behandelt werden, gegenüber dem nach gesetzlichem Geheimnisschutz nur die Möglichkeit besteht die Verletzung von Geschäftsgeheimnissen zu ahnden. Um dementsprechend eine Ungleichbehandlung zu vermeiden, wird im nachvertraglichen Bereich der neue Geheimnisbegriff anzuwenden sein.

---

458 *Oetker*, ZESAR 2017, 257 (259).
459 *Alexander*, in: Köhler/Bornkamm/Feddersen (2021), § 2 GeschGehG Rn. 7.
460 So auch *Fuhlrott*, in: BeckOK GeschGehG, § 3 Rn. 26 mwN.

II. Der Geheimnischarakter

1. Das zentrale Merkmal des Geschäftsgeheimnisses

Unverzichtbares Merkmal eines jeden Geschäftsgeheimnisses ist dessen Geheimnischarakter. Das Wissen darf also nach § 2 Nr. 1 lit. a GeschGehG »weder insgesamt noch in der genauen Anordnung oder Zusammensetzung ihrer Bestandteile den Personen in den Kreisen, die üblicherweise mit dieser Art von Informationen umgehen, allgemein bekannt oder ohne weiteres zugänglich« sein. Gegenüber §§ 17 f. UWG aF bestehen nur terminologische Unterschiede, sodass die Geheimnisqualität nach ähnlichen Maßstäben zu beurteilen ist.[461]

198

Das Wissen ist geheim, wenn es weder in der Öffentlichkeit bekannt ist, noch ohne größere Schwierigkeiten in Erfahrung gebracht werden kann.[462] Letzteres ist der Fall, wenn ein Fachmann es nur mit Anstrengungen mittleren Schwierigkeitsgrades ermitteln kann und die sinnvolle Verwendung nur mit großem Zeit- oder Kostenaufwand möglich ist.[463] Daher verliert der Geheimnisinhaber durch die Möglichkeit des *Reverse Engineering* nicht unmittelbar sein Geheimnis, denn dieses ist in der Regel mit einigem Aufwand verbunden. Dies hat zur Folge, dass selbst wenn die potentielle Möglichkeit des *Reverse Engineering* besteht, das Wissen bspw. nicht durch einen Arbeitnehmer weitergegeben werden darf.[464] Auch die tatsächliche Analyse zerstört den Geheimnischarakter solange nicht, wie der Untersuchende das Wissen seinerseits geheim hält.[465]

199

Unerheblich ist, ob die Information zum Stand der Technik gehört, denn Gegenstand der Geheimhaltung ist nicht notwendig die Tatsache selbst, sondern ihr Bezug zum Unternehmen.[466] Daher kann es ein Geschäftsgeheimnis sein, ob ein Unternehmen ein bekanntes Verfahren nutzt.[467] Ebenso ist eine unbekannte wirtschaftlich relevante Einsatzmöglichkeit einer bekannten Tatsache oder eine aufwendige Zusammenstellung von bekannten Informationen schutzfähig, so-

200

---

461 *Ohly*, GRUR 2019, 441 (442); *Redeker/Pres/Gittinger*, WRP 2015, 681 (683); *Kalbfus*, GRUR 2016, 1009 (1010); *Heinzke*, CCZ 2016, 179 (181).
462 Statt vieler BGH, Urt. v. 3.5.2001 – I ZR 153/99, GRUR 2002, 91 (93) – Spritzgießwerkzeuge.
463 BGH, Urt. 7.1.1958, I ZR 73/57, GRUR 1958, 297 – Petromax I; BGH, GRUR 1980, 750 – Pankreaplex II; BAG, Urt. v. 16.03.1982, NJW 1983, 134 – Thrombosol; BGH, GRUR 2012, 1049 Rn. 21 – MOVICOL-Zulassungsantrag; *Richters/Wodtke*, NZA-RR 2003, 281, 282; *Mayer*, GRUR 2011, 884 (885).
464 *Ohly*, GRUR 2019, 441 (443).
465 *McGuire*, in: Büscher, GeschGehG § 3 Rn. 18.
466 *Ohly*, GRUR 2019, 441 (443).
467 BGH, Urt. 1.7.1960, I ZR 72/59, GRUR 1961, 40 (43) – Wurftaubenpresse.

lange sie geheim bleibt.[468] Eine umfangreiche Kundenliste ist daher auch dann geheim, wenn die Daten aus öffentlichen Quellen recherchierbar sind. Auch eine neuheitsschädliche Veröffentlichung oder Vorbenutzung schließt den Geheimnisschutz nicht zwingend aus.[469] Es kommt daher auf eine konkrete Möglichkeit der Kenntnisnahme an und nicht auf eine abstrakte. Hier liegt auch der Unterschied zum Neuheitsbegriff des Patentrechts, welches strengere Maßstäbe anlegt und ausschließlich auf die abstrakte Verfügbarkeit abstellt.[470]

2. Die Voraussetzungen der Bekanntgabe an Dritte und Arbeitnehmer

201 Nicht zur Offenkundigkeit führt die kontrollierte Offenlegung der Information gegenüber bestimmten Personen. Denn der Geheimnisinhaber darf das Wissen einem begrenzten Personenkreis bekannt geben.[471] Andernfalls wäre es nicht möglich, das Wissen ohne Schutzverlust wirtschaftlich zu nutzen und folglich auch der Richtlinienzweck konterkariert.[472] Wie groß der Kreis der Mitwisser sein kann, um noch von einer geheimen Information sprechen zu können, ergibt sich aus den Umständen des Einzelfalles. Für einen effektiven Geheimnisschutz und um Forschung nicht zu behindern, darf die Personenzahl aber nicht zu eng angesetzt werden. Denn gerade im internen Bereich eines Unternehmens stellt sich ein freier Informationsfluss als äußerst effizient dar. Neben der Mitteilung an eigene Beschäftigte, entfällt der Geheimnischarakter auch nicht, wenn das Wissen Mitbewerbern im Rahmen von Lizenz- oder Kooperationsvereinbarungen oder Behörden im Rahmen von Zulassungsverfahren oder sonstiger regulatorischer Erfordernisse mitgeteilt wird.[473] Entscheidend ist allerdings, dass der Geheimnisinhaber den Kreis der Mitwisser unter Kontrolle behält und die Geheimhaltung damit praktisch noch möglich ist.[474]

---

468 Zu § 17 UWG aF: BGH, GRUR 2018, 1161 Rn. 39 – *Hohlfaserspinnmembrananlage II*; BGH, GRUR 2012, 1048R n. 21 – *MOVICOL-Zulassungsantrag*; OLG Köln, GRUR-RR 2010, 480 – *Datei mit Adressen von Serienschreiben*; BGH GRUR 2003, 356 (358) – *Präzisionsmessgeräte*; *Ohly*, GRUR 2019, 441 (443); *Kraßer*, GRUR 1977, 177 (179); *Mayer*, GRUR 2011, 884 (885).
469 OGH Wien Urt. v. 26.1.2021 – 4 Ob 188/20f, BeckRS 2021, 4598 Rn. 31; BGH, GRUR 2008, 727 Rn. 19 – *Schweißmodulgenerator*.
470 *Winzer*, Rn. 42 ff.
471 BGH, Urt. v. 10.07.1963, I ZR 21/62, GRUR 1964, 31 (32) – *Petromax II*; OLG München NStZ 1990, 595 (596); *Reichold*, in: MHdB ArbR § 54 Rn. 34; BayObLG, ZIP 2000, 2178; *Mayer*, GRUR 2011, 884 (885).
472 BGH GRUR 2018, 1161 Rn. 40 – *Hohlfasermembranspinnanlage* mit Verweis auf BGH GRUR 2003, 356 (358) – *Präzisionsmessgeräte*; *Mayer*, GRUR 2011, 884 (885); *Köhler*, in: Köhler/Bornkamm/Feddersen (2019), § 17 UWG Rn. 7a.
473 BGH, GRUR 2012, 1048 Rn. 30 – *MOVICOL-Zulassungsantrag*.
474 *Mayer*, GRUR 2011, 884 (885 f.); *Linck*, in: Schaub ArbR-Hdb, § 53 Rn. 48; *Harte-Bavendamm*, in: Gloy/Loschelder/Erdmann, (2010), § 77 Rn. 10.

Ausreichend dafür, dass der Kreis der Wissenden kontrollierbar ist, sollen gesetzliche, vertragliche und behördliche Geheimhaltungspflichten sein.[475] Da es sich bei der Geheimnisqualität um eine Tatsachenfrage handelt, kann es allerdings nicht nur darauf ankommen, ob die Empfänger wirksam zur Geheimhaltung verpflichtet wurden, sondern ausschließlich darauf, dass sie diese tatsächlich wahren. Im Ergebnis ändert nämlich auch eine Vereinbarung nichts daran, dass die vertragswidrige Offenlegung den Verlust des Geheimnisses bedeutet.[476] Demgegenüber führt die Unwirksamkeit einer Vereinbarung nicht zum Verlust des Geheimnisses, wenn die Geheimhaltung faktisch eingehalten wird. Es besteht also kein strikter Zusammenhang zwischen dem Geheimnischarakter und der Wirksamkeit einer Geheimhaltungsvereinbarung.[477]

202

Der Geheimnischarakter ist daher strikt objektiv zu beurteilen. Auch in Fällen, in denen der Geheimnisinhaber keine Kontrollmöglichkeit über den Dritten hat, kann nicht zwangsläufig von einer Offenkundigkeit ausgegangen werden. Verschafft sich nämlich ein Außenstehender das Wissen gleich auf welche Weise, behält es aber aus Eigeninteresse geheim, ist von einem Fortbestand der Geheimnisqualität auszugehen.[478] Deutlich wird dies im Hinblick auf die Weitergabe an Arbeitnehmer. Sind diese mit Verlassen des Arbeitsverhältnisses nicht mehr zur Geheimhaltung verpflichtet, müsste man andernfalls schlagartig von einem Geheimnisverlust ausgehen, da der Geheimnisinhaber keine Möglichkeit mehr hat, auf diese einzuwirken. Eine Geheimnisverletzung nach § 4 GeschGehG oder eine erlaubte Erlangung nach § 3 GeschGehG hat daher nicht zwangsläufig den Verlust der Geheimnisqualität zur Folge, auch wenn dadurch der Kreis der Mitwisser erweitert wird. Es kann nicht nur auf einen geschlossenen und kontrollierbaren Personenkreis ankommen, sondern vielmehr darauf, dass die Wissenden die Informationen faktisch für sich behalten.[479] Erst wenn die Information dem beliebigen Zugriff Dritter unterliegt, wird Offenkundigkeit gegeben sein. Abzustellen ist im Hinblick auf die Kontrollierbarkeit des Personenkreises daher auf sämtliche Umstände des Einzelfalles. Ob eine Vertraulichkeitsverpflichtung notwendig ist, ist daher keine Frage der Geheimnisqualität, sondern eine Frage der angemessenen Geheimhaltungsmaßnahmen und der Verletzungstatbestände sein.

203

3. Branchenbekanntes Wissen und leichte Zugänglichkeit

Nicht geschützt ist allerdings das branchenbekannte Wissen, das sich jeder Interessierte ohne großen Aufwand unter Zuhilfenahme lauterer Mittel selbst aneig-

204

---

475 *Harte-Bavendamm*, in: FS für Büscher, S. 318.
476 *McGuire*, GRUR 2019, 679 (681).
477 *McGuire*, GRUR 2019, 679 (681).
478 *Harte-Bavendamm*, in: Harte/Henning § 17 Rn. 4.
479 So auch *Winzer*, Rn. 40.

nen könnte.[480] Dem steht es gleich, wenn die Information leicht zugänglich ist und damit einer beliebigen Zugriffsmöglichkeit unterliegt.[481] Maßstab ist hier erneut der Durchschnittsfachmann. Zwar kann nicht mit jeder Markteinführung eines Produktes angenommen werden, dass der Geheimnischarakter der Information verloren geht, jedoch wird dies anzunehmen sein, wenn der Geheimnisgegenstand dem Verkehr besonders leicht zugänglich gemacht wird. Die Grenze zur Offenkundigkeit wird überschritten sein, wenn weniger als ein durchschnittlicher Erschließungsaufwand notwendig ist.

205 Auf welche Art und Weise die Information öffentlich bekannt wird, ist irrelevant, da der Verlust des Geheimnischarakters eine Tatsache und daher verschuldensunabhängig ist.[482] So endet der Geheimnischarakter sowohl mit freiwilliger Offenlegung durch den Geheimnisinhaber, als auch durch unbefugte Offenlegungshandlungen Dritter. Neben dem Verlust durch die Veröffentlichung in Medien oder einer Offenlegung im Rahmen eines Registerverfahrens[483], ist dieser daher in gleichem Maße durch Industriespionage, nachlässige Schutzkonzepte oder das Inverkehrbringen von Produkten, die das Geheimnis enthalten (sog. *self-disclosing products*), gefährdet. Letzteres ist der Fall, wenn mit der Platzierung auf dem Markt verpflichtenden Produkt- und Zulassungskennzeichnungen oder Produktgestaltungen Informationen entnommen werden können (bspw. Inhaltsstoffe, Anordnung oder Abmessung von Komponenten).[484]

4. Zwischenergebnis

206 Der Geheimnischarakter garantiert dem Geheimnisinhaber damit, dass er sein Geschäftsgeheimnis unter Ausschluss Dritter nutzen kann. Solange diese nämlich nicht über die Kenntnis verfügen, können sie auch nicht darauf zurückgreifen. Dabei ist es grundsätzlich möglich die Information weiterzugeben, es kann jedoch nicht nur darauf ankommen, ob die Empfänger einer Vertraulichkeitsverpflichtung unterliegen. Ausschlaggebend muss für den Geheimnischarakter sein, ob die Dritten das Wissen faktisch geheim halten. Aus dieser objektiven Beurteilung folgt zugleich auch, dass selbst erfolgreiches Reverse Engineering nicht automatisch die Offenkundigkeit zur Folge hat.

---

480 BGH, GRUR 1980, 750 (751) – Pankreaplex II; OLG Celle, WRP 2015, 1009 Rn. 31 – MOVICOL-Zulassungsantrag; *Harte-Bavendamm*, in: Gloy/Loschelder/Erdmann, Wettbewerbsrecht (2010), § 77 Rn. 10; *Bartenbach* (2013), Rn. 2548.
481 BGH, GRUR 1958, 297 (299) – Petromax; *Köhler*, in: Köhler/Bornkamm/Feddersen (2019), § 17 Rn. 8; *Harte-Bavendamm*, in: Gloy/Loschelder/Erdmann, (2010), § 77 Rn. 10; *Richters/Wodtke*, NZA-RR 2003, 281 (282); *Kraßer*, GRUR 1977, 177 (179); *Mayer*, GRUR 2011, 884 (885); *McGuire et al.*, GRUR Int. 2010, 829.
482 *Richters/Wodtke*, NZA-RR 2003, 281 (282); *Mayer*, GRUR 2011, 884 (885).
483 *Köhler*, in: Köhler/Bornkamm/Feddersen (2019) § 17 Rn. 7.
484 *McGuire*, MittPatAnw 2017, 377 (382).

III. Wirtschaftlicher Wert durch Geheimhaltung

1. Kommerzielle Verwertbarkeit des Wissens

Des Weiteren muss die Information aufgrund der Geheimhaltung einen wirtschaftlichen bzw. kommerziellen Wert aufweisen. Dieser muss Folge der Geheimhaltung sein. Daher muss zwischen dem kommerziellen Wert und dem Geheimnischarakter ein kausaler Zusammenhang bestehen. Es muss allerdings genügen, wenn der Wert zumindest auch aus dem Umstand, dass die Information nicht der Allgemeinheit oder den Fachkreisen geläufig ist, resultiert.[485]

Schon der bisherige Geheimnisbegriff hat ein berechtigtes wirtschaftliches Interesse an der Geheimhaltung des Wissens gefordert und immer dann bejaht, wenn die Information für die Wettbewerbsfähigkeit des Unternehmens von Bedeutung war.[486] Damit wurde der Begriff großzügig verstanden, denn es wurde kein tatsächlicher wirtschaftlicher Wert verlangt, sondern es war ausreichend, wenn der Geheimnisinhaber durch eine Offenlegung geschädigt wurde.[487] In der *Kundendatenprogramm*-Entscheidung des BGH heißt es entsprechend: *»Ein Geschäftsgeheimnis braucht keinen bestimmten Vermögenswert zu besitzen; es reicht aus, dass es sich für die Klägerin nachteilig auswirken kann, wenn Dritte (...) Kenntnis von den Daten erlangen.«*[488] Anklang findet dieses Merkmal auch in Erwägungsgrund 14 der Geschäftsgeheimnis-Richtlinie, wonach nur solche Informationen unter den neuen Geheimnisbegriff gefasst werden, bei denen die Erwartung und ein legitimes Interesse an der Geheimhaltung bestehen. Ein solcher besteht, wenn der Geheimnisinhaber durch eine Geheimnisverletzung in seinem wissenschaftlichen oder technischen Potenzial, den geschäftlichen oder finanziellen Interessen oder der Wettbewerbsfähigkeit beeinträchtigt wird.[489]

Das Vorliegen eines kommerziellen Wertes einer Information erfordert zusätzlich aber, dass das Wissen einen realen oder potentiellen Handelswert verkörpert.[490] Damit werden die Anforderungen strenger, da es sich insofern um ein objektives Korrektiv handelt.[491] Das Wissen muss kommerziell verwertbar sein und zumindest mittelbar einen Bezug zum Unternehmen aufweisen. Ausreichend sollte wie schon bisher ein potenzieller Wert sein. Ein solcher kann

---

485   *Alexander*, WRP 2017, 1034 (1039).
486   *Köhler*, in: Köhler/Bornkamm/Feddersen (2019), § 17 Rn. 9; *Mayer*, GRUR 2011, 884 (887).
487   BGH, GRUR 2006, 1044 (1046) – Kundendatenprogramm; *Köhler*, in: Köhler/Bornkamm/Feddersen (2019), § 17 Rn. 9; *Ohly*, GRUR 2019, 441 (443).
488   BGH, GRUR 2006, 1044, Rn. 19 – Kundendatenprogramm.
489   Erwägungsgrund 14 Geschäftsgeheimnis-RL EU/2016/943.
490   Erwägungsgrund 14 Geschäftsgeheimnis-RL EU/2016/943.
491   A.A. OGH Wien Urt. v. 26.1.2021 – 4 Ob 188/20f, BeckRS 2021, 4598 Rn. 39; *Redeker/Pres/Gittinger*, WRP 2015, 681 (683), *Müllmann*, ZRP 2019, 25 (26).

sich daher schon aus der abstrakten Möglichkeit der Verwertung oder der Auswertung von Daten ergeben.[492] Weiterhin geschützt sind daher auch Informationen, die in veräußerten oder im Geschäftsmüll entsorgten Waren enthalten sind.[493] Ebenso können Forschungsergebnisse einer Universität oder sonstigen Einrichtung geschützt sein, auch wenn der Vertrieb und die Vermarktung nicht beabsichtigt sind.[494]

210 Durch das Kriterium erfolgt jedoch eine Abgrenzung zu belanglosen und wirtschaftlich nicht verwertbaren Informationen. Befürchtet wird jedoch, dass nunmehr keine Abgrenzung zu Privatgeheimnissen gegeben sei, da es nicht mehr auf einen Unternehmensbezug ankomme.[495] Der Schutzzweck und Erwägungsgrund 14 deuten jedoch darauf hin, dass Geschäftsgeheimnisse von Privatgeheimnissen zu unterscheiden sind.[496] Neben dem Fehlen eines kommerziellen Wertes reiner Privatinformationen werden in der Regel auch keine angemessenen Geheimhaltungsmaßnahmen für diese Informationen etabliert.[497] Eingeschränkt ist der Geheimnisbegriff daher einerseits in Bezug auf belanglose Informationen und solche, die lediglich die Privatsphäre von Unternehmer oder Mitarbeiter betreffen.[498] Dennoch können wirtschaftlich relevante Privatinformationen, welche bei bekannt werden Auswirkungen auf den Geschäftsbetrieb haben, im Einzelfall als Geschäftsgeheimnis angesehen werden. Dass es zu solchen Überschneidungen kommen kann, ergibt sich aus § 1 Abs. 3 Nr. 1 GeschGehG, wonach eine Überlagerung des GeschGehG mit den Straftatbeständen der Verletzung von Privatgeheimnissen nach § 203 StGB für möglich gehalten wird.[499]

2. Wirtschaftlicher Wert rechtswidriger Informationen

211 Die Einengung des Geheimnisbegriffs durch das Erfordernis eines wirtschaftlichen Wertes lässt auch den Streit, ob Informationen über Gesetzesverstöße schutzfähig sind, in einem neuen Licht erscheinen. Dies war schon nach altem Recht umstritten und wird auch in Bezug auf das GeschGehG weiterhin diskutiert.[500] Gemeint sind damit Informationen über rechtswidrige Tatsachen oder Vorgänge wie Gesetzesverstöße, Kartellabsprachen, Schmiergeldzahlungen und

---

492 *Ohly*, GRUR 2019, 441 (443).
493 *Köhler,* in: Köhler/Bornkamm/Feddersen (2019), § 17 Rn. 5 mit Verweis auf OLG Hamm, WRP 1993, 118 (129) und BayObLG, GRUR 1991, 694 (695).
494 RegE GeschGehG, BT-Dr. 19/4724, S. 24.
495 Vgl. bspw. *Hauck*, NJW 2016, 2218 (2221).
496 RegE GeschGehG BT-Dr. 19/4724, S. 24; *Alexander*, AfP 2019, 1 (5).
497 *Alexander*, 2017, 1034 (1038); *Burghardt-Richter/Bode*, BB 2019, 2697 (2698).
498 RegE GeschGehG BT-Dr. 19/4724, S. 22; a.A. *Hauck,* NJW 2016, 2218 (2221).
499 So auch *Ohly*, GRUR 2019, 441 (442).
500 Nach UWG für eine Schutzfähigkeit *Többens*, WRP 2005, 552 (556); *Ullrich*, NZWiSt 2019, 65 (66), dagegen *Taeger* (1988), S. 96; Nach dem GeschGehG dafür *Ullrich*, NZWiSt 2019, 65 (67), dagegen *Hauck*, WRP 2018, 1032 (1034 ff.).

andere strafbare Handlungen. Besonders relevant ist die Problematik bei Verstößen gegen Normen des Sozialversicherungs-, Steuer- und Umweltrechts.[501] Im Folgenden sollen solche der Einfachheit halber als »rechtswidrige Informationen« zusammengefasst werden. Dass – rein wirtschaftlich betrachtet – ein Interesse an der Geheimhaltung derartiger Informationen besteht, liegt auf der Hand.[502] Fraglich ist jedoch, ob dieses Interesse auch rechtlich anerkannt ist.

a) Rechtfertigungs- und Tatbestandslösung nach bisherigem Recht

Unter Geltung des § 17 UWG aF wurde mehrheitlich im Bereich des Lauterkeits-, Gesellschafts- und Strafrecht angenommen, dass der rechtswidrige Inhalt einer Information den Schutz als Betriebs- und Geschäftsgeheimnis nicht in Frage stelle.[503] Daher wurde im Grunde lediglich gefordert, dass das Wissen seiner Struktur nach tatsächlich geheim gehalten werden konnte. Sofern eine Person sodann die geheime rechtswidrige Information offenbarte, konnte er sich über eine Rechtfertigung nach § 34 StGB oder eine Anzeigepflicht nach § 138 StGB schützen (sog. Rechtfertigungslösung).[504]   212

Diskutiert wurde diese Frage regelmäßig am Merkmal des Geheimhaltungsinteresses, welches nach bisherigem Recht bestehen musste. Dies wurde jedoch großzügig verstanden und verlangte keinen wirtschaftlichen Wert, sondern ließ es ausreichen, wenn die Offenlegung den Geheimnisträger auf irgendeine Weise schädigte. Gerade über diesen weiten Begriff kam die bisherige herrschende Ansicht zu dem Ergebnis, dass rechtswidrige Informationen schutzfähig seien, da auch ihre Offenbarung der Wettbewerbsfähigkeit des Unternehmens schade.[505] Auch an derartigen Informationen bestünde daher ein Geheimhaltungsinteresse, selbst dann wenn durch die Handlungen zu Lasten rechtmäßiger Wettbewerber ein Vorteil erzielt werde, denn das Strafrecht schütze grundsätzlich auch rechtswidrig Erlangtes, um so strafrechtsfreie Räume zu vermeiden.[506] Eine andere Frage sei es, ob die Offenlegung im Einzelfall rechtmäßig war oder ob nicht ggf. eine Rechtspflicht dazu bestand.   213

---

501 *Preis*, in: ErfKArbR, BGB § 611a Rn. 716.
502 *Kalbfus*, GRUR 2016, 1009 (1011); *Rolfs*, in: Preis, V 20 Verschwiegenheitspflicht, Rn. 24.
503 *Harte-Bavendamm*, in: Harte/Henning, § 17 Rn. 6; *Köhler*, in: Köhler/Bornkamm/Feddersen (2019), § 17 Rn. 9; *Ohly*, in: Sosnitza/Ohly (2016), § 17 Rn. 12; *Vormbrock*, in: Götting/Meyer/Vormbrock, § 30 Rn. 11; a.A. zu § 17 UWG: *Grimm*, in: AR-Blattei SD (Grimm), 2004, 770 Rn. 8; *Taeger* (1988), S. 96.
504 BAG, Urt. 05.02.1959, AP HGB § 70 Nr. 2; *Harte-Bavendamm*, in: Harte/Henning § 17 Rn. 6; *Köhler*, in: Köhler/Bornkamm/Feddersen (2019) § 17 Rn. 9; *Ohly*, in: Ohly/Sosnitza/Ohly (2016), § 17 Rn. 12; *Vormbrock*, in Götting/Meyer/Vormbrock, § 30 Rn. 12.
505 *Köhler*, in: Köhler/Bornkamm/Feddersen (2019) § 17 Rn. 9.
506 *Richters/Wodtke*, NZA-RR 2003, 281 (283) mwN.

214 Da es häufig Arbeitnehmer sind, welche derartige Informationen erlangen oder entweder an die zuständigen Behörden oder die Medien weitergeben, wurde in diesem Zusammenhang angeführt, dass Arbeitnehmer sich nicht als Richter gegenüber ihren Arbeitgebern erheben dürften.[507] Nur wenn der Arbeitnehmer höherrangige Interessen oder Werten gedient hat, könne die strafbewehrte Offenlegung nach § 34 StGB gerechtfertigt sein.[508] Im Rahmen der Abwägung musste sodann festgestellt werden, wie schwer die Straftat war, ob sie anderweitig aufgedeckt werden konnte, ob der Arbeitnehmer sich um eine zumutbare innerbetriebliche Klärung bemühte, an wen er sich wandte oder sogar aus Gewinnerzielungsabsicht handelte, wie fundiert die Beweise des Arbeitnehmers waren oder ob er wissentlich oder fahrlässig falsche Angaben weitergab.

215 Vor allem in der arbeitsrechtlichen Rechtsprechung und Literatur wurde jedoch angenommen, dass an solchen Informationen kein berechtigtes Interesse bestehen könne, denn Rechtsverstöße, welche die Allgemeinheit erheblich belasten, könne kein Schutz zugesprochen werden (sog. Tatbestandslösung).[509] Objektiv betrachtet könne das Interesse nicht berechtigt sein, wenn die geheim zu haltende Tatsache gegen die Rechtsordnung verstoße.[510] Daher könne auch keine Geheimhaltung verlangt werden, insbesondere wenn diese die Person in ihrer Rechtsposition konkret beeinträchtigt oder sogar strafrechtlich belastet. Systematisch wird hierzu vorgetragen, dass die §§ 17 ff. UWG aF lauterkeitsrechtliche Normen waren, die unlauteres Verhalten im Wettbewerb verhindern wollten. Insbesondere bei dem vielfach vertretenen Verständnis als Marktverhaltensregelung erschien es nicht verständlich, weshalb rechtswidriges und mithin unlauteres Verhalten geschützt werden solle. Mangels eines schutzfähigen Geheimnisses sei daher der Anwendungsbereich der §§ 17 ff. UWG aF nicht eröffnet gewesen. Die Rücksichtnahmepflicht des Arbeitnehmers gebot es aber, dass zuerst innerbetriebliche Abhilfe angestrebt werde und nur falls die Offenlegung im öffentlichen Interesse ist, er sich an die Öffentlichkeit wende.[511]

b) Kommerzieller Wert von rechtswidrigen Informationen

216 Die Formulierung der Geschäftsgeheimnis-Richtlinie scheint zunächst keinen Ausschluss von rechtswidrigen Informationen vorzusehen. Daher wird auch weiterhin vertreten, dass rechtswidrige Informationen in den Schutzbereich der

---

507 *Harte-Bavendamm*, in: Harte/Henning. § 17 Rn. 6; *Köhler*, in: Köhler/Bornkamm/Feddersen (2019), § 17 Rn. 9; *Ohly*, in: Ohly/Sosnitza, § 17 Rn. 12.
508 *Mayer*, GRUR 2011, 884 (887).
509 *Engländer/Zimmermann*, NZWiStR 2012, 328 (331 ff.); *Preis,* in: ErfKArbR, BGB § 611 Rn. 713; Ausführlich dazu *Schnabel*, CR 2016, 342.
510 *Linck*, in: Schaub ArbR-Hdb, § 53 Rn. 51; *Taeger* (1988), S. 96.
511 *Hauck*, WRP 2019, 1032 (1034); *Linck*, in: Schaub ArbR-Hdb, § 53 Rn. 51; *Reinfeld* (2019), § 1 Rn. 147.

Richtliniendefinition fallen.[512] Die Annahme eines Ausschlusses würde insbesondere im Widerspruch zum Wortlaut des Whistleblowertatbestands in Art. 5 lit. b stehen.[513] Richtigerweise ist die Schutzfähigkeit rechtswidriger Informationen vor allem im Anwendungsbereich des Whistleblowing relevant. Sollten Informationen über Straftaten nicht die Anforderungen eines Geschäftsgeheimnisses genügen, würden Hinweisgeber keine nach dem GeschGehG unerlaubte Handlung begehen und müssten sich nicht erst über § 5 Nr. 2 GeschGehG exkulpieren. Womöglich wäre eine derartige Schutzschranke gar nicht erst von Nöten, wollte man rechtswidrigen Informationen keinen Schutz zukommen lassen.

Die zu den §§ 17 ff. UWG aF vertretenen Grundsätze bezüglich des berechtigten wirtschaftlichen Interesses können jedoch mit dem neuen autonomen unionsrechtlichen Verständnis nicht mehr gleichgesetzt werden. Ohnehin ist das bisher ausschließlich verlangte Geheimhaltungsinteresse im Verhältnis zum durch die Richtlinie nunmehr geforderten kommerziellen Wert der allgemeinere Begriff und erfasst neben Informationen, die einen tatsächlichen Wert haben, auch solche, die zwar keinen Wert vermitteln, deren Bekanntwerden aber den Konkurrenten stärken oder einen Schaden verursachen könnte.[514] Der Anwendungsbereich der Richtlinie ist damit enger. Diese ergibt sich nicht explizit aus den Regelungen der Geschäftsgeheimnis-Richtlinie oder dem GeschGehG selbst, da weder Art. 2 Nr. 1 RL noch § 2 Nr. 1 GeschGehG die Tatsachen, welche als Geschäftsgeheimnis geschützt werden können, näher beschreibt. Gegen die Einbeziehung rechtswidriger Informationen in den Schutzbereich spricht aber vor allem, dass die Richtlinie erreichen will, dass ein Nutzen aus der schöpferischen Tätigkeit oder den Innovationen gezogen werden kann.[515] Dem europäischen Gesetzgeber geht es um den Schutz der Wettbewerbsfähigkeit innovativer Unternehmen, indem der Patentschutz ergänzt und Investitionen in Wissen geschützt werden.[516] Damit spricht zunächst vor allem der Sinn und Zweck der gesetzlichen Regelungen gegen einen Schutz rechtswidriger Informationen.[517] Zweck der Geheimhaltung ist in diesen Fällen ausschließlich die Vermeidung der Rechtsverfolgung und eines Imageverlustes. Daher werden Unternehmen, die die Information mit allen Mitteln geheim halten wollen, sich der Rechtswidrigkeit auch bewusst sein. Folge wäre, dass nicht nur unlauteres oder unerwünschtes Handeln rechtlich geschützt wäre, sondern sogar vorsätzlich rechtswidriges. Mit einer widerspruchsfreien Rechtsordnung ist diese Wertung unvereinbar.[518] Aus diesem Grund könne der

---

512 *Redeker/Pres/Gittinger*, WRP 2015, 681 (682); *Hauck*, WRP Die erste Seite 2018, Nr. 6.
513 *Ullrich*, NZWiSt 2019, 65 (67); *Brammsen*, BB 2018, 2446 (2449).
514 *Kalbfus*, GRUR 2016, 1009 (1011); *Linck*, in: Schaub ArbR-Hdb, § 53 Rn. 48; *Reichold*, in: MHdB ArbR § 54 Rn. 34.
515 Erwägungsgrund 2 Geschäftsgeheimnis-RL EU/2016/943.
516 Erwägungsgrund 1 Geschäftsgeheimnis-RL EU/2016/943.
517 So auch *Hauck*, WRP 2018, 1032 (1035).
518 Ähnliche Bedenken hat *Reinfeld* (2019), § 1 Rn. 115.

C. Der Schutzgegenstand: Das Geschäftsgeheimnis

218 Arbeitgeber auch nicht darauf vertrauen wegen des rechtswidrigen Verhaltens nicht angezeigt zu werden.[519]
Daneben lassen sich Anhaltspunkte aus Erwägungsgrund 14 der Richtlinie und der Gesetzesbegründung zum GeschGehG entnehmen.[520] Die Information soll nämlich kommerziell verwertbar sein, da sie einen realen oder potenziellen Handelswert aufweisen muss.[521] Daraus ergibt sich, dass die bisherige Ansicht zum berechtigten Interesse nach § 17 UWG aF, wonach ein Geschäftsgeheimnis keinen Wert aufweisen muss, als hinfällig anzusehen ist.[522] Ein kommerzieller Wert ist nämlich nicht mit dem Interesse an der bloßen Nichtverbreitung gleichzusetzen.[523] Rechtswidrigen Informationen ist schlichtweg kein Handelswert zuzusprechen, da sie nicht zu kommerziellen Zwecken verwertet werden können. Zwar besteht seitens der Unternehmen ein Geheimhaltungsinteresse, da sehr wahrscheinlich ein Schaden droht, allerdings besteht kein handelbarer Wert.[524] Denn der Schaden beruht nicht auf dem Verlust eines Handelswertes, welcher durch die Geheimhaltung der Informationen entstanden sein könnte. Vielmehr ist er auf den Rechtsverstoß an sich zurückzuführen und der bloßen negativen Wirkungen durch das Offenkundigwerden.[525] Daher fallen bei rechtswidrigen Informationen der Handelswert und das Geheimhaltungsinteresse auseinander.

219 Im selben Erwägungsgrund wird zudem ausgeführt, dass der Begriff des Geschäftsgeheimnisses so beschaffen sein sollte, dass Informationen erfasst werden, bei denen »sowohl ein legitimes Interesse an ihrer Geheimhaltung besteht als auch die legitime Erwartung, dass diese Vertraulichkeit gewahrt wird.«[526] Legitim kann ein Interesse jedoch nur sein, wenn das zugrundeliegende Handeln gesetzeskonform ist und damit von der Rechtsordnung als rechtmäßig anerkannt wird. Gleichzeitig kann kein legitimes Interesse an der Geheimhaltung bestehen, wenn diese schlichtweg den Zweck verfolgt einer Rechtsverfolgung zu entgehen. Es leuchtet daher nicht ein, weshalb rechtswidrigen Informationen ein gesetzlicher Schutz eingeräumt werden sollte. Dies wird durch Art. 39 Abs. 2 TRIPS bestärkt, welcher die Offenbarung von Geschäftsgeheimnissen verhindern soll, wenn dies den anständigen Gepflogenheiten in Handel und Gewerbe widerspricht. Wie kann es aber den anständigen Gepflogenheiten widersprechen, wenn geheime Informationen mit rechtswidrigem Inhalt aufgedeckt werden? Es wäre geradezu widersprüchlich, wenn man diese Handlungen ihrerseits

---

519 *Preis*, in: ErfKArbR, BGB § 611a Rn. 716.
520 RegE GeschGehG, BT-Drs. 19/4724, S. 21 f.
521 Erwägungsgrund 14 Geschäftsgeheimnis-RL EU/2016/943.
522 *Hauck*, WRP 2018, 1032 (1034).
523 *Goldhammer*, NVwZ 2017, 1809 (1812).
524 So auch *Goldhammer*, NVwZ 2017, 1809 (1812).
525 *Hauck*, WRP 2018, 1032 (1034).
526 Erwägungsgrund 14 Geschäftsgeheimnis-RL EU/2016/943.

vor unbefugten Zugriff schützen möchte.[527] Bestätigt wird dies durch Erwägungsgrund 20, der den Schutz von Geschäftsgeheimnissen aus öffentlichem Interesse nicht auf Fälle einer Offenlegung eines rechtswidrigen Verhaltens, Fehlverhaltens oder einer illegalen Tätigkeit erstrecken will.

Dass das rechtswidrige Verhalten nicht Gegenstand des Geheimnisschutzes sein kann, wird durch eine systematische Auslegung bestätigt. Öffentlich-rechtliche Vorschriften nach § 1 Abs. 2 GeschGehG, das Recht auf freie Meinungsäußerung nach § 1 Abs. 3 Nr. 2 GeschGehG und die Autonomie der Sozialpartner nach § 1 Abs. 3 Nr. 3 GeschGehG sind nämlich vorrangig. Aufgrund dieses Vorrangs kann der Anwendungsbereich des GeschGehG nicht eröffnet sein, wenn gegen gesetzliche Bestimmungen verstoßen wird.[528] Informationen, die rechtswidrige Handlungen betreffen, sind somit nicht Schutzobjekt des Geheimnisschutz.[529] Der Anwendungsbereich ist damit enger als das bisherige deutsche Recht. Zu unterscheiden ist dies jedoch von bloßen »negativen Informationen«, die rechtskonforme aber nachteilige wirtschaftliche Umstände beinhalten. Dies können bspw. Auslandstaten sein, die vor Ort nicht als rechtswidrig angesehen, hierzulande jedoch weder rechtlich noch moralisch gebilligt werden. Diesbezüglich muss im Einzelfall geprüft werden, ob ein kommerzieller Wert vorliegt.

220

c) Folgen für den Geheimnisschutz

In gewisser Weise findet daher eine qualitative Einschränkung statt, um den Zweck der Richtlinie, Innovationsförderung und die Stärkung der Wettbewerbsfähigkeit, zu verwirklichen. Keinen Schutz können daher Informationen über unternehmerische Gesetzesverstöße erfahren. Dies hat eine Einschränkung des Schutzgegenstandes nach § 2 Nr. 1 GeschGehG zur Folge. Gleichzeitig erfolgt aber auch eine Entschärfung des Interessenskonflikts zwischen Geheimnisschutz einerseits und dem umstrittenen Whistleblowing nach § 5 Nr. 2 GeschGehG andererseits, dann eine Vielzahl an Sachverhalten werden aus dem Anwendungsbereich des Geheimnisschutzrechts herausgenommen.

221

Die Offenlegung von rechtswidrigen Informationen löst daher keine Ansprüche nach dem GeschGehG aus. In der Praxis ist der Unterschied gleichwohl gering. Denn ohnehin müsste der Geheimnisinhaber im Prozess zunächst darlegen und beweisen, dass die fragliche Information tatsächlich rechtlich geschützt ist. Nur selten wird ein Unternehmen Verletzungsklage erheben, wenn es sich um die Offenlegung eines rechtswidrigen Geheimnisses handelt. Dies kann

222

---

527 *Hauck*, WRP 2018, 1032 (1035).
528 *McGuire*, in: Büscher, GeschGehG § 5 Rn. 21.
529 *Schubert*, in: Franzen/Gallner/Oetker, RL 2016/943/EU Art. 2 Rn. 8 ff.; *Schmitt*, RdA 2017, 365 (369); *Kalbfus*, GRUR 2016, 1009 (1011); *Hauck*, WRP 2018, 1032 (1034 ff.); *Alexander*, WRP 2017, 1034 (1038); *Schreiber*, NZWiSt 2019, 332 (337).

nämlich dazu führen, dass Gesetzesverstöße erst aufgedeckt werden, was erhebliche Folgen für das klagende Unternehmen hätte.

223 Unverändert bleibt aber der Schutz nach arbeitsrechtlichen Grundsätzen, denn die vertragsimmanente Geheimhaltungspflicht ist nicht an die Voraussetzungen des § 2 Nr. 1 GeschGehG gebunden. Allerdings gilt auch die allgemeine arbeitsvertragliche Geheimhaltungspflicht nicht grenzenlos, da sie durch berechtigte Interessen der Arbeitnehmer beschränkt werden kann. Vor diesem Hintergrund erscheint fraglich, ob auch Informationen über rechtswidrige Vorgänge als vertrauliche Angaben geschützt sind. Nach hier vertretener Ansicht scheitert zwar eindeutig die Einordnung als Geschäftsgeheimnis, dies kann jedoch nicht mit selbiger Begründung für vertrauliche Angaben gelten, da diese nicht zwingend Informationen mit kommerziellem Wert betreffen müssen. Schon bisher haben einige Landesarbeitsgerichte solche Informationen daher als von der Schweigepflicht des Arbeitnehmers erfasst angesehen.[530] Diese Rechtsprechung erscheint kaum haltbar, da kein schutzwürdiges Interesse vorliegt, auf welches ein Arbeitnehmer Rücksicht nehmen müsste. Die Schutzpflichten des Arbeitnehmers können nicht so weit gehen, dass er den Arbeitgeber bei seinen rechtswidrigen Vorgängen decken oder unterstützen muss.[531]

224 Dieser Befund, d.h. der Ausschluss rechtswidriger Informationen ist auch für die Systematik des GeschGehG von Bedeutung. Denn dies lässt zugleich den Anwendungsbereich des § 5 Nr. 2 GeschGehG in einem anderen Licht erscheinen. Dieser schließt eine Tathandlung aus, wenn diese der Offenlegung eines rechtswidrigen Verhaltens dient. Entsprechend erscheint der Einwand gerechtfertigt, dass der Ausschluss rechtswidriger Informationen vom Geheimnisbegriff mit § 5 Nr. 2 GeschGehG unvereinbar sei.[532] Jedoch besteht der angebliche Widerspruch nicht, da der Regelung weiterhin ein Anwendungsbereich im Hinblick auf vermeintlich rechtswidriges Handeln, sittenwidriges Fehlverhalten und der mittelbaren Offenlegung von Geschäftsgeheimnissen als Nebenfolge der Bekanntmachung des strafbaren Verhaltens verbleibt.[533] Bedacht werden muss nämlich, was Gegenstand des Geheimnisschutzes ist. Aufzeigen lässt sich dies etwa an der »Verschleierungssoftware« für Dieselfahrzeuge. Während die Nutzungsweise der Software, den tatsächlichen CO_2-Ausstoß der manipulierten Fahrzeuge zu verschleiern rechtswidrig ist und daher kein Geschäftsgeheimnis

---

530 LAG Frankfurt, 01.06.1967 AP Nr. 2 zu § 611 BGB Schweigepflicht, DB 1967, 2121; LAG Berlin 12.12.1968, BB 1970, 710.
531 *Maier* (1998), S. 331; *Taeger* (1988), S. 96.
532 Damit wird die Diskussion aber erneut im berechtigten Interesse nach § 2 Nr. 1 lit. c GeschGehG relevant und wirft neue Widersprüche auf. *Ohly,* GRUR 2019, 441 (444) weist daraufhin, dass bei einem Ausschluss über das berechtigte Interesse eine Richtlinienwidrigkeit bestehe. *Dann/Markgraf,* NJW 2019, 1774 (1776) weisen daraufhin, dass sowohl § 2 Nr. 1 lit. c als auch § 5 Nr. 2 GeschGehG für ein berechtigtes Interesse streiten und insofern nicht ersichtlich ist wie dies im Geheimnisbegriff bejaht und sodann in der Rechtfertigung verneint werden könne.
533 Zum verbleibenden Anwendungsbereich des § 5 Nr. 2, vgl S. 237 f.

i.S.d. § 2 Nr. 1 GeschGehG darstellen kann, ist die Software an sich dennoch schutzfähig.[534] Wird diese nunmehr offenbart, ist die Offenlegung eine Nebenfolge der Offenlegung des strafbaren Verhaltens und kann gerechtfertigt sein. Insofern hindert § 5 Nr. 2 GeschGehG nicht daran, entsprechend der vorhergehenden Argumentation anzunehmen, dass ein gesetzeswidriges Verhalten kein Geschäftsgeheimnis sein kann.

IV. Angemessene Geheimhaltungsmaßnahmen

1. Erhöhte objektive Anforderungen

Mit der Voraussetzung von angemessenen Geheimhaltungsmaßnahmen hat ein zusätzliches Erfordernis Eingang in den Geheimnisbegriff gefunden. Rechtlich handelt es sich dabei um eine Obliegenheit, denn sobald der Geheimnisinhaber den Anforderungen nicht (mehr) gerecht wird, verliert er seinen Geheimnisschutz.[535] Trotz der Nennung dieser Voraussetzung im TRIPS-Abkommen war sie dem deutschen Begriffsverständnis bislang unbekannt, da der Gesetzgeber einen subjektiven Geheimhaltungswillen ausreichen ließ und damit einen weitergehenden Schutz gewährleistete.[536] Maßgeblich war demnach, was nach dem Willen des Geheimnisträgers geschützt werden sollte und nach außen erkennbar war.[537] An diese Manifestation wurden allerdings keine hohen Anforderungen gestellt, sodass er bereits angenommen wurde, wenn er sich aus der Natur der geheim zu haltenden Tatsache oder den Umständen ergab. Im Zweifel wurde er sogar für alle geheimen Vorgänge, die für das Unternehmen von wirtschaftlicher Bedeutung waren, vermutet.[538] Der Geheimhaltungswille war daher durch das stets gesondert festzustellende Geheimhaltungsinteresse indiziert.[539]

225

Für einen durchschnittlichen Beschäftigten war der Wille auch ohne ausdrückliche Erklärung, aus Betriebspraxis und -übung sowie den Gewohnheiten im Unternehmen, erkennbar. Zu den Geheimnissen zählten daher Tatsachen, welche dem Betriebsinhaber noch nicht mitgeteilt wurden wie etwa Arbeitnehmererfindungen und Arbeitsergebnisse, die ohne das Beschäftigungsverhältnis

226

---

534 A.A. *Alexander*, WRP 2017, 1034 (1038).
535 *Ohly*, GRUR 2019, 441 (443).
536 *Harte-Bavendamm*, in: FS für Büscher, S. 316; kritisch *Ohly*, GRUR 2014, 1 (5); *Reiserer*, DStR 2021, 1053.
537 BGH NJW 1995, 2301 – Angebotsunterlagen; BGH GRUR 1964, 31 – Petromax II.
538 *Harte-Bavendamm*, in: FS für Büscher, S. 315; *Kalbfus*, GRUR-Prax 2017, 391; BGH, Urt. v. 27.04.2006, I ZR 126/03, BGH GRUR 2006, 1044 Rn. 19 – Kundendatenprogramm; BGH, NJW 1995, 2301 – Angebotsunterlagen; BGH, Urt. v. 18.01.1977 – I ZR 112/75, GRUR 1977, 539 (540) – Prozessrechner.
539 *Reinfeld* (2019), § 1 Rn. 110.

nicht erzielt worden wären.⁵⁴⁰ Möglich war es auch, dass der Geheimhaltungswille sich in Geheimhaltungsmaßnahmen manifestierte, jedoch wurden solche bisher nicht zwingend verlangt. Die Empfehlung, Schutzmaßnahmen einzurichten war vielmehr der Funktion geschuldet den Beweis erbringen zu können, dass der Geheimhaltungswille bestand. Nunmehr handelt es sich um eine objektive Schutzvoraussetzung, die einerseits den Kreis schutzfähiger Informationen begrenzt, andererseits eine Warnfunktion gegenüber potentiellen Verletzern darstellt.⁵⁴¹

227 Mit der Forderung nach objektiv nachweisbaren Geheimhaltungsmaßnahmen wird der subjektive Geheimhaltungswille damit funktional durch strengere Anforderungen ersetzt.⁵⁴² Der Geheimnisinhaber muss objektiv die Ernsthaftigkeit seines Schutzinteresses durch Maßnahmen klarstellen. Auch führte dies zu einer Beweislastumkehr.⁵⁴³ Da es sich um eine Schutzvoraussetzung handelt, muss der Geheimnisinhaber objektiv darlegen können, dass und welche Maßnahmen er zum Schutz seiner Geheimnisse getroffen hat, um ein Bestreiten mit Nichtwissen des Verletzers vermeiden zu können. Entsprechend ist es nicht nur erforderlich ein Schutzsystem zu etablieren, sondern dieses auch zu dokumentieren.⁵⁴⁴

228 Rechtfertigen lässt sich diese Eingrenzung des Geheimnisbegriffs nicht nur mit dem Beweis des Schutzinteresses, sondern auch mit der Erkennbarkeit des Haftungsrisikos für mögliche Verletzer. Der Handelnde wird durch die Maßnahme vor der Rechtswidrigkeit seines Handelns gewarnt. Derjenige, der sie überwindet, weiß oder muss wissen, dass seine Handlung nicht erlaubt ist. Erst mit der aktiven Überwindung von Geheimhaltungsmaßnahmen lässt sich daher ein Vorwurf begründen.⁵⁴⁵ Dies erscheint notwendig, da das GeschGehG nur noch auf objektive Eingriffe abstellt und strenge Haftungsfolgen mit sich bringt. Zudem soll grundsätzlich die legitime Erwartung bestehen, dass die Vertraulichkeit gewahrt wird. Ist jedoch für den Handelnden nicht erkennbar, dass ein Geschäftsgeheimnis vorliegt, kann nicht erwartet werden, dass es als solches behandelt wird. Gegenüber dem bisherigen Begriff erfolgt daher eine bemerkenswerte Einschränkung.⁵⁴⁶

---

540 BGH, Urt. v. 18.02.1977 – I ZR 112/75, GRUR 1977, 539 (540) – Prozessrechner; BGH, Urt. v. 10.07.1963, I ZR 21/62, GRUR 1964, 31 – Petromax II.
541 *McGuire*, GRUR 2016, 1000 (1006).
542 RegE GeschGehG, BT-Drs 19/4724, S. 22; *Harte-Bavendamm*, in: FS für Büscher, S. 316; *Köhler*, in: Köhler/Bornkamm/Feddersen (2019), Vor § 17 Rn. 17; *Dumont*, BB 2018, 2441 (2443); *Heinzke*, CCZ 2016, 179 (182); *Müllmann*, WRP 2018, 1177 (1181 f.).
543 RegE GeschGehG, BT-Drs. 19/4724, S. 22; Vgl. Art. 11 Abs. 1 lit. a und Abs. 2 lit. a, b RL 2016/943; *Bissels/Schroeders/Ziegelmayer*, DB 2016, 2295 (2296); *Burghardt-Richter/Bode*, BB 2019, 2697 (2697); *Ohly*, GRUR 2019, 441 (443).
544 RegE GeschGehG, BT-Drs. 19/4724, S. 22; *Ohly*, GRUR 2019, 441 (443).
545 *McGuire*, GRUR 2019, 679 (682).
546 So auch *Ohly*, GRUR 2019, 441 (443); *Reinfeld* (2019), § 1 Rn. 14.

2. Art und Umfang der Geheimhaltungsmaßnahmen

Offen lässt das Gesetz zunächst, welche Maßnahmen in Betracht kommen und unter welchen Bedingungen sie als angemessen gelten. In der Begründung zum Regierungsentwurf gibt der Gesetzgeber lediglich einen flexiblen Auslegungsmaßstab vor. Denn dort heißt es zunächst, dass die zu treffenden Maßnahmen von der Art des Geschäftsgeheimnisses und dessen jeweiliger Nutzung abhängen.[547] Dies erscheint schlüssig, da die Effektivität einer Maßnahme abhängig von der verbliebenen Kontrollmöglichkeit des Geheimnisinhabers schwächer werden kann. Verlässt die Information nämlich im Rahmen einer rechtsgeschäftlichen Verwertung den internen Bereich, werden physische Maßnahmen nur noch selten Erfolg haben. Daher können neben Zugangsbeschränkungen und Zugriffskontrollen technischer, personeller und räumlicher Art sowie Vertraulichkeitsmarkierungen, auch vertragliche Sicherungsmechanismen wie die Vereinbarung von Verschwiegenheitsklauseln in Betracht kommen.[548] Ausgangspunkt für die Bestimmung der Maßnahmen ist eine Kategorisierung der im Unternehmen befindlichen Geheimnisse, die Identifizierung möglicher Risiken und die Festlegung von Zuständigkeit für die Etablierung, Durchführung und Kontrolle.[549] 229

Betont wird in diesem Zusammenhang vom Gesetzgeber, dass es nicht erforderlich sei, für jede einzelne Information eine Maßnahme zu etablieren, sondern auch generelle Maßnahmen für bestimmte Kategorien wie z.B. allgemeine Anweisungen, Schulungen oder interne Richtlinien eingeführt werden können.[550] Im Hinblick auf die Warnfunktion der Maßnahmen wird man ein Schutzkonzept aus nur kategorischen Maßnahmen aber nicht mehr als angemessen ansehen können. Zweck ist es schließlich den Handelnden zu warnen, dass genau diese Information, auf welche er zugreift, ein Geschäftsgeheimnis ist und er damit seine Befugnisse überschreitet. Maßgeblich ist also, ob der Handelnde aufgrund der Maßnahme wusste oder wissen musste, dass diese Information der Geheimhaltung unterliegt.[551] Je nach Art der Information kann daher eine Kombination aus vielfältigen – sowohl konkreten als auch generellen – Maßnahmen notwendig sein. 230

Angesprochen ist damit die im Schrifttum bereits ausgiebig diskutierte Frage nach dem Umfang der Maßnahmen. Unklar ist, ob eine Grundsicherung der 231

---

547 RegE GeschGehG, BT-Drs. 19/4724, S. 22.
548 Bsp. bei *Partsch/Rump*, NJW 2020, 118 (120 f.); *Dumont*, BB 2018, 2441 (2443); *Trebeck/Schulte-Wissermann*, NZA 2018, 1175 (1177); *Lejeune*, ITRB 2018, 140; *Heinzke*, CCZ 2016, 179 (182 f.); zu der Frage, ob Geheimhaltungsvereinbarungen eine Maßnahme darstellen, *McGuire*, GRUR 2019, 679.
549 Ausführlich dazu schon *Wurzer*, CCZ 2009, 49; *Maaßen*, GRUR 2019, 352 (356); *Kalbfus*, GRUR-Prax 2017, 391 (392).
550 *Schmid/Willems*, AuA 2/19, 88 (89); *Richter*, ArbRAktuell 2019, 375 (376); *Kraus/Leister*, CCZ 2021, 111 (112).
551 Vgl. dazu *McGuire*, GRUR 2019, 679 (682).

Informationen genügt, welche kaum über das bisherige Verständnis der deutschen Rechtsprechung hinausgeht oder ob eine umfassende und lückenlose Informationssicherung vorliegen muss.[552] Zum Teil wird vertreten, dass das Erfordernis angemessener Geheimhaltungsmaßnahmen ein entbehrliches und für zu strenge Auslegung anfälliges Merkmal sei, das durch eine entsprechende Rechtsanwendung ausgeglichen werden müsse.[553] Richtig ist, dass zu strenge Anforderungen in Form von lückenlosen Schutzmaßnahmen nicht als erforderlich angesehen werden können.[554] Die Forderung nach solchen weitgehenden Maßnahmen würde dem Zweck und der Ausgestaltung des Geheimnisschutzes in zweierlei Hinsicht widersprechen: Zunächst dient der rechtliche Schutz dazu, die Kosten für tatsächliche Maßnahmen zu reduzieren, um damit mehr Ressourcen für produktive Zwecke freizuhalten. Des Weiteren liegt der Anwendungsbereich des zivilrechtlichen Geheimnisschutzes nicht im präventiven Bereich, sondern dort, wo Geheimhaltungsmaßnahmen versagt haben. Daher wäre es widersinnig, perfekte Maßnahmen zu verlangen, damit der Schutzbereich des Gesetzes überhaupt eröffnet ist.[555] Daraus abzuleiten, dass das Merkmal entbehrlich sei, erscheint jedoch auch zu weitgehend. Damit die legitime Erwartung besteht, dass die Vertraulichkeit gewahrt wird[556], verlangt der Wortlaut einen angemessenen Eigenschutz des Unternehmens, der ebenso im Hinblick auf die Weite der Verletzungstatbestände eine Warnung für den Handelnden darstellt.[557]

3. Prüfung der Angemessenheit

232 Bei der Prüfung der Angemessenheit können nach der Begründung zum GeschGehG unter anderem berücksichtigt werden: der Wert, die Natur und die Bedeutung des Geschäftsgeheimnisses und dessen Entwicklungskosten, die Größe des Unternehmens, die üblichen Geheimhaltungsmaßnahmen in dem Unternehmen, die Art der Kennzeichnung der Informationen und vereinbarte

---

552 Vgl. die Diskussion bei *Kalbfus*, GRUR 2016, 1009 (1011); *Redeker/Pres/Gittinger*, WRP 2015, 681 (683); *Harte-Bavendamm*, in: FS für Büscher, S. 317.
553 So ausdrücklich *Kalbfus*, GRUR 2016, 1009 (1011); a.A. *Redeker/Pres/Gittinger*, WRP 2015, 681 (683).
554 OLG Hamm, Urt. v. 15.9.2020 – 4 U 177/19, MMR 2021, 506; *Harte-Bavendamm*, in: FS für Büscher, S. 318; *Maaßen*, GRUR 2019, 352 (355); *Rosenthal/Hamann*, NJ 2019, 321 (323); *Dumont*, BB 2018, 2441 (2443).
555 *Thiel*, WRP 2019, 700 (701); *Kalbfus*, GRUR Prax 2017, 391 (392); *Ohly*, GRUR 2019, 441 (443); *Maaßen*, GRUR 2019, 352 (355 f.); *Harte-Bavendamm*, in: FS für Büscher, S. 319.
556 Erwägungsgrund 14 Geschäftsgeheimnis-RL EU/2016/943.
557 *Barth/Corzelius*, WRP 2020, 29 (31); *Maaßen*, GRUR 2019, 352 (353); *Dann/Markgraf*, NJW 2019, 1774 (1775).

vertragliche Regelungen mit Arbeitnehmern und Geschäftspartnern.[558] Maßstab ist daher das jeweilige Geheimnis im Einzelfall.[559]

Wird ein hoher Wert des Geschäftsgeheimnisses festgestellt oder bestanden hohe Entwicklungskosten, sind diesen Umständen entsprechend deutlich verstärkte Geheimhaltungsmaßnahmen zu erwarten.[560] Denn je bedeutender das Geheimnis für ein Unternehmen ist, desto höhere Anforderungen dürfen gestellt werden.[561] Dazu gehören strikte technische und organisatorische Zugangs- und Zugriffsbeschränkungen und eine genaue Dokumentation der berechtigten Personen. Die Unternehmensgröße ist nur bedingt ein nützliches Kriterium für die Feststellung der Angemessenheit von Geheimhaltungsmaßnahmen, denn kleineren Unternehmen kann nicht ohne Weiteres eine Erleichterung gewährt werden. Die Art der zu treffenden Maßnahmen wird vielmehr ähnlich denen großer Unternehmen sein, jedoch der Betriebsgröße entsprechend nicht so komplex ausfallen. Nicht jedoch darf ein üblicherweise niedrigeres Schutzniveau in KMUs Ausgangspunkt der Prüfung sein.[562]

233

Die Kennzeichnung von Geheimnissen können von der Markierung jeder einzelnen Information als vertraulich bis hin zu kategorischen und allgemeinen internen Richtlinien und Anweisungen bezüglich der Vertraulichkeit reichen. Keinesfalls ist ersteres zwingend erforderlich, denn dies würde dem Zweck der Richtlinie für Kosteneffizienz zu sorgen, widersprechen.[563] Damit die Schutzmaßnahme ihre Warnfunktion erfüllt, muss zumindest erkennbar sein, dass es sich um ein geschütztes Geheimnis handelt. Ausschlaggebend wird daher sein, ob der Täter im konkreten Fall erkennen konnte, dass er eine Geheimnisverletzung begeht.[564]

234

---

558 RegE GeschGehG, BT-Drs. 19/4724, S. 22; *Lejeune*, ITRB 2018, 140; *Köhler*, in: Köhler/Bornkamm/Feddersen (2019), Vor § 17 Rn. 17; *Heinzke*, CCZ 2016, 179 (182); *Schmid/Willems*, AuA 2/19, 88 (89).
559 OLG Hamm, Urt. v. 15.9.2020 – 4 U 177/19, MMR 2021, 506 spricht von einem relativen und dynamischen Maßstab.
560 In der Literatur wird hierzu eine Kategorisierung der Informationen in drei Gruppen vorgeschlagen: Geheimnisse, deren Verlust existenzbedrohend für das Unternehmen ist, einen langfristigen wirtschaftlichen Nachteil, einen kurzfristigen wirtschaftlichen Nachteil bedeuten, vgl dazu mwN *Maaßen*, GRUR 2019, 352 (356). Gegen die Heranziehung des Wertes als Kriterium, *Lauck*, GRUR 2019, 1132.
561 OLG Hamm, Urt. v. 15.9.2020 – 4 U 177/19, MMR 2021, 506 Rn. 166; *Apel/Walling*, DB 2019, 891 (894); *Dann/Markgraf*, NJW 2019, 1774 (1775 ff.); *Dumont*, BB 2018, 2441 (2443); *Nabert/Peukert/Seeger*, NZA 2019, 583 (584); *Arens*, GWR 2019, 375 (377); a.A. *Weigert*, NZA 2020, 209 (209 ff.), der gerade im Falle besonders wichtiger Geheimnisse geringere Anforderungen an die Maßnahmen stellen möchte, da die Geheimhaltungserwartung des Geheimnisinhabers hier offensichtlich sei.
562 *Reinfeld* (2019), § 1 Rn. 185.
563 RegE GeschGehG, BT-Drs. 19/4724, S. 24.
564 *McGuire*, WRP 2019, 679 (682).

235 Des Weiteren ist der Bestand rechtsgeschäftlicher Beziehungen mit Arbeitnehmern und Geschäftspartnern für die Angemessenheit der Maßnahmen wesentlich.[565] Denn soweit vertragliche Beziehungen bestehen, müssen Unternehmen darauf achten, dass dem Vertragspartner nur die zur Erfüllung des Vertrages notwendigen Informationen übermittelt werden und die Nutzung zweckgebunden ist. Abgeschlossen werden sollten vor allem immer Geheimhaltungsregelungen im jeweiligen Vertrag oder in gesonderten Vertraulichkeitsvereinbarungen. Wesentlich ist auch die Festlegung nachvertraglicher Geheimhaltungspflichten und Wettbewerbsverbote, denn nicht selten neigen Vertragspartner oder Arbeitnehmer auch dazu, nach Vertragsablauf das geheime Wissen weiter zu verwenden. Abgesichert werden kann dies durch die Aufnahme von Vertragsstraferegelungen. Ob diese vertraglichen Mittel erforderlich sind damit das Geheimnis angemessen geschützt ist, bleibt jedoch vom Einzelfall abhängig.[566]

236 Es verbleibt damit eine Unsicherheit, ab wann eine Schutzmaßnahme als angemessen gilt und unter welchen Bedingungen damit ein Geschäftsgeheimnis vorliegt. Wesentlich wird sein, dass Unternehmen eine nachweisbare Struktur hinsichtlich des Schutzes von Geschäftsgeheimnissen etablieren und anhand von konkreten Maßnahmen sowohl intern ein Bewusstsein für diesen Schutz schaffen als auch extern einen Zugriff verhindern.[567]

4. *Geheimhaltungsmaßnahmen im Arbeitsverhältnis*

a) Maßnahmen als Obliegenheit des Arbeitgebers

237 Arbeitgeber werden sich vertieft Gedanken darüber machen müssen, welche Informationen potentiellen Gefahren unterliegen, geschützt werden müssen und welches Vorgehen zu ihrem Schutz effektiv und angemessen ist.[568] Die entsprechenden Maßnahmen sollten im Hinblick auf die Risiken, die Arbeitnehmer für Geschäftsgeheimnisse bedeuten, vor allem auch auf diese zugeschnitten sein. Erschwerend stellt sich nämlich in dieser Konstellation der Umstand dar, dass es nicht um die Verhinderung von äußeren Zugriffen geht, sondern um solche aus dem Inneren des Unternehmens. Diese lassen sich nur begrenzt vermeiden, denn der Zugriff auf das geheime Wissen ermöglicht nicht nur die Ausübung der vertraglich geschuldeten Tätigkeit, sondern steht zugleich in einem engen Zusammenhang mit der Innovationskraft des Unternehmens.

---

565 Zu den jeweiligen Besonderheiten in Bezug auf Geheimhaltungsmaßnahmen, *Maaßen*, GRUR 2019, 352 (359f.).
566 Vgl. dazu auch *Hille*, WRP 2020, 824 (830).
567 *Partsch/Rump*, NJW 2020, 118 (121).
568 *Richter*, ArbRAktuell 2019, 375 (376); *Bissels/Schroeders/Ziegelmayer*, DB 2016, 2295 (2296).

IV. Angemessene Geheimhaltungsmaßnahmen

Diese Maßnahmen müssen von Seiten des Arbeitgebers etabliert werden, sofern er sich als Geheimnisinhaber im Falle einer Verletzung auf den Maßnahmenkatalog des GeschGehG berufen möchte. In Betracht kommen dafür sowohl organisatorische Maßnahmen in Form von Weisungen und Zugangsbeschränkungen, technische Sicherungen wie Passwortschutz und explizite vertragliche Abreden. Zweck dieser Maßnahmen sollte es sein, ein entsprechendes Bewusstsein für den Schutz von Geschäftsgeheimnissen im Unternehmen zu schaffen.[569] Das interne Maßnahmensystem sollte daher vor allem der Prävention dienen und auf die Risiken und Besonderheiten des jeweiligen Unternehmens abgestimmt sein. Denn es gilt einen Wissensverlust grundsätzlich zu verhindern. Ansetzen sollte es bereits bei der Einstellung von neuen Arbeitnehmern und mindestens bis zu deren Ausscheiden, wenn nicht sogar darüber hinaus, aufrechterhalten werden.[570]

238

Vorausgesetzt ist zunächst eine Identifizierung und Klassifizierung der Geheimnisse nach ihrem Bedeutungsgrad und die Schaffung von personellen Zuständigkeiten. Die darauf aufbauenden Geheimhaltungsmaßnahmen können jedoch nicht grenzenlos ausgestaltet werden, da dem unter Umständen vertragliche Zusicherungen, betriebliche Übungen oder das Mitwirkungs- und Mitbestimmungsrecht der Arbeitnehmervertretung entgegenstehen.[571] Zudem muss insbesondere bei verstärkten Datenerhebungen und Überwachungen an das Datenschutzrecht und das Persönlichkeitsrecht der Arbeitnehmer gedacht werden.[572]

239

Nachfolgend soll exemplarisch eine Fülle an möglichen Maßnahmen aufgelistet werden, die jedoch nicht kumulativ bestehen müssen. Vielmehr kommt es auf ein unternehmensspezifisches Schutzkonzept an, das die Geheimnisse angemessen absichert und ggf. an andere Konzepte des Unternehmens wie dem Datenschutz anknüpfen kann. Gleichzeitig wird man einem Arbeitgeber aber auch ein gewisses Vertrauen in die Einhaltung der vertraglichen Pflichten und Weisungen erlauben, sodass nicht jede Schutzlücke gegenüber den Arbeitnehmern automatisch einen Schutzverlust zur Folge hat.[573] Bezweckt ist nämlich – und darauf soll noch einmal ausdrücklich hingewiesen werden – ein angemessener und kein perfekter Schutz, der im Hinblick auf den Zweck des Geheimnisschutzrechtes nicht zu unnötig überzogenen Anforderungen und Kosten führt. Jedoch wird auch nur eine gezielte Kombination aus den Maßnahmen den Risiken gerecht werden und einen entsprechenden Schutz gewährleisten können.[574] Unterscheiden lässt sich zwischen organisatorischen und informationstechnischen Maßnahmen einerseits und arbeitsrechtlichen Maßnahmen andererseits.

240

---

569 *Fuhlrott*, ArbRAktuell 2020, 79 (81).
570 *Eckhoff/Hoene*, ArbRB 2019, 256 (256).
571 Auflistung der wesentlichen Fälle einer betrieblichen Mitbestimmung im Rahmen von Compliance-Maßnahmen bei *Kempter/Steinat*, NZA 2017, 1505 (1508 f.).
572 Vgl. zu diesen Grenzen bspw. § 87 Abs. 1 Nr. 1 und 6 BetrVG.
573 *Barth/Corzelius*, WRP 2020, 29 (31).
574 *Alexander*, in: Köhler/Bornkamm/Feddersen (2021), GeschGehG § 2 Rn. 54.

b) Organisatorische und informationstechnische Maßnahmen

(a) Auswahl von Arbeitnehmern

241 Bereits im Rahmen der Auswahl und Einstellung von Mitarbeitern sollte besondere Sorgfalt angewendet werden, sodass lediglich vertrauenswürdige Personen eingestellt und wirksame Geheimhaltungsvereinbarungen abgeschlossen werden. Das gleiche gilt für den Einsatz von Leiharbeitnehmern in sensiblen Bereichen. Die entsprechende Sorgfaltsanforderung steigt mit der Zugriffsmöglichkeit, welche diese Person in ihrer zukünftigen Position haben wird.[575]

242 Über die üblichen Bewerbungsunterlagen hinaus, ist jedoch eine weitergehende Überprüfung der Bewerber für private Unternehmen kaum möglich. Problematisch ist in diesem Zusammenhang, dass der Bewerber zwar die zulässige Frage nach einschlägigen Vorstrafen oder laufenden Ermittlungsverfahren wahrheitsgemäß beantworten muss, jedoch die Vorlage eines Führungszeugnisses außer in den gesetzlich geregelten Fällen[576] nicht verlangt werden kann.[577] Auch umfangreiche background-checks über Drittanbieter sollten mit Vorsicht genossen werden, denn es handelt sich nicht selten um eine Verarbeitung personenbezogener Daten im Sinne des § 26 Abs. 1 BDSG, in welche der Bewerber mangels Erforderlichkeit der Verarbeitung einwilligen muss.[578] Weitergehende Fragen zu Auslandskontakten, familiären Verhältnissen oder finanziellen Verpflichtungen werden mit dem Persönlichkeitsrecht des Bewerbers kollidieren und sind daher ebenso unzulässig. Aufgrund dieser begrenzten Mittel wird einem Arbeitgeber im Verletzungsfall aber auch nur schwer der Vorwurf zu machen sein, dass er bei der Auswahl des Arbeitnehmers, seiner Obliegenheit, Geheimhaltungsmaßnahmen vollumfänglich zu establieren, nicht nachgekommen ist.[579]

243 Mit Ausscheiden des Arbeitnehmers sollte ein Abschlussgespräch geführt werden im Rahmen dessen festgestellt wird, auf welche Informationen Zugriff bestand. Neben der Belehrung und schriftlichen Bestätigung über die fortbestehende Geheimhaltungspflicht und die Folgen einer nachvertraglichen Verletzung,[580] sollte abgewogen werden, ob nicht ein nachvertragliches Wettbewerbsverbot abgeschlossen werden müsste. Zwar ist ein Arbeitnehmer schon grundsätzlich dazu verpflichtet, nach Beendigung des Beschäftigungsverhältnisses sämtliche Geschäftsunterlagen herauszugeben. Unabhängig von einer solchen allgemeinen

---

575 *Möhrenschlager*, in: Wabnitz/Janovsky/Schmitt (2020), 16. Kap. Rn. 78; *Rosenthal/Hamann*, NJ 2019, 321 (324) mit Hinweis auf *Maaßen*, GRUR, 2019, 352 (357).
576 Vgl § 30a BZRG, § 72 a SGB VIII.
577 *Fuhlrott*, in: BeckOK GeschGehG, § 2 Rn. 39; *Rosenthal/Hamann*, NJ 2019, 321 (324).
578 *Fuhlrott*, in: BeckOK GeschGehG, § 2 Rn. 42.
579 So auch *Maaßen*, GRUR 2019, 352 (359).
580 *Partsch/Rump*, NJW 2020, 118 (120).

Verpflichtung sollte die Herausgabe aller überlassener Objekte – insbesondere wie sie in § 4 Abs. 1 Nr. 1 GeschGehG aufgezählt sind – vertraglich festgelegt und bei Ausscheiden des Arbeitnehmers protokolliert werden.

(b) Weisungen des Arbeitgebers

Gegenüber der bestehenden Belegschaft sind Ausgangspunkt für Geheimhaltungsmaßnahmen in der Regel die zahlreichen organisatorischen Maßnahmen, die in Form von Weisungen durch den Arbeitgeber ergehen. Arbeitgeberseitige Weisungen sind Ausfluss des arbeitgeberseitigen Direktionsrechts aus § 106 GewO und im Rahmen arbeitsrechtlicher Regelungen und Grundsätze zulässig.[581] Grenzen werden dem nur dann gesetzt sein, wenn der Arbeitgeber durch seine Anweisungen das arbeitsvertragliche Leistungsgefüge zum Nachteil des Arbeitnehmers verschiebt.[582] Dies ist im Falle entgegenstehender vertraglicher Zusicherungen oder betrieblicher Übungen einschlägig. Bestehen Zusicherungen bezüglich der Nutzung betrieblicher Kommunikationsmittel können diese bspw. nicht auf diesem Wege geändert werden. Der Arbeitgeber kann die Weisung sowohl mündlich als auch schriftlich in Form von Aushängen oder Anleitungen erteilen, wobei zum Zwecke der Dokumentation eine schriftliche Gegenzeichnung anzuraten ist. Die Verbindlichkeit sollte zudem klar zum Ausdruck gebracht werden und keinen Auslegungsspielraum bieten.[583]   244

Eine typische Arbeitsanweisung stellt die Nutzungsuntersagung von privaten Endgeräten oder Emailkonten zum Versenden oder der Speicherung von betrieblichen Dateien dar. Ebenso kann die private Nutzung des dienstlichen Emailkontos unterbunden werden. Eine zulässige und wohl dringend anzuratende Weisung ist zudem der bloße Hinweis auf die vom Unternehmen als sensibel angesehen Informationen und die mit dieser einhergehenden Belehrung über den Umgang und die Geheimhaltung. In diesem Zusammenhang sollten umfassende Verhaltensregeln aufgestellt werden. Dazu gehört die Beachtung der IT-Sicherheitsvorgaben und die ausschließliche Nutzung betrieblicher Kommunikationsmittel zur Übersendung und Verarbeitung von Informationen. Objekte mit Bezug zu einem Geschäftsgeheimnis sollten immer weggeschlossen und nur gegen Einwilligung des Vorgesetzten an Kollegen weitergegeben werden. Neben dem Umgang mit dem Wissen sollte auch das Verhalten in sensiblen Bereichen durch ein Foto- und Filmverbot oder generelle Zutrittsbeschränkungen geregelt sein.[584]   245

Die Festlegung der als vertraulich zu behandelnden Informationen kann in Form einer Liste erfolgen, die an geeigneter und abgesicherter Stelle einsehbar   246

---

581 *Fuhlrott*, in: BeckOK GeschGehG, § 2 Rn. 45.
582 *Fuhlrott*, in: BeckOK GeschGehG, § 2 Rn. 46.1 nennt als Beispiel Weisungen entgegen einer Übung oder vertraglichen Zusage.
583 *Kempter/Steinat*, NZA 2017, 1505 (1510).
584 Vgl dazu *Fuhlrott/Hiéramente*, DB 2019, 967 (971); *Möhrenschlager*, in: Wabnitz/Janovsky/Schmitt (2020), 16. Kap. Rn. 78 ff.

C. Der Schutzgegenstand: Das Geschäftsgeheimnis

ist und auf die im Rahmen des Arbeitsvertrages oder einer Weisung verwiesen wird.[585] Dies hat den Vorteil, dass das Schriftstück oder die mündliche Unterweisung nicht durch eine ellenlange Aufzählung überfrachtet wird und zugleich eine Anpassungsmöglichkeit an neue Entwicklungen besteht. Während es sich dabei jedoch eher um eine generelle Kennzeichnung handelt, wird es sich als noch wirksamer erweisen, die jeweiligen Geheimnisse als solche zu kennzeichnen. Dies kann bspw. durch einen Vermerk auf Unterlagen oder eine Markierung des Gegenstandes geschehen. Denn dann hängt das Wissen um den Geheimnischarakter der Information nicht von der Kenntnis der besagten Liste ab, sondern wird augenblicklich erkennbar, sobald ein Arbeitnehmer auf den Gegenstand zugreift.

247 Zudem sollten Unternehmen festlegen, inwieweit sie ihren Arbeitnehmern erlauben wollen Informationen vom Unternehmensgelände zu entfernen.[586] Dies betrifft nicht nur das Verhalten auf Dienstreisen, sondern auch die Nutzung privater Endgeräte.[587] Der Einsatz von privaten Kommunikationsgeräten oder die Einrichtung von Homeoffice-Arbeitsplätzen[588] ist in vielen Unternehmen üblich, da sich sowohl für Arbeitgeber als auch Arbeitnehmer finanzielle und praktikable Vorteile ergeben. Gleichzeitig ist aber auch die Wahrscheinlichkeit eines Informationsverlustes erhöht, da Arbeitnehmer Unternehmensinformationen mit persönlichen Dateien mischen, das Wissen regelmäßig vom Unternehmensgelände entfernen und die eigenen Geräte nach Beendigung des Dienstverhältnisses nicht zurückgeben. Dann müssen Arbeitnehmern zugleich die Grenzen der Nutzung und mögliche Gefahren aufgezeigt sowie die Rückgabe und Löschung von unternehmenseigenen Daten abgeklärt werden. Daher sind Vereinbarungen bzgl. der Haftung und Datensicherheit zwischen den Parteien erforderlich. Wesentlich ist, dass sichergestellt wird, dass technische Sicherheitsstandards eingehalten und Schutzmaßnahmen seitens des Arbeitnehmers getroffen werden.[589] Zudem sollte eine strikte Trennung von privaten und dienstlichen Daten angeordnet und eine Herausgabepflicht bei ausreichendem Verdacht vereinbart werden. Dies erleichtert im Verletzungsfall auch den Zugriff auf das Gerät.[590] In welchem Umfang Arbeitnehmern die Speicherung und Mitnahme der Geschäftsgeheimnisse auf diesem Weg gestattet ist, ist sodann eine Frage des Ein-

---

585 *Fuhlrott/Hiéramente*, DB 2019, 967 (970); *Dann/Markgraf*, NJW 2019, 1774 (1775).
586 Dies kann nach § 87 Abs. 1 Nr. 1 BetrVG von der Mitbestimmung des Betriebsrates abhängen, vgl. *Preis*, in: ErfKArbR, BetrVG § 87 Rn. 32.
587 *Maaßen*, GRUR 2019, 352 (357).
588 Zu Homeoffice Schutzkonzepten, vgl. *Kraus/Leister*, CCZ 2021, 111.
589 *Rosenthal/Hamann*, NJ 2019, 321 (324).
590 Ausführlich zu den Problemen, die mit der Nutzung von privaten Endgeräten einhergehen bei *Bartz/Grotenrath*, CCZ 2019, 184.

zelfalles.⁵⁹¹ Mit der Nutzung privater Endgeräte geht daher ein erhöhter Regulierungsaufwand einher.

Der angemessene Umgang und die Risiken und Haftungsmöglichkeiten in Bezug auf eine Geheimnisverletzung sollten durch regelmäßige Sicherheitsunterweisungen und -schulungen vermittelt werden,⁵⁹² um die Arbeitnehmer einerseits für die Bedeutung von Geschäftsgeheimnissen zu sensibilisieren und andererseits präventiv entsprechenden Taten entgegenzuwirken.⁵⁹³ Besonders bei einer hohen Fluktuation sollten derartige Aufklärungen in geringen Abständen durchgeführt und deren Teilnahme dokumentiert werden. Zugleich kann dadurch Akzeptanz für die Maßnahmen geschaffen werden, wenn den Arbeitnehmern verdeutlicht wird, dass es sich um gesetzliche Vorgaben handelt, die es zu erfüllen gilt und die für den Erfolg des Unternehmens und damit auch für die Arbeitsplätze von Relevanz sind.⁵⁹⁴ In diesem Zusammenhang können die Mitarbeiter geschult werden, wie sie mit dem Verdacht einer Geheimnisverletzung oder mit rechtswidrigen Vorgängen im Unternehmen, die sie anzeigen wollen, umzugehen haben. Ein wirksames Hinweisgebersystem ist im Hinblick auf die Neuregelungen in diesem Bereich anzuraten und aufgrund der Whistleblower-Richtlinie unter Umständen sogar erforderlich.⁵⁹⁵ 248

(c) Zugangs- und Zugriffsbeschränkungen

Zu den unabdingbaren und wohl effizientesten Maßnahmen zählen allerdings Zugangs- und Zugriffsbeschränkungen. Denn wird die Kenntnisnahme von vornherein verhindert, besteht gar nicht erst das Risiko eines Wissensverlustes. Nicht selten steht nach einer Geheimnisverletzung auch die Frage im Raum, weshalb der Beschäftigte überhaupt Zugang zu dem Wissen hatte. Etabliert der Geheimnisinhaber keine Zugangs- und Zugriffsbeschränkungen gegenüber Arbeitnehmern, riskiert er folglich, den Schutz über § 4 Abs. 1 GeschGehG zu verlieren, welcher im Falle bestehender Beschränkungen leicht zu beweisen 249

---

591 *Ohly*, GRUR 2019, 441 (444); Vgl. zum italienischen Verständnis, Tribunal di Bologna, Urt. v. 27.7.2015, Nr. 2340/2015 (Zivilsache Az. 1658/2012), 13. Das Gericht hatte die Tatsache, dass ein ehemaliger Mitarbeiter mit Wissen des Arbeitgebers Geschäftsgeheimnisse auf seinem privaten Computer gespeichert hatte, als Nachlässigkeit angesehen, welche den Schutz als Geschäftsgeheimnis mangels angemessener Schutzmaßnahmen entfallen ließe.
592 Schulungen im Zusammenhang mit Geschäftsgeheimnissen stellen eine sonstige Bildungsmaßnahme im Sinne des § 98 Abs. 6 BetrVG dar und unterliegen damit der Beteiligung der Arbeitnehmervertretung.
593 *Fuhlrott/Hiéramente,* DB 2019, 967 (972); *Maaßen*, GRUR 2019, 352 (359); *Dann/Markgraf,* NJW 2019, 1774 (1776).
594 So auch *Maaßen*, GRUR 2019, 352 (359).
595 Vgl. dazu Art. 8 der Richtlinie (EU) 2019/1937 des Europäischen Parlaments und des Rates vom 23. Oktober 2019 zum Schutz von Personen, die Verstöße gegen das Unionsrecht melden.

C. Der Schutzgegenstand: Das Geschäftsgeheimnis

wäre. Denn diese Vorschrift knüpft unmittelbar an einen unbefugten Zugang an. Sofern Arbeitnehmer jedoch auf sämtliche Informationen zugreifen können, wird dem Rechtsinhaber dieser Weg versperrt, sodass ihnen nur noch der Weg über § 4 Abs. 2 Nr. 2 und 3 GeschGehG verbleibt.[596]

250 Zur Umsetzung sollte in der Praxis nach dem »*Need-to-know*«-Prinzip nur Zugang zu Informationen gewährt werden, welche die jeweiligen Beschäftigten tatsächlich für ihre betriebliche Arbeit benötigen. Ausnahmen sollten nur mit Freigabe des Vorgesetzten möglich und zeitlich beschränkt sein.[597] Dadurch wird die Wahrscheinlichkeit einer Rechtsverletzung minimiert und zugleich die Möglichkeit, den Täter im Verletzungsfall ausfindig zu machen, erhöht.[598] Dies erleichtert im Verletzungsfall zugleich den Nachweis der Unvermeidbarkeit des Wissensverlustes, da dem Arbeitnehmer entweder das Geheimnis zur Ausführung seiner Tätigkeit bekannt sein musste oder er sich zu diesem unbefugt Zugang verschafft hatte. Die Anforderungen an darüber hinausgehende Maßnahmen dürften damit deutlich gesenkt werden.[599]

251 Sensible Unternehmensbereiche sollten besonders durch Zugangsbeschränkungen gegen den Zutritt durch unbefugtes Personal und Dritte gesichert werden. Dies kann einerseits durch Zutrittskontrollen zu bestimmten Bereichen oder durch technische Barrieren wie Passwortschutz erreicht werden. Verbunden werden kann dies mit der Dokumentation jeglichen Zugriffs und Zugangs. Daneben können bestimmte Gegenstände auch in besonders gesicherter Form in abgeschlossenen Räumen oder Tresoren aufbewahrt werden.[600]

252 Angesprochen sind damit auch die technischen Sicherungsmaßnahmen der Unternehmens-IT. Im Rahmen einer organisierten Datenablage sollten Beschäftigte nur Zugriff auf die Server und Daten erlangen, welche sie auch benötigen. Darüber hinaus ist es zweckmäßig das Kopieren und Scannen von Geschäftsgeheimnissen zu dokumentieren oder technisch zu erschweren und bestimmte Internetdienste zu sperren sowie die Schnittstellen für Speichermedien zu blockieren. Dadurch lässt sich ein Versenden von Dateien über private Emailanbieter oder die Mitnahme auf Festplatten verhindern und zugleich die Kontaminierung des internen Systems mit einer Schadsoftware vermeiden. Schon die Nutzung einfacher technischer Mittel kann hierbei große Wirkung haben. Dies kann die Nutzung von Sperrbildschirmen bei Verlassen des Arbeitsplatzes und der Schutz jedes Computers mit hinreichend komplexen Passwörtern sein. Für einen

---

596 *Schulte*, ArbRB 2019, 143 (144).
597 *Maaßen*, GRUR 2019, 352 (357); *Ohly*, GRUR 2019, 441 (444); *Partsch/Rump*, NJW 2020, 118 (120).
598 *Thiel*, WRP 2019, 700 (701).
599 *Partsch/Rump*, NJW 2020, 118 (121).
600 Mitbestimmungsrecht des Betriebsrates nach § 87 Abs. 1 Nr. 1 BetrVG möglich. Zu bejahen bei Personen- und Taschenkontrollen, zu verneinen bei Zugangssystemen ohne individuelle Erfassung, vgl. *Werner*, in: BeckOK ArbR, § 87 BetrVG Rn. 32.

angemessenen Schutz wird man auch die Behandlung von Passwörtern – insbesondere die regelmäßige Änderung und ein Weitergabeverbot an Kollegen – ausdrücklich regeln müssen. Unrealistisch wäre aber anzunehmen, dass sich dadurch ein absoluter Schutz erreichen ließe, denn in Zeiten von Smartphones und kleinsten Datenträgern kann in Sekundenschnelle ein Zugriff selbst auf große Datenmengen stattfinden.[601]

(d) Regelmäßige Dokumentation und Kontrolle

Abschließend sollten die Maßnahmen regelmäßig auf ihre Einhaltung kontrolliert und Verstöße geahndet oder Mängel behoben werden. Für diese Zwecke ist eine ständige Dokumentation von Zugriffen wichtig, denn nur dann wird es möglich sein, den unerlaubten Datenzugriff zu erkennen und dem Täter zuzuordnen.[602] Die zunehmende Digitalisierung bietet in diesem Zusammenhang weite Kontrollmöglichkeiten der Arbeitgeber: Neben der Möglichkeit den Browserverlauf und die Zugriffe der Arbeitnehmer nachzuvollziehen, können die Endgeräte und Postfächer der Arbeitnehmer auch regelmäßig durchsucht werden. 253

Solche Kontrollmaßnahmen unterliegen jedoch regelmäßig nicht nur der betriebsverfassungsrechtlichen Mitbestimmung, sondern betreffen auch datenschutzrechtliche Fragen. Stichprobenartige und anlasslose Kontrollen sind aus datenschutzrechtlicher Sicht zulässig, jedoch sind den Vorgaben der Art. 88 DSGVO i.V.m. § 26 BDSG entsprechend dauerhafte Überwachungen nicht erlaubt. Im Falle eines konkreten Verdachts einer strafbaren Handlung ist insbesondere § 26 Abs. 1 S. 2 BDSG anwendbar.[603] Ebenso der Mitbestimmung unterliegt gem. § 87 Abs. 1 Nr. 6 BetrVG die Einführung und Anwendung von technischen Einrichtungen, die das Verhalten oder die Leistung der Arbeitnehmer überwachen. Die Rechtsprechung bejaht entgegen des Wortlauts ein Mitbestimmungsrecht bereits, wenn die Einrichtung objektiv geeignet ist, Rückschlüsse hinsichtlich des Leistungsverhaltens des Arbeitnehmers zu ziehen.[604] Die Zustimmung wird ein Arbeitgeber daher schon bei der Überwachung des Datenverkehrs und der Dokumentation von Zugriffen einholen müssen.[605] 254

c) Arbeitsrechtliche Maßnahmen

Neben den faktischen Maßnahmen stehen dem Arbeitgeber aus arbeitsrechtlicher Sicht sowohl Geheimhaltungspflichten und -vereinbarungen als auch 255

---

601 *Fuhlrott/Hiéramente,* DB 2019, 967 (970); *Barth/Corzelius,* WRP 2020, 29 (31).
602 *Fuhlrott/Hiéramente,* DB 2019, 967 (970).
603 Dazu ausführlich *Fuhlrott,* in: BeckOK GeschGehG, § 2 Rn. 64; *Barth/Corzelius,* WRP 2019, 29 (32 ff.); *Fuhlrott,* ArbRAktuell 2020, 79 (81).
604 Kritisch gegenüber dem objektiven Maßstab im Hinblick auf die fortschreitende Digitalisierung, *Günther/Böglmüller,* NZA 2015, 1025 (1027).
605 Dazu ausführlich *Preis,* in ErfKArbR, BetrVG § 87 Rn. 96 ff.

kollektivvertragliche Regelungen zur Verfügung. Arbeitsrechtliche Geheimhaltungspflichten[606] und Nutzungsverbote bildeten schon nach bisherigem Recht den Kern des Geheimnisschutzes und verlieren unter Geltung des GeschGehG nicht an Bedeutung. Dass die Maßnahmen nicht nur tatsächlicher, sondern rechtlicher Natur sein können, betont der Gesetzgeber ausdrücklich und ergibt sich auch aus dem Umstand, dass die genannten faktischen Schutzmaßnahmen einen Wissensabfluss allein nicht vollends verhindern können. Andernfalls müssten Unternehmen nämlich massive Schutzvorkehrungen im internen Bereich treffen, um sich gegen die eigenen Arbeitnehmer abzusichern.[607] Diese Lücke wird sich letztlich in gewissen Umfang durch Geheimhaltungsvereinbarungen auffangen lassen.

(a) Vertragsimmanente Geheimhaltungspflicht als Maßnahme

256 Aufgrund der arbeitsvertraglichen Pflichten könnte allerdings auch in Frage gestellt werden, ob überhaupt weitere Maßnahmen gegenüber Arbeitnehmern etabliert werden müssen. Denn nach deutschem Recht besteht ohnehin die unumstrittene Pflicht, sämtliche vertraulichen Angaben geheim zu halten.[608] Diese ergibt sich als Nebenpflicht nach § 241 Abs. 2 BGB aus dem Arbeitsvertrag und muss nicht explizit zwischen den Parteien vereinbart sein.[609] Es könnte daher überflüssig sein, vom Arbeitgeber zusätzliche organisatorische, rechtliche oder faktische Maßnahmen gegenüber den Arbeitnehmern zu fordern, nur um eine bereits bestehende Verpflichtung explizit und detailliert zu untermauern.[610] Schließlich müssen die Geheimhaltungsmaßnahmen nur den Umständen entsprechend angemessen sein und sollen keine unnötigen Investitionen verursachen. Dies mag nach dem Begriffsverständnis des UWG und für die Annahme eines Geheimhaltungswillens genügt haben. Da das nationale Verständnis jedoch keine Auswirkung auf autonome Richtlinienvorschriften haben kann, können die Richtlinienvorgaben eine gewisse Einschränkung des bisherigen Geheimnisbegriffs bedeuten. Verlangt wird nunmehr nämlich ein aktives Handeln. Die vertragsimmanente Geheimhaltungspflicht ist schließlich keine Maßnahme zur Geheimhaltung seitens des Unternehmers, sondern eine gesetzlich angeordnete Nebenpflicht aus dem Arbeitsvertrag.[611] Zumindest ist daher eine nachweisbare Aufklärung

---

606 Im Schrifttum finden sich regelmäßig auch die Begriffe: Geheimhaltungsabrede, Verschwiegenheitsvereinbarung, Non-Disclosure-Agreement (NDA), Confidentiality Agreement (CA).
607 *Bissels/Schroeders/Ziegelmayer*, DB 2016, 2295 (2296).
608 Vgl. unter A.IV.4.b.
609 *Bartenbach*, in: FS für Küttner, S. 118; *Kraßer*, GRUR 1977, 177 (185); *Gaugenrieder/Unger-Hellmich*, WRP 2011, 1364 (1373); *Reinfeld* (1989), S. 3; *Mölling* (1991), S. 13; *Ohly*, in: Ohly/Sosnitza § 17 Rn. 37.
610 *Eckhoff/Hoene*, ArbRB 2019, 256 (257).
611 So auch *Reinfeld* (2019), § 1 Rn. 200.

der Arbeitnehmer erforderlich, indem entweder deklaratorische Geheimhaltungsvereinbarungen abgeschlossen werden oder der Arbeitnehmer gegenzeichnet, dass er mündlich über seine Geheimhaltungspflichten aufgeklärt wurde. Ebenso kommen konkrete faktische Maßnahmen in Betracht wie Vertraulichkeitsmarkierungen oder Zugangsbeschränkungen. Dadurch kann die Geheimhaltungspflicht aktiv und in einer speziellen Ausprägung hervorgehoben und gesichert werden.

(b) Geheimhaltungsvereinbarungen als Maßnahme

In der Praxis sind Geheimhaltungsklauseln in Arbeitsverträgen oder gesonderte Geheimhaltungsabreden üblich und anzuraten, da sie im Vergleich zu organisatorischen und technischen Schutzmaßnahmen schnell und kostengünstig umzusetzen sind.[612] Geheimhaltungsvereinbarungen können allerdings alleine in der Regel nicht als angemessene Schutzmaßnahme ausreichen.[613] Gefordert ist nämlich eine Warnung an den Handelnden, dass er im Begriff ist, ein Geschäftsgeheimnis zu verletzen. Die Maßnahme muss insofern konkret sein. Im Gegensatz dazu werden Geheimhaltungsvereinbarungen im Voraus abgeschlossen und erfassen pauschal sämtliche Informationen, welche im Laufe der Tätigkeit bekannt werden. Es ist aber nicht möglich einzuschätzen, welche Geschäftsgeheimnisse noch entstehen, welcher Art sie sind und welche Maßnahmen somit angemessen sind.[614] Der Zweck, den Arbeitnehmer davor zu warnen, dass die Information auf die er zugreifen möchte oder die er beabsichtigt zu nutzen, ein Geschäftsgeheimnis darstellt, wird durch eine solche Verpflichtung nicht erreicht. Es stellt an sich eine generelle Maßnahme dar, sodass es ergänzender Maßnahmen bedarf.

257

Eine ausdrückliche vertragliche Geheimhaltungspflicht ist daher auch nicht zwingend erforderlich, sofern die sonstigen Maßnahmen die Geheimhaltung erkennbar absichern.[615] Ohnehin wäre es für den Arbeitgeber nicht möglich über die Geheimhaltung jeder Information einzeln zu belehren. Daher gewährt der nationale Gesetzgeber ihm auch ausdrücklich die Möglichkeit generelle Maßnahmen einzuführen, vorausgesetzt aus diesen lässt sich erkennen, dass eine

258

---

612 *McGuire*, WRP 2019, 679 (680); Da es sich i.d.R. um eine Konkretisierung der bestehenden Pflichten handelt, ist zudem ein Mitbestimmung des Betriebsrats nicht erforderlich, vgl. *Werner*, in BeckOK ArbR, BetrVG § 87 Rn. 33.
613 *Burghardt-Richter/Bode*, BB 2019, 2697 (2699); *von Steinau-Steinrück*, NJW-Spezial 2019, 498 (499); *Gaugenrieder*, BB 2014, 1987 (1988); *Partsch/Rump*, NJW 2020, 118 (120).
614 *McGuire*, WRP 2019, 679 (682).
615 *Preis/Seiwerth*, RdA 2019, 351 (352 f.), die damit argumentieren, dass ansonsten jedem Arbeitnehmer, der sich einer nachträglichen Vereinbarung verweigert, änderungsgekündigt werden müsse; a.A. *Schulte*, ArbRB 2019, 143 (144), der Geheimhaltungsvereinbarungen mit Arbeitnehmern als unumgänglich für die Erlangung des Geheimnisschutzes ansieht.

spezifische Information ein Geschäftsgeheimnis darstellt.[616] Möglich erscheinen im Zusammenhang mit der Geheimhaltungsklausel nicht abschließende Verweise auf Listen mit Geheimnissen, Vertraulichkeitsmarkierungen, Zugriffsbeschränkungen oder andere Sicherungsmittel, sodass der Arbeitnehmer auf die Kriterien zur Identifizierung von Geheimnissen hingewiesen wird. Dadurch lässt sich eine Konkretisierung erreichen. Eine Geheimhaltungsvereinbarung kann daher nicht die eine Geheimhaltungsmaßnahme darstellen, wird aber ein Baustein in einer angemessenen Schutzstrategie sein und die Beweisführung erleichtern.[617]

259 Dennoch muss die Vertragspraxis überprüft werden, denn unter Umständen kann eine individuelle Regelung, die über die gesetzlichen Vorschriften des Geheimnisverrates hinausgeht von Nöten sein. Ein solcher Fall liegt immer dann vor, wenn ein Arbeitnehmer über das übliche Maß hinaus besondere Befugnisse erhält.[618] So kann ein Arbeitgeber nicht nur Firmenlaptops oder Mobiltelefone ausgeben, sondern auch den Gebrauch privater Endgeräte für berufliche Zwecke oder aber Home-Office Arbeitsplätze dulden. Diesbezüglich sind regelmäßig Vereinbarungen bzgl. der Haftung- und Datensicherheit erforderlich. Darüber hinaus kann das Vertragsrecht an zahlreichen Stellen des Geheimnisschutzes Einfluss nehmen, denn rechtsgeschäftliche Abreden können in unterschiedlichen Regelungen eine Rolle spielen: § 3 Abs. 1 Nr. 2 erlaubt einen vertraglichen Ausschluss des Reverse Engineerings, § 4 Abs. 2 Nr. 2 und 3 GeschGehG sehen in der Verletzung einer vertraglichen Pflicht eine Geheimnisverletzung und selbst im Rahmen der Bestimmung der Inhaberschaft nach § 2 Nr. 2 GeschGehG können derartige Vereinbarungen Relevanz erlangen.[619]

(c) Folgen des Fehlens oder der Unwirksamkeit einer Vereinbarung

260 Unwirksame Geheimhaltungsvereinbarung entfalten zunächst keine rechtliche Wirkung und stellen insofern keine Grundlage für einen entsprechenden Anspruch dar. Vertreten wird daher, dass Vereinbarungen als Maßnahme nur dann angemessen sein können, wenn sie wirksam sind. Begründet wird dies mit dem Wechsel von subjektiven Voraussetzungen hin zu einer rein objektiven Betrachtung des Geheimnisbegriffs. Objektiv betrachtet stellen unwirksame Geheimhaltungsvereinbarungen daher allenfalls einen faktischen Hinweis auf den bestehenden Schutzbedarf dar.[620] Daher müssen Unternehmen die von der Rechtsprechung entwickelten Grundsätze und Anforderungen grundsätzlich beachten.

---

616 Vgl. RegE GeschGehG, BT-Drs. 19/4724, S. 24.
617 *Rolfs*, in: Preis, V 20 Verschwiegenheitspflicht, Rn. 6.
618 *Preis/Reinfeld*, AuR 1989, 362 (364); *Richters/Wodtke*, NZA-RR 2003, 281 (283); *Richter*, ArbRAktuell 2019, 375 (376).
619 *McGuire*, WRP 2019, 679 (680).
620 *Bissels/Schroeders/Ziegelmayer*, DB 2016, 2295 (2296); *Freckmann/Schmoll*, BB 2017, 1780 (1782 f.).

Dadurch werden Unternehmen aber nicht zur Etablierung besonders kostenintensiver Regelungswerke angehalten,[621] denn auch unwirksame Vereinbarungen können in die Gesamtbetrachtung miteinbezogen werden. Schließlich drücken sie in tatsächlicher Hinsicht das Geheimhaltungsinteresse des Arbeitgebers aus und würden im Falle ihrer Wirksamkeit lediglich die vertragsimmanente Geheimhaltungspflicht flankieren und konkretisieren. Insofern sind wirksame rechtliche Maßnahmen nicht zwingend erforderlich, denn der rechtliche Schutz wird über die vertragsimmanente Geheimhaltungspflicht bereits gewährleistet.[622] Dabei ist jedoch zu unterscheiden: Scheitert die Vereinbarung lediglich aufgrund von Punkten, die für die Parteien nicht offensichtlich als unwirksam eingeordnet werden können, wird jedoch der dahinterstehende Zweck erkennbar, wird man sie in die Gesamtbetrachtung miteinbeziehen können. Verstoßen die Vereinbarungen offensichtlich gegen die gefestigte Rechtsprechung (z.B. Vereinbarung von Allklauseln[623]) oder eindeutige gesetzliche Regelungen (z.B. fehlende Karenzentschädigung nach § 74 Abs. 2 HGB), sind diese außer Betracht zu lassen. Solche Vereinbarungen können keine Maßnahme im Sinne des GeschGehG darstellen, da man den Geheimnisinhaber für diesen erkennbaren Fehler nicht belohnen darf. 261

Sofern andere Maßnahmen bestehen – welche im Hinblick auf die dargestellte fehlende Konkretheit von Geheimhaltungsvereinbarungen dringend anzuraten sind – bedeutet die Unwirksamkeit einer Geheimhaltungsvereinbarung daher nicht *per se*, dass der Geheimnisschutz verloren geht. Vielmehr wird man untersuchen müssen, aus welchen Gründen die Vereinbarung scheitert und ob sonstige Maßnahmen in angemessener Weise vorliegen. Aufgrund der den Vereinbarungen inhärenten Warn- und Belehrungsfunktion kann eine fehlende oder unwirksame Geheimhaltungsabrede jedoch ein Anzeichen für einen achtlosen Umgang mit den Geschäftsgeheimnissen des Unternehmens darstellen.[624] 262

Auswirkungen kann die Unwirksamkeit der Geheimhaltungspflicht an sich allenfalls im Rahmen der Prüfung eines Verletzungstatbestandes nach § 4 Abs. 2 Nr. 2 und 3 GeschGehG haben, denn diese verlangen für ein Nutzungs- und Offenlegungsverbot redlich erlangter Geheimnisse eine entgegenstehende Verpflichtung. Dies ist insbesondere im Hinblick auf die in der Regel anzunehmende arbeitgeberseitige Zustimmung in den Erwerb wichtig.[625] Im bestehenden Arbeitsverhältnis wird dann zwar die vertragsimmanente Geheimhaltungspflicht eingreifen, da diese ohnehin unabhängig von einer ausdrücklichen Vereinbarung ist, jedoch werden bei Fehlen einer wirksamen Abrede gerade im nachvertraglichen Bereich Probleme auftreten den Arbeitnehmer an einer weiteren Nutzung 263

---

621 So *Reinfeld* (2019), § 1 Rn. 198.
622 *Maaßen*, GRUR 2019, 352 (359); *Hille*, WRP 2020, 824 (828).
623 Vgl. dazu unter S. 103.
624 *Maaßen*, GRUR 2019. 352 (359).
625 *Wiese* (2017), S. 96.

zu hindern. Abhängig ist dies erneut davon, wie weit die vertragsimmanente Geheimhaltungspflicht temporär reicht.

(d) Die Besonderheiten hinsichtlich ehemaliger Arbeitnehmer

264 Gegenüber ehemaligen Arbeitnehmern stellt sich als Besonderheit dar, dass der Arbeitgeber faktisch keine Einwirkungsmöglichkeiten mehr auf ihn hat. Aufgrund der hohen Wahrscheinlichkeit eines Geheimnisverlustes nach Beendigung des Arbeitsverhältnisses wird man zukünftig nachvertragliche Maßnahmen in Form von Belehrungen, Geheimhaltungsvereinbarungen und nachvertraglichen Wettbewerbsverboten etablieren müssen. Denn einerseits stellen diese die einzige Möglichkeit dar, den wissenden ehemaligen Arbeitnehmer unter Kontrolle zu halten und andererseits ist der Bestand einer nachvertraglichen vertragsimmanenten Geheimhaltungspflicht – sofern man sie überhaupt anerkennt[626] – nicht als aktive Maßnahme anzuerkennen. Möglich sind Belehrungen im Abschlussgespräch und nachvertragliche Geheimhaltungsvereinbarungen, die im Gegensatz zu vorab geschlossenen Vereinbarungen konkret sind, da sie die geheimen Informationen im Nachhinein genau bestimmen können. In Fällen, in denen der Beschäftigte Kenntnis von wichtigen oder einer großen Fülle an Geheimnissen hat, wird sogar die Vereinbarung eines nachvertraglichen Wettbewerbsverbots geboten sein. Dieses ist in der Lage, dem ehemaligen Arbeitnehmer nicht nur die Nutzung der Geschäftsgeheimnisse zu untersagen, sondern jegliche Art von Wettbewerb.

265 Die Art der Maßnahme – rechtlich wirksame Abrede oder bloße Belehrung – ist jedoch davon abhängig, ob man im nachvertraglichen Bereich von einer grundsätzlichen Verwertungs- und Offenlegungsfreiheit seitens der ehemaligen Arbeitnehmer ausgeht oder die Nachwirkung der vertragsimmanenten Pflichten bejaht. Im bestehenden Arbeitsverhältnis werden Geschäftsgeheimnisse wie aufgezeigt durch die vertragsimmanente Geheimhaltungspflicht eines jeden Arbeitnehmers abgesichert, sodass zusätzliche faktische Maßnahmen und deklaratorische Abreden ausreichend sein können, um einen angemessenen Schutz zu begründen. Sofern eine entsprechende Nachwirkung angenommen wird, werden ebenfalls Belehrungen über die nachvertraglichen Pflichten und faktische Maßnahmen wie die Rücknahme sämtlicher Unterlagen, Sperrung der Konten und Verweigerung jeglichen weiteren Zugangs ausreichend sein.

266 Im Falle einer Ablehnung der Nachwirkung einer vertragsimmanenten Pflicht, wäre der Arbeitgeber zwingend zum Abschluss wirksamer nachvertraglicher Vereinbarungen angehalten. Andernfalls stünden die ehemaligen Arbeitnehmer nämlich wie informierte Außenstehende dar und könnten frei mit den Geschäftsgeheimnissen verfahren. Der Arbeitgeber hat schließlich keine Einwirkungsmöglichkeit mehr auf diese. Dies zuzulassen wäre im Einzelfall als derart nachlässig zu beurteilen, sodass nicht mehr von angemessenen Maßnahmen

---

626 Ausführlich zu der Diskussion unter Kap. D.V.

gesprochen werden könne. Gleiches könnte im Falle unwirksamer nachvertraglicher Vereinbarungen gelten. Da es jedoch nicht dem Schutzzweck des Geschäftsgeheimnisses entsprechen kann, dass dieser lediglich bei umfassenden nachvertraglichen Geheimhaltungsmaßnahmen eröffnet ist und mit jedem ausscheidenden Arbeitnehmer einen Schutzverlust riskiert, wird man die Umstände des Einzelfalls zu berücksichtigen haben: Wechselt bspw. ein Arbeitnehmer zu einem direkten Konkurrenten, liegt ein nachvertraglicher Wissensverlust näher als im Falle einer Selbstständigkeit des ehemaligen Arbeitnehmers, da dieser sodann an der Geheimhaltung ebenso interessiert ist.

Damit stellt sich im Rahmen der Bestimmung angemessener Geheimhaltungsmaßnahmen der Bestand und Umfang der vertragsimmanenten Geheimhaltungspflicht von Arbeitnehmern als maßgeblich dar: Während die Unwirksamkeit von Geheimhaltungsvereinbarungen im Hinblick auf die Einordnung als angemessene Maßnahme im bestehenden Arbeitsverhältnis keine Auswirkung haben wird, sofern Arbeitnehmer auf andere Art und Weise über ihre unstreitig bestehende Geheimhaltungspflicht aufgeklärt werden, hängt es von dem Bestand nachwirkender Vertragspflichten ab, ob wirksame Geheimhaltungsvereinbarungen oder Wettbewerbsverbote als angemessene Geheimhaltungsmaßnahmen notwendig sein können. Letztlich wird dies auch den notwendigen Umfang und die Wirksamkeit derartiger Vereinbarungen beeinflussen. Daher soll die Darstellung der Wirksamkeitsvoraussetzungen bezüglich nachvertraglicher Vereinbarungen im Anschluss an die Bewertung einer nachwirkenden Geheimhaltungspflicht erfolgen. 267

5. Zwischenergebnis

Arbeitgeber sind dazu angehalten faktische, organisatorische und rechtliche Maßnahmen auch gegenüber den eigenen Arbeitnehmern zu etablieren, um in den Genuss der Ansprüche aus dem GeschGehG zu kommen. Jedes Unternehmen muss mit dem Eintritt eines Mitarbeiters in das Beschäftigungsverhältnis bis zu seinem Ausscheiden aus dem Betrieb und darüber hinaus Maßnahmen etablieren. Nur dadurch kann ein sachgemäßer Umgang mit den Informationen gewährleistet und ein Geheimnisverlust vermieden werden. Dies steht auch nicht mit dem Zweck der Geschäftsgeheimnis-Richtlinie, unnötige Investitionen in Schutzmaßnahmen zu vermeiden im Widerspruch, denn der gesetzliche Zweck ist es, die Maßnahmen auf ein angemessenes Maß zu reduzieren, nicht jedoch den Unternehmen vollständig von diesen zu entlasten. 268

Welche der genannten Maßnahmen einzuführen sind, ist eine Frage des Einzelfalles und stark von der Branche und der Größe des Unternehmens abhängig. Das Geschäftsgeheimnisgesetz stellt damit den jeweiligen Geheimnisinhaber und Arbeitgeber vor Herausforderungen. Der eingeengte Geheimnisbegriff zwingt ihn nunmehr dazu tätig zu werden und seine Geschäftsgeheimnisse aktiv durch Maßnahmen zu schützen. In erster Linie sind daher nunmehr die Arbeit- 269 geber gefordert, den Umfang des Schutzes durch entsprechende Maßnahmen zu bestimmen. Geheimhaltungsvereinbarungen mit ihrer abschreckenden und aufklärenden Weise und dem effektiven Schutz einer Zugangsbeschränkung werden hier als maßgeblich anzusehen sein. Neben diesen werden die Anforderungen an sonstige Geheimhaltungsmaßnahmen deutlich sinken. Dabei ist kein optimaler Schutz zu fordern, jedoch wird ein Minimum sowohl durch faktische als auch rechtliche Mittel zur Verschwiegenheit im gewerblichen Verkehr Pflicht sein. Verweigert ein Arbeitgeber daher eine naheliegende und kostengünstige Maßnahme, wird man ihm im Zweifelsfall den Schutz nach dem GeschGehG versagen müssen.

270 Zugleich wird aber auch deutlich, dass der Bestand bzw. die Beendigung des Beschäftigungsverhältnisses damit bereits im Rahmen des Geheimnisbegriffs von Bedeutung sind. Denn nachdem ein Arbeitnehmer das Unternehmen verlassen hat und das Arbeitsverhältnis mit seinen Rechten und Pflichten beendet ist, wird der Arbeitgeber keine Einwirkungsmöglichkeiten mehr auf diesen haben. Die Handlungspflichten des Arbeitgebers bestimmen sich daher danach, inwieweit die vertragsimmanenten Pflichten nachwirken. Dies wurde durch den deutschen Gesetzgeber jedoch weiterhin offengelassen.

V. Berechtigtes Interesse an der Geheimhaltung

271 Erst zum Abschluss des Gesetzgebungsverfahrens hat der deutsche Gesetzgeber den Geheimnisbegriff in § 2 Nr. 1 lit. c um die Voraussetzung des »berechtigte Geheimhaltungsinteresse« erweitert. Das Merkmal ist jedoch weder in der Definition der Geschäftsgeheimnis-Richtlinie nach Art. 2 Nr. 1 zu finden, noch in Art. 39 Abs. 2 TRIPS angelegt und war auch nicht in den ersten nationalen Gesetzgebungsentwürfen vorgesehen. Auf Beschlussempfehlung des federführenden Ausschusses gelangte es jedoch in letzter Minute in das Gesetz.[627] Zunächst es widersprüchlich, wenn man einerseits bereits im Rahmen des Geheimnisbegriffes ein berechtigtes Interesse an der Geheimhaltung der Information diskutiert und entgegenstehende Belange berücksichtigt, zugleich im Rahmen des § 5 GeschGehG dieses wieder in Frage stellt, da berechtigte Interessen dem entgegenstehen könnten. Insoweit erscheint nicht ersichtlich, wie das Merkmal zugleich für die Geheimhaltung und die Offenlegung eingreifen soll.[628] Welche Bedeutung diesem Merkmal zukommt, wird im Schrifttum daher letztlich unterschiedlich bewertet.[629]

---

627 BT-Drs. 19/8300, S. 4; Dazu *Ohly*, GRUR 2019, 441 (444); *Dann/Markgraf*, NJW 2019, 1774 (1776).
628 So auch *Dann/Markgraf*, NJW 2019, 1174 (1776).
629 Vgl. bspw. *Lejeune*, ITRB 2019, 140 (142); *Ohly*, GRUR 2019, 441 (444); *Schubert*, in: Franzen/Gallner/Oetker, RL 2016/943/EU Art. 2 Rn. 19.

V. Berechtigtes Interesse an der Geheimhaltung

Es könnte zudem in Konflikt zu der verbindlichen Definition des Art. 2 Nr. 1 der Richtlinie stehen.[630] Denn die nationale Umsetzung darf – auch im Falle der Annahme, dass der Begriff lediglich einer Mindestharmonisierung unterliege – nicht zu einer Einengung des Geheimnisschutzes führen. Vorausgesetzt die Anforderung weist einen tatsächlichen Anwendungsbereich auf, wäre § 2 Nr. 1 lit. c GeschGehG richtlinienwidrig, da sie den Schutzgegenstand des Geheimnisschutzes in dieser Art und Weise einengen würde.[631] Zwar sieht der europäische Gesetzgeber den Erwägungsgründen nach nur solche Informationen als erfasst an, an denen sowohl ein legitimes Interesse an der Geheimhaltung besteht als auch die legitime Erwartung, dass diese Vertraulichkeit gewahrt wird.[632] Der deutsche Gesetzgeber scheint mit dem Merkmal ebenso auf den früheren Begriff des Betriebs- und Geschäftsgeheimnisses zurückzugreifen, welcher ein berechtigtes wirtschaftliches Interesse forderte.[633] Dieser objektive Maßstab sollte allerdings Willkür ausschließen, da der Unternehmensinhaber ansonsten alleine und unabhängig vom Wert und der tatsächlichen Bedeutung bestimmen konnte, welche Informationen er unter den rechtlichen Schutz fallen lassen wollte.[634] 272

Diese objektive Korrektur wird allerdings durch die deutlich strengeren Anforderungen nach einem kommerziellen Wert und angemessene Geheimhaltungsmaßnahmen vorgenommen. Durch diese ist es dem Unternehmer verwehrt, durch bloße Behauptungen einen Schutz einer Information als Geschäftsgeheimnis zu etablieren. Vielmehr muss das Wissen bestimmte Anforderungen erfüllen, darf mithin keinen rechtswidrigen Inhalt aufweisen und muss durch den Geheimnisinhaber angemessen geschützt werden. Anhand dessen lässt sich erkennen, dass der europäische Gesetzgeber das legitime Interesse bei der Ausgestaltung des Geheimnisbegriffs berücksichtigt hatte. Daher ist die Einführung des Merkmals als redundant anzusehen und stellt in diesem Sinne nur eine Klarstellung dar.[635] 273

Ein Teil der Literatur sieht jedoch die Frage nach der Schutzunfähigkeit von Informationen über rechtswidrige Vorgänge erst durch das Merkmal des berechtigten Interesses beantwortet.[636] Dies beruht auf der Annahme, dass – entgegen der hier vertretenen Ansicht – derartiges Wissen einen kommerziellen Wert aufweisen könnte. Folge wäre, dass erst das zusätzliche Merkmal den Anwendungsbereich des Geheimnisschutzes durch den Ausschluss von Informationen 274

---

630 Vgl. dazu *Oetker,* ZESAR 2017, 257 (259 ff.); *Schnabel,* CR 2016, 342 (348).
631 *Ohly,* GRUR 2019, 441 (444); *McGuire,* WRP 2019, 679 (680).
632 Erwägungsgrund 14 Geschäftsgeheimnis-RL.
633 Diese Vermutung stellen *Nabert/Peukert/Seegers,* NZA 2019, 583 an.
634 BGH, Urt. v. 15.03.1955 – I ZR 111/53, GRUR 1955, 424 (426) – Möbelpaste; *Harte-Bavendamm,* in: Harte/Henning § 17 Rn. 6.
635 So auch *McGuire,* GRUR 2019, 679 (680); *Preis,* in: ErfKArbR, BGB § 611a Rn. 713; a.A. *Preis/Seiwerth,* RdA 2019, 351.
636 *Hauck,* GRUR-Prax 2019, 223 (224); *Schreiber,* NZWiSt 2019, 332 (334); *Holthausen,* NZA 2019, 1377 (1380).

über rechtswidrige Vorgänge einengen würde. Dies widerspräche jedoch der ausdrücklichen Anordnung des Mindestschutzes und hätte die Richtlinienwidrigkeit zur Folge. Nach hier vertretener Ansicht werden Informationen über rechtswidrige Vorgänge jedoch bereits durch das Erfordernis eines kommerziellen Wertes ausgeschlossen. Bereits hier spiegelt sich das berechtigte Interesse wieder. Daher hat § 2 Nr. 1 lit. c GeschGehG lediglich eine klarstellende Funktion und keinen eigenständigen Anwendungsbereich. Dennoch erscheint die Einführung im Hinblick auf das Ziel einen einheitlichen Begriff des Geschäftsgeheimnisses einzuführen, hinderlich.

VI. Die Folgen des Fehlens der Schutzvoraussetzungen

275   Verliert das Geschäftsgeheimnis seinen Geheimnischarakter, liegt kein wirtschaftlicher Wert vor oder etabliert der Arbeitgeber keine angemessenen Geheimhaltungsmaßnahmen und kommt insofern nicht den Anforderungen des § 2 Nr. 1 GeschGehG nach, verliert er den Schutz nach dem GeschGehG. Abhängig davon, welche der Anforderungen entfällt, stellt dies keinen absoluten Schutzverlust des Arbeitgebers dar, denn dies hat lediglich Auswirkungen auf den Schutz von Geschäftsgeheimnissen über das GeschGehG. Nicht ausgeschlossen sind sodann jedenfalls arbeitsrechtliche Konsequenzen, da ein Arbeitnehmer im Rahmen seiner arbeitsvertraglichen Nebenpflichten grundsätzlich zur Rücksichtnahme auf die Interessen des Arbeitgebers verpflichtet ist und in diesem Zusammenhang dessen Interessen schützen muss.[637] Der Schutzgegenstand der vertragsimmanenten Geheimhaltungspflicht ist dadurch weiter gefasst und erfasst jede Information an deren vertraulichen Behandlung seitens des Arbeitgebers ein Interesse besteht. Daher wird es dem Arbeitgeber auch ohne das Vorliegen eines Geschäftsgeheimnisses i.S.d. § 2 Nr. 1 GeschGehG möglich sein, Ansprüche gegen den Arbeitnehmer geltend zu machen. Neben Schadensersatz wegen einer Vertragsverletzung kommen auch die arbeitsrechtlichen Sanktionsmöglichkeiten einer Abmahnung oder Kündigung in Betracht. Das Arbeitsrecht stellt insofern nicht die gleichen Anforderungen an den Schutzgegenstand wie das Geheimnisschutzrecht. Dies war nach bisherigem Recht so und hat sich mit Umsetzung des GeschGehG nicht geändert.

276   Zwingend vorausgesetzt ist nach den vertragsimmanenten Schutzpflichten allerdings, dass die Information geheim ist und seitens des Arbeitgebers ein berechtigtes Interesse an der vertraulichen Behandlung besteht. Es ist daher nicht unerheblich, welche der Schutzvoraussetzungen fehlt. Unter Berücksichtigung des Geschäftsgeheimnisbegriffs nach § 2 Nr. 1 GeschGehG liegt der Unterschied daher maßgeblich in dem Erfordernis nach objektiven Geheimhaltungsmaßnahmen und des kommerziellen Wertes. Das Erfordernis des berechtigten

---

637 *Kalbfus*, in: Harte-Bavendamm/Ohly/Kalbfus (2020), Einl. C Rn. 8.

Interesses wird in diesem Zusammenhang weiter subjektiv zu beurteilen sein und nicht anhand objektiver Gesichtspunkte. Insofern stellen die aufgezeigten Maßnahmen keine Voraussetzungen für arbeitsrechtliche Sanktionen dar, sondern dienen nur der Gewährleistung der Ansprüche nach dem GeschGehG. Liegt mangels angemessener Maßnahmen oder kommerziellen Wertes kein Geschäftsgeheimnis vor, sind daher die arbeitsrechtlichen Sanktionsinstrumentarien voll anwendbar.[638]

Abweichende Folgen hat sodann aber das Fehlen angemessener Geheimhaltungsmaßnahmen im nachvertraglichen Bereich. Denn damit geht ein Schutzverlust einher, da der Anwendungsbereich des GeschGehG nicht mehr eröffnet ist. Während dies im vertraglichen Bereich durch die gegenständlich deutlich weitere vertragsimmanente Pflicht aufgefangen wird, ist der Informationsinhaber gegenüber ausgeschiedenen Arbeitnehmern schutzlos. Denn selbst wenn man annimmt, dass die vertragsimmanente Geheimhaltungspflicht fortwirkt, wird sie im nachvertraglichen Bereich lediglich die Nutzung von rechtlich geschützten Geschäftsgeheimnissen untersagen können. Mangels Vertragsverhältnisses und Weisungsrecht besteht in jedem Fall kein Schutz der vertraulichen Angaben mehr. Dies gilt sowohl für eine nachwirkende vertragsimmanente Pflicht als auch für nachvertragliche Geheimhaltungsvereinbarungen. Besteht insofern kein rechtlich geschütztes Geheimnis, wird nicht nur der Schutz nach dem GeschGehG versagt, sondern auch etwaige Möglichkeiten aus § 280 Abs. 1 BGB bleiben dem Arbeitgeber im nachvertraglichen Bereich verwehrt. 277

VII. Zusammenfassung

Die Geheimnisschutzreform bringt einen neuen nunmehr legaldefinierten Geheimnisbegriff mit sich, der den Anwendungsbereich des Rechts klar umreißt und diesen zugleich einengt. Neben der Etablierung von angemessenen Geheimhaltungsmaßnahmen, muss nunmehr nämlich auch ein kommerzieller Wert der Informationen bestehen. Die Unterschiede im Vergleich zum bisherigen Recht liegen damit in einer Verobjektivierung des Schutzgegenstandes: Während das bisherige Recht sich vor allem nach dem subjektiven Interesse des Geheimnisträgers richtete, wird nunmehr ohne Weiteres nur noch auf objektive Kriterien zu achten sein. Der Geheimnisinhaber wird sein Interesse zunächst in tatsächlicher Weise durch angemessene Geheimhaltungsmaßnahmen beweisen müssen. Zugleich kommen jedoch nicht mehr sämtliche Informationen als Geschäftsgeheimnis in Betracht, sondern nur solche, die auch schützenswert sind. Folge daraus ist, dass Informationen mit rechtswidrigem Inhalt keinen Schutz erlangen können. 278

---

638 *Fuhlrott/Hiéramente*, DB 2019, 967 (972); *Holthausen*, NZA 2019, 1377 (1379); *Fuhlrott*, ArbRAktuell 2020, 79 (80).

C. Der Schutzgegenstand: Das Geschäftsgeheimnis

279   Dies hat Auswirkungen auf Arbeitnehmer und Arbeitsverhältnisse, denn der neue Begriff wird von nun an auf die spezialgesetzlichen Geheimnisschutzvorschriften und die vertraglichen Pflichten der Arbeitnehmer Einfluss nehmen. Zugleich müssen Arbeitgeber, um einen Schutz ihrer Informationen durch das Geschäftsgeheimnisrecht zu erlangen, Maßnahmen etablieren, die auch einen Schutz gegenüber den eigenen Arbeitnehmern begründen. Denn gerade diese stellen ein wesentliches Risiko für den Verlust der Geheimnisse dar. Wirksam wird nur eine Kombination aus unterschiedlichen Maßnahmen sein, wobei insbesondere Zugangsbeschränkungen und Geheimhaltungs- und Betriebsvereinbarungen als effektiv und abschreckend zugleich anzusehen sein werden. Diese liefern gleichzeitig den Nachweis dafür, dass sich jemand unrechtmäßig Besitz zu geheimen Daten oder Unterlagen verschafft hat.

280   Das Fehlen angemessener Geheimhaltungsmaßnahmen führt gegenüber der bestehenden Belegschaft jedoch nicht per se zu einem Schutzverlust. Denn aufgrund der Schutz- und Rücksichtnahmepflichten bestehen auch abseits des GeschGehG Ansprüche, die vor allem auf dem Vertragsrecht beruhen und damit einen unmittelbaren Schutz gegen Pflichtverletzung in Form von Geheimnisoffenbarungen gewähren. Dies wird im nachvertraglichen Bereich grundsätzlich anders zu beurteilen sein, denn dort verengt sich der Schutz erneut auf den Begriff des Geschäftsgeheimnisses.

281   Damit angesprochen ist der nachvertragliche Geheimnisschutz gegenüber Arbeitnehmern. Die fehlende Stellungnahme des Geschäftsgeheimnisgesetzes zu dieser Frage stellt bereits im Rahmen des Schutzgegenstandes ein wesentliches Problem dar, denn sie hat Auswirkungen auf die Bestimmung der angemessenen Geheimhaltungsmaßnahmen. Geklärt werden muss daher, welchen Verpflichtungen der Arbeitnehmer tatsächlich unterliegt. Dies soll im Rahmen des Schutzumfanges des Geschäftsgeheimnisgesetzes an entsprechender Stelle erläutert werden.

D. Die Abgrenzung zum Erfahrungswissen

I. Problemaufriss

Die Darstellung des Geschäftsgeheimnisbegriffes hat ergeben, dass der Schutzgegenstand weder praktisch noch rechtlich einer absoluten Geheimhaltung unterliegen muss. Dies wird besonders durch die Arbeitnehmer eines Unternehmens deutlich, denen zur Ausübung der vertraglich geschuldeten Tätigkeit zwangsläufig große Teile des geheimen Wissens bereitgestellt werden muss. In diesem Moment sieht der Arbeitgeber das zur Verfügung gestellte und vom Arbeitnehmer geschaffene Wissens als seinen Vermögenswert an, während der Arbeitnehmer sie als Bestandteil seiner Qualifikation wahrnimmt. Dies birgt allerdings zugleich das Risiko, dass Arbeitnehmer die Informationen im Gedächtnis behalten und nach außen tragen. Hier tritt das praktische Problem hinzu, dass der Arbeitnehmer unter Umständen nicht in der Lage ist, seine persönlichen Erfahrungen von den Geheimnissen des Arbeitgebers zu unterscheiden. Die Schwierigkeiten ergeben sich daraus, dass der Erlangungszeitpunkt und die Nutzung bzw. Offenlegung zeitlich stark auseinanderfallen können, denn es geht um Informationen von denen der Arbeitnehmer während des Arbeitsverhältnisses Kenntnis erhält und die er in der Regel erst im Anschluss für unternehmensfremde Zwecke nutzen oder offenlegen möchte. Zum Teil können Jahre zwischen der Kenntnisnahme und dem Ausscheiden aus dem Beschäftigungsverhältnis liegen. Solche Fälle können bspw. bei Kundendaten auftreten. Mitarbeiter, die über Jahre hinweg mit denselben Kunden in Kontakt waren, werden naturgemäß einen Teil der Daten im Gedächtnis behalten. Ebenso wird ein technischer Mitarbeiter oder Ingenieur in Folge der Konstruktion einer Maschine entscheidende Prinzipien, Verfahren oder Bauteile wiedergeben können. Daher kommt es im nachvertraglichen Bereich regelmäßig zu Streitigkeiten zwischen Arbeitgeber und Arbeitnehmer, welche Informationen der Arbeitnehmer frei nutzen oder weitergeben darf.

Die Erfahrungen und erlernten Fertigkeiten benötigt ein Arbeitnehmer aber, um weiterhin in seinem Berufsfeld tätig sein zu können und sein berufliches Fortkommen zu fördern. Da es den Arbeitnehmer nach einhelliger Ansicht zu stark beschränken würde, ist dieses Erfahrungswissen nicht Gegenstand des Geheimnisschutzes. Es kann dem Arbeitnehmer – sieht man von der Vereinbarung eines nachvertraglichen Wettbewerbsverbots ab – faktisch nicht genommen oder deren Verwendung verboten werden. Dies hat auch der Gesetzgeber erkannt und in der Begründung des Gesetzesentwurfes zum GeschGehG unter Hinweis auf Art. 1 Abs. 3 S. 2 lit. b der Geschäftsgeheimnis-Richtlinie eine Unterscheidung zwischen Geschäftsgeheimnissen und Erfahrungswissen

D. Die Abgrenzung zum Erfahrungswissen

geschaffen.[639] Anders als häufig dargestellt, werden der Gegenstand und die Verwertung des sogenannten Erfahrungswissens durch Arbeitnehmer daher nicht vom Anwendungsbereich der Richtlinie betroffen.[640] Unberechtigt ist vor diesem Hintergrund die häufig ausgesprochene Befürchtung, dass Arbeitnehmer ihre Kenntnisse zukünftig in einem neuen Arbeitsverhältnis nicht einsetzen könnten. Es wird insofern bei der bisherigen Rechtslage bleiben.[641] Wesentliche Schwierigkeiten ergeben sich allerdings bei der tatsächlichen Abgrenzung zwischen Geschäftsgeheimnissen und Erfahrungswissen.

II. Der Begriff des Erfahrungswissens

1. Einheits- und Trennbarkeitstheorie in der Rechtsprechung

284 Mit der Abgrenzung zwischen Erfahrungswissen und Geschäftsgeheimnissen wird der schon seit Jahrzehnten bestehende Streit im deutschen Recht aufgegriffen, nach welchem versucht wird, zu bestimmen, ob im nachvertraglichen Bereich eine Verwertung und Nutzung von Geschäftsgeheimnissen durch Arbeitnehmer erlaubt ist. Der Konflikt beruht insbesondere auf einer unterschiedlichen Sichtweise verschiedener Gerichtszweige, denn es besteht die Möglichkeit die Rechtsstreitigkeiten sowohl vor den ordentlichen als auch den Arbeitsgerichten anhängig zu machen.[642] Die Gerichte unterscheiden hier zum Teil explizit zwischen den beiden Gegenständen Geheimnis und Erfahrungswissen (Trennbarkeitstheorie) oder versuchen über die Frage der Lauterkeit der Tathandlung zu einer Konfliktlösung zu kommen (Untrennbarkeits- bzw. Einheitstheorie). Eine eindeutige Lösung hat sich bisher nicht abgezeichnet.

285 Nach der Rechtsprechung des BAG ist ein Arbeitnehmer aufgrund der dem Arbeitsvertrag immanenten und über die Beendigung hinauswirkenden Geheimhaltungspflicht dazu verpflichtet, die Geschäftsgeheimnisse des Arbeitgebers zu wahren. Diese Verpflichtung umfasse jedoch nicht das redlich erlangte Erfahrungswissen der Arbeitnehmer.[643] Möchte der Arbeitgeber eine Verwertung auch dieses Wissens verhindern, muss er ein Wettbewerbsverbot nach §§ 74 ff HGB abschließen. Ist ein solches nicht wirksam abgeschlossen worden,

---

639 BT-Drucks. 19/4724, S. 26; Vgl. auch Erwägungsgrund 14 der Geschäftsgeheimnis-RL EU 2016/943.
640 So auch *McGuire*, in: Büscher, GeschGehG § 2 Rn. 42; Kritisch vor allem *Böning/ Heidfeld*, AuR 2018, 555; *Bissels/Schroeders/Ziegelmayer*, DB 2016, 2295 (2297).
641 *Bissels/Schroeders/Ziegelmayer*, DB 2016, 2295 (2297).
642 Hierzu *Reuter*, NJW 2008, 3538 (3542), der bereits damals für eine ausschließliche Zuständigkeit der Arbeitsgerichte bei Ansprüchen gegen ehemalige Arbeitnehmer auch im Kontext des Wettbewerbsrechts plädierte.
643 BAG, NJW 1983, 134 (135) – Thrombosol.

kann der Arbeitnehmer bis zur Grenze der Sittenwidrigkeit mit seinem ehemaligen Arbeitgeber in Wettbewerb treten und die erworbenen Erfahrungen frei nutzen.[644] Hinsichtlich der Geschäftsgeheimnisse mussten sie jedoch weiterhin Stillschweigen bewahren. Dies führte in der Praxis regelmäßig zu erheblichen Abgrenzungsproblemen, da auch das BAG keine Kriterien aufzeigt, die eine trennscharfe Abgrenzung zwischen Erfahrungswissen und Geschäftsgeheimnissen ermöglichen kann.[645] Das Gericht begnügt sich mit der allgemein gehaltenen Aussage, dass das Wissen, welches Teil der Erfahrungen des Arbeitnehmers geworden ist, nicht als Geschäftsgeheimnisse des Arbeitgebers angesehen werden könne.[646]

Demgegenüber vertritt der BGH in seiner ständigen Rechtsprechung die Auffassung, dass Arbeitnehmer sämtliche Informationen und Kenntnisse, die sie während des Arbeitsverhältnisses auf redliche Art und Weise erlangt haben, auch nachvertraglich verwenden dürfen.[647] Dies beruht unter anderem auf der Annahme, dass eine Abgrenzung zwischen Erfahrungswissen und Geschäftsgeheimnissen nicht möglich sei.[648] Der BGH führte daher aus, dass Beschäftigte jede Information, die sie während ihrer Beschäftigung auf redliche Weise erlangen auch weiterverwenden dürften, solange sie nicht die Grenze des § 3 UWG überschreiten. Daher könne eine Einschränkung nicht über eine Differenzierung erreicht werden. Vielmehr seien die Umstände unter denen das Wissen erlangt und genutzt wurde entscheidend, wobei der BGH wert darauf legte, dass nur im Gedächtnis behaltenes Wissen weiter genutzt werden dürfe.[649]   286

Die tatsächlichen Auswirkungen dieser dogmatischen Kontroverse sind allerdings gering, da die Gerichte sich im Ergebnis stark annähern. Beide beurteilen anhand einer Interessenabwägung, ob es sich streitgegenständlich um Informationen handelt, welche der Arbeitnehmer als seine berufliche Erfahrung weiternutzen darf. Das BAG durch eine Trennung der Begriffe, der BGH durch eine Beurteilung der Erlangungshandlung.[650] In gewisser Weise lässt der BGH die Unterscheidung zum Erfahrungswissen auch in die Bewertung mit einfließen, indem er auf die Gedächtnisleistung abstellt.[651] Im Ergebnis basieren beide Lösungsansätze aber auf einer Abwägung der Arbeitnehmer- und der Arbeitgeber-   287

---

644 BAG, NZA 1988, 502 (502 f.); *Bartenbach*, in: FS für Küttner, S. 122 mwN.
645 *Richters/Wodtke,* NZA-RR 2003, 281 (283).
646 BAG, NZA 1994, 502 (506) – Titanoxid.
647 St. Rspr. zu § 1 UWG aF. RGZ 65, 333 (337) – Pomril; bestätigt in BGH, GRUR 1963, 367 – Industrieböden; BGH, GRUR 1983, 179 (180) – Stapelautomat; BGH, GRUR 2002, 91 – Spritzgießwerkzeuge.
648 BGH, GRUR 2002, 91 – Spritzgießwerkzeuge; ebenso *Kraßer*, GRUR 1977, 177 (186).
649 BGH, GRUR 1963, 367 (368) – Industrieböden; *Kolasa*, S. 95.
650 BGH, GRUR 2006, 1044 (1045) – Kundendatenprogramm; BGH, GRUR 1999, 934 (935) – Weinberater; BGH, GRUR 2003, 356 (358) – Präzisionsmessgeräte.
651 *Gaugenrieder/Unger-Hellmich,* WRP 2011, 1364 (1375).

2. Meinungsstand und Abgrenzungsversuche im Schrifttum

288 Im Schrifttum wurden die Einheits- und die Trennbarkeitstheorie unterschiedlich aufgenommen. Häufig wird die Trennung zwar als notwendig angesehen, jedoch findet sich weitestgehend Kritik an der Rechtsprechung des BAG, da die gewollte Trennung unter den gegebenen Umständen nicht möglich sei.[653] Es fehle an der Nennung der einzubeziehenden Kriterien und somit an Rechtssicherheit. So misst *Ohly* dem Erfahrungswissen und den Geschäftsgeheimnissen jeweils zwar einen gewissen Kernbereich zu, jedoch seien diese beiden Informationstypen nicht trennscharf voneinander abzugrenzen. Auf der einen Seite stünde die Diensterfindung als klassisches Geschäftsgeheimnis und auf der anderen Seite die Fertigkeiten, die sich vom Arbeitnehmer nicht trennen lassen und andere Arbeitnehmer auf einer vergleichbaren Position ebenso erworben hätten als Erfahrungswissen. Einzig eine einzelfallbezogene Interessenabwägung sei daher geeignet, eine Lösung zwischen den Interessengegensätzen zu finden. Mögliche Kriterien für eine Einordnung seien demnach der Charakter der Information, die Bedeutung des Geheimnisses für das Unternehmen einerseits und für das berufliche Fortkommen des Arbeitnehmers andererseits sowie dessen Stellung im Unternehmen.[654]

289 *Harte-Bavendamm* möchte besonders die Relevanz der geheimen Information für das Unternehmen, den Beitrag, den der Arbeitnehmer zu der (Weiter)Entwicklung geleistet hat, inwieweit das Wissen seinen Tätigkeitsbereich berührte und sein berufliches Fortkommen einschränkt, gegeneinander abwägen.[655] Auch er erkennt die Abgrenzungsschwierigkeiten an, die regelmäßig in der Literatur und seitens des BGH angeführt werden, jedoch sei eine Trennung aufgrund des weiten Geheimnisbegriffs kaum zu vermeiden. Die Geheimnisschutz-Richtlinie unterscheide in ihren Erwägungsgründen nunmehr offensichtlich auch zwischen diesen beiden Informationsarten. Die Trennung sei jedoch ebenfalls durch eine Interessenabwägung unter Heranziehung der genannten Kriterien vorzunehmen.

290 *Brammsen* hält eine absolute Ablehnung der Trennungstheorie für überzogen, gesteht jedoch ein, dass eine Trennung nicht anhand von einzelnen Aspekten vorgenommen werden könne, sondern von zahlreichen Kriterien abhängig

---

652 *Harte-Bavendamm*, in: Harte/Henning, § 17 Rn. 55.
653 Ausdrücklich *Köhler*, in Köhler/Bornkamm/Feddersen (2019), § 17 Rn. 59 mit Hinweis auf *Kraßer* GRUR 1977, 177 (186); *Ohly*, GRUR 2014, 1 (10).
654 *Ohly*, GRUR 2014, 1 (10); *Ohly*, in: Ohly/Sosnitza, § 17 Rn. 40a.
655 *Harte-Bavendamm*, in: Harte/Henning, § 17 Rn. 54 f.

sei.[656] In der Gesamtheit müsse das Interesse des Arbeitnehmers jedoch das Interesse des Arbeitgebers und der restlichen Arbeitnehmer des Unternehmens dominieren.[657]

Demgegenüber begegnet *Mes* der strikten Ablehnung der Trennbarkeitsthese mit Unverständnis. Die Einheitstheorie sei lediglich angenommen worden, um die Grundvoraussetzung für die freie Verwertung des Arbeitnehmers zu sichern. Gleichzeitig entkräftet er diese Annahme damit, dass auch in ausländischen Rechtsordnungen ohne Weiteres sowohl von einer Trennbarkeit als auch von einem Schutz der Unternehmensgeheimnisse gegenüber ehemaligen Arbeitnehmern ausgegangen werde. Zudem sei eine entsprechende Unterscheidung nicht nur im Rahmen des Geheimnisschutzes vorzunehmen, sondern bspw. auch bei der Vergütungspflicht für qualifizierte technische Verbesserungsvorschläge. Zunächst geht *Mes* daher durch eine Trennung der Kernbereiche der beiden Informationsarten an die Abgrenzung heran und macht eine Abgrenzung an der Informationsart und dem Tätigkeitsbereich des Arbeitnehmers fest. Auf der einen Seite steht das Wissen welches der Arbeitnehmer durch seine Ausbildung erlernt hat und für seine künftige Tätigkeit in diesem Bereich benötigt und auf der anderen Seite die eindeutigen Unternehmensgeheimnisse, welche einem anderen Tätigkeitsbereich angehören. Als Beispiel führt er den kaufmännischen Mitarbeiter an, der technische Informationen verwerten möchte. Hier ließe sich besonders deutlich eine Abtrennung erkennen, welche Informationen der Arbeitnehmer für sein berufliches Fortkommen verwenden dürfe.[658]

Alle Ansichten haben gemeinsam, dass sie eine Abgrenzung grundsätzlich durch eine umfangreiche Interessenabwägung erreichen wollen. Dies scheint im Ergebnis jedoch nur in den wenigsten Fällen praktikabel zu sein und führt nicht zu einer zufriedenstellenden Lösung.

3. Abgrenzung über den Begriff des Erfahrungswissens

a) Begrenzung des Schutzgegenstandes

Unter Geltung des neuen Rechts stellt sich die Frage, inwiefern bestimmt werden kann, ob der Arbeitnehmer lediglich erlaubterweise auf seine Erfahrungen zurückgreift oder bereits ein Geschäftsgeheimnis des Arbeitgebers verletzt. Insofern ist zu hinterfragen, ob es sich bei der vorliegenden Abgrenzung um eine Frage des Schutzgegenstandes handeln kann oder vielmehr eine Einschränkung vorliegt, die im Rahmen der Verletzungstatbestände an sich diskutiert werden

---

656 *Brammsen* verweist insofern auf die Darstellung der Kriterien bei *Kalbfus*, Rn. 519 ff. und 537 ff. und *Harte-Bavendamm*, in: Harte/Henning, § 17 Rn. 48 ff. und 52 ff.
657 *Brammsen*, in MüKo LauterkeitsR (2014), § 17 UWG Rn. 23.
658 *Mes*, GRUR 1979, 584 (591).

D. Die Abgrenzung zum Erfahrungswissen

muss. Dann käme es nämlich nicht darauf an, dass Erfahrungswissen begrifflich abzugrenzen. Letzteres könne sich laut *Kolasa* einerseits aus dem Wortlaut von Art. 1 Abs. 3 der Geschäftsgeheimnis-Richtlinie und Erwägungsgrund 14 ergeben. Diese nehmen das Erfahrungswissen grundsätzlich aus dem Schutzbereich aus, betonen zugleich aber, dass durch die Richtlinie die Nutzung von rechtmäßig erlangten Erfahrungen nicht eingeschränkt werden dürfe. Dabei könnte es sich einerseits um eine unnötige Wiederholung handeln, andererseits bestehe Raum für eine Interpretation, nach welcher keine gegenständliche Einschränkung des Geheimnisschutzes bewirkt wird, sondern die Nutzung von Erfahrungswissen vielmehr eine befugte Handlung darstellt.[659] Schon unter Geltung des lauterkeitsrechtlichen Geheimnisschutzes wurde das Interesse des Arbeitnehmers an der Nutzung im Rahmen einer Interessenabwägung bestimmt.[660] Zu einer Änderung dieser Ansicht zwinge die Richtlinie die nationalen Gesetzgeber nach Ansicht von *Wiese* nicht, denn weder Art. 1 Abs. 3 noch der Geheimnisbegriff in Art. 2 Nr. 1 seien Gegenstand der Vollharmonisierung. Daher sei es dem nationalen Gesetzgeber möglich, die Freistellung des Erfahrungswissens an anderer Stelle zu leisten. Sie schlägt daher vor, weiterhin mittels einer Gesamtabwägung zu beurteilen, ob der Arbeitnehmer das Wissen nutzen darf.[661]

294 Der Wortlaut[662] und die Schutzkonzeption des Geschäftsgeheimnisgesetzes sprechen jedoch dafür, den Begriff des Geschäftsgeheimnisses zu begrenzen, denn auf Erlaubnis- oder Verbotstatbestände bezüglich des Erfahrungswissens wurde explizit verzichtet. Die Schutzausgestaltung hätte hierfür grundsätzlich auch die Möglichkeit geboten. Der Unionsgesetzgeber hat sich allerdings entschieden, die Abgrenzung bereits im Rahmen des Anwendungsbereiches vorzunehmen. In diesem Zusammenhang wird in Erwägungsgrund 14 ausdrücklich darauf hingewiesen, dass *»[d]ie Definition eines Geschäftsgeheimnisses [...] belanglose Informationen und die Erfahrungen und Qualifikationen, die Beschäftigte im Zuge der Ausübung ihrer üblichen Tätigkeiten erwerben [...]«* ausschließt. Hier erscheint auch nicht überzeugend, davon auszugehen, dass Art. 1 Abs. 3 lit. b Geschäftsgeheimnis-Richtlinie nicht verbindlich sei, denn als Regelung zur Bestimmung des Anwendungsbereiches entzieht sich die Norm einer Kategorisierung als voll- oder mindestharmonisierend. Damit ist dem nationalen Gesetzgeber der Anwendungsbereich ausdrücklich vorgegeben. Der Schutzgegenstand muss nach dem Geschäftsgeheimnisgesetz daher bereits vor der Frage nach der Verletzungshandlung dahingehend überprüft werden, ob es sich nicht um Erfahrungen des Arbeitnehmers handelt. Die freie Verwendung der Erfahrungen und Kenntnisse wird somit bereits – der Trennungstheorie folgend – auf Ebene des Schutzgegenstandes zu berücksichtigen sein.

---

659 So *Kolasa*, S. 154.
660 BGH, Urt. v. 22.03.2018 – I ZR 118/16, Rn. 40 – Hohlfasermembranspinnanlage II.
661 *Wiese* (2017), S. 112.
662 *Harte-Bavendamm*, in: Harte/Henning, § 17 Rn. 55.

II. Der Begriff des Erfahrungswissens

b) Annäherung an den Begriff des Erfahrungswissens

Mit der Feststellung, dass die Abgrenzung des Erfahrungswissens bereits eine Frage des Schutzgegenstandes ist, geht einher, dass das Erfahrungswissen explizit von den Geschäftsgeheimnissen abgetrennt werden muss. Während der Begriff des Geschäftsgeheimnisses aber bereits nach altem Recht durch die Rechtsprechung und Literatur definiert worden ist und nun gesetzlich verankert wurde, bestehen derartige Erkenntnisse nicht im Hinblick auf den Begriff des Erfahrungswissens. Dennoch wird er im arbeitsrechtlichen Kontext regelmäßig als Gegenstück des Geschäftsgeheimnisses verwendet.[663] Nachfolgend soll der Begriff daher zunächst genauer untersucht werden.

295

Als Erfahrungen werden die durch praktische Arbeit und Routinen gewonnenen Kenntnisse bezeichnet.[664] Damit erfassen die beruflichen Erfahrungen und Kenntnisse der Arbeitnehmer ebenso wie Geschäftsgeheimnisse wirtschaftlich relevante Informationen. Da unter diesen Begriff jedoch auch das allgemein geläufige Wissen eines Fachmannes fällt, kann sowohl offenkundiges als auch geheimes Wissen vom Begriff des Erfahrungswissens erfasst sein. Das allgemeine und offenkundige Fachwissen eines jeden Angehörigen des jeweiligen Berufstandes steht allerdings unproblematisch nicht in einem Konflikt mit dem Geheimnisschutz und kann aus diesem Grund vorliegend außer Acht gelassen werden.

296

Der Definition entsprechend muss das streitgegenständliche Wissen auf der praktischen Tätigkeit des Arbeitnehmers beruhen. Zwischen der geschuldeten Tätigkeit und der Kenntniserlangung muss insofern eine Kausalität bestehen, sodass die Erlangung Nebenfolge der ordnungsgemäßen Ausführung der arbeitsvertraglichen Pflichten ist. Dadurch kann man nur das redlich erlangte Wissen, das der Arbeitnehmer im Rahmen seiner beruflichen Tätigkeit erlangt und nutzt, als seine Berufserfahrung einordnen. Dies ergibt sich auch aus einem Umkehrschluss zu Art. 1 Abs. 3 lit. b der Geschäftsgeheimnis-Richtlinie, denn dieser setzt den ehrlichen Erwerb der Erfahrungen voraus. Jedoch wird man wohl differenzieren müssen und nur die Informationen als potentielles Erfahrungswissen in Betracht ziehen, die dem tatsächlichen Aufgabengebiet des Arbeitnehmers entspricht. Der bloße Zugang zu dem Wissen genügt nämlich nicht, um von Kenntnissen zu sprechen, die auf einer praktischen oder routinierten Arbeit beruhen. Daher wird ein innerer Zusammenhang zwischen der Tätigkeit und dem erlangten Wissen zu fordern sein.[665]

297

---

663 *Kalbfus*, Rn. 510 ff., der den Begriff des Erfahrungswissens als »Information, von der ein Beschäftigter infolge der ordnungsgemäßen Erfüllung vertraglicher Pflichten Kenntnis hat, die in sachlichem Zusammenhang mit seinen vertragsgemäßen Tätigkeiten steht und die er im Gedächtnis behalten hat und Wissen, welches untrennbar mit dem Arbeitnehmer verbunden ist (tacit knowledge)« definiert.
664 »Erfahrung« auf Duden online, abrufbar unter https://www.duden.de/rechtschreibung/Erfahrung (zuletzt abgerufen 14.07.2020).
665 *Harte-Bavendamm*, in: FS Köhler (2015), S. 235 (244).

D. Die Abgrenzung zum Erfahrungswissen

298 Unredlich erfahrene Unternehmensgeheimnisse, die ein Arbeitnehmer sich ohne Wollen des Arbeitgebers einverleibt hat, können ihm daher nicht zuzuordnen sein. In diesen Fällen gehört das Wissen eindeutig nicht zu den Erfahrungen des Arbeitnehmers, sondern ist fremdes unerlaubterweise angeeignetes Wissen. Aber auch Informationen an deren Schaffung der Arbeitnehmer nicht beteiligt war oder die eindeutig nicht in seinen Aufgabenbereich gehören, können ihm nicht als Erfahrungen zustehen. Ein kaufmännischer Mitarbeiter wird regelmäßig nicht seine Berufserfahrung nutzen, wenn er sich technische Konstruktionen oder Rezepturen zu eigen macht, auf welche er Zugriff hatte. Ebenso wird ein technischer Mitarbeiter selten Kundenlisten oder Vertragsdokumente für seine Tätigkeit benötigen.[666] Die Erfahrung muss damit der Tätigkeitsbeschreibung im Unternehmen entsprechen.

299 Neben dem Zusammenhang mit der Tätigkeit bringt der Begriff der Erfahrungen es mit sich, dass der Arbeitnehmer diese in seinem Gedächtnis behalten muss.[667] Umfasst ist daher nur das Wissen, welches der Arbeitnehmer ohne jede Hilfe durch eigene Gedächtnisleistung abrufen kann. Insofern stellen Informationen, die der Arbeitnehmer nur mit Aufzeichnungen wiedergeben kann, keine Erfahrungen mehr dar, sondern sind in ihrer materialisierten Form lediglich Arbeitsergebnisse, die dem Arbeitgeber zustehen. Das planvolle Einprägen von Wissen somit kann kein Erfahrungswissen darstellen. An welchem Punkt die Grenze zwischen Können und Auswendiglernen gezogen wird, ist jedoch ebenso wenig ersichtlich wie die Beweisbarkeit im Prozess. Zugleich kann aber schon eine singuläre Information, die leicht zu merken ist, wesentlich für den Unternehmensbestand sein.

300 Besonders aber dann, wenn einem Arbeitnehmer ohne die Information die Ausübung eines vergleichbaren Arbeitsverhältnisses unmöglich wird, spricht dies stark für die Annahme von Erfahrungswissen. Denn dafür wäre unter gewöhnlichen Umständen ein Wettbewerbsverbot nach §§ 74 ff. HGB notwendig. Gleichzeitig könnte man aber in Frage stellen, ob im Überschneidungsbereich von Erfahrungen und Geschäftsgeheimnissen letztere überhaupt noch Bestand haben können, wenn man ausschließlich auf die individuellen Bedürfnisse der Arbeitnehmer abstellt. Im Ergebnis könnte man nämlich fast jede Information, die wirtschaftlich im Unternehmen genutzt wird, als notwendig für die weitere Tätigkeit eines bestimmten Arbeitnehmers ansehen. Dadurch wäre der Anwendungsbereich des Geheimnisschutzes allerdings zu stark eingeschränkt.

301 Insgesamt lässt sich damit keine abschließende Aussage über den Umfang des Erfahrungswissens treffen, sodass nur ganz eindeutige Fälle jeweils einer Kategorie zugeordnet werden können. Nur Wissen, dass derart unspezifisch ist, dass es sich nicht *per se* dem Unternehmen zuordnen lässt und sich generell von diesem abtrennen lässt, kann ohne Weiteres als Erfahrungswissen angesehen

---

666 *Kalbfus*, Rn. 510.
667 *Wiese* (2018), S. 109.

werden.[668] Mit derartigen Ausführungen lässt sich aber allenfalls der Kernbereich des Erfahrungswissens greifbar machen. Im Rahmen der Grenzfälle wäre im Grunde eine Abwägung aller Umstände des Einzelfalles erforderlich, um den Interessenkonflikt zwischen Arbeitnehmer und Arbeitgeber aufzulösen. Als Indizien in diesem Kontext könnte die Abgrenzbarkeit und Individualisierbarkeit der Information, die Beteiligung des Arbeitnehmers am Schaffungsprozess, die Erkennbarkeit und Bedeutung der Geheimhaltung und die Art des Arbeitsverhältnisses und dessen Beendigungsumstände dienen. Das Ergebnis einer solchen Interessenabwägung ist für beide Arbeitsvertragsparteien aber nur schwer vorherzusehen und bringt daher enorme Rechtsunsicherheiten mit sich.[669]

Das Geschäftsgeheimnisgesetz lässt somit eine wesentliche Einschränkung im Hinblick auf den Gegenstand des Geschäftsgeheimnisses erkennen: Das Erfahrungswissen soll den Arbeitnehmern verbleiben und kann nicht Gegenstand eines Geschäftsgeheimnisses sein.[670] Wenngleich dieser Grundsatzentscheidung zuzustimmen ist, ist damit das Kernproblem wie eine Abgrenzung der Geschäftsgeheimnisse von den mit den Arbeitnehmern untrennbar verbundenen Erfahrungswissen gelingen soll, nicht gelöst. Eine Unterscheidung nach den genannten Kriterien ist nämlich nur in den seltensten Fällen trennscharf möglich.[671]

4. Abgrenzung über die Zuordnung an den Geheimnisinhaber

Die Systematik des Geschäftsgeheimnisgesetzes ermöglicht nun aber auch einen vollkommen neuen Ansatzpunkt: Durch die Bestimmung, ob eine geheime Information dem Arbeitgeber zugeordnet ist. Die Schutzkonzeption deutet nämlich nicht nur daraufhin, dass der Schutzgegenstand explizit bestimmt werden muss, sondern nach § 2 Nr. 2 GeschGehG auch zu einem Geheimnisinhaber gehört. Folge daraus ist, dass der Arbeitgeber die Inhaberschaft an dem Geschäftsgeheimnis nachweisen muss, damit es zu seinem Schutzgegenstand wird. Bejaht man dies und spricht dem Arbeitgeber zugleich eine rechtlich geschützte Position zu, wird er dem Arbeitnehmer die Nutzung der geheimen Information untersagen können. Ist dies nicht der Fall, wird man das Wissen zum allgemeinen Erfahrungsschatz eines Arbeitnehmers zählen und nicht als Geschäftsgeheimnis des Geheimnisinhabers werten können, da ihm mangels Zuordnung keine Rechte an dem Wissen zustehen. Dadurch lässt sich eine strikte Trennung zwischen Geschäftsgeheimnis und Erfahrungswissen erreichen. Es ist nicht zu hinterfragen, ob der Arbeitnehmer eine unlautere Handlung verübt, sondern auf

---

668 *Wiese* (2018), S. 110 mwN.
669 *Reinfeld* (1989), S. 14.
670 Durch diese Beschränkung soll zusätzlich gewährleistet werden, dass die Richtlinie sich nicht in nationale Angelegenheiten des Arbeitsrechts einmischt, vgl. *Wennakoski*, EIPR 2016, 38(3), 154 (166).
671 *Bissels/Schroeders/Ziegelmayer*, DB 2016, 2295 (2297); *Wiese* (2017), S. 109.

Ebene des Schutzgegenstandes, ob die Information dem Arbeitgeber überhaupt zusteht.

304 Folge wäre, dass nicht mehr im Wege einer Interessenabwägung entschieden wird, ob ein Geschäftsgeheimnis vorliegt oder ob der Arbeitnehmer das Wissen mitnehmen darf. Dieser Ansatz lässt sich auch aus einem Umkehrschluss herleiten, dass sämtliche Anspruchsgrundlagen der §§ 6 ff. GeschGehG voraussetzen, dass eine Inhaberschaft besteht. Dadurch ergibt sich ein im Hinblick auf die Systematik des Geschäftsgeheimnisgesetzes deutlich greifbarerer Ansatz: Der Schutzgegenstand muss identifiziert und einem Inhaber zugeordnet werden. Dadurch ergibt sich eine Abgrenzung zum Erfahrungswissen. Maßstab ist somit, ob die Information dem Arbeitgeber als Geheimnisinhaber zugeordnet ist.

305 Eine abschließende Abgrenzung ließe sich aber nur dann erreichen, wenn man das Geschäftsgeheimnis als eine dem Geheimnisinhaber zugeordnete Rechtsposition ansieht. Ob die vorliegende Zuordnung aber als eine bloße Ausformung des Zugangsschutzes oder eine Zuordnung in Form eines subjektiven Rechtes zu verstehen ist, lässt sich anhand des GeschGehG nicht unmittelbar beurteilen, da dieses keine klare Stellung zu der dogmatischen Einordnung von Geschäftsgeheimnissen bezieht. Für die Bestimmung des Schutzbereiches ist es daher wesentlich, ob der Anknüpfungspunkt der Eingriffstatbestände ein Handlungsunrecht oder eine geschützte Leistung ist.[672] Nachfolgend ist daher zunächst untersuchen, ob es sich bei Geschäftsgeheimnissen um rechtlich geschützte Positionen handelt.

5. Zwischenergebnis

306 Eine Klärung der Frage, welche Informationen genutzt werden dürfen, erscheint anhand einer rein begrifflichen Abgrenzung zwischen Erfahrungswissen und Geschäftsgeheimnissen nicht möglich. Festzuhalten ist aber, dass das Erfahrungswissen grundsätzlich nur redlich erlangte Informationen aus dem regulären Tätigkeitsbereich des Arbeitnehmers erfassen kann, welche dieser im Gedächtnis behalten hat. Damit ist eine Annäherung an den Begriff des Erfahrungswissens erreicht worden. Die Abgrenzung zum Geschäftsgeheimnis muss allerdings auf andere Art und Weise erfolgen.

307 Hier bietet die Systematik des Geheimnisschutzrechts einen neuen Ansatz. Statt über eine rein begriffliche Abgrenzung, kann hinterfragt werden, ob das Geschäftsgeheimnis dem Arbeitgeber überhaupt gehört und ihm somit zugeordnet wurde. Nur dann kann er es für sich beanspruchen und dem Arbeitnehmer die weitere Verwendung verbieten. Ist das geheime Wissen ihm nicht zugeordnet, handelt es sich um das Erfahrungswissen der Arbeitnehmer.

308 Bevor Kriterien für die Bestimmung, wer Inhaber eines Geschäftsgeheimnisses ist, entwickelt werden, muss aber zwingend die Vorfrage geklärt werden,

---

672 McGuire, in: FS für Harte-Bavendamm, S. 368.

III. Die Rechtsnatur des Geschäftsgeheimnisses

was dem Inhaber überhaupt zugewiesen wird: Entweder eine rechtlich verstärkte faktische Wissenslage oder eine rechtlich geschützte Position. Im Anschluss daran kann erst die tatsächliche Art und Weise der Zuordnung der Informationen geklärt werden. Damit wird zugleich eine Lücke der Geschäftsgeheimnis-Richtlinie, nämlich die originäre Zuordnung, geschlossen.

III. Die Rechtsnatur des Geschäftsgeheimnisses

1. Vorbemerkungen

Jede Zuordnung setzt die Bestimmung des zuzuordnenden Gegenstandes bzw. die Beantwortung, ob es einen solchen gibt, logisch voraus. Die Rechtsnatur von Geschäftsgeheimnissen ist allerdings seit jeher in der Literatur und Rechtsprechung umstritten. Gegenstand der Diskussionen war und ist, ob Geschäftsgeheimnisse absolute Rechte darstellen. Denn obwohl diesen eine geistige Leistung zugrunde liegt und sie einen erheblichen Vermögenswert aufweisen, bestand bisher kein eigenständiges und mit den klassischen Immaterialgüterrechten vergleichbares Schutzgesetz. Daher war es Sache der Rechtsprechung und des Schrifttums ausfindig zu machen, wie Betriebs- und Geschäftsgeheimnisse rechtlich einzuordnen waren. 309

Während überwiegend die Ansicht vertreten wurde, dass Geschäftsgeheimnisse jedenfalls keine Immaterialgüterrechte darstellen, geben die Neuordnung des Gesetzes und die Änderung des Schutzzweckes Anlass dazu, die dogmatische Einordnung zu überdenken. Denn nunmehr besteht nicht nur ein eigenständiges Geheimnisschutzgesetz mit neuer Schutzkonzeption. Auch die Entwurfsbegründung des GeschGehG stellt fest, dass Geschäftsgeheimnisse nicht mehr den Marktverhaltensregelungen des UWG zugeordnet werden können. Vielmehr heißt es im Begründungstext, dass Geschäftsgeheimnisse »in gewisser Weise« Immaterialgüterrechte seien. Gleichzeitig scheut der Gesetzgeber aber auch eine ausdrückliche Zuordnung, da er Geschäftsgeheimnisse nicht als vollständige Immaterialgüterrechte anerkennen möchte. Klarheit über die dogmatische Einordnung scheint insofern selbst beim nationalen Gesetzgeber nicht zu bestehen. Basierend auf diesem Widerspruch divergieren die Ansichten in der Literatur. Neben der vehementen Fortführung des Ansatzes die Anerkennung als Schutzrecht zu versagen,[673] werden Geschäftsgeheimnisse zum Teil auch als geistiges Eigentum eingeordnet[674], zum Teil als diesen besonders nahe beschrieben.[675] 310

---

673 Vgl. bspw. *Alexander*, WRP 2019, 673 Rn. 12–17.
674 *Kiefer*, WRP 2018, 910 Rn. 5 ff.; *McGuire*, in: Büscher, Vor § 17 Rn. 97 f; in der Tendenz auch: *Hoeren/Münker*, WRP 2018, 150 Rn. 8.
675 *Hauck*, WRP Die Erste Seite 2018, Nr. 6.

D. Die Abgrenzung zum Erfahrungswissen

311 Die Bedeutung der dogmatischen Einordnung ist dabei nicht nur theoretischer Natur, sondern hat sehr wohl rechtspraktische Auswirkungen. Denn die Rechtsposition des Geheimnisinhabers ist mit der Frage verbunden, ob dem Rechtsinhaber eine Position zugeordnet wird, die gegenüber jedermann gilt oder ob der Geheimnisinhaber lediglich eine faktische Wissenslage besitzt, die rechtlich gegen bestimmte Verhaltensformen abgesichert ist.

2. Der Meinungsstand bis zum Inkrafttreten des Geschäftsgeheimnisgesetzes

a) Die wesentlichen Diskussionspunkte

312 Bereits vor Inkrafttreten des GeschGehG war die Rechtsnatur von Geschäftsgeheimnissen umstritten. Auf Grundlage der bisherigen Regelungen wurden Betriebs- und Geschäftsgeheimnissen überwiegend nicht als Immaterialgüterrechte anerkannt.[676] Der Schutz wurde jedoch weitestgehend in dessen Nähe gerückt, wodurch ihm eine enge Verwandtschaft attestiert wurde.[677]

313 Die rechtliche Qualifikation erlangte für die Anwendbarkeit von § 823 Abs. 1 BGB Relevanz. Gegenstand der Diskussion war, ob es ein Recht am Geschäftsgeheimnis gab, das als »sonstiges Recht« im Sinne des § 823 Abs. 1 BGB qualifiziert werden konnte.[678] Daneben wurde eine Anwendung der Eingriffskondiktion des § 812 Abs. 1 S. 1 Alt. 2 BGB bei einer ungerechtfertigten Erlangung von zahlreichen Stimmen in Betracht gezogen.[679] Als entscheidender Punkt erwies sich insoweit das Tatbestandsmerkmal »auf dessen Kosten«.[680] Nach der herrschenden Lehre war danach zu fragen, ob eine Rechtsposition erlangt wurde, die einem anderen zugewiesen ist.[681] Ob Geschäftsgeheimnissen ein solcher

---

676 *Köhler*, in: Köhler/Bornkamm/Feddersen (2019), Vor § 17 Rn. 2; Vor dem Hintergrund des US-amerikanischen Rechts: *Lemley*, 61 Stan. L. Rev. (2008), 311.
677 *Harte-Bavendamm*, in: FS Köhler (2014), S. 235 (238); *Ohly*, in: Ohly/ Sosnitza (2016), Vor § 17 Rn. 4; *Ohly*, GRUR 2014, 1 (4).
678 Vgl. dazu *Köhler*, in: Köhler/Bornkamm/Feddersen (2019), § 17 Rn. 53; *Ohly*, in: Ohly/Sosnitza, § 17 Rn. 49; *Forkel*, in: FS Schnorr v. Carolsfeld, S. 105, 109; *Mes*, GRUR 1979, 584 (590); ff.; *Ann*, GRUR-Prax 2016, 465 (466).
679 *Köhler*, in: Köhler/Bornkamm/Feddersen (2019), § 17 Rn. 55; *Ohly*, in: Ohly/ Sosnitza, § 17 Rn. 49; *Loschelder*, in: Ann/Loschelder/Grosch, Kap. 1 Rn. 234; *Kiethe/Groeschke*, WRP 2005, 1358 (1362). Praktisch hat die Frage keine Bedeutung erlangt, denn in der höchstrichterlichen Rechtsprechung wurde sie bislang nicht aufgegriffen. Demgegenüber wurde eine ähnliche Haftung nach § 687 Abs. 2 BGB, in der Rechtsprechung bejaht, vgl dazu *Kalbfus*, Rn. 493; BGH, 23.02.2012, I ZR 136/10 – MOVICOL-Zulassungsantrag, GRUR 2012, 1048 Rn. 27.
680 OLG Köln, 17.01.1986, 6 U 172/85, NJW-RR 1986, 1117; *Kalbfus* (2011), Rn. 480.
681 *Schwab*, in: MüKoBGB, § 812 Rn. 277; *Sprau*, in: Palandt, BGB § 812 Rn. 38; *Loewenheim*, WRP 1997, 913, 914 f.

Zuweisungsgehalt zukam, deckt sich mit der Frage nach der Einordnung als »sonstiges Recht«.[682] Auch ein quasi-negatorischer Abwehranspruch des Geheimnisinhabers über § 1004 Abs. 1 BGB analog war anerkanntermaßen nur für absolute Rechte und diesen vergleichbare Rechtspositionen möglich.[683]

Der Streit spiegelte sich darüber hinaus im Vertragsrecht wider. Ungeklärt war, welche rechtlichen Vorschriften für das Rechtsgeschäft und die darauf aufbauende Übertragung des Wissens galten. Vorgeschlagen wurden Lösungen über §§ 413, 398 BGB[684] oder analog §§ 929 ff. BGB.[685] Der BGH hatte eine solche Übertragbarkeit befürwortet, Einzelheiten aber offen gelassen.[686] Jedoch wurde verschiedentlich auch in Bezug auf das Vertragsrecht die Existenz einer geschützten Rechtsposition kritisch gesehen.[687] Konsequenz dieser Ansicht ist nicht, dass Geschäftsgeheimnisse nicht verwertbar wären. Allerdings bestünde die Erfüllung des schuldrechtlichen Verpflichtungsgeschäftes dann in einem reinen Realakt.

Im Bereich des Kollisionsrechts ist die dogmatische Einordnung ausschlaggebend für die Bestimmung des anwendbaren Rechts. Herrschender Auffassung entsprach es, dass Geschäftsgeheimnisse keine »Rechte des geistigen Eigentums« i.S.d. Art. 8 Rom-II-VO[688] waren, sondern als Wettbewerbsrecht i.S.d. Art. 6 Rom II-VO qualifiziert werden müssen.[689] Nicht vollends geklärt war in der Vergangenheit außerdem, ob die Durchsetzungs-Richtlinie auch für den Bereich des Geheimnisschutzes Geltung beansprucht. In der Regel wurde darauf hingewiesen, dass das TRIPS Geschäftsgeheimnisse als Rechte des geistigen Eigentums einordnet.[690] Ungeachtet dessen wurde eingewandt, dass es sich der

---

682 Bejahend: *Loewenheim*, WRP 1997, 913, 916; Verneinend: *Peukert* (2008), S. 821; *Ellger* (2002), S. 401; *Büsching* (1992), S. 128; *Kalbfus*, Rn. 491; *Dorner* (2013), S. 227.
683 Vgl. *Rody* (2019), S. 191.
684 *Ohly*, in: Ohly/Sosnitza, Vor § 17 Rn. 5; *Forkel*, in: FS für Schnorr v. Carolsfeld, S. 123.
685 *Pfister* (1974), S. 146 ff.
686 BGH, 27.04.2006, I ZR 126/03 – Kundendatenprogramm, GRUR 2006, 1044 Rn. 19 a.E.
687 *Peukert* (2008), S. 821; *Haedicke* (2003), S. 299; *Kalbfus*, Rn. 409; *Troller*, GRUR Ausl. 1958, 385 (387).
688 Vgl. ErwGr 26: Im Sinne dieser Verordnung sollte der Ausdruck »Rechte des geistigen Eigentums« dahin interpretiert werden, dass er bspw. Urheberrechte, verwandte Schutzrechte, das Schutzrecht sui generis für Datenbanken und gewerbliche Schutzrechte umfasst. Für Anwendung Art. 8 Rom-II-VO *McGuire*, in: Büscher, Vor § 17 Rn. 102.
689 Vgl. die Entwurfsbegründung der EU-Kommission zur Rom II-VO: KOM (2003) 427 endg., 18; *Obergfell*, in: Ann/Loschelder/Grosch, Kap. 12 Rn. 10; *Sack*, WRP 2008, 845 (851); *Fezer/Koos*, in: Staudinger, BGB, IntWirtschaftsR, Rn. 654; *Wadlow*, EIPR 2008, 309 (310); *Fischer* (2012), S. 254 ff.
690 *McGuire*, GRUR 2015, 424 (425); *Enders*, GRUR 2012, 25 (26).

D. Die Abgrenzung zum Erfahrungswissen

Sache nach um einen lauterkeitsrechtlichen Schutz handelt. Dies komme in Wortlaut und Konzeption des TRIPS zum Ausdruck.[691]

b) Die Ansichten in Literatur und Rechtsprechung

316 Gegenstand der Diskussionen in der Literatur war zuvorderst die Frage, ob Geschäftsgeheimnisse als subjektives Recht anzuerkennen seien. Einige Stimmen sprachen diesen einen solchen Charakter zu[692] und stützten sich darauf, dass Geschäftsgeheimnisse als solche selbstständig übertragbar seien und die Rechtsordnung diese explizit schütze.[693] So begründete *Ohly* diese Einordnung damit, dass nicht jedes Immaterialgüterrecht seinem Inhaber die ausschließliche Nutzung unabhängig von einer Bewertung des Verletzerverhaltens gegenüber jedermann gewähre. Daher sei irrelevant, dass der Schutz nur gegen bestimmte Angriffsformen gerichtet ist, da auch eine eingeschränkte Zuweisung nicht zwingend gegen die Annahme eines absoluten Rechtes spreche.[694] Ausreichend sei, dass den sonstigen Rechten vergleichbare Abwehrrechte gewährt wurden.[695] Die Schutzintensität erreiche so zwar nicht das Niveau eines Immaterialgüterrechtes, jedoch wäre die Dispositionsbefugnis derart angenähert, dass von einem »unvollständigen Immaterialgüterrecht« gesprochen werden könne.[696] Eine vollständige Gleichsetzung wurde daher selbst von diesen Stimmen verneint. Angenommen wurde vielmehr, dass es sich um ein eigenständiges Rahmenrecht handelt, sodass die Rechtswidrigkeit einer Handlung nicht indiziert wurde.[697]

317 Andere Stimmen empfanden eine Gleichstellung mit den Immaterialgüterrechten als nicht interessengerecht.[698] Der Geheimnisschutz ginge nämlich deutlich über den der Immaterialgüterrechte hinaus und untergrabe diese: Er schützte zeitlich unbefristet und ohne Qualitätsprüfung. Gleichzeitig fehle es den Geheimnissen an einer Ausschluss- und Zuweisungsfunktion, da jeder sie verwerten

---

691 *Peter/Wiebe*, in: Busche/Stoll/Wiebe (2013), Art. 39 Rn. 3 u. 9.
692 *Forkel*, in: FS für Schnorr v. Carolsfeld, S. 109 ff.; *Ohly*, in: Ohly/Sosnitza, § 17 Rn. 49; *Nastelski*, GRUR 1957, 1 (6); *Mes*, GRUR 1979, 584 (590 ff.): a.A. *Ann*, GRUR 2007, 39 (42); *Brammsen*, DöV 2007, 10 (11) erkennt nur ablösbare (technische) Informationen als eigenständige Vermögensposition an.
693 *Ohly*, GRUR 2014, 1 (8); *Pfister* (1974), S. 85 ff.; 47 ff.
694 *Ohly*, GRUR 2014, 1 (3f.); So auch *Forkel*, in: FS für Schnorr v. Carolsfeld, S. 113; *Pfister* (1974), S. 85 ff.
695 *Ohly*, GRUR 2014, 1 (8); *Pfister* (1974), S. 85 ff.
696 *Ohly*, in: Ohly/Sosnitza Vor § 17 Rn. 4; *Harte-Bavendamm*, in: Harte/Henning, Vor § 17 Rn. 2a; Eine Begründung für die Annahme eines subjektiven Rechts basiert auf den Parallelen zum Recht an der Erfindung oder dem Recht am berechtigten Besitz, vgl. *Mes*, GRUR 1979, 584 (591).
697 *Ohly*, in: Ohly/Sosnitza, § 17 Rn. 49; *Forkel*, in: FS für Schnorr von Carolsfeld, S. 111 f.; *Mes*, GRUR 1979, 583 (592 ff.).
698 Vgl. *Pfaff*, BB 1974, 567; *Stumpf*, Rn. 15; *Troller*, GRUR Int. 1958, 385 ff.; *Kraßer*, GRUR 1970, 587 ff; *Kraßer*, GRUR 1977, 230 ff.

dürfe, sofern er sie nur redlich erlangt hatte.⁶⁹⁹ Einerseits wurde daher vertreten, dass Geheimnisse jedem Unternehmen als Ausdruck der unternehmerischen Individualität nur anhaften, sodass sie allenfalls subsidiär einen Teil des Rechts am Gewerbebetrieb darstellen könnten.⁷⁰⁰ Andererseits wurde auch die Einordnung als Teil eines solchen Rahmenrechtes kritisch beurteilt.⁷⁰¹ Dagegen sprachen vor allem die Ablösbarkeit des Geschäftsgeheimnisses vom Unternehmen, denn eine Verletzung des Rahmenrechtes kam nur bei einem unmittelbaren Eingriff in den Betrieb in Betracht.

Zu einem eindeutigen Ergebnis kam auch die Rechtsprechung nicht, ⁷⁰² betonte jedoch ausdrücklich, dass der lauterkeitsrechtliche Geheimnisschutz eine Rechtsposition begründe, die sich dem Immaterialgüterrecht weitestgehend angenähert habe.⁷⁰³ Vielfach zitiert wurde in diesem Zusammenhang die *Dücko*-Entscheidung, da der Senat ein Ausschlussrecht anerkennt, welches im Verletzungsfall Ansprüche nach § 823 Abs. 1 BGB ermögliche, indem ein Eingriff in die ungestörte Ausübung des Gewerbebetriebs bestünde.⁷⁰⁴ Diese Entscheidung ist in der Literatur allerdings heftig kritisiert worden, da sie erkennbar ergebnisorientiert und widersprüchlich war.⁷⁰⁵ In den nachfolgenden Entscheidungen stellte der BGH teils auf einen Schutz der uneingeschränkten Ausübung der gewerblichen Betätigung⁷⁰⁶ ab, verneinte im Zusammenhang mit § 18 UWG aF aber ein subjektives Recht⁷⁰⁷ oder ließ die Frage nach der Anwendung des § 823 Abs. 1 BGB bewusst offen, erkannte Geschäftsgeheimnisse aber als zum Unternehmensvermögen gehörende Werte an.⁷⁰⁸ Die Rechtswidrigkeit eines Eingriffs

---

699 *Vormbrock*, in: Götting/Meyer/Vormbrock, § 30 Rn. 17 mit Verweis auf *Köhler*, in: Köhler/Bornkamm/Feddersen (2019), Vor § 17 UWG Rn. 2.
700 Seinen Ursprung hat dieser Begründungsansatz in dem Konzept über persönlichkeitsrechtliche Erwägungen einen absoluten Schutz für geheime Unternehmensinformationen zu erreichen; BGH, 09.03.1989, I ZR 189/86 – Forschungskosten, GRUR 1990, 221 (222); BGH, 25.01.1955, I ZR 15/53 – Dücko, GRUR 1955, 388 (390); BGH, 26.12.1962, I ZR 47/61 – Industrieböden, GRUR 1963, 367 (369); BGH, 18.03.1955, I ZR 144/53 – Kokillenguss, GRUR 1955, 468 (472); *Harte-Bavendamm*, in: Harte/Henning, § 17 Rn. 50; *Loschelder*, in: Ann/Loschelder/Grosch, Kap. 1 Rn. 230 f.; *Kraßer*, GRUR 1977, 177, 188 f.; *Wagner*, in: MüKo-BGB, § 823 Rn. 320.
701 *Pfaff*, BB 1974, 565 (567); *Brammsen*, in: MüKoUWG (2014), § 17 Rn. 7; *Ann*, GRUR-Prax 2016, 465, 466; *Kalbfus* (2011), Rn. 420.
702 Vgl. zu der dogmatischen Einordnung des Geschäftsgeheimnisses in der Rechtsprechung des Reichsgerichtes und Bundesgerichtshofes seit 1934, *Wagner* Rn. 184 ff.
703 BGH, Urt. v. 18.02.1977, I ZR 112/75, GRUR 1977, 539 (542) – Prozeßrechner; *Wagner*, Rn. 259; vgl. auch *Ann*, GRUR 2016, 465 (466).
704 BGH, 25.01.1955, I ZR 15/53 – Dücko.
705 Vgl. *Ann*, GRUR 2007, 39 (43); *Kraßer*, GRUR 1977, 177 (189).
706 BGH, GRUR 1955, 468 (472) – Schwermetall Kokillenguß.
707 BGH, GRUR 1960, 554 – Handstrickverfahren.
708 BGH, GRUR 1990, 221 (222) – Forschungskosten.

musste jedoch explizit festgestellt werden, wobei auf ähnliche Maßstäbe wie bei § 1 UWG aF bzw. § 826 BGB abzustellen war.[709]

3. Das Verhältnis zwischen Geheimnisschutz und Geistigem Eigentum

319 Im Wesentlichen wurde daher die Anerkennung des Geheimnisschutzes als Recht des Geistigen Eigentums diskutiert. Dies wurde mit der besonderen Nähe der beiden Schutzmöglichkeiten zueinander begründet. Ihr Anwendungsbereich überschneidet sich nämlich weitestgehend, da beide das geistige Schaffen des Schöpfers absichern. Eine solche Aufwertung des Geheimnisschutzes stand allerdings unter der Kritik, dass hierdurch eine ungerechtfertigte Monopolisierung von Wissen erreicht wird und die klassischen Rechte des Geistigen Eigentums untergraben werden.[710] Bevor eine Neubewertung der Rechtsnatur nach dem neuen Geheimnisschutzrecht vorgenommen werden kann, stellt sich daher die Frage nach dem Verhältnis zu den Rechten des Geistigen Eigentums. Dies dient dem Zweck festzustellen, ob tatsächlich eine derartige Nähe besteht und die Diskussion um die Zuordnung zum Recht des Geistigen Eigentums gerechtfertigt ist.

a) Geheimnisschutz als Ergänzung

320 Der Geheimnisschutz kann eingreifen, wenn kein immaterialgüterrechtlicher Schutz möglich ist. Die Auswahl zwischen klassischem Schutzrecht und Geschäftsgeheimnis setzt nämlich voraus, dass der potentielle Schutzgegenstand schutzfähig ist. Mangels Schutzfähigkeit erübrigt sich aber häufig die Entscheidung eine Information mittels eines Immaterialgüterrechts zu monopolisieren. Denn Hürde für die Erlangung eines Schutzrechts sind die abschließend geregelten Erteilungsvoraussetzungen, welche zum Teil strengen Vorgaben unterliegen.[711] Zudem ist der potentielle Schutzgegenstand stark begrenzt.[712] Keinen Schutz können bspw. bloße Ideen oder Entdeckungen, Konzepte oder wissenschaftliche Theorien erlangen. In diesem Fall nimmt der Geheimnisschutz eine ergänzende Funktion ein,[713] indem er sämtliche technischen und kaufmännischen Informationen gleichermaßen absichern kann, da er kaum qualitativen

---

709 BGH, GRUR 1963, 367 (369) – Industrieböden.
710 Vgl. *Pfaff*, BB 1974, 567; *Stumpf*, Rn. 15; *Troller*, GRUR Int. 1958, 385 ff.; *Kraßer*, GRUR 1970, 587 ff; *Kraßer*, GRUR 1977, 230 ff.
711 Im Patentrecht und Gebrauchsmusterrecht muss eine gewerblich anwendbare Erfindung sowohl neu, technische und erfinderisch sein, § 1 PatG, § 1 GebrMG; Ein Design kann nur geschützt werden, wenn es neu ist und Eigenart aufweist, § 2 DesignG; Das Urheberrecht setzt eine persönliche geistige Schöpfung voraus, § 2 UrhG.
712 *McGuire*, GRUR 2015, 424 (425).
713 *Wagner*, Rn. 43.

Anforderungen stellt. Insbesondere bestehen keine Begrenzungen im Gegenstand, Schöpfungshöhe oder Neuheit. Deswegen kann der Geheimnisschutz verschiedenartige, sowohl wirtschaftlich relevante als auch triviale Informationen erfassen.[714] Naturgemäß erscheint er jedoch nur sinnvoll, wenn die wirtschaftliche Verwertung der Informationen nicht zwingend mit ihrer Offenlegung einhergeht.[715]

Dies gilt vor allem für die Möglichkeit des Schutzes eigenständiger kaufmännischer Informationen, die einen immensen unternehmerischen Wert haben, für die jedoch selbst bei Erfüllung hoher Anforderungen kein passendes Schutzrecht zur Verfügung steht. Daher ist die Geheimhaltung von Geschäftsstrategien die einzige Möglichkeit, diese im Vorfeld eines geplanten Marktauftritts vor Mitbewerbern zu schützen.[716] Zwar können Unterlagen und Sprachwerke dem Urheberrecht unterliegen,[717] jedoch verfolgt dieses einen grundverschiedenen Ansatzpunkt und sichert allein die konkrete Ausdrucksform. Auf diese kommt es dem Unternehmensinhaber aber in der Regel nicht an, denn unter Heranziehung jeglicher anderen Form dürfen diese von Mitbewerbern genutzt werden. Das Urheberrecht bietet dementsprechend keinen effektiven Schutz für kaufmännisches Wissen. Insofern kommt dem Geheimnisschutz selbst bei parallel bestehendem Urheberrechtsschutz eine zentrale Bedeutung als ergänzende Schutzmöglichkeit zu.[718] 321

Daneben generiert jedes Unternehmen große Mengen an Informationen, die trotz zeitaufwändiger und kostspieliger Forschung oder langjähriger geschäftlicher Betätigung keinem Schutzrecht zugänglich sind. Dabei kann es sich um Wissen hinsichtlich der Herstellung, des Bezugs oder Absatzes von Produkten handeln oder solches Wissen, das für den Gebrauch einer geschützten Innovation förderlich ist. Unter Umständen ist der Mitbewerber auf den Erwerb dieser Informationen im Rahmen von Technologielizenzverträgen angewiesen, da die 322

---

714 *Ann*, GRUR 2007, 39 (41); *Ohly*, GRUR 2014, 1 (2); *Forkel*, in: FS für Schnorr v. Carolsfeld, S. 105.
715 *Ohly*, in: Ohly/Sosnitza, Vor § 17, Rn. 1; *Stancke*, BB 2013, 1418 (1421); *Brammsen*, in: MüKo LauterkeitsR (2014), § 17 UWG Rn 8; *Beckermann-Rodau*, 84 J.P.T.O.S. 371 (2002), p. 2; *Ann*, GRUR 2007, 39 (41); *Siems*, WRP 2007, 1146 (1149).
716 *Ann*, GRUR 2014, 12; *Harte-Bavendamm*, in: Harte/Henning Vor § 17 Rn. 2; *Ohly*, in: Ohly/Sosnitza, Vor §§ 17–19 Rn. 2; Unternehmen ordnen sie als ebenso wichtig ein wie technische Entwicklungen, Baker McKenzie Studie S. 15; *Kraßer*, GRUR 1970, 587 (588); etwas zurückhaltender *Nastelski*, GRUR 1957, 1.
717 Das Urheberrecht und der Geheimnisschutz sind nebeneinander anwendbar, § 69 g Abs. 1 UrhG. Um Widersprüche zu vermeiden könne urheberrechtlich zulässige Handlungen nach § 69 e UrhG nicht als unbefugte Handlung i.S.d. Geheimnisschutzgesetzes gelten, so auch *Köhler*, in: Köhler/Bornkamm/Feddersen UWG (2019) § 17 Rn. 3b; *Dreier*, in: Dreier/Schulze, § 69g Rn. 1 mwN.
718 *Wagner*, Rn. 45; *Ohly*, in: Ohly/Sosnitza UWG (2016), Vor § 17, Rn. 4.

korrespondierende Innovation ohne diese unbrauchbar wäre.[719] Betroffen sein können auch Vorstufen technischer Innovationen, deren Entwicklung nicht derart fortgeschritten ist, dass bereits ein gewerbliches Schutzrecht erteilt werden könnte.[720] Die Geheimhaltung verhindert in dieser Phase des Innovationsprozesses unbefugte Zugriffe und wirkt neuheitsschädlichen Offenbarungen entgegen. In dieser Hinsicht kann der Geheimnisschutz nicht nur dazu dienen schutzunfähige Informationen vor unbefugten Zugriffen abzusichern und einen ungestörten Marktauftritt zu ermöglichen, sondern auch die spätere Erlangung von Schutzrechten absichern.

b) Geheimnisschutz als Alternative

(a) Überschneidung der Anwendungsbereiche

323 Sofern immaterialgüterrechtlicher Schutz möglich ist, müssen die Unternehmen ggf. eine Entscheidung treffen, welche Art des Schutzes sie erlangen möchten. Dies gilt in rechtspraktischer Hinsicht für kaufmännische Informationen nicht in dem gleichen Maß wie für technisches Wissen. Kaufmännische Informationen sind keinem gewerblichen Schutzrecht zugänglich, werden allerdings mit Schöpfung ggf. durch das Urheberrecht geschützt. Durch das Urheberrecht erhalten sie aber keinen effizienten Informationsschutz, sodass dieses nur in wenigen Fällen eine sinnvolle Alternative zur Geheimhaltung darstellt. Zwischen dem Marken- und dem Geheimnisschutz besteht indes keine Konkurrenzsituation, da dieses eine grundverschiedene Schutzrichtung aufweist, Produkte voneinander unterscheiden und deren Herkunft aufzeigen möchte. Demgegenüber stehen Unternehmen im Bereich technischer Innovationen regelmäßig vor einer schwierigen Entscheidung, welchen Schutz sie auswählen, denn auch der immaterialgüterrechtliche Schutz ist nicht immer optimal ausgestaltet oder mit Blick auf den Zeit- und Kostenaufwand lohnenswert.[721]

324 Gleichzeitig ist eine Entscheidung notwendig, denn sofern ein technisches Schutzrecht möglich ist, steht es in einem Ausschließlichkeitsverhältnis zum Geheimnisschutz. Zentraler Unterschied ist nämlich, dass Geschäftsgeheimnisse ihrem Wesen nach Geheimhaltung voraussetzen, während das Patentrecht auf dem Gedanken beruht, dem Rechtsinhaber ein Monopol im Austausch für die Offenbarung des Wissens zu gewähren.[722] Ein Nebeneinander der beiden Schutz-

---

719 *Kraßer*, GRUR 1970, 587.
720 *Siems*, WRP 2007, 1146 (1149).
721 *Harte-Bavendamm*, in: Harte/Henning, Vor § 17 Rn. 2; *Sander*, GRUR Int. 2013, 217 (219); *McGuire*, GRUR 2015, 424 (425); Zu den Vor- und Nachteilen vgl. *Ann*, GRUR 2007, 39, 41.
722 *Osterrieth*, Rn. 13.

instrumente ist daher denknotwendig nicht möglich.⁷²³ Zwar kann eine geheime Information bei entsprechender Schutzfähigkeit später zum Registerrecht angemeldet werden, jedoch nicht umgekehrt, da nach der Offenlegung eine Rückkehr zum Geheimnis unmöglich ist. Daher kann der Geheimnisschutz dazu genutzt werden, vorübergehend die Neuheit einer technischen Information abzusichern, aber im Falle einer Registrierung muss das Risiko abgeschätzt werden, ob ein Schutzrecht versagt oder erfolgreich angegriffen werden kann.⁷²⁴

(b) Vergleich von Geheimhaltung und Schutzrechtserlangung

Die Entscheidung für ein Schutzregime hat Auswirkungen auf Entstehung, Bestand und Umfang des Schutzes.⁷²⁵ Für die Erlangung eines technischen Schutzrechtes ist ein verwaltungsrechtliches Erteilungsverfahren mit Kosten für Anmeldung und Aufrechterhaltung des Schutzes notwendig, welches unter Umständen mehrere Jahre in Anspruch nehmen kann.⁷²⁶ Da dies schlichtweg den Innovationszyklus zahlreicher Informationen überschreiten kann und die Ämter mit trivialen Informationen überlastet, ist eine Registrierung unter diesen Bedingungen häufig unwirtschaftlich. Daher bietet sich der gewerbliche Rechtsschutz allenfalls für Informationen an, deren Innovationsvorsprung nachhaltig ist, wie z.B. bei Basis- und Grundlageninnovationen.⁷²⁷

Obwohl der Ausgang des Erteilungsverfahrens mit gewissen Unvorhersehbarkeiten belastet ist, wird das Wissen im Rahmen dessen der Allgemeinheit unwiederbringlich offenbart. Damit einher geht die kostenintensive Notwendigkeit einerseits den Markt zu überwachen und andererseits Anmeldungen in zahlreichen Ländern einzureichen.⁷²⁸ Denn als Resultat wird zudem nur ein territorial begrenztes Ausschließlichkeitsrecht erteilt. Das bedeutet, dass das Schutzrecht als hoheitlich verliehenes Recht räumlich auf das Hoheitsgebiet des jeweiligen Staates begrenzt ist, in dem es erteilt wurde, während die Offenlegung weltweit

---

723 *Ohly*, in: Ohly/Sosnitza § 17 Rn. 47; Dies gilt nicht für das patent- und gebrauchsmusterrechtliche Erfinderrecht, jedoch gewährt es einen schwächeren Schutz. Etwas Anderes kann im Falle eines Geheimpatents nach § 50 PatG gelten, sofern es sich bei der information um ein Staatsgeheimnis i.S.d. § 93 StGB handelt.
724 *Wagner*, Rn. 42; *Beckermann-Rodau*, 84 J.P.T.O.S. 371 (2002), S. 3; *Almeling* (2012), S. 1116; *Vormbrock*, in Götting/Meyer/Vormbrock, § 30 Rn. 8.
725 Gegenüberstellung: *Vormbrock*, in: Götting/Meyer/Vormbrock, § 19 Rn. 31.
726 *Blank*, in: Hasselblatt, § 24 Rn. 1; *Kalbfus*, Rn. 13; *Harte-Bavendamm*, in: Harte/Henning. § 17 Rn. 4; *Kraßer*, GRUR 1970, 587 (589); Patenterteilungsverfahren beim DPMA dauern ca. 24–30 Monate, beim EPA 36–60 Monate, dazu *Brunner*, MittdtPat 2017, 444 (444).
727 *Beckermann-Rodau*, 84 J.P.T.O.S. 371 (2002), S. 6.
728 *Harte-Bavendamm*, in: Harte/Henning, Vor § 17 Rn. 1; *Beckermann-Rodau*, 84 J.P.T.O.S.371 (2002), S. 4.

D. Die Abgrenzung zum Erfahrungswissen

wirkt und Konkurrenten über die Forschungsergebnisse und -felder informiert.[729]

327 Das erteilte Schutzrecht ist zudem zeitlich begrenzt; die Güter sollen der Allgemeinheit ab einem bestimmten Zeitpunkt unbeschränkt zur Verfügung stehen.[730] Denn Zweck der technischen Schutzrechte ist nicht nur den Schöpfer für den technischen Beitrag zu belohnen und ihm die Möglichkeit zu geben, seine Investitionen zu amortisieren, sondern auch einen Anreiz zu schaffen, das Wissen zu offenbaren um damit den technischen Fortschritt und allgemeinen Kulturschatz zu bereichern.

328 Demgegenüber hat die Geheimhaltung eine Reihe von Vorteilen: Durch ihre ad hoc Entstehung und faktische staatenübergreifende Wirkung hat sie wesentliche Vorteile vor allem in Bereichen, in denen die Innovationszyklen kurzlebig sind.[731] Mitbewerber erlangen keine Einblicke in den technischen Stand des Geheimnisträgers und können diesen folglich nicht kopieren, sodass der Wissensvorsprung abgesichert werden kann.[732] Geheime Innovationen sind daher auch einer wettbewerbsrechtlichen Zugangskontrolle entzogen und keiner Gefahr der Erteilung von Zwangslizenzen ausgesetzt. Auch der Aufwand einer Marktüberwachung verringert sich, da die Kontrollen auf die Mitwisserkreise konzentriert werden und vertragliche Vereinbarungen präventiv Sicherheit verschaffen können.[733] Ein wesentlicher Faktor ist in diesem Zusammenhang, für wie lange der Geheimnisschutz aufrechterhalten werden soll, denn grundsätzlich unterliegt der Geheimnisschutz keiner zeitlichen Begrenzung. Zudem ist die Geheimhaltung formlos zu erlangen und nicht durch Unvorhersehbarkeiten eines Registerverfahrens belastet.[734] Insoweit stellt sie für Unternehmen, die die Kosten und Risiken einer Schutzrechtserlangung und -durchsetzung nicht tragen können, eine sinnvolle Alternative dar. In diesem Zusammenhang wird häufig

---

729 *Beckermann-Rodau*, 84 J.P.T.O.S. 371 (2002), S. 3. Mit dem Territorialitätsprinzip korrespondiert das Schutzlandprinzip, welches das anwendbare Recht bestimmt, das auf den immaterialgüterrechtlichen Sachverhalt Anwendung findet. Wegen der Besonderheit, dass in solchen Fällen ein Belegenheitsort nicht ausgemacht werden kann, wird das Recht desjenigen Staates angewandt für dessen Gebiet Schutz begehrt wird. Zu der Diskussion um die Anwendung im Urheberrecht und dem Konflikt mit der Digitalisierung, vgl. *Wagner*, Rn. 405 ff.
730 Patentrechtlicher Schutz 20 Jahre (§ 16 Abs. 1 S. 1 PatG), ggf. bis zu 25 Jahre durch ein ergänzendes Schutzzertifikat, der Gebrauchsmusterschutz 10 Jahre (§ 23 GebrMG), eingetragenes Design 25 Jahre (§ 25 DesignG; Art. 12 GGVO).
731 *Beckermann-Rodau*, 84 J.P.T.O.S. 371 (2002), S. 10 ff; *Siems,* WRP 2007, 1146 (1149).
732 So *Köhler*, FS für Ahrens, S. 111 ff.; vgl. auch *Loschelder*, in: Ann/Loschelder/Grosch, Kap. 1 Rn. 44; *Sander*, GRUR Int. 2013, 217 (219); *Vormbrock*, in Götting/Meyer/Vormbrock, § 30 Rn. 1.
733 *Wagner*, Rn. 47.
734 *Sander*, GRUR Int. 2013, 217 (219); *Kalbfus* Rn. 111; *Osterrieth*, Rn. 481.

angeführt, dass die Geheimhaltung kostengünstiger sei als ein Registerrecht.[735] Die Etablierung und Erhaltung der Geheimhaltungsmaßnahmen beinhaltet jedoch auch fortlaufende Kosten, die sich vorab nicht kalkulieren lassen und im Wesentlichen einzelfallabhängig sind. Folglich kann die Entscheidung für die Geheimhaltung auch eine Ausweitung der Schutzdauer bedeuten.[736] Entsprechend kann es sinnvoll sein auf eine Registeranmeldung, die im Einklang mit den genannten Punkten lohnenswert erscheint, zu verzichten, sofern Mitbewerber die Innovation für einen Zeitraum, welcher die Laufzeit eines immaterialgüterrechtlichen Schutzes überschreitet, nicht entschlüsseln können.[737]

(c) Einschränkungen des Geheimnisschutzes

329 Damit weist der Geheimnisschutz eine Reihe von Vorteilen auf, unter Berücksichtigung derer eine Anerkennung als Recht des Geistigen Eigentums oder gar Immaterialgüterrecht fragwürdig erscheint. Ohne die besonderen Schutzvoraussetzungen erfüllen zu müssen, könnte dadurch nämlich ein umfassender Informationsschutz erreicht werden.

330 Der immaterialgüterrechtliche Schutz kann allerdings vorteilhafter sein, da ein Ausschließlichkeitsrecht eine bessere Basis für die Verkehrsfähigkeit ist. Während bei Schutzrechten gegen jede Art der gewerblichen Verwendung vorgegangen werden kann, ist der Geheimnisinhaber nicht so weitgehend geschützt. Zwar bringt die Geheimhaltung eine vergleichbare Dispositionsbefugnis mit sich, da Dritte faktisch an der Verwendung gehindert werden und die Information rechtsgeschäftlich verwertet werden kann. Geschäftsgeheimnisse werden aber nicht durch einen hoheitlichen Akt verliehen, sondern durch den Geheimnisinhaber selbst geschaffen und vom Gesetzgeber durch rechtliche Instrumente zur Sicherung und Abwehr gegen Rechtsverletzer unterstützt. Damit erlangt der Geheimnisinhaber nur ein Schutzrecht, welches solange besteht wie das Wissen geheim gehalten werden kann. Die Schwäche von Geschäftsgeheimnissen liegt daher in der Anfälligkeit für einen vollständigen Wert- und Schutzverlust. Mit der Offenlegung verliert der Unternehmer die Vorteile, die er durch die Geheimhaltung gesichert hat, unabhängig davon, ob der Geheimnisträger selbst oder ein Dritter, bspw. ein Mitbewerber, Kooperationspartner oder Arbeitnehmer für die Offenlegung verantwortlich ist.[738] Erlangt ein Dritter die Information ohne in den geschützten Bereich des Geheimnisträgers einzudringen,

---

735 *Ann/Hauck*, in: MüKoUWG (2014), § 17 Rn. 272; *Ann*, GRUR 2007, 39 (40).
736 *Beckermann-Rodau*, 84 J.P.T.O.S.371 (2002), S. 4; *Wagner*, Rn. 47.
737 *Stier/Hasselblatt*, in: Götting/Nordemann, Vor § 17 Rn. 2; *Sander*, GRUR Int. 2013, 217 (219); *Köhler*, in: Köhler/Bornkamm/Feddersen (2019), Vor § 17 Rn. 1.
738 *Köhler*, in: Köhler/Bornkamm/Feddersen (2019), Vor § 17 Rn. 1; *Stier/Hasselblatt*, in: Götting/Nordemann, Vor § 17 Rn. 2; *Ohly*, in: Ohly/Sosnitza, Vor § 17 Rn. 2; *Harte-Bavendamm*, in: Harte/Henning, Vor § 17 Rn. 2; *Blank*, in: Hasselblatt, § 24 Rn. 1; *Sander*, GRUR Int. 2013, 217 (219).

D. Die Abgrenzung zum Erfahrungswissen

kann ihm die Verwendung oder Offenbarung nicht einmal untersagt werden.[739] Behandelt er die Information aber als Geheimnis, wird der Geheimnischarakter dadurch nicht *per se* zerstört, jedoch bestehen weder Ansprüche noch ein Wettbewerbsvorsprung gegenüber dem Konkurrenten, da sie nunmehr parallele Geheimnisinhaber sind.[740]

331 Gegenstand des Schutzes ist dabei nicht die Information als solche, sondern das Geheimnis. Erst wenn die Information erlangt, genutzt oder offengelegt und durch diese Handlung gleichzeitig das Geheimnis an diesem verletzt wird, indem vor allem Geheimhaltungsmaßnahmen durchbrochen oder missachtet werden, kann daher von einer Rechtsverletzung die Rede sein. Dadurch lässt sich auch die Möglichkeit der unabhängigen Erschließung und parallelen Geheimnisinhaberschaft erklären. Aus diesem Grund führt die Anerkennung einer rechtlich geschützten Position auch nicht zu der stets befürchteten grenzenlosen Monopolisierung von Wissen.[741]

332 Der Verlust ist letztlich aber durch Vorgänge möglich, die nicht im Einflussbereich des Geheimnisinhabers liegen, sodass die Schutzdauer nur schwer vorab zu kalkulieren ist.[742] Zwar stehen dem Geheimnisinhaber bei unbefugten Handlungen Schadensersatzansprüche zu, jedoch ändert dies nichts an dem Schutzverlust, da eine Rückkehr zum Geheimnis nicht möglich ist.[743] Durch entsprechende Schutzmaßnahmen lässt sich das Risiko des Verlusts in einem gewissen Ausmaß vermeiden. Je höher die Sicherheitsmaßnahmen sein müssen, desto höher fallen aber auch die entsprechenden Ausgaben aus. Unter Umständen können sie die Kosten eines Patents bei Weitem übersteigen und den Geheimnisschutz unattraktiv machen.[744] Daneben treten die mit dem Geheimnisschutz verbundenen Rechtsunsicherheiten, da der zivilrechtliche Schutz erst seit Kurzem geregelt ist.[745] Solche bestehen nicht nur hinsichtlich ausgeschiedener Arbeitnehmer, sondern auch im Hinblick auf die rechtsgeschäftliche Verwertung, da Übertragung und Lizenzierung nicht geregelt sind. Dies macht meist umfangreiche Geheimhaltungsabreden erforderlich, deren Wirksamkeit schwer vorherzusagen ist.

333 Die Geheimhaltung erübrigt sich, wenn die geschützte Information von Konkurrenten auf erlaubte Weise ermittelt werden kann, bspw. wenn sich das Wissen offenkundig aus dem Produkt selbst ergibt, Parallelentwicklungen naheliegend

---

739 *Bartenbach*, Rn. 2533; *Ohly*, in: Ohly/Sosnitza, Vor § 17, Rn. 3; *Harte-Bavendamm*, in: Harte/Henning, Vor § 17 Rn. 2a; *Stancke*, BB 2013, 1418 (1421); *Ann*, GRUR 2007, 39 (40).
740 *Beckermann-Rodau*, 84 J.P.T.O.S. 371 (2002), S. 6.
741 Dazu ausführlich *McGuire*, GRUR 2016, 1000 (1003).
742 *Beckermann-Rodau*, 84 J.P.T.O.S. 371 (2002), S. 4.
743 *Wagner*, Rn. 51; *Beckermann-Rodau*, 84 J.P.T.O.S. 371 (2002), p. 5.
744 *Wagner*, Rn. 53; *Ann*, GRUR 2007, 39 (39 f.).
745 *Salger/Breitfeld*, BB 2005, 154 ff; *Enders*, GRUR 2012, 25 (28); *Ohly*, in: Ohly/Sosnitza, § 17 Rn. 36.

sind oder die Möglichkeit des *Reverse Engineering*[746] besteht. In diesem Fall erscheint es nicht sinnvoll auf eine Schutzrechtsanmeldung zu verzichten. Demgegenüber stellt die Geheimhaltung bei internen Informationen (z.b. Herstellungsverfahren), bei denen die Gefahr von Parallelentwicklungen gering ist und keine Erschließung durch *Reverse Engineering* droht, eine ernstzunehmende Alternative dar, setzt jedoch wirksame Schutzmaßnahmen voraus.[747]

c) Zwischenergebnis

Der Vergleich zeigt zahlreiche Vorteile zugunsten der Geheimhaltung auf, die vor allem mit der Schutzrechtserlangung und der Schutzdauer zusammenhängen. Immer dann, wenn ein immaterialgüterrechtlicher Schutz nicht möglich oder lohnenswert ist, kann die Geheimhaltung eine sinnvolle Ergänzung oder Alternative für den Schutz der Informationen sein. Im Ergebnis wird es sich aber um eine Einzelfallentscheidung handeln, ob immaterialgüterrechtlicher Schutz oder Geheimnisschutz vorteilhafter ist. 334

Gleichzeitig sind der Bestand und der rechtliche Schutz auch nach neuem Recht nicht derart gesichert und ausgebaut, als dass er die klassischen Immaterialgüterrechte untergraben könnte. Über die bestehenden Schwächen des Schutzes kann nämlich auch die Anerkennung als Recht des Geistigen Eigentums nicht hinweghelfen. So ist die Aufrechterhaltung des Schutzes in der Praxis deutlich schwieriger, als die eines Immaterialgüterrechts, da nicht nur eine bloße Zahlung von Registergebühren erforderlich ist, sondern eine dauerhafte und kostenintensive Geheimhaltung geschaffen werden muss. Gleichzeitig geht der Schutz durch bloße Offenlegungshandlungen jeglicher Art verloren. Zudem besteht kein unmittelbarer Schutz der Information an sich, da diese nur im Zusammenhang mit der Geheimnissphäre geschützt wird. Die Gefahr einer Monopolisierung von Wissen ist daher nicht gegeben. Aus diesem Grund ist keine ungerechtfertigte Besserstellung oder ein Untergraben der Immaterialgüterrechte zu befürchten. Zugleich lassen diese Unterschiede eine Einordnung als solches fraglich erscheinen. Nachfolgend soll daher unter Berücksichtigung dieser Feststellung untersucht werden, ob der Geheimnisschutz mit dem Inkrafttreten des Geschäftsgeheimnisgesetzes dem Recht des Geistigen Eigentums zugeordnet werden kann. 335

4. Qualifizierung des Geschäftsgeheimnisses nach der Reform

Vor dem Hintergrund der Neuordnung des Geheimnisschutzes ist fraglich, ob nun auch die Rechtsnatur von Geschäftsgeheimnissen neu beurteilt werden 336

---

746 Dies ist mit der Geschäftsgeheimnis-Richtlinie ausdrücklich als erlaubt anzusehen, vgl Art. 3; *Beckermann-Rodau*, 84 J.P.T.O.S. 371 (2002), S. 7.
747 *Wagner*, Rn. 47.

muss bzw. nunmehr eindeutig zu bestimmen ist. Denn während einige Stimmen in der Literatur die Anerkennung als Geistiges Eigentum nunmehr eindeutig als gegeben ansehen,[748] äußern sich andere zurückhaltender oder gar ablehnend.[749]

a) Gesetzesbegründung, Richtlinienerwägungen und Gesetzgebungshistorie

337 In der Geschäftsgeheimnis-Richtlinie selbst differenziert der europäische Gesetzgeber stellenweise zwischen Immaterialgüterrechten und Geschäftsgeheimnissen.[750] Er stellt sie als verschiedene Mittel des Innovationsschutzes einander gegenüber und vergleicht die Bedeutung von Geschäftsgeheimnissen mit der von »Patenten und anderen Formen von Rechten des Geistigen Eigentums«. Einige Autoren sehen darin eine Einordnung der Geheimnisse als bloße Ergänzung oder Alternative zu diesen, wodurch sie zu dem Ergebnis kommen, es müsse sich um ein Aliud handeln. Regelmäßig wird unterstützend angeführt, dass schon die Kommission in ihrer Mitteilung »Ein Binnenmarkt für Rechte des geistigen Eigentums« vom 24. Mai 2011[751] den Schutz von Geschäftsgeheimnissen neben die Bekämpfung sklavischer Nachahmungen stellte und dem ergänzenden Schutz zuordnete.[752] Er liege »im Grenzbereich zwischen dem Schutz des gewerblichen Eigentums und anderen Rechtsbereichen«.[753] Auch eine im Auftrag der Kommission durchgeführte rechtsvergleichende Studie untermauere dies, wonach Geschäftsgeheimnisse in den meisten Mitgliedsstaaten nicht als Rechte des geistigen Eigentums geschützt seien.[754] Besonders deutlich wurde dies in der Stellungnahme des Ausschusses für Industrie, Forschung und

---

748 *Kiefer*, WRP 2018, 910 Rn. 5 ff.; *McGuire*, in: Büscher, Vor § 17 Rn. 97 f. Ähnlich: *Hoeren/Münker*, WRP 2018, 150 Rn. 8.
749 *Alexander*, WRP 2019, 673 Rn. 12 ff; *Heinzke*, CCZ 2016, 179 (183); *Schubert*, in: Franzen/Gallner/Oetker, RL 2016/943 Art. 2 Rn. 23.
750 Vgl. Geschäftsgeheimnis-RL EU/2016/943, Erwägungsgrund 1, 2, 39. Aus diesen schließen einige Autoren, dass die Richtlinie ablehnend gegenüber einer immaterialgüterrechtlichen Einordnung sei, Vgl. *Köhler*, in: Köhler/Bornkamm/Feddersen (2019), Vor § 17 Rn. 2.
751 Mitteilung der Kommission an das Europäische Parlament, den Rat, den Europäischen Wirtschafts- und Sozialausschuss und den Ausschuss der Regionen, Ein Binnenmarkt für Rechte des geistigen Eigentums, Förderung von Kreativität und Innovation zur Gewährleistung von Wirtschaftswachstum, hochwertigen Arbeitsplätzen sowie erstklassigen Produkten und Dienstleistungen in Europa, KOM (2011) 287 endg.
752 KOM (2011) 287, S. 19 f.
753 KOM (2011) 287, S. 18.
754 Report on Trade Secrets for the European Commission, MARKT/2010/20/D, Rn. 259; *Bronckers/McNelis*, EIPR 2012, 673, 682.

Energie vom 29. April 2015, in der es heißt, der Schutz von Geschäftsgeheimnissen sei wichtig, aber kein Recht des geistigen Eigentums.[755]

Diese Ausführungen geben den Inhalt der genannten Schriftstücke zwar zutreffend wieder, jedoch können sie nur begrenzt als Anhaltspunkt für die Einordnung herangezogen werden, denn sie betreffen nur die Rechtslage vor Inkrafttreten der Geschäftsgeheimnis-Richtlinie. Es wird nämlich verkannt, dass in den vielfach zitierten Erwägungsgründen und Passagen der Mitteilungen und Studien lediglich die Interessen- und Regelungslage wie sie vor Erlass der Richtlinie bestand, erörtert wurde, um den Zweck und die Notwendigkeit der Reform herauszuarbeiten. Eine dogmatische Einordnung des neuen Rechts ist damit nicht verbunden. Vielmehr weist die Richtlinie darauf hin, dass ein grundsätzliches Bedürfnis besteht, den Schutz aufzuwerten und dem der Immaterialgüterrechte anzugleichen, da auch der Zweck – die Innovationsförderung – nunmehr gleichläuft.[756] 338

Auch der Hinweis in Erwägungsgrund 39, wonach die Richtlinie die Rechte des Geistigen Eigentums unberührt lasse, stellt schlichtweg eine Kollisionsregelung dar, da das geltende Immaterialgüterrecht von der Richtlinie nicht verdrängt werden soll. Dies wird mit der darauffolgenden Ausnahmeregelung deutlich, welche einen spezialgesetzlichen Vorrang der Durchsetzungs-Richtlinie etabliert. Der Gesetzgeber geht damit zu Recht davon aus, dass sich die Anwendungsbereiche überschneiden können. Dies ist im Bereich technischer Innovationen der Fall, kann aber auch kaufmännisches Wissen betreffen, welches durch das Urheberrecht keinen umfassenden Schutz erhält. Möchte man in diesen Ausführungen einen Hinweis auf die Rechtsnatur sehen, würde viel dafürsprechen, dass der Gesetzgeber den Geheimnisschutz aufgrund seiner Nähe als Teil des Immaterialgüterrechtes einordnen oder zumindest diesem angleichen möchte.[757] 339

Der deutsche Gesetzgeber scheint sich über die dogmatische Einordnung aber ebenso nicht im Klaren zu sein. In der Gesetzesbegründung zum GeschGehG heißt es nämlich, *»der Schutz von Geschäftsgeheimnissen kann weder der Marktverhaltensregelungen des UWG noch den vollständigen Immaterialgüterrechten wie zum Beispiel dem Patent- und Markenrecht zugeordnet werden.«*[758] Unklar bleibt in diesem Zusammenhang aber wie ein unvollständiges Immaterialgüterrecht aussehen soll. Noch deutlicher bringt der Gesetzgeber seine Unschlüssigkeit zum Ausdruck, indem er im Weiteren ausführt, bei Geschäftsgeheimnissen handele es sich »in gewisser Weise um Immaterialgüterrechte«, während er an anderer Stelle davon spricht, »dass es sich bei Geschäftsgeheim- 340

---

755 Stellungnahme des Ausschusses für Industrie, Forschung und Energie vom 29. April 2015, in: Bericht des Europäischen Parlamentes über den Vorschlag für eine Geschäftsgeheimnisrichtlinie vom 22. Juni 2015 (Dok. A8-0199/2015), S. 46, 47.
756 *Kiefer*, WRP 2018, 910 (914).
757 So auch *Kiefer*, WRP 2018, 910 (914).
758 RegE GeschGehG, BT-Drucks. 19/4724, S. 20.

nissen nicht um Immaterialgüterrechte handelt«.[759] Die Gesetzesbegründung des GeschGehG und die Richtlinienerwägungen schließen somit eine immaterialgüterrechtliche Einordnung von Geschäftsgeheimnissen nicht *per se* aus, bestätigen sie aber auch nicht unmittelbar. Abzustellen ist daher auf die Systematik und Ausgestaltung der Regelungen. Diese ist letztlich unabhängig von dem Rechtsstandpunkt des Gesetzgebers zur dogmatischen Einordnung der von ihm geschaffenen Vorschriften relevant.

b) Gesetzessystematik und Schutzausgestaltung

341 Mit dem immaterialgüterrechtlichen Schutz vergleichbar ist in erster Linie, dass es sich beim GeschGehG um ein eigenständiges Schutzgesetz handelt und keine unmittelbaren lauterkeitsrechtlichen Regelungen mehr bestehen. Zudem ähnelt die Systematik dem eines Immaterialgüterrechts, denn nach der Festlegung des Anwendungsbereiches finden sich die wesentlichen Definitionen, gefolgt von einem Katalog an rechtswidrigen sowie rechtmäßigen Handlungsweisen und den materiell-rechtlichen Anspruchsgrundlagen.

342 Der Gesetzesausgestaltung lassen sich aber sowohl Regelungen mit lauterkeitsrechtlichem Gehalt als auch Bestimmungen mit immaterialgüterrechtlichem Charakter entnehmen: Besonders der Wortlaut des § 4 Abs. 1 Nr. 2 GeschGehG sticht in diesem Zusammenhang hervor, denn es stuft jede Form der Geheimniserlangung als rechtswidrig ein, die *»(...) unter den jeweiligen Umständen nicht dem Grundsatz von Treu und Glauben unter Berücksichtigung der anständigen Marktgepflogenheiten entspricht«*.[760] Es handelt sich damit um eine klassische Marktverhaltensregelung, die nicht nur an ein Geschäftsgeheimnis anknüpft, sondern in erster Linie Schutz gegen ein Verhaltensunrecht bietet. Im Ergebnis wird dadurch aber lediglich ein großer Schutzbereich geschaffen, denn der Gesetzgeber wollte nicht jede unberechtigte Erlangungshandlung verbieten, sondern einen flexiblen Maßstab schaffen.

343 Ungeachtet dessen lassen sich jedoch weit mehr Übereinstimmungen zwischen Geheimnisschutz und Rechten des Geistigen Eigentums – auf die der deutsche Gesetzgeber in der Gesetzesbegründung jeweils auch umfangreich hinweist – finden: Das Geschäftsgeheimnis wird zunächst nach § 2 Nr. 2 GeschGehG originär einem Geheimnisinhaber zugeordnet. Damit wird an immaterialgüterrechtliche Kategorien angeknüpft. Im Gegensatz zum bisherigen deutschen Recht knüpft die Geschäftsgeheimnis-Richtlinie nämlich im Wesentlichen an eine geschützte Leistung an.[761] Die Terminologie legt nahe, dass das Geheimnis eine geschützte Rechtsposition bilden soll, die einem Rechtssubjekt zugewiesen

---

759 RegE GeschGehG, BT-Drucks. 19/4724, S. 31.
760 Ähnlich: Art. 4 Abs. 2 lit. b Geschäftsgeheimnis-RL: »(...) Verhalten, das unter den jeweiligen Umständen als mit einer seriösen Geschäftspraxis als nicht vereinbar gilt.«
761 *McGuire*, in: FS für Harte-Bavendamm, S. 375.

wird. Ebenso idealtypische Begriffe des Immaterialgüterrechtes sind »Rechtsverletzer« und »verletzendes Produkt. Lauterkeitsrechtlich würde man eher von einer »rechtswidrig handelnden« Person oder einem »rechtswidrigen« Produkt sprechen. Mit § 3 Abs. 1 GeschGehG besteht zudem eine weitere Norm, die eher an immaterialgüterrechtliche Gesetze erinnert. Die Vorschrift regelt rechtmäßige Formen der Erlangung von Geschäftsgeheimnissen. Für das Lauterkeitsrecht wäre es eher atypisch, rechtmäßige Verhaltensweisen vorzusehen, weil der Fokus des Lauterkeitsrechts als besonderem Deliktsrecht auf dem Verhaltensunrecht liegt. Auch die Regelung über rechtsverletzende Produkte in § 4 Abs. 3 S. 2 nähert sich terminologisch der Regelungstechnik im Bereich des Immaterialgüterrechts.

Die durch das GeschGehG gewährten Ansprüche weisen größtenteils immaterialgüterrechtliche Charakterzüge auf, da sie den entsprechenden Vorschriften[762] stark angenähert sind und ein Schutzniveau vermitteln, das lediglich in Einzelfragen hinter den Immaterialgüterrechten zurückbleibt.[763] Nach § 6 GeschGehG stehen dem Inhaber verschuldensunabhängige Beseitigungs- und Unterlassungsansprüche zur Verfügung, welche den § 14 Abs. 5 MarkenG und § 139 PatG gleichen und mit den § 97 Abs. 1 UrhG und § 42 Abs. 1 DesignG sogar wörtlich übereinstimmen.[764] Des Weiteren stehen dem Geheimnisinhaber nach § 7 GeschGehG Ansprüche auf Vernichtung, Herausgabe, Rückruf, Entfernung und Marktrücknahme zu. Vergleichbare Regelungen dazu finden sich in § 98 UrhG, § 43 DesignG, § 140a PatG und § 18 MarkenG. Ein Auskunftsanspruch wie er in § 8 GeschGehG geregelt ist, besteht auch nach § 19 MarkenG, § 140b PatG, § 101 UrhG und § 46 DesignG. Ebenso ist die in § 10 Abs. 3 vorgesehene Geldentschädigung aus § 97 Abs. 2 S. 4 UrhG bekannt und die Verletzerprivilegierung nach § 11 GeschGehG aus § 100 UrhG. Eine der Haftung des Unternehmensinhabers gem. § 12 GeschGehG vergleichbare Regelung findet sich in § 44 DesignG oder § 14 Abs. 7 MarkenG. Somit besteht zwischen dem Sanktionssystem des GeschGehG und dem der Rechte des Geistigen Eigentums eine Ähnlichkeit.[765]

Wenngleich die Schutzintensität als solche bei der Differenzierung zwischen lauterkeitsrechtlichen und immaterialgüterrechtlichen Regelungen kein aussagekräftiges Kriterium ist, sticht doch besonders die ausdrückliche Zulassung der dreifachen Schadensberechnung in § 10 Abs. 2 GeschGehG ins Auge. Dadurch wird ein Haftungsinstitut in das Geheimnisschutzrecht miteinbezogen, welches im Immaterialgüterrecht verwurzelt und geradezu idealtypisch für das Recht an immateriellen Schutzrechten ist.[766] Die Anwendbarkeit bei Verletzungen von Geschäftsgeheimnissen hatte die Rechtsprechung schon zuvor angenommen und

---

762 U.a. §§ 139 ff. PatG, 24 ff. GebrMG; 97 ff UrhG; 14 ff. MarkenG; 42 ff. DesignG, 37 ff. SortSchG.
763 Ähnlich *Kiefer*, WRP 2018, 910 Rn. 23 ff.
764 *Hoeren/Münker*, WRP 2018, 150 (153).
765 *Hoeren/Münker*, WRP 2018, 150 (153); *McGuire*, GRUR 2016, 1000 (1006).
766 *Ohly*, GRUR 2014, 1, 4; *Kiefer*, WRP 2018, 910 (914).

D. Die Abgrenzung zum Erfahrungswissen

mit der starken Ähnlichkeit zu den Immaterialgüterrechten begründet.[767] Die Berechnungsmethode der Lizenzanalogie berücksichtigt, was der Rechtsverletzer als Entgelt hätte entrichten müssen, hätte er ordnungsgemäß eine Lizenz erworben. Dies setzt einen Schutzgegenstand voraus, der als lizensierbarer Gegenstand in Betracht kommt.[768] Damit ist zwar nicht gesagt, dass die geschützte Position ein Immaterialgüterrecht darstellt, jedoch entfernt sich die Regelung damit deutlich vom klassischen Lauterkeitsrecht. Zugleich beansprucht die Geschäftsgeheimnis-Richtlinie auch einen Vorrang vor der Durchsetzungs-Richtlinie. Dadurch erkennt sie aber zugleich auch indirekt an, dass diese grundsätzlich auf Geschäftsgeheimnisse anzuwenden ist, indem auf sie zur Lückenfüllung zurückgegriffen werden kann.[769] Mit dieser hat sie ohnehin eine übereinstimmende Zielsetzung, einen gleichlaufenden Zweck und vergleichbare Normadressaten.[770]

346 Ungeregelt bleibt allerdings – abweichend von den Sonderschutzgesetzen – die Schnittstelle zum Vertragsrecht. Jedoch nimmt die Gesetzesbegründung an mehreren Stellen Bezug auf die Lizenzierbarkeit von Geschäftsgeheimnissen und führt insbesondere aus, dass auch der Lizenznehmer Geheimnisinhaber i.S.v. § 2 Nr. 2 GeschGehG sein könne.[771] Das suggeriert einerseits wiederum eine immaterialgüterrechtliche Konzeption. Andererseits wäre der Umstand, dass ein derivativer Erwerber mit dem originären Geheimnisinhaber gleichgesetzt wird, an immaterialgüterrechtlichen Maßstäben gemessen eher eine Verwerfung.[772] Dies passt vielmehr zu einer lauterkeitsrechtlichen Konzeption, wonach jeder, der rechtmäßig Kenntnis von dem Geheimnis hat, gleichermaßen geschützt ist.[773] Jedoch erscheint die Annahme, dass ein Lizenznehmer ebenso Geheimnisinhaber ist ohnedies widersprüchlich, denn dem Lizenznehmer stehen naturgemäß deutlich eingeschränktere Rechte zu.[774]

c) Die Ausgestaltung der Schutzposition

347 Im Hinblick auf diese Ausführungen soll untersucht werden, ob Geschäftsgeheimnissen eine Zuordnungsfunktion und eine Ausschlussfunktion zukommt. Dies erscheint als geeigneter Maßstab, denn die anerkannten »subjektiven Rechte« setzen eine solche grundsätzlich voraus. Maßgeblich hierfür ist die Ausgestaltung der jeweiligen Schutzposition.[775]

---

767 Grundlegend: BGH, 18.02.1977 – I ZR 112/75, GRUR 1977, 539, 542 – Proßerechner.
768 *McGuire*, in: FS für Büscher, S. 375.
769 Vgl. Erwägungsgrund 39 Geschäftsgeheimnis-RL EU/2016/943.
770 *McGuire*, in: Büscher, Vor § 17 Rn. 83.
771 RegE GeschGehG, BT-Drucks. 19/4724, S. 25.
772 Vgl. *McGuire*, WRP 2019, 679 Rn. 32 ff.
773 Vgl. zur alten Rechtslage unter Geltung der §§ 17 ff. UWG: *Köhler*, in: Köhler/Bornkamm/Feddersen (2019), § 17 Rn. 13.
774 Vgl. dazu ausführlich Kap. A.III.3.a.
775 *Schulze*, in: Schulze BGB, § 823 BGB Rn. 28.

(a) Die Ausschlussfunktion

Die Ausschlussfunktion wird in der Regel durch gesetzliche Regelungen in Form von Abwehransprüchen gewährt. Sie ermöglichen dem Rechtsinhaber jeden Dritten von der Einwirkung auf sein Recht oder den Gegenstand auszuschließen. Damit wird eine Exklusivität im Außenverhältnis geschaffen. Das klassische absolute Recht mit Ausschlussfunktion ist das Sacheigentum. Dieses gewährt dem Rechtsinhaber die vollumfassende Herrschaft über eine Sache, denn § 903 BGB gesteht dem Eigentümer zu, jeden von der Einwirkung auf seine Sache auszuschließen, solange nicht das Gesetz oder Rechte Dritter beeinträchtigt sind. Ebenso verhält es sich mit Immaterialgüterrechten, welche in Bezug auf ihre Herrschaftsbefugnisse eine weitgehende Gleichstellung mit den Sachenrechten erfahren haben. Unter diese Rechte fallen klassischerweise das Patent-, Gebrauchsmuster-, Marken-, Design- und Urheberrecht.[776] Der Inhaber eines solchen Rechts kann bei Vornahme bestimmter, gesetzlich dem Berechtigten vorbehaltenen, Benutzungshandlungen jederzeit die Beeinträchtigung seines Schutzrechts abwehren. 348

Diese Nutzungs- und Abwehrbefugnisse gegenüber jedermann ergeben sich aus §§ 4, 6 GeschGehG und sind weitgehend mit dem immaterialgüterrechtlichen Regelungen vergleichbar.[777] Die dort aufgezählten Handlungen sind grundsätzlich weit zu verstehen und erfassen verschuldensunabhängig jede Erlangung ohne Befugnis des Geheimnisinhabers und darauf aufbauend unbefugte Nutzungs- und Offenlegungshandlungen. Besteht eine derartige Verletzung stehen dem Inhaber die weitreichenden Ansprüche nach den §§ 6 ff. GeschGehG zu. Allerdings gewährt das Geschäftsgeheimnisgesetz seinem Inhaber nur teilweise eine mit den Immaterialgüterrechten vergleichbare Ausschlussfunktion. Denn während der immaterialgüterrechtliche Schutz grundsätzlich jegliche Nutzung ausschließt, beschränkt sich der Ausschluss nur auf die Eingriffshandlungen des § 4 GeschGehG und wird weitgehend durch die Ausnahmen der § 3 und § 5 GeschGehG eingeschränkt. 349

In Zweifel gezogen werden kann die Annahme als Ausschließlichkeitsrecht zudem durch Erwägungsgrund 16: »Im Interesse von Innovation und Wettbewerbsförderung sollten die Bestimmungen dieser Richtlinie keine Exklusivrechte an als Geschäftsgeheimnis geschütztem Know-how oder als solche geschützten Informationen begründen. Auf diese Weise sollte die unabhängige Entdeckung desselben Know-hows oder derselben Informationen möglich bleiben. (...)«. Diese Vorgabe umsetzend werden in § 3 Abs. 1 Nr. 1 GeschGehG unabhängige Entdeckungen und Schöpfungen durch Außenstehende als rechtmäßig anerkannt und erhalten ihrerseits ebenfalls den Schutz nach dem Geschäftsgeheimnisgesetz, sofern eine Geheimhaltung angestrebt wird. Hier zeigt sich ein wesentlicher 350

---

776 Vgl. § 139 Abs.1 PatG, §§ 14 Abs. 5, 15 Abs. 4 MarkenG, § 24 Abs. 1 GebrMG, § 42 Abs. 1 DesignG oder § 97 Abs. 1 UrhG.
777 Bereits unter Geltung des § 17 UWG aF wurden diese als ausreichend angesehen.

D. Die Abgrenzung zum Erfahrungswissen

Unterschied zum Patentinhaber, der aus seiner monopolartigen Stellung heraus diese Drittnutzung problemlos unterbinden kann, während der Geheimnisinhaber machtlos ist.

351 Zu bedenken ist aber, dass auch die absoluten Rechte nicht gegen jede Handlung geschützt sind und ihr Charakter durch diese Einschränkungen nicht in Frage gestellt wird. Weder das Sacheigentum noch das Immaterialgüterrecht werden gegen jede denkbare Handlung geschützt.[778] Grundsätzlich werden die gewerblichen Schutzrechte nämlich nur gegenüber gewerblichen Nutzern durchzusetzen sein und unterliegen auch im Übrigen weiteren Schranken.[779] Das Patentrecht findet seine Grenzen im Rahmen des Forschungsprivilegs und Vorbenutzerrechtes[780] und das Markenrecht im Hinblick auf vergleichende Werbung.[781] Der Annahme hinreichender Ausschlussbefugnisse steht insbesondere nicht entgegen, dass infolge der Möglichkeit einer eigenständigen Entdeckung und Schöpfung eine solche nicht gegenüber jedermann gegeben ist. Denn im Grundsatz gilt dies auch für das Urheberrecht, welches die Möglichkeit einer Doppelschöpfung ebenfalls anerkennt.[782] Sowohl im Urheberrecht als auch im Geheimnisschutz beruht die Schranke zugunsten der eigenständigen Schöpfung indes vor allem auf deren Ausgestaltung. Beide Rechte entstehen nämlich mit faktischer Schaffung und nicht erst durch Registrierung und Offenlegung. Eine Information die ein paralleler Schöpfer nicht kennen kann, darf daher zwangsläufig nicht zu einer Haftung führen. Zweck all dieser Schranken ist entgegenstehenden Allgemeininteressen gerecht zu werden. Immaterialgüterrechte stellen nämlich »*Bündel von Befugnissen dar, die teils dichter, teils dünner geschnürt sind*«.[783] Entscheidend ist vielmehr, dass die Berechtigung das Wissen zu nutzen nicht grenzenlos jedem zusteht, sondern an besondere Voraussetzungen geknüpft ist. Daher bestehen keine Bedenken dem Geheimnisschutz trotz seiner zum Teil weitreichenden Grenzen eine Ausschlussfunktion zuzusprechen. Denn selbst der parallele Geheimnisinhaber kann seine Rechtsposition ausschließlich unter den Voraussetzungen des § 3 GeschGehG erlangen.

352 Letztlich muss aber auch berücksichtigt werden, dass der Schutzgegenstand des Geheimnisschutzes nicht die geheim gehaltene Information ist, sondern das Geheimnis selbst. Wird die Information erlangt, ohne dass das Geheimnis an sich berührt wird, liegt keine Verletzung vor.[784] Deswegen stellt eine parallele und unabhängige Entwicklung der dem Geheimnis zugrunde liegenden Informationen auch keine Rechtsverletzung dar. Erst dann, wenn die das Geheimnis verkörpernden Geheimhaltungsmaßnahmen berührt werden, bestehen entspre-

---

778 Vgl. bspw. §§ 904 ff. BGB, §§ 11,12 PatG, §§ 44a ff. UrhG.
779 *McGuire*, GRUR 2016, 1000 (1003).
780 Vgl. § 12 PatG.
781 Vgl. § 23 MarkenG.
782 BGH, 03.02.1988, I ZR 142/86 – Ein bisschen Frieden, GRUR 1988, 812, 814 f.
783 *Ohly*, GRUR 2014, 1, 3 f.
784 *McGuire*, in: FS für Harte-Bavendamm, S. 276.

chende Ansprüche. In dem durch das GeschGehG festgelegten Schutz besteht damit eine Ausschlussfunktion.

(b) Die Zuordnungsfunktion

Neben der Ausschlussfunktion sind subjektive Rechte ihrem Rechtsinhaber positiv zugeordnet. Aus der Zuordnung ergeben sich bei Beeinträchtigung der Rechtsposition nicht nur Abwehransprüche, sondern auch Ausgleichs- und Ersatzansprüche.[785] Am Beispiel des Eigentümers lässt sich dies erneut festmachen. Nach § 903 BGB kann dieser mit der Sache nach Belieben verfahren, da ihm sämtliche Herrschafts-, Nutzungs- und Verfügungsrechte an der Sache zustehen. Folglich wird die Sache dem Eigentümer positiv zugewiesen. Entsprechend gilt dies auch für Immaterialgüterrechte. Die positive Benutzungsbefugnis erlaubt es dem Rechtsinhaber nach Belieben mit dem Immaterialgut zu verfahren. Dritte sind grundsätzlich von der Nutzung ausgeschlossen und können ein entsprechendes Recht nur vom Rechtsinhaber ableiten. Dem Rechtsinhaber werden also bestimmte Befugnisse ausschließlich zugewiesen. So kann der Patentinhaber nach § 9 PatG allein die Erfindung benutzen und jeder andere muss sich eine Erlaubnis zur Nutzung holen.

353

Ein solcher Zuweisungsgehalt konnte jedenfalls der früheren Regelung der §§ 17–19 UWG nicht ohne weiteres entnommen werden.[786] Die lautere Eingriffshandlung löste keine Ansprüche aus. Der neue Geheimnisschutz ähnelt den Immaterialgüterrechten allerdings in zahlreichen Punkten und läuft auch im Hinblick auf den Schutzweck der Innovationsförderung weitestgehend parallel. Ähnlich der aus dem Patenrecht bekannten Anspornungstheorie[787] werden Geschäftsgeheimnisse als schützenswerte Faktoren identifiziert, von denen Innovationsanreize ausgehen, da sie es den Innovatoren ermöglichen, sich die Ergebnisse ihrer Tätigkeit zu eigen zu machen.[788] Die wirtschaftliche Intention des Unionsgesetzgebers dahinter ist es, durch die Harmonisierung des Geheimnisschutzrechts den Schöpfern und Entdeckern von Geschäftsgeheimnissen die wirtschaftlichen Vorzüge zu sichern. Der Schutz von Geschäftsgeheimnissen ermögliche es »Urhebern und Innovatoren« daher einen Nutzen aus ihrer schöpferischen Tätigkeit zu ziehen.[789] Intendiert ist damit zugleich eine Förderung des

354

---

785 *Larenz*, in: Festgabe für Johannes Sontis, 1977, S. 129 (147); *Haedicke* (2003), S. 299; *Kiefer*, WRP 2018, 910 (911).
786 Vgl. *Klein/Wegener*, GRUR-Prax 2017, 394.
787 Statt vieler: *Kraßer/Ann*, Patentrecht (2016), § 3 Rn. 10.
788 Vgl. insbesondere Erwägungsgründe 1, 2, s. zu diesem Begründungsansatz: *Kewanee Oil Co v. Bicron Corp. et al.*, 416 U.S. (1974), 470, 484 f.; *Friedman/Landes/Posner*, Some economics of trade secret law, 5 J. Econ. Persp. (1991), 61 (64).
789 Erwägungsgrund 2 Geschäftsgeheimnis-RL EU/2016/943.

D. Die Abgrenzung zum Erfahrungswissen

Wissens- und Technologietransfers auch über Binnenmarktgrenzen hinweg.[790] Derartige klassische Motive immaterialgüterrechtlicher Gesetzgebung legen die Annahme eines entsprechenden Zuweisungsgehaltes nahe, denn nur durch eine Zuordnung an einen Rechtsinhaber ließe sich eine entsprechende Förderung nämlich Anreiz und Amortisation bejahen.[791]

355 Zugleich wird durch diese Vorteilssicherung die Zuordnung zu einem Rechtssubjekt konkretisiert. Denn die Erwägungsgründe vermitteln eine originäre Zuordnung des Geschäftsgeheimnisses zu seinem Schöpfer bzw. Entdecker. Zwar besteht keine Zuordnungsnormen wie im Immaterialgüterrecht, jedoch weist das Geschäftsgeheimnisgesetz den Schutzgegenstand dem Geheimnisinhaber i.S.d. § 2 Nr. 2 GeschGehG als Rechtsträger zu.[792] Dies ist derjenige, der die rechtmäßige Kontrolle über ein Geschäftsgeheimnis innehat. Gemeint ist damit vor allem die rechtmäßige Erlangung und Möglichkeit zur freien Nutzung oder Offenlegung.[793] Die Zuweisung erreicht damit zwar nicht das Niveau von immaterialgüterrechtlichen Zuordnungsvorschriften wie § 9 PatG, jedoch kommt es nicht auf eine derart ausdrückliche Norm an. Maßgeblich ist allein, dass erkennbar eine Verknüpfung zwischen Schutzgegenstand und dem Rechtsträger besteht, aus welcher dessen Gestaltungsfreiraum erkennbar wird.[794] Im Geschäftsgeheimnisgesetz wird dies letztlich durch den Anspruchskatalog der §§ 6 ff. GeschGehG deutlich, welcher insbesondere Abwehransprüche gewährt. Diese sind letztlich Ausdruck der rechtlichen Verbindung zwischen dem Geheimnisinhaber und dem Schutzgegenstand.[795] Mit dieser Zuweisung verfolgt der Gesetzgeber das Ziel, den Schöpfern einer Information, die mit diesem verbundenen wirtschaftlichen Vorzüge zu sichern, mithin diesen das Geheimnis originär zuzuordnen.[796] Im Zusammenhang damit steht auch die Lizenzierbarkeit von Geschäftsgeheimnissen. Dadurch wird deutlich, dass dem Geheimnisinhaber Befugnisse zustehen, das Wissen rechtsgeschäftlich zu verwerten, indem Dritten die Nutzung des Rechts in einem bestimmten Umfang gewährt wird.[797]

---

790 Vgl. Erwägungsgrund 3 Geschäftsgeheimnis-RL EU/2016/943, s. dazu *Lemley*, 61 Stan. L. Rev. (2008), 311, 334 ff.; *McGuire*, GRUR 2016, 1000 (1004); *Ohly*, GRUR 2014, 1 (3).
791 *Kiefer*, WRP 2018, 910 Rn. 10.
792 Vgl. noch die Stellungnahme des Ausschusses für Industrie, Forschung und Energie, Plenarsitzungsdokument des Europäischen Parlaments DokNr. A8-0199/2015, S. 72, welche den Begriff des Inhabers bemängelt, da dieser aus dem Recht des Geistigen Eigentums stamme; *Alexander*, in: Köhler/Bornkamm/Feddersen (2021), GeschGehG § 2 Rn. 90.
793 *Kiefer*, WRP 2018, 910 (911).
794 *Kiefer*, WRP 2018, 910 (911); *Alexander*, in: Köhler/Bornkamm/Feddersen (2021), GeschGehG § 2 Rn. 90.
795 *Alexander*, in: Köhler/Bornkamm/Feddersen (2021), GeschGehG § 6 Rn. 9.
796 Erwägungsgrund 2 Geschäftsgeheimnis-RL EU/2016/943.
797 Diese ist nicht ausdrücklich normiert, ergibt sich jedoch aus §§ 3 Abs. 2, 10 Abs. 2, 11 GeschGehG.

Letztlich lässt die Möglichkeit eines nicht vorwerfbaren Verhaltens eine gewisse Zuordnung an den Geheimnisinhaber erkennen. Denn nach § 4 Abs. 3 GeschGehG muss für jede einzelne Handlung zu jedem Zeitpunkt bestimmt werden, ob der Handelnde weiß oder wissen musste, dass er von einer rechtswidrigen Quelle erhalten hat. Erfährt er erst nachträglich von der Vortat, wird ihm ab diesem Zeitpunkt die Nutzung bzw. Offenlegung dennoch untersagt sein. Hierauf nimmt auch Erwägungsgrund 29 der Geschäftsgeheimnis-Richtlinie Bezug und verlangt sogar nach einer entsprechenden Entschädigung für den Verletzten. Die Haftung für einen schuldlosen Eingriff bestätigt damit die Zuordnung. 356

(c) Immaterialgüterrechtsähnliche Schutzposition

Damit weisen Geschäftsgeheimnisse nunmehr eine den Immaterialgüterrechten stark angenäherte, wenn auch auf gewisse Weise abgeschwächte, Position auf. In ihrer Ausschluss- und Zuweisungswirkung reichen sie nämlich nicht vollständig an die Immaterialgüterrechte heran. Dennoch ist der Schutz derart immaterialgüterrechtsähnlich ausgestaltet, dass es sich um eine Rechtsposition handelt, die weit über den verhaltensbezogenen Behinderungsschutz des Wettbewerbsrechts hinausgeht.[798] Bisher wurde nämlich maßgeblich ein bestimmtes Verhalten durch strafrechtliche Normen untersagt und nun mehr wird dem Geheimnisträger etwas Schutzrechtsähnliches zugeordnet.[799] Dies entspricht auch der Einordnung des deutschen Gesetzgebers, der explizit darauf hinweist, dass das Wissen weder »*den Marktverhaltensregelungen des UWG noch den vollständigen Immaterialgüterrechten*« zugeordnet werden könne.[800] Systematisch sind Geschäftsgeheimnisse damit als Hybride[801] zwischen dem Lauterkeitsrecht und dem Immaterialgüterrecht einzuordnen. Diese Rechtsstellung entspräche im Umfang sodann nicht einem umfassend geschützten Immaterialgüterrecht, sondern ist diesem lediglich stark angenähert. Übertragen auf die Kategorien des deutschen Rechts würde dies bedeuten, dass Geschäftsgeheimnisse individuelle Rechtspositionen darstellen, die aufgrund eines Ausschluss- und Zuweisungsgehaltes in ihrer Struktur den absoluten Rechten entsprechen. Jedoch muss ein Eingriff in ein solches Recht auf seine Rechtswidrigkeit überprüft werden. Es handelt sich insoweit um eine subjektive Rechtsposition.[802] 357

---

798 *Alexander*, in: Köhler/Bornkamm/Feddersen (2021), GeschGehG § 1 Rn. 14.
799 *Gündogdu/Hurst*, K&R 2019, 451 (454).
800 RegE GeschGehG, BT-Drs. 19/4724, S. 20.
801 *Ohly*, GRUR 2019, 441 (445).
802 So *Alexander*, in: Köhler/Bornkamm/Feddersen (2021), GeschGehG § 1 Rn. 14; *Kiefer*, WRP 2018, 910 (915); in die Richtung auch *Baranowski/Glaßl*, BB 2016, 2563 (2564); a.A. Stellungnahme MPI, GRUR Int. 2014, 554 (556).

D. Die Abgrenzung zum Erfahrungswissen

d) Zwischenergebnis

358 Die neue Schutzkonzeption des Geheimnisschutzrechts steht einer Anerkennung des Geschäftsgeheimnisses als subjektives Recht nicht entgegen. Hiergegen spricht weder die in dieser Hinsicht unergiebige Gesetzesbegründung zum GeschGehG, noch eine vermeintliche Besserstellung des Geheimnisschutzes gegenüber den klassischen Immaterialgüterrechten. Der Schutz weist nun vielmehr eine Ausschluss- und Zuordnungsfunktion auf, die zwar nicht vollends an den immaterialgüterrechtlichen Schutz heranreicht, jedoch diesem derart angenähert ist, dass von einer vergleichbaren Schutzposition auszugehen ist.

5. *Konsequenzen der Einordnung als schutzrechtsähnliche Position*

359 Die Einordnung des Geschäftsgeheimnisses als subjektives Recht kann letztlich zur Beantwortung einiger in der Literatur äußerst strittiger Fragen beitragen. Für das Vertragsrecht bedeutet dies nämlich, dass die Übertragung in Zukunft über die §§ 413, 398 ff BGB abläuft.[803] Mit der Übertragung eines Geschäftsgeheimnisses ist sodann ein eindeutiger Zuordnungswechsel gegeben. Der Veräußerer verliert augenblicklich sein Nutzungsrecht. Ohne die Anerkennung als subjektives Recht würde diese weiterhin nur auf einer Fiktion des Zuordnungswechsels durch bloße Kenntnisverschaffung mit schuldrechtlichen Nutzungsverboten beruhen.[804] In diesem Sinne vereinfacht die Anerkennung auch die Vertragsgestaltung und dient der effizienten Ressourcenallokation.[805] Zudem ergeben sich Möglichkeiten im Hinblick auf die Belastung mit beschränkt dinglichen Rechten.[806] Auch ist nunmehr unproblematisch, dass Geschäftsgeheimnisse nach § 35 InsO der Zwangsvollstreckung und dem Zugriff durch den Insolvenzverwalter unterliegen. Dies war nach bisherigem Recht zwar ebenso anerkannt, jedoch ließ sich der Zuordnungswechsel dogmatisch nur schwer begründen.[807] Im Bereich des Kollisionsrechts wird sich das anwendbare Recht somit auch eindeutig nicht mehr über Art. 6 ROM-II VO bestimmen lassen, sondern aufgrund der schutzrechtsähnlichen Position nunmehr über Art. 8 ROM-II VO.[808]

803 So bereits zum lauterkeitsrechtlichen Geheimnisschutz: *Ohly*, in: Ohly/Sosnitza (Fn. 6), Vor § 17 Rn. 5; vgl. auch *Wagner*, Rn. 619; *Forkel*, FS für Schnorr von Carolsfeld, S. 123; anders *Pfister* (1974), S. 152, der sich für eine entsprechende Anwendung der §§ 929 ff. BGB ausspricht.
804 *Wagner*, Rn. 354.
805 *Kiefer*, WRP 2018, 910 (915).
806 Dazu mwN, *Kiefer*, WRP 2018, 910 (915).
807 BGH, 25.01.1955 – I ZR 15/53, GRUR 1955, 388, 390 – Dücko; *Ohly*, in: Ohly/Sosnitza, Vor §§ 17–19 Rn. 5b.
808 *McGuire*, in: BeckOGK (2016) Art. 8 ROM-II Verordnung Rn. 118; Ausdrücklich offengelassen durch OLG Düsseldorf, Urt. v. 21.11.2019 – 2 U 34/19; a.A. *Köhler*, in: Köhler/Bornkamm/Feddersen (2021), Einl. 5.33a, der eine unerlaubte Handlung annimmt und daher ausschließlich über Art. 4 Abs. 1 ROM-II VO geht.

IV. Die Zuordnung von Geschäftsgeheimnissen

Letztlich muss – wie bereits dargestellt – das Rechtsgut einem Rechtsträger eindeutig zugeordnet werden.[809] Um die Schöpfungen der Arbeitnehmer für sich zu beanspruchen, muss der Arbeitgeber daher nicht nur Geheimhaltungsmaßnahmen etablieren, sondern ihm muss die jeweilige Leistung auch zustehen. Die entscheidende Frage ist hier, ob es eine gesetzliche Zuordnungsvorschrift oder vertragliche Abrede gibt, welche die Rechte an der Information dem Arbeitgeber zuordnet. Steht der Geheimnisinhaber und die ihm zugeordnete Schutzposition fest, lässt sich auch eine rechtssichere Abgrenzung zum Erfahrungswissen der Arbeitnehmer erreichen. Arbeitnehmer dürfen sodann auch nach Beendigung des Arbeitsverhältnisses die dem Arbeitgeber zugeordneten Rechte nicht ohne Weiteres nutzen oder offenlegen, selbst im Falle von redlich erlangtem Wissen. Inwiefern diese Zuordnung zu erfolgen hat, soll nachfolgend dargestellt werden. 360

IV. Die Zuordnung von Geschäftsgeheimnissen

1. Der Inhaber des Geschäftsgeheimnisses

Die Einordnung des Geschäftsgeheimnisses als subjektives Recht bringt es mit sich, dass dieses Rechtsgut einem Rechtsträger zugeordnet werden muss.[810] Damit ist nicht mehr nur von einem faktischen Kreis an Wissenden und im Falle einer Rechtsübertragung von einer Erweiterung dieses Kreises auszugehen, sondern vielmehr von einer expliziten Zuordnung und einem Zuordnungswechsel. Der Übertragende verliert seine Berechtigung. 361

Die Frage nach der Rechtszuordnung ist vor allem in Arbeitsverhältnissen von besonderer praktischer Bedeutung. Denn die überwiegende Zahl der geistigen Leistungen wird im Rahmen der geschuldeten Tätigkeit oder in Ausübung von Weisungen in Arbeitsverhältnissen geschaffen.[811] Während die Arbeitnehmer daher die Schöpfer des Wissens sind, möchte der Arbeitgeber die Informa- 362

---

809 Vgl. noch die Stellungnahme des Ausschusses für Industrie, Forschung und Energie, Plenarsitzungsdokument des Europäischen Parlaments DokNr. A8-0199/2015, S. 72, welche den Begriff des Inhabers bemängelt, da dieser aus dem Recht des Geistigen Eigentums stamme; *Alexander*, in: Köhler/Bornkamm/Feddersen (2021), GeschGehG § 2 Rn. 90.
810 Vgl. noch die Stellungnahme des Ausschusses für Industrie, Forschung und Energie, Plenarsitzungsdokument des Europäischen Parlaments DokNr. A8-0199/2015, S. 72, welche den Begriff des Inhabers bemängelt, da dieser aus dem Recht des Geistigen Eigentums stamme; *Alexander*, in: Köhler/Bornkamm/Feddersen (2021), GeschGehG § 2 Rn. 90.
811 *Schack* S. 536, Rn. 1113; Zum Urheberrecht vgl *Klass*, GRUR 2019, 1103 (1103) mwN.

tionen aber ausschließlich für sein Unternehmen beanspruchen. Aus diesem Grund ist zu bestimmen, inwiefern die von Arbeitnehmern geschaffenen Leistungen dem Arbeitgeber zuzuordnen sind.

363 Nach § 2 Nr. 2 GeschGehG ist das Geschäftsgeheimnis ausdrücklich dem Geheimnisinhaber als Rechtsträger zugewiesen. Dieser ist definiert als: *»jede natürliche oder juristische Person, die die rechtmäßige Kontrolle über ein Geschäftsgeheimnis hat«*.[812] Aus dem Begriff der rechtmäßigen Kontrolle lässt sich allerdings nicht unmittelbar bestimmen, wer letztlich der Geheimnisinhaber sein soll. Das Gesetz bietet hierfür keine eindeutige Erläuterung an. Zwar findet sich die rechtmäßige Kontrolle ebenfalls in § 4 Abs. 1 GeschGehG wieder, jedoch sind die beiden Vorschriften nicht deckungsgleich. Dem Verständnis und Gesetzeswortlaut nach geht es in § 4 nicht um die Kontrolle des Geschäftsgeheimnisses an sich, sondern um die Kontrolle des Objekts, welche das Geheimnis verkörpert. Gemeint ist daher der befugte Besitz des Objektes, welcher durch entsprechende Maßnahmen (z.B. Zugangsbeschränkungen) gesichert und damit kontrolliert wird. Unklar bleibt damit aber, was unter dem Begriff der rechtmäßigen Kontrolle des Geschäftsgeheimnisses nach § 2 Nr. 2 GeschGehG zu verstehen ist, da weder der Gesetzestext noch die Gesetzesbegründung Anhaltspunkte dafür bieten.

364 Trotz dieser Unbestimmtheit hängen von der Bestimmung der Inhaberschaft diverse Rechtsfolgen ab: Ausschließlich der Geheiminhaber als das Rechtssubjekt ist im Verletzungsfall aktivlegitimiert und kann somit die Ansprüche und Maßnahmen nach dem Geschäftsgeheimnisgesetz geltend machen.[813] Gleichzeitig liegt die Strafantragsbefugnis nach § 23 Abs. 8 GeschGehG bei ihm. Da dem Inhaber auch die Dispositionsbefugnis zukommt, kann nur er in die Erlangung, Nutzung oder Offenlegung des Geheimnisses in tatbestandsausschließender Weise einwilligen, § 3 Abs. 2 GeschGehG. Nicht zuletzt geht das Geschäftsgeheimnisgesetz davon aus, dass der Inhaber die erforderlichen angemessenen Maßnahmen nach § 2 Nr. 1 lit. b) GeschGehG etablieren muss. Im Zusammenhang mit Arbeitsverhältnissen verspricht die Beantwortung der Frage nach der Zuordnung letztlich vor allem den Streit um die Abgrenzung zwischen Geschäftsgeheimnissen und Erfahrungswissen aufzulösen. Denn ist dem Arbeitgeber das Wissen in Form einer subjektiven Rechtsposition letztlich zugeordnet, kann er dem Arbeitnehmer die weitere Verwendung untersagen. Es kann sich sodann nicht mehr nur um Erfahrungen des Arbeitnehmers handeln.

---

812 Davon erfasst sein können auch Personenhandelsgesellschaften wie die KG oder OHG, denn der Begriff der juristischen Person ist im Einklang mit dem Unionsrecht weit zu verstehen, vgl. *Alexander*, in: Köhler/Bornkamm/Feddersen (2021), GeschGehG § 2 Rn. 93 ff.; *Schubert*, in: Franzen/Gallner/Oetker, RL 2016/943 Art. 2 Rn. 23.

813 *Alexander*, in: Köhler/Bornkamm/Feddersen (2021), GeschGehG § 2 Rn. 90; Vgl. den Wortlaut der §§ 6 ff. GeschGehG, welche vom *»Inhaber des Geschäftsgeheimnisses«* sprechen.

IV. Die Zuordnung von Geschäftsgeheimnissen

Vor der Geheimnisschutzreform wurde der Geheimnisinhaber anhand des Unternehmensbezugs bestimmt.[814] Der Zweck des Unternehmensbezugs war es aber den Schutz von privaten Informationen und solchen, die offensichtlich Dritten zuzusprechen waren auszugrenzen.[815] Das Kriterium war schlichtweg zu unbestimmt, um zu einem brauchbaren Ergebnis zu führen.[816] Der Schutzkonzeption als Marktverhaltensregelung entsprechend sollte dadurch aber auch keine rechtliche Zuordnung erreicht werden, sondern lediglich bestimmt werden, ob das jeweilige Verhalten gegenüber dem Anspruchssteller als unlauter anzusehen war. Insofern bestand genau genommen keine explizite Zuordnungsvorschrift, sodass die Zugehörigkeit zum jeweiligen Unternehmen schlichtweg vorausgesetzt wurde.[817] Daran anknüpfend wird in der Literatur unter Geltung des Geschäftsgeheimnisgesetzes weiterhin eine Zuordnung zu dem Unternehmen vorgenommen, in welchem das Wissen geheim gehalten wird.[818] Die zuordnende Wirkung ginge sodann ausschließlich von den vom Unternehmen etablierten Geheimhaltungsmaßnahmen aus. Eine solche Zuordnung erscheint wirtschaftlich ohne Frage wünschenswert, da der Unternehmer in die Schaffung und den Schutz des dem Geschäftsgeheimnis zugrundeliegenden Wissens investiert und das gesamte finanzielle Risiko der Entwicklung trägt.[819]

365

Dieser Wunsch verträgt sich allerdings nicht mit den Grundsätzen und Regelungen der Zuordnung von geistigen Leistungen, die von einem Arbeitnehmer geschaffen wurden. Gänzlich fremd ist die Abwägung der Interessen in Bezug auf vom Arbeitnehmer geschaffene Informationen der Rechtsordnung nämlich nicht. Unterschiedliche Vorschriften im Bereich des Immaterialgüterrechts regeln die Zuordnung der dazugehörigen geistigen Leistungen. Dahinter steht die folgende Zuordnungsregel: Zunächst stehen die geistigen Leistungen dem Arbeitnehmer zu und erst durch eine explizite gesetzliche Anordnung oder vertragliche Vereinbarung erfolgt in einem zweiten Schritt eine Zuordnung zum Arbeitgeber.[820] Dafür, dass dem Arbeitgeber die Verwertungsrechte zugesprochen werden, wird der Arbeitnehmer aber unter Berücksichtigung der beteiligten Interessen kompensiert. Eine pauschale Zuordnung von Geschäftsgeheimnissen zum Unternehmen könnte daher mit den Rechten des Arbeitnehmers an der In-

366

---

814 OLG Stuttgart, Urt. v. 30. 10. 1981 – 2 U 34/81, GRUR 1982, 315 (316) – Gerätewartung; *Ohly*, in: Ohly/Sosnitza, § 17 Rn. 6; *Kalbfus* (2011), Rn. 115 ff. mwN; *McGuire et al*, GRUR Int 2010, 829 (831); a.A. *Ramirez*, S. 31 ff.
815 *Köhler*, in: Köhler/Bornkamm/Feddersen (2019), § 17 Rn. 5; *Ohly*, in: Ohly/Sosnitza, § 17 Rn. 6; *Harte-Bavendamm*, in: Harte/Henning, § 17 Rn. 2.
816 Ausführlich dazu *Rody* (2019), S. 62 ff.
817 Vgl. *Brammsen*, in: LauterkeitsstrafR (2020), § 17 UWG Rn. 154; *Klein/Wegener*, GRUR-Prax 2017, 394 (394).
818 Diese Ansicht beruht im Wesentlichen auf der Annahme, das Geschäftsgeheimnis sei kein subjektives Recht, vgl. *Schubert*, in: Franzen/Gallner/Oetker, RL 2016/943, Art. 2 Rn. 23; *Hoeren/Muenker*, WRP 2018, 150 (152); *Selz*, PinG 2019, 21 (23).
819 *Schubert*, in: Franzen/Gallner/Oetker, RL 2016/943, Art. 2 Rn. 23.
820 Vgl. §§ 43, 69b UrhG, 7 Abs. 2 DesignG und das ArbnErfG.

formation und entsprechenden Vergütungsansprüchen kollidieren und erscheint dogmatisch nur schwer begründbar.[821] Dieser Konflikt verschärft sich in dem Moment, in welchem der Arbeitnehmer das Arbeitsverhältnis beendet und das Wissen mitnehmen möchte.

367 Klare Zuordnungsvorschriften sind für geheim gehaltene Informationen im Geschäftsgeheimnisgesetz allerdings nicht vorgesehen. Aus diesem Grund bedarf die Zuordnung zu einem Geheimnisinhaber einer genaueren Untersuchung. Das Geschäftsgeheimnisgesetz sieht vor, dass zwei Voraussetzungen zu erfüllen sind: Zunächst ist die Kontrolle über das Geschäftsgeheimnis erforderlich. Dies ist eine Tatsachenfrage und wird sich anhand der faktischen Verfügungsgewalt über das Geheimnis bestimmen lassen. Das Abstellen auf tatsächliche Gegebenheiten ist allerdings nicht dazu geeignet, eine rechtssichere Abgrenzung zu erreichen, wem die Rechtsposition letztlich zusteht. Denn dadurch könnte jeder, dem das Wissen bekannt ist – und somit auch ein Arbeitnehmer, Lizenznehmer oder Geheimnisverletzer – zum Inhaber aufsteigen, indem er entsprechende Maßnahmen kenntlich macht. Hier bietet § 2 Nr. 2 GeschGehG ein Einfallstor für die Anwendung der allgemeinen Zuordnungsprinzipien von geistigen Leistungen, da die Kontrollausübung durch den Geheimnisinhaber rechtmäßig erfolgen muss. Insofern ist in einem zweiten Schritt zu hinterfragen, ob das vom Arbeitnehmer geschaffene Wissen, welches der Arbeitgeber für sich beansprucht, ihm auch zusteht. Dabei handelt es sich um eine Rechtsfrage.[822]

2. Faktisches Element: Die Kontrolle über ein Geschäftsgeheimnis

368 Der Geheimnisinhaber benötigt zunächst die faktische Kontrolle über das Geheimnis. Gemeint ist damit die tatsächliche Möglichkeit den Zugriff und die Verwendung der Information zu bestimmen, einzuschränken oder auszuschließen. Dies bedeutet einerseits, dass der geheime Charakter der Information gewahrt wird und andererseits das Wissen nicht wahllos für Dritte verfügbar ist. Es muss also in jeglicher Form vor dem ungewollten Zugriff geschützt werden.

369 Zwar verleiht der Bestand des Geschäftsgeheimnisses im Unternehmen eine Verfügungsmöglichkeit über diese, jedoch reicht dies als bloßer tatsächlicher Zustand nicht aus, um bereits von einer Kontrolle sprechen zu können. Denn das Wissen kann weitergegeben werden und geht mit jeder Offenlegungshandlung verloren. Um in diesem Zusammenhang die Kontrolle zu haben, muss der Informationsträger sich das Wissen vielmehr aneignen und durch entsprechende Schritte beherrschen. Dies kann sowohl durch tatsächliche als auch rechtliche Maßnahmen geschehen. Daher muss der Inhaber darüber hinausgehend auch eine faktische Bestimmungsmöglichkeit haben, wer die Informationen erlangen kann

---

821 So auch *Klein/Wegener*, GRUR-Prax 2017, 394 (394).
822 *Alexander*, in: Köhler/Bornkamm/Feddersen (2021), GeschGehG § 2 Rn. 97.

und ihm im Ergebnis durch rechtliche Mittel die Nutzung verbieten können.[823] Eine derartige Kontrolle wird durch die Etablierung von faktischen aber vor allem auch rechtlichen Geheimhaltungsmaßnahmen erreicht. Um Schutz zu erlangen, muss der Geheimnisinhaber daher in der Lage sein, spezifische und angemessene Geheimhaltungsmaßnahmen nachzuweisen.[824] Der Geheimnisinhaber muss diese jedoch selbst treffen oder eine ihm verpflichtete Person damit beauftragen, denn die durch die Maßnahmen vermittelte Kontrolle muss letztlich ihm zustehen. Dies ergibt sich auch aus § 2 Nr. 1 lit. b GeschGehG, der erfordert, dass die Maßnahmen durch den rechtmäßigen Inhaber etabliert werden.

Ein konkreter Schutz, der die Information entsprechend ihrer Eigenarten absichert, wird jedoch für neu geschaffene Informationen weder angemessen noch möglich sein, sodass kategorische Maßnahmen ausreichen. Da nämlich eine konkrete Maßnahme erst für eine existente Information festgelegt werden kann, wäre andernfalls jede Information im Zeitpunkt ihrer Entstehung zumindest für eine logische Sekunde ungeschützt. Arbeitgeber müssen daher ein effektives System für die Meldung geschaffenen Wissens einführen, um diese augenblicklich unter ihre Kontrolle zu bringen. Dazu zählen grundsätzlich Zugangs- und Zutrittsbeschränkungen oder Hinweise und Belehrungen bezüglich der Geheimhaltungs- und Mitteilungspflichten für neue Innovationen. Hier sichern aber auch bspw. im technischen Bereich die gesetzlichen Regelungen des § 5 und § 24 Abs. 2 ArbnErfG die Melde- und Geheimhaltungspflicht ab und vermitteln eine entsprechende Kontrolle. Daher ist dem Arbeitgeber bei entsprechenden Schutzmaßnahmen für bestehende und neu geschaffene Informationen regelmäßig die Kontrolle hinsichtlich der im Unternehmen geschaffenen Informationen zuzusprechen. 370

3. Rechtliches Element: Die Rechtmäßigkeit der Kontrolle

a) Unterscheidung von Geheimnisträger und Geheimnisinhaber

Des Weiteren muss die Kontrolle über das Geschäftsgeheimnis rechtmäßig sein. Die Bedeutung des Merkmals der Rechtmäßigkeit ist im Schrifttum verschiedentlich aufgenommen worden. *Ohly* möchte grundsätzlich denjenigen als Inhaber anerkennen, der die Information selbst geschaffen hat oder Rechtsnachfolger bzw. Lizenznehmer des Schaffenden ist.[825] Damit ginge die Inhaberschaft einzig davon aus, dass das Geschäftsgeheimnis rechtmäßig erworben wurde. Dies wurde hinsichtlich des Lizenznehmers in der Gesetzesbegründung sogar 371

---

823 *Baranowski/Glaßl*, BB 2016, 2563 (2564).
824 Bezüglich der angemessenen Maßnahmen kann auf die Ausführungen unter S. 90 ff. verwiesen werden.
825 *Ohly*, GRUR 2019, 441 (445).

D. Die Abgrenzung zum Erfahrungswissen

ausdrücklich anerkannt und im Schrifttum zustimmend aufgenommen.[826] Diese Einordnung erscheint allerdings deutlich zu weit, wenn man bedenkt, dass die Inhaberschaft die einzige Voraussetzung der Aktivlegitimation sämtlicher Ansprüche des GeschGehG ist und die volle Dispositionsbefugnis über das Geheimnis vermitteln soll. Dem Inhaber steht insofern die gesamte rechtlich anerkannte Herrschaftsbefugnis über das Geschäftsgeheimnis zu. Möchte man nun jeden, der die Information erschaffen oder rechtmäßig erlangt hat als Geheimnisinhaber anerkennen, könnten sowohl Lizenznehmer als auch Arbeitnehmer frei mit dem Wissen verfahren und dieses dem Grunde nach sanktionslos offenbaren. Denn auch sie wären der Definition nach in »rechtmäßigem Besitz« des Wissens und könnten durch eigene Geheimhaltungsmaßnahmen eine Kontrolle vermitteln.

372 Diese stünde jedoch in Widerspruch zu unterschiedlichen Aspekten des Geheimnisschutzes: Einerseits wäre ein Konflikt mit den praktisch relevanten Nutzungsbeschränkungen und Geheimhaltungspflichten von Lizenznehmern und Arbeitnehmern gegeben. In der Regel wird das Wissen nur für eine zweckgebundene Nutzung weitergegeben und darf in keinem Fall offenbart oder in eine Kenntnisnahme eingewilligt werden. Dies kann sich unter Umständen nur konkludent aus dem Vertragsverhältnis ergeben oder ist gesetzliche Nebenpflicht. Dadurch ist die Dispositionsbefugnis der Lizenznehmer und Arbeitnehmer deutlich eingeschränkt. Zu den wesentlichen Rechten eines Inhabers gehört demgegenüber die Möglichkeit, den Eingriff in sein Recht zu gestatten, es nach Belieben zu nutzen oder zu offenbaren und Verletzungen abzuwehren. Von einer rechtmäßigen Kontrolle über die Information kann daher nicht die Rede sein. Dadurch unterscheidet sich der Lizenznehmer und Arbeitnehmer als Geheimnisträger letztlich vom tatsächlichen Geheimnisinhaber.[827]

373 Die Trennung zwischen Geheimnisträger und Geheimnisinhaber ist auch im Hinblick auf einen effektiven Geheimnisschutz erforderlich. Denn ebenso wird Lizenznehmern die Geltendmachung von Ansprüchen wegen einer Verletzung des lizenzierten Geschäftsgeheimnisses nicht erlaubt sein. Andernfalls käme es nämlich zu einer erheblichen Ausweitung der prozessualen Durchsetzung. Sämtliche Lizenznehmer könnten sodann im Falle einer Verletzung klagen. Die dadurch entstehende unübersichtliche Prozessführung gefährdet trotz der Verbesserung des prozessualen Schutzes den Bestand des Geschäftsgeheimnisses, da mit jedem Prozess das Risiko besteht, dass ungewollt Wissen nach außen dringt.[828] Richtigerweise verbleibt die Befugnis beim Geheimnisinhaber und ein Lizenznehmer kann nur dann Ansprüche geltend machen, wenn ihm das Recht

---

826 *Keller*, GRUR 2018, 706 (707); *Würtenberger/Freischem*, GRUR 2018, 708 (709); So wohl auch *Kalbfus*, in: BeckOK UWG, § 17 Rn. 14 ff.
827 So auch *McGuire*, Büscher, GeschGehG § 2 Rn. 57.
828 *McGuire*, in: Büscher, GeschGehG § 2 Rn. 58.

vom Inhaber zugestanden wurde. Dies erhebt ihn sodann jedoch nicht zum Geheimnisinhaber, sondern ermöglicht lediglich eine Prozessstandschaft.[829]

b) Rechtliche Herrschaftsbefugnis

Der Inhaber muss daher das Geschäftsgeheimnis in rechtmäßiger Weise für sich beanspruchen. Weder ein Geheimhaltungsinteresse noch angemessene Geheimhaltungsmaßnahmen sind insofern ausreichend. Vielmehr muss darüber hinaus auch eine rechtliche Verfügungsbefugnis hinsichtlich des Wissens bestehen, sodass der Geheimnisinhaber das Wissen entweder selbst geschaffen oder die Rechte vom ursprünglichen Berechtigten rechtmäßig erworben haben muss, wodurch ihm die ausschließliche Herrschaftsbefugnisse vermittelt wurde.[830] Es wird dem Arbeitgeber somit an einer rechtmäßigen Kontrolle fehlen, wenn die geheim gehaltene Information ihm dem Grunde nach nicht zusteht. Ansatzpunkt ist dabei allerdings nicht der Erwerb des Geschäftsgeheimnisses, sondern vielmehr die dem Geschäftsgeheimnis zugrundeliegende und durch diese geschützte Leistung. Denn zum Geheimnis i.S.d. § 2 GeschGehG wird die faktisch geheime Information erst durch die vom Inhaber getroffene Maßnahme.

374

Keine Probleme bestehen, wenn ein Unternehmen von einem berechtigten Dritten Informationen rechtsgeschäftlich erwirbt. Schwierig stellt sich im Hinblick auf die Abgrenzung zum Erfahrungswissen jedoch die Zuordnung von Leistungen dar, die ein Arbeitnehmer im Unternehmen erbracht hat. Dies ist zugleich aber auch der Regelfall. Der überwiegende Teil der technischen Leistungen und geistigen Schöpfungen wird nämlich nicht durch Selbstständige oder freischaffende Künstler geschaffen, sondern in abhängigen Arbeits- oder Dienstverhältnissen. Daher sind Zuordnungsregelungen in diesem Zusammenhang von besonderer Bedeutung. Zu hinterfragen ist daher, wem eine Nutzungs- und Abwehrbefugnisse an diesem Wissen zusteht: Dem investierenden Arbeitgeber oder dem schöpferisch tätigen Arbeitnehmer.

375

Eine Zuordnung von Informationen zwischen Arbeitnehmer und Arbeitgeber kann sich sowohl aus gesetzlichen Zuordnungsvorschriften, arbeitsrechtlichen Grundsätzen als auch vertraglichen Vereinbarungen ergeben. In diesem Zusammenhang deutet der Tatbestand des rechtmäßigen Erwerbs nach § 3 Abs. 1 Nr. 1 GeschGehG wegen des Wortlauts »*Schöpfung*« insbesondere auf die Anwendung immaterialgüterrechtlicher Zuordnungsprinzipien hin.[831] Hier auf diese zurückzugreifen erscheint auch sinnvoll, denn die Anwendungsbereiche des Geheimnisschutzes und der klassischen Immaterialgüterrechte überschneiden sich in erheblichem Umfang, indem sie gleichermaßen Schutz für technische

376

---

829 Vgl. dazu *McGuire*, in: Büscher, GeschGehG § 2 Rn. 59; a.A. *Alexander*, WRP 2017, 1037 (1040), welcher auf den Umfang der Nutzungsbefugnis abstellt.
830 *Alexander*, WRP 2017, 1034 (1040); *Köhler*, in: Köhler/Bornkamm/Feddersen (2019), Vor § 17 Rn. 18.
831 *Selz*, PinG 2019, 21 (23).

D. Die Abgrenzung zum Erfahrungswissen

und kaufmännische Informationen bieten.[832] Eine Zuordnung geistiger Leistungen im Zeitpunkt der Schaffung muss daher zumindest anhand ähnlicher Gesichtspunkte zu beurteilen sein, denn andernfalls würden sie sich gegenseitig entwerten. Die Zuordnungsgrundsätze sind den Schutzrechten ohnehin vorgelagert. Bevor eine Leistung von einem Arbeitgeber zu einem Geschäftsgeheimnis gemacht oder einem anderen Schutzrecht zugeführt wird, muss es nämlich geschaffen werden. Bereits in diesem Moment greifen unterschiedliche Grundsätze und gesetzliche Regelungen ein, welche das Wissen zum Teil abschließend einer Arbeitsvertragspartei zuordnen. Erst dann entscheidet der Informationsträger i.d.R. anhand wirtschaftlicher Gesichtspunkte, welchen Schutz er wählt.

c) Das System der Rechtszuordnung

377 Nach arbeitsrechtlichen Grundsätzen sind die wirtschaftlichen Güter, die der Arbeitnehmer in Erfüllung seiner arbeitsvertraglichen Verpflichtung erschaffen hat, grundsätzlich dem Arbeitgeber zuzuordnen. Diesem steht grundsätzlich das Arbeitsergebnis und das Recht am Arbeitsergebnis zu.[833] Diese Wertung beruht auf der allgemeinen Risikolage in Arbeitsverhältnissen, da der Arbeitgeber das wirtschaftliche Risiko trägt, zur effizienten Führung des Unternehmens auf die Verwertung der erbrachten Arbeitsergebnisse angewiesen ist und den Arbeitnehmern zur Erzielung eines Arbeitsergebnisses letztlich ein Entgelt zahlt. Die Rechtsordnung muss dem Arbeitgeber daher die Möglichkeit verschaffen, die Rechte an Arbeitsergebnissen zu erlangen.[834]

378 Arbeitsergebnisse können indes sowohl körperlicher als auch immaterieller Natur sein. Im Hinblick auf körperliche Gegenstände, die der Arbeitnehmer in Erfüllung seiner Pflichten schafft, erwirbt der Arbeitgeber nach allgemeiner Überzeugung unmittelbar Eigentum.[835] Daher kann der Arbeitgeber diese auch jederzeit herausverlangen.[836] An Gegenständen, die der Arbeitnehmer nicht in Erfüllung seiner geschuldeten Tätigkeit geschafft hat, erwirbt dieser allerdings selbst Eigentum. Dies gilt sogar dann, wenn er die Sache während der Arbeits-

---

832 Vgl. oben S. 119 ff.
833 *Ulrici* (2008), S. 31 ff.; *Bayreuther*, in: MHdB ArbR, § 97 Rn. 1; Ausführlich dazu *Ulrici*, RdA 2009, 92; *Klass*, GRUR 2019, 1103 (1105); *Koch*, in: Schaub ArbR-Hdb, § 113 Rn. 6; *Hubmann*, in: FS für Hueck, S. 43.
834 *Gennen*, in: MAHArbR, § 16 Rn. 1; *Hubmann*, in: FS für Hueck, S. 45.
835 *Bassenge*, in: Palandt, BGB § 950 Rn. 6; Steht die Schaffung demgegenüber nicht mit der Tätigkeit in Verbindung, erwirbt ausschließlich der Arbeitnehmer das Eigentum, vgl. *Bayreuther*, in: MHdB ArbR, § 97 Rn. 1.
836 Dies stellt eine vertragliche Pflicht des Arbeitnehmers dar. Daneben kommen Ansprüche aus §§ 861, 862 oder 667 BGB in Betracht. Ein Anspruch aus § 985 BGB scheitert regelmäßig daran, dass der Arbeitnehmer Besitzdiener i.S.d. § 855 BGB ist, vgl. *Bayreuther*, in: MHdB ArbR, § 97 Rn. 5 mwN; a.A. *Gennen*, in: MAHArbR, § 16 Rn. 5.

zeit oder am Arbeitsplatz erstellt.[837] Damit ähnelt die arbeitsrechtliche Zuordnung den sachenrechtlichen Zuordnungsprinzipien der Eigentümerstellung nach den §§ 946 ff. BGB. Denn Hersteller i.S.d. § 950 BGB ist nicht derjenige, der tatsächlich tätig wird, sondern vielmehr derjenige, in dessen Namen und wirtschaftlichem Interesse die Herstellung erfolgt.[838] Dies soll anhand der konkreten Umstände nach der Verkehrsauffassung eines objektiven Betrachters beurteilt werden, wobei ein betrieblicher Zweck maßgeblich ist. Im Ergebnis werden nach arbeits- und sachenrechtlichen Prinzipien das Sacheigentum dem Arbeitgeber zugeordnet.

Sofern es sich jedoch um eine geistige Leistung handelt, wählen verschiedene gesetzliche Regelungen mit dem Schöpferprinzip einen zum arbeitsrechtlichen Grundsatz konträren Ansatz: Das Recht an der geistigen Leistung steht im Regelfall dem Schöpfer zu, vertragliche oder gesetzliche Zuordnungsvorschriften erlauben sodann einen derivativen Erwerb des Arbeitgebers. Ggf. muss der Arbeitgeber hierfür eine gesonderte Vergütung zahlen. Das Eigentum an einem Gegenstand und die immateriellen Rechte an der darin verkörperten geistigen Leistung können daher auseinanderfallen. Dies gilt im Wesentlich nur für die arbeitsvertraglich geschuldeten Leistungen, während die nicht geschuldeten Ergebnisse nur im Ausnahmefall dem Arbeitgeber zustehen können. Diese Zuordnung der vermögenswerten Rechte zum Arbeitnehmer kann aus Sicht des Arbeitgebers problematisch sein, wenn er das hergestellte Produkte umfassend vermarkten und seine Investitionen amortisieren will.

Auszugehen ist daher von dem Grundsatz, dass im Arbeitsverhältnis geschaffene Leistungen dem Arbeitgeber und außerhalb des Arbeitsverhältnisses geschaffene Leistungen dem Arbeitnehmer zustehen, sofern die immaterialgüterrechtlichen Vorschriften diesbezüglich keine abweichende Zuordnung treffen.

4. Das Recht am Arbeitsergebnis

a) Der Begriff des Arbeitsergebnisses

Um festzustellen, welche Rechte dem Arbeitgeber als Arbeitsergebnis zuzuordnen sind, muss der Begriff näher betrachtet werden. Arbeitsergebnisse können nur die Informationen sein, die aus der arbeitsvertraglich geschuldeten Tätigkeit entspringen.[839] Im Umkehrschluss bedeutet dies, dass das Ergebnis einer Tätigkeit, welche nicht im Zusammenhang mit dem Arbeitsverhältnis steht, nicht dem Arbeitgeber als Arbeitsergebnis zustehen kann. Dies beruht letztlich auf der Wertung, dass der Arbeitnehmer lediglich für die vereinbarte Tätigkeit entlohnt wird und nicht darüber hinaus. Er ist nämlich nur in den Grenzen des

---

837 *Bayreuther*, in: MHdB ArbR, § 97 Rn. 9.
838 *Hubmann*, in: FS für Hueck, S. 46.
839 *Hubmann*, in: FS für Hueck, S. 43.

Arbeitsvertrages in den Betrieb eingegliedert und an die Weisungen des Arbeitgebers gebunden. Liegt ein solches Arbeitsergebnis vor, entsteht mit dessen Schaffung zugleich die vertragliche Pflicht das Wissen dem Arbeitgeber mitzuteilen. Darüber hinausgehenden Pflichten unterliegt der Arbeitnehmer aber nicht. Erbringt er andere Leistungen, die nicht Teil seiner Arbeitspflicht sind, handelt es sich somit nicht um Leistungen, welche dem Arbeitgeber gebühren könnten.

382 Der Arbeitsvertrag, als spezieller Dienstvertrag nach § 611a BGB, legt die vertraglich geschuldete Arbeitsleistung des Arbeitnehmers als dessen Hauptleistungspflicht fest und steht in einem Synallagma zur Hauptpflicht des Arbeitgebers auf Entgeltzahlung. Die Hauptleistungspflicht des Arbeitnehmers kann indessen durch arbeitsrechtliche Quellen und Betriebsvereinbarungen, Tarifverträge und auch das Weisungsrecht des Arbeitgebers konkretisiert werden.[840] Im Gegensatz zum Werkvertrag ist allerdings nur die Arbeitsleistung geschuldet und kein konkreter Erfolg, sodass von einem Arbeitnehmer im Grunde nur das Bemühen um das Arbeitsergebnis verlangt werden kann. Gewährleistungsrechte wegen eines mangelnden oder mangelhaften Leistungserfolgs bestehen gerade nicht.[841] Daraus folgt, dass der Arbeitgeber das Risiko für den Erfolg dieser Bemühungen trägt. Gleichzeitig muss der Arbeitnehmer die Leistung persönlich erbringen, sodass Art und Umfang von seinem individuellen Leistungsvermögen abhängen. Aus diesem Grund kann von einem unterdurchschnittlichen Arbeitnehmer auch nur eine unterdurchschnittliche Leistung verlangt werden. Die Leistungspflicht ist insofern dynamisch und im Einzelfall für jeden Arbeitnehmer an sich zu bestimmen.[842] Nichtsdestotrotz muss der Arbeitnehmer die ihm übertragene Arbeit unter Anspannung seiner Fähigkeiten sorgfältig verrichten.[843]

b) Geistige Leistungen und Immaterialgüterrechte als Arbeitsergebnisse

383 Dem arbeitsrechtlich geprägten Grundsatz stehen jedoch im Hinblick auf geistige Leistungen die immaterialgüterrechtlichen Grundsätze entgegen. Zu hinterfragen ist daher, inwiefern die Schaffung von geistigen Leistungen oder Immaterialgüterrechten arbeitsvertraglich vereinbart werden kann. Sollte dies der Fall sein, handelt es sich um ein Arbeitsergebnis, welches dem Arbeitgeber zuzuordnen ist.

(a) Schutzfähige Erfindungen

384 In einem ersten Schritt ist zu hinterfragen, ob Diensterfindungen nach § 4 Abs. 2 ArbnErfG als Arbeitsergebnisse eingeordnet werden können. Da diejenigen Rechtspositionen, die nicht aus einer arbeitsvertraglich geschuldeten Tätigkeit

---

840 *Preis*, in: ErfKArbR, BGB § 611a Rn. 389 und 639.
841 *Preis*, in: ErfKArbR, BGB § 611a Rn. 683.
842 *Preis*, in: ErfKArbR, BGB § 611a Rn. 643.
843 *Spinner*, in: MüKoBGB, § 611a Rn. 925.

resultieren, nicht als Arbeitsergebnis anzusehen sind, können Erfahrungserfindungen i.S.d. § 4 Abs. 2 Nr. 2 ArbnErfG schon grundsätzlich keine solchen sein. Denn vorausgesetzt ist, dass ein Arbeitnehmer unter Verwendung betrieblicher Kenntnisse, aber ohne konkreten betrieblichen Auftrag, über seinen Arbeits- und Pflichtenkreis hinaus, eine Erfindung tätigt.[844] Echte Diensterfindungen nach § 4 Abs. 2 Nr. 1 ArbnErfG beruhen demgegenüber unmittelbar auf den arbeitsvertraglichen Pflichten oder einer arbeitgeberseitigen Weisung. Diesbezüglich wird von der herrschenden Ansicht allerdings angenommen, dass ein Arbeitnehmer sich nicht zu deren Schaffung verpflichten könne.[845] Denn einerseits könne man nicht die Schaffung einer schöpferischen Leistung vereinbaren und andererseits seien die Anforderungen an eine erfinderische Tätigkeit äußerst hoch und deren Erreichen unvorhersehbar.[846] Dies verlange nämlich, dass sich die Erfindung für einen Fachmann nicht in naheliegender Weise aus dem Stand der Technik ergibt und damit selbst für diesen ungewiss ist.[847] Dem wird entgegengehalten, dass ein Arbeitnehmer sich durchaus zur Schaffung von schutzfähigen Erfindungen verpflichten könne. Denn das ArbnErfG stelle in seiner Gesetzesbegründung auf einen Ausgleich zwischen der Zuordnung von Arbeitsergebnissen und dem patentrechtlichen Erfinderprinzip ab. Daher müssen schutzfähige Erfindungen dem arbeitsrechtlichen Zuordnungsprinzip dem Grunde nach zugänglich sein. Zur Schaffung von den heute üblichen Verbesserungserfindungen sei zudem jeder Arbeitnehmer, ggf. unter Mithilfe durch andere, in der Lage.[848]

Veigel kritisiert indes, dass die Ansichten verkennen, dass der Maßstab nicht ein Durchschnittsarbeitnehmer sein könne, denn die Leistungsfähigkeit sei den oben beschriebenen Grundsätzen nach individuell zu beurteilen. Daher könne von einem einfachen Arbeitnehmer wohl keine patentfähige Erfindung zu erwarten sein, von einem überdurchschnittlich ausgebildeten leitenden Angestellten mit jahrelanger Erfahrung und vertieftem Fachwissen demgegenüber schon.[849] Aus Gründen der Rechtssicherheit lehnt *Veigel* im Ergebnis daher eine Verpflichtungsmöglichkeit ab. Dem ist zuzustimmen, denn das Arbeitnehmererfindungsgesetz stellt bereits einen abschließenden Ausgleich zwischen diesen beiden Grundsätzen dar. Dieser könnte durch die Möglichkeit abweichender Vereinbarungen in sein Gegenteil verkehrt werden. Die Vergütungspflicht des Arbeitnehmers könnte schlichtweg umgangen und eine Haftung für

---

844 *Schwab*, ArbnErfG (2018), § 4 Rn. 6.
845 *Gaul*, NJW 1961, 1509 (1510); *Meier-Beck*, in: FS für für Reimann, S. 320; *Kraßer*, in: FS für Schricker, S. 110.
846 Dazu ausführlich *Veigel*, Rn. 133 mwN.
847 § 4 PatG; dies gilt nach der Rspr. in gleichem Maße für den erfinderischen Schritt, *Kraßer*, in: FS für Schricker, S. 110.
848 BT-Drs. II/1648, S. 12.
849 *Veigel*, Rn. 135 mit Verweis auf BGH, Urt. v. 26.09.2006, GRUR 2007, 52 (53) – Rollenantriebseinheit II.

(b) Nicht schutzfähige technische Leistungen

386 Daneben stellt sich die Frage, ob die Schaffung nicht-schutzfähiger Erfindungen, im ArbnErfG als technische Verbesserungsvorschläge bezeichnet, arbeitsvertraglich vereinbart werden kann. Solche erfassen sonstige technische Neuerungen, die nicht patent- oder gebrauchsmusterfähig sind. Erforderlich ist nur, dass eine Lehre zum planmäßigen Handeln unter Einsatz beherrschbarer Naturkräfte zur Erreichung eines kausal übersehbaren Erfolgs vorliegt. Darin ist in jedem Falle eine Leistung zu erblicken, zu der sich ein Arbeitnehmer verpflichten kann, denn sie erfordert kein hohes Maß an einer erfinderischen Tätigkeit.[850] Ebenso wird er sich zu der Schaffung einer neuen oder gewerblich anwendbaren technischen Lehre verpflichten können. Denn neu ist sie bereits, wenn sie sich nur in einem Merkmal vom Stand der Technik unterscheidet und gewerblich anwendbar, wenn die Leistung in einem Gewerbebetrieb hergestellt werden kann oder in einem solchen technisch anwendbar ist. Zu solchen Anforderungen kann ein Arbeitnehmer sich problemlos verpflichten, da sie nicht derart unvorhersehbar sind wie es ein erfinderischer Schritt ist. Folglich können nicht-schutzfähige technische Erfindungen unstreitig als Arbeitsergebnis dem Arbeitgeber zustehen.[851] Ob sie als Arbeitsergebnisse einzuordnen sind, ist letztlich eine Frage der vertraglichen Pflichten des Arbeitnehmers. Eine Zuordnung zu dem Arbeitgeber kann sich mittelbar aus dem Arbeitsvertrag oder unmittelbar aus ausdrücklichen Abreden oder Weisungen des Arbeitgebers im Rahmen der arbeitsvertraglichen Pflichten ergeben.

(c) Sonstige Immaterialgüter und Immaterialgüterrechte

387 Sonstige Immaterialgüter und Immaterialgüterrechte werfen ebenfalls keine Zuordnungsprobleme auf, denn die entsprechenden Schutzrechte stellen keine hohen Anforderungen an die Schöpfungsleistung. Im Design-, Sortenschutz- und Halbleiterschutzrecht bestehen im Grunde keine qualitativen Anforderungen. Denn die Leistungen müssen sich ähnlich den technischen Verbesserungsvorschlägen lediglich von anderen bekannten unterscheiden. Bspw. bei der handwerklich geprägten Erarbeitung einer Halbleitertopographie wird keine erfinderische Leistung erbracht, die nicht durch den Arbeitslohn abgegolten wäre. Im Urheberrecht sind zudem schon die Werke der »kleinen Münze« geschützt, sodass zwar qualitative Anforderungen in Form einer persönlichen geistigen Schöpfung gestellt werden, jedoch aufgrund der niedrigen Schwelle die Schaffung eines

---

850 *Veigel*, Rn. 136.
851 *Gennen*, in: MAHArbR (2017), § 16 Rn. 156.

urheberrechtlichen Werkes nicht mit Unsicherheit belastet ist.[852] Sie können daher als Arbeitsergebnisse dem Arbeitgeber zustehen. Diese Wertung hat zumeist auch in den immaterialgüterrechtlichen Vorschriften Anklang gefunden, die in der Regel einen originären oder derivativen Erwerb des Arbeitgebers vorsehen. Die Zuordnung ist letztlich auch hier eine Frage des Umfangs der vertraglichen Pflichten des Arbeitnehmers.

c) Zwischenergebnis

Damit sind lediglich schutzfähige Erfindungen als Sonderleistungen anzusehen, zu deren Leistungen sich ein Arbeitnehmer nicht verpflichten kann. Die Anforderung des erfinderischen Schritts bzw. der erfinderischen Tätigkeit kann vertraglich nicht versprochen werden. Dies entspricht letztlich auch den Wertungen des ArbnErfG. Sonstige technische oder geistige Leistungen und andere immaterialgüterrechtlich geschützte Schöpfung können demgegenüber Arbeitsergebnisse sein, sofern ihre Schaffung auf den arbeitsvertraglichen Pflichten beruht.

5. Die immaterialgüterrechtliche Zuordnung von geistigen Leistungen

Zu hinterfragen ist daher, wie und unter welchen Bedingungen schutzfähige Erfindungen und sonstige Leistungen zugeordnet werden. Diesbezüglich ist auf die jeweiligen immaterialgüterrechtlichen Regelungen und die arbeitsvertraglichen Abreden abzustellen. Unterschieden werden muss diesbezüglich zwischen Leistungen, die einerseits im Rahmen des Arbeitsverhältnisses geschaffen wurden und andererseits außerhalb dessen als freie Leistungen einzuordnen sind.

a) Patent- und gebrauchsmusterfähige Erfindungen

(a) Der Anwendungsbereich des Arbeitnehmererfindungsgesetzes

Im Bereich technischer Innovationen bestimmt das Arbeitnehmererfindungsgesetz wie die gegensätzlichen Interessen der Arbeitsvertragsparteien bezüglich der Rechte an patent- und gebrauchsmusterfähigen Erfindungen auszugleichen sind. Erfindungen in diesem Sinne sind nur solche, die nach § 1 Abs. 1 PatG bzw. § 1 Abs. 1 GebrMG neu sind, auf einer erfinderischen Tätigkeit bzw. einem erfinderischen Schritt beruhen und gewerblich anwendbar sind. Dem persönlichen Geltungsbereich des Arbeitnehmererfindungsgesetzes unterfallen sowohl sämtliche klassischen Arbeitnehmer als auch arbeitnehmerähnliche Personen.[853]

Grundsätzlich entstehen die Rechte in der Person des Erfinders, mithin also der des Arbeitnehmers. Grundlage dieser Zuordnung zum Erfinder ist eine

---

852 *Veigel*, Rn. 137.
853 Dazu ausführlich *Schwab*, ArbnErfG (2018), § 1 Rn. 2 ff.

D. Die Abgrenzung zum Erfahrungswissen

schöpferische, geistige Leistung. Ihm steht nach dem Erfinderprinzip das Recht auf das Patent zu. Er erwirbt daher zunächst originär sämtliche vermögensrechtlichen Bestandteile an der Erfindung und somit auch das Recht auf die Schutzrechtserteilung (§§ 6 ff. PatG; § 13 Abs. 3 GebrMG) sowie die in seiner Person erwachsenden persönlichkeitsrechtlichen Erfinderrechte (§§ 37, 63 PatG).[854] Der Widerspruch zum Recht am körperlichen Arbeitsergebnis wird durch das Arbeitnehmererfindungsgesetz aufgelöst, indem es einen derivativen Erwerb der vermögenswerten Rechte an der Erfindung gegen eine angemessene Vergütung ermöglicht. Dazu kann der Arbeitgeber das Recht auf das Patent unter bestimmten Voraussetzungen in Anspruch nehmen und auf sich überleiten. Bezüglich der Voraussetzungen ist allerdings zwischen unterschiedlichen technischen Leistungen zu unterscheiden: Diensterfindungen nach § 4 Abs. 2 ArbnErfG und freien Erfindungen nach § 4 Abs. 3 ArbnErfG.

392 Diensterfindungen sind nach § 4 Abs. 2 ArbnErfG aus der im Betrieb obliegenden Tätigkeit entstanden oder beruhen maßgeblich auf Erfahrungen oder Arbeiten des Betriebes. Während Obliegenheitserfindungen nach § 4 Abs. 2 Nr. 1 ArbnErfG sich nach dem Aufgabenbereich des Arbeitnehmers bemessen, beruhen Erfahrungserfindungen nach § 4 Abs. 2 Nr. 2 ArbnErfG auf einer Art Gemeinschaftsarbeit zwischen dem Unternehmen und dem Arbeitnehmer, wobei sie nicht unmittelbar Gegenstand der arbeitsvertraglichen Pflichten waren. In diesem Fall rechtfertigt der entscheidende Anteil des Unternehmens am Zustandekommen der Erfindung das Inanspruchnahmerecht.[855] Dazu muss der innere Stand der Technik des Unternehmens in erheblichem Maße zur Schaffung der Erfindung beigetragen haben, indem der Arbeitnehmer im Entstehungsprozess maßgeblich auf das betriebliche Wissen angewiesen war.[856]

393 Demgegenüber unterliegen Erfindungen, die zwar während des Bestandes aber nicht im Zusammenhang mit der Arbeitstätigkeit stehen und damit keine Diensterfindung darstellen, keinem Inanspruchnahmerecht. Es handelt sich sodann um freie Erfindungen nach § 4 Abs. 3 ArbnErfG, welche den Beschränkungen der §§ 18, 19 ArbnErfG unterliegen.

394 Erfindungen, die außerhalb des rechtlichen Bestandes des Arbeitsverhältnisses fertig gestellt worden sind, unterliegen nicht dem Anwendungsbereich des Arbeitnehmererfindungsgesetzes. Es kommt insofern aber nicht darauf an, dass während des Arbeitsverhältnisses bereits eine Fabrikationsreife erreicht wurde oder eine Schutzrechtsanmeldung unmittelbar möglich ist. Vielmehr muss die Erfindung als solche Gestalt angenommen haben. Daher handelt es sich weder um eine Diensterfindung noch um eine freie Erfindung, wenn gewisse Vorarbeiten im Arbeitsverhältnis geleistet wurden und die Fertigstellung erst nach dem Ausscheiden erfolgte. Die Erfindung unterliegt dann nicht einmal mehr den Einschränkungen der §§ 18, 19 ArbnErfG. Etwas Anderes kann allerdings gelten,

---

854 *Melullis*, in: Benkard PatG § 6 Rn. 1.
855 BT-Drs. II/1648, S. 19.
856 *Bartenbach/Volz*, ArbnErfG § 4 Rn. 36; *Koch*, in: ArbR-HdB, § 114 Rn. 15.

wenn der Arbeitnehmer die Fertigstellung bewusst herausgezögert oder eine Kündigung zu diesem Zweck provoziert hat.[857]

(b) Diensterfindungen

(i) Mitteilungspflichten und das Inanspruchnahmerecht

Hinsichtlich Erfindungen seiner Arbeitnehmer hat der Arbeitgeber ein Interesse, diese mitgeteilt zu bekommen, damit er sie bewerten und ggf. in Anspruch nehmen kann. Dieses Interesse beruht darauf, dass der Arbeitgeber mangels eigener Kenntnis darauf angewiesen ist, dass er über die Vorgänge in seinem Unternehmen und damit auch über die Erschaffung von Arbeitsergebnissen unterrichtet wird. Eine entsprechende unverzügliche Mitteilungspflicht ergibt sich hier schon aus den arbeitsrechtlichen Treuepflichten des Arbeitnehmers.[858]

Diese Verpflichtung ist im Hinblick auf Diensterfindungen allerdings auch gesetzlich in § 5 ArbnErfG niedergelegt worden. Diese form- und ggf. sogar fristgebundene Melde- und Mitteilungspflichten dienen der Rechtsklarheit und der zügigen Zuordnung der Erfindung.[859] Erforderlich ist eine Mitteilung in Textform i.S.d. § 126b BGB.[860] Inhaltlich müssen die Erfindung und die Umstände ihres Zustandekommens genau beschrieben sein, um dem Arbeitgeber eine erste Einschätzung der Erfindung zu ermöglichen. Dazu gehört eine Aufstellung der beteiligten Mitarbeiter und des Umfangs ihres Beitrags, die Benennung des betrieblichen Zusammenhangs, in welchem die Erfindung gemacht wurde und welche Erfahrungen und Kenntnisse miteingeflossen sind. Dadurch muss der Arbeitgeber in die Lage versetzt werden, Nutzen und Wert zu bewerten und letztlich eine Vergütung für den Arbeitnehmererfinder festsetzen zu können. Wurde dem Arbeitgeber die Erfindung mitgeteilt, kann er diese in Anspruch nehmen oder freigeben. Die Inanspruchnahme stellt ein höchstpersönliches Aneignungsrecht dar, dessen entsprechende Erklärung empfangsbedürftig, rechtsgestaltend und gegenüber dem Arbeitnehmer zu erklären ist und die Erfindung bereits mit dessen Fertigstellung belastet.[861] Erst die Inanspruchnahme durch den Arbeitgeber bewirkt daher eine Rechtszuordnung zu ihm. Er kann diese nach § 6 Abs. 1 ArbnErfG ausdrücklich erklären oder diese gilt gem. § 6 Abs. 2 ArbnErfG als fingiert, wenn der Arbeitgeber die Erfindung nicht innerhalb von vier Monaten nach der Meldung freigibt. Erforderlich ist daher ein ausdrücklicher Widerspruch in Textform, sofern der Arbeitgeber die Erfindung nicht beanspruchen möchte.

---

857 *Bayreuther*, in: MHdB ArbR, § 98 Rn. 6 ff.
858 *Hubmann*, in: FS für Hueck, S. 48.
859 *Poeche*, in: Küttner, Arbeitnehmererfindungen Rn. 1.
860 *Schwab*, ArbnErfG (2018), § 5 Rn. 7.
861 BGH, Urt. v. 04.04.2006 – X ZR 155/03, GRUR 2006, 754 (757) – Haftetikett.

D. Die Abgrenzung zum Erfahrungswissen

(ii) Umfang und Folgen der Rechtszuordnung

397 Folge einer Inanspruchnahme ist nach § 7 Abs. 1 ArbnErfG, dass alle Vermögensrechte an der Diensterfindung auf den Arbeitgeber übergehen. Erfasst sind damit die übertragbaren vermögenswerten Rechte an der Erfindung nach §§ 6, 15 Abs. 1 PatG bzw. § 22 Abs. 1 GebrMG und bereits erworbene Schutzrechtspositionen. Anderweitige Verfügungen nach § 7 Abs. 2 ArbnErfG vor Erklärung bzw. Fiktion der Inanspruchnahme sind sogar unwirksam, sofern sie die Rechte des Arbeitgebers beeinträchtigen. Folge ist zugleich aber auch, dass der Arbeitgeber nach § 13 Abs. 1 ArbnErfG verpflichtet wird, die Erfindung zum Schutzrecht anzumelden und dem Arbeitnehmer eine angemessene Sondervergütung zu bezahlen, vgl. dazu §§ 9 ff. ArbnErfG. Es bestehen diesbezüglich jedoch Ausnahmen in § 13 Abs. 2 ArbnErfG: Die Anmeldepflicht entfällt einerseits verständlicherweise mit der Freigabe der Erfindung nach § 8 ArbnErfG. In diesem Fall kann ausschließlich der Arbeitnehmer über seine Erfindung verfügen und diese zum Schutzrecht anmelden, vgl. § 13 Abs. 4 ArbnErfG. Die Anmeldepflicht entfällt zudem falls der Arbeitnehmer der Nichtanmeldung zustimmt oder die Voraussetzungen für die Behandlung als Betriebsgeheimnis erfüllt sind.[862]

398 Als Ausgleich wird der Arbeitnehmer wirtschaftlich beteiligt, indem ihm eine angemessene Vergütung ab dem Moment der Inanspruchnahme zusteht.[863] Die Vergütungshöhe ist anhand der Umstände zu bestimmen, wobei die wirtschaftliche Verwertbarkeit, die Aufgaben und Stellung des Arbeitnehmers im Betrieb und der Anteil des Unternehmens am Zustandekommen der Diensterfindung zu berücksichtigen sind, vgl. § 9 Abs. 2 ArbnErfG. Zudem sollen die Arbeitsvertragsparteien Art und Höhe der Vergütung in einer angemessenen Frist nach Inanspruchnahme vereinbaren, vgl. § 12 ArbnErfG. Ist sie in erheblichem Maße unbillig, ist die Vergütungsvereinbarung nach § 23 Abs. 1 S. 1 ArbnErfG unwirksam. Bei wesentlichen Änderungen von Umständen ist nachträglich eine Anpassung nach § 12 Abs. 6 ArbnErfG möglich.[864]

399 Freigegebene Diensterfindungen kann der Arbeitnehmererfinder in den Grenzen des allgemeinen Wettbewerbsverbotes nutzen. Die Beschränkungen der §§ 18, 19 ArbnErfG gelten hier nicht und auch die Geheimhaltungspflicht entfällt nach § 24 Abs. 2 ArbnErfG. Ist die Diensterfindung bereits in Anspruch genommen worden und zum Schutzrecht angemeldet, tritt an die Stelle der Freigabe die Schutzrechtsaufgabe nach § 16 ArbnErfG. Dieses Verfahren hat hohe praktische Bedeutung, denn häufig wird sich die Aufrechterhaltung des Schutzrechts für den Unternehmer aufgrund überholter Technik nicht bis zur Höchst-

---

862 Vgl. dazu § 17 ArbnErfG.
863 BVerfG, NJW 1998, 3704 (3705).
864 Dies ist anzunehmen, wenn der Arbeitnehmer aufgrund der geänderten Umstände die doppelte Zahlung verlangen könnte oder zugunsten des Arbeitgebers nur noch die halbe Zahlungshöhe angemessen erscheint.

dauer lohnen, sodass § 16 ArbnErfG eine Befreiungsmöglichkeit bereitstellt. Dadurch werden die Rechte an der Erfindung und ggf. dem Schutzrecht auf Verlangen an den Arbeitnehmer zurückübertragen.

(iii) Die betriebsgeheime Erfindung

Nach § 13 Abs. 1 ArbnErfG ist der Arbeitgeber grundsätzlich dazu verpflichtet, eine Diensterfindung im Inland zum Schutzrecht anzumelden. Die Pflicht des Arbeitgebers die technische Erfindung zum Patent anzumelden, führt allerdings spätestens 18 Monaten nach Anmeldung zur Offenlegung seines Inhalts. Zur Vermeidung dessen entscheiden sich Arbeitgeber nicht selten dazu, die Erfindung ihrer Arbeitnehmer als Geheimnis zu behandeln. Eine entsprechende Ausnahmevorschrift, die dies ermöglicht, stellt § 17 ArbnErfG dar, indem sie die Möglichkeit bietet statt einer Schutzrechtsanmeldung eine Geheimhaltung vorzusehen. Dazu muss der Arbeitgeber im Hinblick auf die in Anspruch genommene Erfindung die Schutzfähigkeit gegenüber dem Arbeitnehmer anerkennen und berechtigte Interessen vorweisen, die eine Geheimhaltung rechtfertigen. In diesem Moment ist er gleichermaßen gebunden als hätte er die Diensterfindung zum Schutzrecht angemeldet.[865]

Zweck der Regelung des § 17 ArbnErfG ist es, den Arbeitgeber nicht zu einer Schutzrechtsanmeldung zu zwingen, wenn wirtschaftliche und praktische Gesichtspunkte für eine Geheimhaltung als effektivere Schutzmöglichkeit sprechen.[866] Es handelt sich systematisch um eine Ausnahmevorschrift zur Anmeldepflicht nach § 13 Abs. 1 ArbnErfG und eine Konkretisierung der allgemeinen Geheimhaltungspflicht des § 24 ArbnErfG. Im Ergebnis hat die Entscheidung die Geheimhaltung vorzuziehen aber keine unmittelbar negativen Auswirkungen auf das Verhältnis zwischen Arbeitgeber und Arbeitnehmererfinder.[867] Um die Vergütungspflicht nicht zu umgehen, muss nämlich sichergestellt werden, dass er durch die Geheimhaltung an Stelle der Schutzrechtsanmeldung keine wirtschaftlichen Nachteile erleidet, vgl. § 17 Abs. 3 ArbnErfG. Eine Vergütung ist daher für die fiktive Schutzdauer des entsprechenden Schutzrechtes zu zahlen.[868] Um die wirtschaftlichen Interessen des Arbeitnehmers zu wahren und auch einen rechtlichen Schutz zu gewährleisten, wird der Arbeitgeber sowohl im eigenen als auch im Interesse des Arbeitnehmers die Voraussetzungen des § 2 Nr. 1 GeschGehG erfüllen und somit Geheimhaltungsmaßnahmen etablieren müssen. Dies erscheint im Hinblick darauf, dass er im Regelfall zur Schutzrechtsanmeldung verpflichtet wäre, auch nicht unangemessen.

Bestreitet der Arbeitgeber allerdings die Schutzfähigkeit der Diensterfindung, muss er zur Vermeidung von Schadensersatzansprüchen seitens des Arbeitneh-

---

865 Vgl. BGH, Urt. v. 29.09.1987, AR-Blattei ES 670 Nr. 8.
866 *Schwab*, ArbnErfG (2018), § 17 Rn. 3.
867 *Schrader*, in: Auer-Reinsdorff/Conrad (2019), § 37 Rn. 254.
868 *Schoenen*, in: GewRS (2017), § 42 Rn. 83; *Schwab*, ArnErfG (2018), § 17 Rn. 3, 9.

D. Die Abgrenzung zum Erfahrungswissen

mers, die Schiedsstelle des DPMA anrufen. Dieses prüft sodann die materiellrechtlichen Voraussetzungen der Schutzfähigkeit und unterbreitet einen Einigungsvorschlag nach § 34 ArbnErfG, dem die Parteien widersprechen können, wobei allerdings die Frage der Schutzfähigkeit endgültig entschieden wird. Gegen die Entscheidung bzgl. der Schutzfähigkeit können entweder der Arbeitgeber oder der Arbeitnehmererfinder Widerspruch erheben und diese durch die Patentstreitkammer des zuständigen Landgerichts prüfen lassen.

(c) Freie Erfindungen

(i) Mitteilungspflicht und Pflicht zur Nutzungsrechtsvergabe

403 Freie Erfindungen müssen dem Arbeitgeber nach § 18 ArbnErfG ebenfalls in Textform angezeigt werden. Hierbei ist ein ähnlicher Maßstab anzusetzen wie im Falle einer Diensterfindung. Denn der Arbeitgeber muss in die Lage versetzt werden, die Erfindung zu bewerten und ggf. beurteilen zu können, ob es sich tatsächlich um eine freie Erfindung handelt. Daher muss der Arbeitnehmer nicht nur über die Erfindung, sondern auch über dessen Entstehung berichten.[869] Eine entgegenstehende Inanspruchnahme als Diensterfindung ist jedoch nach § 18 Abs. 2 ArbnErfG dann ausgeschlossen, wenn der Arbeitgeber nicht innerhalb von drei Monaten nach Mitteilung der Einordnung als freie Erfindung widerspricht. Diese Mitteilungspflicht entfällt jedoch nach § 18 Abs. 3 ArbnErfG, sofern die freie Erfindung offensichtlich nicht zur Anwendung im Betrieb des Arbeitgebers geeignet ist. Dies kann immer dann der Fall sein, wenn es sich um eine Erfindung handelt, die in keinem Zusammenhang mit dem Betätigungsfeld des Unternehmens an sich steht, wobei das Betätigungsfeld aufgrund des Ausnahmecharakters der Vorschrift weit zu ziehen ist.[870] Jedenfalls nicht von den §§ 18, 19 ArbnErfG erfasst sind nach § 8 ArbnErfG frei gewordene, später aufgegebene und solche Erfindungen, die der Arbeitnehmer vor oder nach Bestand des Beschäftigungsverhältnisses gemacht hat.[871]

(ii) Umfang der Rechtszuordnung

404 An freien Erfindungen muss der Arbeitnehmer dem Arbeitgeber bei Bedarf lediglich ein Nutzungsrecht zu angemessenen Bedingungen gewähren.[872] Dieses Vorrecht erlischt, wenn der Arbeitgeber das Angebot nach drei Monaten nicht angenommen hat, vgl. § 19 Abs. 2 ArbnErfG. Hält der Arbeitgeber das Angebot nicht für angemessen, wird die Vergütungshöhe durch das Gericht festgesetzt.

---

869 *Koch*, in: Schaub/Koch, Arbeitnehmererfindung; *Schwab*, ArbnErfG (2018), § 18 Rn. 10; *Poeche*, in: Küttner, Arbeitnehmererfindung Rn. 25.
870 *Schwab*, ArbnErfG (2018), § 18 Rn. 8.
871 *Schwab*, ArbnErfG (2018), § 18 Rn. 6.
872 Vgl. § 19 ArbnErfG.

(d) Zwischenergebnis

Das Arbeitnehmererfindungsgesetz enthält klare Zuordnungsregeln bezüglich des technischen Sonderwissens eines Unternehmens. Es obliegt in diesem Zusammenhang dem Arbeitgeber sich das Wissen zuordnen zu lassen. Dies kann er im Hinblick auf Diensterfindungen unproblematisch durch deren Inanspruchnahme erreichen. Freie Erfindungen kann er sich allerdings lediglich als Lizenznehmer sichern, wenn der Arbeitnehmer nicht gewillt ist, ihm die entsprechenden Befugnisse vollständig zu übertragen. Im Falle besonders wertvoller freier Erfindungen muss der Arbeitgeber daher versuchen, eine rechtsgeschäftliche Einigung mit dem Arbeitnehmer zu treffen. Erfindungen, welche dem Arbeitnehmererfindungsgesetz nicht unterliegen, kann der Arbeitgeber demgegenüber nur schwer an sich ziehen, denn der Arbeitnehmer ist weder verpflichtet diese anzubieten noch diese zu melden. Unter Umständen stehen diese auch dem bisherigen oder neuen Arbeitgeber zu, sofern sie in einem entsprechenden Arbeitsverhältnis geschaffen wurden.

405

b) Technische Verbesserungsvorschläge

(a) Voraussetzung der Rechtszuordnung

Für technische Verbesserungsvorschläge, die weder patent- noch gebrauchsmusterfähig und Ergebnis der dienstlichen Tätigkeit sind, bestehen keine Verpflichtungen aus dem Arbeitnehmererfindungsgesetz. Es handelt sich um technische Neuerungen, die keinem Schutzrecht zugänglich sind, aber den internen Stand der Technik im jeweiligen Unternehmen bereichern. Bezogen auf das jeweilige Unternehmen sind sie daher als neu, fortschrittlich und gewerblich anwendbar zu klassifizieren. Technische Verbesserungsvorschläge sind daher stets betriebsbezogen zu bestimmen. Die Verbesserung muss sich nämlich auf den innerbetrieblichen Stand der Technik beziehen und diesem gegenüber einem Fortschritt darstellen, sodass sie schon begrifflich auf den Betrieb des Arbeitgebers Bezug nimmt und die Kenntnis einen Vorteil darstellt.

406

Wurden sie im Rahmen der dienstlichen Tätigkeit erstellt, stehen sie nach den Grundsätzen bezüglich des Arbeitsergebnisses originär dem Arbeitgeber zu, sodass es keiner Rechtsübertragung durch den Arbeitnehmer bedarf. Teilweise wird daher von einer originären Zuordnung zum Arbeitgeber gesprochen.[873] Es besteht jedoch kein zuordnungsfähiges Immaterialgüterrecht auf dem diese Zuweisung an den Arbeitgeber fußt. Denn ein technischer Vorschlag begründet keine subjektiven Rechte an dem technischen Wissen, welches einem Rechtsträger zugeordnet werden könnte. Daher ist dem Arbeitgeber, der von dem Verbesserungsvorschlag Kenntnis erlangt eine Verwertungsmöglichkeit zuzusprechen. Von einer Zuordnung kann demgegenüber nicht die Rede sein.

407

---

873 Vgl. *Bayreuther*, in: MHdB ArbR, § 90 Rn. 58.

D. Die Abgrenzung zum Erfahrungswissen

408 Vergütungsansprüche können sich nach § 20 Abs. 1 S. 1 ArbNErfG ergeben, sofern es sich um einen qualifizierten Verbesserungsvorschlag handelt, der einem Arbeitgeber eine vergleichbare Vorzugsstellung einräumt wie eine Diensterfindung. Hier gelten die Grundsätze der §§ 9, 12 ArbNErfG entsprechend. Weitergehende Abreden, auch bezüglich einfacher technischer Verbesserungsvorschläge, können aber durch Tarifvertrag oder Betriebsvereinbarung getroffen werden. Hierbei stehen dem Betriebsrat nach § 87 Abs. 1 Nr. 2 BetrVG Mitbestimmungsrechte zu.[874] Bestehen keine derartigen Abreden, kann sich im Ausnahmefall eine Vergütung aus arbeitsrechtlichen Prinzipien ergeben.[875]

(b) Mitteilungspflicht technischer Verbesserungsvorschläge

409 Zuordnungsprobleme stellen sich in Bezug auf technische Verbesserungsvorschläge somit nicht. Dennoch muss der Arbeitgeber Kenntnis von den Vorschlägen erlangen, um sie verwerten zu können. Die Übermittlung des Arbeitnehmers zum Arbeitgeber erfolgt durch schlichte Wissensübermittlung. Fraglich ist jedoch, ob ein Arbeitnehmer dazu verpflichtet ist, die Verbesserungsvorschläge mitzuteilen. Unstrittig besteht eine Mitteilungspflicht für solche technischen Vorschläge, die aus der arbeitsvertraglichen Tätigkeit resultieren und als Arbeitsergebnis anzusehen sind. Dies stellt eine arbeitsvertragliche Verpflichtung dar.[876]

410 Fraglich ist, inwiefern dies auch für nicht mit der geschuldeten Tätigkeit im Zusammenhang stehende Verbesserungsvorschläge gilt. Eine Mitteilungspflicht an den Arbeitgeber ist gesetzlich zwar nicht vorgesehen, vorausgesetzt wird diese aber mittelbar in § 22 ArbNErfG, indem Vereinbarungen über technische Verbesserungsvorschläge nach deren Mitteilung als zulässig angesehen werden. Zu unterscheiden sein könnten hier zwischen Leistungen, die bei Gelegenheit der Arbeitstätigkeit erbracht wurden und solchen, die vollständig unabhängig davon sind. Nicht abgestellt werden kann in beiden Fällen jedenfalls auf das Vorliegen eines Arbeitsergebnisses. Ob der Arbeitnehmer dieses Wissen auch mitteilen muss, bemisst sich danach, ob in Arbeits- und Tarifverträgen oder Betriebsvereinbarungen entsprechende Pflichten begründet wurden. Fehlt eine Vereinbarung, ist erneut auf die arbeitsvertraglichen Treuepflichten, die den Arbeitnehmer zur Rücksicht auf die Interessen des anderen Teils verpflichten, abzustellen. Die Interessen des Arbeitgebers sind aufgrund der Betriebsbezogenheit unzweifelhaft betroffen. Daher werden bei Gelegenheit erbrachte technische Verbesserungsvorschläge dem Arbeitgeber mitzuteilen sein.

411 Fraglich ist aber, ob sich dadurch eine Mitteilungspflicht des Arbeitnehmers auch im Hinblick auf sämtliche außerdienstlichen Tätigkeiten rechtfertigen

---

874 Vgl. dazu *Poeche*, in: Küttner, Verbesserungsvorschläge Rn. 6 ff.
875 Vgl. dazu *Gennen*, in: MAHArbR, § 16 Rn. 158.
876 *Schwab*, in: ArbNErfG (2018), § 3 Rn. 2 f; *Bayreuther*, in: MHdB ArbR, § 98 Rn. 54; *Hubmann*, in: FS für Hueck, S. 49; *Veigel*, (2017) Rn. 158.

lässt. Technische Verbesserungsvorschläge gewähren grundsätzlich kein subjektives Recht, sodass ein Arbeitgeber sie verwerten kann, ohne dass dem Arbeitnehmer die Möglichkeit zusteht, sich dagegen zu wehren. Ohnehin stünde dem Arbeitnehmer im Falle einer eigenen Verwertung das allgemeine Wettbewerbsverbot entgegen. Dazu kommt, dass § 20 ArbnErfG eine Sondervergütung an die Verwertung technischer Verbesserungsvorschläge knüpft, die dem Arbeitgeber eine ähnliche Vorzugsstellung gewähren wie ein gewerbliches Schutzrecht. Eine Unterscheidung zwischen freien oder dienstlichen Verbesserungsvorschlägen besteht hier nicht. Wird ein solcher im Unternehmen einfach genutzt, könnte sich der Arbeitgeber daher ungewollt vergütungspflichtig machen. Ähnlich der Erfindungsmeldung hat eine Mitteilung daher den Zweck, dem Arbeitgeber eine Bewertungsgrundlage im Hinblick auf eine Verwertung und Vergütung zu gewähren. Insofern ist eine Mitteilungspflicht von technischen Verbesserungsvorschlägen nicht unangemessen. Sie ist weder mit einem Rechtsverlust des Arbeitnehmers verbunden noch betrifft sie seine Interessen.[877]

Für diejenigen technischen Verbesserungsvorschläge, die arbeitsvertraglich geschuldet sind, ergibt sich die Mitteilungspflicht somit aus den arbeitsvertraglichen Treuepflichten bezüglich der Meldung von Arbeitsergebnissen. Hinsichtlich sonstiger technischer Verbesserungsvorschläge lässt sich aufgrund der Betriebsbezogenheit, eine Mitteilungspflicht annehmen, die Teil der arbeitsvertraglichen Rücksichtnahme ist.[878] Dies wird anhand der erheblichen Arbeitgeber- und der vergleichbar geringen Arbeitnehmerinteressen, die sich allenfalls auf eine Sondervergütung nach § 20 ArbnErfG beschränken, deren Geltendmachung eine Mitteilung erfordert, deutlich. Sonstige technische Leistungen kann der Arbeitnehmer frei verwenden, ohne sie dem Arbeitgeber mitteilen zu müssen. Denn sie stellen keine Verbesserung für den Stand der Technik im Betrieb dar und sind somit nicht von Interesse für den Arbeitgeber.[879] 412

(c) Zwischenergebnis

Technische Verbesserungsvorschläge gewähren keine subjektiven Rechte und können auch nicht durch ein Schutzrecht gesichert werden. Daher muss der Arbeitgeber sich diese durch vertragliche Mittel sichern. Die erforderliche Kenntnis um diese technischen Verbesserungsvorschläge muss ein Arbeitnehmer dem Arbeitgeber durch eine entsprechende Mitteilung verschaffen. Diese ergibt sich grundsätzlich aus den arbeitsvertraglichen Pflichten des Arbeitnehmers. Zu unterscheiden sind die technischen Verbesserungsvorschläge allerdings von sonstigen technischen Informationen, welche dem Betrieb keine Verbesserung in diesem Sinne gewähren. Sofern es sich dabei nicht um Arbeitsergebnisse 413

---

877 *Veigel*, Rn. 163 ff.; *Hubmann*, in: FS für Hueck, S. 49.
878 *Veigel*, Rn. 164; *Schwab*, ArbnErfG § 3 Rn. 2.
879 *Koch*, in: ArbR-HdB, § 114 Rn. 42.

handelt, wird der Arbeitgeber kein Interesse an diesen haben, sodass der Arbeitnehmer die Information nicht weitergeben muss.

c) Geistige Schöpfungen

(a) Pflichtwerke und freie Werke

414 Für Informationen, die sich als Werke der Literatur, Kunst oder Wissenschaft erweisen, steht das Urheberrecht als ex lege entstehendes Schutzrecht zur Verfügung. Geprägt ist das deutsche Urheberrecht in § 7 UrhG vom Schöpferprinzip, wonach die Rechte an dem Werk unmittelbar in der Person des Schöpfers entstehen.[880] Dies gilt auch in Arbeitsverhältnissen, sodass grundsätzlich der Arbeitnehmer Inhaber der Rechte am Werk ist.[881] In diesem Zusammenhang regelt § 43 UrhG, dass die urhebervertragsrechtlichen Bestimmungen auch anzuwenden sind, *»wenn der Urheber das Werk in Erfüllung seiner Verpflichtungen aus einem Arbeits- oder Dienstverhältnis geschaffen hat, soweit sich aus dem Inhalt oder dem Wesen des Arbeits- oder Dienstverhältnisses nichts anderes ergibt.«* Dieser Vorschrift ist kein unmittelbarer Rechtseinräumungsanspruch zu entnehmen, jedoch stellt sie klar, dass ein solcher aus dem Vertragsverhältnis folgen kann. Daher muss der Arbeitgeber sich die für ihn relevanten Nutzungs- und Verwertungsrechte vom Arbeitnehmer rechtsgeschäftlich gewähren lassen. Neben der Möglichkeit einer tarif- oder individualvertraglichen Vereinbarung, ergibt sich eine stillschweigende Rechtserteilung aber regelmäßig aus dem Arbeitsvertrag selbst.[882]

415 Anzunehmen ist dies immer dann, wenn das geschaffene Werk in Erfüllung der arbeitsvertraglich geschuldeten Hauptpflichten entsteht.[883] Solche Pflichtwerke werden entscheidend durch den Inhalt des Arbeitsvertrags und die arbeitsvertraglich festgelegte Art der Tätigkeit bestimmt und können durch Weisungen des Arbeitgebers nur noch konkretisiert werden. Daher werden sämtliche Nutzungsrechte an Werken, die ein Arbeitnehmer aufgrund seiner Stellung branchenüblicherweise schafft, dem Arbeitgeber zugeordnet. Keine zweckmäßigen Bestimmungskriterien stellen hierbei Ort und Zeit der Werkschaffung dar, denn ein kreatives Schaffen lässt sich weder zeitlich noch örtlich einengen, da ein Arbeitnehmer häufig auch außerhalb seines Arbeitsplatzes oder

---

880 Vgl. § 7 UrhG; *Thum*, in: Wandtke/Bullinger, § 7 Rn. 1; *Dreier*, in: Dreier/Schulze, § 43 Rn. 1.
881 *Wandtke*, in: Wandtke/Bullinger, § 43 Rn. 39; *Rojahn*, in: Schricker/Loewenheim, § 43 Rn. 23.
882 *Dreier*, in: Dreier/Schulze, § 43 Rn. 1; *Wandtke*, in: Wandtke/Bullinger, § 43 Rn. 18; *Bayreuther*, in: MHdB ArbR, § 99 Rn. 3.
883 *Dreier*, in: Dreier/Schulze, § 43 Rn. 1.

der Arbeitszeit tätig wird. Daher können auch während der Freizeit geschaffene Werke als Pflichtwerke anzusehen sein.[884]

Die Reichweite der Nutzungseinräumung an den Arbeitgeber bemisst sich, soweit keine entgegenstehende Vereinbarung besteht, nach § 31 Abs. 5 UrhG nach dem von den Parteien zugrunde gelegten Zweck des Arbeitsvertrages, sodass lediglich die Rechte eingeräumt werden, welche der Arbeitgeber für seine betrieblichen Erfordernisse benötigt (sog. Zweckübertragungsregel).[885] Der Arbeitgeber erlangt damit im Zweifel ein ausschließliches Nutzungsrecht an dem geschaffenen Werk, sofern nicht ein einfaches Nutzungsrecht ausreichend ist.[886] Mit Einräumung der Nutzungsrechte muss dem Arbeitgeber auch die Wahrnehmung seiner Rechtsstellung übertragen werden.[887] Ergänzt wird dies durch § 69b UrhG für den Bereich der Computerprogramme, wonach der Arbeitgeber – entgegen der Zweckübertragungslehre – zur Ausübung aller vermögenswerten Rechte an dem Computerprogramm berechtigt ist, sofern nichts anderes vereinbart ist.[888]   416

Umstritten ist, ob das Nutzungsrecht die Beendigung des Arbeitsverhältnisses überdauert. Die Rechtsprechung und der Großteil der Literatur tendieren dazu, die Nutzungsrechte an arbeitsvertraglich geschuldeten Werken zeitlich unbeschränkt anzunehmen, da die für die Gewährung notwendige Geschäftsgrundlage nicht entfalle.[889] Dem wird entgegengebracht, dass mit der Beendigung des Arbeitsverhältnisses auch die Nutzungseinräumung beendet sei. Begründet wird dies mit dem Erfordernis eines bestehenden Arbeitsverhältnisses nach § 43 UrhG. Folge wäre, dass ein Arbeitgeber das Werk nach Auflösung des Arbeitsverhältnisses nur weiterverwenden kann, wenn er dies mit dem Urheber vereinbart.[890] Dies würde jedoch den Grundsätzen der Zuordnung von Arbeitsergebnissen widersprechen, denn diese kennen keine zeitlichen Grenzen und sind als Teil der vertraglich geschuldeten Tätigkeit durch den Arbeitslohn abgegolten. Das Ausscheiden des Arbeitnehmers ändert daher nichts an der Einordnung als Arbeitsergebnis. Insofern ist richtigerweise davon auszugehen, dass die Wirkung der Zuordnung von Pflichtwerken die Beendigung des Arbeitsverhältnisses überdauert.   417

Eine Pflicht zur Rechtseinräumung besteht allerdings nur, sofern der Arbeitnehmer das Werk im Rahmen seines Arbeitsverhältnisses und der geschuldeten Tätigkeiten geschaffen hat.[891] Die Beweislast dafür obliegt dem Arbeitgeber.[892]   418

---

884 *Wandtke*, in: Wandtke/Bullinger, § 43 Rn. 20 mwN.
885 Ausführlich dazu *Dreier*, in: Dreier/Schulze, § 43 Rn. 15 ff. mwN.
886 *Koch*, in: Schaub ArbR-Hdb, § 115 Rn. 7.
887 Dazu ausführlich bei *Koch*, in: Schaub ArbR-Hdb, § 115 Rn. 11.
888 *Kaboth/Spies*, in: BeckOK UrhR, § 69b Rn. 2.
889 *Koch*, in: Schaub ArbR-Hdb, § 115 Rn. 7; BAG 13.9.1983 – 3 AZR 371/81, GRUR 1984, 429 – Statikprogramme; *Bayreuther*, in: MHdB ArbR, § 99 Rn. 14 mwN.
890 *Schwab*, NZA-RR 2015, 5 (7); *Wandtke*, in: Wandtke/Bullinger § 43 Rn. 76 ff.
891 *Wandtke*, in: Wandtke/Bullinger § 43 Rn. 6.

D. Die Abgrenzung zum Erfahrungswissen

Wurde das Werk vor der rechtlichen Begründung oder nach dessen Beendigung angefertigt oder weist es als freies Werk keinen Zusammenhang mit den geschuldeten Tätigkeiten auf, ist der Anwendungsbereich des § 43 UrhG nicht eröffnet. Der Arbeitgeber hat keine Möglichkeit an diese Werke zu gelangen.[893] Der Arbeitnehmer kann dem Arbeitgeber Nutzungsrechte an einem solchen einräumen, ist jedoch nicht dazu verpflichtet.[894]

419 Sonstige Informationen, die die Schutzhöhe einer persönlichen geistigen Schöpfung nicht erreichen, sind grundsätzlich ebenso frei verfügbar. Informationen über die kaufmännische Organisation oder Marketingstrategien sind jedoch ohne Weiteres dem Unternehmen als Arbeitsergebnis zugeordnet, wenn dies Teil der arbeitsvertraglich geschuldeten Tätigkeit war.[895]

420 Die Zuordnungsregelungen finden außerhalb des Anwendungsbereiches von Pflichtwerken somit keine Anwendung, sodass der Arbeitgeber keine Zugriffsmöglichkeit auf diese Werke hat. Eine rechtssichere Zuordnung von freien Werke und sonstigen Informationen, an welchen der Arbeitgeber ein Interesse hat, kann daher allenfalls über zusätzliche vertragliche Abreden oder eine entsprechende Auslegung des Arbeitsvertrages erreicht werden.

(b) Mitteilungs- und Anbietungspflicht

421 Pflichtwerke werden durch das bestehende Schuldverhältnis als Arbeitsergebnis dem Arbeitgeber zugeordnet. Das Nutzungsrecht wird dem Arbeitgeber daher schon als Folge des Vertragsschlusses gewährt. Für urheberrechtlich geschützte Werke folgt die Mitteilungspflicht daher auch unmittelbar aus den arbeitsrechtlichen Treuepflichten. Da urheberrechtlich geschützte Werke nicht anzumelden sind und keine hohen qualitativen Voraussetzungen zu erfüllen haben, sind die inhaltlichen Anforderungen an die Mitteilung nicht mit denen von gewerblichen, anmeldebedürftigen Schutzrechten zu vergleichen.

422 Überwiegend wird im Falle freier Werke allerdings ebenfalls eine Anbietungspflicht bejaht, die sich aus der Treuepflicht des Arbeitnehmers ergeben soll.[896] Eine solche ist aber allenfalls in Ausnahmefällen anzunehmen, bspw. wenn das Arbeitsverhältnis als Anregung für die Schaffung diente oder ein erkennbares besonderes Interesse des Arbeitgebers am Werk besteht. Eine weiter-

---

892 *Rojahn*, in: Schricker/Loewenheim, § 43 Rn. 27.
893 *Rojahn*, in: Schricker/Loewenheim, § 43 Rn. 23; *Dreier*, in: Dreier/Schulze, § 43 Rn. 9; *Wandtke*, in: Wandtke/Bullinger, § 43 Rn. 21.
894 Ausführlich dazu *Dreier*, in: Dreier/Schulze, § 43 Rn. 9 f; *Bayreuther*, in: MHdB ArbR, § 99 Rn. 29 mwN.
895 *Hubmann*, in: FS für Hueck, S. 51.
896 Vgl. *Ullmann*, GRUR 1987, 6 (9); *Dreier*, in: Dreier/Schulze, § 43 Rn. 24; a.A. *Wandtke*, in: Wandtke/Bullinger § 43 Rn. 34. §§ 19 f. ArbnErfG ist hier dem Wortlaut nach eindeutig nicht entsprechend anwendbar, dazu *Hubmann*, in: FS für Hueck, S. 50.

gehende Bindung des Arbeitnehmers an die Verwertungsinteressen des Arbeitgebers ohne Einzelfallprüfung kann nicht angenommen werden.[897] Letztlich findet die freie Verwendungsmöglichkeit des Arbeitnehmers ohnehin seine Grenzen im vertragsimmanenten Wettbewerbsverbot, welches ihn zwar nicht zur Anbietung des Werkes verpflichtet, jedoch faktisch dazu zwingt, sofern es dem Verbot unterliegt und er eine lukrative Verwertung anstrebt.[898] Gerade in Fällen, in denen eine eigene Verwendung an dem Wettbewerbsverbot scheitert, da eine Konkurrenzsituation anzunehmen ist, ist i.d.R. eine besondere Nähe des Werkes zum Unternehmen des Arbeitgebers naheliegend, sodass im Einzelfall eine Anbietungspflicht in Betracht kommt.[899]

(c) Vergütungstatbestände im Urheberrecht

Der Anspruch auf eine Vergütung des Urhebers nach § 32 UrhG sowie auf eine darüber hinausgehende Beteiligung nach § 32a UrhG gelten zwingend und finden über die Verweisung der Generalklausel des § 43 UrhG auch auf das Arbeitsverhältnis Anwendung. Nach der vorherrschenden Abgeltungstheorie steht einem Arbeitnehmer für ein im Rahmen des Arbeitsverhältnisses geschaffenes Werk allerdings kein Vergütungsanspruch zu, da sowohl dessen Schöpfung als auch die spätere Verwertung mit seinem Arbeitsentgelt bereits abgegolten sei.[900] Ein weitergehender Vergütungsanspruch ergibt sich auch nicht aus einer analogen Anwendung des Arbeitnehmererfindungsrechts. Dies ist abzulehnen, da ein angestellter Erfinder im Gegensatz zum Urheber zur Leistung einer Erfindung arbeitsvertraglich nicht verpflichtet sein kann und der Arbeitgeber durch den Arbeitnehmererfinder mehr erhält, als ihm arbeitsvertraglich zustünde.[901] Eine darüber hinausgehende Bezahlung kann der Arbeitnehmer daher nur verlangen, wenn diese vertraglich vereinbart war oder er mit Wissen des Arbeitgebers überobligatorisch tätig wurde.[902]

Allerdings steht dem Arbeitnehmer auch dann eine zusätzliche Vergütung zu, wenn der Arbeitgeber das Werk über den eigentlichen Betriebszweck hinaus nutzt, sofern diesbezüglich keine vertragliche Regelung getroffen wurde. Möglich ist auch eine Änderung des Vertrages nach § 32 Abs. 1 S. 3 UrhG, sofern

423

424

---

897 *Bayreuther*, in: MHdB ArbR, § 99 Rn. 29; *Lindhorst*, in: BeckOK UrhR, § 43 Rn. 10; *Ullmann*, GRUR 1987, 6 (9); *Wandtke*, in: Wandtke/Bullinger, § 43 Rn. 34 ff.
898 Auch *Dreier*, in: Dreier/Schulze, § 43 Rn. 27; *Loschelder*, in: FS für Bepler, S. 392.
899 *Lindhorst*, in: BeckOK UrhR, § 43 Rn. 10.
900 Ausführliche Darstellung der Diskussion, *Dreier*, in: Dreier/Schulze, § 43 Rn. 30 f.
901 *Dreier*, in: Dreier/Schulze, § 43 Rn. 30 f.
902 *Koch*, in: Schaub ArbR-Hdb, § 115 Rn. 8; a.A. *Schwab*, NZA-RR 2015, 5 (8); *Wandtke*, in: Wandtke/Bullinger § 43 Rn. 139, die das Arbeitsentgelt von der wesensverschiedenen urheberrechtlichen Vergütung trennen, sodass eine Werkschaffung gesondert Berücksichtigung finden muss.

D. Die Abgrenzung zum Erfahrungswissen

die Vergütung nicht angemessen ist und keine tarifvertragliche Regelung besteht oder eine Sondervergütung nach § 32a UrhG aufgrund nachträglich eingetretener Umstände, bspw. außergewöhnlich hohen Erlösen, welche die ursprüngliche Vergütung als unangemessen erscheinen lassen.[903]

425 Für ein freies Werk, welches der Arbeitnehmer dem Arbeitgeber anbieten muss und welches dieser beansprucht, erhält der Arbeitnehmer eine zusätzliche angemessene Vergütung. Der Vergütungsanspruch erfordert in diesem Fall nicht, dass der Arbeitnehmer die Nutzungsrechte ausdrücklich nur gegen ein Entgelt einräumt. Dieser entsteht vielmehr auch ohne Abrede.[904]

(d) Zwischenergebnis

426 Die Nutzungsrechte an urheberrechtlich geschützten Werken, die zugleich Arbeitsergebnisse darstellen, sind originär dem Arbeitnehmer zugeordnet, werden jedoch sodann ohne Inanspruchnahme unmittelbar dem Arbeitgeber gewährt. Eine zusätzliche Vergütung erhalten Arbeitnehmer hierfür grundsätzlich nicht. Das gleiche gilt für nicht schutzfähige geistige Schöpfungen, welche allerdings keine subjektiven Rechte gewähren, sondern dem Arbeitgeber nur mitzuteilen sind, sofern es sich um Arbeitsergebnisse handelt. Freie Werke und sonstige geistige Schöpfungen, die nicht Teil der arbeitsvertraglich geschuldeten Tätigkeit sind, stehen dem Arbeitnehmer zu, der sie nur in Ausnahmefällen dem Arbeitgeber anbieten muss. Diese muss sich der Arbeitgeber daher vertraglich sichern.

d) Leistungsschutzrechte

427 Auf die in den §§ 73 ff. UrhG geregelten Leistungsschutzrechte des ausübenden Künstlers finden die Prinzipien des Arbeitnehmerurheberrechtes nach § 79 Abs. 2a UrhG Anwendung. Der Verweis betrifft allerdings ausschließlich abhängig beschäftigte ausübende Künstler, die ihre Darbietung fremdbestimmt für einen Arbeitgeber erbringen und nicht freischaffende Künstler. Vorausgesetzt wird daher, dass der ausübende Künstler die Darbietung in Erfüllung der Verpflichtungen aus einem Arbeitsverhältnis erbringt. Der Arbeitnehmer erwirbt somit ebenfalls originär die entsprechenden Schutzrechte an seiner Schöpfung, jedoch kann er die Verwertungsrechte an einen Dritten übertragen. In welchem Umfang und unter welchen Anforderungen der Arbeitgeber Rechte erlangt, bestimmt sich zunächst nach den individualvertraglichen Vereinbarungen oder tarifvertraglichen Regelungen. Die geltenden Tarifverträge im Bühnen-, Musik- und Rundfunkbereich[905] sind in diesem Zusammenhang von besonderer Bedeutung. Bestehen keine Regelungen ist entsprechend der Inhalt und das Wesen des Arbeitsverhältnisses ausschlaggebend, sodass auch im Falle von Leistungs-

---

903 *Dreier*, in: Dreier/Schulze, § 43 Rn. 30 f.
904 *Dreier*, in: Dreier/Schulze, § 43 Rn. 29 f, 33.
905 Darstellung bei *Büscher/Wandtke*, in: Wandtke/Bullinger, § 79 Rn. 32 f.

schutzrechten von einer stillschweigenden Übertragung der für die betrieblichen Erfordernisse notwendigen Rechte auszugehen ist.[906] Diesbezüglich kann auf die obige Darstellung verwiesen werden. Die Rechtseinräumung ist grundsätzlich ebenso durch das Gehalt abgegolten, jedoch kann eine zusätzliche Vergütungspflicht bestehen, wenn die Nutzung durch den Arbeitgeber über den vertraglichen Zweck hinausgeht.[907]

Die Konkurrenzen zu anderen Leistungsschutzrechten sind des Weiteren zu beachten, denn an einer Leistung sind zumeist mehrere ausübende Künstler beteiligt und gleichzeitig können auch einem Arbeitgeber Rechte bspw. als Veranstalter (§§ 81 f. UrhG), Tonträgerhersteller (§§ 85 ff. UrhG) oder Sendeunternehmer (§ 87 UrhG) zustehen. Für diese Fälle bestimmt § 80 UrhG, dass mehreren ausübende Künstler, deren Leistungen sich nicht voneinander trennen lassen, das Recht zur Verwertung zur gesamten Hand zukommt. Dies gilt zwischen ausübenden Künstlern und Veranstaltern entsprechend.[908]

428

e) Recht am Sortenschutz

Im Sortenschutzrecht bestehen keine ausdrücklichen Regelungen für Leistungen, die durch Arbeitnehmer geschaffen werden. Sachenrechtlich erwirbt der Arbeitgeber nach § 950 BGB unproblematisch das Eigentum an den Züchtungen und am Vermehrungsgut. Hinsichtlich der immaterialgüterrechtlichen Regelungen ist zwischen patent- und sortenschutzfähigen Pflanzenzüchtungen zu unterscheiden. Nach § 2a Abs. 1 PatG und § 2 Nr. 2 GebrMG werden für Sorten zwar keine Patente oder Gebrauchsmuster erteilt, jedoch bestehen Ausnahmen für Pflanzengruppen, die größer als Pflanzensorten sind, sowie Erfindungen, deren Anwendung technisch nicht auf eine Pflanzensorte beschränkt ist. Ergibt sich danach ausnahmsweise eine Schutzfähigkeit der Sorte, ist das Arbeitnehmererfindungsgesetz anwendbar.

429

Daneben richtet sich der Schutz nach dem Sortenschutzgesetz bzw. der Verordnung über den gemeinschaftlichen Sortenschutz.[909] Das Recht auf den Sortenschutz entsteht nach § 8 Abs. 1 SortSchG beim Arbeitnehmer. Einigkeit besteht darüber, dass das Recht zur wirtschaftlichen Verwertung der Sorte dem Arbeitgeber gebührt, wobei Uneinigkeit darüber besteht, wie sich dies dogmatisch begründen lässt.[910] Mehrheitlich wird eine (analoge) Anwendung der §§ 2, 5 ArbnErfG angeregt, sodass eine Inanspruchnahme zur Rechtsübertragung führt. Begründet wird dies mit der großen Ähnlichkeit zwischen Sortenschutz und

430

---

906 *Büscher/Wandtke*, in: Wandtke/Bullinger, § 79 Rn. 31.
907 *Dreier*, in: Dreier/Schulze, § 79 Rn. 8; *Büscher/Wandtke*, in: Wandtke/Bullinger, § 79 Rn. 35.
908 *Bayreuther*, in: MHdB ArbR, § 99 Rn. 31 f.
909 Verordnung (EG) 2100/94 des Rates vom 27. Juli 1994 über den gemeinschaftlichen Sortenschutz.
910 *Bayreuther*, in: MHdB ArbR, § 100 Rn. 1.

D. Die Abgrenzung zum Erfahrungswissen

Patenten, die ungleich größer als die zu technischen Verbesserungsvorschlägen sei. Die Anwendbarkeit des Diensterfindungsrechts führt jedoch zu Vergütungsansprüchen und den sonstigen Besonderheiten des Arbeitnehmererfindungsrechts. Eine diese Gleichbehandlung vergleichbare Interessenlage ist unter Berücksichtigung der Entstehungsvoraussetzungen des Sortenschutzrechts und der unterschiedlichen Zuordnung als Arbeitsergebnis kaum anzunehmen. Nach einer anderen Ansicht soll es auf eine rein rechtsgeschäftliche Übertragung ankommen,[911] wobei dies zum Teil mit einer (analogen) Anwendung von § 20 ArbnErfG begründet wird.[912] Letzteres findet auch Anklang in der Gesetzesbegründung, sodass von einer vertraglichen Verpflichtung und Rechtsüberleitung der Rechte auf Sortenschutz nach dem PatG auszugehen ist. In diesem Fall stünden dem Arbeitnehmer darüber hinausgehend Vergütungsansprüche nach § 20 ArbnErfG zu.[913]

f) Recht auf das eingetragene Design und Halbleiterschutzrecht

431 Eingetragene Designs und Halbleitertopographien haben gegenüber den dargestellten Rechten eine andere Zuordnungsregelung erfahren. Die jeweiligen Rechte werden nach § 2 Abs. 2 HalbleiterschutzG bzw. nach § 7 Abs. 2 DesignG originär dem Arbeitgeber zugewiesen, soweit vertraglich nichts Abweichendes vereinbart ist.[914] Daher bedarf es in diesem Fall keiner derivativen Übertragung von im Arbeitsverhältnis geschaffenen Leistungen. Wurden diese nur bei Gelegenheit oder außerhalb des Arbeitsverhältnisses geschaffen, erwirbt dieser die Rechte nicht unmittelbar, sondern muss eine vertragliche Rechtseinräumung vereinbaren.[915] Eine Mitteilungspflicht ergibt sich indes aus dem Arbeitsvertrag. Für die im Rahmen der dienstlichen Tätigkeit geschaffenen Designs gilt dies uneingeschränkt, denn sie stehen originär dem Arbeitgeber zu und für die freien Designs insoweit, dass der Arbeitgeber beurteilen kann, ob ihm Rechte zustehen könnten. Eine Vergütungsregelung besteht nicht und es entspricht allgemeiner Ansicht, dass mit dem Arbeitsentgelt sämtliche Ansprüche abgegolten sind.[916]

g) Zusammenfassung der immaterialgüterrechtlichen Zuordnung

432 Die Immaterialgüterrechte schützen Erfinder, Urheber und sonstige Schöpfer, indem sie ihnen die Ausschließlichkeitsrechte an den von ihnen geschaffenen Schöpfungen zuweisen. Demgegenüber stehen grundsätzlich alle körperlichen

---

911 So auch *Veigel*, Rn.154; *Hesse*, GRUR 1980, 404 (410 f.).
912 *Rother*, in: Reimer/Schade/Schippel, § 2 Rn. 13; Vgl. zu den Ansichten mit den jeweiligen Nachweisen *Bayreuther*, in: MHdB ArbR, § 100 Rn. 1.
913 *Bayreuther*, in: MHdB ArbR, § 100 Rn. 1.
914 *Loschelder*, in: FS für Bepler, S. 395; *Hubmann*, in: FS für Hueck, S. 56.
915 *Loschelder*, in: FS für Bepler, S. 395.
916 *Hubmann*, in: FS für Hueck, S. 57.

IV. Die Zuordnung von Geschäftsgeheimnissen

und geistigen Arbeitsergebnisse des Arbeitnehmers dem Arbeitgeber zu, ohne dass eine Entschädigung zu zahlen wäre. Ziel der immaterialgüterrechtlichen Regelungen ist es diesen Widerspruch zu lösen und dem Arbeitgeber die zur Führung seines Betriebes notwendigen Nutzungs- und Verwertungsrechte unter gewissen Umständen zuzusprechen. Dafür erhält der Arbeitnehmer als Ausgleich und als Anreiz für künftige Kreativität eine Gegenleistung. Diese Gegenleistung kann sowohl von der arbeitsvertraglichen Vergütung umfasst oder in Form einer zusätzlichen Vergütung zu zahlen sein.

Zu unterscheiden ist dabei zwischen der Zuordnung von Leistungen im Arbeitsverhältnis und solchen, die nicht Gegenstand der arbeitsvertraglich geschuldeten Pflichten sind. Während schutzfähige Leistungen im Rahmen der arbeitsvertraglich geschuldeten Tätigkeit grundsätzlich originär oder derivativ dem Arbeitgeber zugeordnet werden können, sind solche, welche nicht im Arbeitsverhältnis geschaffen wurden, in der Regel nur durch vertragliche Absprachen zuzuordnen. Schutzunfähige Leistungen sind demgegenüber keinen subjektiven Rechten zugänglich, sodass der Arbeitgeber diese mit Kenntnisnahme verwenden kann. Um jedoch eine Zuordnungswirkung zu erlangen, muss eine rechtsgeschäftliche Abrede mit dem Arbeitnehmer getroffen werden, um diesen selbst an der Verwendung zu hindern. Stellen sie Arbeitsergebnisse dar, findet bereits über die vertraglichen Grundsätze eine Zuweisung zum Arbeitgeber statt. 433

Unabhängig davon ist die jeweilige Mitteilungspflicht zu bestimmen. Außerhalb des Arbeitnehmererfindungsgesetzes finden sich keine sondergesetzlichen Regelungen von Mitteilungs- oder Meldepflichten für immaterialgüterrechtlich schutzfähige Arbeitsergebnisse. Auch insoweit ist auf die arbeitsrechtlichen Treuepflichten zurückzugreifen, wobei sich Mitteilungspflichten nur auf Arbeitsergebnisse, die aus vertraglich geschuldeter Tätigkeit resultieren, stützen lassen. Dies gilt für technische als auch geistige Schöpfungen gleichermaßen. Außerhalb der arbeitsvertraglichen Pflicht geschaffene Rechte stehen dem Arbeitnehmer zu, sodass insoweit grundsätzlich keine Mitteilungspflicht besteht. Lediglich im Falle technischer Erfindungen ergibt sich eine solche aus § 18 ArbnErfG und in Bezug auf technische Verbesserungsvorschläge aus den arbeitsvertraglichen Treuepflichten, da diese einen konkreten Bezug zum Unternehmen aufweisen. 434

Für die Mitteilung von anderen Arbeitsergebnissen gelten keine vergleichbar hohen Anforderungen, wie sie die Meldepflicht von Diensterfindungen aufstellt. Dies liegt zum einen an den spezifischen Anforderungen der Schutzrechtsanmeldungen von Erfindungen. Andererseits müssen bei Immaterialgütern, deren Verwertung zu keiner grundsätzlichen Sondervergütungspflicht des Arbeitgebers führt, auch keine vergütungsrelevanten Tatsachen ermittelt werden, was die inhaltlichen Anforderungen an die Meldung verringert. 435

Dieser Überblick über die Arten von Zuordnungsprinzipien zeigt, dass der Ausgleich zwischen Arbeitnehmer und Arbeitgeber an der Zuordnung der geschaffenen Informationen unterschiedlich ausgestaltet ist. Sofern die geheim gehaltene Information auf einer Erfindung oder einem Werk beruht, welches der 436

Arbeitgeber selbst in Person gemacht hat, stehen ihm sämtliche Nutzungs- und Verwertungsrechte zu. An sämtlichen im Rahmen der Tätigkeit hergestellten Gegenständen eines Arbeitnehmers erwirbt der Arbeitgeber das Eigentum. Ansonsten sind die geistigen Leistungen aufgrund des Erfinder- und Schöpferprinzips originär dem Schaffenden, also dem Arbeitnehmer, zugeordnet. Der dadurch entstehende Konflikt zwischen den arbeitsrechtlichen Grundsätzen und den immaterialgüterrechtlichen Regelungen wird dadurch aufgelöst, dass der Arbeitgeber in der Regel die Möglichkeit hat, die Rechte derivativ zu erwerben und der Arbeitnehmer ggf. eine zusätzliche Vergütung erlangen kann.

6. *Konsequenzen für den Erwerb rechtmäßiger Kontrolle durch Arbeitgeber*

437 Unter Berücksichtigung dieser Zuordnungskriterien ist letztlich zu bestimmen, inwiefern ein Arbeitgeber die rechtmäßige Kontrolle über ein Geschäftsgeheimnis erlangen kann. Die Rechtmäßigkeit bedeutet insbesondere, dass dem Unternehmen entsprechende Befugnisse hinsichtlich einer Information zukommen. Sofern das Wissen nicht originär dem Unternehmen zusteht, können entsprechende Nutzungsrechte derivativ erworben werden. Einen derivativen Erwerb sämtlicher Nutzungsrechte hinsichtlich einer patent- oder gebrauchsmusterfähigen Erfindung sowie von Pflichtwerken, führt daher dazu, dass der Arbeitgeber die rechtmäßige Kontrolle über diese Informationen erhalten kann. Der Unterschied zu einem Lizenznehmer liegt sodann darin, dass die Übertragung an den Arbeitgeber die Folge gesetzlicher oder arbeitsvertraglicher Verpflichtungen ist und keine rein rechtsgeschäftliche Vereinbarung darstellt, welche beschränkt oder im Nachhinein aufgelöst werden kann. So bleibt der Arbeitnehmer zwar Erfinder bzw. Schöpfer der jeweiligen Leistung, jedoch verliert er sämtliche Rechte hinsichtlich einer Nutzung, Verwertung oder prozessualen Durchsetzung an den Arbeitgeber. Dieser erlangt insofern die Herrschaftsbefugnis über das Wissen.

438 Technische Informationen, welche der Arbeitnehmer geheim halten möchte, werden dem Arbeitgeber mit der Inanspruchnahme zugeordnet, sofern es sich um Diensterfindungen handelt. Nach § 13 Abs. 1 ArbnErfG ist der Arbeitgeber sodann allerdings dazu verpflichtet eine Diensterfindung im Inland zum Schutzrecht anzumelden. Eine Ausnahmevorschrift dazu stellt § 17 ArbnErfG dar, indem sie die Möglichkeit anbietet, statt einer Schutzrechtsanmeldung eine Geheimhaltung vorzusehen. Zweck der Regelung des § 17 ArbnErfG ist es, den Arbeitgeber nicht zu einer Schutzrechtsanmeldung zu zwingen, wenn wirtschaftliche und praktische Gesichtspunkte für eine Geheimhaltung als effektiveres Schutzmittel sprechen. Im Ergebnis hat die Entscheidung die Geheimhaltung vorzuziehen, keine unmittelbar negativen Auswirkungen auf das Verhältnis zwischen Arbeitgeber und Arbeitnehmererfinder.[917]

---

917 *Schrader*, in: Auer-Reinsdorff/Conrad, § 37 Rn. 254; *Schoenen*, in: GewRS (2017), § 42 Rn. 83; *Schwab* (2018), § 17 Rn. 3.

IV. Die Zuordnung von Geschäftsgeheimnissen

Sonstige geistige Leistungen, welche die jeweiligen Schutzhürden überwinden, erwirbt der Arbeitgeber unmittelbar auch ohne eine Inanspruchnahme, wenn der Arbeitnehmer im Auftrag oder für Rechnung des Arbeitgebers tätig geworden ist und keine abweichende vertragliche Vereinbarung besteht. Dies ergibt sich jeweils aus § 7 Abs. 2 DesignG, § 2 Abs. 2 HalblSchG, § 69 b UrhG und begrenzt auf die Verwertungsrechte in § 43 UrhG. Der Umfang der Verpflichtungen kann sich aus arbeitsvertraglichen Normen, kollektivvertraglichen Regelungen sowie Individualvereinbarungen ergeben.[918] Das Gesetz stellt für diese Fälle aber im Grunde eine Vermutung der Rechtsübertragung auf,[919] sodass der Arbeitgeber in der Regel die rechtmäßige Kontrolle über derartige Geschäftsgeheimnisse haben wird. Die Rechte an einer Sorte kann der Arbeitgeber ebenso – wenn auch die dogmatische Grundlage unklar ist – beanspruchen. 439

An freien Erfindungen steht es dem Arbeitgeber nach § 19 ArbnErfG offen, ein einfaches Nutzungsrecht zu erwerben. Sollte die Erfindung von Relevanz sein, sollte der Arbeitgeber mittels vertraglicher Mittel versuchen, eine Übertragung der Rechte zu erwirken. Ebenso sind freie Werke und Leistungsschutzrechte für ihn nur zugänglich, wenn der Arbeitnehmer ihm diese anbietet. Besonders hier sind Absprachen anzuraten, um eine Zuordnung zu erreichen. 440

Wesentlich ist, dass diese immaterialgüterrechtlichen Zuordnungsvorschriften nur Anwendung finden, wenn die jeweiligen Schutzhürden überwunden werden konnten. Problematisch stellt sich die Zuordnung von geistigen Leistungen dar, welche nicht von einem Immaterialgüterrecht erfasst werden, weil sie entweder nicht Gegenstand des Schutzrechtes sein können oder den qualitativen Anforderungen nicht entsprechen. Dies betrifft insbesondere technische Verbesserungsvorschläge und kaufmännische Informationen. Besonders relevant ist dies für qualifizierte technische Verbesserungsvorschläge, die dem Arbeitgeber letztlich eine Vorzugsstellung gewähren, die sich aus der Verwertungsmöglichkeit des Gegenstandes unter Ausschluss der Mitbewerber ergibt. Mangels der Möglichkeit ein klassisches Ausschließlichkeitsrecht zu erlangen, stellt hier der Geheimnisschutz den wesentlichen Anwendungsfall dar.[920] Zu unterscheiden sind jedoch Informationen, die der Arbeitnehmer im Rahmen seiner arbeitsvertraglich geschuldeten Tätigkeit geschaffen hat von solchen, die nicht mit dem Arbeitsverhältnis in Zusammenhang stehen. Handelt es sich um Arbeitsergebnisse, für welche der Arbeitnehmer explizit angestellt und tätig geworden ist, sind diese dem Arbeitgeber zugewiesen, sodass nur er die rechtmäßige Kontrolle über sie erlangen kann. Letztere sind demgegenüber dem Arbeitnehmer zugeordnet, denn zwischen diesen fehlt der innere Zusammenhang zwischen arbeitsvertraglicher Verpflichtung und Schöpfung. Eine Zuordnung zum Arbeitgeber lässt sich daher nicht mit einer Auslegung des Arbeitsvertrages begründen. Anzuraten 441

---

918 *Dreier*, in: Dreier/Schulze, § 43 Rn. 10.
919 *Rother*, GRUR Int. 2004, 235 (235).
920 *Gennen*, in: MAHArbR, § 16 Rn. 154.

ist dem Arbeitgeber für diese Informationen, sofern sie für ihn von Interesse sein könnten, eine vertragliche Abrede mit dem Arbeitnehmer zu treffen.

442 Unterschieden werden muss daher einerseits zwischen Informationen, die der Arbeitnehmer im Rahmen seiner Tätigkeit oder einer gesonderten vertraglichen Leistung erschafft und solchen die er außerhalb dessen fertig stellt. Jeweils kommt es für eine entsprechende Zuordnung darauf an, ob die Leistung die Hürden des jeweiligen Schutzrechtes überschreitet. Die Tendenz lässt sich wie folgt zusammenfassen: Handelt es sich um eine im Rahmen der Tätigkeit geschaffene Leistung, ist für eine Zuordnung zum Arbeitgeber irrelevant, ob sie schutzfähig ist. Wurde sie allerdings außerhalb dessen gefertigt, wird der Arbeitgeber nur Zugriff auf schutzfähige Informationen haben, während er sich die exklusive Nutzung von Schutzunfähigen durch vertragliche Abreden sichern muss.

443 Im Ergebnis liegt es daher in der Hand des Arbeitgebers sich das Wissen und die mit ihm zusammenhängenden Rechte durch entsprechende vertragliche Abreden anzueignen. Insofern ist es nicht ausreichend, dass ein Unternehmen die geschaffenen Informationen geheim hält. Vielmehr muss er sich die Rechte von den Arbeitnehmern vertraglich oder gesetzlich zusichern. In jedem Fall sollte ein Arbeitgeber sich für den Zeitraum zwischen Schaffung der Leistungen durch den Arbeitnehmer bis hin zu seiner Entscheidung, ob er sich Rechte daran verschaffen möchte, die Geheimhaltung der Arbeitnehmer durch Vertrag zusichern lassen. Im Wesentlichen lässt sich damit anhand der Ausführungen feststellen, dass dem Arbeitgeber Rechte und damit auch eine rechtmäßige Kontrolle zusteht, wenn die Leistung im Rahmen der arbeitsvertraglich geschuldeten Tätigkeit erfolgt oder ihm durch eine vertragliche Vereinbarung zugeordnet ist.

V. Die Abgrenzung von Geschäftsgeheimnissen und Erfahrungswissen

444 Die Frage des Geheimnisschutzes in Arbeitsverhältnissen ist damit im Ausgangspunkt eine Frage des Schutzgegenstandes. Dieser muss dem Geheimnisinhaber als Rechtsträger eindeutig zugeordnet werden, denn es handelt sich nunmehr um ein subjektives Recht mit entsprechender Ausschluss- und Zuordnungsfunktion. Dies geschieht dadurch, dass der Geheimnisinhaber die rechtmäßige Kontrolle an dem geheim gehaltenen Wissen erlangt. Sodann ist es niemandem erlaubt, das Geschäftsgeheimnis ohne seine Zustimmung zu nutzen oder zu offenbaren. Dies gilt gleichermaßen auch für Arbeitnehmer, welche in einem Arbeitsverhältnis Informationen und Innovationen geschaffen haben. Um die Schöpfungen der Arbeitnehmer für sich zu beanspruchen, muss der Arbeitgeber aber nicht nur angemessene Geheimhaltungsmaßnahmen etablieren, sondern ihm muss die jeweilige Leistung auch zustehen. Die entscheidende Frage ist hier, ob es eine gesetzliche Zuordnungsvorschrift oder vertragliche Abrede gibt, welche die Rechte an der Information dem Arbeitgeber zuordnet. Anknüpfungspunkt ist hierbei der Arbeitsvertrag, welcher die Rechte und Pflichten des Arbeitnehmers

V. Die Abgrenzung von Geschäftsgeheimnissen und Erfahrungswissen

bestimmt und damit festlegt, inwiefern die arbeitsrechtlichen Grundsätze und immaterialgüterrechtlichen Zuordnungsvorschriften zu einer Zuordnung zum Arbeitgeber führen.

Mit dieser Feststellung stellt sich umgekehrt nunmehr die Frage, welches 445 Wissen Arbeitnehmer zugunsten eines neuen Arbeitgebers oder einer Selbstständigkeit weiterverwenden dürfen. Dadurch lässt sich bestimmen, welche Informationen dem Arbeitnehmer gebühren und nur mittels eines nachvertraglichen Wettbewerbsverbots geheim gehalten werden können.

In erster Linie ist zu bestimmen, welche Informationen dem Arbeitnehmer 446 überhaupt zustehen. Im Hinblick auf eine Zuordnung zum Arbeitgeber scheidet zunächst Wissen aus, dass der Arbeitnehmer nicht selbst geschaffen hat, weil es vor ihm im Unternehmen bestand oder ohne seine Mitwirkung durch andere Arbeitnehmer geschaffen wurde. Denn sodann kann einerseits kein berechtigtes Interesse an der Weiterverwendung in einem anderen Unternehmen bestehen und zugleich ist anzunehmen, dass der Arbeitgeber nach den Zuordnungsprinzipien die Rechte an den Leistungen erworben hat. Die dem Arbeitgeber zugewiesenen Rechte, welche er geheim und unter rechtmäßiger Kontrolle behält, stehen ihm in Form einer subjektiven Rechtsposition zu. Dies gilt unabhängig davon, ob es sich um seine Informationen oder die Schöpfungen anderer Arbeitnehmer handelt.

Diesbezüglich bestehen allerdings Ausnahmen: Hat der Arbeitgeber eine Er- 447 findung nicht beansprucht oder eine außervertragliche Schöpfung nicht vertraglich abgesichert, wird der Arbeitnehmer sie verwenden dürfen. Der Arbeitgeber kann keine rechtmäßige Kontrolle an diesen Informationen vorweisen. Die fehlenden Regelungen des Geheimnisschutzes hinsichtlich außervertraglicher Schöpfungen deuten insofern auch darauf hin, dass es nicht die Angelegenheit des gesetzlichen Schutzes sein soll, den Schutz gegenüber Arbeitnehmern zu statuieren, sondern vielmehr Aufgabe des Geheimnisinhabers. Daher erscheint es sinnvoll, dass eine Erfindung von einem Arbeitnehmer weitergenutzt werden kann, wenn der ehemalige Arbeitgeber diese nicht beansprucht hat. Dies bedeutet nämlich, dass er den Arbeitnehmer hierfür nicht vergütet hat. Hat der Arbeitgeber die Leistung aber beansprucht und geheim halten können, wird der Arbeitnehmer durch das Arbeitsentgelt oder eine Zusatzleistung entschädigt worden sein, sodass sein Interesse an einer Nutzung zurückstehen muss. Arbeitgeber sind dazu angehalten, die Schöpfungen der Arbeitnehmer zu überwachen und sich diese im Zweifelsfall aktiv zu sichern. Daher muss immer im Auge behalten werden, dass die Nachlässigkeit des Geheimnisinhabers nicht durch eine weite Auslegung des Schutzgegenstandes zu Lasten der Arbeitnehmer kompensiert wird

Das Erfahrungswissen lässt sich jedoch weiter anhand der festgestellten Cha- 448 rakteristika eingrenzen. Der Begriff des Erfahrungswissens setzt voraus, dass die Informationen auf rechtmäßige Art und Weise erlangt wurde und der Arbeitnehmer diese derart erworben hat, dass er sie in seinem Gedächtnis behalten hat. Erlaubt ist damit nur das, was der Arbeitnehmer von seiner geschuldeten

D. Die Abgrenzung zum Erfahrungswissen

Tätigkeit im Gedächtnis behalten kann. Benötigt er demgegenüber Zugriff auf Dokumente, die im Eigentum des Arbeitgebers stehen und welche er während des Arbeitsverhältnisses angefertigt hat, hat er die Information nicht erlernt und es kann sich nicht um Erfahrungen handeln. Ohnehin ist ein Arbeitnehmer verpflichtet Dokumente zurückzugeben, wenn er das Arbeitsverhältnis beendet, denn es handelt sich sodann in der Regel um Arbeitsergebnisse des Arbeitgebers. Es ist insofern rechtswidrig Quellen zu verwenden, die er nicht haben dürfte.

449 Damit lässt sich die Abgrenzungsproblematik den Ausführungen entsprechend anhand von zwei Schritten lösen: Zunächst muss der Arbeitnehmer nachweisen, dass die Information, die er genutzt hat von ihm geschaffen wurde und daher ihm zustehen kann. Sollte die Information vom Arbeitnehmer geschaffen worden sein, muss in einem zweiten Schritt bestimmt werden, ob der Arbeitgeber die rechtmäßige Kontrolle an dieser erlangt hat. Diesbezüglich liegt die Beweislast beim Arbeitgeber. Sollte der Arbeitgeber nachweisen können, dass er die Arbeitnehmererfindung in Anspruch genommen oder das Urheberrecht an der Schöpfung erlangt hat, ist er der rechtmäßige Inhaber des Geschäftsgeheimnisses. Sollte der Arbeitgeber demgegenüber allerdings keine Rechte an der Information erlangt haben, ist der Arbeitnehmer befugt das Wissen auch nach Beendigung des Arbeitsverhältnisses zu nutzen, solange er es im Gedächtnis behalten konnte. Letztlich liegt es damit am Arbeitgeber sich die Rechte womöglich gegen eine Vergütung zu sichern. Sodann erscheint es auch nicht mehr unbillig, dem Arbeitnehmer die weitere Nutzung zu untersagen.

450 Damit erlaubt die Systematik des Geschäftsgeheimnisgesetzes einen neuen Ansatz zur Lösung des Konflikts zwischen Arbeitnehmer und Arbeitgeber, der nicht mehr nur noch auf einer unsicheren Interessenabwägung beruht. Eine rechtssichere Abgrenzung zwischen Geschäftsgeheimnissen und Erfahrungswissen kann letztlich nämlich über die Gesetzessystematik und Schutzkonzeption des Geschäftsgeheimnisgesetzes erreicht werden.

E. Der Schutzumfang: Die Verletzungstatbestände

Das Geschäftsgeheimnisgesetz bedeutet nicht nur einen zunehmenden organisatorischen Aufwand für den Geheimnisinhaber und eine Klarstellung hinsichtlich des Erfahrungswissens, sondern belohnt ihn mit einem deutlich übersichtlicheren zivilrechtlichen Schutzsystem. 451

Der Schutzumfang von Geschäftsgeheimnissen ist in den §§ 3–5 GeschGehG festgelegt. Dort zählt das Gesetz in nicht abschließender Weise die erlaubten Handlungen, Handlungsverbote und Ausnahmetatbestände auf. Aus dieser Regelungstechnik ergibt sich einer der wesentlichen Unterschiede gegenüber den bisherigen Regelungen. Diese haben als strafrechtliche Vorschriften dem Alles-oder-Nichts Prinzip unterlegen. Dies engte folglich den akzessorischen zivilrechtlichen Schutz weitgehend ein. Nunmehr wird dem Geheimnisinhaber eine Rechtsposition zugeordnet und im Falle bestimmter Verletzungshandlungen werden Ansprüche ausgelöst. Während die Unterlassung somit nur noch einen objektiven Eingriff voraussetzt, kann bei Verschulden auch Schadensersatz gefordert werden. 452

I. Die Systematik der Tatbestände

1. Die Schutzkonzeption des Geschäftsgeheimnisgesetzes

Während die bisherigen sperrigen Regelungen der §§ 17 ff. UWG aF in ihrer Systematik auf bestimmte Tatumstände abstellten, weisen die Verletzungstatbestände und Tatbestandsausnahmen des GeschGehG eine ersichtlich nachvollziehbarere Struktur auf. In ihrem Aufbau orientieren sich die Regelungen an dem typischen Handlungsablauf und unterscheiden damit im Wesentlichen zwischen der unbefugten Erlangung, Nutzung und Offenlegung eines Geschäftsgeheimnisses sowohl durch Erst- als auch Zweittäter. Der Schutzbereich ist nunmehr deutlich ausgeweitet. Denn es wird lediglich nach der Befugnis des Handelnden gefragt. Eine Begrenzung auf bestimmte Täter, Tatmittel und Tatzeitpunkt oder subjektive Anforderungen besteht damit nicht. Dies bedeutet, dass der zivilrechtliche Geheimnisschutz nicht mehr derart eingeengt ist, sondern sämtliche unbefugte Handlungen zu jedem Zeitpunkt und ohne Motiv erfassen kann. 453

Zunächst ergeben sich die Fälle einer unbefugten Erlangung eines Geschäftsgeheimnisses aus einem Zusammenspiel der § 3 und § 4 Abs. 1 GeschGehG. § 4 Abs. 1 GeschGehG verbietet die unbefugte Erlangung eines Geschäfts- 454 geheimnisses durch bspw. das Aneignen oder Kopieren von Objekten, die ein Geschäftsgeheimnis enthalten. § 3 GeschGehG gewährt an dieser Stelle eine Aufzählung unterschiedlicher, im Wesentlichen deklaratorischer Erlaubnistatbestände. Vorab sollte daher immer geprüft werden, ob die vorgeworfene Handlung nicht sogar rechtmäßig war. Dies kann vor allem in Fällen einer gesetzlichen oder einer rechtsgeschäftlichen Erlaubnis durch den Geheimnisinhaber der Fall sein.

455 Nutzungs- und Offenlegungsverbote des Ersttäters folgen sodann in § 4 Abs. 2 GeschGehG. Diese hängen im Wesentlichen davon ab, auf welche Art und Weise das Geschäftsgeheimnis im Vorfeld erlangt wurde. Dies lässt sich wie folgt zusammenfassen: Wurde die geheime Information rechtswidrig erlangt, ist jede anschließende Nutzung oder Offenlegung der Information *per se* rechtswidrig. Sofern die geheime Information jedoch im Vorfeld rechtmäßig erlangt wurde, ist die Nutzung und Offenlegung lediglich unter bestimmten Umständen untersagt, nämlich dann, wenn eine gesetzliche oder vertragliche Nutzungsbeschränkung oder Geheimhaltungspflicht besteht.

456 Hervorzuheben ist, dass sich in § 4 Abs. 1 Nr. 2 eine Generalklausel findet, die jedes sonstige treuwidrige Verhalten zur Erlangung des Geheimnisses untersagt und dadurch dazu geeignet ist, Schutzlücken zu füllen. Hier zeigt sich der Vorteil der Entkopplung vom strafrechtlichen Bestimmtheitsgebot deutlich. Durch die offene Formulierung und Analogiefähigkeit können in größerem Umfang Tathandlungen erfasst und neue Konstellationen bedacht werden, als dies durch die §§ 17 ff. UWG aF möglich war.

457 Einem Dritten ist sodann die Erlangung, Nutzung oder Offenlegung untersagt, sofern er das Geheimnis durch eine Person erlangt hat, die zuvor gegen § 4 Abs. 1 oder 2 GeschGehG verstoßen hat.[921] Im Vergleich zu den vorhergehenden Tatbeständen enthält § 4 Abs. 3 GeschGehG ein subjektives Element, um redliche Dritte zu schützen, welche weder wussten noch hätten wissen können, dass eine solche Vortat bestand. Ergänzend haftet der Zweitverletzer nach § 4 Abs. 3 S. 2 bzw. der Ersttäter nach § 4 Abs. 2, wenn er unter denselben Voraussetzungen rechtsverletzende Produkte herstellt oder vertreibt.[922]

458 Wesentliche Änderung stellt die Abkehr von den strafrechtlichen Verhaltensnormen als Ausgangspunkt jeglicher zivilrechtlichen Haftung dar. Die Ein-

---

921 Die Unterscheidung zwischen der unmittelbaren Verletzung nach Abs. 1 und 2 sowie der mittelbaren Verletzung nach Abs. 3 geht dabei ersichtlich auf die Amtliche Anmerkung zu Art. 39 TRIPS zurück. Danach zählen zu den Handlungen, die den anständigen Gepflogenheiten in Gewerbe und Handel nach dem in Bezug genommenen Art. 10bis PVÜ zuwiderlaufen Vertragsbruch, Vertrauensbruch und Verleitung dazu und schließen den Erwerb nicht offenbarter Informationen durch Dritte ein, die wussten oder grob fahrlässig nicht wussten, dass solche Handlungen beim Erwerb eine Rolle spielten.

922 Sofern der Ersttäter derartige Produkte vertreibt, ist § 4 Abs. 2 GeschGehG einschlägig.

schränkungen, welche die strafrechtlichen Tatbestände auf das an sie knüpfende Zivilrecht hatten, sind damit aufgehoben worden. Sie sind weder auf bestimmte Tathandlungen noch Tatmittel begrenzt sind. Der Kreis der tauglichen Tathandlungen wird damit deutlich erweitert und wird solche erfassen, die das lauterkeitsrechtliche Strafrecht aufgrund seiner hohen Schwelle nicht erfassen durfte. Der zivilrechtliche Schutz greift damit nicht mehr nur bei vorsätzlichen Handlungen, die zugleich auch die besonderen subjektiven Merkmale erfüllen, sondern von nun an – mit Ausnahme der mittelbaren Verletzung – verschuldensunabhängig. Absichten oder Motive spielen daher zunächst ebenso keine Rolle und schränken die Tatbestände auch nicht ein. Solche inneren Motivlagen werden ausnahmslos von § 5 GeschGehG erfasst oder können bei der Bestimmung der Rechtsfolgen berücksichtigt werden.[923] Erleichtert wird damit die Beweisführung.[924] Dies wird vor allem gegenüber Arbeitnehmern im Hinblick auf Unterlassungsansprüche von besonderer Bedeutung sein, welche nach bisherigem Recht aufgrund der Verknüpfung mit §§ 17 ff UWG aF stets Verschulden voraussetzten und schon deshalb keine Praxisrelevanz erlangt hatten.[925] Im Hinblick auf diese Weite wird in der Praxis der enge Geschäftsgeheimnisbegriff das Korrektiv darstellen.[926]

Im Rahmen des Nutzungs- und Offenlegungsverbot macht sich die neue Schutzkonzeption des Geheimnisschutzes besonders bemerkbar. Während der lauterkeitsrechtliche Schutz lediglich bestimmte Tathandlungen unter bestimmten Anforderungen erfasste, damit den Schutz gegenüber Arbeitnehmern stark einschränkte, ist der zivilrechtliche Schutz des Geschäftsgeheimnisgesetzes weit offener formuliert und setzt nunmehr ausschließlich an einer unbefugten Vortat oder entgegenstehenden gesetzlichen und rechtsgeschäftlichen Verpflichtungen – und damit an Umstände außerhalb des GeschGehG – an. Vor allem besteht aber keine Einschränkung hinsichtlich des Handlungszeitpunkts mehr, sodass problemlos Taten nach Beendigung des Arbeitsverhältnisses erfasst werden können.

2. Die Bedeutung der strafrechtlichen Verhaltensnormen

Die strafrechtlichen Tatbestände der §§ 17 f. UWG aF wurden jedoch nicht vollständig gestrichen, sondern in § 23 GeschGehG verschoben und dabei an den Wortlaut und die Konzeption angepasst.[927] Insofern findet sich dort auch in § 23 Abs. 1 Nr. 3 GeschGehG der klassische Geheimnisverrat des § 17 Abs. 1 UWG aF wieder. Wesentlicher Unterschied ist allerdings, dass die Norm nun-

---

923 *Wiese* (2017), S. 105.
924 *Wunner*, WRP 2019, 710 (712).
925 *Wunner*, WRP 2019, 710 (712).
926 *Barth/Corzelius*, WRP 2020, 29 (30).
927 *Dann/Markgraf*, NJW 2019, 1774 (1778); *Nabert/Peukert/Seeger*, NZA 2019, 583 (587); Ausführlich zu den Tatbeständen *Hieramente/Wagner*, GRUR 2020, 709.

mehr an die zivilrechtlichen Handlungsverbote des § 4 GeschGehG anknüpft: Erst wenn ein Arbeitnehmer diese und die zusätzlichen Strafbarkeitsmerkmale des Vorsatzes, zusätzlicher subjektiver Merkmale und der Rechtswidrigkeit erfüllt, kommt es daher zu einer Strafbarkeit. § 23 GeschGehG ist folglich nunmehr zivilrechtsakzessorisch. Dies ist begrüßenswert, denn damit kommt der strafrechtliche Schutz seiner eigentlichen Funktion nach und greift lediglich in Sachverhalten ein, die zivilrechtlich missbilligt sind, aber zugleich einen besonders verwerflichen Unrechtsgehalt aufweisen.

461 Erweiterungen wie sie noch mit § 17 Abs. 2 Nr. 2 UWG aF vorgenommen wurden, sind zudem nicht mehr erforderlich. Damit angesprochen ist zugleich eine der wesentlichen Änderungen der strafrechtlichen Tatbestände, denn einen offen formulierten Straftatbestand wie den des § 17 Abs. 2 Nr. 2 Var. 3 UWG aF gibt es nicht mehr. Ein solcher findet sich zwar in den zivilrechtlichen Verletzungstatbeständen des § 4 Abs. 1 Nr. 2 GeschGehG, jedoch verweist § 23 GeschGehG nicht auf diesen. Dies liegt daran, dass die Generalklausel aufgrund ihrer Unbestimmtheit nicht zu einer Strafbarkeit führen darf.[928] Kritisiert wurde diese Unbestimmtheit bereits unter Geltung der §§ 17 f. UWG aF. Folgerichtig hat der Gesetzgeber den strafrechtlichen Tatbestand des § 17 Abs. 2 S. 2 Var. 3 UWG aF vollständig gestrichen und nur noch in zivilrechtlicher Form in das GeschGehG aufgenommen.

462 Die verbleibende Bedeutung des strafrechtlichen Geheimnisschutzes wird damit eher gering sein und sich nur noch auf Taten mit hohem Unrechtsgehalt beschränken. Indem die strafrechtlichen Normen allerdings in ihren Grundzügen erhalten geblieben sind, wird das Geheimnisschutzrecht auch weiterhin die bisher schon bezweckte Präventionswirkung gegenüber Arbeitnehmer ausstrahlen.[929] Dies erscheint in gewisser Weise auch weiterhin notwendig, da die zivilrechtlichen Sanktionsmöglichkeiten insbesondere im Hinblick auf die Anwendbarkeit des § 619a BGB im Rahmen des Schadensersatzes keine derart abschreckende Wirkung mit sich bringen. Weiterhin wird ein Geheimnisinhaber sich auch die staatsanwaltlichen und polizeilichen Ermittlungsmethoden zu Nutze machen können. Diese können in Form von Durchsuchungen und Beschlagnahmungen zu einem schnellen und effektiven Schutz führen, zivilrechtliche Verfahren unterstützen und zugleich ein Signal an den Markt darstellen, dass ein widerrechtliches Verhalten durch den Beschuldigten im Raum steht.[930]

---

928 *Dann/Markgraf*, NJW 2019, 1774 (1778); *Ernst*, MDR 2019, 897 (900).
929 *Alexander*, in: Köhler/Bornkamm/Feddersen UWG (2021), GeschGehG § 23 Rn. 11.
930 *Fuhlrott/Hiéramente*, DB 2019, 867 (868); *Nabert/Peukert/Seeger*, NZA 2019, 583 (587).

3. Die Handlungsformen der Erlangung, Nutzung und Offenlegung

Die drei Handlungsformen der Erlangung, Nutzung und Offenlegung[931] sind Kernbegriffe des neuen Geheimnisschutzes. Denn nur bei ihrem Vorliegen kommen die zivilrechtlichen Ansprüche der §§ 6 ff. GeschGehG und eine Strafbarkeit nach § 23 GeschGehG in Betracht.

Von dem Begriff der Erlangung werden neben der tatsächlichen Kenntnisnahme des Geschäftsgeheimnisses auch der bloße Zugang, die Aneignung und das Kopieren von Dokumenten, Gegenständen, Materialien, Stoffen oder elektronischen Dateien des Geheimnisinhabers erfasst, sofern diese das Geheimnis enthalten oder sich dieses aus ihnen ableiten lässt.[932] Ausreichend ist daher bereits die Erlangung eines Objektes, in welchem das Geschäftsgeheimnis enthalten ist. Die Verkörperung muss das Geschäftsgeheimnis auch nicht ad hoc offenbaren, sondern es genügt, wenn die geheime Information in diesem auffindbar ist.[933] Daher liegt auch eine Erlangung vor, wenn der Handelnde das Geheimnis nicht ohne Weiteres reproduzieren kann, jedoch durch die Erlangung des Objekts die potentielle Möglichkeit dazu hat.[934] Es geht mithin um die Erlangung der Verfügungsgewalt.[935] Der Begriff der Erlangung ist insofern weit zu verstehen und auf Handlungen vorverlagert durch welche bereits eine Verkörperung des Geheimnisses gesichert wurde. Arbeitnehmer werden während ihrer Beschäftigung im Unternehmen zahlreiche Geschäftsgeheimnisse erlangen. Dies können sie auf vielfältige Art und Weise: Neben der zwingenden Kenntnis bestimmter Informationen zur Ausführung der arbeitsvertraglich geschuldeten Tätigkeit, können sie geheimes Wissen auch beiläufig mündlich erfahren, versehentlich in Form von Dokumenten erlangen, generellen Zugriff auf dieses haben oder sich das Wissen heimlich aneignen. Unter Umständen können sie dies auch durch andere Arbeitnehmer erhalten, welche es ihnen versehentlich mitteilen oder sich zur Preisgabe überreden lassen. Damit finden die in § 17 UWG aF verwendeten, deutlich engeren Begriffe des Verschaffens und Sicherns keine Berücksichtigung mehr.[936]

Der Erlangung eines Geheimnisses nachgelagert sind sodann dessen Nutzung und Offenlegung. Im Hinblick auf die Fragilität des Schutzes müssen die Begriffe

---

931 Während die Begriffe der Nutzung und Offenlegung aus der Richtlinie übernommen worden sind, verzichtete der deutsche Gesetzgeber bewusst auf den Begriff des Erwerbs. Diese Entscheidung beruht darauf, dass der auf europäischer Ebene verwendeten Begriff des »Erwerbs« für zu eng erachtet wurde, da er vor allem im Zusammenhang mit rechtsgeschäftlichen Erwerbstatbeständen stünde, BT-Drs. 19/4724, S. 25.
932 RegE GeschGehG, BT-Drs. 19, 4724, S. 23.
933 *Wiese* (2017), S. 93.
934 *Reinfeld* (2019), § 1 Rn. 5.
935 *Reinfeld* (2019), § 1 Rn. 5.
936 RegE GeschGehG, BT-Drs. 19/4724, S. 40.

E. Der Schutzumfang: Die Verletzungstatbestände

weit ausgelegt werden, um jegliche Verbreitung des Geschäftsgeheimnisses zu unterbinden. Daher ist eine Offenlegung bei sämtlichen Mitteilungshandlungen an Dritte anzunehmen, die diesem die Nutzung der Information ermöglichen. Unerheblich muss dabei sein, ob der Mitteilungsempfänger die Information letztendlich nutzt. Denn schon die bloße Kenntnisnahme verwirklicht die besondere Gefährlichkeit, indem die Möglichkeit besteht, den Wettbewerbsvorsprung durch eine Offenlegungshandlung zu Nichte zu machen. Erfasst sind davon insbesondere die klassischen Fälle des Geheimnisverrates durch Arbeitnehmer an jeden Außenstehenden, aber auch innerbetriebliche Offenlegungshandlungen gegenüber Kollegen oder dem Betriebsrat. Das Wissen muss also nicht gezwungenermaßen das Unternehmen verlassen haben.[937]

466 Die Nutzung ist jede Art der Verwendung, unabhängig davon, ob nur ein Teil des Geschäftsgeheimnisses gebraucht wird.[938] Es muss nicht eine bestimmungsgemäße Nutzung der Information sein, sondern kann jede wirtschaftliche Benutzung des Wissens darstellen, sowohl entgeltlich als auch entgeltfrei. Ebenso ist das Herstellen, Anbieten, Inverkehrbringen sowie die Ein- und Ausfuhr von Produkten eine Nutzung in diesem Sinne.[939] Als problematisch stellt sich die Abgrenzung der Nutzung gegenüber der Offenlegung dar, denn aufgrund der Weite des Offenlegungsbegriffs überschneiden sich die Anwendungsbereiche. Um dem eindeutigen Gesetzeswortlaut, der zwischen der Offenlegung und Nutzung grundsätzlich unterscheidet, aber gerecht zu werden, wird man eine Nutzung erst annehmen können, wenn diese über die bloße Offenlegung hinausgeht und sich in einer tatsächlichen Verwertung der Information niederschlägt. Die Gesetzesbegründung grenzt hier selbst negativ ab: *»Eine Nutzung ist jede Verwendung des Geheimnisses, solange es sich nicht um eine Offenlegung handelt.«*[940] Arbeitnehmer nutzen Geschäftsgeheimnisse zur Ausführung ihrer arbeitsvertraglich geschuldeten Tätigkeit, indem sie Produkte herstellen, Prozesse anwenden und Kundenkontakte pflegen. Andererseits können sie es auch für betriebsfremde Zwecke verwenden, indem sie sie für ihr eigenes berufliches Fortkommen oder zugunsten Dritter nutzbar machen.

467 Das Geschäftsgeheimnisgesetz erlaubt damit, eine Vielzahl typischer Fallgestaltungen arbeitnehmerseitiger Handlungen und möglicher Geheimnisverletzungen zu erfassen. Das wirft die Frage auf, inwiefern die dargestellten Handlungen sich in das neue Schutzkonzept der Verletzungstatbestände einfügen lassen und

---

937 RegE GeschGehG, BT-Drs. 19/4724, S. 26. Dies ergibt sich aus einem Umkehrschluss zu § 5 Nr. 3 GeschGehG, welcher eine spezielle Ausnahme für die Offenlegung von Informationen durch Arbeitnehmer an ihre Vertreter darstellt.
938 Der häufig verwendete Begriff der Verwertung soll sich mit diesem decken, vgl. BT-Drs. 19/4724, S. 40; Bezogen auf die Geschäftsgeheimnis-Richtlinie, *Wiese* (2017), S. 94.
939 *Reinfeld* (2019), § 2 Rn. 16 mwN; vgl. auch LG Konstanz, Urt. v. 8.10.2020 – D 6 O 207/20 Rn. 24 ff.
940 RegE GeschGehG, BT-Drs. 19/4724, S. 26.

unter welchen Bedingungen gegen eine Erlangung, Nutzung oder Offenlegung vorgegangen werden kann. Zunächst soll daher die neue Regelung und Systematik der Verletzungstatbestände dargestellt werden. Im Anschluss werden die Handlungen durch Arbeitnehmer anhand dieses Maßstabs auf ihr Verletzungspotential untersucht.

II. Die Erlangung eines Geschäftsgeheimnisses

Die Erlangung von Geschäftsgeheimnissen ist in den in § 4 Abs. 1 und Abs. 3 GeschGehG dargestellten Fallkonstellationen unbefugt. Ausgenommen sind jedoch Erlangungshandlungen, die unter den Katalog an erlaubten Handlungen in § 3 GeschGehG fallen. Die Feststellung des Schutzbereichs setzt daher eine Bestimmung des Umfangs dieser Ausnahmen voraus. 468

1. Die unbefugte Erlangung nach § 4 GeschGehG

a) Die Erlangung einer Verkörperung des Geschäftsgeheimnisses

Nach § 4 Abs. 1 GeschGehG ist die Erlangung eines Geschäftsgeheimnisses rechtswidrig, wenn sie durch eine dort genau bezeichnete Verhaltensweise und damit auf unbefugte Art und Weise erfolgt ist. Unzulässig ist demnach, sich unbefugt Zugang zu einer Verkörperung eines fremden Geschäftsgeheimnisses zu verschaffen oder sich dieses unbefugt anzueignen oder zu kopieren. Damit der Tatbestand des § 4 Abs. 1 Nr. 1 GeschGehG angenommen werden kann, müssen die folgenden Anforderungen erfüllt werden: Als schutzfähiges Objekt kommen dem Gesetzeswortlaut nach Dokumente, Gegenstände, Materialien, Stoffe und elektronische Dateien in Betracht. Im Ergebnis wird man sämtliche Objekte als vom Geheimnisschutz erfasst ansehen, die geeignet sind, Geschäftsgeheimnisse entweder selbst zu enthalten oder aus denen eine geheime Information abgeleitet werden kann. Lediglich mündlich weitergegebenes Wissen wird nicht erfasst.[941] Dem Wortlaut des § 4 Abs. 1 nach, muss sich das Objekt in der rechtmäßigen Kontrolle des Geheimnisinhabers befinden. Da der Geheimnisinhaber laut § 2 Nr. 2 GeschGehG derjenige ist, der die rechtmäßige Kontrolle besitzt, kann diese nicht damit gleichzusetzen sein, da es sich andernfalls um eine überflüssige Doppelung handeln würde. Im vorliegenden Zusammenhang geht es um die tatsächliche Kontrolle des Objekts, nicht des Geheimnisses. Diese ist gegeben, wenn der Geheimnisinhaber der rechtmäßige Besitzer oder Eigentümer der Sache ist. 469

---

941 So auch *Reinfeld* (2019), § 2 Rn. 46; *Heinzke*, CCZ 2016, 179 (180) möchte sämtliche körperlichen und unkörperlichen Manifestationen des Geheimnisses schützen.

E. Der Schutzumfang: Die Verletzungstatbestände

470 Liegt ein schutzfähiges Objekt vor, ist eine Verletzungshandlung erforderlich. Dazu muss sich der Verletzer unbefugt Zugang zu dem Objekt verschafft oder sich das Objekt unbefugt angeeignet oder kopiert haben. Der Tatbestand der Erlangung ist grundsätzlich weit zu verstehen und ist bereits dann erfüllt, wenn der Handelnde sich Zugang zu Objekten verschafft, welche das Geschäftsgeheimnis beinhalten. Die tatsächliche Kenntnisnahme der geheimen Information ist nicht notwendig, sondern es reicht aus, wenn der Handelnde potentiell die Möglichkeit hat auf diese zuzugreifen. Vorausgesetzt ist daher dem Grunde nach nur, dass im Zeitpunkt des Zugriffs auf das Objekt keine rechtsgeschäftliche oder gesetzliche Befugnis zu Gunsten des Handelnden besteht. Nicht erforderlich ist demgegenüber, die Unbefugtheit in Folge einer Interessenabwägung oder anhand subjektiver Elemente festzustellen.[942] Denn die Beurteilung des Eingriffs durch den Ersttäter ist verschuldensunabhängig. Eine genaue Definition der einzelnen im Gesetzeswortlaut enthaltenen Handlungen scheint indes entbehrlich. Dass sie primär exemplarischen Charakter haben, d.h. nicht abschließend sind, wird durch Abs. 2 unterstrichen. Diese Generalklausel kann jedes sonstige unbefugte Handeln erfassen.[943]

b) Die Generalklausel des unbefugten Erwerbs

471 Mit § 4 Abs. 1 Nr. 2 GeschGehG wird der ohnehin schon weite Tatbestand der Nr. 1 nämlich durch eine Generalklausel ergänzt. Als rechtswidrig wird eine Erlangung durch ein sonstiges Verhalten beurteilt, wenn es nicht nach Treu und Glauben und den jeweiligen Umständen den anständigen Marktgepflogenheiten entspricht. Trotz des Wortlauts ist darin kein Hinweis auf das allgemeine Lauterkeitsrecht zu sehen, da andernfalls die Harmonisierung des Geheimnisschutzes in den Mitgliedsstaaten unterlaufen würde. Die Anlehnung an die lauterkeitsrechtliche Generalklausel soll vielmehr nur auf die Notwendigkeit einer Interessenabwägung im Einzelfall hindeuten.[944]

472 Zugleich steht der Wortlaut aber auch im Zusammenhang mit Art. 10bis Abs. 2 PVÜ und Art. 39 Abs. 2 TRIPS. Das TRIPS enthält nämlich eine Verpflichtung, sicherzustellen, dass Geheimnisträger Dritte daran hindern können, die geheime Information zu offenbaren, zu erwerben oder zu benutzen, sofern dies in einer Weise geschieht, die nicht den anständigen Gepflogenheiten in Gewerbe und Handel entspricht.[945] Aufgrund des Sachzusammenhanges kann nicht davon ausgegangen werden, dass der deutsche Gesetzgeber hier ein ab-

---

942 *McGuire*, in: Büscher, GeschGehG § 4 Rn. 18.
943 RegE GeschGehG, BT-Drs. 19/4724, S. 25.
944 *McGuire*, in: Büscher, GeschGehG § 4 Rn. 20.
945 Gemäß der amtl. Anm. 10 fällt darunter ein Vertrags- oder Vertrauensbruch, die Verleitung zu einem solchen oder der Erwerb trotz Kenntnis oder grob fahrlässiger Unkenntnis einer solchen Handlung; *Harte-Bavendamm*, in Gloy/Loschelder/Erdmann, § 77 Rn. 4.

weichendes Begriffsverständnis einführen wollte. Der Begründung zum GeschGehG ist vielmehr zu entnehmen, dass hier jede Art von unlauterem Geschäftsgebaren erfasst werden sollte, weil das GeschGehG nicht abschließend alle Handlungen benennen könne.[946] Diese fehlende Bestimmtheit führt dazu, dass die Vorschrift keinen Anklang in den strafrechtlichen Vorschriften findet, zugleich aber weitaus mehr Handlungen erfassen kann als dies durch die §§ 17–19 UWG aF möglich war. Gerade mit Blick auf künftige technische Entwicklung ist dies bereits faktisch nicht möglich. Trotzdem bestehen im Hinblick auf das potentielle Ausufern des Tatbestands Bedenken.[947] Daher muss dieser unter Berücksichtigung der Regelbeispiele des § 4 Abs. 1 Nr. 1 GeschGehG, welche die Generalklausel im Grunde bereits konkretisieren, eingeschränkt werden und darf nur Handlungen erfassen, die ihrer Gefährlichkeit nach den Regelbeispielen des § 4 Abs. 1 Nr. 1 GeschGehG entsprechen. Daher werden lediglich Handlungen erfasst sein, die im Ergebnis der Sicherung einer Verkörperung des Geheimnisses gleichkommen. Dies wird vor allem Fälle der mündlichen Weitergabe von Geheimnissen betreffen, die dem Wortlaut entsprechend nicht unter Nr. 1 fallen können.

c) Die mittelbare Erlangung von Geschäftsgeheimnissen

Nach § 4 Abs. 3 GeschGehG darf niemand ein Geschäftsgeheimnis von einer anderen Person erlangen und es im Anschluss nutzen oder offenlegen, wenn er zum Zeitpunkt der Erlangung weiß oder wissen musste, dass diese Person das Geschäftsgeheimnis entgegen § 4 Abs. 2 GeschGehG genutzt oder offengelegt hat. Erfasst sind damit Fälle einer mittelbaren Geheimnisverletzung. Damit zielt die Regelung auf die Situation ab, dass ein Handelnder selbst keinen unmittelbaren Verstoß gegen § 4 Abs. 2 GeschGehG begangen hat und sich dadurch einer Haftung entziehen könnte. Entgegen der anderen Tatbestände wird auch keine spezielle Handlungsmodalität vorgeschrieben, sodass jede Erlangung, Nutzung oder Offenlegung durch den mittelbaren Täter erfasst ist, solange eine entsprechende fremde Handlung vorausging, die rein objektiv die Voraussetzungen des § 4 Abs. 2 GeschGehG erfüllt. Ausreichend ist es auch, wenn im Rahmen einer Übertragungskette mehrere gutgläubige Übermittler dazwischenliegen, solange es für den letzten Empfänger ersichtlich ist, dass ursprünglich eine rechtswidrige Handlung vorgelegen hat.[948] Damit wurde auch die Haftung für ein mittelbares Verhalten erweitert, denn § 17 Abs. 2 Nr. 2 UWG aF setzte als Vortat stets ein strafrechtlich relevantes Verhalten voraus.[949]

473

---

946 RegE GeschGehG, BT-Drs. 19/4724, S. 25.
947 *Ohly*, GRUR 2019, 441 (446); *Gärtner*, NZG 2014, 650 (651); *Rauer*, GRUR-Prax 2014, 2 (3); *Bauschke*, öAT 2019, 133 (135).
948 *Hieramente*, in: BeckOK GeschGehG, § 4 Rn. 74.
949 *Hieramente*, in: BeckOK GeschGehG, § 4 Rn. 72.

E. Der Schutzumfang: Die Verletzungstatbestände

474　Abweichend von den anderen Absätzen erfordert die mittelbare Verletzung allerdings das Vorliegen eines subjektiven Merkmals. Für den Dritten müssen im Falle des Vorwurfs fahrlässiger Unkenntnis konkrete Anhaltspunkte bestehen, dass es sich um Geschäftsgeheimnis handelt, dass der Mitteilende unbefugt weitergegeben hat.[950] Für die Annahme der Kenntnis oder fahrlässigen Unkenntnis sind konkrete Anhaltspunkte erforderlich, dass es sich um ein Geschäftsgeheimnis handelt und der Ersttäter unbefugt agiert. Anhaltspunkt können – sofern sie noch nicht vollständig vom Ersttäter beseitigt wurden – bspw. die noch bestehenden Geheimhaltungsmaßnahmen sein. Je effektiver sie ursprünglich waren, desto eher wird der Dritte Anlass dazu haben, die Vortat als solche zu erkennen.[951] Der Empfänger von offensichtlichen Geschäftsgeheimnissen muss daher hinterfragen, ob der Übermittler auch rechtmäßig handelt, da ihm ansonsten Fahrlässigkeit vorgeworfen werden könnte. Von einer grundsätzlichen Nachforschungspflicht kann allerdings nicht die Rede sein.[952]

2. Die befugte Erlangung nach § 3 GeschGehG

a) Deklaratorische Aufzählung rechtmäßiger Verhaltensweisen

475　Eingeschränkt werden die Rechte des Geheimnisinhabers durch die sogenannte »Whitelist« in § 3 Abs. 1 GeschGehG. Aufgezählt werden in nicht abschließender Weise (»insbesondere«) Handlungen, durch die ein Geschäftsgeheimnis entgegen § 4 Abs. 1 GeschGehG befugter Weise erlangt werden darf. Zweck ist es, die entgegenstehenden Interessen Dritter und der Allgemeinheit zu wahren. Gleichzeitig kann die Norm im Zusammenspiel mit § 4 GeschGehG als eine Konkretisierung der rechtswidrigen Handlungen gesehen werden.[953] Da die fehlende Befugnis ein Tatbestandsmerkmal des § 4 GeschGehG ist, ist das Vorliegen eines Regelbeispiels der Whitelist tatbestandsausschließend. Die Einordnung als Tatbestandsausschluss hat zugleich zur Folge, dass die Darlegungs- und Beweislast bei dem vermeintlichen Rechtsverletzer liegt.

476　Die Aufzählung der rechtmäßigen Handlungen erweist sich größtenteils als rein deklaratorischer Art, schafft jedoch Rechtssicherheit. So ist der Konzeption des Geheimnisschutzes entsprechend die unabhängige Schöpfung nach § 3 Abs. 1 Nr. 1 GeschGehG als rechtmäßige Erlangung zu qualifizieren. Das vorbestehende Geheimnis des ersten Geheimnisinhabers schränkt den Doppelschöpfer daher nicht ein, solange er die Information durch eine eigene Leistung und ohne Rückgriff auf das Original generiert. Folge ist, dass die Information

---

950　Ausreichend für eine Nachforschungspflicht seien bereits Verdachtsmomente, *Ohly*, GRUR 2019, 441 (447).
951　*Ohly*, GRUR 2019, 441 (447).
952　*Alexander*, in: Köhler/Bornkamm/Feddersen UWG (2021), GeschGehG § 4 Rn. 71.
953　*Ohly*, GRUR 2019, 441 (447).

frei genutzt und auch offengelegt werden kann. Mangels eines objektiven Eingriffs in ein fremdes Geheimnis, dient die Vorschrift im Grunde nur dazu, den Schutzgegenstand des Gesetzes zu verdeutlichen: Geschützt ist nicht die geheim gehaltene Information als solche, sondern die Geheimnissphäre.

Auch die Erlaubnis der Ausübung von Informations- und Auskunftsrechten durch Arbeitnehmer und Mitwirkungs- und Mitbestimmungsrechten der Arbeitnehmervertreter in § 3 Abs. 1 Nr. 3 GeschGehG entspricht der derzeitigen Rechtslage.[954] Damit fällt in der Regel alles, was von § 3 Abs. 1 Nr. 3 GeschGehG erfasst wird bereits unter § 3 Abs. 2.[955] Dies hat der deutsche Gesetzgeber erkannt und der Norm lediglich klarstellende Wirkung zugesprochen.[956] Bezweckt wird damit, dass sich der Arbeitgeber nicht auf den Schutz von Geschäftsgeheimnissen berufen kann, wenn er aufgrund seiner Fürsorgepflichten gegenüber den Arbeitnehmern dazu verpflichtet ist, diese über bestimmte Umstände wie z.B. Gefahren am Arbeitsplatz zu informieren, sodass die Informationspflichten Vorrang vor dem Geheimnisschutz haben.[957] Für rechtmäßig wird aber diesem Zweck entsprechend lediglich die Erlangung und nicht eine anschließende Nutzung und Offenlegung erklärt. Diese sind weiterhin untersagt und können im Falle eines Verstoßes allenfalls nach § 5 GeschGehG gerechtfertigt werden.[958]

477

In § 3 Abs. 2 GeschGehG findet sich schließlich eine Öffnungsklausel zugunsten der nationalen Rechtsordnung, die sämtliche Handlungsformen in Bezug auf Geschäftsgeheimnisse erlaubt, sofern diese durch Gesetz, auf Grund eines Gesetzes oder durch Rechtsgeschäft gestattet sind. Diese Rechtmäßigkeitsanordnung erscheint im Hinblick auf die Dispositionsbefugnis des Einzelnen und den Schutz der bestehenden Rechtsordnung denknotwendig richtig. In diesen Fällen kann nämlich schon *per definitionem* kein unbefugtes Handeln vorliegen. Von besonderer praktischer Relevanz ist die rechtsgeschäftliche

478

---

954 Anhörungs- und Informationsrechten der Arbeitnehmer: § 13 AÜG, § 10 Abs. 1 ETrG, Art. 15 DSGVO und § 7 Abs. 3 TzBfG. Bestehen Ansprüche auf eine variable Vergütung kann ein Auskunftsanspruch über Umsätze des Unternehmens und ggf. auch weiterer Konzernunternehmen bestehen. Wesentliche Beteiligungsrechte der Arbeitnehmervertretung finden sich u.a. im Katalog des § 87 BetrVG; Weitere Beteiligungsrechte: §§ 90 Abs. 1, 92 Abs. 1, 99Abs. 1 S. 1, 100 Abs. 1 S. 2, 102 Abs. 1 S. 2, 111 S. 1 BetrVG; §§ 5, 29, 30 EBRG; §§ 13 Abs. 2, 3 ETrG; §§ 178, 179 SGB IX; § 17 Abs. 3 KschG; § 7 ABs. 4 TzBfG.
955 *Bissels/Schroeders/Ziegelmayer*, DB 2016, 2295 (2297).
956 RegE GeschGehG Begründung, S. 24 zu Nummer 3, in der Gesetzesbegründung wird zusätzlich angemerkt, dass unabhängig von dieser Pflicht arbeitsrechtliche Geheimhaltungsverpflichtungen bestehen können. Dieser Hinweis wird sich jedoch hauptsächlich auf nachfolgende Nutzungen oder Offenlegungen beziehen. Arbeitnehmer sind daher aus ihrer vertragsimmanenten Verpflichtung und der Betriebsrat nach § 79 BetrVG zur Geheimhaltung verpflichtet.
957 So schon *Taeger*, (1988), S. 98.
958 *Bissels/Schroeders/Ziegelmayer*, DB 2016, 2295 (2297).

E. Der Schutzumfang: Die Verletzungstatbestände

Gestattung. Da der Begriff des Rechtsgeschäfts Bezug auf die §§ 104 ff. BGB nimmt, sind sowohl einseitige Bevollmächtigung gegenüber Arbeitnehmern als auch zweiseitige Verträge mit Arbeitnehmern oder Kooperationspartnern erfasst. Zugleich gehen die Erlaubnistatbestände in anderen Gesetzen vor.[959] Mögliche Anwendungsfälle hierfür können gesetzlicher Auskunftsansprüche (§§ 809, 810 BGB, § 140c PatG) und für die Rechtsverfolgung notwendige Zeugenaussagen sein.[960]

b) Der Ausschluss des Reverse Engineering

479 Besonders die Rechtmäßigkeit des *Reverse Engineering* bringt Neuerungen für das deutsche Recht, da dieses nach herrschender, aber bestrittener Ansicht als Verletzung von § 17 Abs. 2 Nr. 1 UWG aF angesehen wurde. Demnach ist die Analyse eines Produktes zum Zweck der Ermittlung des enthaltenden Geschäftsgeheimnisses nunmehr explizit zulässig, § 3 Abs. 1 Nr. 2 GeschGehG. Voraussetzung ist nur, dass das untersuchte Produkt öffentlich verfügbar ist oder sich im rechtmäßigen Besitz des Handelnden befindet. Dies entspricht dem Konzept, dass das Wissen nur geschützt sein soll, solange es sich im unternehmensinternen Bereich aufhält. Verlässt das Produkt den geschützten Bereich, indem es vertrieben wird, stellt eine anschließende Analyse kein Eindringen mehr in die Geheimnissphäre dar.

480 Grenzen sind dem *Reverse Engineering* einerseits durch das Lauterkeitsrecht und einem etwaigen Sonderrechtsschutz gesetzt,[961] können sich andererseits auch aus einem vertraglichen Ausschluss ergeben. Dies erscheint aufgrund des Zwecks des Geheimnisschutzes sinnvoll, da andernfalls eine rechtsgeschäftliche Verwertung von Objekten, die das Geheimnis enthalten, nicht möglich wäre. Vor allem aber wäre es ohne eine solche vertragliche Ausschlussmöglichkeit nicht möglich das Objekt oder Teile davon vor Markauftritt an Lieferanten oder Zulieferer weiterzugeben. Anzuraten ist dem Geheimnisinhaber daher ein vertraglicher Ausschluss, wenn das Produkt nicht frei erhältlich sein soll oder vor Markteintritt mit Abnehmern geteilt wird und somit ein vorzeitiger Verlust des

---

959 RegE GeschGehG, BT-Drs. 19/4724, S. 26.
960 Die Gesetzesbegründung nennt als Beispiel für erlaubtes Handeln die Beteiligungsrechte der Arbeitnehmervertreter, welche aber bereits in § 3 Abs. 1 Nr. 3 und § 5 Nr. 3 GeschGehG explizit normiert sind. Fraglich bleibt daher, ob diesen Normen neben § 3 Abs. 2 überhaupt noch ein Anwendungsbereich verbleibt, *Bissels/Schroeders/Ziegelmayer*, DB 2016, 2295 (2297).
961 Der Nachbau von Produkten, die auf der Informationsgewinnung durch Reverse Engineering beruhen, können Schutzrechte verletzen oder eine Herkunftstäuschung oder Rufausbeutung nach § 4 Abs. 3 UWG darstellen, BT-Drs. 19/4724, S. 26. Die Erlaubnistatbestände wirken sich daher nur auf Handlungen nach dem GeschGehG und nicht die gesamte Rechtsordnung aus, so auch *Reinfeld* (2019), § 2 Rn. 33.

Wettbewerbsvorsprungs droht.[962] Da ein vertraglicher Ausschluss nach alter Rechtslage nicht erforderlich war, wurde er selten explizit vorgesehen. Er wird sich allerdings nicht nur aus einer ausdrücklichen Vereinbarung ergeben, sondern nach Sinn und Zweck des Vertragsverhältnisses auch konkludent enthalten sein. Vorausgesetzt ist, dass eine wirksame Geheimhaltungsvereinbarung besteht. Da die Auslegung vom Einzelfall abhängt, gilt es Altverträge zu überprüfen, ob sie den geänderten Bedingungen standhalten.

3. Grenzziehung zwischen befugter und unbefugter Erlangung

Eine klare Trennung zwischen den Tatbeständen des befugten Erwerbs nach § 3 GeschGehG und dem des unbefugten Erwerbs nach § 4 Abs. 1 GeschGehG ist zunächst nicht erkennbar. Grund dafür ist, dass sowohl die erlaubten als auch die unerlaubten Handlungstatbestände nicht abschließend geregelt sind. Der europäische Gesetzgeber hat nämlich entsprechend der Generalklausel des Art. 4 Abs. 2 lit. b RL, welche in § 4 Abs. 1 Nr. 2 GeschGehG umgesetzt wurde, auch für den rechtmäßigen Erwerb in Art. 3 Abs. 1 lit. d RL eine Generalklausel vorgesehen, die vom Wortlaut her das genaue Gegenstück darstellt. Zwar hat die Generalklausel des rechtmäßigen Erwerbs anders als sein Gegenpart keine explizite Umsetzung erfahren. Trotzdem hat sie im Wortlaut des GeschGehG einen gewissen Anklang gefunden, da die Aufzählung der erlaubten Handlungen nicht abschließend sein soll (»insbesondere«). Der deutsche Gesetzgeber wählte diese Ausgestaltung letztendlich, da eine Umsetzung unter Berücksichtigung des Gegenstücks in § 4 als befremdlich und rechtsunsicher angesehen wurde.[963]

481

Konkretisiert werden die Auffangtatbestände durch die jeweils aufgelisteten Regelbeispiele.[964] Diese beruhen auf einer Auslegung des Merkmals »seriöse Geschäftspraxis« aus Art. 3 Abs. 1 lit. d und Art. 4 Abs. 2 lit. b der Geschäftsgeheimnis-Richtlinie. Auf den ersten Blick scheint daher nur eine Einzelfallbeurteilung zu einer Abgrenzung zu führen.[965] Tatsächlich ist diese aber stark begrenzt, da die Regelbeispiele der §§ 3, 4 GeschGehG bereits Ergebnis einer sorgfältigen Abwägung des Gesetzgebers sind. Diese können im Einzelfall nicht

482

---

962 *Steinmann/Schubmehl*, CCZ 2017, 194 (198); *McGuire*, MittdtPat 2017, 377 (380 f.). Eine andere Frage ist es, ob eine solche vertragliche Beschränkung auch in AGB vorgesehen werden kann, vgl. *Ohly*, GRUR 2019, 441 (447); *Reinfeld* (2019), § 2 Rn. 32; ausführlich *Maierhöfer/Hosseini*, GRUR-Prax 2019, 542.
963 *Rauer*, GRUR-Prax 2014, 2 (3); ähnlich auch DAV-Stellungnahme 36/2014, S. 9; *Bissles/Schroeders/Ziegelmayer,* DB 2016, 2295 (2298) sieht für die Norm keinen tatsächlichen eigenständigen Anwendungsbereich.
964 *Schubert*, in: Franzen/Gallner/Oetker, RL 2016/943 Art. 4 Rn. 6.
965 *Bissels/Schroeders/Ziegelmayer*, DB 2016, 2295 (2297); *Gaugenrieder*, BB 2014, 1987 (1989).

mehr als rechtmäßig bzw. rechtswidrig angesehen werden. Andernfalls wäre die Harmonisierung in den Mitgliedsstaaten gefährdet. Daher kann der Erlangungstatbestand des § 4 Abs. 1 Nr. 2 GeschGehG nicht derart ausgeweitet werden, dass er auch Handlungen erfasst, die zu einer wertungsmäßigen Korrektur führen würden und dem Katalog des § 3 widerspricht. Vielmehr muss er – wie bereits angeführt – in seiner Gefährlichkeit einer Handlung nach Nr. 1 entsprechen. Legt man den gleichen Maßstab an die Insbesondere-Klausel des § 3 GeschGehG an, erscheint diese augenblicklich unbedeutend, da dessen Regelbeispiele – wie soeben dargestellt – vor allem deklaratorischer Natur sind. Sie ergeben sich aus der Ausgestaltung des Geheimnisschutzes und der bestehenden Rechtsordnung. Im Ergebnis wird § 3 GeschGehG daher über die Regelbeispiele hinaus kaum von Bedeutung sein. Vor diesem Hintergrund ist zu begrüßen, dass die Regelung des Art. 3 Abs. 1 lit. d der Geschäftsgeheimnis-Richtlinie nicht in dieser Form in das nationale Recht umgesetzt wurde.[966]

III. Die Nutzung und Offenlegung eines Geschäftsgeheimnisses

483 Neben der unbefugten Erlangung erfasst das GeschGehG die Rechtswidrigkeit der Nutzung und Offenlegung eines Geschäftsgeheimnisses. Diese gelten gem. § 4 Abs. 2 GeschGehG als unbefugt, wenn das Geheimnis durch eine Vortat nach § 4 Abs. 1 unbefugt erworben wurde (Nr. 1) oder gegen eine Nutzungsbeschränkung (Nr. 2) oder Vertraulichkeitsvereinbarung (Nr. 3) verstoßen wurde.

1. Die Befugnis zur Nutzung und Offenlegung

484 Die Nutzung und Offenlegung von Geschäftsgeheimnissen stellen im Rahmen der unternehmerischen Tätigkeit alltägliche Verwendungsformen dar. Auf beide Verwendungsformen ist dem Wortlaut nach nur der Erlaubnistatbestand des § 3 Abs. 2 GeschGehG anwendbar. Demnach kommt es ausschließlich auf eine gesetzliche oder vertragliche Erlaubnis an, welche der Verpflichtung entgegensteht. Dies stellt zugleich das genaue Gegenteil zu den Tatbeständen nach § 4 Abs. 2 Nr. 2 und 3 GeschGehG dar, welche das Handeln entgegen einer gesetzlichen oder vertraglichen Beschränkung sanktionieren. Jedoch ist unter Berücksichtigung des Wortlautes grundsätzlich von einer Verwendungsfreiheit auszugehen. Eine etwaige Verpflichtung, die zu einer Geheimhaltung oder Nutzungseinschränkung nach § 4 Abs. 2 Nr. 2 und 3 führt, muss daher zunächst positiv festgestellt werden. Insofern kann es nicht auf den Erlaubnistatbestand des § 3 Abs. 2 ankommen, wenn schon keine Pflichtverletzung i.S.d. § 4 Abs. 2 Nr. 2 oder 3 GeschGehG festgestellt werden kann. Relevant ist dies nur, wenn

---

[966] So auch nur in Bezug auf die Geschäftsgeheimnis-Richtlinie, *Wiese* (2017), S. 119 f.

III. Die Nutzung und Offenlegung eines Geschäftsgeheimnisses

entgegen einer vertraglichen Vereinbarung gesetzliche Erlaubnistatbestände bestehen. In diesem Fall ist unter Umständen aber bereits die Wirksamkeit der vertraglichen Einigung anzuzweifeln. Betreffen kann dies bspw. in- und ausländische Auskunftspflichten, die eine Durchbrechung etwaiger Geheimhaltungspflichten hervorrufen. Erlaubt handelt daher jeder, der entgegen einer vertraglichen Geheimhaltungspflicht oder Nutzungsbeschränkung durch gesetzliche Anzeige-, Auskunfts- oder Aussagepflichten zur Offenbarung des Geheimnisses verpflichtet ist.

Sofern das Wissen nicht vom Geheimnisinhaber selbst genutzt wird, erfolgt die Gestattung zur Verwendung durch Rechtsgeschäft. Klassicherweise erfolgt dies immer gegenüber Arbeitnehmern oder Lizenzvertragspartnern, damit diese durch die Nutzung des Geheimnisses ihrer vertraglich vereinbarten Tätigkeit nachgehen können. Regelmäßig wird die Verwendung nur beschränkt zugelassen, sodass der Vertragspartner das Wissen nicht vollumfänglich nutzen kann. Bezweckt wird damit, dass die Information nur für den gedachten Zweck verwendet wird. Unter Umständen kann auch eine vollständige Beschränkung eintreten, wenn dem Arbeitnehmer oder dem Vertragspartner die Kompetenzen entzogen werden.[967] 485

2. Die unbefugte Erlangung als Vortat

Die Befugnis überschreitet naturgemäß derjenige, der das Geschäftsgeheimnis durch eine eigene unbefugte Vortat nach § 4 Abs. 1 GeschGehG erlangt hat und es nunmehr sogar nutzen oder offenlegen möchte.[968] In dem Fall ist die Information makelbehaftet und darf konsequenterweise nicht genutzt oder offengelegt werden. Dasselbe gilt nach Abs. 3 für Fälle, in denen der Zweitverletzer eine solche Information erlangt und von der Vortat hätte wissen können. Durch die Anknüpfung an eine vorhergehende Handlung wird zudem klargestellt, dass die Nutzung oder Offenlegung neben der unbefugten Erlangung einen selbstständigen Eingriff darstellt.[969] 486

3. Verstoß gegen eine Verwendungsbeschränkung

Ein Eingriff liegt jedoch nicht nur bei einer vorherigen unerlaubten Erlangung des Geschäftsgeheimnisses vor, sondern auch, wenn ein rechtmäßig erlangtes Geheimnis entgegen einer Nutzungsbeschränkung oder Geheimhaltungsvereinbarung genutzt oder offengelegt wurde. Der Gesetzestext unterscheidet an dieser Stelle zwischen den beiden Verwendungsformen. So ergibt sich die Verletzung im Falle einer Nutzung trotz bestehender Nutzungsbeschränkung aus § 4 Abs. 2 487

---

967 *Reinfeld* (2019), § 2 Rn. 70.
968 Zu den Voraussetzungen einer unbefugten Erlangung, vgl. S. 170 ff.
969 *McGuire*, in: Büscher, GeschGehG § 4 Rn. 22.

E. Der Schutzumfang: Die Verletzungstatbestände

Nr. 2 GeschGehG und im Falle einer Offenbarung trotz Geheimhaltungspflicht aus § 4 Abs. 2 Nr. 3 GeschGehG. In der Gesetzesbegründung wird die eindeutige Differenzierung zwischen den beiden Varianten jedoch nicht deutlich, da der Gesetzgeber die Tatbestände miteinander vermengt. Denn gemeinsam ist den Regelungen die Intention, den Geheimnisinhaber vor einer Verbreitung des Geschäftsgeheimnisses durch Arbeitnehmer, Kooperationspartner oder sonstige Dritte zu schützen, welche es zuvor befugt erlangt haben, jedoch einer vertraglichen oder gesetzlichen Verpflichtung in Form einer Verwendungsbeschränkung unterliegen.[970]

488 Ein Verstoß gegen eine Geheimhaltungspflicht wird durch die erörterte Offenlegung des Geschäftsgeheimnisses verwirklicht. Ausdrückliche gesetzliche Geheimhaltungspflichten sind im Bereich des Handels-, Gesellschafts- und Arbeitsrechts verankert und verpflichten bestimmte Personenkreise aufgrund ihrer Stellung zur Vertraulichkeit.[971] Da diese jedoch auf wenige Einzelfälle beschränkt sind, ist das Vertragsrecht in diesem Zusammenhang weiterhin von großer Relevanz. Neben Arbeitsverhältnissen werden Geheimhaltungsvereinbarungen auch mit Außenstehenden bspw. in Patentlizenz- und Franchiseverträgen oder Entwicklungskooperationen vereinbart. Dies ist nicht nur erforderlich, um die Wahrung der Geheimhaltung vertraglich abzusichern und das Risiko eines Vertrauensmissbrauchs zu minimieren, sondern auch, da nunmehr angemessene Maßnahmen vorausgesetzt werden. Insofern können Geheimhaltungsvereinbarungen erforderlich sein, um überhaupt Geheimnisschutz nach dem GeschGehG zu erlangen. Jedoch ist nicht immer eine explizite Abrede erforderlich. Bereits aus der allgemeinen Rücksichtnahmepflicht des Vertragspartners kann sich im Einzelfall eine Geheimhaltungspflicht ergeben.[972] Unter Umständen kann diese sogar bereits im vorvertraglichen Bereich eingreifen.[973]

489 Nutzungsbeschränkungen finden sich seltener in gesetzlichen Vorschriften als in vertraglichen Abreden. Einen Eingriff stellt in diesem Zusammenhang jeder Gebrauch des Geschäftsgeheimnisses unter Überschreitung der gewährten Befugnisse dar. Zu denken ist an Lizenznehmer, Produzenten oder Zulieferer, welche hinsichtlich Nutzungsart, Menge, Gebiet oder Dauer gegen die Bestimmungen des jeweiligen Vertrages verstoßen. Erfasst werden damit Fälle, welche nach bisherigem Recht unter die Vorlagenfreibeuterei des § 18 UWG aF fielen: Der Geheimnisinhaber beauftragte einen Dritten die Produkte herzustellen oder Teile zu liefern und legte dafür seine Geschäftsgeheimnisse offen. Sofern der Dritte das Geschäftsgeheimnis nun für andere als die vertraglich vereinbarten Zwecke nutzt, liegt darin ein Eingriff in § 4 Abs. 2 Nr. 2 GeschGehG, wenn er es aber offenbart in § 4 Abs. 2 Nr. 3 GeschGehG.

---

970 RegE GeschGehG Begründung, S. 26, zu Nr. 2 und 3.
971 §§ 90 HGB; 93 Abs. 1, 116 AktG, 79 BetrVG, 10 BPersVG, 24 ArbErfG.
972 *Köhler*, in: Köhler/Bornkamm/Feddersen (2019), § 17 Rn. 62; *Ohly*, in: Ohly/Sosnitza § 17 Rn. 37; Ausführlich hierzu siehe Rn. 132 ff.
973 *Schöwerling*, GRUR-Prax 2015, 52 (53).

IV. Die Verletzung eines Geschäftsgeheimnisses durch Arbeitnehmer

Das Geschäftsgeheimnisgesetz ist insgesamt auf Arbeitnehmer anwendbar, unabhängig davon, ob sie sich noch in einem bestehenden oder schon beendeten Arbeitsverhältnis befinden.[974] Arbeitnehmer werden aber im Normalfall während ihrer Arbeit eine Vielzahl an Geschäftsgeheimnissen von ihrem Arbeitgeber mitgeteilt bekommen. Ausgangspunkt hinsichtlich der Beurteilung einer Geheimnisverletzung durch einen Arbeitnehmer ist daher nicht § 4 GeschGehG, sondern immer zunächst § 3 Abs. 2 GeschGehG.[975]

490

1. Die arbeitgeberseitige Zustimmung in Erlangung, Nutzung und Offenlegung

In erster Linie ist zu hinterfragen, ob die Handlung des Arbeitnehmers im Rahmen der Ausführung seiner arbeitsvertraglichen Tätigkeit überhaupt als unbefugt angesehen werden kann. Arbeitnehmer haben – wie bereits mehrfach erwähnt – einen gewollten Zugriff auf einen großen Teil der Geschäftsgeheimnisse eines Unternehmens, damit sie mit diesen wirtschaften können. Aus diesem Grund ist zunächst zu prüfen, ob eine rechtsgeschäftliche Befugnis für die streitgegenständliche Handlung bestand. Dadurch kann von vornherein eine Geheimnisverletzung nach § 4 GeschGehG tatbestandlich mangels unbefugter Handlung ausgeschlossen werden. Dies wird durch § 3 Abs. 2 GeschGehG bestätigt, welcher die Handlung als rechtmäßig erachtet, wenn sie durch Rechtsgeschäft gestattet ist.

491

Damit ein Arbeitnehmer seiner geschuldeten Tätigkeit nachgehen kann, wird in der Regel eine Befugnis in Form einer einseitigen rechtsgeschäftlichen Einwilligung des Arbeitgebers bestehen, auf dessen Geschäftsgeheimnisse zugreifen zu dürfen.[976] Diese Einwilligung wird mindestens sämtliche Informationen und Verwendungsformen, welche der Arbeitnehmer für seine geschuldete Tätig-

492

---

974   Vgl. Kap. A.IV.5.b.
975   *Sprenger*, ZTR 2019, 414 (418).
976   Zu trennen ist eine Zustimmung von einem generellen Offenbarungswillen, denn dann ist der Anwendungsbereich des GeschGehG nicht eröffnet. Ein genereller Offenbarungswille widerspricht nämlich den Anforderungen des § 2 Nr. 1 lit. a und b GeschGehG. Eine Zustimmung kommt daher nur in Betracht, wenn sich diese an einen konkreten Personenkreis richtet und nicht an jedermann, vgl dazu *Wiese* (2017), S. 94; In der Literatur zu §§ 17–19 UWG aF wird terminologisch zwischen Einwilligung und Einverständnis unterschieden. Letzteres kommt dem Offenbarungswillen gleich und lässt den Geheimnisschutz entfallen, während die Einwilligung lediglich eine »partielle Kenntnisnahmegestattung« darstelle, die den Geheimnischarakter aufrechterhalte und einen Rechtfertigungsgrund sei, vgl. *Brammsen*, in Müko LauterkeitsR (2014) § 17 Rn. 56 mwN.

keit benötigt, umfassen, sollte zweckmäßigerweise aber nicht darüber hinausgehen. Die Zustimmung kann hierbei in schriftlicher und mündlicher Form erfolgen und kann sich sogar aus den Umständen ergeben, muss allerdings aufgrund ihres tatbestandsausschließenden Charakters vor dem Handlungszeitpunkt erklärt worden sein. Zwar besteht auch die Möglichkeit einer nachträglichen Genehmigung, jedoch steht sie dieser nicht gleich, denn es steht bereits eine Geheimnisverletzung im Raum.[977] Zusätzlich muss die Erklärung frei von Willensmängeln sein, sodass im Falle einer Täuschung die Zustimmung abzulehnen ist.[978]

493 Die Möglichkeit des konkludenten Einvernehmens ergibt sich derweil aus dem praktischen Bedürfnis, dass nicht jede Preisgabe oder Nutzung einer geheimen Information mit einer ausdrücklichen Zustimmung verbunden sein kann, da es dem Arbeitgeber zum Teil gar nicht möglich ist, die Geschäftsgeheimnisse einzeln und wiederholt gegenüber den Arbeitnehmern zu benennen.[979] In der Praxis wird auch nicht jeder Mitteilungshandlung eine Zustimmung vorausgehen. Daher werden Arbeitgeber selten eine ausdrückliche Zustimmung erteilen, sondern lediglich Zugang zum Betriebsgelände, den Dokumentenbeständen und dem internen Netzwerk gewähren. Im Verletzungsfall wird es daher zumeist schwierig zu bestimmen sein, ob das vermeintlich rechtswidrige Handeln nicht durch eine konkludente Zustimmung gedeckt war. Bestimmt werden muss dies anhand sämtlicher Umstände, insbesondere dem Vertragszweck und den Parteiinteressen.

494 Ohne spezielle Weisung des Arbeitgebers werden zumindest die Informationen, die eindeutig dem Tätigkeitsbereich eines Arbeitnehmers zuzuordnen sind, von diesem auch befugt erlangt und dürfen zur Ausübung dienstlicher Belange genutzt werden. Probleme ergeben sich jedoch regelmäßig daraus, dass sich die Tätigkeitsbereiche nur schwer voneinander abgrenzen lassen. Denn nicht selten haben bspw. Angestellte im Rahmen der Dokumentenverwaltung Zugriff auf technische Unterlagen oder umgekehrt technisches Personal kann den Bestellungen Kundendaten entnehmen. Aufgrund der zunehmenden Vernetzung der Arbeitsbereiche arbeiten zahlreiche Arbeitnehmer ohnehin bereichsübergreifend, indem sie bspw. Zugriff auf das gesamte Projektwissen haben. Aus diesem Grund ist die Abgrenzung über den Tätigkeitsbereich ein guter Anhaltspunkt, jedoch selten dazu geeignet eine abschließende Beurteilung zu treffen.

495 Umgekehrt darf eine konkludente Zustimmung nicht schon dann angenommen werden, wenn der Arbeitnehmer einen faktischen Zugriff auf das Wissen hat. Dies würde ersichtlich nicht dem Parteiwillen entsprechen und zu einer Ausuferung des Tatbestandsausschlusses führen. Vielmehr wird im Einzelfall eine Betrachtung des Tätigkeitsbereichs unter Berücksichtigung der jeweils benötigten Informationen und vor allem des Arbeitgeberinteresses vorzunehmen sein. Denn der Arbeitnehmer hat aufgrund seiner besonderen Einwirkungsmög-

---

977 Vgl. *Wiese* (2017), S. 94.
978 *Wiese* (2017), S. 95.
979 *Wiese* (2017), S. 95.

IV. Die Verletzung eines Geschäftsgeheimnisses durch Arbeitnehmer

lichkeiten auf die Rechtsgüter des Unternehmens besondere Schutz- und Rücksichtnahmepflichten zu beachten. Der Arbeitgeber hat zwar ein Interesse daran, dass Arbeitnehmer die Informationen nutzen, um mit ihnen zu wirtschaften. Dies dient zugleich der Erfüllung des wesentlichen Vertragszwecks. Erfasst ist aber lediglich die Nutzung zugunsten des Unternehmens und damit solche Handlungen, die im Rahmen der arbeitsvertraglichen Tätigkeit geschuldet sind. Etwas Anderes kann sich auch nicht aus dem objektiven Empfängerhorizont ergeben. Ein Arbeitnehmer muss aufgrund seiner Schutzpflichten davon ausgehen, dass der Arbeitgeber eine betriebsfremde Nutzung nicht duldet. Daher ist die Zustimmung auf eine Nutzung zum Zwecke der dienstlichen Tätigkeit des jeweiligen Arbeitnehmers verengt. Daraus folgt, dass die Erlangung und Nutzung von Geschäftsgeheimnissen nur von einer tatbestandsausschließenden Zustimmung gedeckt ist, wenn die Informationen tatsächlich für eine betriebliche Tätigkeit benötigt werden.

Derselbe Maßstab ist im Rahmen von Offenlegungshandlungen denkbar, wobei aber die schutzvernichtende Wirkung zu berücksichtigen ist. Denn aufgrund des mit der Offenlegung verbundenen schlagartigen Schutzverlustes, wird man an eine Zustimmung höhere Anforderungen stellen müssen. Entsprechend ist eine konkludente Einwilligung im Regelfall abzulehnen. Eine befugte Offenlegung setzt daher eine ausdrückliche Erlaubnis des Arbeitgebers voraus. 496

Die Befugnis zur Nutzung oder Offenlegung seitens des Arbeitnehmers beginnt mit ausdrücklicher Erklärung oder mit Eingliederung in das Unternehmen und endet mit Ausscheiden des Arbeitnehmers aus dem Arbeitsverhältnis oder ausdrücklicher Weisung. Denn nach Sinn und Zweck können sie höchstens bis zur tatsächlichen Beendigung des Arbeitsverhältnisses gelten. Hinsichtlich des Entfallens der tatbestandsausschließenden Befugnis kommt es nicht zwingend auf eine rechtliche Beendigung an, sondern diese tritt schon dann ein, wenn der Arbeitnehmer durch den Arbeitgeber freigestellt wird. Anzuraten ist jedoch, ein Abschlussgespräch zu führen, in welchem die Aufhebung der Befugnisse mitgeteilt und die fortbestehenden Geheimhaltungspflichten aufgezeigt werden. 497

Festzuhalten ist, dass Arbeitnehmer viele der ihnen bekannten Geheimnisse im Normalfall auf befugte Art und Weise erlangen und im Rahmen des Arbeitsverhältnisses nutzen. Dies liegt daran, dass der Zugriff und die Nutzung vom Arbeitgeber regelmäßig gewollt und insofern von einer rechtsgeschäftlichen Befugnis gedeckt sind. Auch der Gesetzgeber führt in der Gesetzesbegründung aus: »Eine solche Befugnis zum Zugang zu Geschäftsgeheimnissen wird in der Regel bei Beschäftigten gegeben sein. Diese können bei der Nutzung oder Offenlegung eines Geschäftsgeheimnisses jedoch gegen vertragliche Pflichten verstoßen.«[980] 498

---

980 RegE GeschGehG, BT-Drs. 19/4724, S. 27.

2. Die unbefugte Erlangung des Geschäftsgeheimnisses durch Arbeitnehmer

a) Das Überschreiten von Zugangs- und Zugriffsbeschränkungen

499 Fehlt im Hinblick auf die Erlangung eines Geschäftsgeheimnisses eine tatbestandsausschließende Erlaubnis des Arbeitnehmers, da das Wissen bspw. aus einem dem Arbeitnehmer völlig fremden Bereich stammt oder er entgegen ausdrücklicher Weisungen dennoch auf dieses zugegriffen hat, kommt eine unbefugte Erlangung nach § 4 Abs. 1 GeschGehG in Betracht. Es ist indes nicht undenkbar, dass sich Arbeitnehmer kurz vor dem Verlassen des Unternehmens aus anderen Tätigkeitsbereichen Informationen verschaffen.[981] Man wird über § 4 Abs. 1 Nr. 1 und 2 GeschGehG aber nicht nur die offensichtlichen Fälle der Betriebsspionage, des Diebstahls und der Täuschung erfassen können, sondern jede Handlung mit der die Arbeitnehmer Geheimhaltungsmaßnahmen überschreiten. Aus diesem Grund ist es dem Arbeitgeber anzuraten Geheimhaltungsmaßnahmen auch gegenüber den Arbeitnehmern zu etablieren, um einen beweisbaren Ansatzpunkt für eine unredliche Erlangung zu haben. Besonders anzuraten sind im Hinblick auf die Tatbestandsvariante des unbefugten Zugangs in § 4 Abs. 1 Nr. 1 GeschGehG dokumentierte Zugangs- und Zugriffsbeschränkungen. Dadurch sichert sich der Arbeitgeber auf einfachem Weg entsprechende Sanktionsmöglichkeiten des Geschäftsgeheimnisgesetzes gegen untreue Arbeitnehmer.

500 Ehemalige Arbeitnehmer verlieren mit dem tatsächlichen Ausscheiden aus dem Betrieb sämtliche Befugnisse und gehören nicht mehr zum inneren Kreis des Unternehmens. Daher sind sie ab diesem Zeitpunkt in Bezug auf eine nachvertragliche Erlangung von Geschäftsgeheimnissen mit einem Außenstehenden gleichzusetzen. Jeder Eingriff nach § 4 Abs. 1 Nr. 1 und 2 GeschGehG ist als unbefugt zu werten und zieht folglich auch ein Nutzungs- und Offenlegungsverbot nach sich. Aus diesem Grunde sollten sie Adressat der externen Geheimhaltungsmaßnahmen sein, indem ihnen jegliche Zugangs- und Erlangungsbefugnis entzogen wird.

b) Anknüpfungspunkt der unbefugten Erlangung

501 Aufgelöst werden mit der neuen Konzeption auch die Widersprüche, welche die Rechtsprechung des Bundesgerichtshofes aufwies. Während nämlich einerseits im Hinblick auf § 17 Abs. 1 UWG aF grundsätzlich keine nachvertragliche Geheimhaltungspflicht des Arbeitnehmers angenommen wurde,[982] wurde doch wieder eine Strafbarkeit angenommen, wenn vor Vertragsende erlaubterweise angefertigte Unterlagen nach Vertragsende unbefugt i.S.v. § 17 Abs. 2 Nr. 2 UWG

---

981 *Barth/Corzelius*, WRP 2020, 29 (30).
982 BGH, GRUR 1963, 367 – Industrieböden; BGH, GRUR 2002, 91 – Spritzgießwerkzeuge.

verwertet wurden. Dogmatisch vertragen sich diese beiden Lösungen indes kaum.[983] Gemeint sind damit Sachverhalte, in denen Arbeitnehmer bewusst Geschäftsgeheimnisse auswendig lernt oder angefertigte Unterlagen zurückbehält, die er zuvor befugtermaßen angefertigt hatte, um später auf diese zurückgreifen zu können. Problematisch war bisher, dass die Erlangung zunächst rechtmäßig war und der Rückgriff im nachvertraglichen Bereich daher nicht ohne Weiteres unter die bestehenden Tatbestände des UWG fiel. Daher behalf sich die Rechtsprechung und erweiterte den Schutz sowohl für Fälle des Sicheinprägens[984] und des Rückgriffs auf Aufzeichnung[985] über § 17 Abs. 2 Nr. 2 Var. 3 UWG aF. Für die Bejahung des Tatbestands musste nämlich kein besonderer Vertrauensbruch in Form einer Spionagehandlung gegeben sein, sondern es genügte, wenn die Handlung nicht in einem Zusammenhang mit den Schutzpflichten stand, welche sich aus dem Arbeitsverhältnis ergaben.[986]

Während diese Erweiterungen im Hinblick auf das strafrechtliche Bestimmtheitsgebot bedenklich erschienen, werden sie von § 4 Abs. 1 Nr. 2 GeschGehG nunmehr unproblematisch erfasst. Ohnehin weist die Generalklausel eine gewisse Ähnlichkeit mit § 17 Abs. 2 Nr. 2 Var. 3 UWG aF auf, da auch dort die sonstige unbefugte Erlangung von Geheimnissen erfasst wurde. Von der arbeitgeberseitigen Befugnis werden diese Handlungen – obwohl dem Arbeitnehmer das zugrundeliegende Geschäftsgeheimnis anvertraut wurde – indes grundsätzlich nicht gedeckt sein, denn es handelt sich um eine Tätigkeit, die nicht der arbeitsvertraglich geschuldeten entspricht. Vorausgesetzt ist daher lediglich, dass eine Handlung besteht, die in ihrer Gefährlichkeit dem objektbezogenen Tatbestand des § 4 Abs. 1 Nr. 1 GeschGehG gleich kommt. Dies wird hier zu bejahen sein. Wenn ein Arbeitnehmer nämlich auf Unterlagen als Gedächtnisstütze zurückgreift oder sich das Wissen systematisch einprägt, dann steht dies der Sicherung einer Verkörperung des Geheimnisses in nichts nach. Ob der Täter sich nun Dokumente nimmt, die ein Geheimnis verkörpern, kann nicht anders zu beurteilen sein, als ein Fall, in welchem der Arbeitnehmer Notizen anfertigt oder die Informationen derart memoriert, dass er sie ebenso wiedergeben kann, als hätte er die Originaldokumente vor sich liegen. Die Fälle des systematischen Einprägens und des Rückgriffs auf Unterlagen werden daher von § 4 Abs. 1 Nr. 2 GeschGehG erfasst, sodass grundsätzlich von einer unredlichen Erlangung ausgegangen werden kann, die zu einem Nutzungs- und Offenlegungsverbot dieses Wissens nach § 4 Abs. 2 Nr. 1 GeschGehG führt. Im Grunde besteht in dieser Hinsicht somit keine Änderung zum bestehenden

502

---

983   *Ohly*, GRUR 2014, 1 (5); *Nastelski*, GRUR 1957, 1 (5).
984   BGH, Urt. v. 19.11.1982 – I ZR 99/80, GRUR 1983, 179 (181) – Stapelautomat; BGH, Urt. v. 24.11.1959 – 1 StR 439/59, GRUR 1960, 294 (295) – Kaltfließpressverfahren; BGH, GRUR 1963, 367 (369) – Industrieböden.
985   BGH GRUR 2006, 1044 (1046) – Kundendatenprogramm; BGH, Urt. v. 26.2.2009 – I ZR 28/06, GRUR 2009, 603 (606) – Versicherungsuntervertreter.
986   *Harte-Bavendamm*, in: Harte/Henning § 17 Rn. 32.

Recht, da auch dieses eine zivilrechtliche Haftung über § 823 Abs. 2 BGB ermöglichte. Jedoch wird dieses Verhalten in Zukunft nicht mehr wie bisher strafrechtlich zu verfolgen sein, da § 17 Abs. 2 Nr. 2 Var. 3 UWG aF sich nicht in § 23 GeschGehG wiederfindet.

503 Insofern muss im nachvertraglichen Bereich genau geprüft werden, ob nicht bereits eine unbefugte Erlangung während des bestehenden Arbeitsverhältnisses Anknüpfungspunkt einer Haftung sein könnte. Häufig werden Arbeitnehmer nämlich kurz vor Verlassen des Arbeitsplatzes versuchen die streitgegenständlichen Informationen mit derartigen Mittel für den nachvertraglichen Bereich nutzbar zu machen.

c) Das Reverse Engineering durch Arbeitnehmer

504 Als eine Form der Überschreitung arbeitsvertraglicher Befugnisse wird auch das planmäßige Untersuchen von überlassenen Objekten einzuordnen sein. Zwar ließe sich die Untersuchung durch die Arbeitnehmer von zur Ausführung der Tätigkeit überlassenen Objekten auch unter den Wortlaut des § 3 Abs. 1 Nr. 2 lit. b GeschGehG subsumieren. Jedoch stünde dessen Anwendung im Konflikt mit dem Schutzweck der Norm und widerspräche den Schutzpflichten des Arbeitnehmers. Denn einerseits zielt die Vorschrift auf den Schutz vor untreuen Vertragspartnern ab. Zweck ist es zugunsten von Innovation und Fortschritt das Reverse Engineering zu erlauben, sofern das Geschäftsgeheimnis den geschützten Unternehmensbereich verlassen hat. Dieser Regelungszweck würde übergangen, wenn die Untersuchung bereits im unternehmensinternen Bereich als erlaubt anzusehen wäre und dies dort nur im Falle einer vertraglichen Beschränkung entfällt. Ein Ausschluss des Reverse Engineering gegenüber Arbeitnehmern ist daher nicht erforderlich. Andererseits könnte hinterfragt werden, ob die vertragsimmanente Geheimhaltungspflicht eine Beschränkung zur Erlangung des Geschäftsgeheimnisses darstellen kann.[987] Denn grundsätzlich wäre nach den vorhergehenden Ausführungen davon auszugehen, dass die Übergabe des Objekts zugleich auch eine konkludente Erlaubnis in die Erlangung des Wissens enthalten könnte. Dies wird man jedoch lediglich dann annehmen können, wenn der Arbeitnehmer das Objekt zu diesem Zweck erhalten hat. Andernfalls wird man von dieser Befugnis lediglich offensichtliche Informationen als erfasst ansehen, die nicht durch eine Untersuchung im engeren Sinne erlangt werden. Sobald der Arbeitnehmer daher ohne Veranlassung durch den Arbeitgeber oder seine geschuldete Tätigkeit beginnt, das Objekt zu untersuchen, liegt darin eine Überschreitung seiner arbeitsvertraglichen Befugnisse. Damit einher geht die Frage, ob Arbeitnehmer auch öffentlich zugängliche Produkte des Arbeitgebers i.S.d. § 3 Abs. 1 Nr. 2 lit. a GeschGehG analysieren dürfen. Dies wird man im Zweifel bejahen müssen, da Arbeitnehmer in diesem Fall nicht schlechter gestellt werden dürfen als Außenstehende. Jedoch unterliegen sie im Hinblick auf eine

---

[987] Offen gelassen von *Eckhoff/Hoene*, ArbRB 2019, 256 (257).

spätere Verwendung weiterhin den vertragsimmanenten Geheimhaltungspflichten und Wettbewerbsverboten gegenüber ihrem Arbeitgeber.

d) Die Ausnutzung anderer Arbeitnehmer

Erfasst werden nunmehr auch Sachverhalte, in denen Arbeitnehmer ebenso untreue oder auch arglose Kollegen für ihre unredlichen Absichten ausnutzen. So könnte ein Arbeitnehmer einen anderen überreden, für ihn bestimmte Informationen zu beschaffen oder diese für ihn vom Unternehmensgelände zu verbringen. Ebenso besteht die Möglichkeit, dass er seinen Kollegen durch geschicktes Ausfragen dazu veranlasst, ihm Informationen preis zu geben. Daneben können Fallkonstellationen berührt sein, in denen ein anderer Arbeitnehmer entgegen seiner Geheimhaltungspflichten Informationen an den ansonsten redlichen mittelbaren Täter weitergibt.

Der mögliche Einwand des Arbeitnehmers, dass er selbst nicht aktiv geworden ist und weder Geschäftsgeheimnisse beschafft noch gesichert hat, wird von § 4 Abs. 3 GeschGehG aufgefangen. § 4 Abs. 3 GeschGehG sieht ein Verbot vor, wenn ein Geschäftsgeheimnis über eine andere Person erlangt wurde und der mittelbare Täter zum Zeitpunkt seiner Handlung positive Kenntnis oder vorwerfbare Unkenntnis davon hatte, dass der Übermittler gegen § 4 Abs. 2 GeschGehG verstoßen hat. Eine solche mittelbare Geheimnisverletzung durch einen Arbeitnehmer ist damit ebenfalls von den Handlungsverboten erfasst.[988]

e) Zwischenergebnis

Die Tatbestände des § 4 Abs. 1 GeschGehG erlauben es nunmehr sämtliche Erlangungshandlungen von Arbeitnehmern zu erfassen. Immer dann, wenn der Arbeitnehmer objektiv unbefugt auf das Wissen zugreift, ist die Norm einschlägig.

Zunächst ist jedoch zu hinterfragen, ob eine rechtsgeschäftliche Zustimmung des Arbeitgebers bestand. Im Regelfall wird diese nämlich zu bejahen sein, da Arbeitnehmer viele Informationen für ihre Tätigkeit benötigen. Zum Teil wird sich etwas Gegenteiliges auch nur schwer beweisen lassen, da die Möglichkeit einer konkludenten Zustimmung grundsätzlich besteht und in vielen Unternehmen üblich ist. Hierbei ist aber zu berücksichtigen, dass der Arbeitnehmer möglicherweise seine Befugnisse überschreitet und das Wissen bspw. durch Auswendiglernen wiederum unbefugterweise erlangt. Es muss daher im Verletzungsfall nachvollzogen werden, welche Geheimnisse für die Tätigkeit des Arbeitnehmers erforderlich waren und ob er sie ggf. über das erforderliche Maß gesichert hat.

Damit lässt sich festhalten, dass Arbeitnehmern zwar im gleichen Maße der Vorwurf einer unbefugten Erlangung zu machen sein kann, jedoch wird dies nicht selten an einer Beweisbarkeit scheitern. Besonders fehlende Dokumentation

---

[988] Barth/Corzelius, WRP 2020, 29 (30).

führt dazu, dass sich ein entsprechender Vorwurf im Nachhinein nur schwer bestätigen lässt. Aus diesem Grund sind die internen Geheimhaltungsmaßnahmen wie Zugangs- und Zutrittsbeschränkungen für bestimmte Arbeitnehmer und deren Dokumentation besonders wichtig.

3. Die unbefugte Verwendung von Geschäftsgeheimnissen durch Arbeitnehmer

a) Vorbemerkungen

510 Die Wichtigkeit eine unbefugte Erlangung nachweisen zu können, ergibt sich daraus, dass unmittelbar davon abhängt, unter welcher Voraussetzungen eine Nutzung oder Offenlegung des Geschäftsgeheimnisses im Anschluss untersagt werden kann. Denn mit der unbefugten Erlangung gehen ausdrückliche Nutzungs- und Offenlegungsverbote nach § 4 Abs. 2 Nr. 1 GeschGehG einher. Ein solches gibt dem Arbeitgeber weitreichende Rechte gegenüber dem Arbeitnehmer sowohl im bestehenden Arbeitsverhältnis als auch darüber hinaus. Er kann sodann jegliche Nutzung und Offenlegung untersagen. Mit der Feststellung, dass große Teile der Geschäftsgeheimnisse durch Arbeitnehmer befugt erlangt werden, verliert ein Nutzungs- und Offenlegungsverbot nach § 4 Abs. 2 Nr. 1 GeschGehG allerdings massiv an Bedeutung. Lediglich in den Fällen des Auswendiglernens und des Rückgriffs auf Notizen wird man hieran anknüpfen können, denn es handelt sich hier – wie aufgezeigt – *de facto* um eine Überschreitung der Befugnisse und damit um eine unbefugte Erlangung.

511 Demgegenüber sind bezüglich redlich erlangter Informationen nach § 4 Abs. 2 Nr. 2 und 3 GeschGehG zusätzliche Voraussetzungen von Nöten, um den Tatbestand zu erfüllen. Insofern ist die Art der Erlangung ein maßgebliches Kriterium für ein Nutzungs- oder Offenlegungsverbot. Schwierigkeiten ergeben sich hierbei daraus, dass der Erlangungszeitpunkt und die Nutzung bzw. Offenlegung zeitlich stark auseinanderfallen können. Denn es geht meist nicht um Informationen, welche der Arbeitnehmer nach Beendigung erlangt, sondern solche, von denen er während des Arbeitsverhältnisses Kenntnis erhält und die er im Anschluss nutzen möchte. Zum Teil können Jahre zwischen der Kenntnisnahme und dem Ausscheiden aus dem Beschäftigungsverhältnis liegen, sodass sich die Erlangungshandlung nicht mehr nachvollziehen lässt. Aus diesem Grund dreht sich die Diskussion vor allem um die Nutzung und Offenlegung rechtmäßig erlangter Geschäftsgeheimnisse.

512 Die Nutzungs- und Offenlegungsverbote aus § 4 Abs. 2 Nr. 2 und 3 GeschGehG erfordern, dass die Arbeitnehmer gegen eine Geheimhaltungspflicht oder Nutzungsbeschränkung verstoßen. Dies betrifft damit den praktisch häufigsten Fall, dass Arbeitnehmer die redlich erlangten Geschäftsgeheimnisse außerhalb des Arbeitsverhältnisses nutzen oder offenlegen. Geprüft werden muss insofern, ob der Arbeitnehmer im Zeitpunkt der Nutzung oder Offenlegung einer entgegen-

stehenden Geheimhaltungspflicht oder Nutzungsbeschränkung unterlag. Angesetzt werden kann hier sowohl an den arbeitsvertraglichen oder gesetzlichen Pflichten oder ausdrücklichen rechtsgeschäftlichen Vereinbarungen. Weitere Bedingung ist, dass die Verpflichtung rechtmäßig sein muss und berechtigte Interessen dieser nicht entgegenstehen.[989]

Durch die Anknüpfung an Vertragsverhältnisse und Nutzungsbeschränkungen bezieht das Geschäftsgeheimnisgesetz aber auch Umstände mit ein, die außerhalb seiner Vorschriften liegen. Anhand der aufgezeigten Interessenlage lässt sich bereits erahnen, dass die Pflichten vor allem im nachvertraglichen Bereich Einschränkungen erfahren haben, da das Beschäftigungsverhältnis rechtlich gesehen beendet wurde. Folglich sind die Pflichten ausgeschiedener Arbeitnehmer bei Fehlen einer wirksamen nachvertraglichen Geheimhaltungsvereinbarung erheblich eingeschränkt. Dies ist auch notwendig, da ein umfangreicher Schutz wie er während des bestehenden Arbeitsverhältnisses gewährleistet ist, die Arbeitnehmer in ihrem beruflichen Fortkommen behindern und die allgemeine Wettbewerbsfreiheit missachten würde.[990] Mangels entsprechender Anspruchsgrundlagen für nachvertragliche Taten musste nach bisherigem Recht auf die strengen zivilrechtlichen Generalklauseln wie § 826 BGB oder § 3 UWG zurückgegriffen werden.[991] Demgegenüber sieht das Geschäftsgeheimnisgesetz selbst keine Beschränkung des zeitlichen Anwendungsbereiches vor, sodass auch nachvertragliche Verwendungsverbote von § 4 Abs. 2 Nr. 2 und 3 GeschGehG erfasst werden.[992] Entsprechend gilt es auch hier zwischen dem bestehenden und beendeten Vertragsverhältnis zu unterscheiden. 513

b) Die Verpflichtungen während des bestehenden Arbeitsverhältnisses

Aufgrund der in dieser Phase stark ausgeprägten Arbeitgeberinteressen und vertraglichen Verpflichtungen, fallen die Geheimhaltungspflichten von Arbeitnehmern während des bestehenden Arbeitsverhältnisses insgesamt umfangreich aus. Während der Wortlaut der Gesetzesbegründung explizit Bezug auf vertragliche Pflichten der Arbeitnehmer nimmt, sind mit den genannten sonstigen Pflichten solche angesprochen, die sich aus Gesetz ergeben. 514

Vor allem die im arbeitsrechtlichen Bereich bestehenden und bereits aufgezeigten gesetzlichen Geheimhaltungspflichten und Nutzungsbeschränkungen besonderer Beschäftigtengruppen, die durch die Geheimnisschutzreform nicht angetastet wurden, sind hier einschlägig.[993] Bei diesen Vorschriften handelt es sich um Pflichten, die auf einem Sonderverhältnis beruhen, welches dem Arbeitnehmer weitgehende Einwirkungsmöglichkeiten auf die Interessen und Güter 515

---

989 RegE GeschGehG, BT-Drs. 19/4724, S. 27.
990 *Bartenbach*, in: FS für Küttner, S. 121.
991 *Wunner*, WRP 2019, 710 (713).
992 *Reinfeld* (2019), § 2 Rn. 18; *Werner*, WRP 2019, 1428 (1430).
993 Vgl dazu S. 54 ff.

der Arbeitgeber gewährt. Dies betrifft vor allem Vorstands- oder Betriebsratsmitglieder, Arbeitnehmererfinder oder Auszubildende. Diese Pflichten haben weiterhin unter Berücksichtigung des Geschäftsgeheimnisbegriffes i.S.d. § 2 Nr. 1 GeschGehG Bestand.[994]

516 Zudem bestehen die umfangreichen Geheimhaltungspflichten und Nutzungsbeschränkungen, die sich unmittelbar aus dem Arbeitsvertrag selbst ergeben. In der Praxis stellen die vertragsimmanente Geheimhaltungspflicht und das Wettbewerbsverbot den Hauptanwendungsfall einer zivilrechtlichen Geheimhaltungspflicht dar, da sie sämtliche Arbeitnehmer eines Unternehmens trifft.[995] Durch die Rücksichtnahmepflicht ist nicht nur die Offenlegung, sondern jede unbefugte Nutzung der geheimen Informationen verboten.[996] Gleichzeitig erfasst diese allgemeine Verpflichtung aber auch deutlich mehr Informationen als der spezielle gesetzliche Geheimnisschutz, da nicht nur Geschäftsgeheimnisse, sondern auch solche Informationen geheim zu halten sind, die vom Arbeitgeber ausdrücklich als geheim eingestuft werden. Damit ist der vertragliche Schutz sehr weitgehend und schützt den Arbeitgeber vor Geheimnisverletzungen der eigenen Arbeitnehmer in einem Umfang, der gegenständlich den des Geschäftsgeheimnisgesetzes erfassten Bereich erheblich überschreitet.[997] In erster Linie kommen daher vertragliche Ansprüche und Sanktionsmaßnahmen gegen den Arbeitnehmer in Betracht.

517 Zudem kann die Geheimhaltungspflicht individualvertraglich konkretisiert oder erweitert werden. Zwar sind aufgrund des Umfangs der allgemeinen Verpflichtung daneben bestehende vertragliche Abreden häufig nur deklaratorischer Art und können keinen weitergehenden Inhalt aufweisen, sind aber aus Klarstellungsgründen und als Teil einer angemessenen Geheimnisschutzstrategie anzuraten.[998] Denn solche ausdrücklichen Vereinbarungen ermöglichen es, den Katalog schützenswerter Informationen festzulegen, zu präzisieren und aufzuzeigen, welchem Personenkreis das Wissen gegenüber offengelegt werden kann. Gehen sie über das Maß der allgemeinen arbeitsvertraglichen Geheimhaltungspflicht hinaus, führen sie allerdings nicht selten zu einer übermäßigen vertraglichen Bindung des Arbeitnehmers.[999]

---

994 Vgl dazu S. 71 ff.
995 *Kiethe/Groeschke*, WRP 2005, 1358 (1359f.); *Van Caenegem*, § 8.02 (A); *Sander*, GRUR Int. 2013, 217 (224); *Schulte*, ArbRB 2019, 143 (143 f.); *Kalbfus*, Rn. 273.
996 *Richters/Wodtke*, NZA-RR 2003, 281 (283); *Rolfs*, in: Preis V 20 Verschwiegenheitspflicht Rn. 5; *Schmeding* (2006), S. 305 *Bartenbach*, Rn. 2579.
997 *Harte-Bavendamm*, in: Gloy/Loschelder/Erdmann, § 77 Rn. 29; *Bartenbach*, in: FS für Küttner, S. 118. *Rolfs*, in: Preis, der Arbeitsvertrag (2015), V 20 Verschwiegenheitspflicht Rn. 5.
998 Zur Frage, ob allgemeine arbeitsvertragliche Geheimhaltungspflichten als Geheimhaltungsmaßnahme ausreichen, siehe Rn. 226.
999 *Kreitner*, in: Küttner, Betriebsgeheimnis, Rn. 5.

c) Die Verpflichtungen nach Beendigung des Arbeitsverhältnisses

Während die Geheimhaltungspflichten im Beschäftigungsverhältnis weitgehend ausgestaltet sind und allenfalls in ihren Grenzen Probleme aufwerfen, ist der Schutz nach Beendigung kaum geregelt. Als problematisch erweist sich in diesem Zusammenhang die Behandlung des während des Beschäftigungsverhältnisses rechtmäßig erlangten Wissens. Dies kann man dem Arbeitnehmer nicht abnehmen, denn er wird es naturgemäß im Gedächtnis behalten. Auch ein Nutzungs- und Offenlegungsverbot ist – im Gegensatz zum unbefugt erlangten Wissen – nur dann möglich, wenn eine entgegenstehende Verpflichtung besteht. Konkret stellt sich die Frage, welche Konsequenzen die Beendigung des Arbeitsverhältnisses für die Geheimhaltungspflichten nach sich zieht. Möglich sind sowohl gesetzliche Regelungen, Vereinbarungen zur Fortwirkung der Geheimhaltungspflicht oder die Annahme einer Nachwirkung der vertragsimmanenten Pflicht.[1000]

Voreilig wäre hier die pauschale Annahme, dass sämtlichen arbeitsrechtlichen Treuepflichten bereits ab diesem Moment die Rechtsgrundlage entzogen werden. Die bereits angesprochenen gesetzlichen Geheimhaltungspflichten bestimmter Arbeitnehmergruppen wirken nämlich vielfach über die Beendigung des Beschäftigungsverhältnisses hinaus. Eine Regelung für sämtliche Beschäftigte besteht – ebenso wie im vertraglichen Bereich – allerdings nicht.

Daher gab es bereits während des Gesetzgebungsverfahrens des UWG 1896 umfangreiche Diskussionen hinsichtlich der Ausweitung des Geheimnisschutzes auf den nachvertraglichen Bereich. Der Gesetzesentwurf sah vor, die strafrechtlichen Regelungen des Geheimnisverrats auf zwei Jahre über die Beendigung des Dienstverhältnisses wirken zu lassen. Aufgrund der massiven Kritik wurde diese Vorschrift jedoch gestrichen.[1001] Auch die schon erwähnten Entwürfe für ein Arbeitsvertragsgesetz sahen im arbeitsrechtlichen Kontext zwar eine ausdrückliche Regelung für den nachvertraglichen Bereich vor und schrieben in gewissen Grenzen eine Fortdauer der Verschwiegenheitspflicht fest.[1002] Dadurch hätten die Regelungen eine parallele Fortschreibung der vertragsimmanenten Schutzpflichten zu den Vorschriften zugunsten besonderer Beschäftigtengruppen vermittelt. Mangels Inkrafttretens stellen diese jedoch keine unmittelbaren gesetzlichen Anknüpfungspunkte für eine nachvertragliche Geheimhaltungspflicht dar. Auch in der Geschäftsgeheimnis-Richtlinie und dem GeschGehG findet sich keine derartige Regelung. Daher müssen Nachwirkungen von Vertragspflichten *de lege lata* nach wie vor auf Grundlage allgemeiner

---

1000 *Sutschet*, in: BeckOK BGB, § 241 Rn. 100.
1001 *Nastelski*, GRUR 1957, 1 (3).
1002 Vgl. § 80 Abs. 3 ArbVG-E 1977; § 90 Abs. 3 ArbVG-E 1992; § 90 Abs. 2 ArbVG-E Sachsen 1995; § 90 Abs. 2 ArbVG-E Brandenburg 1996; § 77 ArbVG-E 2007.

E. Der Schutzumfang: Die Verletzungstatbestände

Grundsätze und Regelungen des Schuldrechts bestimmt werden.[1003] Der Bestand der anerkannten, dem Arbeitsvertrag immanenten Geheimhaltungspflicht nach Beendigung der Beschäftigung stellt allerdings ein bis heute nicht gelöstes Problem des Geheimnisschutzes dar.

521 Einen weitergehenden und rechtssichereren Schutz können Geheimhaltungsvereinbarungen und Wettbewerbsverbote bieten, indem sie den Arbeitnehmer vertraglich an der Weitergabe und Nutzung der Informationen sowohl während als auch nach Beendigung des Arbeitsverhältnisses hindern können. Zum Schutz der Arbeitnehmerinteressen, die ausweislich der Gesetzesbegründung nicht beeinträchtigt werden sollen, unterliegen sie jedoch gewissen Grenzen und zum Teil strengen Anforderungen.[1004] Insbesondere die Bestimmung der Grenze zwischen nachvertraglichen Geheimhaltungspflichten und Wettbewerbsverboten bereitet in der Praxis erheblich Schwierigkeiten, da sie unmittelbar mit der erwähnten Abgrenzung von Geschäftsgeheimnissen und Erfahrungswissen zusammenhängt.

522 Abseits der gesetzlichen Regelungen für einige wenige Beschäftigtengruppen ist die Annahme einer nachvertraglichen Verpflichtung damit weitgehend ungeklärt und selbst durch Vereinbarungen nicht ohne Weiteres zu lösen.

4. Zwischenergebnis

523 Im Zentrum des zivilrechtlichen Geheimnisschutzes während eines bestehenden Arbeitsverhältnisses stehen nicht die spezialgesetzlichen Regelungen des Geheimnisschutzes, sondern arbeitsrechtliche Grundsätze und dem Arbeitsvertrag immanente Pflichten. Durch die allgemeine arbeitsvertragliche Geheimhaltungspflicht wird bereits unabhängig von ausdrücklichen Vereinbarungen oder gesetzlichen Regelungen ein hohes Schutzniveau von Geschäftsgeheimnissen gegenüber Eingriffen der eigenen Arbeitnehmer erreicht. Untersagt ist demnach jede Erlangung, Nutzung oder Offenlegung, die den Interessen des Arbeitgebers widerspricht. Angesichts dieses vertraglichen Schutzumfanges kommt der außervertraglichen Haftung nur eine nachgeordnete Bedeutung zu.

524 Die Unterscheidung zwischen bestehendem und beendetem Beschäftigungsverhältnis ist in den Straftatbeständen bestehen geblieben, während der zivilrechtliche Geheimnisschutz diesbezüglich neutral gehalten ist. Trotzdem ist im Rahmen der Nutzung und Offenlegung eines Geschäftsgeheimnisses zu hinterfragen, ob dem (ehemaligen) Arbeitnehmer die Handlung in dem jeweiligen Zeitpunkt erlaubt war. Damit ist der Zeitpunkt der Handlung für die zivilrechtlichen Tatbestände des GeschGehG zunächst irrelevant, gewinnt jedoch über die Anknüpfung an außenstehende Umstände wieder an Bedeutung. Festgestellt

---

1003 *Kalbfus*, Rn. 286 f.
1004 Vgl. für nachvertragliche Wettbewerbsverbote die strengen Regelungen der §§ 74 ff. HGB; *Stumpf* S. 33.

werden muss nämlich, ob eine Geheimhaltungspflicht oder Nutzungsbeschränkung bestand.

Damit gewinnt die Frage nach dem Grenzen der vertragsimmanenten Pflichten, deren Nachwirkung und der Wirksamkeit arbeitsrechtlicher Geheimhaltungsklauseln und ihrer Abgrenzung zu Wettbewerbsverboten an Bedeutung. Nur wenn eine solche besteht, ist der Arbeitgeber in der Lage die Ansprüche aus dem Geschäftsgeheimnisgesetz geltend zu machen. Dies betrifft sowohl Sachverhalte während als auch nach Beendigung des Arbeitsverhältnisses. Da die Pflichten im bestehenden Arbeitsverhältnis – wie aufgezeigt – dem Grunde nach unproblematisch zu bestimmen sind, gilt dies nicht für den nachvertraglichen Bereich. Jedoch ist dies wesentlich für die Beantwortung der Frage, ob Arbeitnehmer die Geheimnisse für ihren neuen Arbeitgeber oder ihre Selbstständigkeit nutzen können. Sie stellen nämlich die einzige Möglichkeit dar, um über § 4 Abs. 2 GeschGehG die Nutzung oder Offenlegung befugt erlangter Geheimnisse im nachvertraglichen Bereich zu unterbinden. Eine weite Generalklausel wie sie für die Erlangung in § 4 Abs. 1 Nr. 2 GeschGehG besteht, kennt die Nutzung und Offenlegung nicht. Nachfolgend soll untersucht werden, inwiefern im nachvertraglichen Bereich eine Verpflichtung des Arbeitnehmers unabhängig von Vereinbarungen besteht. 525

V. Nachwirkende Geheimhaltungspflichten der Arbeitnehmer

1. Ausgangslage im nachvertraglichen Bereich

Unter dem Schlagwort nachvertraglicher Geheimnisschutz wird in der Regel die Gestaltungsmöglichkeit von nachvertraglichen Geheimhaltungsvereinbarungen und Wettbewerbsverboten diskutiert. Derartige rechtsgeschäftliche Abreden sind zwar grundsätzlich möglich, der vorliegende Abschnitt konzentriert sich jedoch auf den *ex lege* bestehenden Rechtszustand ohne eine rechtsgeschäftliche Vereinbarung zwischen den Parteien. Denn trotz der Bedeutung von Geheimhaltungsvereinbarungen für den Schutz von Geschäftsgeheimnissen, bedeutet ihr Fehlen nicht, dass keine Geheimhaltungspflichten existieren.[1005] Diese Feststellung wird letztlich auch Auswirkungen auf den Fortbestand des Geheimnisschutzes an sich haben, denn davon abhängig ist die Beurteilung, ob etablierte Geheimhaltungsmaßnahmen als angemessen angesehen werden können.[1006] 526

Wesentlicher Streitpunkt ist die Frage, ob und in welchem Umfang Arbeitnehmer nach Beendigung des Beschäftigungsverhältnisses rechtlich der Ge- 527

1005 *Bartenbach* (2013), Rn. 2835.
1006 Vgl. Kap. B.IV.4.c.

heimhaltung unterliegen.[1007] Die Weitergabe oder Nutzung durch den Arbeitnehmer kann nach § 4 Abs. 2 Nr. 2 und 3 GeschGehG – wie bereits erläutert – nur untersagt werden, wenn der Handlung eine entsprechende Verpflichtung entgegensteht. Dass Basis hierfür nicht mehr die allgemeine vertragsimmanente Geheimhaltungspflicht sein kann, erscheint aufgrund des beendeten Arbeitsverhältnisses einleuchtend. Infolge der Vertragsauflösung verschiebt sich neben der Interessenlage nämlich auch die Rechtslage. Mit Beendigung des Arbeitsverhältnisses endet sowohl die faktische als auch die rechtliche Einflussmöglichkeit des Arbeitgebers auf den Arbeitnehmer. Dadurch werden sich auch im Ergebnis die Pflichten der Arbeitnehmer abschwächen.

528 Bereits die Einschränkung des § 23 Abs. 1 Nr. 3 GeschGehG auf bestehende Arbeitsverhältnisse deutet aber an, dass der Pflichtenkatalog des Arbeitnehmers im nachvertraglichen Bereich gelockert ist, um die berufliche Weiterentwicklung des Arbeitnehmers nicht zu sehr zu beschneiden und um der Beendigung der beiderseitigen arbeitsvertraglichen Pflichten Rechnung zu tragen.[1008] Teilt oder nutzt der Beschäftigte erst nach Beendigung des Arbeitsverhältnisses redlich erlangte Geschäftsgeheimnisse, macht er sich nicht mehr nach § 23 Abs. 1 Nr. 3 GeschGehG strafbar, sofern nicht eine sonstige spezialgesetzliche Strafregelung eingreift.[1009] Diese Wertung erscheint konsequent, da nur bestimmte Vorgehensweisen aufgrund ihres besonderen Unrechtsgehaltes vom strafrechtlichen Schutz sanktioniert werden sollten. Daher erfasst der strafrechtliche Geheimnisschutz im nachvertraglichen Bereich nur die Nutzung und Verwertung von unredlich erlangten Geheimnissen. Die gleichen Handlungen in Bezug auf redlich erlangte Geheimnisse sind demgegenüber nicht durch strafrechtliche Sanktionen bedroht.

529 Die Frage wie weit der Geheimnisschutz im nachvertraglichen Bereich aber zivilrechtlich reichen kann ohne das berufliche Fortkommen der Arbeitnehmer unangemessen zu beschränken, ist seit langem Gegenstand umfangreicher Diskussionen. Bereits 1931 wurde es auf dem Deutschen Juristentag als das »Kardinalproblem« des Geheimnisschutzes bezeichnet.[1010] Relevant wurde der Konflikt bisher nicht nur in Bezug auf die zeitliche Begrenzung der Strafbarkeit des Geheimnisverrats, sondern vor allem auf zivilrechtlicher Ebene. Insbesondere die Frage nach der Fortdauer der vertragsimmanenten Pflicht über das Ende des Arbeitsverhältnisses hinaus ist eine vehement diskutierte Streitfrage, die sich bisher einer zufriedenstellenden Lösung entzogen hat.

1007 *Ohly*, in: Ohly/Sosnitza, § 17 Rn. 38; *Kalbfus*, Rn. 507.
1008 *Harte-Bavendamm*, in: Harte/Henning, Vor § 17 Rn. 4; *Kalbfus*, Rn. 505 mit Verweis auf Rn. 194, 198 ff.; *Stumpf*, S. 32; *Vormbrock*, in: Götting/Meyer/Vormbrock, § 30 Rn. 20.
1009 Z.B. § 85 GmbHG, § 404 AktG, § 24 ArbnErfG, § 79 BetrVG.
1010 *Schmidt*, in: 36. DJT, S. 101 (140).

Die Schwierigkeit zu einer entsprechenden Lösung zu gelangen, spiegelt sich 530
in den §§ 74 ff. HGB wider. Zwar geben diese dem Arbeitgeber die Möglichkeit, sich umfangreich im nachvertraglichen Bereich vor den wirtschaftlichen Nachteilen von Wettbewerbshandlungen ehemaliger Arbeitnehmer zu schützen, jedoch zu Gunsten der Arbeitnehmer nur unter sehr strengen Voraussetzungen steht.[1011] Für Geheimhaltungspflichten besteht eine solche spezielle Regelung nicht, sodass auf allgemeine arbeitsrechtliche und -vertragliche Grundsätze und die bestehenden Geheimnisschutzvorschriften zurückzugreifen ist.

Der folgende Abschnitt untersucht die Lösungsmöglichkeiten bezüglich der 531
Geheimhaltungspflicht und Nutzungsbeschränkung im nachvertraglichen Bereich, sofern die Parteien keine rechtsgeschäftliche Vereinbarung getroffen haben. Es stellt sich daher die Frage, ob die vertragsimmanente Geheimhaltungspflicht das Vertragsende überdauern und somit Anspruchsgrundlage für die Haftung eines ausgeschiedenen Arbeitnehmers sein kann.

2. Streitstand zur Nachwirkung der Geheimhaltungspflicht

In diesem Zusammenhang soll zunächst die Vielfalt an Meinungen im Schrifttum und der Rechtsprechung hinsichtlich der nachwirkenden Geheimhaltungspflicht von Arbeitnehmern dargestellt werden, um die unterschiedlichen in die Betrachtung einzubeziehenden Aspekte ausfindig zu machen. Anhand dessen sollen dann die wesentlichen Argumente für einen nachvertraglichen Schutz herausgearbeitet und unter Berücksichtigung des neuen Rechts beurteilt werden. Unter Auf dieser Basis gilt es zu einer Lösung des Problems nach neuer Rechtslage zu gelangen. 532

a) Beschränkte Geheimhaltungspflicht nach dem BAG

(a) Grundsatz: Umfassende Geheimhaltungspflicht

Anerkennung hat die Nachwirkung der arbeitsvertraglichen Pflichten beim 533
Bundesarbeitsgericht gefunden.[1012] Das Bundesarbeitsgericht geht nämlich grundsätzlich davon aus, dass der Arbeitnehmer nach Beendigung des Arbeitsverhältnisses unabhängig von einer nachvertraglichen Geheimhaltungsvereinbarung aufgrund der Vertragsnachwirkung zur Verschwiegenheit verpflichtet sei.[1013] Einer vertraglichen Vereinbarung zur Geheimhaltung oder Nutzungsbeschränkung

---

1011 *Vogelsang*, in: Schaub ArbR-Hdb, § 55 Rn. 4.
1012 BAGE 3, 139 (140 f.) – Nachwirkung von Pflichten; BAG, Urt. v. 15.12.1987 – 3 AZR 474/86, NZA 1988, 502 (503), AP BGB § 611 Betriebsgeheimnis Nr. 5 – Kundenschutzabrede; BAG, Urt. v. 24.11.1956 – 2 AZR 345/56, AP Nr. 4 zu § 611 BGB Fürsorgepflicht.
1013 BAGE 41, 21 (32 f.) – Thrombosol; BAG NZA 1988, 502 – Kundenschutzabrede.

bedürfe es für diese Annahme grundsätzlich nicht. Dies stünde auch nicht im Widerspruch zu den berechtigten geschützten Interessen der Arbeitnehmer, da die freie berufliche Entfaltung und das Fortkommen nicht daran scheitern können, dass dem Arbeitnehmer die Offenlegung eines bestimmten Geschäftsgeheimnisses versagt wird. Insbesondere sei der Arbeitnehmer durch eine solche Pflicht nur so gestellt wie andere Arbeitnehmer in einer vergleichbaren Lage, welche das Geschäftsgeheimnis nicht kennen.[1014]

(b) Grenzen der Geheimhaltungspflicht

534 Zugleich unterliegt diese Pflicht jedoch Grenzen und reicht damit nicht so weit wie die vertragsimmanente Geheimhaltungspflicht während des bestehenden Beschäftigungsverhältnisses selbst: Erstens unterscheidet das Bundesarbeitsgericht zwischen der Weitergabe an Dritte und der Nutzung bzw. Verwertung zu eigenen beruflichen Zwecken.[1015] Die Geheimhaltungspflicht umfasse nur die Wahrung der Geheimhaltung gegenüber Dritten, jedoch nicht die eigene Verwertung durch den Arbeitnehmer, sofern diese unter den Gesichtspunkten eines lauteren Wettbewerbs als gestattet anzusehen ist. Keine berechtigte Verwertung ist daher die Veräußerung des Geheimnisses an Dritte.[1016] Damit trennt das Bundesarbeitsgericht zwischen einer Geheimhaltungspflicht und einem Verwertungsverbot.

535 Besonders deutlich wird diese Unterscheidung im Falle der Verwendung von Kundenlisten. In der *Kundenlisten*-Entscheidung[1017] urteilte das Bundesarbeitsgericht über die Verwendung von Kundeninformationen durch einen ehemaligen Mitarbeiter, der im Anschluss in derselben Branche selbstständig tätig war und auf die Kunden des früheren Arbeitgebers zuging. Das Gericht bestätigte, dass ein ausgeschiedener Arbeitnehmer auch die Kundenliste des ehemaligen Arbeitgebers geheim halten müsse. Dies umfasse jedoch nur die Offenlegung gegenüber Dritten und nicht das Umwerben der Kunden selbst. Andernfalls könnte dem ehemaligen Arbeitnehmer auf diesem Weg verboten werden im selben Geschäftsfeld tätig zu werden. Für diesen Fall steht aber einzig die Möglichkeit der Vereinbarung eines entschädigungspflichtigen Wettbewerbsverbots zur Verfügung. Dies hat Bestätigung in der *Titandioxid*-Entscheidung gefunden. In dem Verfahren ging es um einen ehemaligen Mitarbeiter, der zu einem Konkurrenzunternehmen in derselben Branche und dem gleichen Aufgabenbereich im Vertrieb wechselte. Trotz seiner langen Beschäftigung, der Weite seiner Verpflichtungen und seiner umfassenden Detailkenntnisse könne er die erworbenen Kenntnisse über die Kunden des ehemaligen Arbeitgebers weiterverwenden,

---

1014 BAG 41, 21 (32f.) – Thrombosol.
1015 *Reichold*, in MHdB ArbR, § 48 Rn. 44; *Gaul*, ZIP 1988, 689.
1016 BAG NZA 1988, 502 (504) – Kundenschutzabrede; BAG, NZA 1994, 502 (505f.) – Titandioxid.
1017 BGH GRUR 2003, 453 (454) – Verwertung von Kundenlisten.

V. Nachwirkende Geheimhaltungspflichten der Arbeitnehmer

solange er diese im Gedächtnis habe.[1018] Um die nachvertragliche Nutzung durch den Arbeitnehmer zu vermeiden, verbliebe lediglich die Vereinbarung eines zeitlich begrenzten und entschädigungspflichtigen Wettbewerbsverbotes nach §§ 74 ff. HGB.[1019]

Zweitens beschränkt das Bundesarbeitsgericht die Geheimhaltungspflicht gegenständlich auf bestimmte und voneinander abgrenzbare Geschäftsgeheimnisse und grenzte damit die vertraulichen Angaben aus dem nachvertraglichen Schutz aus. Zugleich sei die Geheimhaltungspflicht nicht auf das Erfahrungswissen zu erstrecken. Dieses sei durch das Selbstbestimmungsrecht des Arbeitnehmers, sein berufliches Fortkommen und die Freiheit der Arbeitsplatzwahl nach Art. 12 Abs. 1 GG geschützt. Eine Einschränkung sei nur durch eine konforme Wettbewerbsabrede oder in den Schranken der §§ 3 UWG, 826, 823 BGB möglich.[1020]   536

Die Pflicht erreiche damit seine Grenzen, wenn die Freiheit des Arbeitnehmers mit dem früheren Arbeitgeber in Wettbewerb zu treten, eingeschränkt ist. Das Bundesarbeitsgericht zieht dies aus einem Rückschluss aus den Regelungen zum Wettbewerbsverbot in den §§ 74 ff. HGB. Aus diesen Vorschriften ergebe sich, dass der Arbeitnehmer grundsätzlich dazu befugt ist mit seinem früheren Arbeitgeber in Wettbewerb zu treten und damit auch seine redlich erlangten Erfahrungen zu verwerten. Um dies zu verhindern, stehe dem Arbeitgeber ausschließlich die Vereinbarung einer Wettbewerbsabrede nach den strengen Anforderungen der §§ 74 ff. HGB zur Verfügung. Ohne eine solche Abrede könne der Arbeitnehmer bis zur Grenze der Sittenwidrigkeit als Wettbewerber auftreten und die im früheren Arbeitsverhältnis erworbenen Kenntnisse anwenden und auch auf die Kunden des ehemaligen Arbeitgebers zugehen.[1021]   537

b) Geheimhaltungspflicht als Ausnahme nach dem BGH

Trotz der Rechtswegeeröffnung zu den Arbeitsgerichten nach § 2 Abs. 1 Nr. 3 lit. c Var. 2 ArbGG, existieren Entscheidungen des BGH zu Rechtsstreitigkeiten über die Nachwirkungen von arbeitsvertraglichen Pflichten. Dies beruht darauf, dass ein Geheimnisschutz sich bisher auch aus wettbewerbsrechtlichen Ansprüchen ergeben konnte, die den ordentlichen Gerichten zugewiesen sind. Die wesentlichen Ausführungen des Bundesgerichtshofes zur nachvertraglichen Geheimhaltungspflicht wurden somit im Rahmen der lauterkeitsrechtlichen Generalklausel vorgenommen.   538

1018 BAG, NZA 1994, 502 (505 f.) – Titandioxid.
1019 BAG, Urt. v. 15.12.1987 – 3 AZR 474/86, NZA 1988, 502 (504) – Kundenschutzabrede; BAG, NZA 1994, 502 (504 f.) – Titandioxid.
1020 BAG, BAG, NZA 1994, 502 (504) – Titandioxid; BAG, Urt. v. 16.3.1982 – 3 AZR 83/79, NJW 1983, 134 – Thrombosol.
1021 *Bartenbach*, in: FS für Küttner, S. 122; BGH GRUR 2003, 453 (454) – Verwertung von Kundenlisten.

E. Der Schutzumfang: Die Verletzungstatbestände

(a) Grundsatz: Nutzungs- und Offenlegungsfreiheit

539 Der Unterschied zu der Rechtsprechung des Bundesarbeitsgerichtes besteht darin, dass nach Ansicht des Bundesgerichtshofes ein Arbeitnehmer ohne ausdrückliche Abrede an sich nicht mehr zur Geheimhaltung verpflichtet sei.[1022] Als argumentativer Ausgangspunkte dient dem Bundesgerichtshof die Wertung des § 17 Abs. 1 UWG aF, der nur im bestehenden Beschäftigungsverhältnis eingreife und daher den Gegenschluss zu lasse, dass die Nutzung von Informationen im nachvertraglichen Bereich freigestellt sei. Aus diesem Grundsatz ergebe sich, dass der Arbeitnehmer mit redlich erlangten Geschäftsgeheimnissen bei Fehlen einer ausdrücklichen Geheimhaltungsvereinbarung frei verfahren und diese nicht nur nutzen, sondern Dritten gegenüber auch offenlegen darf. Die Abgrenzung zwischen Geschäftsgeheimnis und Erfahrungswissen wie sie das Bundesarbeitsgericht vornehme leuchte in der Theorie ein, sei in der Praxis aber nicht durchführbar.[1023] Daher könne eine Einschränkung nicht anhand der Art der Information festgemacht werden, sondern lasse sich nur anhand der Umstände, unter welchen die Information erlangt wurde und unter welchen sie genutzt werden soll, bestimmen. Daraus schloss der Bundesgerichtshof, dass jede Information, die rechtmäßig erlangt wurde, auch im Anschluss an die Beschäftigung verwendet werden dürfe.[1024] Der Bundesgerichtshof geht daher von einer grundsätzlichen Offenlegungs- und Verwertungsfreiheit des ausgeschiedenen Arbeitnehmers aus.[1025]

(b) Grenzen der Nutzungs- und Offenlegungsfreiheit

540 Ungeachtet dieser Wertung nimmt der Bundesgerichtshof jedoch unter besonderen Umständen an, dass eine nachvertragliche Verschwiegenheitspflicht oder sogar ein Verwertungsverbot bestehe.[1026] Denn die strafrechtliche Einschränkung sei nicht vollständig auf die zivilrechtlichen Regelungen – insbesondere auf die Beurteilung der Unlauterkeit nach § 3 Abs. 1 UWG oder eine nachvertragliche Treuepflicht – übertragbar. Aus diesem Grund könne eine Handlung auch unabhängig von § 17 UWG aF für unbefugt befunden werden.[1027]

1022 Vgl. BGH GRUR 2006, 1044 Rn. 13 – Kundendatenprogramm; BGH GRUR 2002, 91 (92) – Spritzgießwerkzeuge; GRUR 1983, 179 (181) – Stapelautomat; GRUR 1964, 215 (216) – Milchfahrer; GRUR 1955, 402 (403) – Anreißgerät; BGH, GRUR 1963, 367 – Industrieböden.
1023 BGH, GRUR 2002, 91 (92) – Spritzgießwerkzeuge.
1024 BGH GRUR 1983, 179 (181) – Stapelautomat.
1025 So bereits das RG, RGZ 65, 333 (337) – Pomril; RG GRUR 1936, 573 (578) – Albertus Stehfix und fortgeführt durch BGH GRUR 1955, 402 (403) – Anreißgerät, BGH GRUR 1983, 179 (181) – Stapelautomat; BGH GRUR 2003, 356 (358) – Präzisionsmessgerät.
1026 BGH, Urt. v. 16.11.1954, GRUR 1955, 402 (403) – Anreißgerät.
1027 BGH GRUR 1983, 179 (181) – Stapelautomat.

Schon kurz nach Erlass des UWG 1896 stellte das Reichsgericht in dem *Promil*-Urteil[1028] fest, dass die Lücken des § 9 UWG 1896 auf zivilrechtlicher Ebene geschlossen werden könnten.[1029] Die Hürden dafür legte es allerdings hoch an, denn das Verhalten eines ehemaligen Beschäftigten, redlich erlangte Geschäftsgeheimnisse in einem eigenen Konkurrenzbetrieb anzuwenden und entgeltlich an Dritte weiterzugeben, genügten dem Reichsgericht nicht. Nur im Einzelfall sei eine grob unsittliche Handlung anzunehmen.[1030] An dieser Wertung ändere auch ein Geheimhaltungsinteresse des Unternehmensinhabers nichts, denn diesem stünde regelmäßig ein ebenso gewichtiges Arbeitnehmerinteresse gegenüber. Zudem habe der Gesetzgeber klargestellt, dass ein derartiges Verhalten nur während der Vertragsdauer zu sanktionieren sei, um den Arbeitnehmer danach »*uneingeschränkter Herr seiner Fähigkeiten und Kenntnisse*«[1031] sein zu lassen. Diesen Grundsatz legte das Reichsgericht seiner Rechtsprechung konstant zugrunde und hat tatsächlich hinreichende Umstände für eine rechtswidrige Handlung nie bejaht.[1032] Auch die *Albertus Stehfix*-Entscheidung[1033] stellt hier nur bedingt eine Ausnahme dar. Denn es lag bereits ein Verstoß gegen § 17 Abs. 2 UWG aF vor, da das Wissen nicht auf redliche Weise erlangt wurde. Daneben sind keine Urteile des Reichsgerichts ersichtlich, in denen außerhalb des Anwendungsbereichs von § 17 UWG aF ein originärer zivilrechtlicher Schutz gegenüber Arbeitnehmern angenommen wurde.[1034] 541

Die Beurteilungsmaßstäbe des Reichsgerichts wurden vom Bundesgerichtshof übernommen und in seinen Grundsätzen in ständiger Rechtsprechung fortgeführt. Der Bundesgerichtshof möchte den ehemaligen Arbeitnehmer keiner Beschränkung unterwerfen, außer es liegt ein Fall nach § 3 UWG vor.[1035] Eine solche Ausnahme könnte nur im Falle besonderer Umstände gelten, die durch eine einzelfallbezogene Gesamtabwägung der beiderseitigen Interessen zu beurteilen ist.[1036] Grundstein legte hier die *Industrieböden*-Entscheidung,[1037] welche eindrucksvoll den konkreten Maßstab aufzeigt, den der Gerichtshof anlegen möchte, um eine solche Ausnahme zu begründen. Grundsätzlich erkannte der Bundesgerichtshof im Rahmen der Entscheidung die Möglichkeit einer Nachwirkung von Geheimhaltungspflichten an und zog auch Parallelen zu § 90 HGB. 542

1028 RGZ 65, 333 – Pomril.
1029 RG DJZ 1904, 553 Nr. 47 – Superphosphat.
1030 RGZ 65, 333 (339) – Pomril, mangels einer lauterkeitsrechtlichen Generalklausel im UWG 1896 musste das Gericht sich auf § 826 BGB beziehen. Die Ausführungen werden insoweit auf § 3 UWG anwendbar sein.
1031 RGZ 65, 333 (337) – Pomril.
1032 Vgl. dazu *Nastelski*, GRUR 1957, 1 (5); *Mes*, GRUR 1979, 584 (587).
1033 RG, GRUR 1936, 573 – Albertus Stehfix.
1034 So auch *Kalbfus*, Rn. 330.
1035 BGH, GRUR 2002, 91 (92) – Spritzgießwerkzeuge.
1036 BGH, GRUR 2002, 91 (93) – Spritzgießwerkzeuge; BGH, GRUR 1955, 402 (404) – Anreißgerät.
1037 BGH GRUR 1983, 367 – Industrieböden.

Sofern für Handlungsgehilfen eine solche Regelung bestünde, müsse gerade diese auch für Arbeitnehmer gelten, da diese in stärkerem Maße der Treuepflicht unterlägen. Bereits damals sprach sich der Bundesgerichtshof allerdings dafür aus, dass besondere Umstände bestehen müssten, um auch nachwirkende Geheimhaltungspflichten auszulösen. Dazu müsse die jeweilige Vertragsbeziehung miteinbezogen werden und anhand einer Gesamtabwägung aller Umstände und der beiderseitigen Interessen erörtert werden, in welchem Umfang die vertraglichen Pflichten nachwirken.[1038] Hier wurde der gleiche Maßstab angelegt wie schon bei § 1 UWG aF (§ 3 UWG nF), § 826 oder § 823 Abs. 1 BGB.[1039]

543 Demgegenüber führte der Bundesgerichtshof in der *Stapelautomat*-Entscheidung aus, dass die Beurteilung der nachvertraglichen Pflichten unabhängig von den deliktischen und lauterkeitsrechtlichen Ansprüchen zu erfolgen habe und vielmehr ein in der Vergütung berücksichtigtes Vertrauensverhältnis erforderlich sei. In der Entscheidung wurde der Beginn der Entwicklung von Konkurrenzprodukten unter Verwendung des Geschäftsgeheimnisses noch vor rechtlicher Beendigung des Beschäftigungsverhältnisses gemeinsam mit dem Verleiten anderer Arbeitnehmer zu Vertragsbruch und der Bestellung von Materialien über den ehemaligen Arbeitgeber als unlauter bewertet. In erster Linie sah der Bundesgerichtshof hier jedoch einen Verstoß gegen § 17 Abs. 1 UWG aF.[1040] In der deutlich späteren *Spritzgießwerkzeuge*-Entscheidung bestätigte der Bundesgerichtshof diese Rechtsprechung und nahm Bezug auf die Rechtsprechung des Bundesarbeitsgerichtes zu vertragsimmanenten Geheimhaltungspflichten, welche im Rahmen der wettbewerbsrechtlichen Beurteilung außer Acht gelassen werden müsse.[1041]

544 Somit erkannte der Bundesgerichtshof die Nachwirkung von Vertragspflichten zwar an, jedoch deutlich eingeschränkter als das BAG, da im Ergebnis nur eine Interessenabwägung zu einem Offenlegungs- und Verwertungsverbot führen könne. Abgestellt wurde in der für die Beurteilung notwendigen Interessenabwägung nicht nur auf das Vorliegen einer gehobenen Vertrauensstellung im Unternehmen, sondern auch auf die Art und Dauer der Beschäftigung, der beruflichen Vorbildung und die wirtschaftliche Bedeutung des Geschäftsgeheimnisses für das Unternehmen.[1042] Zugunsten des Ausscheidenden wurde zudem bedacht, ob er einen Beitrag zur Entwicklung des Wissens geleistet hat oder das Wissen für sein berufliches Fortkommen zwingend benötigt. Ein vereinbartes Wettbewerbsverbot oder eine besondere Vergütung für die Entwicklung des

---

1038 BGH GRUR 1983, 367 (369) – Industrieböden.
1039 So ausdrücklich BGH GRUR 1983, 367 – Industrieböden; BGH, GRUR 1964, 215 – Milchfahrer; BGH, GRUR 2002, 91 – Spritzgießwerkzeuge; BGH GRUR 2003, 356 (358) – Präzisionsmessgerät; BGH, GRUR 1955, 402 (404) – Anreißgerät.
1040 BGH, GRUR 1983, 179 (181) – Stapelautomat.
1041 BGH, GRUR 2002, 91 – Spritzgießwerkzeuge.
1042 BGH GRUR 1983, 367 – Industrieböden.

V. Nachwirkende Geheimhaltungspflichten der Arbeitnehmer

Wissens konnte ebenfalls einbezogen werden.[1043] Bei besonders lang andauernden Arbeitsverhältnissen muss zudem berücksichtigt werden, ob der Arbeitnehmer in seinen Kenntnissen nicht derart vorgeprägt ist, dass seine berufliche Ausübung bei einem Nutzungsverbot entscheidend eingeengt wäre.[1044] Im Zweifel galt bei redlich erlangten Geheimnissen, dass der ausgeschiedene Beschäftigte diese frei verwenden durfte.[1045]

Bislang hat der Bundesgerichtshof derart ungewöhnliche Umstände, welche eine Unlauterkeit begründen lediglich in der *Industrieböden-* und *Milchfahrer*-Entscheidung angenommen. In der *Industrieböden*-Entscheidung war der Bundesgerichtshof einer eindeutigen Situation ausgesetzt, da ein leitender Angestellter,[1046] der ein besonderes Vertrauen genossen hat, den Betrieb nach nur kurzer Zeit verlassen hat[1047] und das entscheidende Geschäftsgeheimnis des Arbeitgebers nutzte,[1048] welches er aufgrund seiner besonderen Vertrauensstellung erlangt hatte. Gleichzeitig hatte der ehemalige Arbeitnehmer keinen Beitrag zur Schaffung der Information geleistet, noch war er für seinen beruflichen Werdegang auf die Nutzung abschließend angewiesen.[1049] Ein Wettbewerbsverstoß wurde zudem in der *Milchfahrer*-Entscheidung angenommen, da ein ehemaliger Beschäftigter seinem früheren Arbeitgeber schlagartig den gesamten Kundenstamm wegnahm.[1050] Die Übernahme des Kundenstammes führte zu der beabsichtigten wirtschaftlichen Vernichtung des ehemaligen Arbeitgebers. Aufgrund der Besonderheit und Seltenheit dieser Einzelfälle kann im Grunde von einer Verwertungs- und Nutzungsfreiheit der Arbeitnehmer gesprochen werden. So wird vor allem die viel zitierte *Industrieböden*-Entscheidung in diesem Zusammenhang von *Fezer* als singuläre Einzelfallentscheidung eingeordnet.[1051]

545

1043 BGH, GRUR 2002, 91 (93 f.) – Spritzgießwerkzeuge.
1044 BGH GRUR 1983, 367 – Industrieböden.
1045 BGH, GRUR 1964, 215 (216) – Milchfahrer; BGH, GRUR 1983, 179 (181) – Stapelautomat; BGH, GRUR 2002, 91 (92) – Spritzgießwerkzeuge; BGH, GRUR 2006, 1044 (1045) – Kundendatenprogramm.
1046 Der ehemalige Arbeitnehmer war mit Prokura ausgestattet gewesen und ihm wurde ein besonderes Vertrauen entgegengebracht, welches sich in der Höhe der Vergütung bemerkbar machte, ähnlich schon RG, GRUR 1936, 573 (578) – Albertus Stehfix; demgegenüber soll eine höhere Stellung ohne Vollmacht nicht ausreichen, vgl. BGH, GRUR 1983, 179 (180) – Stapelautomat.
1047 Der ehemalige Arbeitnehmer war lediglich zwei Jahre angestellt gewesen, BGH, GRUR 1936, 367 (369) – Industrieböden; demgegenüber sei eine Beschäftigungsdauer von acht Jahren nicht mehr kurz, vgl. BGH, GRUR 2002, 91 (94) – Spritzgießwerkzeuge.
1048 Die Bedeutung des Geschäftsgeheimnisses war schon in RG, GRUR 1936, 573 (578) – Albertus Stehfix maßgeblich.
1049 BGH, Urt. v. 21.12.1962 – I ZR 47/61 – GRUR 1963, 367 – Industrieböden.
1050 BGH, GRUR 1964, 215 (216) – Milchfahrer.
1051 *Fezer*, in: FS für Traub, S. 95.

E. Der Schutzumfang: Die Verletzungstatbestände

546 In seiner jüngeren Rechtsprechung stellte der Bundesgerichtshof nicht mehr nur auf die Unlauterkeit oder Sittenwidrigkeit einer Handlung ab, sondern interpretierte die Tatbestände der §§ 17 ff. UWG aF sehr weit.[1052] Dadurch zeichnete sich eine deutlich strengere Handhabung ab. So beschaffte sich ein ehemaliger Mitarbeiter das geheime Wissen unbefugt i.S.d. § 17 Abs. 2 Nr. 2 UWG aF, indem er das während des Dienstverhältnis rechtmäßig erlangte Geschäftsgeheimnis in seinen privaten Unterlagen aufbewahrt hatte und im Anschluss an die Tätigkeit auf diese zurückgegriffen hat.[1053] Ähnlich bewertete er die nachvertragliche Verwertung einer ursprünglich befugt angefertigten Kopie. Zugleich schränkte der Bundesgerichtshof die Nutzungs- und Verwertungsfreiheit auf solche Informationen ein, die der Arbeitnehmer redlicher Weise während des Beschäftigungsverhältnisses erlangt hat und aus dem Gedächtnis wiedergibt. Sofern er auf Unterlagen zurückgreift, die er befugt angefertigt oder das Wissen systematisch auswendig gelernt hatte, sieht der BGH dies als unbefugt an. Dadurch erreichte der BGH in bestimmten Fällen ein nachvertragliches Verwertungsverbot. Diesbezüglich werden jedoch Beweisführungsschwierigkeiten für den ehemaligen Arbeitgeber bestehen.[1054]

547 Die Rechtsprechung des Bundesgerichtshofes weist eine ausgeprägte Kontinuität auf, wonach außerhalb des Anwendungsbereiches von § 17 Abs. 1 UWG aF kein Rechtsschutz gegenüber ehemaligen Arbeitnehmern gewährt wird. Die *Industrieböden*-Entscheidung vermag über diese Feststellung nicht hinweg zu helfen, da es sich um eine Kumulation von unterschiedlichen Faktoren handelte, die kaum jemals wieder in der gleichen Konstellation auftreten werden. Dies zeigt sich deutlich an der später ergangenen *Spritzgießwerkzeuge*-Entscheidung, welche aufzeigt, wonach das Vorliegen nur einiger dieser Faktoren nicht ausreichen soll. Daher gewährt der BGH im Vergleich zum Bundesarbeitsgericht einen restriktiveren Schutz für Geschäftsgeheimnisse im nachvertraglichen Bereich.[1055]

(c) Vergleichbarkeit mit dem Lösungsansatz des Bundesarbeitsgerichts

548 Ein Vergleich der Prinzipien, die einerseits der Bundesgerichtshof in seiner lauterkeitsrechtlichen Rechtsprechung und andererseits das Bundesarbeitsgericht in seinen arbeitsrechtlichen Urteilen aufgestellt haben, scheint ein Rechtsprechungskonflikt zwischen den Bundesgerichten zu bestehen.[1056] Trotz der unterschiedlichen Herangehensweise zeigt sich jedoch eine weitgehende Annäherung der

---

1052 BGH, GRUR 2006, 1044 (1046) – Kundendatenprogramm.
1053 BGH, GRUR 2006, 1044 (1046) – Kundendatenprogramm.
1054 *Nastelski*, GRUR 1957, 1 (5).
1055 *Richters/Wodtke*, NZA-RR 2003, 281 (287); *Salger/Breitfeld*, BB 2005, 154 (156) mwN.
1056 *Ohly*, GRUR 2014, 1 (9).

beiden Positionen, da sie nicht selten zum selben Ergebnis kommen.¹⁰⁵⁷ Denn grundsätzlich ist keiner der Grundsätze starr, da zumindest theoretisch immer Einschränkungen in die jeweils andere Richtung vorgenommen werden.

Der Bundesgerichtshof stellt darauf ab, ob ein ehemaliger Beschäftigter einem Wettbewerbsverbot unterliegt. Sollte dies nicht der Fall sein, darf er die redlich erlangten Kenntnisse unbeschränkt nutzen und offenlegen. Dies ist jedoch auf das Wissen begrenzt, welches der Arbeitnehmer im Gedächtnis behält und sich nicht noch durch Unterlagen wieder in Erinnerung rufen muss, die er während des Beschäftigungsverhältnisses angefertigt hat. Demgegenüber nimmt das Bundesarbeitsgericht unabhängig vom Bestand einer Wettbewerbsabrede an, dass eine Geheimhaltungspflicht bestehe, schränkt diese jedoch im Hinblick auf redlich erlangte Geheimnisse auf bestimmte Konstellationen ein. Insbesondere begrenzt es die Geheimhaltungspflicht insoweit, als dass der Arbeitnehmer mit seinem früheren Arbeitgeber in Wettbewerb treten kann und nicht unbillig in seinem beruflichen Fortkommen beschränkt wird. Folglich erlaubt auch das BAG das Umwerben von Kunden des ehemaligen Arbeitgebers.¹⁰⁵⁸ 549

Beide Gerichte erkennen somit an, dass ausschließlich redlich erlangte Geheimnisse im nachvertraglichen Bereich genutzt werden dürfen. Insbesondere gehen beide davon aus, dass nur Informationen, die im Gedächtnis des Arbeitnehmers verblieben sind, darunterfallen, während der Rückgriff auf Unterlagen nicht erlaubt ist. Zudem könne eine Geheimhaltungspflicht nicht die Ausübung von Wettbewerb im Allgemeinen verhindern, sodass für Vertriebsmitarbeiter vor allem Kundendaten frei verwendbar bleiben. Die Nutzung technischer Informationen wird demgegenüber von beiden Gerichten strenger beurteilt. Sie stufen diese als weniger wichtig für das berufliche Fortkommen der Arbeitnehmer ein, sodass das Arbeitgeberinteresse in der Regel überwiege. Während das Bundesarbeitsgericht dies damit begründet, dass der Arbeitnehmer sodann nur so stehe wie andere, die ebenfalls keine Kenntnis von dem Wissen haben, möchte der Bundesgerichtshof einem Arbeitnehmer nur dann die Verwendung im nachvertraglichen Bereich erlauben, wenn er selbst an der Schaffung des Wissens beteiligt war. 550

Folge der Nutzungs- und Offenlegungsfreiheit des Bundesgerichtshofes ist, dass keine Unterscheidung zwischen Erfahrungswissen und Geschäftsgeheimnissen vorgenommen werden muss. Auch das Bundesarbeitsgericht geht über einen Rückschluss aus § 74 ff. HGB davon aus, dass der Arbeitnehmer nach der Beendigung des Dienstverhältnisses nicht daran gehindert werden soll, seine redlich erlangten Kenntnisse und Fähigkeiten zu nutzen, um mit dem ehemaligen Arbeitgeber in Wettbewerb zu treten. Damit angesprochen ist grundsätzlich zunächst nur das Erfahrungswissen der Arbeitnehmer, welches das Bundesarbeitsgericht von den geschützten Geschäftsgeheimnissen abgrenzt. Sofern der 551

1057 *Ohly*, in: Harte-Bavendamm/Ohly/Kalbfus (2020), § 4 Rn. 41; *Grimm*, in: AR-Blattei SD (2004) Nr. 770 Rn. 51.
1058 BAG, NJW 1988, 1686 – Kundenlisten.

Arbeitgeber auch die Nutzung von Erfahrungswissen verhindern wolle, sei eine den §§ 74 ff. HGB entsprechende Wettbewerbsabrede erforderlich.

552 Die Gerichte stimmen damit insoweit überein, als dass über das Ende des Beschäftigungsverhältnisses hinaus eine Geheimhaltungspflicht bestehen kann, sofern diese nicht die grundrechtlich geschützte berufliche Betätigungsfreiheit des Arbeitnehmers unzumutbar einschränkt. Dies soll jeweils im Rahmen einer umfassenden Interessenabwägung beurteilt werden: Der BGH nimmt diese im Rahmen der lauterkeitsrechtlichen Beurteilung des Verhaltens vor, das Bundesarbeitsgericht hinsichtlich der Abgrenzung von Erfahrungswissen. Dass diese Interessenabwägung ein schwieriges Unterfangen ist, macht schon die kaum zu lösende Interessenabwägung zwischen Art. 14 GG und Art. 12 GG deutlich. Hingewiesen wird in diesem Zusammenhang regelmäßig auf eine stark einzelfallabhängige Beurteilung. Diese unbefriedigende Lösung hat eine entsprechende Diskussion in Schrifttum provoziert.

c) Positionen im Schrifttum

(a) Befürwortung einer nachvertraglichen Geheimhaltungspflicht

553 Im Schrifttum werden zu dieser Problematik ebenso unterschiedliche Positionen eingenommen. Ein Großteil der arbeitsrechtlichen Literatur folgt der Auffassung des Bundesarbeitsgerichts und stellt im Wesentlichen inhaltsgleiche Erwägungen an.[1059] Ehemalige Arbeitnehmer seien weiterhin zur Verschwiegenheit verpflichtet, jedoch berechtigt, eigennützig redlich erlangte Geschäftsgeheimnisse zu verwerten.[1060] Ausschlaggebender Argumentationsgedanke ist hierbei das jeweilige berechtigte Interesse, welches der Arbeitnehmer an der Nutzung und Verwertung der Information haben könnte, um sein berufliches Fortkommen zu fördern. Während der Arbeitnehmer nicht anführen kann, dass er für sein berufliches Fortkommen Geheimnisse an Dritte verkaufen müsse, sei vor allem die eigene Nutzung hierfür notwendig. Dies wird mit dem Argument untermauert, dass die Eigenverwertung für den Bestand des Geheimnisses weniger gefährlich sei, weil der Arbeitnehmer selbst ein Interesse an dessen Wahrung habe. Daher erscheine es richtig, dass die Eigenverwertung nur durch vertragliche Regelungen ausgeschlossen werden könne, um nicht die Regelungen der §§ 74 ff. HGB auszuhöhlen.

1059 *Harte-Bavendamm*, in: Harte-Bavendamm/Henning-Bodewig UWG § 17 Rn. 53; *Hunold*, NZA-RR 2007, 617 (619); *Spinner*, in: MüKoBGB, § 611a Rn. 1142; *Reinfeld*, in: MAHArbR, § 30 Rn. 28.
1060 Vgl. bspw. *Reinfeld*, in: MAHArbR, § 28 Rn. 26; *Preis*, in: ErfkArbR, BGB § 611 Rn. 718; *Linck*, in: Schaub ArbR-Hdb, § 55 Rn. 57. Kritisch zu dieser Unterscheidung *Kalbfus*, Rn. 294; *Nastelski*, GRUR 1957, 1 (6).

Ergebnisgleich ist die Ansicht, welche eine analoge Anwendung des § 90 HGB statt einer nachwirkenden Schutzpflicht vorschlägt.[1061] Begründet wird dies damit, dass die Regelungen zu Wettbewerbsverboten aus dem Recht für Handlungsgehilfen nach § 110 GewO entsprechende Anwendung auf sämtliche Beschäftigte finden.[1062] Folglich sollten die Vorschriften zur Geheimhaltungspflicht in § 90 HGB auch hier anwendbar sein.[1063]

554

Eine vor allem im älteren Schrifttum vertretene Ansicht erkennt eine umfassende nachwirkende Geheimhaltungspflicht an, welche nicht nur die Offenlegung, sondern auch die Verwertung der Informationen durch den Arbeitnehmer erfassen würde. Rechtsgrundlage für dieses vollumfängliche Verwertungs- und Offenlegungsverbot sei die arbeitsvertragliche Treuepflicht, die über Vertragsbeendigung hinauswirke. Abgestellt wurde in diesem Zusammenhang darauf, dass die Geschäftsgeheimnisse dem geistigen Eigentum des Arbeitgebers entsprächen und die genannte Pflicht daher auch unabhängig von sittenwidrigen oder unlauteren Verhalten bestehen solle.[1064]

555

Mes und *Nastelski* schlagen demgegenüber eine Vermutung gegen eine Nutzungsfreiheit des Arbeitnehmers vor, solange dieser das Wissen nicht für sein berufliches Fortkommen benötigt. Vor allem *Mes* kritisiert, dass die stets vorzunehmende Interessenabwägung unpraktikabel sei. Er hebt zwar hervor, dass Informationen, die dem Arbeitnehmererfindungsgesetz unterliegen oder unlauter erlangt wurden nachvertraglich nicht verwendet werden dürften, jedoch könne jedes andere Wissen frei vom Arbeitnehmer genutzt werden.[1065]

556

Unabhängig davon, ob eine nachvertragliche Geheimhaltungspflicht durch Schutzpflichten oder nur mittels Geheimhaltungsvereinbarungen begründet wird, hält ein Teil des Schrifttums es für ungerechtfertigt, diese Pflichten zeitlich unbegrenzt gelten zu lassen. Vereinzelt wurden präzise zeitliche Schranken vorgeschlagen. Während *Gaul*[1066] sich für eine Frist von fünf Jahren aussprach, sahen *Kunz*[1067] und *Molkenbur*[1068] gleichlaufend mit der Höchstdauer des nachvertraglichen Wettbewerbsverbotes eine Grenze von zwei Jahren als angemessen an.

557

1061 Auch angesprochen von BGH, GRUR 1963, 367 (369) – Industrieböden; *Molkenbur*, BB 1990, 1196 (1198); ausdrücklich dagegen *Gödde*, S. 118.
1062 In der *Industrieböden*-Entscheidung wies der Bundesgerichtshof darauf hin, dass Arbeitnehmer noch in einem stärkeren Näheverhältnis zu dem Arbeitgeber stünde als ein Handelsvertreter, vgl. BGH GRUR 1983, 367 – Industrieböden.
1063 *Kreitner*, in Küttner, Betriebsgeheimnis Rn. 9.
1064 *Dietz*, in: FS für Hedemann, S. 341 ff.; *Nipperdey/Neumann/Mohnen*, in: Staudinger BGB § 611 Rn. 164 mwN.
1065 *Mes*, GRUR 1979, 584 (587 f.).
1066 *Gaul*, NZA 1988, 225 (231 f.).
1067 *Kunz*, DB 1993, 2482 (2486).
1068 *Molkenbur*, BB 1990, 1196 (1199 f.).

(b) Ablehnung einer nachvertraglichen Geheimhaltungspflicht

558 Die Gegenansicht folgt den Leitlinien des Bundesgerichtshofes. Demnach enden die Geheimhaltungspflichten grundsätzlich mit Beendigung des Arbeitsverhältnisses.[1069] Ein Schutz kann durch vertragliche Erweiterungen erreicht werden, aber auch nur hinsichtlich einzelner abgrenzbarer Geschäftsgeheimnisse. Ohne eine vertragliche Abrede sei eine fortdauernde Geheimhaltungspflicht nur in eng umgrenzten Ausnahmefällen anzuerkennen. So etwa, wenn ein besonderes in der Vergütung des Arbeitnehmers berücksichtigtes Nähe- und Vertrauensverhältnis bestand oder auch nach Vertragsende noch Leistungen des Unternehmens, z.B. in Form einer gewichtigen Altersversorgung, bezogen werden. Die erforderliche Interessenabwägung müsse anhand der zahlreichen bereits oben genannten Kriterien vorgenommen werden.[1070] Erst wenn das Arbeitgeberinteresse aufgrund der Abwägung dieser Aspekte stark dominiere, könne von einer Geheimhaltungspflicht im Einzelfall auszugehen sein.[1071]

559 Der konkrete Ansatzpunkt unterscheidet sich jedoch jeweils weitgehend. *Bartenbach* sieht eine Geheimhaltungspflicht nur als gegeben an, wenn die Geheimnisse während des Dienstverhältnisses unter Verstoß gegen § 17 Abs. 2 UWG aF erworben wurden oder mit schlechten Absichten vom Arbeitnehmer auswendig gelernt wurden. Zur Begründung führt er den Umkehrschluss aus § 17 Abs. 1 UWG aF an.[1072] *Gödde* möchte einen Arbeitnehmer dagegen keiner Geheimhaltungspflicht unterwerfen, wenn dieser einen eigenschöpferischen Beitrag geleistet hat und nicht nach §§ 24 Abs. 2, 26 ArbnErfG zur Verschwiegenheit verpflichtet ist.[1073]

560 *Kalbfus* schlug indessen vor, dass die Nutzung oder Offenlegung von geheimen Informationen als rechtmäßig angesehen werden müsse, sofern es Teil der allgemeinen Kenntnisse des Arbeitnehmers geworden ist und für berufliche Zwecke verwendet wird. Als solche versteht er Kenntnisse, die auf redliche Weise während der Ausübung der Tätigkeit erlangt und im Gedächtnis behalten wurden. Ausgenommen werden müssen jedoch zwei grundlegende Fälle: Das Vorliegen einer Arbeitnehmererfindung oder einer wirksamen Geheimhaltungsvereinbarung.[1074] In diesem Zusammenhang möchte *Kalbfus* durch eine Umkehr der Beweislast erreichen, dass dem Arbeitgeber seine Beweisführungsschwierigkeiten genommen werden. Der Arbeitnehmer soll nämlich im Ergebnis für

---

1069 *Kunz*, DB 1993, 2482 (2485); *Molkenbur*, BB 1990, 1196 (1199); *Bartenbach*, in: FS für Küttner, S. 124; *Nebendahl*, in: MHdB ArbR, § 140 Rn. 4; *Linck*, in: Schaub ArbR-Hdb, § 53 Rn. 53.
1070 *Köhler*, in: Köhler/Bornkamm/Feddersen (2019) § 17 Rn. 59; *Ohly*, in: Ohly/Sosnitza § 17 Rn. 49; *Harte-Bavendamm*, in: Gloy/Loschelder/Erdmann § 77 Rn. 35.
1071 *Bartenbach*, in: FS für Küttner, S. 125; *Gaul*, NZA 1988, 225 (228 f.).
1072 *Bartenbach*, in: FS für Küttner, S. 121.
1073 *Gödde*, S. 124 ff., 153.
1074 *Kalbfus*, Rn. 519 ff.

die Frage beweisbelastet sein, ob das Wissen rechtmäßig erlangt wurde. Diese Beweislastumkehr begründet er damit, dass Arbeitgeber in der Regel keinen entsprechenden Einblick und auch keine Kontrollmöglichkeiten haben, jede Handlung der Arbeitnehmer zu überwachen. Daher soll der Arbeitgeber lediglich beweisen müssen, dass es sich um sein Geschäftsgeheimnis handelt und der ehemalige Beschäftigte dies nutzt. Demgegenüber seien Arbeitnehmer im Prozess ohne Weiteres in der Lage zu beweisen, auf welche Art und Weise sie das Wissen erlernt haben, sodass sich im Ergebnis eine interessengerechte Lösung ergebe.[1075]

d) Zwischenergebnis

Nach dem Gesagten ist das Meinungsbild in Bezug auf eine nachvertragliche Geheimhaltungspflicht sowohl im Schrifttum als auch der Rechtsprechung heterogen. Schon nach bisherigem Recht wurde diese unterschiedliche Beurteilung in arbeitsrechtlicher und lauterkeitsrechtlicher Hinsicht kritisiert und ein Gleichlauf der nachvertraglichen Geheimhaltungspflicht gefordert.[1076] Die Ansichten sollen nunmehr unter Berücksichtigung der Geschäftsgeheimnis-Richtlinie und des Geschäftsgeheimnisgesetzes neu bewertet werden.

561

3. Nachwirkung von Geheimhaltungspflichten nach der Geheimnisschutzreform

a) Der dogmatische Ansatz für die Nachwirkung von arbeitsvertraglichen Pflichten

Vor dem Hintergrund der Neuordnung des Geheimnisschutzes ist fraglich, ob nun – ebenso wie die Rechtsnatur des Geschäftsgeheimnisses – auch die Nachwirkung von Geheimhaltungspflichten neu beurteilt werden muss. In der neueren Literatur wurde nur selten ein Versuch unternommen, zu ermitteln, ob eine Lösung für das Problem der nachwirkenden Geheimhaltungspflicht besteht.[1077] Verwiesen wird – im Hinblick auf deren Fortgeltung – zumeist auf die bisherigen Grundsätze, sodass entweder mit dem Bundesarbeitsgericht eine Nachwirkung angenommen[1078] oder im Einklang mit dem Bundesgerichtshof eine solche abgelehnt wird.[1079] Eine einheitliche Dogmatik in den Begründungsansätzen lässt sich aber nicht erkennen, sodass sich diese auch nur schwer voneinander

562

1075 *Kalbfus*, Rn. 531 ff.; So auch *Risch*, 11 Marq IP L Rev, S. 54 f.
1076 So auch *Ohly*, in: Ohly/Sosnitza § 17 UWG Rn. 40a.
1077 So weit ersichtlich nur *Wunner*, WRP 2019, 710.
1078 Vgl. statt vieler *Holthausen*, NZA 2019, 1377 (1380); *Richters/Wodtke*, NZA-RR 2003, 281 (283); *Kania*, in: Küttner, Verschwiegenheitspflicht Rn. 10.
1079 *Müller-Glöge*, in: ErfKArbR, BGB § 345 Rn. 21.

563 trennen lassen und zum Teil ineinander übergehen. Zu einer umfassenden Klärung der Problemstellung führen sie erkennbar nicht.[1080]
Zunächst erscheint es jedoch notwendig, die Voraussetzungen für eine Nachwirkung von Vertragspflichten zu beleuchten. Die Annahme einer nachvertraglichen Geheimhaltungspflicht stellt nämlich kein Einzelfallkonstrukt der Rechtsprechung dar, sondern basiert auf vertragsrechtlichen Grundsätzen und den gegenseitigen Vertragspflichten. Anerkannt ist, dass die Nebenpflichten aus § 241 Abs. 2 BGB auch über die Beendigung eines Vertragsverhältnisses hinaus Bestand haben können. Man spricht insoweit von nachwirkenden Pflichten oder auch von Pflichten »*post contractum finitum*«.[1081] Ihr Geltungsgrund wird nicht unmittelbar in dem beendeten Vertragsverhältnis gesehen, sondern in einem gesetzlichen Schuldverhältnis, das nach den Maßgaben des § 311 Abs. 2 BGB entsteht und grundsätzlich solange andauert als noch gesteigerte Einwirkungsmöglichkeiten auf die Rechte, Rechtsgüter oder Interessen des Vertragspartners bestehen.[1082] Nach Erfüllung der Hauptleistungen und sogar nach vollständiger Abwicklung des Schuldverhältnisses können daher gewisse vertragliche Bindungen weiterbestehen.[1083] Dies ergibt sich auch aus einer Gegenüberstellung von vor- und nachvertraglichem Stadium. Sofern man im vorvertraglichen Stadium bereits Rechte und Pflichten annimmt, obwohl noch nicht klar ist, ob und in welchem Umfang das Arbeitsverhältnis entsteht, muss dies erst recht im nachvertraglichen Bereich zu bejahen sein, da sowohl das Bestehen als auch die konkrete Ausgestaltung des Vertragsverhältnisses Realität sind bzw. waren. Zwar wäre eine Gleichstellung des vor- und nachvertraglichen Stadiums nicht interessengerecht, jedoch muss gleichlaufend mit der Vertragsanbahnung eine Art vertrauensbedingte Auslaufphase bestehen. Zumal der Vertragspartner einen deutlich weiteren Zugriff auf das Unternehmen als in der vorvertraglichen Phase hatte.[1084]

564 Das Nachwirken von Vertragspflichten kann allerdings auch nicht ohne Weiteres angenommen werden. Denn mit der Beendigung des Vertragsverhältnisses finden die begründeten Rechte und Pflichten grundsätzlich ein Ende. Als Ausnahme zum Grundsatz der Beschränkung von Pflichten auf die Dauer des Vertrages, müssen entsprechend besondere Umstände vorliegen, die eine Nachwirkung begründen.[1085] Erforderlich ist daher eine Basis auf dem diese Pflicht fußt. Nachvertragliche Pflichten spielen in den meisten Schuldverhältnissen daher keine Rolle, da mit der Durchführung des Vertrages und der Erfüllung der

---

1080 So auch schon *Gödde* (1999), S. 116.
1081 Dazu ausführlich, *v. Bar*, AcP 179 (1979), 452; *Bachmann*, in MüKoBGB, § 241 Rn. 109 ff. mwN.; *Ohly*, in: Harte-Bavendamm/Ohly/Kalbfus (2020), § 4 Nr. 33.
1082 *Kramer*, in: MüKoBGB, Vor § 241 Rn. 80 ff; *Roth*, in: MüKoBGB, § 241 Rn. 92.
1083 *Gödde* (1999), S. 117.
1084 *Motzer* (1982), S. 99; *v. Bar*, AcP 179 (1979), 452 (459); *Nirk*, in: FS für Möhring, S. 392; *Gödde* (1999), S. 117.
1085 *Thüsing*, in: v. Westphalen VertragsR und AGB (2019), Arbeitsverträge Rn. 456.

Hauptleistungspflichten regelmäßig auch das Näheverhältnis zwischen den Parteien endet. Mit Abwicklung des jeweiligen Vertrages werden die beiderseitigen Leistungen erfüllt sein, sodass in der Regel kein Interesse mehr an weitergehenden Rechten besteht. Insofern bestehen häufig keine gesteigerten Einwirkungsmöglichkeiten mehr, welche derartige Schutzpflichten begründen könnten.[1086]

Die Reichweite einer nachwirkenden Pflicht richtet sich folglich – wie schon im bestehenden Vertragsverhältnis – nach dem Nähe- und Vertrauensverhältnis. Besonders ausgeprägt ist dies aufgrund der persönlichen Zusammenarbeit in Dauerschuldverhältnissen wie Dienst-, Arbeits- oder Gesellschaftsverhältnissen.[1087] Jedoch können auch einfache Vertragsverhältnisse trotz Bewirkung sämtlicher Leistungen nachvertraglich wirken, um den bezweckten Erfolg des Rechtsgeschäfts aufrechtzuerhalten. Denn Lizenzverträge, welche (auch) auf die Überlassung von Geschäftsgeheimnissen gerichtet sind, enthalten während der Vertragslaufzeit eine Pflicht zur Geheimhaltung, erlauben aber die Nutzung des Wissens für die vertraglichen Zwecke. Nach Beendigung ist aber sowohl die Weitergabe als auch die Nutzung verwehrt.[1088] Dieses Verbot folgt bereits aus dem Vertragszweck und endet erst mit dem Offenkundigwerden des Wissens.[1089] Daher können die nachvertraglichen Pflichten im Einzelfall streng genommen sogar weiter gehen als die Pflichten während des Vertragsverhältnisses.[1090] 565

Es endet somit zwischen den Parteien eines Arbeitsvertrages auch nur das Dauerschuldverhältnis und nicht das Arbeitsverhältnis als Rahmenbeziehung. Diese spezielle Verbindung kann nicht restlos mit dem Ausscheiden des Arbeitnehmers erlöschen. Vielmehr geht das Arbeitsverhältnis in eine Art Liquidationsstadium über, in welchem weiterhin Pflichten bestehen, die sich aus dem ursprünglichen Arbeitsverhältnis ergeben.[1091] Gemeint sind hiermit bspw. die Rückgabepflichten von im Zusammenhang mit der Arbeitstätigkeit erlangten Gegenständen und Unterlagen als Teil der Arbeitspflicht und die Auskunft über den Stand der Tätigkeit.[1092] Dies bedeutet nicht, dass der Arbeitnehmer noch nicht erfüllte Aufgaben erledigen müsse, um die Nachwirkung nicht über zu strapazieren. Die Nachwirkung ist damit zum Schutz des Arbeitnehmers inhaltlich begrenzt.[1093] 566

Voreilig ist daher aber die pauschale Annahme, dass sämtlichen arbeitsrechtlichen Pflichten bereits ab dem Moment der rechtlichen Beendigung die Rechts- 567

1086 *v. Bar*, AcP 179 (1979), 452 (468); *Gödde* (1999), S. 117.
1087 *Bachmann*, in MüKoBGB, § 241 Rn. 109 mit Beispielen nachwirkender Pflichten; *Gödde* (1999), S. 118.
1088 BGH, GRUR 1980, 750 (751) – Pankreaplex II; BGH GRUR 1955, 468 (473) – Schwermetall-Kokillenguß.
1089 *Bartenbach*, Rn. 2611; *Kraßer*, GRUR 1977, 177 (183).
1090 So auch *Kraßer*, GRUR 1977, 177 (191).
1091 *Motzer* (1982), S. 99; *Gödde* (1999), S. 118.
1092 *Preis*, in: ErfKArbR, BGB § 611a Rn. 754.
1093 *Motzer* (1982), S. 100.

E. Der Schutzumfang: Die Verletzungstatbestände

grundlage entzogen werden und damit vollständig entfallen. Die grundsätzliche Anerkennung von nachwirkenden Vertragspflichten aus einem Arbeitsverhältnis ergibt sich schon aus § 2 Abs. 1 Nr. 3 lit. c ArbGG, wonach Arbeitsgerichte für bürgerliche Rechtsstreitigkeiten zwischen Arbeitnehmern und Arbeitgebern aus Verhandlungen über die Eingehung eines Arbeitsverhältnisses und aus dessen Nachwirkungen zuständig sind. Da es sich jedoch lediglich um eine Zuständigkeitsanordnung handelt, werden durch diese Regelung keine materiell-rechtlich wirksamen Nachwirkungen begründet. Gemeint sein könnten hiermit bspw. auch rechtsgeschäftlich begründete Folgen des Arbeitsverhältnisses.[1094] Immerhin legt die Zuständigkeitsregel aber die Existenz solcher Pflichten nahe.

568 Es kommt jedoch nicht nur auf die konkrete Ausgestaltung des Arbeitsverhältnisses im Einzelfall an, sondern auch auf den jeweiligen Gegenstand des Schutzes. Besondere Umstände, die eine Nachwirkung rechtfertigen, sind gerade bei Geschäftsgeheimnissen anzunehmen. Denn diese können in einer verkörperten Form wie Dokumenten, Prototypen oder Zeichnungen zwar zurückgegeben werden, allerdings wird das Wissen im Gedächtnis der Vertragspartei verblieben, sodass eine vollständige Herstellung des ursprünglichen Zustands nicht möglich ist. Daher werden sie diese nach Beendigung des Vertragsverhältnisses noch abrufen können, sodass weiterhin die Gefahr einer Offenlegung oder Nutzung des Wissens besteht. Die Einwirkungsmöglichkeit auf das Rechtsgut des Geheimnisinhabers wird sich daher trotz Vertragsbeendigung nicht per se verringern. Umgekehrt können sie sich sogar verstärken, da der Geheimnisinhaber keine ausgiebige Einwirkungsmöglichkeit mehr auf den Wissenden hat. Aus diesem Grund sind nachwirkende Geheimhaltungspflichten ein »(Muster)Anwendungsfall für nachwirkende Vertragspflichten«.[1095]

569 Damit treffen zwei Faktoren aufeinander, die vorliegend für die Annahme einer nachwirkenden Pflicht sprechen: Einerseits handelt es sich bei Arbeitsverhältnissen, um Schuldverhältnisse, die besondere Einwirkungsmöglichkeiten auf die gegenseitigen Interessen mit sich bringen und unumstritten auch im nachvertraglichen Bereich Pflichten nach sich ziehen können. Andererseits besteht die Besonderheit, dass Geschäftsgeheimnisse besonders verletzlich sind und die unumgängliche Weitergabe an die Arbeitnehmer mit enormen Risiken belastet ist.

b) Keine entgegenstehenden gesetzgeberischen Wertungen

570 Bevor auf die Frage einzugehen ist, inwiefern das Geschäftsgeheimnisgesetz dieses Ergebnis stützt, ist zuvor zu hinterfragen, ob die Rechtsordnung abseits des Geschäftsgeheimnisgesetzes einem Verständnis entgegensteht, welches eine Nachwirkung grundsätzlich bejahen kann. Dies könnte sich etwa daraus ergeben, dass die Regelung über vertragliche Vereinbarungen oder gesetzliche Sonderpflichten abschließend sind.

1094 *Hoffmanns*, S. 22.
1095 Ausdrücklich *Kalbfus*, Rn. 282; *Bachmann*, in MüKoBGB, § 241 Rn. 118.

V. Nachwirkende Geheimhaltungspflichten der Arbeitnehmer

(a) Keine Anwendbarkeit des § 90 HGB analog

Gesetzlich ist die Nachwirkung einer besonderen Geheimhaltungspflicht für Handelsvertreter in § 90 HGB festgelegt. Damit wird die während des bestehenden Handelsvertretervertrages bestehende Geheimhaltungspflicht über den Beendigungszeitpunkt hinaus verlängert. In Betracht kommen könnte nunmehr aufgrund der Fortgeltung bestehender Regelungen eine analoge Anwendung auf sämtliche Arbeitnehmer.[1096] Dies erscheint nicht *per se* abwegig, wenn man bedenkt, dass das Näheverhältnis zwischen Arbeitnehmer und Arbeitgeber deutlich enger ist als zwischen einem Handelsvertreter und dem Unternehmer.[1097]

571

Allerdings spricht sowohl der Ausnahmecharakter der Norm als auch der Regelungszweck gegen eine analoge Anwendung. Einerseits stellt § 90 HGB eine spezielle Vorschrift für den Bereich des selbstständigen und freien Handelsvertreters dar. Der Ausnahmecharakter spricht in erster Linie gegen die Annahme einer verallgemeinernden Analogie, denn der Gesetzgeber hatte offensichtlich die Absicht speziell nur Handelsvertreter zu adressieren.[1098] Zugleich besteht auch keine vergleichbare Interessenlage, denn der Handelsvertreter ist aufgrund seiner Kaufmannseigenschaft weniger schutzwürdig als ein abhängiger Arbeitnehmer und kann daher stärker in die Pflicht genommen werden.[1099] Der Handelsvertreter hat als Selbstständiger im Unternehmen eines anderen ebenso weite Einblicke, ist jedoch mangels einer dem Arbeitsverhältnis entsprechenden Beziehung nicht im gleichen Maße einer Treuepflicht unterworfen. Daraus ergibt sich letztlich die Notwendigkeit eine spezielle Regelung zu schaffen.[1100] Daher erscheint eine analoge Anwendung des § 90 HGB auf Arbeitnehmer nicht möglich. Allerdings ergibt sich im Umkehrschluss aus der Festlegung einer Geheimhaltungspflicht für Handelsvertreter keine gesetzgeberische Entscheidung gegen eine nachvertragliche Geheimhaltungspflicht von Arbeitnehmern.

572

(b) Kein Ausschluss über die Möglichkeit einer Geheimhaltungsvereinbarung

Die Möglichkeit einer nachvertraglichen Geheimhaltungsvereinbarung und eines Wettbewerbsverbotes bestehen grundsätzlich unabhängig von der Beurteilung des Bestands einer Nachwirkung. Das Schweigen des Gesetzgebers bezüglich nachvertraglicher Pflichten, deutet jedoch darauf hin, dass es nicht zwingend Angelegenheit des gesetzlichen Schutzes sein muss, den Schutz gegenüber

573

1096 So vorgeschlagen von *Molkenbur*, BB 1990, 1196 (1198).
1097 *Molkenbur*, BB 1990, 1196 (1196 ff.).
1098 *Gödde* (1999), S. 119 mit Verweis auf Larenz/Canaris, S. 202 ff.
1099 Die Vorschriften der §§ 74 ff. HGB wurden vor Einführung des § 110 GewO analog auf sämtliche Arbeitnehmer angewandt, *Roth*, in: Baumbach/Hopt (2020) § 74 Rn. 3.
1100 *Gödde* (1999), S. 119 f.

ehemaligen Arbeitnehmern zu statuieren. Vielmehr könnte dies dem Geheimnisinhaber durch vertragliche Mittel obliegen.

574 Richtig ist, dass eine nachvertragliche Festlegung durch rechtsgeschäftliche Abreden grundsätzlich zulässig ist, jedoch ergibt sich aus diesen Erwägungen nicht das Fehlen eines Interesses an einer nachwirkenden vertragsimmanenten Geheimhaltungspflicht. Vielmehr muss anhand der Beurteilung nachwirkender Pflichten ähnlich wie auch im bestehenden Vertragsverhältnis aus den jeweiligen Schutzpflichten bestimmt werden, ob letztlich eine Geheimhaltungspflicht zu bejahen ist. Eine nachwirkende Pflicht dient – und das ist wichtig – als eine Grundwertung bezüglich des dispositiven Rechtsbereichs und hat insofern Auswirkungen auf die Möglichkeit und den Umfang weiterer rechtsgeschäftlicher Abreden. Die bloße Feststellung, dass individuelle Vereinbarungen möglich sind, kann keinen Einfluss auf die gesetzliche Wertung nehmen oder gar diese ersetzen. Schließlich besteht die vertragsimmanente Geheimhaltungspflicht während des bestehenden Arbeitsverhältnisses auch trotz der Möglichkeit eine Pflicht ausdrücklich im Arbeitsvertrag zu verankern.

(c) Vereinbarkeit mit gesetzlich statuierten Geheimhaltungspflichten

575 Das Gesetz sieht allerdings unterschiedliche Formen von Geheimhaltungspflichten vor. Solche können sich einerseits aus arbeitsrechtlichen Spezialgesetzen für bestimmte Arbeitnehmergruppen oder aus der Möglichkeit, ein nachvertragliches Wettbewerbsverbot nach §§ 74 ff. HGB i.V.m. § 110 GewO abzuschließen, ergeben. Aus diesen könnte der Umkehrschluss zu ziehen sein, dass aufgrund der Festlegung von Geheimhaltungspflichten für besondere Arbeitnehmergruppen und mangels einer festgelegten Geheimhaltungspflicht für sämtliche Arbeitnehmer, eine solche gerade nicht bestehen soll.

576 Das nachvertragliche Wettbewerbsverbot hat allerdings eine wesentlich weitreichendere Wirkung als eine bloße Geheimhaltungspflicht. Es geht nicht mehr nur um die Wahrung betrieblicher Geheimnisse, sondern um die Vermeidung von Wettbewerb an sich. Daher trifft die gesetzliche Wertung, das Wettbewerbsverbot unter bestimmte Voraussetzungen zu stellen, keine Aussage über auf den grundsätzlichen Bestand einer vertragsimmanenten Geheimhaltungspflicht. Es stellt allenfalls eine Grenze für den Umfang einer nachvertraglichen Geheimhaltungspflicht dar. Diese wird regelmäßig dann erreicht sein, wenn der Arbeitnehmer sein Erfahrungswissen nicht mehr verwenden darf. Daher wird eine nachvertragliche Geheimhaltungspflicht allenfalls unter der Grenze des Anwendungsbereiches des Wettbewerbsverbots anzunehmen sein.[1101] Die Möglichkeit, ein Wettbewerbsverbot unter bestimmten Voraussetzungen abzuschließen, steht daher einer nachvertraglichen Pflicht nicht entgegen.

577 Dasselbe gilt für die speziellen auf bestimmte Arbeitnehmergruppen bezogene Geheimhaltungspflichten, die ebenso nachvertraglich wirken. Denn diese dienen

---

1101 *Gödde* (1999), S. 121.

dazu Rechtssicherheit zu gewährleisten und klare Vorgaben für diese Arbeitnehmergruppen zu schaffen. Aufgrund ihrer besonderen Stellung erlangen diese nämlich einen noch weitreichenderen Einblick in das Unternehmen und Zugang zu dessen sensible Informationen. Gleichwohl schützen die Vorschriften nur die geheimen Informationen, die der Arbeitnehmer im Rahmen dieser Stellung erhält und nicht solche, die er im Laufe seiner regulären Arbeitstätigkeit erlangt. Insofern tritt die Pflicht neben eine allgemeine Geheimhaltungspflicht und schließt diese nicht zwingend aus.

Im Ergebnis stehen die gesetzlichen Wertungen bezüglich nachvertraglicher Geheimhaltungspflichten bestimmter Personengruppen und nachvertraglicher Wettbewerbsverbote einer Nachwirkung der vertragsimmanenten Geheimhaltungspflicht nicht entgegen. 578

c) Vereinbarkeit einer nachvertraglichen Geheimhaltungspflicht mit dem Geschäftsgeheimnisgesetz

Geht man davon aus, dass eine Nachwirkung mit dem allgemeinen Zivilrecht und arbeitsrechtlichen Grundsätzen zu vereinbaren ist, gilt es nun zu untersuchen, ob die Ausgestaltung des Geschäftsgeheimnisgesetzes einer nachwirkenden Geheimhaltungspflicht entgegensteht oder ihre Annahme umgekehrt stützt. 579

(a) Gesetzesbegründung und Richtlinienerwägungen

Die Entwicklung des Geheimnisschutzes hat aufgezeigt, dass das Risiko durch Arbeitnehmer schon bei Einführung der lauterkeitsrechtlichen Vorschriften die Ausgestaltung des Schutzes weitgehend beeinflusst hat und im Ergebnis auch zu dessen Problemen beitrug. Nunmehr zielt das deutsche Recht nicht mehr auf eine präventive Wirkung ab, sondern basiert auf der innovations- und investitionsgetriebenen Geschäftsgeheimnis-Richtlinie. Vor diesem Hintergrund ist es nicht überraschend, dass das GeschGehG die Frage des Arbeitnehmers nicht explizit adressiert. Dennoch hat der Interessenkonflikt Anklang gefunden, denn nicht nur ist die strafrechtliche Wertung erhalten geblieben, sondern auch in den zivilrechtlichen Vorschriften nahm der Gesetzgeber unmittelbar Bezug auf die Rechte und Pflichten der Arbeitnehmer.[1102] 580

Da das GeschGehG die nachvertraglichen Pflichten von Arbeitnehmern nicht ausdrücklich regelt, hat der deutsche Gesetzgeber in § 1 Abs. 3 Nr. 4 GeschGehG klargestellt, dass die bestehenden Grundsätze hinsichtlich der Rechte und Pflichten von Arbeitnehmern aufrechterhalten werden sollen. Damit sind auch die vertragsimmanenten Pflichten und die Wertung bezüglich nachwirkender Vertragspflichten des Arbeitnehmers gemeint. Insofern trägt das Geschäftsgeheimnisgesetz nichts zu einem neuen Verständnis der arbeitsrechtlichen Geheimhaltungs- 581

1102 Vgl. § 1 Abs. 3 Nr. 4.

pflicht bei, sondern steht diesem auf den ersten Blick sogar entgegen. Allerdings erläutert die Gesetzesbegründung lediglich das nationale Umsetzungsgesetz, während weiterhin die Geschäftsgeheimnis-Richtlinie ausschlaggebend für die Auslegung des Geschäftsgeheimnisgesetzes sein wird. Anders formuliert, führt die Verbindlichkeit der Richtlinie nach Art. 288 Abs. 3 AEUV dazu, dass das Geschäftsgeheimnisgesetz und die mit ihm verbundenen Folgen richtlinienkonform auszulegen sind.[1103]

582 Daher führt die unterbliebene gesetzliche Umsetzung nicht dazu, dass etwaige Vorgaben des Richtliniengesetzgebers im Hinblick auf ehemalige Arbeitnehmer unberücksichtigt bleiben. Dieser hat nämlich in Art. 1 Abs. 3 eine Vorschrift erstellt, die dem Schutz der Arbeitnehmermobilität dient, indem weder schutzlose Informationen noch die rechtmäßig erlangten Erfahrungen Gegenstand des Geheimnisschutzes sind. Im Hinblick darauf könnte sich nunmehr aus dem Unionsrecht ergeben, dass die Auslegung nachvertraglicher Geheimhaltungspflichten nicht mehr nur den nationalen Gesetzen überlassen werden soll. Denn die Richtlinie bezweckt einen einheitlichen zivilrechtlichen Mindestschutz von Geschäftsgeheimnissen im Binnenmarkt. Dieser Schutz wäre verschoben, wenn in den Mitgliedsstaaten jeweils eine vollständig andere Beurteilung der Geheimhaltungspflichten ehemaliger Arbeitnehmer herrschen würde.[1104] Zudem würde eine Abweichung gerade in diesem Punkt die Arbeitnehmermobilität behindern. Dies wird insbesondere unter Berücksichtigung des Risikos, welches Arbeitnehmer für Geschäftsgeheimnisse mit sich bringen, deutlich.[1105] Daher wird Art. 1 Abs. 3 im Rahmen einer richtlinienkonformen Auslegung der hier maßgeblichen § 4 Abs. 2 Nr. 2 und 3 GeschGehG zu berücksichtigen sein.

583 Das Geschäftsgeheimnisgesetz nimmt in der Gesetzesbegründung auch Bezug auf Art. 1 Abs. 3 lit. b der Richtlinie, welcher als Ansatzpunkt der Auslegung des Unionsrechts dienen soll: »*Was die Ausübung dieser Mobilität anbelangt, so bietet diese Richtlinie insbesondere keinerlei Grund für (...) b) die Beschränkung der Nutzung von Erfahrungen und Fähigkeiten, die Arbeitnehmer im normalen Verlauf ihrer Tätigkeit ehrlich erworben haben*« Kenntnisse und Erfahrungen, welche die Arbeitnehmer während ihrer Tätigkeit erlangt haben, sind – wie Erwägungsgrund 14 zusätzlich bestätigt – vom Geheimnisschutz ausgeschlossen.

584 Grundsätzlich könnte man in Art. 1 Abs. 3 der Geschäftsgeheimnis-Richtlinie einen ausdrücklichen Hinweis darauf vermuten, dass zum Schutz der Arbeitnehmermobilität eine nachvertragliche Verwendung von Geschäftsgeheimnissen als erlaubt und sogar erwünscht erscheint. Bei genauerer Betrachtung ist jedoch zu berücksichtigen, dass die Richtlinie im Rahmen der Freistellung keinen Bezug auf rechtmäßig erlangte Geschäftsgeheimnisse nimmt, sondern nur auf die »*Erfahrungen und Fähigkeiten*«. Darin kann grundsätzlich kein Verse-

---

1103 Dazu ausführlich *Steinmann*, WRP 2019, 703 (703 ff.).
1104 *Wunner*, WRP 2019, 710 (713); *Werner*, WRP 2019, 1428 (1430).
1105 *McGuire*, GRUR 2016, 1000 (1001).

hen oder eine sprachliche Ungenauigkeit des Unionsgesetzgebers zu sehen sein, da dieser zuvor in Art. 1 Abs. 3 lit. a ausdrücklich auf Geschäftsgeheimnisse eingeht. Insofern ist eine unterschiedliche Bedeutung der Begriffe anzunehmen und von lit b ausschließlich das Erfahrungswissen erfasst. Wenn der Unionsgesetzgeber aber ausdrücklich nur auf redliche erworbene Erfahrungen und Wissen eingeht, die kein Geschäftsgeheimnis im Sinne des § 2 Nr. 1 GeschGehG darstellen, hat er sich einer Aussage bezüglich der Nutzung von Geschäftsgeheimnissen im nachvertraglichen Bereich entzogen. Dadurch, dass er dies nicht im Rahmen der Regelbeispiele des Art. 1 Abs. 3 der Richtlinie aufführt, scheint insofern die Möglichkeit zu bestehen, dass der Schutz im nachvertraglichen Bereich mit einer Einschränkung der Arbeitnehmermobilität konform sein könnte. Auch wenn in dieser Norm keine Geheimhaltungspflicht hineingelesen werden kann, ergibt sich jedoch auch nicht, dass eine Nutzung oder Offenlegung der Geschäftsgeheimnisse zwingend als erlaubt anzusehen ist.[1106]

Damit steht die Geschäftsgeheimnis-Richtlinie ihrem Wortlaut entsprechend weder einem Verständnis entgegen, dass grundsätzlich eine Verwertungsfreiheit im nachvertraglichen Bereich begründet, noch einem solchen, welches eine nachvertragliche Geheimhaltung statuiert. Daher lässt sich der Konflikt auch nicht pauschal zu Gunsten einer Seite entscheiden. Erneut bedarf es eines interessengerechten Ausgleichs, in welchem Umfang Arbeitnehmern die Verwendung der Geschäftsgeheimnisse außerhalb des Beschäftigungsverhältnisses mit rechtlichen Mitteln untersagt werden kann. Im Hinblick auf die dem Geheimnisschutz entgegenstehenden Interessen stellt sich jedoch ein ausgeprägter Schutz geheimer Informationen vor allem als wirtschaftlich nachteilig dar. Daher stellt sich die Frage, aus welchem Grund der Gesetzgeber einen solchen rechtlichen Schutz gewähren sollte. Folglich sollen nachfolgend die allgemeinen rechtspolitischen Erwägungsgründe für die Gewährung eines Geheimnisschutzes analysiert werden.

(b) Wirtschaftspolitische Betrachtung eines nachvertraglichen Geheimnisschutzes

(i) Einschränkung der Arbeitnehmermobilität

Wesentlicher Kritikpunkt aus der Sicht der Arbeitnehmer ist, dass sich ein Geheimnisschutz im nachvertraglichen Bereich negativ auf die Arbeitnehmermobilität auswirke. Denn dieser bringe entsprechende Rechte und Kontrollmöglichkeiten des Arbeitgebers über den ehemaligen Arbeitnehmer mit sich, obwohl das Arbeitsverhältnis bereits beendet wurde. In dem Umfang, in welchem Arbeitgeber Rechte zugesprochen werden, werden Arbeitnehmer somit in ihren Rechten, das Wissen im nachvertraglichen Bereich zu nutzen, beschnitten. Besonders stark spezialisierte und ausgebildete Arbeitnehmer seien davon betroffen. Diese

---

1106 *Wunner*, WRP 2019, 710 (714).

werden durch nachvertragliche Geheimhaltungspflichten faktisch an ein Unternehmen gebunden, da diese bewirken, dass sie ihre Kenntnisse und Fähigkeiten in einem nachfolgenden Arbeitsverhältnis nicht mehr verwenden dürften.[1107] Ggf. wären sie sogar gehindert, weiterhin im selben Tätigkeitsbereich zu arbeiten und müssten sich beruflich umorientieren. Ihr bestehendes Wissen und die bereits investierte Zeit in ihre Ausbildung und Spezialisierung gingen damit verloren. Folge ist, dass Arbeitnehmer nicht ihr volles Potenzial ausschöpfen dürfen und zugleich unattraktiv für den Arbeitsmarkt werden.

587 Ebenso müssen Arbeitgeber befürchten, dass sie sich der mittelbaren Verletzung eines Geschäftsgeheimnisses haftbar machen, wenn neue Angestellte ihr Wissen aus dem vorhergehenden Beschäftigungsverhältnis zu ihren Gunsten verwenden. Ein nachvertraglicher Geheimnisschutz führt daher auch dazu, dass es für Unternehmen deutlich komplizierter ist, geeignete und qualifizierte Arbeitnehmer zu finden. Folge ist damit nicht nur eine eingeschränkte Arbeitnehmermobilität, sondern auch eine negative Auswirkung auf die Beschäftigtenquote insgesamt.[1108]

588 Gleichzeitig führt die geminderte Arbeitnehmermobilität dazu, dass durch weniger Arbeitsplatzwechsel weniger Wissen zwischen den Unternehmen zirkuliert. Dies geht zu Lasten des Unternehmens selbst und hält die Arbeitnehmer während des Arbeitsverhältnisses zugleich davon ab, sich weiterzubilden oder zu spezialisieren, sofern sie das Wissen nach der Beschäftigung ohnehin nicht mehr verwenden dürften.[1109] Das niedrige Ausbildungsniveau resultiert für Arbeitnehmer letztlich in niedrigeren Löhnen und für Unternehmen in einer geminderten Innovationsfähigkeit.[1110] Die Einschränkung des Wissenstransfers hat daher grundlegende Auswirkungen auf die Karrierechancen und das damit verbundene soziale Wohlergehen von Arbeitnehmern.

589 Zugleich betrachten Arbeitnehmer die Informationen und Innovationen als ihre geistige Schöpfung. Daher wollen sie unter Umständen sowohl eine Kompensation, die über den einfachen Arbeitslohn hinausgeht, als auch Ansehen in der Öffentlichkeit und die Möglichkeit haben, ihr geschaffenes Wissen mitzunehmen. Angeführt wird im Rahmen dieser Diskussion häufig der innovationsfördernde Effekt, den die freie Verfügbarkeit von Informationen auf Arbeitnehmer hat, denn neben der arbeitsvertraglichen Bezahlung ist für viele Arbeitnehmer die Anerkennung, die sie für ihre geschaffenen Innovationen erhalten, wichtig. Auch Uneigennützigkeit kann ausschlaggebend sein, da sie wollen, dass ihre Ergebnisse der Allgemeinheit zur Verfügung gestellt werden. Insbesondere für Wissenschaftler ist Erfolg und Bekanntheit ein wesentlicher Faktor sowohl für ihre Karriere als auch für den Fortschritt in ihrem Betätigungsfeld. Die Geheim-

---

1107 *Png, Ivan P. L. and Samila, Sampsa*, (2015), S. 8.
1108 *Kolasa* (2018), S. 18.
1109 BGH, Urt. v. 16.11.1954 – I ZR 180/53, GRUR 1955, 402 (404) – Anreißgeräte; *Kolasa* (2018), S. 18.
1110 *Png, Ivan P. L. and Samila, Sampsa* (2015), S. 8.

haltung nimmt ihnen jedoch die Möglichkeit ihre Ergebnisse zu publizieren und könnte folglich die Anstrengungen Innovationen zu schaffen, schwächen.

(ii) Innovations- und Investitionsförderung

Wesentlicher Gedanke des Geheimnisschutzes ist allerdings mit Umsetzung der Geschäftsgeheimnis-Richtlinie gerade, dass Unternehmen durch die rechtliche Absicherung nicht nur selbst Nutzen ziehen, sondern zum Vorteil der Allgemeinheit dazu angehalten werden, in die Schaffung neuer Informationen zu investieren und damit zum gesamtwirtschaftlichen Fortschritt beitragen.[1111] Dazu sind Unternehmen allerdings nur bereit, wenn sie einen wirtschaftlichen Vorteil aus dem geschaffenen Wissen ziehen können. Der rechtliche Schutz ist insofern eine Belohnung für die Investition und soll einen Anreiz setzen, weiter zu investieren.[1112] Dieser Zusammenhang zwischen Anreiz und Belohnung stellt bereits ein anerkanntes Rechtfertigungsmittel des Patentrechts dar (sog. Anreiztheorie).[1113] Durch das rechtlich begründete Monopol wird dem Patentinhaber nämlich die Möglichkeit gegeben, seine Investitionen zu amortisieren und darüber hinausgehende Gewinne zu erwirtschaften. Eine ähnliche Wirkung kommt der Geheimhaltung zu, wenn sie rechtlich verstärkt wird. Dies macht sie als Schutzinstrument attraktiver und reizt im Umkehrschluss zu innovativer Tätigkeit an, da das geschaffene Wissen abgesichert und gewinnbringend verwertet werden kann.[1114]

590

Im Zusammenhang mit der Innovationsförderung steht auch die Bindung der Arbeitnehmer an ein Unternehmen. Denn einerseits kann der einschränkende Effekt auf die Arbeitnehmermobilität positive Auswirkungen auf die Innovationsfähigkeit eines Unternehmens haben, indem besonders qualifizierte Kräfte gebunden werden und Wissen in Form von Routinen und Arbeitserfahrung im Unternehmen verbleibt.[1115] Zugleich kommen die erhöhten Umsätze, welche Unternehmen durch das Monopol geltend machen können, der Marktgegenseite und damit auch den Arbeitnehmern zu Gute, da sie sich regelmäßig in reduzierten

591

1111 Erwägungsgrund 3 Geschäftsgeheimnis-RL EU/2016/943; kritisch zum Innovationsanreiz, *Risch* (2007), S. 26 f. mit Verweis auf *Bone*, 86 Cal. L. Rev. 241, 245 (1998).
1112 *Harte-Bavendamm*, in Gloy/Loschelder/Erdmann, § 77 Rn. 1 f.; *Stumpf*, S. 29; *Vormbrock*, in: Götting/Meyer/Vormbrock, § 30 Rn. 15.
1113 *Osterrieth,* Rn. 17; grundsätzlich ähnliche Ziele verfolgt auch das Urheberrecht, jedoch geht es dort nicht um die Förderung des technischen Fortschritts, sondern um die Bereicherung auf kulturellem und kreativem Gebiet.
1114 Dem wird entgegnet, dass Unternehmen ihr Wissen auch ohne rechtlichen Schutz durch faktische und vertragliche Mittel geheim halten würden und der unterstellte Innovationsanreiz überwiegend von der faktischen Geheimhaltungsmöglichkeit ausgehe. Der Gesetzgeber könne daher kaum Einfluss nehmen, vgl. *Ohly*, GRUR 2014, 1 (2); *Siems*, WRP 2007, 1146 (1149); *Kalbfus*, Rn. 70.
1115 *Oehlrich*, GRUR 2010, 33 (34); *Kolasa*, S. 20.

Preisen und erhöhter Produkt- oder Dienstleistungsqualität niederschlagen werden. Folge des Geheimnisschutzes sind daher neue und verbesserte Produkte in Bereichen, die einem kurzen Innovationszyklus unterliegen. Von diesen Vorteilen profitieren im Ergebnis auch die Arbeitnehmer. Denn die höheren Umsätze ihres Arbeitgebers und die Investitionen in neue Entwicklung, führen nicht selten zu verbesserten Arbeitsbedingungen und der Schaffung neuer Arbeitsplätze.

592 Demgegenüber würde eine nachvertragliche Schutzlosigkeit gegenüber Arbeitnehmern grundsätzlich dazu führen, dass mit jedem ausscheidenden Arbeitnehmer die Geheimnisse zu einem Mitbewerber abfließen und der Wettbewerbsvorsprung letztlich mit hoher Wahrscheinlichkeit verloren ginge, wenn nicht rechtswirksame und umfangreiche Geheimhaltungsvereinbarungen getroffen werden. Während der Arbeitgeber so seinen Wettbewerbsvorsprung verliert, profitiert der ehemalige Arbeitnehmer und ggf. sein neuer Arbeitgeber von einer Information, deren Schaffung für sie weder Kosten verursacht hat noch deren Risiko sie zu tragen hatten.[1116] *Daher würden Arbeitgeber entweder zurückhaltender einstellen, den Arbeitnehmern weniger Informationen zur Verfügung stellen oder auf umfangreiche und kostenintensive Geheimhaltungsvereinbarungen mit Vertragsstrafen zurückgreifen müssen. Dies hindert die unternehmerische Effizienz, macht die Investition in Innovation unattraktiv und konterkariert somit den Sinn und Zweck der Geschäftsgeheimnis-Richtlinie.*[1117]

(iii) Effektive Ressourcenverteilung

593 Um einen Wissensverlust zu verhindern, können Arbeitgeber den Arbeitnehmern das Wissen schlichtweg vorenthalten. Allerdings können tatsächliche Maßnahmen in Form von Zugriffs- und Zugangsbeschränkungen eine Kenntnisnahme oder Mitnahme nur in begrenztem Umfang verhindern, da sie immer kostenintensiv und vor allem nur eingeschränkt möglich sein werden. Die Weitergabe an die zuständigen Arbeitnehmer ist nämlich unvermeidbar, um mit den Informationen zu wirtschaften. Ohne gesetzlichen Schutz gegenüber ehemaligen Arbeitnehmern würde der Geheimnisinhaber die Information daher geheim halten, indem er einen aufwändigen faktischen Schutz etabliert und nur wenigen vertrauenswürdigen Mitarbeitern Zugang gewährt. Schon ein solcher Aufwand bindet viele Ressourcen und hemmt die Innovationsfähigkeit eines Unternehmens, führt sie doch zu einer ineffizienten Arbeitsweise.[1118] Als einzige Schutzmöglichkeit bestünden für den Arbeitgeber gegenüber diesen Arbeitnehmern sodann nur nachvertragliche Geheimhaltungsvereinbarungen und Wettbewerbsverbote. Diese müsste er aber auch zwingend abschließen, da er ansonsten riskiert den Schutz mangels Geheimhaltungsmaßnahmen zu verlieren. Auch Geheimhaltungsabreden stoßen aber häufig an ihre Grenzen, da sie kostenintensiv und nicht

---

1116 *Risch* (2009), S. 343.
1117 *Wunner*, WRP 2019, 710, (714).
1118 *Siems*, WRP 2007, 1146 (1149); *Ann*, in: Ann/Loschelder/Grosch Kap. 1 A. Rn. 2.

selten unwirksam sind. Im Hinblick auf diese Aussicht wird der Arbeitgeber von vornherein den drohenden Informationsverlust in die Bezahlung mit einfließen lassen und nur zögerlich neue Arbeitnehmer einstellen, wenn er sich der dauerhaften Tätigkeit – insbesondere durch vertragliche Mittel abgesichert – sicher ist.[1119] Dies wirkt sich aber nachteilig auf die Führung eines Unternehmens, die Beschäftigtenquote und die Bezahlung der Arbeitnehmer aus.

Im Gegenzug werden zugleich Konkurrenten ihre Bemühungen zur Erlangung dieser Geheimnisse durch die Abwerbung von Mitarbeitern erhöhen, da sie keine rechtlichen Konsequenzen befürchten müssten. Dies würde zu einem Wettlauf zwischen Geheimnisinhaber und Mitbewerbern führen, in welchem zunehmend Ressourcen in die Sicherung (vertragliche und faktische Maßnahmen gegenüber Arbeitnehmern) oder Erlangung (Abwerbung von Mitarbeitern) von Geheimnissen investiert werden würden. Dies ist im Hinblick darauf, dass beide Seiten die Ressourcen in die Erarbeitung neuer Innovationen und Fortbildung der bestehenden Belegschaft hätten anlegen können, unökonomisch und wirkt sich negativ auf die Innovationsfähigkeit eines Markt insgesamt aus.[1120] Gleichzeitig könnten vor allem kleinere Unternehmen die Mittel für qualifizierte Arbeitnehmer nicht aufbringen und wären den finanzstarken Konzernen wettbewerbstechnisch unterlegen.[1121] Da unter Umständen die Erlangung fremden Wissens durch ehemalige Arbeitnehmer sogar kostengünstiger als die eigene Entwicklung und Etablierung von Schutzmaßnahmen ist, könnten zahlreiche Unternehmen das Interesse daran verlieren, selbst zu entwickeln oder Fortbildungen für ihre Arbeitnehmer anzubieten.

594

Ein solches Marktversagen muss durch einen ausgewogenen Geheimnisschutz verhindert werden.[1122] Es fallen unnötige Investitionen in faktische Maßnahmen gegenüber Mitbewerbern oder Arbeitnehmer und unlautere Praktiken weg, sodass den Marktteilnehmern mehr Ressourcen für eigene Entwicklungen verbleiben und unter Umständen sogar Arbeitsplätze geschaffen werden.[1123]

595

(iv) Gewährleistung der unternehmerischen Effizienz

Zudem ermöglicht ein rechtlicher Schutz auch die rechtsgeschäftliche Verwertung.[1124] Ohne eine rechtliche Absicherung über den vertraglichen Bereich hinaus, wäre der Geheimnisinhaber nämlich nur selten bereit, Informationen zu

596

1119 *Risch* (2009), S. 343.
1120 *Ann*, in: Ann/Loschelder/Grosch Kap. 1 A. Rn. 2, *Siems*, WRP 2007, 1146 (1149).
1121 *Siems*, WRP 2007, 1146 (1150).
1122 *Ann*, in: Ann/Loschelder/Grosch Kap. 1 A. Rn. 2.
1123 *Risch* (2007), S. 26; *Ohly*, in: Ohly/Sosnitza, Vor § 17, Rn. 4; *Siems*, WRP 2007, 1146 (1149); *Ann*, in: Ann/Loschelder/Grosch Kap. 1 A. Rn. 2; *Köhler*, in: Köhler/Bornkamm/Feddersen (2019), Vor § 17 Rn. 6; *Harte-Bavendamm*, in: Harte/Henning, Vor § 17 Rn. 5; *Wexler*, 70 Stan. L. Rev. 1343 (2018), S. 1417.
1124 *Wexler*, 70 Stan. L. Rev. 1343 (2018), S. 1417.

teilen.[1125] Ein gesetzlicher Schutz erleichtert damit den Wissenstransfer und veranlasst Unternehmen dazu, das Wissen nach außen zu tragen. Obwohl keine Offenbarung an die Allgemeinheit erfolgt, kann ein beschränkter Personenkreis durch die rechtsgeschäftlich vereinbarte Lizenz in die Lage versetzt werden, die Informationen zu nutzen und Innovationen hervorzubringen.[1126] Insofern besteht für den Geheimnisinhaber die Möglichkeit, das Wissen vertraglich zu verwerten, sodass ein rechtlicher Schutz sogar einer absoluten Geheimhaltung entgegenwirken kann.[1127]

597 Diese Schaffung der Infrastruktur und Begünstigung einer rechtsgeschäftlichen Verwertung des Wissens lässt sich weitgehend auch auf das Arbeitnehmer-Arbeitgeber Verhältnis übertragen. Denn nicht nur der externe Wissenstransfer wird damit abgesichert, sondern auch der unternehmensinterne Wissensfluss. Der Unterschied liegt hier darin, dass der Arbeitgeber keine andere Wahl hat als das Wissen dem Arbeitnehmer zur Verfügung zu stellen. Andernfalls kann er mit diesem nicht effizient wirtschaften. Neben der Investition in Forschung und Entwicklung stellt das Teilen von Wissen im Unternehmen einen wichtigen Faktor im Bereich der Innovationsförderung dar. Wenn Arbeitnehmer Wissen im Unternehmen weitergeben oder an diesem teilhaben können, werden durch die Mitwirkungsmöglichkeit auch neue Ideen und Innovationen gefördert. Zugleich kann eine vertragliche Abrede mit dem Arbeitnehmer nicht alle Eventualitäten erfassen. Denn zum Teil werden Arbeitnehmer spontan bereichsübergreifend eingesetzt, erfahren über Kollegen Informationen außerhalb ihres Tätigkeitsbereichs oder entwickeln selbst neues Wissen. Für jede Situation eine Regelung zu schaffen, die auch im nachvertraglichen Bereich eingreift, würde den Rahmen der vertraglichen Vereinbarung und der entstehenden Kosten sprengen. Gerade dies wäre aber im Falle des fehlenden nachvertraglichen gesetzlichen Schutzes der Fall. Dies würde Arbeitgeber zu weitgehenden Zugangsbeschränkungen mit den entsprechenden negativen Folgen treiben. Insofern kann sich eine Absicherung des nachvertraglichen Bereichs durch eine gesetzliche Geheimhaltungspflicht bereits positiv auf die Ausgestaltung und Mitarbeiterführung bestehender Arbeitsverhältnisse auswirken.

(v) Zwischenergebnis

598 Der Geheimnisschutz als solcher steht zwischen dem Schutz von Leistungen und der grundsätzlichen Informationsfreiheit. Mitten in diesem Konflikt bewegt sich auch die Frage nach der Gewährleistung der Arbeitnehmermobilität und den Arbeitnehmerrechten auf der einen Seite und deren Einschränkung im nachvertraglichen Bereich auf der anderen Seite. Ein Zusammenhang zwischen der Gewährung des nachvertraglichen Geheimnisschutzes und der Einschränkung

---

1125 *Siems*, WRP 2007, 1146 (1149); *Wagner*, Rn. 58.
1126 *Wagner*, Rn. 60 f.
1127 *Siems*, WRP 2007, 1146 (1150); *Wexler*, 70 Stan. L. Rev. 1343 (2018), S. 1417.

der Arbeitnehmermobilität ist ohne Zweifel gegeben. Auch ist zu erkennen, dass die wirtschaftlich nachteiligen Folgen, die ein fehlender nachvertraglicher Schutz auf die unternehmerische Betätigung hätte, sich entsprechend negativ auf Arbeitnehmer auswirken können. Der Verbleib von Geschäftsgeheimnissen in einem Unternehmen kommt nämlich auch ihnen zu Gute, da der Bestand und die Ausgestaltung ihrer Arbeitsplätze zu einem großen Teil vom wirtschaftlichen Erfolg eines Unternehmens abhängen. Daher ist ein nachvertraglicher Geheimnisschutz tatsächlich nicht nur im Interesse des Arbeitgebers.

Deutlich wird jedoch, dass ein fehlender nachvertraglicher Schutz Unternehmen einerseits dazu antreibt, viele Ressourcen in den faktischen und vor allem rechtlichen Schutz von Informationen zu stecken und andererseits Unternehmen hemmen kann in neue Innovationen zu investieren. Denn die bloße Abwesenheit einer gesetzlichen Absicherung führt dazu, dass Unsicherheiten entstehen, da fehlende oder unwirksame Vereinbarungen sodann augenblicklich einen Schutzverlust bedeuten können. Dies stünde nicht im Einklang mit den Richtlinienzielen der Innovationsförderung und effizienten Ressourcenallokation. Demgegenüber kann eine nachwirkende Geheimhaltungspflicht die Sicherheit bieten, die notwendig ist, um auch die Richtlinienziele effektiv umsetzen zu können. Dies lediglich dem Vertragsrecht zu überlassen erscheint demgegenüber nicht ausreichend. Denn im Gegensatz zu sonstigen Vertragsverhältnissen ist ein Arbeitgeber darauf angewiesen, den Arbeitnehmer einen verstärkten Zugriff auf die geheimen Informationen zu gewähren. Ist deren Schutz ausschließlich von wirksamen vertraglichen Abreden abhängig, die umfangreich und häufig kaum zu überblicken wären, müssten Arbeitgeber hohe finanzielle Mittel in diese Vertragswerke investieren oder einen Verlust des Geheimnisschutzes befürchten. Im Ergebnis ist daher eine nachwirkende Geheimhaltungspflicht aus ökonomischen Gründen zu befürworten. 599

(c) Schutzkonzeption des Geschäftsgeheimnisgesetzes

(i) Zivilrechtliche Erweiterung des Schutzes

Die notwendige Basis für eine Nachwirkung der Geheimhaltungspflichten stellt die zivilrechtliche Schutzkonzeption des Geschäftsgeheimnisses dar. Durch die Festlegung eines eigenständigen zivilrechtlichen Geheimnisschutzes wurde der rechtliche Geheimnisschutz nämlich deutlich erweitert. Wesentlicher Unterschied ist vor allem, dass der eigenständige Geheimnisschutz nicht mehr strafrechtsakzessorisch ist und aus diesem Grund keine Begrenzung mehr im Hinblick auf den Zeitpunkt der Handlung erfährt. 600

Der zentrale Argumentationsgedanke des Reichsgerichts und ihm folgend auch des Bundesgerichtshofes gegen eine Nachwirkung war nämlich, dass der Gesetzgeber dem Arbeitnehmer in § 17 Abs. 1 UWG aF bewusst einen Freiraum im nachvertraglichen Bereich einräumen wollte. Diese Freiheit würde missachtet, wenn man die Grenzen der lauterkeitsrechtlichen Sanktionen im 601 zivilrechtlichen Bereich durch eine extensive Handhabung der Generalklausel übertrete.[1128] Dadurch maß die Rechtsprechung den § 17 Abs. 1 UWG aF einen gewissen abschließenden Charakter in zeitlicher Hinsicht bei. Diese Wertung wurde im Schrifttum häufig in Zweifel gezogen.[1129] Der Gesetzgeber habe nämlich mit § 17 Abs. 1 UWG aF eine strafrechtliche Wertung getroffen. Unter Berücksichtigung des Grundsatzes der Subsidiarität des strafrechtlichen Rechtsgüterschutzes ist das Strafrecht als eingriffsintensives Mittel des Staates gegenüber dem Bürger nur dann einzusetzen, wenn kein milderes Mittel Aussicht auf Erfolg verspricht. Im Umkehrschluss bedeutet dies, dass nicht jedes Verhalten, dass nicht unter Strafe steht, rechtskonform ist. Dies zeigt sich daran, dass eine große Zahl an Verhaltensweisen eine zivilrechtliche Haftung nach sich zieht, jedoch strafrechtlich nicht belangt werden kann. Dass dies für die §§ 17 ff. UWG aF nicht möglich gewesen sein soll, erscheint nicht überzeugend. Aus diesen Gründen ist auch der Verweis der Rechtsprechung auf die Intention des Gesetzgebers im Gesetzgebungsverfahren wenig plausibel, weil immer nur auf die Strafbarkeit eines nachvertraglichen Verrates abgestellt und nicht die zivilrechtliche Seite einbezogen wird.[1130] Daher führt *Kalbfus* überzeugenderweise an, dass es unter systematischen Gesichtspunkten durchaus möglich gewesen wäre, § 17 Abs. 1 UWG aF auf zivilrechtlicher Ebene weitergehender zu ergänzen als die Rechtsprechung dies getan hatte.[1131]

602 Die Kritik an der Rechtsprechung des Bundesgerichtshofes wird nunmehr durch das neue Geschäftsgeheimnisgesetz gestützt. Richtig mag sein, dass aus strafrechtlicher Sicht der Schutz gegenüber den Arbeitnehmern lediglich auf den Zeitraum des bestehenden Arbeitsverhältnisses begrenzt war, um die Mobilität der Arbeitnehmer nicht einzuschränken und dem sinkenden Unwertgehalt nachvertraglicher Handlungen gerecht zu werden. Es besteht jedoch nunmehr ein unabhängiges zivilrechtliches System, das durch die Strafvorschrift des § 23 GeschGehG nur noch in besonders eklatanten Fällen ergänzt wird. Dadurch ist der zivilrechtliche Geheimnisschutz nicht mehr von einem Handlungszeitpunkt abhängig, sondern knüpft ausschließlich an die Frage an, ob eine wirksame Verpflichtung besteht. Aus diesem Grund ist die Argumentation des Bundesgerichtshofs in dieser Hinsicht nun endgültig nicht mehr haltbar.

603 Der durch das Geschäftsgeheimnisgesetz vermittelte zivilrechtliche Schutz ist nicht nur weiter und weder von Straftatbeständen noch von Generalklauseln abhängig. Das Zivilrecht weist auch einen anderen Sinn und Zweck auf als der strafrechtliche Schutz, welcher vor allem ein ethisches Minimum statuiert. Die Zivilrechtsordnung dient dazu, ungerechtfertigte Vermögensverschiebungen zu

---

1128 RGZ 65, 333 (338) – Pomril; BGH, GRUR 1955, 402 (404 f.) – Anreißgeräte; BGH, GRUR 1963, 367 (369) – Industrieböden.
1129 Vgl. *Mes*, GRUR 1979, 584 (590f.); *Ohly*, GRUR 2014, 1 (5).
1130 *Mes*, GRUR 1979, 584 (590f.); *Ohly*, GRUR 2014, 1 (5).
1131 *Kalbfus*, Rn. 336.

verhindern oder im Falle einer Verletzung diese zu auszugleichen.[1132] Aufgrund der deutlich milderen und grundverschiedenen Rechtsfolgen einer Verletzung wird das Zivilrecht daher keinen derart ausgeprägten Eingriff in die Arbeitnehmermobilität darstellen wie es eine strafrechtliche Sanktionierung hätte, auf welche sich die bisherige Argumentation in Rechtsprechung und Literatur bezog.

Auf diese zivilrechtliche Schutzkonzeption abstellend, erscheint es möglich, einen erweiterten Schutz des Geheimnisinhabers anzunehmen als bisher. Dies gilt umso mehr, als dass auch die Anforderungen an den Schutzgegenstand nach § 2 Nr. 1 GeschGehG deutlich gestiegen sind. Neben einem wirtschaftlichen Wert, müssen insbesondere Geheimhaltungsmaßnahmen etabliert werden. Erfüllt ein Unternehmen diese Anforderungen, erscheinen weitergehende Rechte gerechtfertigt. Letztlich entfällt auch die Kritik an der fehlenden Trennungsmöglichkeit zwischen Geschäftsgeheimnissen und Erfahrungswissen, sie ist aufgrund der Schutzkonzeption und den Anforderungen an eine Geheimnisinhaberschaft eindeutig möglich. Berücksichtigt werden muss schließlich, dass die gesetzliche Festlegung von Ausnahmen und Rechtfertigungsgründen in § 3 und 5 GeschGehG zu einer erhöhten Rechtssicherheit führt. Diese Tatsachen führen dazu, dass Unternehmen weitergehende Rechte als noch vor der Geheimnisschutzreform zu gewähren sind.[1133] Insofern ist die bisherige Rechtslage ebenfalls nicht mit dem nunmehr bestehenden Schutz vergleichbar.

604

(ii) Ausgleich der entgegenstehenden Interessen

Letztlich bringt die Annahme einer nachvertraglichen Pflicht auch die erforderliche Abwägung zwischen den Interessen der Arbeitsvertragsparteien nicht aus der Balance. Dass die strikte Ablehnung eines nachvertraglichen Schutzes keinen angemessenen Ausgleich der Interessen ermöglicht, zeigt insbesondere die Rechtsprechung des Bundesgerichtshofes zu § 17 Abs. 2 Nr. 2 Var. 3 UWG aF, dass trotz der Wertung des § 17 Abs. 1 UWG aF unter besonderen Umständen ein Verwendungsverbot bestehe.[1134] Die Anwendung dieses Tatbestands auf die Verwertung von Dokumenten verdeckt im Grunde die erforderliche Abgrenzung zwischen Erfahrungswissen und Geschäftsgeheimnissen. Gleichzeitig nahm der BGH auf zivilrechtlicher Ebene aber auch wieder die Arbeitnehmerinteressen in Schutz und betonte, dass außerhalb der lauterkeitsrechtlichen Straftatbestände nur ganz besondere Umstände Ansprüche aus § 3 UWG begründen könnten.[1135] Diese Verschiebung in der Reichweite zivil- und strafrechtlicher Normen erscheint nicht nur inkonsequent, sondern im Hinblick auf das Verhältnis zwischen Zivil- und Strafrecht zu weitgehend. Die Widersprüche sind nicht

605

1132 *Mes*, GRUR 1979, 584 (591); *Wunner*, WRP 2019, 710 (714).
1133 *Wunner*, WRP 2019, 710 (714).
1134 BGH, GRUR 1963, 367 (369) – Industrieböden.
1135 BGH, GRUR 2002, 91 (91f.) – Spritzgießwerkzeuge.

nur der fehlenden gesetzlichen Rechtsgrundlage für den nachvertraglichen Bereich geschuldet, sondern beruhen auch auf den Schwierigkeiten eine nachvertragliche Verwertungsfreiheit mit den Interessen der Arbeitsvertragsparteien zu vereinbaren.

606 Die Abgrenzung zwischen erlaubten und unerlaubten nachvertraglichen Handlungen seitens Arbeitnehmer findet nach dem Geschäftsgeheimnisgesetz jedoch an anderer Stelle statt: Im Rahmen der Zuordnung des Geschäftsgeheimnisses als subjektives Recht zu seinem Inhaber. Einerseits bringt diese Art der Zuordnung den Vorteil mit sich, dass im Rahmen dessen bereits zwischen den jeweiligen Sphären des Arbeitgebers und des Arbeitnehmers abgegrenzt wird. Ein möglicher Nachteil des Arbeitnehmers ist im Falle der Zuordnung zum Arbeitgeber auch bereits berücksichtigt worden und führt teilweise zu Vergütungspflichten. Es erscheint daher nicht ersichtlich, weshalb die Untersagung der Verwendung von dem Arbeitgeber zugeordneten Geschäftsgeheimnissen den Arbeitnehmer in seinem beruflichen Fortkommen hindert. Letztlich wurde er für deren Schaffung bereits kompensiert, sei es durch das Arbeitsentgelt oder eine zusätzliche Vergütung. Bewertet man dies in der rechtswidrigen Handlung nach § 4 Abs. 2 Nr. 2 und 3 GeschGehG nunmehr anders, erscheint dies widersprüchlich.

(d) Zwischenergebnis

607 Nationale Grundsätze und Anforderungen stehen einem Verständnis der Richtlinie nicht entgegen, welches die nachvertragliche Verwendung von Geschäftsgeheimnissen durch Arbeitnehmer grundsätzlich verbieten möchte. Die wirtschaftspolitischen Aspekte sprechen auch für eine Anerkennung einer nachwirkenden Geheimhaltungspflicht, denn nur dadurch lässt sich der von der Geschäftsgeheimnis-Richtlinie angestrebte effektive Geheimnisschutz erreichen. Die besseren Argumente sprechen daher dafür, dass Arbeitnehmer im nachvertraglichen Bereich weiterhin Geheimhaltung zu wahren haben. Die Interessen der Arbeitnehmer werden schon im Rahmen des Schutzgegenstandes sowie der Rechtfertigungsgründe und den jeweiligen Rechtsfolgen ausreichend berücksichtigt.

d) Inhaltliche Bestimmung der nachwirkenden Geheimhaltungspflicht

608 Offen bleibt damit der Umfang der nachwirkenden Geheimhaltungspflicht. Grundsätzlich dürfen die nachvertraglichen Pflichten nicht zu stark ausgedehnt werden, da das Vertragsverhältnis beendet ist und die beiderseitige Freiheit Vorrang genießen sollte. Besonders Arbeitsverhältnisse sollten nicht *ad finitum* zu wechselseitigen Verpflichtungen führen und womöglich die wirtschaftliche Freiheit des Arbeitnehmers dauerhaft beschränken.[1136] Aus diesem Grund wird

---

1136 *Bachmann*, in MüKoBGB, § 241 Rn. 109; *Kalbfus*, Rn. 284.

sich der Umfang der vertragsimmanenten Geheimhaltungspflicht, aus welcher die nachwirkende Geheimhaltungspflicht entspringt, sowohl gegenständlich als auch zeitlich über die Zeit verringern.

(a) Beschränkung auf Geschäftsgeheimnisse

Aufgrund der allgemeinen Handlungs- und Wettbewerbsfreiheit darf die nachvertragliche Geheimhaltungspflicht den Arbeitnehmer nicht unzumutbar in seiner Berufsausübung beschränken.[1137] Gegenständlich ist der Schutz daher auch nur noch auf Geschäftsgeheimnisse gerichtet, welche dem Arbeitgeber als Geheimnisinhaber zugeordnet sind. Die vertraulichen Angaben werden von diesen gelockerten Geheimhaltungspflichten nicht mehr erfasst. Deren Ursprung liegt nämlich im Direktionsrecht des Arbeitgebers, welches mit Beendigung des Arbeitsverhältnisses entfällt und nicht über dieses hinauswirken kann. Hierfür spricht auch, dass der Arbeitnehmer nicht durch einseitige Erklärungen des ehemaligen Arbeitgebers bis weit nach Beendigung des Arbeitsverhältnisses gebunden werden darf, sondern die Bestimmung der nachwirkenden Pflichten anhand objektiver und strenger Kriterien zu erfolgen hat. Es muss daher mehr vorliegen als nur ein berechtigtes Interesse des ehemaligen Arbeitgebers. 609

Ebenso wenig muss der ehemalige Arbeitnehmer freigegebene Arbeitnehmererfindungen oder abseits des Arbeitsverhältnisses geschaffene Leistungen im Rahmen des allgemeinen Wettbewerbsverbots geheim halten. Angesprochen ist damit die Abgrenzung vom Erfahrungswissen der Arbeitnehmer. Diese gegenständliche Einschränkung hat sowohl in der Geschäftsgeheimnis-Richtlinie als auch dem GeschGehG Anklang gefunden, wurde jedoch nicht explizit normiert. Der Geheimnisschutz soll sich im Einklang mit der bisherigen Rechtsprechung des Bundesarbeitsgerichts nicht auf Erfahrungen und Qualifikationen erstrecken, die Beschäftigte im Rahmen der Ausübung ihrer üblichen Arbeitstätigkeit erlangen.[1138] Durch diese Beschränkung wird zusätzlich gewährleistet, dass die Richtlinie sich nicht in nationale Angelegenheiten des Arbeitsrechts einmischt.[1139] Entsprochen wird damit auch dem festgestellten Interesse der Arbeitnehmer. 610

(b) Geheimhaltungspflicht und Nutzungsbeschränkung

Das Bundesarbeitsgericht schränkte die angenommene Nachwirkung insgesamt stark ein, indem es einerseits gegenständlich nur Betriebs- und Geschäftsgeheimnisse als erfasst ansah, andererseits nur die Offenlegung gegenüber Dritten verbot. Die Nutzung von redlich erlangten Kenntnissen im Rahmen einer ab- 611

1137 *Gaul*, NZA 1988, 225.
1138 Erwägungsgrund 14 und Art. 1 Abs. 3 lit. b Geschäftsgeheimnis-Richtlinie EU/2016/943.
1139 Vgl. *Wennakoski*, EIPR 2016, 38(3), 154 (166).

hängigen oder selbstständigen beruflichen Tätigkeit sei demgegenüber erlaubt. Grundgedanke dahinter ist, dass Arbeitnehmern die Nutzung ihrer Kenntnisse und ihres Gedächtnisses nicht verboten werden kann und nur der Verrat der Geheimnisse an Dritte untersagt werden soll.[1140]

612 Diese Lösung erscheint unter Geltung des Geschäftsgeheimnisgesetzes ebenso möglich, da die Nutzung und Offenlegung nunmehr sogar getrennt voneinander normiert sind. Möglich wäre daher, im nachvertraglichen Bereich lediglich eine Geheimhaltungspflicht i.S.d. § 4 Abs. 2 Nr. 3 GeschGehG anzunehmen. Fraglich erscheint allerdings, wann die Grenze zwischen bloßer Nutzung und bereits stattfindender Offenlegung überschritten ist. Die Nutzung wird zwar immer erst dann anzunehmen sein, wenn sie über die bloße Offenlegung hinausgeht, jedoch lässt sich damit in der Praxis kein sinnvoller Anwendungsbereich für die nachvertragliche Nutzung mehr ausmachen. Denn immer dann, wenn der Arbeitnehmer sein Wissen zugunsten seines neuen Arbeitgebers nutzt oder im Rahmen der Selbstständigkeit einem eigenen Arbeitnehmer vorführt, wird er es diesem zugleich mittelbar auch offenbaren. Dies hinzunehmen käme einer Schutzlosigkeit im nachvertraglichen Bereich gleich.

613 *Kalbfus* kritisierte daher insbesondere die kaum mögliche Differenzierung zwischen Verwertung und Offenlegung durch das Bundesarbeitsgericht.[1141] Häufig überschneiden sich die beiden Tathandlungen nämlich. Entweder verwendet der Arbeitnehmer es zugunsten seines neuen Arbeitgebers, welcher dieses dadurch erlangt oder er muss seine Arbeitnehmer in Kenntnis setzen, damit diese es anwenden können. Auch könnte seine Selbstständigkeit sich in einer Beratertätigkeit niederschlagen, sodass gerade die Weitergabe seiner Kenntnisse und der erlangten Geheimnisse Gegenstand seiner neuen Tätigkeit ist. Aber nicht nur im normalen Verlauf einer neuen Beschäftigung oder Selbstständigkeit können Geheimnisse weitergegeben werden, sondern auch durch unredliches Handeln. So könnte sich eine Offenlegung durch Umgehungsgeschäfte verschleiern lassen.[1142] Dem schlossen sich *Singer/Pretz* an und bemängelten vor allem die Schwierigkeit die Reichweite der Geheimhaltungspflicht zu bestimmen.[1143]

614 Angeführt wurde demgegenüber, dass ehemalige Arbeitnehmer, welche nunmehr selbst als Arbeitgeber auftreten und die erlangten Geheimnisse intern an ihre eigenen Beschäftigten weitergeben, keine Offenlegung vornehmen.[1144] Diese Argumentation stieß bereits nach geltendem Recht an seine Grenzen, da die Weitergabe an Arbeitnehmer bereits die Gefährlichkeit der Handlung prägt. Auch das Geschäftsgeheimnisgesetz stellt nunmehr ausdrücklich klar, dass eine interne Weitergabe eine rechtswidrige Handlung sein könne, da § 5 GeschGehG

1140 *Brock*, in: Ann/Loschelder/Grosch, S. 125; *Holthausen*, NZA 2019, 1377 (1381).
1141 *Kalbfus*, Rn. 294.
1142 *Kalbfus*, Rn. 294.
1143 *Singer/Pretz*, in: FS für Schwintowski, S. 809.
1144 *Callmann*, MuW 1931, 310 (312) stellt auf die Unternehmensindividualität ab, gegenüber welcher keine Offenlegung stattfinden kann.

eine Ausnahme für interne Offenlegungen gegenüber dem Betriebsrat bereit hält. Im Umkehrschluss muss daher jede sonstige Weitergabe im Unternehmen rechtsverletzend sein. Folglich kann eine Weitergabe an die eigenen Arbeitnehmer im eigenen Unternehmen nicht davon ausgenommen werden. Daher wäre die Argumentation des Bundesarbeitsgerichts im Grunde darauf beschränkt, dass der Arbeitnehmer das Wissen in einem Ein-Mann-Unternehmen verwenden dürfe bzw. sicherstellen kann, dass seine Arbeitnehmer keine Kenntnis davon erlangen. Dies erscheint nicht nur widersinnig, sondern auch unpraktikabel und führt im Ergebnis zu enormen Rechtsunsicherheiten.

Im Ergebnis ist vielmehr auch von einer Nutzungsbeschränkung auszugehen. 615 Andernfalls wäre die nachwirkende Geheimhaltungspflicht und die Zuordnungswirkung des Geschäftsgeheimnisschutzes zu seinem Geheimnisinhaber ausgehöhlt. Dass die Geheimhaltungspflicht damit in dieser Hinsicht weitergehender ist als sie es noch im Arbeitsverhältnis war, steht dieser Wertung nicht entgegen. Während der Beschäftigung ist die Nutzung nämlich lediglich durch die rechtsgeschäftlich erteilte Zustimmung des Geheimnisinhabers als erlaubt anzusehen. Dies hat indes keine Auswirkung auf den Umfang der gesetzlichen Geheimhaltungspflicht.

(c) Zeitliche Grenzen der nachwirkenden Geheimhaltungspflicht

Wie lange diese Pflichten andauern, ist nach den Umständen des Einzelfalles zu 616 bemessen. Während zum Teil an der Dauer eines Wettbewerbsverbots oder der regelmäßigen Verjährungsfrist angesetzt wird, ist man sich zumindest einig darüber, dass die im BGB angeordnete Maximalfrist von 30 Jahren als Höchstfrist gelten sollte.[1145] Aufgrund der Abwägung mit den Interessen der Arbeitnehmer wird zudem eine zeitliche Höchstgrenze der nachvertraglichen Geheimhaltungsvereinbarungen diskutiert. Dabei wird einerseits in Anlehnung an das Wettbewerbsverbot eine Grenze von zwei Jahren vorgeschlagen,[1146] andererseits höchstens drei Jahre.[1147]

Hier muss jedoch der neuen Schutzkonzeption entsprechend unterschieden 617 werden. Da Geschäftsgeheimnisse dem Arbeitgeber als subjektive Rechte zugeordnet sind, wird nachwirkende Geheimhaltungspflicht auch solange Bestand haben wie dem Arbeitgeber dieses Recht zusteht. Insofern ist die Geheimhaltungspflicht als zeitlich unbegrenzt zu akzeptieren. Nur das Entfallen der Schutzvoraussetzungen bspw. durch Offenkundigkeit oder Schutzaufgabe seitens des Arbeitgebers durch Aufgabe der Geheimhaltungsmaßnahmen wird daher zu einem frei werden und Wegfallen der Geheimhaltungspflicht führen.

1145 *Bachmann*, in MüKoBGB, § 241 Rn. 109; *Sutschet*, in: BeckOK BGB, § 241 Rn. 99.
1146 *Kreitner*, in: Küttner, Betriebsgeheimnis Rn. 8 unter Hinweis auf *Preis/Reinfeld*, AuR 1989, 361.
1147 *Bartenbach* (2013), Rn. 2629 und 2635.

e) Zwischenergebnis

618 Damit lässt sich festhalten, dass die Nachwirkung der Geheimhaltungspflichten von Arbeitnehmern nach der neuen Schutzkonzeption zu bejahen ist. Ihren Ausgangspunkt hat diese Verpflichtung in vertragsrechtlichen Grundsätzen und den gegenseitigen Vertragspflichten, welche nach Beendigung ein gesetzliches Schuldverhältnis begründen, welches unter anderem den Schutz der Geschäftsgeheimnisse des Arbeitgebers mitumfasst. Weder die Geschäftsgeheimnis-Richtlinie noch das nationale Recht stehen einem solchem Verständnis entgegen. Im Gegenteil lässt die zivilrechtliche Schutzausgestaltung und die neue Schutzrichtung sogar einen weitergehenden Schutz als bisher zu, sodass vor allem unter Berücksichtigung der ökonomischen Aspekte die besseren Argumente für eine solche Nachwirkung sprechen.

619 Die nachwirkende Geheimhaltungspflicht greift mit der rechtlichen Beendigung des Arbeitsverhältnisses ein und ist gegenüber der vertragsimmanenten Geheimhaltungspflicht gegenständlich auf geschützte Geschäftsgeheimnisse beschränkt, umfasst aber ebenso ein umfassendes Nutzungs- und Offenlegungsverbot. Ihren Bestand verliert sie erst, wenn die gesteigerte Einwirkungsmöglichkeit auf die Güter und Interessen des Arbeitgebers wegfällt, mithin das Geheimnis seinerseits also seinen rechtlichen Schutz einbüßt.

620 Die nachwirkende Geheimhaltungspflicht stellt ohne Weiteres eine Verpflichtung i.S.d. § 4 Abs. 2 Nr. 2 und Nr. 3 GeschGehG dar. Daher haben Arbeitgeber auch nach Beendigung des Beschäftigungsverhältnisses die Möglichkeit gegen Arbeitnehmer vorzugehen, die redlich erlangte Geschäftsgeheimnisse weitergeben oder nutzen.

VI. Fortwirkung der Geheimhaltungspflichten durch nachvertragliche Abreden

621 Die nachwirkende Geheimhaltungspflicht lässt sich in angemessenen Grenzen und unter Berücksichtigung von gesetzlichen Vorgaben durch Geheimhaltungsvereinbarungen und Wettbewerbsverbote rechtsgeschäftlich konkretisieren und verstärken. Denn innerhalb der Grenzen der Privatautonomie ist es den Parteien erlaubt Nebenleistungs- und Nebenpflichten zu vereinbaren, welche über die Beendigung des Schuldverhältnisses hinauswirken.[1148] Rechtliche Grundlage für eine solche Vertragsfortwirkung ist die individuelle Abrede der Parteien. Grundsätzlich müssen jedoch die Interessen der Arbeitnehmer in besonderem Maße berücksichtigt werden, denn die gegenseitigen vertraglichen Pflichten

---

1148 *Herresthal*, in: BeckGroßKomm BGB (2019), § 311 Rn. 478; *Ohly*, in: Ohly/Sosnitza UWG (2016), § 17 Rn. 39.

sind erloschen und das Interesse des Arbeitnehmers an seinem eigenständigen beruflichen Fortkommen tritt in den Vordergrund.[1149]

1. Nachvertragliche Geheimhaltungsvereinbarungen

a) Bedeutung als Geheimhaltungsmaßnahme

Ist die individualvertragliche Vereinbarung einer nachvertraglichen Geheimhaltungspflicht zulässig, stellt sich wegen des Bestands einer nachwirkenden Geheimhaltungspflicht allerdings die Frage, welche Bedeutung nachvertraglichen Geheimhaltungsvereinbarungen noch zukommt. Denn die Nachwirkung erfasst sämtliche Geschäftsgeheimnisse eines Unternehmens und verbietet diesbezüglich jegliche Verwendung. Sie stellt sich damit bereits als äußerst umfangreich dar. Ausgehend davon ist der Abschluss einer nachvertraglichen Geheimhaltungsvereinbarung – ebenso wie im bestehenden Arbeitsverhältnis – regelmäßig lediglich deklaratorischer Natur. Der nachvertragliche Schutz kann daher durch vertragliche Verpflichtungen konkretisiert und klargestellt werden. Zur Begründung einer Verpflichtung i.S.d. § 4 Abs. 2 Nr. 2 oder 3 GeschGehG sind sie allerdings nicht erforderlich. Etwas Anderes ergibt sich lediglich hinsichtlich schutzunfähiger Informationen. Bezüglich dieser sollte der Arbeitgeber neben einer Zuordnung auch klarstellend die fortdauernde Geheimhaltung vereinbaren. 622

Demgegenüber erfordert die Etablierung angemessener Geheimhaltungsmaßnahmen auch ein Handeln im nachvertraglichen Bereich, um die Informationen gegenüber ehemaligen Geschäftspartnern und Arbeitnehmern, welche Kenntnis von den Informationen haben, abzusichern und diese über ihre nachvertraglichen Pflichten und deren Umfang aufzuklären. Dies sollte zumindest durch einen Hinweis auf die nachwirkenden Geheimhaltungspflichten geschehen, der aus Gründen der Beweisbarkeit immer schriftlich erteilt und gegengezeichnet werden sollte. Andererseits können auch Geheimhaltungsvereinbarungen abgeschlossen werden, welche aufgrund der bestehenden Nachwirkung der Geheimhaltungspflicht nicht zwingend wirksam sein müssen. 623

Im nachvertraglichen Bereich nehmen Geheimhaltungsvereinbarungen nunmehr allerdings eine andere Stellung ein. Während sie im bestehenden Arbeitsverhältnis mangels Konkretheit alleine keine hinreichende Geheimhaltungsmaßnahme darstellen können, lassen sich nach Beendigung des Vertragsverhältnisses die zur Kenntnis genommenen Geschäftsgeheimnisse klar identifizieren. Nachvertragliche Abreden sind daher ohne Weiteres in der Lage, die Informationen zu benennen und den entsprechenden Schutzumfang festzulegen. Dem Arbeitnehmer wird dadurch ein mögliches rechtswidriges Handeln ausdrücklich vor Augen geführt und er wird vor den Folgen dessen gewarnt. Daher kommen 624

1149 *Herresthal*, in: BeckGroßKomm BGB (2019), § 311 Rn. 478; *Ohly*, in: Ohly/Sosnitza UWG (2016), § 17 Rn. 39.

Geheimhaltungsvereinbarungen nachvertraglich auch als angemessene Geheimhaltungsmaßnahme in Betracht. Zugleich werden diese Maßnahmen im nachvertraglichen Bereich auch die einzige Möglichkeit sein, auf den ehemaligen Arbeitnehmer noch einzuwirken und ihm seine fortbestehenden Verpflichtungen vorzuführen, sodass sie als Maßnahmen sogar notwendig sind.

625 Daher ist immer eine ausdrückliche Abrede anzuraten, die dem Arbeitnehmer die Rechtswidrigkeit einer solchen Handlung vor Augen führt. Dies gilt insbesondere vor dem Hintergrund, dass die ordentliche Gerichtsbarkeit nach bisherigem Recht zu einer Verwertungsfreiheit im nachvertraglichen Bereich neigte. Eine vertragliche Vereinbarung hat zudem den Vorteil, dass sie eine stärkere Wirkung auf Arbeitnehmer hat. Aus Gründen der Rechtssicherheit und Klarheit ist daher nicht nur ein Hinweis zweckmäßig, sondern vielmehr eine rechtswirksame Geheimhaltungsvereinbarung.

626 Um Rechtsunsicherheiten bezüglich nachvertraglicher Geheimhaltungspflichten zu vermeiden nahmen viele Arbeitgeber bereits unter bisherigem Recht in den Arbeitsverträgen Klauseln auf, die den Arbeitnehmer grundsätzlich verpflichten, Geschäftsgeheimnisse über das Ende des Beschäftigungsverhältnisses hinaus geheim zu halten.[1150] Nunmehr werden sie ohne Weiteres als zulässig anzusehen und zugleich als Geheimhaltungsmaßnahme notwendig sein.

b) Umfang und Inhalt der Vereinbarung

627 Der Arbeitgeber darf den Arbeitnehmer ohne eine entsprechende Entschädigung daher auch vertraglich dazu verpflichten, die anvertrauten Geschäftsgeheimnisse weder weiterzugeben noch für das berufliche Fortkommen zu verwenden. Zum Teil wird vertreten, dass nachvertragliche Geheimhaltungsvereinbarungen die Geschäftsgeheimnisse einzeln und konkret zu bezeichnen haben.[1151] Denn es bestehe gerade kein schutzwürdiges Interesse daran, sein berufliches Fortkommen von einzelnen Geschäftsgeheimnissen abhängig zu machen, sodass diese explizit benannt werden müssen.[1152] Folge dieser Forderung wäre aber zugleich, dass ein Arbeitgeber nur einige wenige Geschäftsgeheimnisse vertraglich schützen könnte, da aufwendige Aufstellungen den Vertrag überfrachten. Eine solche einschränkende Aufzählung spiegelt jedoch nicht den Umfang der nachwirkenden Geheimhaltungspflicht wider und stellt sich daher im Zweifel als irreführend für den Arbeitnehmer dar, da er von dieser eingeschränkten Verpflichtung ausgeht. Daher werden sich die vertraglichen Abreden ohne Weiteres auf sämtliche Geschäftsgeheimnisse i.S.d. § 2 Nr. 1 GeschGehG, die dem Arbeitnehmer bekannt geworden sind, erstrecken dürfen. Welche Geschäftsgeheimnisse letzt-

---

1150 *Brock*, in: Ann/Loschelder/Grosch, S. 124; *Naber/Peukert/Seeger*, NZA 2019, 583 (585).
1151 *Freckmann/Schmoll*, BB 2017, 1780 (1780); *Kreitner*, in: Küttner, Betriebsgeheimnis Rn. 7.
1152 Vgl. *Freckmann/Schmoll*, BB 2017, 1780.

lich erfasst sind, muss dem Arbeitnehmer durch die etablierten und dokumentierten Geheimhaltungsmaßnahmen kenntlich gemacht worden sein. Abhängig von der Position des ehemaligen Arbeitnehmers und der damit verbundenen Anzahl an erlangten unternehmenskritischen Informationen werden jedoch unter Umständen weitgefasste Auflistungen der zu wahrenden Geschäftsgeheimnisse angezeigt sein, um dem Arbeitnehmer deren Umfang vorzuführen. Insofern sollte der Arbeitnehmer darauf hingewiesen werden, dass er sämtliche Arbeitsergebnisse oder vom Arbeitgeber ausdrücklich in Anspruch genommene Innovationen geheim zu halten hat, sofern sie die Voraussetzungen des Geschäftsgeheimnisgesetzes erfüllen.

Inhaltlich konkretisieren nachvertragliche Geheimhaltungsvereinbarungen daher weitestgehend den durch die nachwirkenden Geheimhaltungspflichten bestehenden Schutzumfang. Darüber hinaus kann der Arbeitgeber sich über Geheimhaltungsvereinbarungen solche Informationen sichern, die ihm nicht als Geschäftsgeheimnisse i.S.d. § 2 Nr. 1 GeschGehG zugeordnet und folglich nicht von der nachvertraglichen Pflicht erfasst sind. Angesichts § 1 Abs. 3 Nr. 4 GeschGehG bestehen auch keine Bedenken über das Geschäftsgeheimnisgesetz hinaus Pflichten aufzuerlegen.[1153] Begehrt der Arbeitgeber eine nachvertragliche Geheimhaltung dieser Informationen muss er dies allerdings ausdrücklich vereinbaren. Dies unterliegt zudem bestimmten Anforderungen. Denn während sich die Geheimhaltungspflicht im bestehenden Arbeitsverhältnis mit dem Direktionsrecht des Arbeitgebers rechtfertigte, besteht ein solches nicht mehr: Es sind nur solche Informationen zu schützen, an denen der Arbeitgeber ein berechtigtes Geheimhaltungsinteresse geltend machen kann. Hinsichtlich vertraulicher Angaben lässt sich dies indes lediglich anhand einer Abwägung des Einzelfalls begründen. Zudem muss der Arbeitgeber diese Informationen in der Geheimhaltungsvereinbarung genau benennen, da im nachvertraglichen Bereich sogenannte Allklauseln, welche pauschal sämtliche erlangte vertrauliche Informationen erfassen, weiterhin am Transparenzgebot scheitern. 628

Diese Möglichkeit kann zum Schutz des Arbeitnehmers jedoch nicht auf Informationen, die sich als Erfahrungswissen des Arbeitnehmers qualifizieren lassen, ausgeweitet werden, wäre der Arbeitnehmer dadurch doch zu stark in seiner Berufsfreiheit aus Art. 12 GG eingeschränkt.[1154] Dies kommt nämlich in seiner Wirkung einem Wettbewerbsverbot gleich, welches ausschließlich unter den Anforderungen der §§ 74 ff. HGB vereinbart werden kann. Es lassen sich somit einfache und qualifizierte Geheimhaltungsvereinbarungen unterscheiden. Einfache Abreden sind in den Grenzen des Art. 12 GG entschädigungslos möglich.[1155] Qualifizierte Vereinbarungen sind demgegenüber wie Wettbewerbsverbote zu behandeln und an den §§ 74 ff HGB zu messen, da sie in ihrer Wirkung 629

1153 *Naber/Peukert/Seeger*, NZA 2019, 583 (585).
1154 *Gaul*, NZA 1988, 225 (233).
1155 Zum Teil wird jedoch eine zeitliche Begrenzung gefordert, vgl. *Kreitner*, in: Küttner, Betriebsgeheimnis Rn. 8; *Fingerhut*, BB 2014, 389 (390).

eine erhebliche Beeinträchtigung des beruflichen Fortkommens der Arbeitnehmer darstellen. Ein Beispiel für eine qualifizierte Vereinbarung stellt eine Kundenschutzvereinbarung oder eine Geheimhaltungspflicht bezüglich des Erfahrungswissens dar.[1156]

630 Die Vereinbarung sollte neben der Verpflichtung die genannten Informationen weder offenzulegen noch zu nutzen, zusätzlich vorsehen, unter welchen Bedingungen die Geheimhaltungspflicht letztlich entfällt. Dies kann einerseits der Fall sein, wenn die geheime Information ihren Geheimnischarakter verliert[1157] oder andererseits der Arbeitgeber seine Rechte an der Information aufgeben möchte. Zudem muss eine Freistellungsklausel gegeben sein, für den Fall, dass der Arbeitnehmer zur Weitergabe durch gesetzliche Vorschriften verpflichtet oder zur Erlangung von Sozialleistungen auf eine Weitergabe angewiesen ist.

2. Nachvertragliche Wettbewerbsverbote

a) Bedeutung und Bedarf nach Wettbewerbsverboten

631 Über Geheimhaltungsvereinbarungen hinaus ermöglichen nachvertragliche Wettbewerbsverbote einen noch weitergehenden Schutz von Geschäftsgeheimnissen, indem Arbeitnehmern die Konkurrenztätigkeit untersagt wird. Dadurch wird eine Fortwirkung des Wettbewerbsverbots nach § 60 HGB analog erreicht. Denn im Gegensatz zur Geheimhaltungspflicht besteht nach einhelliger Ansicht kein nachwirkendes Wettbewerbsverbot, sodass für ein solches immer eine ausdrückliche Vereinbarung erforderlich ist. Dies ergibt sich aus dem Grundsatz der Wettbewerbsfreiheit und den §§ 74 ff. HGB, welche an die Vereinbarung von Wettbewerbsverboten besondere Anforderungen stellen. Dies bedeutet, dass Arbeitnehmer nach Beendigung des Arbeitsverhältnisses grundsätzlich berechtigt sind, mit ihrem früheren Arbeitgeber in Konkurrenz zu treten, während lediglich die Grenzen der § 3 UWG und §§ 823, 826 BGB zu beachten sind. Weitergehende Einschränkungen lassen sich lediglich durch die explizite Vereinbarung eines nachvertraglichen Wettbewerbsverbots erreichen. Dadurch kann die gewerbliche Tätigkeit des ehemaligen Arbeitnehmers beschränkt werden.[1158]

632 Abhängig von der Stellung des ausscheidenden Arbeitnehmers kann der Abschluss eines Wettbewerbsverbots auch als angemessene Geheimhaltungsmaßnahme erforderlich sein. Denn unter Umständen ist nur ein entsprechendes Wettbewerbsverbot in der Lage eine Vielzahl an geheim gehaltenen Informationen effektiv abzusichern.[1159] Eine solche Notwendigkeit kann sich jedoch nur im Falle von besonders weitgehend informierten Arbeitnehmern in Managementposi-

---

1156 *Salger/Breitfeld*, BB 2005, 154.
1157 *Kalbfus*, in: BeckOK UWG, § 17 Rn. 172.
1158 *Joussen*, in: BeckOK ArbR, § 611a Rn. 487 mwN.
1159 *Keilich*, SPA 2019, 152 (155); *Naber/Peukert/Seeger*, NZA 2019, 583 (585).

VI. Fortwirkung der Geheimhaltungspflichten durch nachvertragliche Abreden

tionen ergeben, da Wettbewerbsverbote durch ihre Karenzentschädigungspflicht äußerst kostenintensiv sind. Da die Maßnahmen nicht bestmöglich, sondern angemessen sein müssen, werden im Regelfall Geheimhaltungsvereinbarungen ausreichend sein.

Das Geschäftsgeheimnisgesetz konkretisiert § 1 Abs. 3 Nr. 4 GeschGehG und berührt die »Vereinbarung von Karenzzeiten« ausdrücklich nicht. Gemeint ist damit, dass die Reform die bereits sehr fehleranfällige Vereinbarung von Wettbewerbsverboten nicht erschwert. Dies erscheint auch stimmig, weil nicht jedes Wettbewerbsverbot zwingend mit der Nutzung von Geschäftsgeheimnissen einhergeht. Umgekehrt ist die Nutzung von Geschäftsgeheimnissen aber bei Fehlen eines Wettbewerbsverbots auch nicht erlaubt, denn es besteht weiterhin die nachwirkende Geheimhaltungspflicht. Ein nachvertragliches Wettbewerbsverbot bezweckt daher nicht in erster Linie den Schutz von Geschäftsgeheimnissen, sondern stellt ein Mittel dar, um diesen Schutz zu unterstützen und zu verstärken. 633

b) Anforderungen an nachvertragliche Wettbewerbsverbote

Die gesetzliche Grundlage des nachvertraglichen Wettbewerbsverbots findet sich in §§ 74 ff. HGB, die durch § 110 GewO für alle Arbeitsverhältnisse entsprechend anwendbar sind.[1160] Die Vorschriften beruhen auf dem Schutz des Arbeitnehmers und seines Rechts auf freie Berufswahl aus Art. 12 GG. Da solche Vereinbarungen das berufliche Fortkommen des Arbeitnehmers und die Freiheit der Wahl des Arbeitsplatzes erschweren, unterliegen sie in unterschiedlicher Hinsicht Beschränkungen. Daher sind hinsichtlich des Inhalts und der Form eines nachvertraglichen Wettbewerbsverbots verschiedene Voraussetzungen strikt zu beachten. Auf diese Weise soll eine übermäßige Verpflichtung des Arbeitsnehmers in Form eines *de facto* bestehenden Berufsverbots verhindert werden. Daher darf ein Wettbewerbsverbot nach § 74 a Abs. 1 HGB nicht für länger als zwei Jahre vereinbart werden, ihm muss ein berechtigtes geschäftliches Interesse des Arbeitgebers zugrunde liegen und nach § 74 Abs. 1 HGB ist die Schriftform zu beachten. Die erstellte Urkunde muss dem Arbeitnehmer ausgehändigt werden. Zusätzlich ist nach § 74 Abs. 2 HGB mit dem Wettbewerbsverbot die Vereinbarung einer Karenzentschädigung erforderlich. Fehlt eine dieser Anforderungen führt dies zur Nichtigkeit.[1161] Ist die Entschädigungsklausel nicht wirksam, ist das Wettbewerbsverbot allerdings nicht *per se* nichtig, sondern als unverbindlich anzusehen. Sodann steht dem Arbeitnehmer 634

1160 Dies galt schon vor der gesetzlichen Niederlegung in der GewO, denn das BAG erkannte auch für nichtkaufmännische Arbeitnehmer berufliches Wissen und Können als besonders wichtig an. Nicht anwendbar sind die §§ 74 ff. HGB demgegenüber auf Organmitglieder. Entsprechende nachvertragliche Wettbewerbsverbote werden demgegenüber einer Angemessenheitskontrolle unterzogen, vgl. dazu *Fuhlrott*, in: BeckOK GeschGehG, § 1 Rn. 42.
1161 BAG, Urt. v. 19.12.2019, NZA 2019, 383.

E. Der Schutzumfang: Die Verletzungstatbestände

635 ein Wahlrecht zu, nach welchem er mit Beendigung des Arbeitsverhältnisses entscheiden kann, ob er das Wettbewerbsverbot akzeptieren möchte.

635 Vorausgesetzt ist zudem, dass ein konkreter Bezug zwischen der bisherigen Tätigkeit des ehemaligen Arbeitnehmers und dem Gegenstand des Wettbewerbsverbots besteht. Die Interessen des Arbeitgebers müssen durch eine Nutzung oder Verwertung der vom Arbeitnehmer im Arbeitsverhältnis erhaltenen Kenntnisse und Erfahrungen gefährdet werden. Anzuerkennen ist ein legitimes Interesse, wenn das Wettbewerbsverbot dem Schutz von Geschäftsgeheimnissen dient oder ein Eindringen in den Lieferanten- oder Kundenkreis bezweckt, nicht jedoch wenn es darum geht, eine mögliche Konkurrenz schlichtweg einzuschränken.[1162]

636 Zeitlich gelten die §§ 74 ff. HGB nur für Vereinbarungen die sich auf den Zeitraum nach der rechtlichen Beendigung des Dienstverhältnisses erstrecken. Sie schaffen damit einen eigenständigen Regelungsbereich gegenüber dem Wettbewerbsverbot nach § 60 HGB. Die entsprechende Vereinbarung muss zusammenhängend mit dem Arbeitsverhältnis vor dessen rechtlicher Beendigung getroffen worden sein. Wird die Vereinbarung erst danach getroffen, sind die Einschränkungen der §§ 74 ff. HGB nicht mehr anzuwenden, da der ausgeschiedene Arbeitnehmer nicht mehr in einem persönlichen Abhängigkeitsverhältnis steht und somit keines besonderen Schutzes bedarf. Die Zulässigkeit richtet sich folglich nach den allgemeinen arbeitsvertraglichen Vorschriften.

637 Die Wirksamkeit des Wettbewerbsverbots ist nicht zwingend von der Wirksamkeit des Arbeitsvertrages abhängig, solange das Arbeitsverhältnis tatsächlich in Vollzug gesetzt wurde. Denn damit ist die schutzbegründende Situation eingetreten, in welcher ein Arbeitnehmer wesentliche Kenntnisse erlangen konnte, die der Arbeitgeber über ein Wettbewerbsverbot zu schützen versucht. Ebenso beeinflusst die Unwirksamkeit eines Wettbewerbsverbots zum Schutz der Arbeitnehmer nicht die Wirksamkeit des Arbeitsvertrages.

c) Umfang und Rechtsfolgen eines wirksamen Wettbewerbsverbots

638 Im Falle einer wirksamen Vereinbarung tritt das Wettbewerbsverbot mit der rechtlichen Beendigung des Arbeitsverhältnisses in Kraft, sodass er in dem vereinbarten Umfang den Wettbewerb zu unterlassen hat. Das Wettbewerbsverbot ist ein gegenseitiger Vertrag, auf den die allgemeinen vertraglichen Grundsätze Anwendung finden.[1163] Inhaltlich kann ein Wettbewerbsverbot sachliche, örtliche oder zeitliche Einschränkungen treffen und kann sowohl selbstständige als auch unselbstständige Erwerbstätigkeit erfassen. Daneben kann sie eine bestimmte

---

1162 *Spinner*, in: MüKoBGB, § 611a Rn. 1148.
1163 *Koch*, in: Schaub/Koch, Wettbewerbsverbot II.2.; *Hagen*, in: BeckOK ArbR, § 74 HGB Rn. 5.

Tätigkeit untersagen oder auf die Tätigkeit bei einem bestimmten Mitbewerber bzw. allgemein Konkurrenzunternehmen beziehen.[1164]

639 Durch nachvertragliche Wettbewerbsverbote kann der Arbeitgeber einem ehemaligen Arbeitnehmer auch die Nutzung bzw. Offenlegung des Erfahrungswissens verbieten. Hat ein Arbeitgeber insofern eine Erfindung nicht in Anspruch genommen oder handelt es sich um Informationen, die dem Arbeitgeber aus den genannten Gründen nicht zustehen, so kann deren Nutzung zu Konkurrenzzwecken über ein Wettbewerbsverbot verboten werden. Im Gegenzug muss der Arbeitgeber dem ausgeschiedenen Arbeitnehmer die vereinbarte Karenzentschädigung zahlen, wobei der Arbeitnehmer sich nach § 74c HGB unter Umständen einen neuen Verdienst anrechnen lassen muss.[1165] Im Falle eines Verstoßes kann der Arbeitgeber die Zahlung der Karenzentschädigung aussetzen und die Unterlassung der Konkurrenztätigkeit verlangen. Dem Arbeitgeber steht nämlich ein Leistungsverweigerungsrecht im Hinblick auf die Entschädigungszahlung nach § 320 Abs. 1 BGB zu, wenn der ausgeschiedene Arbeitnehmer seiner Pflicht zur Unterlassung von Wettbewerb nicht nachkommt. Darüber hinaus kann sich der Arbeitnehmer auch nach § 280 Abs. 1 BGB schadensersatzpflichtig machen oder einer Vertragsstrafe nach § 75c HGB unterliegen.

3. Abgrenzung zwischen Geheimhaltung und Wettbewerbsverbot

640 Entschädigungslose Geheimhaltungsvereinbarungen und karenzentschädigungspflichtige Wettbewerbsverbote lassen sich sowohl inhaltlich als auch in Bezug auf die an sie gestellten Anforderungen unterscheiden. Ausgangspunkt für die Unterscheidung muss die Definition der Wettbewerbsabrede in § 74 Abs. 1 HGB sein. Im jeweiligen Einzelfall ist daher zu prüfen, ob die Einhaltung der übernommenen Schweigepflicht eine Beschränkung der gewerblichen Tätigkeit des ehemaligen Beschäftigten bedeutet. Soll dies erreicht werden, muss ein karenzentschädigungspflichtiges und zeitlich begrenztes Wettbewerbsverbot nach §§ 74 ff. HGB vereinbart werden. Dies wird sich im Einzelfall nur anhand der Wirkung einer Vereinbarung bestimmen lassen.[1166] Das Geschäftsgeheimnisgesetz bietet für diese Abgrenzung keine Anhaltspunkte.[1167]

641 Im Unterschied zu einem Wettbewerbsverbot bezieht sich der Inhalt der Verschwiegenheitspflicht allein auf die Geheimhaltung von Tatsachen. Kenntnisse darüber darf der Arbeitnehmer nicht mitteilen, indem er sie bspw. veräußert und dadurch verwertet. Die Beschränkung der Berufstätigkeit geht über eine Gleichstellung des Arbeitnehmers mit Nichtgeheimnisträgern nicht hinaus. Daraus folgt allerdings keine Verpflichtung, nach Beendigung des Arbeitsverhältnisses

---

1164 *Boecken*, in: EBJS HGB (2020) § 74 Rn. 23.
1165 *Boecken*, in: EBJS HGB (2020) § 74 Rn. 5.
1166 *Spinner*, in: MüKoBGB, § 611a Rn. 1147.
1167 *Naber/Peukert/Seeger*, NZA 2019, 583 (585).

eine Konkurrenztätigkeit zu unterlassen, also etwa Kunden des ehemaligen Arbeitgebers zu umwerben. Bloße nachvertragliche Verpflichtung die Geschäftsgeheimnisse des Arbeitgebers zu wahren, stellen somit keine Beeinträchtigung der berechtigten Interessen des Arbeitnehmers dar, solange sie keine Umgehung der Wettbewerbsverbotsvorschriften darstellen.[1168] Schließlich wird eine nachvertragliche Geheimhaltungspflicht für den Arbeitgeber regelmäßig keinen Anspruch auf Unterlassung von Wettbewerbshandlungen begründen. Denn die berufliche Weiterentwicklung eines Arbeitnehmers kann nicht dadurch beschränkt sein, weil ihm untersagt wird, Geschäftsgeheimnisse, welche dem Arbeitgeber zugeordnet wurden, weiter zu nutzen. Es wird ihm weiterhin möglich sein, seine erlernten Fertigkeiten und die üblichen Kenntnisse in seiner Branche fortan zu nutzen. Überschreitet die nachvertragliche Geheimhaltungsvereinbarung allerdings die Grenze des von Art. 12 GG gewährten Schutzbereiches der Arbeitnehmer und behindert diese übermäßig in ihrem beruflichen Fortkommen, handelt es sich um eine sog. qualifizierte Geheimhaltungsvereinbarung, die in ihrer Wirkung einem Wettbewerbsverbot gleichzusetzen ist.[1169] Sodann hat eine Vereinbarung bei ihrer Anwendung die §§ 74 ff HGB zu beachten und setzt mithin die Schriftform, eine Karenzentschädigung und ein berechtigtes Interesse des Arbeitgebers voraus, um Wirksamkeit zu entfalten.[1170]

642 Ob eine derartige Überschreitung besteht, ist anhand des Einzelfalles zu bestimmen und stellt sich in der Regel als schwierig dar. Die Feststellung der höchstrichterlichen Rechtsprechung, dass der Umfang der nachvertraglichen Pflicht sich anhand einer Gesamtwürdigung aller erheblichen Umstände bestimmen lasse, ist hier nicht ergiebig.[1171] Die Vereinbarung wird problematischer je pauschaler, unbestimmter oder zeitlich unbegrenzter die Verpflichtung des Arbeitnehmers wird.[1172] Sofern es sich um Erfahrungswissen des Arbeitnehmers handelt, überwiegt die Berufsausübungsfreiheit das Geheimhaltungsinteresse des Arbeitgebers. In dem Fall ist es unzulässig ihm die Verwendung des Wissens im Rahmen einer Geheimhaltungsklausel auf Dauer zu untersagen, da die Grenzen zum nachvertraglichen Wettbewerbsverbot überschritten sind.[1173]

643 Eine einem Wettbewerbsverbot gleichende Wirkung hat eine sogenannte Kunden- bzw. Mandantenschutzklausel.[1174] Eine solche verbietet es einem Arbeitnehmer im Rahmen einer Selbstständigkeit in den Kundenstamm des ehemaligen Arbeitgebers einzudringen oder dessen Kunden in einem anderen

---

1168 *Brock*, in: Ann/Loschelder/Grosch, S. 124; *Oetker*, in: ErfKArbR, HGB § 74 Rn. 11; *Spinner*, in: MüKoBGB, § 611a Rn. 1142; *Naber/Peukert/Seeger*, NZA 2019, 583 (585).
1169 *Boecken*, in: EBJS HGB § 74 Rn. 24.
1170 BAG, Urt. 15.12.1987, DB 1988, 1020; *Ohly*, in: Ohly/Sosnitza § 17 Rn. 39.
1171 *Holthausen*, NZA 2019. 1377 (1381).
1172 *Harte-Bavendamm*, in: Harte/Henning, § 17 Rn. 56.
1173 So schon *Richters/Wodtke*, NZA-RR 2003, 281 (288).
1174 BAG, Urt. 15.12.1987 – 3 AZR 474/86, NZA 1988, 502 – Kundenschutzabrede.

Arbeitsverhältnis zu betreuen. Dem steht es gleich, wenn der Arbeitnehmer Zahlungen leisten muss, wenn er Kunden es ehemaligen Arbeitgebers abwirbt. Dies stellt eine unangemessene Beeinträchtigung der Berufsfreiheit dar, da sogar Kundendaten, die der Arbeitnehmer in seinem Gedächtnis behalten hat, nicht genutzt werden dürften, obwohl nach der Rechtsprechung des BGH Gedächtnisleistungen auf jeden Fall frei bleiben. Ein besonders naheliegender Kundenstamm wäre damit versperrt und der Wettbewerb zum ehemaligen Arbeitgeber weitreichend eingeschränkt, wenn nicht sogar faktisch versperrt. Dann kommt die Geheimhaltungspflicht der Pflicht gleich jeden Wettbewerb zu unterlassen.[1175]

Umfasst die Geheimhaltungspflicht über den Schutz von Geschäftsgeheimnissen hinaus, so viele Informationen, dass dem Arbeitnehmer eine weitergehende Tätigkeit untersagt ist, kommt diese ebenso einem karenzentschädigungspflichtigen Wettbewerbsverbot gleich. Dies ist vor allem immer dann der Fall, wenn der Arbeitgeber dem Arbeitnehmer die Verwendung des Erfahrungswissens untersagen möchte. Dieses Ziel kann allerdings ausschließlich durch ein Wettbewerbsverbot erreicht werden. Es handelt sich um Informationen, welche dem Arbeitnehmer als Schöpfer oder Erfinder zustehen und auf deren Inanspruchnahme der Arbeitgeber verzichtet hat.[1176] 644

4. Zwischenergebnis

Geheimhaltungsvereinbarungen und Wettbewerbsverbote bleiben auch im nachvertraglichen Bereich grundsätzlich möglich. Dabei kommt ihnen jedoch eine unterschiedliche Bedeutung und auch Funktion zu. Während Geheimhaltungsvereinbarungen im Regelfall nur eine Klarstellung der nachwirkenden Geheimhaltungspflicht bewirken, sind Wettbewerbsverbote notwendig, sofern der ehemalige Arbeitnehmer weitgehend in seiner beruflichen Tätigkeit eingeschränkt werden soll. Gleichzeitig sind jedoch beide als Geheimhaltungsmaßnahmen angemessen. 645

Zu berücksichtigen sind hierbei jedoch auch die unterschiedlichen Anforderungen, die an die jeweilige Vereinbarung gestellt werden. Während Geheimhaltungsvereinbarungen keinerlei bestimmte Voraussetzungen erfüllen müssen, sind Wettbewerbsverbote nur unter den Voraussetzungen des HGB wirksam. Letzteres ist besonders dann zu beachten, wenn die Vereinbarung einen Großteil der Kenntnisse des Arbeitnehmers oder Erfahrungswissen erfasst. 646

1175 BAG, Urt. 07.08.2002 – 10 AZR 586/01, NZA 2002, 1282 – Mandantenübernahmeklausel; *Boecken*, in: EBJS HGB § 74 Rn. 24; *Spinner*, in: MüKoBGB, § 611a Rn. 1142.
1176 *Brock*, in: Ann/Loschelder/Grosch, Kap. 2 Rn. 56.

VII. Zusammenfassung

647 Neben den Veränderungen bezüglich des Schutzgegenstandes hat das Geschäftsgeheimnisgesetz auch in Bezug auf potenzielle Verletzungen weitgehende Folgen. Bisher wurde nämlich maßgeblich ein bestimmtes Verhalten durch strafrechtliche Normen untersagt und nunmehr wird dem Geheimnisträger etwas schutzrechtsähnliches zugeordnet. Das GeschGehG stellt einen eigenständigen zivilrechtlichen Schutz bereit, der sowohl die unbefugte Erlangung als auch Nutzung und Offenlegung von Geschäftsgeheimnissen erfasst. Die Eingriffstatbestände sind von einem Verschuldenserfordernis abgekoppelt und sind nicht mehr nur auf bestimmte Fallgruppen verengt, sondern erfassen mehr Handlungen.

648 Abgestellt werden muss im Zusammenhang mit Arbeitnehmern zunächst darauf, auf welche Art und Weise sie das streitgegenständliche Geschäftsgeheimnis erlangt haben. Davon ist abhängig unter welchen Bedingungen ihnen die weitere Verwendung untersagt werden kann. Den Regelfall stellt hier die redlich erlangte und anschließend weitergegebene oder genutzte Information dar. In diesem Fall kommt es darauf an, ob der Arbeitnehmer entgegen einer Geheimhaltungspflicht oder Nutzungsbeschränkung nach § 4 Abs. 2 Nr. 2 und 3 GeschGehG handelt. Solche Pflichten und Beschränkungen bestehen sowohl während des Arbeitsverhältnisses als auch danach, in jeweils unterschiedlichem Umfang. Damit sind Geschäftsgeheimnisse gegenüber der Verwendung durch Arbeitnehmer weitgehend geschützt.

649 Zu bedenken ist jedoch, dass nunmehr der neue, deutlich engere Begriff des Geschäftsgeheimnisses nach § 2 Nr. 1 GeschGehG anzuwenden ist. Liegt kein Geschäftsgeheimnis in diesem Sinne vor, dann ist auch der Anwendungsbereich des GeschGehG nicht eröffnet. Dadurch besteht unter Berücksichtigung des Umfangs der vertragsimmanenten Pflichten im bestehenden Arbeitsverhältnis jedoch keine größere Regelungslücke, da deren deutlich weiterer Anwendungsbereich eingreift. Im nachvertraglichen Bereich kann sich der Geheimnisinhaber jedoch ausschließlich auf den Schutz von Geschäftsgeheimnissen im Sinne des § 2 Nr. 1 GeschGehG berufen. Dazu müssen Arbeitgeber sich die Informationen ihrer Arbeitnehmer über die bestehenden gesetzlichen Mechanismen oder vertragliche Vereinbarungen sichern. Haben sie dies jedoch nicht getan oder war dies in diesem Sinne nicht möglich, da es sich um reine Informationen des Arbeitnehmers handelt, verbleibt letztlich lediglich die Möglichkeit, ein Wettbewerbsverbot mit den Arbeitnehmern zu vereinbaren.

F. Die Schranken des Geheimnisschutzes

I. Die Rechtfertigungsgründe

1. Überblick

Neben den erweiterten zivilrechtlichen Verletzungstatbeständen hält das Geschäftsgeheimnisgesetz Grenzen des Geheimnisschutzes bereit. Zu nennen sind hier neben der Offenlegung gegenüber den Arbeitnehmervertretern vor allem das umstrittene Whistleblowing.[1177] Die Regelungen einiger Schranken erscheint im Hinblick auf die weiten Tatbestände auch gerechtfertigt. In der Literatur wurden Arbeitgebern aber einerseits erschwerte Bedingungen für den Nachweis und die Verhängung von Sanktionen gegen Arbeitnehmer prognostiziert.[1178] Während andererseits die hohen Hürden für Arbeitnehmer kritisiert wurden.[1179]

650

In § 5 GeschGehG wird ein Katalog an Handlungen genannt, in denen der Schutz von Geschäftsgeheimnissen hinter berechtigten rechtlich geschützten Interessen zurücktreten muss. Die Vorschrift verfolgt den Zweck, die Interessen an einem starken Geheimnisschutz mit den Belangen der Allgemeinheit in Einklang zu bringen. Denn auf rechtspolitischer Ebene wurde befürchtet, dass Unternehmen den ausgeprägten Geheimnisschutz dazu missbrauchen könnten, investigativen Journalismus und Whistleblowing zu behindern oder die betrieblichen Mitbestimmungsrechte von Arbeitnehmern zu beschränken. Zur Klarstellung und im Sinne eines politischen Statements wurde der Vorrang berechtigter Interessen daher im Gesetz mit aufgenommen. Folglich schließen sich der Schutz des Geheimnisinhabers und die Interessen Dritter nicht zwingend gegenseitig aus.

651

Die Vorschrift enthält eine nicht abschließende Aufzählung von Regelbeispielen, wonach die Erlangung, Nutzung oder Offenlegung von Geschäftsgeheimnissen nicht nach § 4 GeschGehG verboten ist. Diese Regelbeispiele in § 5 GeschGehG umfassen den Schutz von Allgemeininteressen in Form der freien Meinungsäußerung, der Aufdeckung von strafbarem und missbilligtem Verhalten oder der Geltendmachung von Arbeitnehmerrechten. Damit sind vor allem der investigative Journalismus, Whistleblowing und Konfliktlösungen unter Einbeziehungen von Arbeitnehmervertretungen gemeint. Die Regelbeispiele greifen allerdings immer nur dann ein, wenn die Offenlegung des Geschäftsgeheimnisses

652

1177 Vgl. Art. 1 Abs. 3; 3 Nr. 3; 5 Nr. 2 und 3 sowie Erwägungsgründe 3, 13, 18, 21, 30 Geschäftsgeheimnis-RL EU/2016/943.
1178 *Trebeck/Schulte-Wissermann*, NZA 2018, 1175 (1179).
1179 Vgl. insgesamt *Böning/Heidfeld*, AuR 2018, 555.

F. Die Schranken des Geheimnisschutzes

im konkreten Fall zur Wahrnehmung eines berechtigten Interesses erfolgte. Da die Norm nicht abschließend formuliert ist (»insbesondere«), können auch andere Handlungen erfasst werden, welche einem berechtigtem Interesse dienen, sofern das Schutzinteresse des Geheimnisinhabers überwiegt. Ein solches Interesse kann jedes von der Rechtsordnung anerkannte und gebilligte Interesse wirtschaftlicher oder ideeller Art sein. Ausreichend ist bereits die Wahrnehmung der Interessen anderer oder der Allgemeinheit.[1180] Dabei wird diesen Interessen allerdings nicht per se der Vorrang eingeräumt. Vielmehr muss im jeweiligen Einzelfall beurteilt und abgewogen werden, ob der Geheimnisschutz hinter einem berechtigten Interesse zurückstehen muss.[1181] Ob die beanstandete Handlung diesem Maßstab gerecht wird, soll nach der Gesetzesbegründung durch eine Abwägung mit den gegenläufigen Interessen des Geheimnisinhabers im Einzelfall beurteilt werden.

653 Da es sich um rechtspolitisch sensible Themen handelt, war § 5 GeschGehG im Gesetzgebungsverfahren mitunter Gegenstand kontroverser Diskussionen.[1182] Neben der Einordnung als Rechtfertigungsgrund wurde auch die Ausgestaltung der einzelnen Regelbeispiele als zu eng kritisiert. Dies zeigt sich vor allem am Hinweisgeberschutz in § 5 Nr. 2 GeschGehG: Während dieser zunächst noch ein Erforderlichkeitsmerkmal und ein bestimmtes Motiv des Hinweisgebers voraussetzte, wurden beide Voraussetzungen im Laufe des Gesetzgebungsverfahrens gestrichen und die Vorschrift dadurch deutlich objektiviert. Trotz der großen Aufmerksamkeit wird der praktische Anwendungsbereich allerdings vergleichsweise gering bleiben. Denn bereits durch die Einschränkung des Geheimnisbegriffs im Hinblick auf rechtswidrige Tatsachen[1183] und das Erfordernis angemessener Geheimhaltungsmaßnahmen[1184] sowie durch das Zusammenspiel aus rechtswidrigen und rechtmäßigen Handlungsweisen, sind zahlreiche Informationen nicht vom Geheimnisschutz erfasst. Die Tat stellt schon keine Verletzung nach § 4 GeschGehG dar.

2. Einordnung und Reichweite der Tatbestände

654 Unklar ist indes die dogmatische Einordnung des § 5 GeschGehG. In den ursprünglichen Gesetzesentwürfen wurde er als Rechtfertigungsgrund bezeichnet und erst mit der abschließenden Empfehlung in einen Ausnahmetatbestand umgetauft. Dadurch sollte den Einwänden von Journalistenverbänden Rechnung

---

1180 *McGuire*, in: Büscher, GeschGehG § 5 Rn. 12.
1181 *Alexander*, AfP 2017, 469 (473).
1182 Vgl. zu der Diskussion in der Literatur, *Reinhardt-Kasparek/Kaindl*, BB 2018, 1332 ff.; *von Busekist/Racky*, ZRP 2018, 135 ff.; *Müllmann*, ZRP 2019, 25 f.; *Trebeck/Schulte-Wissermann*, NZA 2018, 1175 ff.
1183 Vgl. S. 85 ff.
1184 Vgl. S. 90 ff.

getragen werden, dass die Bezeichnung als Rechtfertigungstatbestand abschreckend sei; es sollte der Eindruck zu vermieden werden, dass Journalisten und Hinweisgeber grundsätzlich rechtswidrig handeln.[1185] Letztlich wird die Bezeichnung aber keine Auswirkung auf die dogmatische Einordnung haben können. Der europäische Gesetzgeber hat erkennbar einen Rechtfertigungstatbestand etablieren wollen, da er die in Art. 5 genannten Fälle nicht *per se* für rechtmäßig erkannte, sondern in diesen Fällen lediglich die Rechtsfolgen ausschließen wollte. Aus diesem Grund löste er sie auch aus dem Art. 4 des Richtlinienvorschlags heraus, welcher ebenfalls die zulässigen Handlungen enthielt und verschob sie in einen eigenen Artikel, um die unterschiedliche Einordnung zu verdeutlichen.[1186] Der deutsche Gesetzgeber drückt sich indes unklarer aus und möchte in diesen Fällen die Handlung nicht unter ein Verbot des § 4 GeschGehG fallen lassen. Jedoch soll auch die Ausgestaltung einem Rechtfertigungsgrund entsprechen, da er auch auf Teilnahmehandlungen anwendbar sein kann, ohne dass er in der Person des Haupttäters erfüllt ist.[1187] Daher wird weiterhin entgegen der Überschrift davon auszugehen sein, dass es sich um einen Rechtfertigungsgrund handelt.[1188] *Praktische* Folge der Einordnung als Rechtfertigungsgrund ist, dass ein solcher für jeden Rechtsverletzer separat zu prüfen ist.

Keine eindeutige Festlegung hat die Reichweite des § 5 GeschGehG erfahren. 655
Dem Wortlaut nach sind die Rechtfertigungsgründe ausschließlich auf Sanktionen wegen einer Geheimnisverletzungen nach § 4 GeschGehG anzuwenden. Damit stellt sich die Frage, ob die Rechtfertigungsgründe sich auch gegenüber arbeitsrechtlichen Sanktionen wie Kündigung, Mahnung oder Schadensersatz außerhalb des Geschäftsgeheimnisgesetzes heranziehen lassen. Für ein enges Verständnis spricht indessen, dass der Regierungsentwurf des Geschäftsgeheimnisgesetzes noch keinen konkreten Bezug auf die Handlungsverbote des § 4 vorsah und in der endgültigen Fassung diese Beschränkung zur Klarstellung eingeführt wurde. Eine eingeschränkte Anwendung führt insofern auch nicht zu Wertungswidersprüchen, denn die arbeitsrechtlichen Sanktionen können in diesem Fall wegen § 5 GeschGehG nicht auf eine Pflichtverletzung nach § 4 GeschGehG gestützt werden, sondern müssten sich aus anderweitigen Verstößen ergeben. Handelt es sich bspw. um die externe Weitergabe von Informationen, die nicht die Anforderungen des § 2 Nr. 1 GeschGehG erfüllen, sind die allgemeinen Regelungen und Grundsätze zu berücksichtigen.[1189] Daher ist der Anwen-

---

1185 *Ohly*, GRUR 2019, 441 (448) mit Verweis auf BT-Drs. 19/8300, S. 14; *Müllmann*, ZRP 2019, 25 (26).
1186 Vgl. Art. 4 Richtlinienentwurf COM(2013) 813 final.
1187 BT-Drs. 19/8300, S. 14.
1188 So auch *Ohly*, GRUR 2019, 441 (448) der zudem darauf hinweist, dass auch Ärzte im Rahmen eines Heileingriffs nach h.M nur gerechtfertigt sind; *Alexander*, AfP 2017, 469 (473); a.A. *Rosenthal/Hamann*, NJ 2019, 321 (325).
1189 *Naber/Peukert/Seeger*, NZA 2019, 583 (585) mit Verweis auf die Rspr. des EGMR in der Rs. *Heinisch*, NZA 2011, 1269.

dungsbereich der Rechtfertigungsgründe des § 5 GeschGehG auf das Geschäftsgeheimnisgesetz beschränkt und lässt sich nicht auf außenstehende Vorschriften übertragen. In arbeitsrechtlichen Streitigkeiten lässt sich § 5 GeschGehG daher nur anwenden, wenn es um Ansprüche gegen den Arbeitnehmer aus §§ 6 ff. GeschGehG geht oder ein Verstoß gegen § 4 GeschGehG inzident geprüft werden muss.[1190]

II. Die Ausübung des Rechts auf Meinungs- und Informationsfreiheit

656 § 5 Nr. 1 GeschGehG nimmt eine Handlung von den Rechtsfolgen des GeschGehG aus, wenn die Geheimnisverletzung Folge der Ausübung der Meinungs- und Informationsfreiheit ist. Damit soll vor allem der Schutz journalistischer Quellen sichergestellt, eine Beeinträchtigung des investigativen Journalismus verhindert und die Freiheit und Pluralität der Medien gewährleistet werden.[1191] Der Gesetzgeber betont, »die Anwendbarkeit des Rechtfertigungsgrundes auf investigativ tätige Journalisten ist hierbei unabhängig von der Rechtmäßigkeit der Offenbarung des Geschäftsgeheimnisses durch die Quelle.«[1192] Praktische Bedeutung kann die Norm daher immer dann erlangen, wenn ein Journalist seine Informationen aus einer erkennbar rechtswidrigen Quelle erlangt und aus diesem Grund den Tatbestand einer mittelbaren Verletzung nach § 4 Abs. 3 GeschGehG erfüllt.[1193] Der investigative Journalismus gerät nicht selten in Konflikt mit dem Schutz von Geschäftsgeheimnissen. Verschafft sich ein Journalist selbst oder mit Hilfe Dritter – bspw. eines Arbeitnehmers – Zugriff auf ein Geschäftsgeheimnis und offenbart dieses, können sich erhebliche Nachteile für ein Unternehmen ergeben. Zugleich kann umgekehrt ein öffentliches Interesse an der Bekanntgabe eines solchen Geheimnisses bestehen, wenn und weil es wesentliche Belange der Allgemeinheit berührt.[1194] Wenn ein Journalist im Rahmen eines Berichts bspw. aufdeckt, dass die Steuerungssoftware von Fahrzeugen eines bestimmten Herstellers es ermöglicht, den Schadstoffausstoß zu verändern, informiert er einerseits die Öffentlichkeit über ein gravierendes Fehlverhalten, beeinträchtigt aber gleichzeitig die Interessen des Unternehmens. In diesem Zusammenhang sorgen die Medien für Markttransparenz und tragen zur Funktionsfähigkeit des Wettbewerbs bei.[1195] Es besteht jedoch in solchen Fällen Unsicherheit in wie weit der rechtliche Schutz von Geschäftsgeheimnissen besteht und an welcher Stelle die journalistische Freiheit eingreift. Denn in dem

---

1190 *Naber/Peukert/Seeger*, NZA 2019, 583 (585).
1191 Erwägungsgrund 19 Geschäftsgeheimnis-RL EU/2016/943.
1192 RegE GeschGehG, BT-Drs. 19/4724, S. 27.
1193 *McGuire*, in: Büscher, GeschGehG § 5 Rn. 15.
1194 *Alexander*, AfP 2017, 469 (469).
1195 *Alexander*, AfP 2017, 469 (469).

genannten Beispiel wird die Berichterstattung zweifelsohne gerechtfertigt sein, insbesondere da sodann auch eine Überschneidung mit § 5 Nr. 2 GeschGehG und Zweifel an dem Bestand eines Geschäftsgeheimnisses bestehen. Nicht immer sind die Fälle jedoch derart offenkundig, da es sich nicht nur um Beiträge zu rechtswidrigen Taten handeln und das Interesse des Geheimnisinhaber Berücksichtigung finden muss.[1196]

Auf europäischer Ebene ergeben sich Inhalt und Reichweite der Rechte für Journalisten aus Art. 11 der GRCh, dessen Voraussetzungen vom Verletzer dargelegt werden müssen. Obwohl der Richtliniengesetzgeber verdeutlicht, dass Art. 11 GRCh keine Einschränkung erfahren soll,[1197] ist dennoch in jedem Fall eine Interessenabwägung von Nöten.[1198] Dies ergibt sich aus der Berücksichtigung der EMRK gem. Art. 52 Abs. 3 S. 1 GRCh. Dort ist die Meinungsfreiheit in Art. 10 geregelt. Art. 10 Abs. 2 EMRK bestimmt weitergehend, dass die Ausübung der Meinungs- und Informationsfreiheit auch mit Pflichten und Verantwortung verbunden ist.[1199]

657

Auch im Arbeitsverhältnis sind die Grundrechte und insbesondere auch das Recht auf freie Meinungsäußerung nach Art. 5 Abs. 1 GG schon nach bisherigem Recht zu berücksichtigen. Aus § 1 Abs. 3 Nr. 2 und § 5 Nr. 2 GeschGehG lässt sich allerdings die Wertung ableiten, dass das Schutzinteresse an Geschäftsgeheimnissen kein genereller Vorrang vor der Freiheit der Meinungsäußerung und der Informationsfreiheit hat.[1200] Eine Begrenzung kann daher durch die allgemeinen Gesetze stattfinden zu denen ebenso das Verbot gehört, seinem Vertragspartner keinen Schaden zuzufügen und dessen Interessen zu wahren. Die arbeitsrechtlich anerkannte Geheimhaltungspflicht stellt grundsätzlich eine mögliche Beschränkung des Rechts auf freie Meinungsäußerung nach Art. 5 GG dar und ist daher nicht zu beanstanden.[1201] Nur im Einzelfall ist zu prüfen, ob die Wahrung von Geschäftsgeheimnissen unangemessen in das Recht auf freie Meinungsäußerung eingreift. Dies dürfte dann der Fall sein, wenn das Offenlegungsinteresse das Geheimhaltungsinteresse eines Unternehmens überschreitet und die Geheimhaltung nicht mehr hinnehmbar ist und zu einer unverhältnismäßigen Beeinträchtigung führt.1202 Im Hinblick darauf, dass die grundrechtlichen Regelungen bisher auch schon Beachtung haben finden müssen, wird auch § 5 Nr. 1 GeschGehG zu keiner substantiellen Veränderung führen.

658

1196 RegE GeschGehG, BT-Drs. 19/4724, S. 27; Dazu ausführlich *Brost/Wolsing*, ZUM 2019, 898 (901); *Alexander*, AfP 2017, 469 (469); *Ohly*, GRUR 2019, 441 (448).
1197 Erwägungsgrund 19 Geschäftsgeheimnis-Richtlinie 2016/943.
1198 *Alexander*, WRP 2017, 1034 (1043).
1199 Ausführlich mwN *Alexander*, WRP 2017, 1034 (1042).
1200 *Alexander*, AfP 2017, 469 (473).
1201 *Maier*, (1998) S. 332.
1202 *Maier*, (1998) S. 332.

III. Der Hinweisgeberschutz

1. Die Bedeutung und das Spannungsfeld des Whistleblowing

659 Der Begriff des Whistleblowing fasst Sachverhalte zusammen, welche das Offenlegen von Verstößen gegen gesetzliche Vorschriften oder ethische Grundregeln eines Unternehmens durch dort beschäftigte Arbeitnehmer betreffen.[1203] Auf diese Weise versucht der Hinweisgeber dazu beizutragen, das öffentliche Interesse zu schützen. Bei den veröffentlichten Taten des Arbeitgebers kann es sich bspw. um Steuer- oder Umweltvergehen, Korruptionsvorwürfe oder die Missachtung des Arbeitsschutzes handeln. Die Offenlegung wird jedoch nicht selten auch Geschäftsgeheimnisse des Arbeitgebers betreffen. Es besteht somit ein Überschneidungsbereich zwischen dem Geheimnisschutz gegenüber Arbeitnehmern und dem Hinweisgeberschutz, der vor allem die interessengerechte Behandlung von betrieblichen Missständen betrifft.

660 Differenziert werden muss zwischen der internen und externen Weitergabe von Informationen.[1204] Ersteres liegt vor, wenn ein Hinweisgeber sich an interne Stellen im Unternehmen wendet. In diesem Fall können Unternehmen ihr Fehlverhalten selbstständig einstellen bzw. korrigieren, ohne dass die Gefahr besteht, dass Geschäftsgeheimnisse offenbart werden und die Öffentlichkeit informiert wird.[1205] Mangels der Allwissenheit eines Unternehmens über die Aktivitäten einzelner Mitarbeiter oder Abteilungen ist es zugleich auf eine Meldung von Missständen angewiesen.[1206] Der problembehaftetere Fall betrifft allerdings die Offenlegung gegenüber Außenstehenden wie den Strafverfolgungsbehörden oder der Presse, denn dadurch verlassen Informationen den geschützten Unternehmensbereich und der Geheimnisschutz geht mit hoher Wahrscheinlichkeit verloren.[1207] In der Praxis kommt es immer wieder zu einer externen Offenlegung, da entweder kein Hinweisgebersystem besteht, diesem kein Vertrauen geschenkt wird oder die Sorge besteht, dass die interne Offenlegung nachteilige Konsequenzen nach sich zieht.[1208]

661 In diesen Fällen stehen sich somit das Interesse des Unternehmens und das Interesse des Arbeitnehmers und der Öffentlichkeit gegenüber: Der Unternehmer möchte seinen guten Ruf, seine geschäftlichen Interessen und seine innerbetrieb-

---

1203 *Reinhardt-Kasparek/Kaindl*, BB 2018, 1332; *Eufinger*, ZRP 2016, 229 (229); *Ullrich*, NZWiSt 2019, 65; *Bauschke*, öAT 2019, 133 (134); *Kania*, in: Küttner, Whistleblowing Rn. 1.
1204 *Alexander*, in: Köhler/Bornkamm/Feddersen (2021), GeschGehG § 5 Rn. 26; *Baranowski/Glaßl*, BB 2016, 2563 (2566); *Gerdemann*, RdA 2019, 16 (17).
1205 *Eufinger*, ZRP 2016, 229 (229); *Bauschke*, öAT 2019, 133 (134).
1206 *v. Busekist/Racky*, ZRP 2018, 135 (135).
1207 *Alexander*, in: Köhler/Bornkamm/Feddersen (2021), GeschGehG § 5 Rn. 26.
1208 *v. Busekist/Racky*, ZRP 2018, 135 (135).

lichen geheim gehaltenen Informationen durch seine ihm zur Loyalität verpflichteten Arbeitnehmer geschützt wissen. Der hinweisgebende Arbeitnehmer und die Öffentlichkeit sind daran interessiert über Missstände aufgeklärt zu werden und diese zu korrigieren. Die Abwägung dieser Interessengegensätze erlangt bei der Frage Bedeutung, ob in der Offenlegung ein Verstoß gegen die arbeitsvertraglichen Pflichten zu sehen ist und eine Kündigung folgen kann oder sogar strafrechtliche Konsequenzen zu befürchten sind. Die Weitergabe dieser Informationen an unwissende interne oder externe Stellen kann aus rechtlicher Sicht nämlich eine Geheimnisverletzung darstellen.[1209]

Hinweisgeber können aber wesentlich dazu beitragen, dass illegale, gefährliche oder unethische Verhaltensweisen und Rechtsverstöße aufgedeckt werden, sodass ihre Offenlegung zur Wahrung der Rechtsordnung als erwünscht anzusehen ist. Daher erscheint es unbillig, Arbeitnehmer in jedem Fall rechtlich zu sanktionieren, wenn die Offenlegung trotz der Missachtung ihrer Pflichten im öffentlichen Interesse liegt.[1210] Denn während der Arbeitnehmer zur Geheimhaltung verpflichtet ist, muss er gleichzeitig nach Art. 2 Abs. 1 i.V.m Art. 20 Abs. 3 GG dazu berechtigt sein, Anzeige zu erstatten, wenn er von gesetzeswidrigem Handeln Kenntnis erlangt. Keine Verletzung darf daher in diesem Zusammenhang die rechtmäßige Grundrechtsausübung seitens des Arbeitnehmers sein. Dies ist bei einer Verpflichtung zur Anzeige, dem Risiko selbst strafrechtlich verfolgt zu werden oder bei Taten, die sich gegen ihn selbst richten, der Fall.[1211] Andererseits können Hinweisgeber ein Unternehmen schädigen, wenn sich die Offenlegung der Informationen gegenüber Dritten als unberechtigt erweist.[1212] 662

Die Privilegierung des Whistleblowing hat eine disziplinierende Wirkung, da Unternehmen damit rechnen müssen, dass ihr rechtswidriges Verhalten publik gemacht werden darf.[1213] Gleichzeitig soll es Hinweisgeber dazu ermutigen, dass sie ein Fehlverhalten oder Rechtsverstöße melden, ohne Sanktionen zu befürchten. Dies fördert entsprechend die Transparenz der Unternehmen. Dadurch wird mit der Erlaubnis des Whistleblowing letztendlich das Ziel verfolgt rechtswidriges Verhalten zu verhindern und eine bestehende rechtswidrige Lage zu korrigieren. Dies gilt zwar nicht für das interne Whistleblowing gleichermaßen, da dieses die Geheimhaltung der rechtswidrigen Informationen fördert, aber im Ergebnis zu einer Korrektur führen kann.[1214] 663

1209 *Kania*, in: Küttner, Whistleblowing Rn. 2; *Alexander*, in: Köhler/Bornkamm/Feddersen (2021), GeschGehG § 5 Rn. 27.
1210 *Wiedmann/Seyfert*, CCZ 2019, 12 (12 f.); *Maume/Haffke*, ZIP 2016, 199 (201); *Bauschke*, öAT 2019, 133 (134).
1211 *Schmitt*, RdA 2017, 365 (366).
1212 *Alexander*, in: Köhler/Bornkamm/Feddersen UWG (2021), GeschGehG § 5 Rn. 27.
1213 *Hauck*, WRP 2018, 1032 (1036).
1214 *Alexander*, in: Köhler/Bornkamm/Feddersen (2021), GeschGehG § 5 Rn. 27.

F. Die Schranken des Geheimnisschutzes

664 Die Bedeutung des Hinweisgeberschutzes scheint im Hinblick auf die umfassende Diskussion im Rahmen des Gesetzgebungsverfahrens für den Geheimnisschutz hoch zu sein.[1215] Bemängelt wurde im Gesetzgebungsverfahren aber, dass der Tatbestand aufgrund seiner Weite zu Rechtsunsicherheiten führe[1216] und durch eine Beweislastumkehr zu Lasten des Hinweisgebers den Whistleblowerschutz unterlaufen werde.[1217] Da das Geschäftsgeheimnisgesetz jedoch den Schutz innovationsstarker Unternehmen bezweckt, handelt es sich trotz der besonderen Aufmerksamkeit während des Gesetzgebungsverfahrens nicht um eine Kernregelung des Gesetzes. Eine Niederlegung hat diese Norm erfahren, da Unternehmen häufig Repressalien gegenüber Arbeitnehmern ergreifen, die Informationen aus berechtigten Gründen offenlegen. Trotz der ausufernden Diskussion, um die Ausgestaltung dieser Ausnahme wird der praktische Anwendungsbereich dieser Regelung jedoch gering sein. Grund hierfür ist, dass der Geheimnisbegriff nach § 2 Nr. 1 GeschGehG rechtswidrige Informationen nicht erfasst.[1218]

2. Der Hinweisgeberschutz im Lauterkeitsrecht

665 Der Schutz von Hinweisgebern ist keine neue Erfindung der Geheimnisschutzreform. Das deutsche Recht wies im Gegensatz zu anderen Staaten allerdings keine einheitlichen gesetzlichen Regelungen zum Umgang mit Whistleblowern auf. Lediglich in bestimmten Bereich bestanden punktuelle Whistleblowervorschriften, die jedoch keinen systematischen Schutz vermittelten.[1219] Dies brachte für Arbeitnehmer zunächst das Risiko von weitgehenden straf- und arbeitsrechtlichen Konsequenzen mit sich, denn § 17 UWG aF schützte nach bisherigem Verständnis auch Informationen über Gesetzesverstöße als Geschäftsgeheimnisse. Daher erfüllte externes Whistleblowing regelmäßig den Straftatbestand des § 17 Abs. 1 bzw. Abs. 2 Nr. 2 UWG aF.[1220]

666 Abwenden konnte der Arbeitnehmer die Sanktionen, wenn ein Rechtfertigungsgrund bestand. Ein solcher konnte sich aus einer Anzeigepflicht wie § 138 StGB[1221]

1215 Vgl nur *Reinhardt-Kasparek/Kaindl*, BB 2018, 1332 ff.; *von Busekist/Racky*, ZRP 2018, 135 ff.; *Müllmann*, ZRP 2019, 25 f.; *Trebeck/Schulte-Wissermann*, NZA 2018,1175 ff.; *Bauschke*, öAT 2019, 133.
1216 *Hiéramente/Golzio*, CCZ 2018, 262 (264); *Müllmann*, ZRP 2019, 25 (26).
1217 *Heinzke*, CCZ 2017, 179 (179); *Bissels/Schroeders/Ziegelmayer*, DB 2016, 2295 (2298).
1218 Siehe Rn. 211 ff.
1219 Vgl. bspw. § 17 Abs. 2 ArbSchG, § 21 Abs. 6 Gefahrstoffverordnung, § 4d FinDAG, § 25a Abs. 1 S. 6 Nr. 3 KWG; hierzu *Reinhardt-Kasparek/Kaindl*, BB 2018, 1332 (1332); *Eufinger*, ZRP 2016, 229 (230).
1220 *Schreiber*, NZWiSt 2019, 332 (333).
1221 Aufgrund des fehlenden Bezugs zu wirtschaftlichen Sachverhalten, war § 138 StGB jedoch selten von Bedeutung, vgl *Ullrich*, NZWiSt 2019, 65 (68).

oder vor allem der Wahrung höherrangiger Interessen nach § 34 StGB ergeben. Bereits nach ständiger Rechtsprechung stellt daher eine Anzeige gesetzeswidrigen Verhaltens des Arbeitgebers durch einen Arbeitnehmer regelmäßig keinen Verstoß gegen die arbeitsvertragliche Rücksichtnahmepflicht dar.[1222] Allerdings durfte die Bekanntmachung keine vorschnelle oder übereilte Reaktion hinsichtlich bekannt gewordener Informationen sein und damit zu einer Schädigung des Arbeitgebers führen.[1223] Denn die arbeitsvertragliche Rücksichtnahmepflicht und die Erforderlichkeit im Rahmen der Prüfung des Rechtfertigungsgrundes verpflichtet ihn zunächst dazu vor Erstattung der Strafanzeige oder Bekanntgabe an die Öffentlichkeit zu einer internen Klärung.[1224] Erst sofern diese erfolglos war oder unzumutbar erschien, konnte sich der Arbeitnehmer an die zuständigen Behörden wenden. Die Medien durften nur als ultima ratio in Fällen eingeschaltet werden, in denen gravierende Missstände aufgedeckt werden sollten. Es bestand insofern ein Vorrang des internen Whistleblowing.[1225]

Notwendig war in diesem Zusammenhang eine Interessenabwägung anhand des Einzelfalles zwischen den beiden Seiten. Kriterien, die beachtet wurden, waren die Berechtigung der Anzeige, das Vorliegen alternativer Handlungsmöglichkeiten, die Höhe des drohenden bzw. angerichteten Schadens und vor allem auch die Motivation des Hinweisgebers. Ein schutzwürdiges Interesse wurde daher immer dann abgelehnt, wenn die Offenlegung aus niederen Beweggründen stattfand oder es sich um offensichtlich haltlose Vorwürfe handelte.[1226] Die Anforderungen an ein zulässiges Whistleblowing waren damit hoch und mussten im Einzelfall bewiesen werden.[1227] Vor diesem Hintergrund wurde im deutschen Recht bereits angedacht eine Whistleblower Vorschrift zu schaffen. § 79 Abs. 3 des Entwurfes für ein Arbeitsgesetzbuch, welches aber letztlich nie realisiert wurde, enthielt ein Anzeigerecht des Arbeitnehmers, wenn diesem oder Dritten Schaden drohte und der Arbeitgeber bereits erfolglos unterrichtet wurde.[1228] Nach einem Gesetzesvorschlag zur Schaffung eines § 612a BGB sollten Arbeitnehmer, die auf Grund konkreter Anhaltspunkte der Auffassung sind, dass im Betrieb gesetzliche Vorschriften verletzt wurden und dies veröffentlichen, privilegiert werden.[1229] Zudem wurde 2012 ein Entwurf eines eigenständigen Hinweisgeberschutzgesetzes[1230] veröffentlicht, welches vorsah, dass Hinweisgeber wegen ergangener Hinweise nicht benachteiligt werden dürften.

667

1222 EGMR Urt. v. 21.07.2011 – 28274/08, RS 0840174 = NZA 2011, 1269; anders noch BAG, Urt. v. 05.02.1959 – 2 AZR 60/56, AP HGB § 70 Nr. 2.
1223 BAG, Urt. v. 03.07.2003 – 2 AZR 235/02, NZA 2004, 427.
1224 *Ullrich*, NZWiSt 2019, 65 (68); *Preis/Reinfeld*, AuR 1989, 370.
1225 *Schreiber*, NZWiSt 2019, 332 (333); *Bissels/Schroeder/Ziegelmayer*, DB 2016, 2295 (2298).
1226 *Schmitt*, RdA 2017, 365 (366).
1227 *Grimm*, in: AR-Blattei SD (2004), 770 Rn. 59 ff.
1228 *Grimm*, in: AR-Blattei SD (2004), 770 Rn. 59 ff.
1229 BT Ausschussdrucksache 16(10)849.
1230 BT-Drs. 17/8567.

Trotz der Sensibilisierung der Gesellschaft durch zahlreiche medienwirksame Whistleblower-Fälle in den vergangenen Jahren, sind die Gesetzesinitiativen allerdings erfolglos geblieben. Grund dafür war die massive Kritik an den Novellierungsvorschlägen, da diese nicht zu erkennen gaben, wer Adressat des Whistleblowing sein sollte. Zudem stellten sie maßgeblich auf die subjektive Auffassung des Arbeitnehmers ab und befreiten den Hinweisgeber in zu vielen Fällen von einer internen Abhilfe.[1231] Aufgrund der vorzunehmenden Interessenabwägung basierte die Rechtfertigung dem Grunde nach auf Einzelfallabwägungen und führte zu erheblichen Rechtsunsicherheiten für beide Seiten.[1232]

3. Vorgaben im internationalen Recht und Unionsrecht

a) Grundrechte-Charta und Europäische Menschenrechtskonvention

668 Nunmehr fordert die Geschäftsgeheimnis-Richtlinie jedoch die Einführung einer Whistleblowerprivilegierung im Rahmen des Geheimnisschutzrechtes. Nach der Richtlinie soll die Erlangung, Nutzung oder Offenlegung von Geschäftsgeheimnissen zu diesem Zweck sanktionslos bleiben. Dies entspricht den internationalen Regelungen. So finden sich im Völkervertragsrecht eine Vielzahl an Regelungen zum Schutz von Whistleblowern, die zur Folge haben, dass sich das Whistleblowing nicht mehr nur aus der Sicht der nationalen Regelungen betrachten lässt, sondern eine Vielzahl an Standards erfüllen muss.[1233]

669 Grundsätzlich ist das Recht zur externen Offenlegung Ausfluss der Meinungsäußerungsfreiheit nach Art. 11 Abs. 1 GRCh und je nach Kontext seiner Grundrechte auf Leben und körperliche Unversehrtheit nach Art. 2 Abs. 1, 3 Abs. 1 GRCh und seiner Gewissensfreiheit nach Art. 10 Abs. 1 GRCh. Diese Grundrechte werden jedoch nicht schrankenlos gewährleistet. Im Hinblick auf Art. 11 Abs. 1 GRCh ist stets Art. 10 EMRK zu beachten, welchem die gleiche Tragweite und Bedeutung zukommt und dessen Schranken aus Art. 10 Abs. 2 EMRK zu beachten sind.[1234] Aus diesem Grund besteht die Möglichkeit, die Meinungsäußerungsfreiheit zu beschränken, wenn dies durch bestimmte Ziele des Allgemeininteresses gerechtfertigt ist und dies in einem angemessenen Verhältnis zu dem verfolgten legitimen Ziel steht. Im Kontext der GRCh sind zudem die Wertungen der Art. 10, 16, 17 GRCh zu beachten und die widerstreitenden Interessen in einen möglichst schonenden Ausgleich zu bringen. Dies bedeutet im Zusammenhang mit dem Geheimnisschutz, dass diese Grundrechtskollision nicht pauschal zu Lasten des Arbeitgebers aufgelöst werden

---

1231 Vgl. *Ullrich*, NZWiSt 2019, 65 (70 f.); *Eufinger*, ZRP 2016, 229 (230).
1232 *Ullrich*, NZWiSt 2019, 65 (68).
1233 Eine Aufzählung der völkerrechtlichen Verträge mit Hinweisgeber-Regelungen findet sich bei *Schubert*, in: Franzen/Gallner/Oetker, RL/2016/943, Art. 5 Rn. 3.
1234 So auch *Schmitt*, RdA 2017, 365 (371).

III. Der Hinweisgeberschutz

kann. Der Zweck, die Allgemeininteressen zu schützen, ist daher nicht ausreichend, sondern muss in einer einzelfallbezogenen Interessenabwägung gegen die Unternehmerinteressen abgewogen werden.[1235] Weitere Vorgaben im Bereich des Arbeitsschutzes und des Finanzsektors stellen Sekundärrechtsakte der EU.[1236]

b) Die Geschäftsgeheimnis- und die Whistleblower-Richtlinie

Art 5 lit. b der Geschäftsgeheimnis-Richtlinie sieht nunmehr vor: »Die Mitgliedstaaten stellen sicher, dass ein Antrag auf die in dieser Richtlinie vorgesehenen Maßnahmen, Verfahren und Rechtsbehelfe abgelehnt wird, wenn der angebliche Erwerb oder die angebliche Nutzung oder Offenlegung des Geschäftsgeheimnisses in einem der folgenden Fälle erfolgt ist: (…) b) zur Aufdeckung eines beruflichen oder sonstigen Fehlverhaltens oder einer illegalen Tätigkeit, sofern der Antragsgegner in der Absicht gehandelt hat, das allgemeine öffentliche Interesse zu schützen«. Die Wertungen der GRCh sollen durch die Richtlinie nicht eingeschränkt werden.[1237] Ferner ist über Art. 52 Abs. 3 GRCh die EMRK und die Rechtsprechung des EGMR bei der Auslegung der EU-Grundrechte heranzuziehen. Erwägungsgrund 20 der Geschäftsgeheimnis-Richtlinie weist zudem darauf hin, dass die Verfahren, Maßnahmen und Rechtsbehelfe nicht dazu geeignet sein sollen, Whistleblowing-Aktivitäten einzuschränken. 670

Des Weiteren ist am 16. Dezember 2019 die Hinweisgeber-Richtlinie in Kraft getreten.[1238] Anlass für diesen gesetzgeberischen Schritt waren die medienwirksamen Whistleblower-Fälle der vergangenen Jahre und die durch die Geschäftsgeheimnis-Richtlinie entfachte Diskussion um den rechtlichen Schutz von Hinweisgebern. Als problematisch wurde empfunden, dass Hinweisgeber häufig Sanktionen befürchten, wenn sie die Information weitergeben und daher gehemmt seien, rechtswidriges Verhalten zu melden.[1239] 671

Die Richtlinie ist bis 2021 in nationales Recht umzusetzen. Sie gliedert sich in fünf Abschnitte: Der erste Abschnitt beschreibt den Geltungsbereich und enthält die wesentlichen Definitionen. Personell wird als Hinweisgeber jede für einen Arbeitgeber tätige Person erfasst. In den darauffolgenden Abschnitten folgt der Gesetzgeber den üblichen Stufen des Whistleblowing: Zunächst werden die Mitgliedsstaaten verpflichtet, sicherzustellen, dass juristische Personen im privaten und öffentlichen Sektor geeignete interne Meldeverfahren etablieren, 672

1235 EGMR v. 21.07.2011 – 2874/08, Rn. 43 – Heinisch/Deutschland.
1236 Vgl. Art. 11 VI RL 86/391/EWG; Art. 1 IV RL 2003/88/EG und Art. 1 II RL 92/85/EWG; Art. 32 VO EU/596/2014, Art. 28 VO EU/1286/2014 und Art. 71 RL 2013/36/EU, Art. 99d RL 2014/91/EU.
1237 Erwägungsgrund 19 Geschäftsgeheimnis-RL 2016/943.
1238 Richtlinie EU/2019/1937 des europäischen Parlaments und des Rates vom 23. Oktober 2019 zum Schutz von Personen, die Verstöße gegen das Unionsrecht melden, ABl. 305/17.
1239 Ausführlich zu Zweck und Inhalt der Richtlinie, *Forst*, EuZA 2020, 283.

die die Entgegennahme und Weiterverfolgung von Hinweisen ermöglichen. Abschnitt drei befasst sich mit dem externen Meldeverfahren und legt Mindeststandards für solche bei den zuständigen Behörden fest. Ist eine solche Meldung erfolgt, greifen die Mindeststandards des vierten Abschnitts zum Schutz des Hinweisgebers und auch der betroffenen Personen. Festgelegt werden nicht nur die Anforderungen, welche der Hinweisgeber erfüllen muss, um Schutz zu erlangen, sondern auch ein generelles Verbot von Sanktionen. Unterschieden wird hier zudem zwischen freiwilligen Meldungen und meldepflichtigen Rechtsverstößen.

673 Es bestehen insofern Überschneidungen mit der Geschäftsgeheimnis-Richtlinie, denn durch die Offenlegung von Fehlverhalten oder Gesetzesverstößen können mittelbar Geschäftsgeheimnisse publik gemacht werden. Ansatzpunkt der Geschäftsgeheimnis-Richtlinie ist allerdings der Schutz von Geschäftsgeheimnissen, während die Whistleblower-Richtlinie in erster Linie den Schutz des Hinweisgebers bezweckt, unabhängig davon, ob ein Geschäftsgeheimnis verletzt wird. Erwägungsgrund 98 stellt aber klar, dass die Richtlinien sich gegenseitig ergänzen sollten. Insbesondere stellt eine nach der Whistleblowing-Richtlinie erlaubtes Verhalten auch ein erlaubtes Verhalten nach Art. 3 Abs. 2 der Geschäftsgeheimnis-Richtlinie (§ 3 Abs. 2 GeschGehG) dar.[1240]

4. Die Regelung des Hinweisgeberschutzes im GeschGehG

a) Allgemeines

674 Die Handlungen eines Hinweisgebers sind auch nach dem GeschGehG weiterhin von den zivil- und strafrechtlichen Tatbeständen erfasst. Möglich erscheinen einerseits Unterlassungs- oder Schadensersatzansprüche wegen einer Geheimnisverletzung nach § 4 Abs. 2 GeschGehG und eine entsprechende Strafbarkeit nach § 23 Abs. 1 Nr. 2 und 3 GeschGehG. Zum Zweck des Ausgleichs zwischen Geheimnis- und Hinweisgeberschutz und der Umsetzung von Art. 5 lit. b der Richtlinie normiert das Geschäftsgeheimnisgesetz in § 5 Nr. 2 GeschGehG, dass die Nutzung, Offenlegung oder Erlangung eines Geschäftsgeheimnisses nicht verboten werden kann, wenn dies »zur Aufdeckung einer rechtswidrigen Handlung oder eines beruflichen oder sonstigen Fehlverhaltens (erfolgt), wenn die Erlangung, Nutzung oder Offenlegung geeignet ist, das allgemeine öffentliche Interesse zu schützen.«

675 Damit besteht eine Norm für die Rechtfertigung von Hinweisgebern in Geschäftsgeheimnisstreitigkeiten, sodass im nationalen Recht nicht mehr auf den Rechtfertigungsgrund des § 34 StGB zurückgegriffen werden muss. Allerdings stellt sich die Frage, auf welche Art und Weise mit dieser weiten Regelung umgegangen werden soll. Lediglich die Gesetzesbegründung verhilft zu einer

---

1240 Erwägungsgrund 98 Whistleblowing-RL EU/2019/1937.

gewissen Klarheit, denn im Einzelfall könne über den Begriff des berechtigten Interesses die Sicherstellung der Verhältnismäßigkeit erfolgen.[1241] Im Vergleich zur bisherigen Rechtslage führt § 5 Nr. 2 GeschGehG zu einer Verbesserung der Situation für Hinweisgeber. Denn es bestand schlichtweg keine spezielle Regelung, sodass trotz der Unbestimmtheit der Vorschrift ein Gewinn an Rechtssicherheit zu verzeichnen ist.[1242] Der Geheimnisschutz erkennt nämlich nicht nur das Spannungsfeld mit dem Hinweisgeberschutz an und gewährt eine gewisse Einordnung, sondern hält auch entsprechende Kriterien zur Lösung des Konflikts bereit.

b) Rechtswidrige Handlung oder Fehlverhalten

Sachliche Berechtigung und somit Voraussetzung für die Eröffnung des Anwendungsbereichs des § 5 Nr. 2 GeschGehG ist, dass die handelnde Person durch die Verletzung eines Geschäftsgeheimnisses eine rechtswidrige Handlung oder ein berufliches oder sonstiges Fehlverhalten des Unternehmens aufdeckt. 676

(a) Informationen über rechtswidriges Verhalten

Eine rechtswidrige Handlung stellt einen Verstoß gegen geltendes Recht dar. Dabei ist es unerheblich, ob es sich um eine Zuwiderhandlung gegen das Unionsrecht oder gegen das nationale Recht handelt. Nach einem engen Verständnis des Wortlautes wird vorausgesetzt, dass ein tatsächliches strafrechtliches Fehlverhalten Gegenstand der Offenlegung i.S.d. § 5 Nr. 2 GeschGehG sein muss.[1243] Zu beachten ist jedoch, dass bereits die Information über ein rechtswidriges Handeln nicht Gegenstand eines Geschäftsgeheimnisses i.S.d. § 2 Nr. 1 GeschGehG sein kann, sodass eine Rechtfertigung nach § 5 Nr. 2 GeschGehG in diesen Fällen nicht notwendig ist. Dieser vermeintliche Widerspruch stellt einen wesentlichen Punkt in der Argumentation gegen einen Ausschluss rechtswidriger Informationen vom Geschäftsgeheimnisbegriff dar.[1244] Zu hinterfragen ist insofern, welcher Anwendungsbereich dem § 5 Nr. 2 GeschGehG im Hinblick auf rechtswidrige Handlungen noch verbleibt, sofern man der hier vertretenen Ansicht folgt. 677

Der beanstandete Widerspruch lässt sich dadurch auflösen, dass die Vorschrift den gutgläubigen Hinweisgeber erfasst, der aufgrund belastbarer Tatsachen 678

1241 RegE GeschGehG, BT-Drs. 19/4724, S. 27 f; Kritisch *Richter*, ArbRAktuell 2019, 375 (377).
1242 *Alexander*, in: Köhler/Bornkamm/Feddersen (2021), GeschGehG § 5 Rn. 33; *Müllmann*, ZRP 2019, 25 (26); *Trebeck/Schulte-Wissermann*, NZA 2018, 1175 (1180); a.A. *Böning/Heidfeld*, AuR 2018, 555 (557); *Bauschke*, öAT 2019, 133 (136).
1243 Vgl. *Eufinger*, ZRP 2016, 229 (230); *Kalbfus*, GRUR 2016, 1009 (1016).
1244 Vgl. dazu schon unter Kap. B.III.2.c.

handelt und sich erst im Anschluss herausstellt, dass kein gesetzeswidriges Handeln vorlag.[1245] Man könnte den Wortlaut zwar so deuten, dass ein Fehlverhalten oder illegales Handeln tatsächlich vorausgesetzt ist und festgestellt werden muss. Unter Beachtung von Erwägungsgrund 20 der Geschäftsgeheimnis-Richtlinie ergibt sich aber, dass der Hinweisgeber nicht sanktioniert werden soll, wenn sich der Vorwurf als gegenstandslos herausstellt, er aber allen Grund hatte, davon auszugehen, dass das angezeigte Verhalten vorlag.[1246] Andernfalls würde der Arbeitnehmer immer dann nicht privilegiert, wenn die Anzeige nicht zu einer Aufdeckung von Missständen führt oder diese nicht zweifelsfrei bewiesen werden können. Das Ziel, die Abschreckung durch drohende Sanktionen zu vermeiden, würde verfehlt werden. Dennoch werden die Anforderungen an eine solche Privilegierung hoch sein, da der Hinweisgeber »allen Grund« gehabt haben musste von der Richtigkeit auszugehen. Im Einzelfall muss der Mitarbeiter prüfen, ob die Informationen verlässlich sind. Im Ergebnis darf der Arbeitnehmer daher nicht benachteiligt werden, wenn sich seine Behauptung nachträglich als unrichtig oder unaufklärbar erweist. Dies wird durch Art. 6 Abs. 1 lit. a) der Whistleblower-Richtlinie bestätigt, welcher Hinweisgebern Schutz gewährt, wenn diese »hinreichenden Grund zu der Annahme hatten, dass die gemeldeten Informationen über Verstöße zum Zeitpunkt der Meldung der Wahrheit entsprachen.«

679 Der EGMR, dessen Rechtsprechung auch im Rahmen des Geheimnisschutzes zu beachten ist,[1247] berücksichtigt den Wahrheitsgehalt einer Tatsache ebenso lediglich als einen Faktor der Interessenabwägung und verlangt, dass der Hinweisgeber sorgfältig prüfen muss, ob die behauptete Tatsache wahr ist bevor er sie offenlegt. Er darf sich daher nicht leichtfertig auf unwahre Behauptungen stützen.[1248] Auch hat der EGMR aber in der Rechtssache *Heinisch* ausgeführt, dass ein Arbeitnehmer, der in gutem Glauben von seinem grundrechtlich garantiertem Recht auf Erstattung einer Strafanzeige Gebrauch macht, keine Nachteile dadurch erleiden dürfe, dass sich seine Behauptungen als unrichtig oder nicht zweifelsfrei aufklärbar erweisen. Demnach darf der Arbeitnehmer nicht benachteiligt werden, wenn sich seine Behauptung, die auf einer hinreichenden Faktengrundlage beruhte, als unrichtig erweist.[1249] Für dieses Verständnis spricht, dass Art. 5 der Geschäftsgeheimnis-Richtlinie seinem Wortlaut nach auch bei

---

1245 *Reinfeld* (2019), § 3 Rn. 44.
1246 *Schubert*, in: Franzen/Gallner/Oetker, RL 2016/943/EU Art. 5 Rn. 6 f.; *Alexander*, in: Köhler/Bornkamm/Feddersen (2021), GeschGehG § 5 Rn. 46 sieht den gutgläubigen HInweisgeber nicht über § 5 Nr. 2 GeschGehG geschützt, sondern im Rahmen der Verhältnismäßigkeitsprüfung nach § 9 GeschGehG.
1247 Vgl Erwägungsgrund 19 Geschäftsgeheimnis-RL; *Trebeck/Schulte-Wissermann*, NZA 2018, 1175 (1178).
1248 EGMR, Urt. v. 15.11.2012 – 53579/09, 53582/09 Rn. 36 f. – Bargão et Domingos Correia/Portugal; EGMR, Urt. v. 20.5.1999 – 21980/93 Rn. 66 – Bladet Tromsø and Stensaas/Norwegen.
1249 EGMR Urt. v. 21.07.2011 – 2874/08 Rn. 80 – Heinisch/Deutschland.

»angeblichen« Verletzungshandlungen anwendbar ist und keine Einschränkung des Whistleblowings bezweckt. Es kann daher sogar dahinstehen, ob tatsächlich ein Geschäftsgeheimnis betroffen war. Daher ist von einem weiten Verständnis auszugehen, dass auch den gutgläubigen Hinweisgeber schützt.[1250]

Ein weiterer Anwendungsbereich verbleibt aber auch insoweit, dass durch die Aufdeckung rechtswidrigen Verhaltens zwangsläufig Informationen mittelbar offenbart werden, die für sich gesehen keinen rechtswidrigen Inhalt haben.[1251] So könnten Unterlagen, die dem Hinweisgeber als notwendigem Beweis für ein rechtswidriges Verhalten dienen, für sich gesehen nicht rechtswidrig sein und schutzfähige Geheimnisse enthalten. 680

Damit beschränkt sich der Anwendungsbereich des § 5 Nr. 2 GeschGehG auf die Offenlegung von geschützten Informationen, die eine notwendige bzw. unabwendbare Folge der Anzeige ist und die gutgläubige Anzeige von vermeintlich rechtswidrigem und missbilligtem Verhalten. In diesen Fällen liegt objektiv ein Geschäftsgeheimnis vor, sodass § 5 Nr. 2 GeschGehG anwendbar ist. 681

(b) Berufliches oder sonstiges Fehlverhalten

Neben den rechtswidrigen Verhalten erfasst der Rechtfertigungsgrund des GeschGehG die Offenlegung jedes beruflichen oder sonstigen Fehlverhaltens. Das berufliche Fehlverhalten erfasst Verstöße gegen berufsständische Vorschriften.[1252] Gemeint sind damit die spezifischen Standesvorschriften von bspw. Ärzten oder Rechtsanwälten. Der Verstoß gegen ein privatautonomes Regelwerk, zu deren Einhaltung sich ein Unternehmen freiwillig verpflichtet hat, kann ebenso erfasst sein.[1253] Gemeint sind damit durch Wirtschafts- und Berufsvereinigungen nach §§ 24 ff. GWB aufgestellte Wettbewerbsregeln oder Vereinbarungen hinsichtlich des Verhaltens im Sinne eines Verhaltenskodex nach § 2 Abs. 1 Nr. 5 UWG. Die Rechtsordnung misst derartigen privatrechtlichen Zusicherung besondere Bedeutung zu und missbilligt sogar Irreführungen im Hinblick auf die Einhaltung dieser, vgl. § 5 Abs. 1 Nr. 6 UWG. Wenn das Gesetz das Vertrauen in diese privatautonomen Regelwerke zusätzlich absichert, erscheint es folgerichtig, dass Verstöße gegen diese einem Rechtsverstoß gleichgestellt werden. 682

Der Anwendungsbereich des § 5 Nr. 2 GeschGehG ist aber deutlich weiter, denn er erfasst jedes sonstige Fehlverhalten. Dieser Begriff wird durch den Gesetzgeber keiner Definition zugeführt. Vielmehr wird darauf abgestellt, dass ein sonstiges Fehlverhalten nicht zwangsläufig rechtswidrig aber unethisch sei. Als Beispiele dafür werden Handlungen im Ausland genannt, die in dem jeweiligen 683

1250 So *Schubert*, in: Franzen/Gallner/Oetker, RL 2016/943/EU Art. 5 Rn. 6 f.
1251 *McGuire*, in: Büscher, GeschGehG § 5 Rn. 22.
1252 RegE GeschGehG BT-Drs 19/4724, S. 28.
1253 *Alexander*, in: Köhler/Bornkamm/Feddersen (2021), GeschGehG § 5 Rn. 37; a.A. wohl *Ohly*, GRUR 2019, 441 in Fn. 68.

Land nicht rechtswidrig sind, von der Allgemeinheit aber als Fehlverhalten eingeordnet werden.[1254] Der Bezug auf die Einordnung als ethisch erweist sich jedoch als problematisch. Dieser findet weder in Art. 5 noch Erwägungsgrund 20 der Geschäftsgeheimnis-Richtlinie Anklang und stellt damit eine Schöpfung des nationalen Gesetzgebers dar. Die Frage, was als ethisch richtig und als unethisch einzuordnen ist, ist in hohem Maße von einer subjektiven Betrachtung abhängig und kaum einheitlich zu beantworten.[1255] Dadurch entstehen erhebliche Rechtsunsicherheiten, da dem Hinweisgeber die Aufgabe zugewiesen wird sowohl zu beurteilen, ob ein Verhalten des Unternehmens legal ist und ob dieses gleichzeitig von der Allgemeinheit als unethisch empfunden wird. Wie ein Mitarbeiter, in der Situation diese Bewertung durchführen soll, lässt der Gesetzgeber nicht erkennen. Im Umkehrschluss werden die Unternehmen beeinträchtigt, da sie ebenso beurteilen müssen, ob rechtliche Schritte angemessen sind. Das Ziel der Richtlinie, eine nachvollziehbare und rechtssichere Grundlage für Whistleblower zu schaffen, wäre damit in sein Gegenteil verkehrt. Potentielle Hinweisgeber könnten selbst, wenn sie sich der Informationen sicher sind, von einer Anzeige abgehalten werden, da sie sich die entsprechende Beurteilung nicht zutrauen.

684 Zugleich bringt eine extensive Auslegung der Norm das Risiko mit sich, dass je nach Gericht jede Form der Weitergabe von Geschäftsgeheimnissen als gerechtfertigt angesehen und der Geheimnisschutz damit untergraben werden könnte. Aus diesem Grund ist der weite Ansatz des nationalen Gesetzgebers abzulehnen und im Einklang mit dem Zweck der Geschäftsgeheimnis-Richtlinie auf Fehlverhalten zu reduzieren, welches aufgrund seiner Art und Schwere einem Rechtsverstoß gleichsteht. Bloße ethische Erwägungen sind nicht ausreichend, sondern vielmehr muss das angezeigte Verhalten auf verwerfliche Art und Weise grundlegende Sozial- und Verhaltenskonventionen missachten.[1256] Dies wird letztlich auch durch die abschließende Gesetzesbegründung bestätigt. Denn die Bestimmung des sonstigen Fehlverhaltens soll sich nur nach einem allgemeinen objektivierbaren Rechtsverständnis richten und Fehlverhalten von einigem Gewicht und Ausmaß betreffen.[1257]

c) Handeln zum Schutz des öffentlichen Interesses

685 Neben einem hinreichenden Grund in Form eines rechtswidrigen Verhaltens oder beruflichen oder sonstigen Fehlverhaltens wird vorausgesetzt, dass die Handlung geeignet ist, das öffentliche Interesse zu schützen. Das öffentliche

---

[1254] RegE GeschGehG, BT-Drs. 19/4724, S. 29.
[1255] *Ullrich*, NZWiSt 2019, 65; *Hiéramente/Golzio*, CCZ 2018, 262 (264); *Passarge*, CB 2018, 144 (147).
[1256] So auch *Alexander*, in: Köhler/Bornkamm/Feddersen (2021), GeschGehG § 5 Rn. 39; *Bürkle*, CCZ 2018, 193.
[1257] BT-Drs. 19/8300, S. 14.

Interesse erfasst gewichtige Belange der Allgemeinheit.[1258] Ausweislich der Geschäftsgeheimnis-Richtlinie sind damit der Schutz der öffentlichen Sicherheit und Gesundheit, der Verbraucherschutz und der Umweltschutz gemeint.[1259]

Des Weiteren muss die Handlung dazu geeignet sein, das betroffene Interesse zu schützen. Das Gesetz verlangt daher eine objektive Untersuchung der Handlung des Arbeitnehmers. Eine besondere Absicht wie sie noch in den vorhergehenden Gesetzesentwürfen auf Grundlage des Wortlauts der Geschäftsgeheimnis-Richtlinie verlangt wurde,[1260] ist daher nicht erforderlich. Dort kam es lediglich darauf an, dass der Hinweisgeber beabsichtigt, dass die Offenlegung dem Schutz des öffentlichen Interesses dient. Diese Absicht sollte das »*dominierende, nicht jedoch das ausschließliche Motiv*« sein.[1261] Die Anforderungen wurden jedoch als zu einschränkend bezeichnet und kritisiert.[1262] Mit Abschluss des Gesetzgebungsverfahrens änderte der deutsche Gesetzgeber deshalb den Wortlaut und verlangt nicht mehr den Nachweis des subjektiven Willens im öffentlichen Interesse zu handeln, sondern lässt es ausreichen, wenn die Handlung durch den Hinweisgeber objektiv dazu geeignet ist, das allgemeine öffentliche Interesse zu schützen. Die Abweichung zu den Vorgaben der Richtlinie stellt sich jedoch nicht als richtlinienwidrig dar, denn es handelt sich lediglich um Anpassungen an die englische Sprachfassung, welche auf eine Zweckprüfung abstellte, während sich die deutsche Richtlinienübersetzung als ungenau herausstellte.[1263]

686

Daher wird es nicht auf das tatsächliche Motiv des Hinweisgebers ankommen, sodass eine Gesinnungsprüfung vermieden wird, und auch ein persönliches verwerfliches Interesse der Anwendung des § 5 Nr. 2 GeschGehG nicht entgegensteht.[1264] Unschädlich ist daher, wenn der Hinweisgeber finanzielle Anreize, bspw. beim Verkauf von Datenträgern mit Steuerdaten, erhält, um die Informationen preis zu geben.[1265] Zugleich wird aber gewährleistet, dass eine rechtskonforme Gesinnung nicht reicht, sondern dass der Whistleblower einen hinreichenden, objektiv überprüfbaren Anlass gehabt haben muss, das Fehlverhalten anzunehmen.[1266] Diese Objektivität bringt gegenüber der Überprüfung

687

1258 RegE GeschGehG, BT-Drs. 19/4724, S. 28; *Alexander*, WRP 2017, 1034 (1043 f.).
1259 Erwägungsgrund 21 Geschäftsgeheimnis-RL EU/2016/943.
1260 Vgl. RegE GeschGehG, BT-Drs. 19/4724, S. 6.
1261 RegE GeschGehG, BT-Drs. 19/4724, S. 28.
1262 So *Schmitt*, RdA 2017, 365 (371); *Hauck*, WRP 2018, 1032 (1037); *Hieramente/Golzio*, CCZ 2018, 262 (264).
1263 *Reinfeld* (2019), § 3 Rn. 36; *Alexander*, in: Köhler/Bornkamm/Feddersen (2021), GeschGehG § 5 Rn. 32; *Ohly*, GRUR 2019, 441 (448).
1264 RegE GeschGehG, BT-Drs. 19/8300, S. 14; *Alexander*, in: Köhler/Bornkamm/Feddersen (2021), GeschGehG § 5 Rn. 42.
1265 *Ullrich*, NZWiSt 2019, 65 (69); Vgl. dazu auch Art. 32 Abs. 4 MarktmissbrauchsVO, welcher die Auslobung finanzielle Anreize erlaubt.
1266 BT-Drs. 19/8300, S. 14.

der Motivation vor allem den Vorteil der Rechtssicherheit mit sich. Denn die innere Motivlage eines Täters lässt sich nur selten mit Sicherheit nachweisen und hätte im Ergebnis eine abschreckende Wirkung auf Hinweisgeber.[1267]

688 Im Falle einer rein objektiven Betrachtung würde § 5 Nr. 2 GeschGehG entgegen der obigen Darstellung gutgläubige Hinweisgeber nicht erfassen. In der englischen Sprachfassung wird allerdings auf den Zweck der Handlung abgestellt, welcher sich nicht völlig unabhängig von der Vorstellung des Hinweisgebers bestimmen lässt. Der deutsche Gesetzgeber betont indes, dass nicht nur das objektiv geeignete Whistleblowing privilegiert werden soll, sondern auch der Hinweisgeber, der gutgläubig eine Gefährdung öffentlicher Interessen annimmt erfasst ist.[1268] Da dies jedoch nicht unmittelbar vom Wortlaut des § 5 Nr. 2 GeschGehG gedeckt ist, muss angesichts der Intention des Gesetzgebers der dargestellten Rechtsprechung des EGMR § 5 Nr. 2 GeschGehG erweitert ausgelegt werden, sodass die Eignung aus Sicht des Arbeitnehmers zu verstehen ist oder der gutgläubige Hinweisgeber in Analogie zu § 5 Nr. 2 GeschGehG zu erfassen ist.[1269]

689 Erforderlich ist daher eine Zweckprüfung, wonach durch die Handlung des Unternehmens ein schützenswerter Belang der Allgemeinheit betroffen sein muss und die Tätigkeit des Hinweisgebers bezweckt, das öffentliche Interesse in dieser Hinsicht zu schützen. Ein persönliches Interesse des Hinweisgebers oder ein Bündel an unterschiedlichen, auch verwerflichen Beweggründen, ist unbeachtlich.

d) Adressat und Verfahren des Hinweisgeberschutzes

690 Auf eine genaue Ausgestaltung des Meldeverfahrens oder der Verfahrensregelungen hat der deutsche Gesetzgeber verzichtet. Unklar ist daher, ob die Offenlegung durch den Hinweisgeber einer Verhältnismäßigkeitsprüfung zu unterziehen ist. Denn es wird kein Vorrang des internen Meldeverfahrens etabliert und auch nicht geregelt, wem gegenüber die Anzeige zu erstatten ist. Daher könnte ein Arbeitnehmer genau genommen jede Information, unabhängig von ihrer Bedeutung ohne Weiteres nach außen tragen, sofern er damit nur entfernt das allgemeine öffentliche Interesse schützt.[1270] Zu denken ist in diesem Zusammenhang an Fälle, in denen ein Arbeitnehmer einen Rechtsverstoß der Staatsanwaltschaft oder den Medien zukommen lässt, ohne zuvor intern den Versuch unternommen zu haben, Abhilfe zu schaffen, welche auch erfolgsversprechend und einfach gewesen wäre. Dies wirft die Frage auf, ob Hinweisgeber frei ent-

---

1267 *Alexander*, in: Köhler/Bornkamm/Feddersen (2021), GeschGehG § 5 Rn. 42; *Hieramente/Golzio*, CCZ 2018, 262 (264).
1268 BT-Drs. 19/8300, S. 14.
1269 *Schubert*, in: Franzen/Gallner/Oetker, RL 2016/943/EU Art. 5 Rn. 15.
1270 So auch *Naber/Peukert/Seeger*, NZA 2019, 583 (586).

scheiden können, ob sie vor der externen Offenlegung des Missstandes einen internen Klärungsversuch unternehmen und ob sie den Adressatenkreis frei bestimmen können.[1271] Diese Ansicht lässt allerdings die nachvollziehbaren und schützenswerten Geheimnisinhaberinteressen unberücksichtigt, denn dadurch bestünde das Risiko, dass ohne Nachprüfung ein erheblicher Schaden entsteht. Unter Umständen sind die Verantwortlichen aber gar nicht über den behaupteten Verstoß informiert und wären bei Kenntnis ohne Weiteres gewillt gewesen, Abhilfe zu schaffen. Denkbar ist auch, dass der Hinweisgeber etwas fehlinterpretiert hat, das sich intern leicht hätte aufklären können. Bereits das bloße Bestehen der Vorwürfe wirkt sich aber in der Regel negativ auf den Ruf des Unternehmens aus.[1272]

§ 5 Nr. 2 GeschGehG enthält lediglich einen Grundsatz bezüglich der Hinweisgeberproblematik, der durch die Wertungen unionsrechtlicher und nationaler Grundsätze aufgefüllt werden muss. Aufgrund der Einwirkung der Grundrechte-Charta und mit ihr die der Europäischen Menschenrechtskonvention auf den Geheimnisschutz und dem Verweis auf den Fortbestand der arbeitsvertraglichen Pflichten lässt sich die einschlägige Rechtsprechung des Europäischen Gerichtshofs für Menschenrechte auf § 5 Nr. 2 GeschGehG übertragen.[1273] In seiner ständigen Rechtsprechung geht der EGMR von einem Vorrang des internen Abhilfeversuchs aus. Diese Anforderung wurde maßgeblich in der *Rs. Heinisch* aufgestellt. Hintergrund der Entscheidung war die fristlose Kündigung einer Altenpflegerin, welche mittels Strafanzeige auf die Missstände in den Pflegeheimen ihres Arbeitgebers aufmerksam machen wollte. Der EGMR wertete die Kündigung und die bestätigenden Urteile der Arbeitsgerichte als Verstoß gegen die in Art. 10 EMRK festgelegte Meinungsfreiheit. Jedoch sei die externe Offenlegung von Missständen nicht immer rechtlich geschützt. Vielmehr müsse anhand einer Abwägung ermittelt werden, ob die konkreten Umstände eine Weitergabe an die Öffentlichkeit rechtfertigen. Grundlage dieser Abwägung sind die Loyalitäts- und Geheimhaltungspflicht des Arbeitnehmers gegenüber dem Arbeitgeber aus § 241 Abs. 2 BGB. Wegen § 1 Abs. 3 Nr. 4 GeschGehG wird auch weiterhin an diesen Grundsätzen festzuhalten sein.[1274] Eine völkerrechtsoffene und primärrechtskonforme Auslegung des Geschäftsgeheimnisgesetzes verlangt somit nach einem Vorrang der innerbetrieblichen

691

1271 Bejahend *Bissels/Schroeders/Ziegelmayer*, DB 2016, 2295 (2298); *Eufinger*, ZRP 2016, 229 (231); *Hauck*, WRP 2018, 1032 (1036); *Schreiber*, NZWiSt 2019, 332 (337); Kritisch zu der fehlenden Klarstellung *Busekist/Racky*, ZRP 2018, 135 (138).
1272 *Ullrich*, NZWiSt 2019, 65 (70); *Holthausen*, NZA 2019, 1377 (1381).
1273 Bejahend *Alexander*, in: Köhler/Bornkamm/Feddersen UWG (2021), GeschGehG § 5 Rn. 45; Ablehnend *Eufinger*, ZRP 2016, 229 (231); *Kalbfus*, GRUR 2016, 1009 (1015); *Ullrich*, NZWiSt 2019, 65 (69 ff.).
1274 *Naber/Peukert/Seeger*, NZA 2019, 583 (586).

Abhilfe.[1275] Aus diesem Grund muss der Hinweisgeber überprüfen, ob mildere Mittel bestehen, um auf das Fehlverhalten aufmerksam zu machen und es zu beseitigen.[1276]

692 Daher muss der Hinweisgeber schonend vorgehen und zunächst eine innerbetriebliche Abhilfe anstreben, bevor die Information an die zuständigen Stellen gegeben wird, sofern ein unternehmensinternes Hinweisgebersystem besteht und diese zumutbar und erfolgsversprechend ist.[1277] Vor diesem Hintergrund kann die Offenlegung der Information gegenüber öffentlichen Stellen nur *ultima ratio* sein, soweit eine interne Abhilfe nicht erreicht werden konnte oder unmöglich, zwecklos oder ergebnislos ist. Ist dieser Fall gegeben, müssen in die Abwägung zusätzlich die Wahrheit der Information, die Beweggründe des Hinweisgebers und das öffentliche Interesse einbezogen werden.[1278] Abzulehnen ist das Erfordernis einer vorherigen innerbetrieblichen Klärung somit immer dann, wenn der Arbeitnehmer Kenntnis von Handlungen erhält durch deren Nichtanzeige er selbst auch strafrechtlich belangt werden könnte oder der Arbeitgeber unmittelbarer Täter schwerwiegender Straftaten ist. Gleiches gilt, sofern eine Abhilfe nicht zu erwarten oder die Konsequenzen im Falle einer vorherigen innerbetrieblichen Ansprache unzumutbar wären.[1279]

693 Wesentlich ist aber, dass im Unternehmen die zumutbare Möglichkeit besteht, auf Fehlverhalten hinzuweisen. Hinweisgebersysteme sind bereits elementarer Bestandteil vieler Compliance Management Systeme in Unternehmen.[1280] Sie ermöglichen den Kontakt zum Unternehmen, um dadurch auf Missstände hinzuweisen. Dadurch können Unternehmen mögliche Verstöße gegen Rechtsnormen oder ein ethisches Fehlverhalten frühzeitig erkennen, analysieren und unter Umständen abstellen, um dadurch einerseits die Einleitung von straf- oder bußgeldrechtlichen Ermittlungsverfahren zu verhindern und andererseits Schäden finanzieller oder nichtfinanzieller Art zu minimieren. Besteht ein solches System nicht oder wird mit internen Hinweisgebern grundsätzlich unsachgemäß umgegangen, werden die an den Hinweisgeber zu stellenden Anforderungen allerdings geringer sein und unter Umständen ein direktes externes Whistleblowing erlauben. Daher haben es Unternehmen zum Teil auch selbst in der Hand,

---

1275 Der Grundsatz der völkerrechtsoffenen Auslegung verpflichtet ausdrücklich zur Berücksichtigung der EMRK, vgl. BVerfG v. 26.3.1987 – 2 BvR 589/79, BVerfGE 74, 358, Rn. 35; BVerfG v. 4.5.2011 – 2 BvR 2365/09, BVerfGE 128, 326, Rn. 90; *Schubert*, in: Franzen/Gallner/Oetker, RL 2016/943/EU Art. 5 Rn. 14.
1276 *Ohly*, GRUR 2019, 441 (447); *Schmitt*, RdA 2017, 365 (371); *Alexander*, in: Köhler/Bornkamm/Feddersen UWG (2021), GeschGehG § 5 Rn. 45.
1277 EGMR Urt. v. 21.07.2011 – 2874/08 Rn. 65 – Heinisch/Deutschland; ausführlich *Groß/Platzer* NZA 2017, 1097 (1099); *Schubert*, in: Franzen/Gallner/Oetker, RL 2016/943/EU Art. 5 Rn. 11 f.
1278 EGMR, NJW 2011, 3501 Rn. 65 – Heinisch; EGMR, BeckRS 2011, 77277 Rn. 73 – Guja/Moldau.
1279 *Holthausen*, NZA 2019, 1377 (1381).
1280 *v. Busekist/Racky*, ZRP 2018, 135 (135).

ob sie dem Abfluss solchen Wissens durch interne Hinweisgebersysteme vorbeugen wollen.

e) Zwischenergebnis

Folglich bringt die Geschäftsgeheimnis-Richtlinie weder eine Erschwerung noch eine Erweiterung des Hinweisgeberschutzes mit sich. Der Maßstab stimmt daher mit dem des bisherigen deutschen Rechts überein und geht in gewissem Sinn über diesen hinaus, da die Motivlage des Hinweisgebers keine Rolle mehr spielt. Im Hinblick auf die bisherigen durch die Rechtsprechung geprägten Grundsätze des Whistleblowing werden durch die Geschäftsgeheimnis-Richtlinie daher keine gravierenden Änderungen eintreten. Insbesondere der Einwand, die Richtlinie würde den Whistleblower-Schutz untergraben, ist daher verfehlt.

694

Erfasst sind Fälle, in denen durch die Aufdeckung eines rechtswidrigen Verhaltens mittelbar Geschäftsgeheimnisse offenbart werden. Auch lässt der Richtlinienwortlaut annehmen, dass der gutgläubige Hinweisgeber geschützt ist. Der Wortlaut lässt jedenfalls keine Einschränkung zugunsten eines innerbetrieblichen Abhilfeverfahrens oder hinsichtlich der Mitteilungsempfänger erkennen. Auch räumt des GeschGehG im Einklang mit den Richtlinienvorgaben der Meinungsäußerungsfreiheit des Arbeitnehmers den Vorrang vor den Arbeitgeberinteressen ein, wenn dieser in der Absicht handelte, das öffentliche Interesse zu schützen. Daher kommt es nach dem Wortlaut nicht darauf an, ob ein tatsächliches Interesse an der Anzeige besteht. Dies führt in der Tat zu einer deutlichen Verbesserung der Rechtsstellung von Hinweisgebern, da es im Ergebnis auch nicht mehr auf eine Interessenabwägung ankommt.

695

IV. Die Wahrnehmung der Arbeitnehmervertretung

Eine weitere Schranke ist dem Geheimnisschutz im Rahmen der Erlangung, Nutzung oder Offenlegung von Geschäftsgeheimnissen gegenüber der Arbeitnehmervertretung in § 5 Nr. 3 GeschGehG gesetzt. Dies dient der Gewährleistung der Aufgabenwahrnehmung durch die Arbeitnehmervertretung, sodass die »Verfolgung legitimer Gruppeninteressen« weiterhin gesichert ist und Arbeitnehmer ihre Vertretung kontaktieren dürfen. Zu diesem Zweck dürfen Arbeitnehmer Geheimnisse nutzen oder offenlegen, während die Arbeitnehmervertretung die Geschäftsgeheimnisse auf diesem Weg erlangen darf.[1281] Dies ist von unmittelbarer Relevanz für die Beschäftigten eines Unternehmens, da die Arbeitnehmervertretung ihre Interessen wahrnimmt. In diesen Fällen des soge-

696

1281 BT-Drs. 19/4724, S. 28.

nannten »internen Whistleblowings« muss also der Geheimnisschutz zurücktreten, um die Funktion der Mitwirkung und Mitbestimmung nicht zu unterlaufen.

697 Die Rechte und Pflichten im Zusammenhang mit der Arbeitnehmervertretung werden im Geschäftsgeheimnisgesetz somit mehrfach benannt. Dies lässt sich wie folgt zusammenfassen: Die Erlangung von Geschäftsgeheimnissen ist über die klarstellende Vorschrift des § 3 Abs. 1 Nr. 3 GeschGehG sowohl für Arbeitnehmer als auch die Arbeitnehmervertretung erlaubt, sofern dies auf Informations- oder Anhörungsrechten oder Mitwirkungs- und Mitbestimmungsrechte beruht. Zugleich ist sie nach § 5 Nr. 3 GeschGehG gerechtfertigt, sofern die Arbeitnehmervertretung Geschäftsgeheimnisse durch einen Arbeitnehmer erfährt, welcher diese mit der Absicht offenlegt, der Arbeitnehmervertretung die Arbeit zu ermöglichen. Daneben können über § 3 Abs. 2 GeschGehG Vorschriften aus anderen Gesetzen herangezogen werden. Die anschließende Nutzung und Offenlegung durch einen Arbeitnehmer gegenüber der Arbeitnehmervertretung kann demgegenüber nur nach § 5 Nr. 3 GeschGehG gerechtfertigt sein.[1282] Da zugleich aber auch die Rechte der Arbeitnehmer und Arbeitnehmervertretung nach § 1 Abs. 3 Nr. 4 GeschGehG unberührt bleiben sollen, kann auch in diesem Fall die Nutzung und Offenlegung miteinbezogen werden.

698 Ausweislich des Wortlauts der Normen ist lediglich die Kommunikation des Arbeitnehmers in Richtung der Arbeitnehmervertretung erfasst. Die Vorschriften erfassen damit nicht ein Tätigwerden der Vertretung gegenüber der Belegschaft. Dies wurde im Rahmen des Gesetzgebungsverfahrens bereits als »informatorische Einbahnstraße« kritisiert.[1283] Durch die Einführung des § 1 Abs. 3 Nr. 4 GeschGehG sind diese Bedenken jedoch als überholt anzusehen, weil damit die Informationspolitik der Arbeitnehmervertretung nach den bisherigen arbeitsrechtlichen Regelungen weiterhin erlaubt ist und durch das Geschäftsgeheimnisgesetz insofern unberührt bleibt.[1284] Eigenständige Bedeutung erlangt § 5 Nr. 3 GeschGehG daher allerdings nur, wenn nicht bereits arbeitsrechtliche Bestimmungen[1285] oder Kollektivvereinbarungen dieses Verhalten gestatten. Denn dann greift vorrangig § 3 Abs. 2 GeschGehG oder die jeweilige Vorschrift, welche die Offenlegung oder Nutzung für rechtmäßig erklärt, ein.[1286] Im Ergebnis ist der Anwendungsbereich der Norm damit klein, sodass es sich auch hier weitestgehend um eine klarstellende Vorschrift mit Hinweis auf die besondere Schutzbedürftigkeit von Arbeitnehmern handelt.[1287]

699 Die mitgeteilten geschützten Informationen müssen zur Aufgabenwahrnehmung der Arbeitnehmervertretung notwendig sein, ansonsten handelt es sich um

---

[1282] *Bissels/Schroeders/Ziegelmayer*, DB 2016, 2295 (2297).
[1283] *Fuhlrott*, in: BeckOK GeschGehG, § 5 Rn. 51; *Schulte*, ArbRB 2019, 143 (146).
[1284] *Fuhlrott*, in: BeckOK GeschGehG, § 5 Rn. 51.
[1285] Vgl. §§ 84, 80 Abs. 1 Nr. 3, 82 Abs. 1 S. 1 BetrVG; § 13 Abs. 1 S. 1 AGG; § 16 Abs. 2 S. 2 ArbSchG.
[1286] *McGuire*, in: Büscher, GeschGehG § 5 Rn. 27; *Schmitt*, RdA 2017, 365 (372).
[1287] So *Bissels/Schroeders/Ziegelmayer*, DB 2016, 2295 (2297).

eine unrechtmäßige Offenbarung seitens des Arbeitnehmers. Da insofern auch die innerbetriebliche Offenlegung Ansprüche aus dem Geschäftsgeheimnisgesetz auslösen kann, setzt sich der Arbeitnehmer dadurch Sanktionen durch seinen Arbeitgeber aus. Fraglich ist jedoch, inwiefern eine etwaige Fehleinschätzung des Arbeitnehmers zu bewerten ist, wenn er die Mitteilung an den Betriebsrat für erforderlich gehalten hat. Wird ein subjektiver Maßstab angewandt, muss der Arbeitnehmer keine rechtlichen Konsequenzen fürchten, wenn er mit besten Absichten gehandelt hat. Auf letzteren wird im Rahmen der Gesetzesbegründung abgestellt, denn es genügt, wenn die Offenlegung aus Sicht des Arbeitnehmers für erforderlich gehalten wird.[1288] Im Falle einer objektiven Betrachtung ist der Arbeitnehmer entsprechenden rechtlichen Konsequenzen ausgesetzt. Hierfür spricht der klare Gesetzeswortlaut und die rein objektive Betrachtung in anderen arbeitsrechtlichen Fallkonstellationen.[1289]

700 Parallelen lassen sich jedoch zu dem gutgläubigen externen Whistleblower ziehen. § 5 Nr. 2 GeschGehG verlangt ebenfalls nicht nach einer rein objektiven Bewertung der Eignung das öffentliche Interesse zu schützen. Wenn also sogar die objektiv rechtswidrige Weitergabe von Informationen an Außenstehende gerechtfertigt ist, wenn der Arbeitnehmer mit den besten Absichten handelt, kann für eine interne Weitergabe, die in der Regel milder ist und nicht zu einem Schutzverlust führt, nichts Anderes gelten. Eine andere Behandlung als im Falle des externen Whistleblowings erscheint inkonsistent. Daher müssen die Anforderungen an eine Erforderlichkeit subjektiv beurteilt werden. Ging der Arbeitnehmer daher berechtigterweise aufgrund entsprechender Nachforschungen davon aus, dass das Geschäftsgeheimnis für die Arbeit der Vertretung erforderlich sei, obwohl es dies nicht war, handelte er gerechtfertigt.

V. Zusammenfassung

701 Der Geheimnisschutz ist nicht grenzenlos, sondern findet seine Schranken beim Schutz eines berechtigten Interesses. Der Anwendungsbereich dieser Vorschriften stellt sich im Geheimnisschutz gegenüber Arbeitnehmern jedoch als gering und dient allenfalls der Lückenfüllung. Denn die Kommunikation mit der Arbeitnehmervertretung ist bereits umfangreich durch bestehende Vorschriften abgesichert, sodass diese als erlaubte Handlung keiner Rechtfertigung bedarf. Des Weiteren findet der Hinweisgebertatbestand nicht unmittelbar Anwendung sofern ein Verstoß rein auf die Offenlegung von rechtswidrigen Tatsachen gestützt wird, denn der Schutzbereich des Geheimnisschutzes ist in diesen Fällen nicht eröffnet.

1288 RegE GeschGehG, BT-Drs. 19/4724, S. 28.
1289 Ausdrücklich bejahend *Fuhlrott*, in: BeckOK GeschGehG, § 5 Rn. 53 f.

G. Die Rechtsfolgen einer Geheimnisverletzung

I. Ansprüche aus dem Geschäftsgeheimnisgesetz

1. Die zivilrechtlichen Schutzmaßnahmen

In den §§ 6 ff. GeschGehG finden sich zivilrechtliche Ansprüche, die der Geheimnisinhaber im Falle einer Rechtsverletzung geltend machen kann. Es handelt sich um zivilrechtlich konzipierte und strukturierte Anspruchsgrundlagen, die weitestgehend der Durchsetzungs-Richtlinie entsprechen:[1290] Neben der Beseitigung und Unterlassung (§ 6) sind die Vernichtung bzw. der Rückruf von rechtsverletzenden Produkten (§ 7), ein Auskunftsanspruch (§ 8), Schadensersatz (§ 10 sowie in § 8 Abs. 2 für Verletzungen der Auskunftspflicht) und diverse Haftungs- und Verhältnismäßigkeitsregelungen (§§ 11–14) niedergelegt. Die Berechnung des Schadensersatzes kann – wie schon nach bisherigem Recht[1291] – nach der aus dem Immaterialgüterrecht bekannten dreifachen Schadensberechnung erfolgen (§ 10 Abs. 2). Die Ausgestaltung der Ansprüche gleicht denen der immaterialgüterrechtlichen Vorschriften.[1292]   702

Der in § 6 GeschGehG bereit gestellte Abwehranspruch gewährt dem Geheimnisinhaber das notwendige Instrument, um gegen Rechtsverletzungen vorzugehen und einen Geheimnisverlust vorzubeugen. Verletzt ein Arbeitnehmer Geschäftsgeheimnisse, indem er die im Rahmen seines bisherigen Beschäftigungsverhältnisses gewonnene Erkenntnisse Dritten mitteilt, seine Befugnisse überschreitet oder nach seinem Ausscheiden seinem neuen Arbeitgeber zugänglich macht, steht dem Unternehmen gegen den Arbeitnehmer nach § 6 GeschGehG ein Anspruch auf Beseitigung der Beeinträchtigung oder Unterlassen zu. Der Arbeitgeber muss grundsätzlich nicht das Begehen einer Geheimnisverletzung abwarten, sondern kann diese schon im Wege einer Erstbegehungsgefahr geltend machen, vgl. § 6 S. 2 GeschGehG.   703

Ergänzend enthält § 7 GeschGehG einen Anspruch auf Vernichtung, Herausgabe, Rückruf und Rücknahme von Informationsträgern und rechtsverletzenden Produkten vom Markt. Die Vorschrift stellt zum Teil eine Erweiterung oder Präzisierung der Schutzmöglichkeit des § 6 GeschGehG dar, enthält jedoch darüber hinaus einen selbstständigen Anspruch. Es handelt sich um spezielle In-   704

1290 *Reinfeld* (2019) S. 97.
1291 BGH v. 18.02.1977, I ZR 112/75 – Prozessrechner; *Ohly*, in Ohly/Sosnitza § 17 Rn. 51 mwN.
1292 Vgl. bspw. § 139 Abs. 1 PatG, § 97 UrhG, § 14 Abs. 5 MarkenG; Dazu *Burghardt-Richter/Bode*, BB 2019, 2697 (2697).

strumente, die im Rahmen des Geheimnisschutzes neu sind und sich an den Rechten des Geistigen Eigentums orientieren.[1293] Im Falle einer Geheimnisverletzung durch einen Arbeitnehmer stellt § 7 GeschGehG ein Mittel dar, um die Herausgabe oder Vernichtung der im Besitz oder Eigentum des Arbeitnehmers stehenden Gegenstände, welche das verletzte Geschäftsgeheimnis enthalten, zu erwirken. Dazu gehören sämtliche Dokumente und elektronischen Dateien, welche der Arbeitnehmer aus dem Arbeitsverhältnis entwendet hat.[1294] Dies kann durch einen Auskunftsanspruch gegen den Arbeitnehmer nach § 8 GeschGehG erleichtert werden.

705 Neben den Abwehransprüchen stellt in der Regel der Schadensersatzanspruch das Hauptanspruchsziel einer Klage wegen einer Geschäftsgeheimnisverletzung dar. Während das bisherige Recht dies über das allgemeine Deliktsrecht oder Vertragsrecht gewährleistete, besteht nunmehr in § 10 GeschGehG ein eigenständiger Schadensersatzanspruch, der durch die aus dem Immaterialgüterrecht bekannten dreifachen Schadensberechnung ermittelt werden kann und auch den Ersatz immaterieller Schäden ermöglicht.[1295] Vorausgesetzt ist, dass der Rechtsverletzer vorsätzlich oder fahrlässig einen Verstoß nach § 4 GeschGehG begangen hat. Im Gegensatz zu den vorhergehenden Anspruchsgrundlagen ist damit Verschulden erforderlich.[1296]

706 Der Anspruchskanon beruht auf den Art. 12 ff. der Geschäftsgeheimnis-RL. Jedoch finden sich auch einige Ergänzungen des deutschen Gesetzgebers in den Anspruchsgrundlagen wieder. Dazu zählt der Auskunftsanspruch aus § 8 GeschGehG, der sich auf rechtsverletzende Produkte, Verkörperungen des Geheimnisses und die Person erstreckt von der der Verletzer das Geheimnis erfahren hat. Möglich ist nach § 12 GeschGehG zudem auch die Geltendmachung von Ansprüchen direkt gegen ein Konkurrenzunternehmen, wenn ein Mitarbeiter die Rechtsverletzung begangen oder ein ehemaliger Arbeitnehmer die Information mitgenommen hat.[1297] Damit ging der Gesetzgeber auf die geäußerte Kritik ein, dass der Geheimnisschutz sich lediglich gegen den Täter wandte, während derjenige, der die wirtschaftlichen Vorteile aus der Tat zog, nur schwer zu belangen war.

707 Gleichzeitig hält das GeschGehG auf Rechtsfolgenseite ein flexibles Instrumentarium bereit, indem es Einwendungen und Anspruchsausschlüsse bereitstellt. Nach § 9 GeschGehG ist das Verhalten des Rechtsverletzers und dessen berechtigte Interessen miteinzubeziehen, sodass selbst bei Ablehnung einer Ausnahme nach § 5 GeschGehG zu strenge Rechtsfolgen korrigiert werden könnten. Die Ansprüche unterliegen insofern einem Verhältnismäßigkeitsvorbehalt. Dies gilt nicht nur für den Rechtsverletzer selbst, sondern hat auch für

---

1293 *Alexander*, in: Köhler/Bornkamm/Feddersen (2021), GeschGehG § 7 Rn. 5.
1294 *Werner*, WRP 2019, 1428 (1431).
1295 Dazu ausführlich, *Nestler/Böhm*, GRUR-Prax 2018, 181.
1296 *Werner*, WRP 2019, 1428 (1431).
1297 *Dumont*, BB 2018, 2441 (2442).

den weitergehenden Schutz und damit insbesondere der Haftung Dritter als mittelbare Verletzer Bedeutung.[1298] Die Abwendungsbefugnis durch Geld in § 11 GeschGehG kann einem Anspruch aus § 7 GeschGehG bei fehlender Schuld des Rechtsverletzers entgegenstehen. Zusätzlich besteht nach § 14 ein Missbrauchsverbot im Hinblick auf sämtliche Ansprüche

Mit den §§ 6–14 GeschGehG werden dem Geheimnisinhaber somit eine Vielzahl an flexiblen Instrumenten gewährt, um gegen Rechtsverletzungen vorzugehen. Mit diesem Anspruchskanon legt der Gesetzgeber damit gesetzlich nieder, was er zuvor der Rechtsprechung überlassen hatte. Darüber hinaus erweitert und konkretisiert er den Schutz im Vergleich zum lauterkeitsrechtlichen Geheimnisschutz deutlich. 708

2. Auswirkungen auf den lauterkeits- und deliktsrechtlichen Schutz

Im Hinblick auf den bisherigen Geheimnisschutz muss nun hinterfragt werden, wie sich die zivilrechtliche Konzeption auf die Anwendbarkeit des Lauterkeits- und Deliktsrecht auswirkt. Das GeschGehG enthält sonderdeliktische Haftungstatbestände, deren dogmatische Grundstruktur der Deliktshaftung entspricht. Demgegenüber waren nach bisherigem Recht mangels ausdrücklicher Anspruchsgrundlage die §§ 3, 3a, 4 UWG und §§ 823 Abs. 1 und 2 sowie § 826 BGB anzuwenden. Ein Rückgriff auf die allgemeinen Regelungen des BGB ist nunmehr nur im Ausnahmefall möglich.[1299] 709

Das GeschGehG schließt den Schutz durch das UWG nicht grundsätzlich aus, sondern kann mit diesem im Einzelfall ergänzend zusammenwirken. Einen praktischen Anwendungsfall für ein Nebeneinander von GeschGehG und UWG bilden vor allem Fälle der Produktnachahmung nach § 4 Nr. 3 lit. c) UWG, die zugleich ganz oder teilweise auf einer Verletzung von Geschäftsgeheimnissen beruhen. Ebenso kann eine Verletzung von Geschäftsgeheimnissen eine unlautere Betriebsstörung nach § 4 Nr. 4 UWG bedeuten. Im Verhältnis zu ehemaligen Arbeitnehmern ist das UWG jedoch nur dann anwendbar, wenn diese sich im Anschluss an das Arbeitsverhältnis selbstständig machen und mithin als Wettbewerber auftreten. In diesen und ähnlich gelagerten Fällen können Ansprüche aus §§ 6 ff. GeschGehG und §§ 8 f. UWG aufeinandertreffen. Zur Bestimmung des Verhältnisses von GeschGehG und UWG wird zum Teil auf die Grundsätze, die für das Verhältnis von UWG und Sonderrechtsschutz gelten, verwiesen. Demzufolge soll das Lauterkeitsrecht zur Anwendung kommen, wenn im konkreten Verletzungsfall besondere Umstände vorliegen, die außerhalb des Schutzbereichs der Tatbestände des GeschGehG liegen. Zugleich beeinflussen sich Lauterkeitsrecht und GeschGehG gegenseitig. Denn die Wertungen des UWG können eine Orientierungshilfe dafür bieten, ob ein Verhalten 710

1298 *McGuire*, in: Büscher, GeschGehG § 5 Rn. 14.
1299 *Alexander*, in: Köhler/Bornkamm/Feddersen (2021), GeschGehG § 6 Rn. 2.

G. Die Rechtsfolgen einer Geheimnisverletzung

im Widerspruch zu dem Grundsatz von Treu und Glauben unter Berücksichtigung der anständigen Marktgepflogenheiten nach § 4 Abs. 1 Nr. 2 GeschGehG steht. Demgegenüber muss im Lauterkeitsrecht bedacht werden, dass Handlungen entsprechend den § 3 und § 5 GeschGehG in der Regel nicht unlauter sein können.[1300]

711 Verletzungen von Geschäftsgeheimnissen stellen nunmehr jedoch keine Verstöße gegen den Tatbestand des Rechtsbruchs nach § 3a UWG dar, denn das GeschGehG stellt eigenständige und umfassende Regelungen auf. Insofern schließt es die Anwendbarkeit des UWG aus, wenn sich der Vorwurf der Unlauterkeit rein aus dem spezifischen Rechtsverstoß nach dem GeschGehG ergibt.[1301] Darüber hinaus schützt das GeschGehG zuvorderst die Individualinteressen des Geheimnisinhabers. Dieser – nicht die Mitbewerber oder Interessenverbände – soll selbst entscheiden können ob und auf welche Weise er gegen Rechtsverletzungen vorgehen möchte. Ohnehin erscheint es nicht nur widersinnig, sondern auch praktisch unmöglich, eine Geheimnisverletzung ohne Mitwirkung des Geheimnisinhabers zu verfolgen.[1302]

712 Stärker an Bedeutung verliert das Deliktsrecht. Nach bisheriger Rechtslage waren die §§ 17–19 UWG aF Schutzgesetze i.S.d. § 823 Abs. 2 BGB, sodass im Falle einer Verletzung lauterkeitsrechtlicher Vorschriften auch deliktische Schadensersatzansprüche bestanden. Dies ist im geltenden Recht nunmehr weder notwendig noch möglich, da die Regelungen des GeschGehG keine Schutzgesetze mehr darstellen. Ein Schutzgesetz muss nach seinem Zweck und Inhalt zumindest auch dazu dienen, den Einzelnen gegen eine konkrete Rechtsgutsverletzung zu schützen. Zwar weist das GeschGehG einen individualschützenden Charakter auf. Allerdings wird für die Einordnung als Schutzgesetz von der Rechtsprechung gefordert, dass zumindest ein Bedürfnis für den deliktischen Schutz durch § 823 Abs. 2 BGB besteht. An einem solchen Schutzbedürfnis mangelt es vorliegend, da die Rechtsfolgen im Falle einer Verletzung von Geschäftsgeheimnissen nach dem GeschGehG durch die §§ 6 ff. GeschGehG umfangreich geregelt sind. Ebenso besteht kaum Raum für die Anwendung des § 823 Abs. 1 BGB. Denn die Rechtsdurchsetzung ist in den §§ 6 ff. GeschGehG für Rechtsverletzungen bereits umfangreich geregelt.[1303] Daher ist es nach dem geltenden Recht nicht mehr erforderlich auf § 823 Abs. 1 BGB zurückzugreifen.[1304] Möglich ist zudem die Anwendung des § 826 BGB im Falle einer vorsätzlichen sittenwidrigen Schädigung, sofern die Handlung Vorsatz und einen

---

1300 *Alexander*, WRP 2019, 673 (675).
1301 *Alexander*, in: Köhler/Bornkamm/Feddersen UWG (2021) Vorb. GeschGehG, Rn. 70.
1302 *Alexander*, WRP 2019, 673 (675 ff.).
1303 *Alexander*, in: Köhler/Bornkamm/Feddersen UWG (2021), Vorb. GeschGehG Rn. 91 f.
1304 *Alexander*, WRP 2019, 673 (675).

besonders gesteigerten Unwertgehalt aufweist. Sind diese Anforderungen erfüllt, tritt der Anspruch konkurrierend neben § 10 GeschGehG.[1305]

Als Konsequenz für das bisherige Schutzregime ist damit festzustellen, dass der Geheimnisschutz in zivilrechtlicher Hinsicht nicht mehr von den Generalklauseln des BGB und Lauterkeitsrechts abhängig ist. Nur im Einzelfall kann es zu seiner Überschneidung oder Ergänzung kommen.

II. Arbeitsrechtliches Sanktionsinstrumentarium

Die gesetzlichen Ansprüche sind allerdings unabhängig von vertraglichen oder vertragsähnlichen Beziehungen zwischen den Parteien.[1306] Vertragliche Vereinbarungen wirken jedoch unmittelbar in das Geschäftsgeheimnisgesetz hinein, da sie als Beschränkungen der Nutzung oder Offenlegung von Geschäftsgeheimnissen wirken und somit über das Vorliegen der Ansprüche entscheiden. Zudem kann eine Erlangung durch Rechtsgeschäft gestattet sein, vgl. § 3 Abs. 2 GeschGehG.

In Arbeitsverhältnissen wird daher vor allem der Arbeitsvertrag wesentlich sein, da er die Pflichten des Arbeitnehmers konkretisiert, Grundlage der vertragsimmanenten Geheimhaltungspflicht ist und darüber hinaus ausdrückliche Geheimhaltungsklauseln enthalten kann. Aus dem Arbeitsvertrag können sich neben einen Schadensersatzanspruch auch Abwehransprüche ergeben, die unmittelbar auf der vertragsimmanenten Geheimhaltungspflicht, dem Wettbewerbsverbot oder ausdrücklichen Geheimhaltungsklauseln beruhen. Im Falle der Verletzung eines Geschäftsgeheimnisses kann der Arbeitgeber daher entweder aus den vertraglichen Ansprüchen oder den gesetzlichen Ansprüchen des GeschGehG klagen. Ein Unterschied lässt sich jedoch im Hinblick auf die Reichweite der jeweiligen Ansprüche feststellen. Denn im Falle der Verletzung eines Geschäftsgeheimnisses erweisen sich die Ansprüche aus dem GeschGehG als weitergehender, da der Arbeitgeber Maßnahmen gegen rechtsverletzende Produkte einleiten kann und die mittelbare Geheimnisverletzung nach § 4 Abs. 3 und eine entsprechende Zurechnungsnorm für neue Arbeitgeber nach § 12 GeschGehG besteht.

Besteht der Schutz nach dem Geschäftsgeheimnisgesetz allerdings nicht, da kein Geschäftsgeheimnis des Arbeitgebers verletzt wurde, hat dies keine unmittelbaren Auswirkungen auf die arbeitsrechtlichen Sanktionen. Diese sind – wie ausführlich dargestellt – weitergehender und erfassen im bestehenden Arbeitsverhältnis sämtliche als vertraulich bezeichnete Informationen, an denen der Arbeitgeber ein berechtigtes Interesse hat. Eine schuldhafte Verletzung der vertragsimmanenten Geheimhaltungspflicht kann daher Schadensersatzansprüche nach §§ 611a, 280 Abs. 1 BGB begründen und auch zu einer Beendigung des

---

1305 *Alexander*, in: Köhler/Bornkamm/Feddersen (2021), Vorb. GeschGehG Rn. 91 ff.
1306 *Reinfeld* (2019), § 2 Rn. 97.

Arbeitsverhältnisses führen. Dies gilt unabhängig davon, ob ein Geschäftsgeheimnis oder eine vertrauliche Angabe verletzt wurde.[1307]

717 Die Verletzung eines Geschäftsgeheimnisses oder einer vertraulichen Angabe wird in der Regel als Verletzung der Rücksichtnahmepflichten aus § 241 Abs. 2 BGB auch als kündigungsrelevante Tatsache anzusehen sein. In Rechtsprechung und Schrifttum ist allgemein anerkannt, dass der vorsätzliche Verstoß gegen eine Geheimhaltungspflicht eine schwerwiegende Verletzung der durch das Arbeitsverhältnis auferlegten Rücksichtnahmepflichten darstellen kann. Eine solche stellt häufig einen wichtigen Grund für eine außerordentliche Kündigung nach § 626 BGB dar, da dem Arbeitgeber die Aufrechterhaltung des Dienstverhältnisses nicht zugemutet werden könne.[1308] Die außerordentliche Kündigung wird auch ohne vorherige Abmahnung möglich sein, da der Vertrauensbereich betroffen ist.[1309] Zwingend erforderlich ist keine vollendete Tat, sondern bereits der Versuch und Vorbereitungshandlungen werden ausreichen, damit ein wichtiger Grund vorliegt, da diese das Vertrauen des Arbeitgebers in die Zuverlässigkeit und Loyalität des Arbeitnehmers nicht nur erschüttern, sondern sogar beseitigen werden.[1310] Letztlich muss jedoch im Einzelfall immer abgewogen werden, ob die Geheimnisverletzung einen solchen Anspruch darstellt. Mögliche Kriterien sind die Motivation des Arbeitnehmers und die wirtschaftlichen Folgen für den Arbeitgeber. In der Regel wird eine ordentliche Kündigung eine ausreichende Reaktion auf die Verletzung einer Nebenpflicht sein, sodass eine außerordentliche Kündigung nur in besonders schwerwiegenden Fällen in Betracht kommt.[1311] In weniger bedeutenden Fällen stellt unterdessen eine Abmahnung das angemessene Mittel dar.[1312]

718 Der Verdacht des Geheimnisverrats kann unter Umständen auch einen Grund zur außerordentlichen Kündigung darstellen. Sofern nämlich das Beschäftigungsverhältnis durch diesen eine unerträgliche Belastung erfahren hat, die das Vertrauen zwischen den Parteien schädigt und der Arbeitgeber sämtliche Umstände abgewogen hat, kann eine Kündigung möglich sein. Voraussetzung ist jedoch, dass der Verdacht objektiv durch Tatsachen begründet und die Sachverhaltsaufklärung so weit wie möglich voran getrieben wurde.[1313] Nicht ausreichend für eine solche Verdachtskündigung ist, wenn dem Arbeitgeber bekannt wird, dass der Arbeitnehmer zu einem Konkurrenten wechseln möchte.[1314]

1307 *Fuhlrott*, in: BeckOK GeschGehG, § 1 Rn. 34; *Joussen*, in: BeckOK ArbR, § 611a Rn. 471; *Niemann*, in: ErfKArbR, BGB § 626 Rn. 154c.
1308 *Niemann*, in: ErfKArbR, BGB § 626 Rn. 154c.
1309 *Grimm*, in: AR-Blattei SD (2004) Nr. 770 Rn. 53.
1310 *Grimm*, in: AR-Blattei SD (2004) Nr. 770 Rn. 53.
1311 Vgl. die Abwägung in BAG v. 8.5.2014 – 2 AZR 249/13, NZA 2014, 1258; *Reufels/Pier*, ArbR 2016, 57 (59); *Taeger* (1988), S. 100; *Holthausen*, NZA 2019, 1377 (1379).
1312 *Kreitner*, in Küttner, Treuepflicht Rn. 14.
1313 *Grimm*, in: AR-Blattei SD (2004) Nr. 770 Rn. 54.
1314 LAG Baden-Württemberg, BB 1969, 35 f.

Verstößt ein Betriebsratsmitglied gegen die in § 79 BetrVG normierte Geheimhaltungspflicht, kann er nach § 23 Abs. 1 BetrVG aus dem Betriebsrat ausgeschlossen werden und die Handlung unter Umständen nach § 120 BetrVG verfolgt werden. Nicht geklärt ist, ob der Betriebsrat zugleich auch gegen seine sich aus dem Arbeitsverhältnis ergebende Geheimhaltungspflicht verstößt. Im Einzelfall wird es sich jedoch um die Verletzung von besonders sensiblen Informationen handeln, die er als Betriebsrat erfahren hat. Insofern wird man zwar den Anwendungsbereich von der vertragsimmanenten Geheimhaltungspflicht abgrenzen müssen, jedoch bestehen ähnliche Sanktionsinstrumentarien, welche bis hin zur außerordentlichen Kündigung reichen.[1315]

719

III. Gegenrechte des Arbeitnehmers

1. Arbeitsrechtliche Haftungsbeschränkung

Die bestehenden arbeitsrechtlichen Grundsätze zur Arbeitnehmerhaftung und die Beweislastregelungen im Rahmen der Haftung nach § 619a BGB werden durch das GeschGehG ebenso wenig geändert. Dies stellt § 10 Abs. 1 S. 2 GeschGehG ausdrücklich klar, hätte sich im Ergebnis jedoch bereits aus der Regelung des § 1 Abs. 3 Nr. 4 GeschGehG ergeben. Ihren Ursprung hat § 10 Abs. 1 S. 2 GeschGehG in Art. 14 Abs. 1 Uabs. 2 der Geschäftsgeheimnis-Richtlinie, welche den Mitgliedsstaaten die Möglichkeit belässt, die Haftung von Arbeitnehmern für Schäden zu begrenzen, welche sie nicht vorsätzlich herbeigeführt haben.[1316]

720

Ausgehend von einer Pflichtverletzung nach § 280 Abs. 1 BGB liegt die Darlegungs- und Beweislast im Hinblick auf vertragliche Schadensersatzansprüche für ein nicht bestehendes Verschulden nämlich grundsätzlich beim Verletzer. Abweichend davon bestimmt § 619a BGB, dass ein Arbeitnehmer nur dann haftet, wenn festgestellt wird, dass er die Pflichtverletzung zu vertreten hat. Positiv festgestellt werden muss daher sowohl die Pflichtverletzung als auch das Verschulden. In arbeitsrechtlichen Sachverhalten trägt insofern der Arbeitgeber die Beweislast. Durch den Verweis auf § 619a BGB verdeutlicht der Gesetzgeber dies nunmehr für Sachverhalte mit Bezug zu Geschäftsgeheimnissen.[1317] Da dies im Falle eines deliktischen Schadensersatzanspruches nach § 10 GeschGehG ohnehin der Fall wäre, ergeben sich durch den Verweis keine Besonderheiten.[1318]

721

1315 Dazu ausführlich *Besgen*, in: BeckOK ArbR, BetrVG § 23 Rn. 9 f.
1316 *Wiese* (2017), S. 192; *Bissels/Schroeders/Ziegelmayer*, DB 2016, 2295 (2299).
1317 RegE GeschGehG, BT-Drs. 19/4724, S. 32.
1318 *Alexander*, in: Köhler/Bornkamm/Feddersen (2021), GeschGehG § 10 Rn. 24.

722 Wesentliche Funktion der Norm ist allerdings die Regeln über die Beschränkung der Arbeitnehmerhaftung für anwendbar zu erklären.[1319] Denn bereits *de lege lata* ist ein Arbeitnehmer im Falle einer Schadensverursachung anerkanntermaßen über die Grundsätze des innerbetrieblichen Schadensausgleiches privilegiert.[1320] Demnach ist die Verantwortung des Arbeitgebers für die Organisation des Betriebs und die Gestaltung der Arbeitsbedingungen in die haftungsrechtliche Frage miteinzubeziehen. Anwendbar ist dieser Grundsatz auf alle betrieblich veranlassten und aufgrund eines Arbeitsverhältnisses geleisteten Tätigkeiten. Daraus folgt, dass Arbeitnehmer je nach Verschuldensgrad nur abgestuft haften: Bei vorsätzlichem und grob fahrlässigem Handeln hat der Arbeitnehmer den Schaden in vollem Umfang zu tragen, bei normaler Fahrlässigkeit haftet er anteilig und bei leichter Fahrlässigkeit gar nicht. Ob dem Arbeitnehmer tatsächlich eine Haftungserleichterung zu Gute kommt, muss allerdings im Wege einer Abwägung der Gesamtumstände überprüft werden, wobei Schadensanlass, Schadensfolgen und Zumutbarkeitsgesichtspunkte relevant werden können.[1321] In der Hinsicht wird zu berücksichtigen sein, ob der Arbeitnehmer regelmäßig mit Geschäftsgeheimnissen zu tun hat, aufgrund seiner Stellung im Unternehmen besonders weitgehenden Pflichten unterliegt oder im Rahmen seiner Tätigkeit in engen Kontakt mit Außenstehenden steht. Dies bedeutet, dass sich auch eine besondere Risikogeneigtheit oder Risikoprämie auf den Haftungsgrad auswirken können. Ebenso kann ein starkes Missverhältnis zwischen verwirklichtem Schadensrisiko und dem Verdienst des Arbeitnehmers bedeutsam werden.[1322] Auch die persönlichen Verhältnisse des Arbeitnehmers wie sein Lebensalter und Familienverhältnisse und die Umstände des Arbeitsverhältnisses wie die Dauer und das bisherige Verhalten können zu berücksichtigen sein.[1323] Unter Umständen kann man daher sogar im Falle grober Fahrlässigkeit zu einer Haftungserleichterung gelangen. Die Feststellung hat das zuständige Gericht nach Feststellung aller maßgebenden Umstände nach § 287 ZPO zu treffen.[1324]

2. Anspruchsausschluss bei Unverhältnismäßigkeit

723 Die Ansprüche nach §§ 6–8 Abs. 1 GeschGehG sind nach § 9 ausgeschlossen, wenn die Rechtsfolgen in Einzelfall unverhältnismäßig erscheinen. Der Anwendungsbereich der Vorschrift ist insofern eingeschränkt, als dass sie nicht die

---

1319 *Kalbfus*, in: Harte-Bavendamm/Ohly/Kalbfus (2020), Einl. C Rn. 99; *Alexander*, in: Köhler/Bornkamm/Feddersen (2021), GeschGehG § 10 Rn. 25; *Reinfeld* (2019), § 4 Rn. 122.
1320 BAG, Urt. 23.03.1983 – 7 AZR 391/79, NJW 1983, 1693.
1321 Vgl. BAGE, 101 (107), NJW 2003, 377 (378).
1322 *Reinfeld* (2019), § 4 Rn. 131 mwN.
1323 *Reinfeld* (2019), § 4 Rn. 131 mwN.
1324 BAG AP BGB § 611 Haftung des Arbeitnehmers Nr. 137.

Schadensersatzansprüche nach § 8 Abs. 2 oder § 10 GeschGehG erfasst.[1325] Die Entscheidung den Schadensersatzanspruch auszunehmen, lässt sich damit erklären, dass dieser in der Regel ein Verschulden voraussetzt und damit nur im Falle eines schuldhaften Handelns anwendbar ist, während die anderen Tatbestände verschuldensunabhängig eingreifen können.

Vergleichbar mit dem Verhältnismäßigkeitsgrundsatz sind die immaterialgüterrechtlichen Regelungen in § 98 Abs. 4 UrhG, § 140 a Abs. 4 PatG und § 18 Abs. 3 MarkenG. In diesen Vorschriften ist allerdings festgehalten, dass hinsichtlich der Prüfung der Verhältnismäßigkeit die berechtigten Interessen Dritter zu berücksichtigen sind, während § 9 GeschGehG die Kriterien in einer nicht abschließenden Aufzählung vorgibt: Zu berücksichtigen sind der Wert des Geheimnisses, die getroffenen Geheimhaltungsmaßnahmen, das Verhalten des Rechtsverletzers, die Folgen der rechtswidrigen Nutzung, berechtigte Interesse der Parteien sowie ggf. Dritter oder der Öffentlichkeit.[1326] 724

Unverhältnismäßig können daher bspw. Fälle sein, in denen komplexe Produkte nur minimal auf einem Geschäftsgeheimnis beruhen oder die Rechte an einem Geschäftsgeheimnis durchgesetzt werden sollen, welche das Unternehmen weder nutzt noch nutzen kann. Auch in Fällen einer mittelbaren Verletzung wird sich ein vollständiges Vertriebsverbot und die Vernichtung der Produkte unter Umständen als unverhältnismäßig herausstellen. Immer dann, wenn sich der Rechtsverletzer in den Grenzbereichen eines rechtmäßigen Verhaltens oder einer Schutzausnahme bewegt oder sein berufliches Fortkommen in erheblichem Maße beeinträchtigt werden würde, erscheint eine Unverhältnismäßigkeit auch vorstellbar.[1327] 725

Denkbar ist daher, dass § 9 GeschGehG auch im Zusammenhang mit Arbeitnehmern eine Rolle spielen könnte, da diesen die umfassenden Rechtsfolgen des GeschGehG als Einzelperson unter Umständen besonders hart treffen könnten. Dies erscheint jedoch nur im Ausnahmefall möglich und für den Arbeitnehmer nicht von unmittelbarer Relevanz, da der Verhältnismäßigkeitsvorbehalt nicht im Rahmen des Schadensersatzanspruches greift und ihn allenfalls eine Beseitigungsanordnung in gewissen Umfang beeinträchtigen kann. Es erscheint daher kaum möglich, dass es einen Fall gibt, in denen die vom Geheimnisinhaber erwirkte Unterlassungs- oder Beseitigungsanordnung bzgl. der Verletzung eines ihm zugeordneten Geschäftsgeheimnisses unverhältnismäßig ist. Dazu müsste der Arbeitnehmer mit seiner Handlung im Grenzbereich zu einer Ausnahme oder einem Rechtfertigungsgrund bewegen und die sonstigen Umstände wie bspw. ein geringer Wert und Schaden aber ein hoher Aufwand für etwaige Beseitigungsmaßnahmen für eine Unverhältnismäßigkeit sprechen.[1328] 726

1325 Als widersprüchlich beschreibt dies *Rosenthal/Hamann*, NJ 2019, 321 (325); Dazu auch *Ohly*, GRUR 2019, 441 (449).
1326 Hierzu ausführlich *Reinfeld* (2019), § 5 Rn. 8 ff.
1327 *Ohly*, GRUR 2019, 441 (449).
1328 *Ohly*, GRUR 2019, 441 (449).

G. Die Rechtsfolgen einer Geheimnisverletzung

727 Arbeitnehmer sind damit einem Anspruch nicht vollständig schutzlos ausgeliefert. Ihm steht neben der arbeitsrechtlichen Haftungsbeschränkung, ein Unverhältnismäßigkeitseinwand zu, der sich unmittelbar aus dem GeschGehG ergibt. Inwiefern letzterer überhaupt im Falle von Arbeitnehmern von Bedeutung sein wird, bleibt abzuwarten, denn er ist lediglich auf Beseitigungs- und Unterlassungsansprüche anwendbar. Eine Unverhältnismäßigkeit für den Arbeitnehmer wird sich für diese Ansprüche aber nur schwer begründen lassen.

728 Im Rahmen von Schadensersatzansprüchen wird er sich daher allenfalls auf die allgemeine arbeitsrechtliche Haftungsbeschränkung berufen können. Es erscheint jedoch schwierig nachzuweisen, dass die Erlangung, Nutzung oder Offenlegung eines mit Geheimhaltungsmaßnahmen gesicherten Geschäftsgeheimnisses nicht zumindest auf einem grob fahrlässigen Verhalten beruht. Daher wird die Bedeutung der Gegenrechte verhältnismäßig gering sein.

IV. Die Arbeitgeberhaftung für die Verletzung fremder Geschäftsgeheimnisse

1. Die Haftung des Inhabers eines Unternehmens

729 Als Rechtsverletzer definiert das Geschäftsgeheimnisgesetz grundsätzlich nur denjenigen, der selbst ein geschütztes Geschäftsgeheimnis unbefugt erlangt, nutzt oder offenlegt. Dabei wird dieser Einzelne die Rechtsverletzung in der Regel für einen Mitbewerber oder sonstige Dritte begehen. Dennoch sind die §§ 6–8 GeschGehG ausschließlich auf ihn, den unmittelbaren Täter, anwendbar. Nur falls der Begünstigte von diesen Taten wusste oder hätte wissen müssen, kann ihm über § 4 Abs. 3 GeschGehG ein Vorwurf gemacht werden. Dies lässt sich jedoch in den seltensten Fällen abschließend beweisen. Dadurch könnte sich jedes Unternehmen seine arbeitsteilige Organisation zu Nutze machen und sich hinter den Einzeltätern verstecken. Der lauterkeitsrechtliche Geheimnisschutz erfasste nicht einmal die mittelbare Geheimnisverletzung. Nur sofern die Rechtsdurchsetzung über § 3a UWG erfolgte, war die Anwendung des § 8 Abs. 2 UWG möglich. Dies wurde stark kritisiert, denn häufig war es nicht der Einzeltäter – in der Regel ein Arbeitnehmer – welcher die wirtschaftlichen Vorteile aus der Tat zog.[1329] Der Dritte, zu dessen Gunsten er handelte und der sämtliche Vorteile aus dem Wissen erlangte, war nur selten haftbar zu machen.

730 Mangels einer einheitlichen Haftungs- oder Zurechnungsnorm für Unternehmen sind im Einzelfall Regelungen erforderlich.[1330] Diesbezüglich hat sich der deutsche Gesetzgeber an den § 8 Abs. 2 UWG, § 14 Abs. 3 MarkenG und

---

1329 *McGuire*, GRUR 2016, 1000 (1002).
1330 *Alexander*, in: Köhler/Bornkamm/Feddersen (2021), GeschGehG § 12 Rn. 1.

§ 44 DesignG orientiert[1331] und hat der geäußerten Kritik an der Regelungslücke durch § 12 GeschGehG Rechnung getragen: *»Ist der Rechtsverletzer Beschäftigter oder Beauftragter eines Unternehmens, so hat der Inhaber des Geschäftsgeheimnisses die Ansprüche nach den §§ 6 bis 8 auch gegen den Inhaber des Unternehmens. (...)«*. Eine entsprechende Vorgabe besteht in der Geschäftsgeheimnis-Richtlinie nicht, jedoch steht die Regelung mit dem Zweck, einen umfangreichen Geheimnisschutz zu gewähren, im Einklang.[1332] Denn ein Unternehmensinhaber soll für das Handeln seiner Beschäftigten rechtlich zur Verantwortung gezogen werden, da er dem Rechtsverletzer durch die Eingliederung in sein Unternehmen die Gelegenheit zur Rechtsverletzung verschafft hat bzw. aufgrund dessen erst die Vorteile daraus ziehen kann.[1333] Dies könne über § 12 GeschGehG verschuldensunabhängig erfolgen. Damit ergibt sich jedoch auch ein Spannungsfeld gegenüber der mittelbaren Geheimnisverletzung nach § 4 Abs. 3 GeschGehG, da im Rahmen der Unternehmerhaftung ein Wissenselement obsolet ist, während § 4 Abs. 3 GeschGehG dies zwingend voraussetzt. Dies ergibt sich einzig aus dem Unterschied, dass der Handelnde Beschäftigter oder Beauftragter des Dritten war.[1334] Praktische Bedeutung erlangt die Vorschrift daher immer dann, wenn ein Arbeitnehmer unmittelbarer Täter ist, dem Unternehmen als mittelbaren Täter allerdings nicht die Kenntnis bzw. das Kennenmüssen zu beweisen ist.[1335]

2. Quasi-vertragliche Zurechnung des Handelns der Beschäftigten

Dogmatisch handelt es sich um eine Zurechnungsnorm, welche einem Arbeitgeber das Fehlverhalten seiner Beschäftigten als eigenes anrechnet.[1336] Es handelt sich jedoch nicht um eine Spezialisierung des § 831 BGB, da die Norm nicht ein eigenes deliktisches Handeln des Unternehmers zum Anlass nimmt, sondern lediglich das fremde Verhalten zurechnet und auch keine Exkulpationsmöglichkeit anbietet.[1337] Dadurch unterscheidet sich die Vorschrift von § 4 Abs. 3 GeschGehG, denn diese setzt ein eigenes Verschulden des jeweiligen Täters voraus.

731

1331 Vgl. RegE BT-Drs. 19/4724, S. 33.
1332 *Alexander*, in: Köhler/Bornkamm/Feddersen (2021), GeschGehG § 12 Rn. 4.
1333 Vgl. dazu zu § 13 Abs. 4 UWG aF, BGH GRUR 2003, 453 (454) – Verwertung von Kundenlisten; *Spieker*, in: BeckOK GeschGehG, § 12 Rn. 1.
1334 *Barth/Corzelius*, WRP 2020, 29 (35).
1335 *Tochtermann*, in: Büscher, GeschGehG § 12 Rn. 2.
1336 Vgl. BT-Drs. 19/4724, S. 33.
1337 *Sprenger*, ZTR 2019, 414 unter 3.1.1. vergleicht die Norm daher mit dem Verschulden eines Erfüllungsgehilfen nach § 278 S. 1 BGB; *Alexander*, in: Köhler/Bornkamm/Feddersen (2021), GeschGehG § 12 Rn. 8; a.A. *Tochtermann*, in: Büscher, GeschGehG § 12 Rn. 1.

732   Beschäftigter i.S.d. §12 GeschGehG ist jeder, der für den Unternehmer tätig ist.[1338] Zugleich werden jedoch auch Handlungen von Beauftragten erfasst. Dies sind Personen, die nicht als Beschäftigte einzustufen sind.[1339] Dadurch will der Gesetzgeber auch Handlungen erfassen bei denen der Unternehmer einen Externen zur Erlangung von Geschäftsgeheimnissen beauftragt.

733   Die Handlung des Beschäftigten muss grundsätzlich in Wahrnehmung von Tätigkeiten für das Unternehmen erfolgen. Zwar ist dies nicht ausdrücklich dem Wortlaut der Norm zu entnehmen, jedoch stellt der Gesetzgeber in der Begründung klar, dass »*die Verletzungshandlung in einem unmittelbaren inneren Zusammenhang mit den von ihm wahrgenommenen Aufgaben im Unternehmen*« stehen muss.[1340] Nicht vorauszusetzen ist jedoch ein Verschulden des Unternehmensinhabers oder ein Vorsatz im Hinblick auf das rechtswidrige Handeln des Beschäftigten. Daher kann es lediglich darauf ankommen, dass der Rechtsverletzer bei Ausführung seiner Tätigkeiten und damit im Wirkungskreis seines Arbeitgebers gehandelt hat.[1341] Ausgeschlossen ist aber eine Zurechnung, wenn der Rechtsverletzer für einen Dritten oder im Eigeninteresse handelt. Dies ist insbesondere dann gegeben, wenn der Beschäftigte eine betrieblich veranlasste Gelegenheit ausnutzt, um so selbst Vorteile herauszuschlagen.[1342]

3. Ansprüche des Dritten gegen den Arbeitgeber

734   Sofern dem Unternehmensinhaber das Handeln seiner Beschäftigten zugerechnet werden kann, bestehen die Unterlassungs- und Beseitigungsansprüche des § 6, der Maßnahmenkatalog gegen rechtsverletzende Produkte des § 7 und der Auskunftsansprüche nach § 8 verschuldensunabhängig gegen den Unternehmer. Der Anspruch nach § 8 Abs. 2 GeschGehG wird jedoch durch § 12 S. 2 eingeschränkt, indem es bei einem Schadensersatz wegen verspäteter oder falscher Auskunft nur auf das Verschulden des Unternehmensinhabers und nicht des direkten Täters ankommt. Damit wird nicht mehr ein fremdes Verhalten zugerechnet, sondern in diesem Fall ausnahmsweise ein eigenes rechtswidriges Handeln erfasst.

735   Dem Wortlaut der Vorschrift entsprechend kann kein Schadensersatzanspruch nach § 10 GeschGehG gegen den Unternehmensinhaber geltend gemacht werden. Der deutsche Gesetzgeber begründet dies damit, dass im Gegensatz zu den §§ 6–8 GeschGehG Verschulden erforderlich sei. Dennoch könne Schadens-

---

1338   Vgl. zum Begriff schon unter Kap. A.IV.2.
1339   *Alexander*, in: Köhler/Bornkamm/Feddersen (2021), GeschGehG § 12 Rn. 16 f.
1340   Vgl. BT-Drs. 19/4724, S. 33; *Alexander*, in: Köhler/Bornkamm/Feddersen (2021), GeschGehG § 12 Rn. 19.
1341   So auch *Sprenger*, ZTR 2019, 414 unter 3.1.1.
1342   Vgl. dazu auch *Grüneberg*, in: Palandt, BGB § 278 Rn. 22.

ersatz nach den allgemeinen Regeln – also über § 4 Abs. 3 GeschGehG – verlangt werden.[1343]

Die Haftung des Beschäftigten oder Beauftragten bleibt von einer etwaigen Unternehmerhaftung unberührt, sodass dieser darüber hinaus belangt werden kann.[1344] Es handelt sich daher um zwei selbstständige, aber in der Entstehung voneinander abhängige Ansprüche.[1345] Dies bedeutet zugleich, dass kein Anspruch besteht, wenn die Tat des Rechtsverletzers nach §§ 3 oder 5 GeschGehG rechtmäßig war oder Ansprüche nach § 9 aufgrund von Unverhältnismäßigkeit ausgeschlossen sind. Dies ergibt sich aus dem Wortlaut »auch«, der indiziert, dass die Ansprüche gegen den Rechtsverletzer letztendlich bestehen müssen.[1346] Zugleich kann der Anspruch gegen den Unternehmensinhaber über § 12 i.V.m. §§ 6–8 GeschGehG nach § 9 ausgeschlossen sein. Zu Abwendung der Ansprüche steht dem Unternehmensinhaber die Möglichkeit der Abfindung nach § 11 GeschGehG zu Verfügung. Es handelt sich dabei um ein Recht des Rechtsverletzers. Aufgrund der Akzessorietät zur Tat des Rechtsverletzers kann sich der Unternehmensinhaber darauf auch dann berufen, wenn der Rechtsverletzer die entsprechenden Voraussetzungen nicht erfüllt.[1347]

736

4. Maßnahmen gegen die Verletzung fremder Geschäftsgeheimnisse

Wegen der weitreichenden Rechtsfolgen sollten Arbeitgeber daher nicht nur verhindern, dass Arbeitnehmer die eigenen Geschäftsgeheimnisse nach außen tragen. Vielmehr sollte auch besonderen Wert daraufgelegt werden, dass Arbeitnehmer keine fremden Geschäftsgeheimnisse in das Unternehmen tragen und auf diese Weise eine verschuldensunabhängige Haftung des Unternehmens begründen. Das Geschäftsgeheimnisgesetz hat insofern das Haftungsrisiko für Unternehmen enorm erhöht. Aus diesem Grund muss ein Unternehmen sich noch deutlicher als schon nach bisherigem Recht gegen unrechtmäßig erworbene Informationen der Arbeitnehmer verwahren. Um eine derartige Haftung zu verhindern, muss im gesamten Unternehmen das Problembewusstsein geschaffen werden und die bestehende Belegschaft sowie neue Arbeitnehmer auf die Konsequenzen hingewiesen werden, die drohen, wenn fremde Informationen

737

1343 Vgl. RegE GeschGehG BT-Drs. 19/4724, S. 34; Kritisch *Alexander*, in: Köhler/Bornkamm/Feddersen (2021), GeschGehG § 12 Rn. 13.
1344 Vgl. RegE GeschGehG BT-Drs. 19/4724, S. 34.
1345 *Alexander*, in: Köhler/Bornkamm/Feddersen (2021), GeschGehG § 12 Rn. 20; *Tochtermann*, in: Büscher, GeschGehG § 12 Rn. 3.
1346 *Alexander*, in: Köhler/Bornkamm/Feddersen (2021), GeschGehG § 12 Rn. 22; a.A. *Tochtermann*, in: Büscher, GeschGehG § 12 Rn. 10 f.
1347 Vgl. BT-Drs. 19/4724, S. 33; *Alexander*, in: Köhler/Bornkamm/Feddersen (2021), GeschGehG § 12 Rn. 11.

eingebracht werden.[1348] Angeknüpft werden kann an die bestehenden Geheimhaltungsmaßnahmen die zum Schutz der eigenen Geheimnisse bestehen. Im Rahmen der mündlichen und schriftlichen Mitarbeiterschulungen und -aufklärungen sollten daher auch die Haftungsmöglichkeiten im Hinblick auf externe Geheimnisse thematisiert werden. Dies betrifft vor allem Arbeitnehmer, die von einem Wettbewerber neu in das Unternehmen gewechselt haben. Diese sollten explizit darauf hingewiesen werden, dass die Geschäftsgeheimnisse des ehemaligen Arbeitgebers nicht genutzt werden dürfen. Entsprechend sollte die Aufklärung schriftlich niedergelegt werden.

V. Prozessuale Besonderheiten des Geschäftsgeheimnisgesetzes

738 In seinem dritten Abschnitt hält das Geschäftsgeheimnisgesetz prozessuale Regelungen für den Geheimnisschutz in Geschäftsgeheimnisstreitigkeiten bereit.[1349] Dessen erhebliche Relevanz steht außer Frage, denn nur, wenn Geschäftsgeheimnisse auch im gerichtlichen Verfahren wirksam geschützt werden, können Geschäftsgeheimnisinhaber im Verletzungsfall ihre materiell-rechtlichen Ansprüche auch durchsetzen ohne den Bestand ihres Geschäftsgeheimnisses zu gefährden. Dies ist insoweit Voraussetzung für einen effektiven Rechtsschutz.[1350] Im vorliegenden Kontext ist zu klären, ob dies auch für Streitigkeiten mit Arbeitnehmern gilt

1. Rechtswegzuständigkeit

739 Im ersten Schritt erscheint bereits die Rechtswegzuständigkeit im Falle der Verletzung eines Geschäftsgeheimnisses durch Arbeitnehmer problematisch. Dies lässt sich bereits anhand der widersprüchlichen Rechtsprechung von BGH und BAG erkennen.

Der Rechtsweg ist zunächst durch ein Zusammenspiel der § 13 GVG und § 2 ArbGG zu bestimmen. Nach § 13 GVG gehören die bürgerlichen Rechtsstreitigkeiten vor die ordentlichen Gerichte. § 15 GeschGehG besagt bezüglich der sachlichen Zuständigkeit, dass für Klagen vor den ordentlichen Gerichten, durch welche Ansprüche nach dem GeschGehG geltend gemacht werden, die Landgerichte ohne Rücksicht auf den Streitwert ausschließlich zuständig sind. Insofern ist § 15 GeschGehG ebenso lex specialis zu § 23 GVG wie es auch

---

1348 *McGuire*, WRP 2019, 679 (684).
1349 Zur Problematik bzgl. des engen Anwendungsbereichs, vgl. *McGuire*, in: Büscher, GeschGehG § 16 Rn. 6ff.; *Schlingloff*, WRP 2018, 666 (669).
1350 *Schregele*, GRUR 2019, 912 (912).

bspw. § 13 Abs. 1 UWG oder § 143 Abs. 1 PatG sind.[1351] Für die örtliche Zuständigkeit ist grundsätzlich der Wohnsitz der Beklagten relevant, soweit die Landesregierungen nicht von der Konzentrationsermächtigung auf ein bestimmtes Landgericht Gebrauch machen, vgl. § 15 Abs. 2 und 3 GeschGehG.

Liegt allerdings eine bürgerliche Rechtsstreitigkeit vor, die in greifbarer Beziehung zu den Rechten und Pflichten aus einem Arbeitsverhältnis steht, ist nach § 2 ArbGG der Rechtsweg zu den Arbeitsgerichten gegeben. Dies betrifft somit sämtliche Streitigkeiten zwischen Arbeitnehmer und Arbeitgeber während und nach Beendigung des Arbeitsverhältnisses.[1352] Diese Rechtswegzuständigkeit soll durch § 15 GeschGehG auch nicht durchbrochen werden. Es handelt sich nämlich lediglich um eine Regelung hinsichtlich der sachlichen Zuständigkeit und nicht um eine Rechtswegszuordnung. Der Rechtsweg zu den Arbeitsgerichten bleibt somit ausdrücklich unberührt.[1353] Damit können Ansprüche nach dem GeschGehG je nach Kontext sowohl vor den ordentlichen Gerichten als auch den Arbeitsgerichten verhandelt werden. 740

Nach § 2 Abs. 1 Nr. 3 lit. a ArbGG besteht die allgemeine Zuständigkeit für Streitigkeiten aus dem Arbeitsverhältnis bei den Arbeitsgerichten. Arbeitgeber können gegen bestehende Arbeitnehmer Ansprüche aus den §§ 6 ff. GeschGehG geltend machen. Es kommt insoweit auch Streitigkeit über die Beendigung des Arbeitsverhältnisses in Betracht, etwa wenn eine Kündigung wegen Geschäftsgeheimnisverletzung ausgesprochen wurde und der Arbeitgeber widerklagend Ansprüche aus dem GeschGehG geltend macht. Gegenüber ehemaligen Arbeitnehmern und somit Nachwirkungen des Arbeitsverhältnisses ergibt sich die Zuständigkeit der Arbeitsgerichte aus § 2 Abs. 1 Nr. 3 lit. c GeschGehG. Verstößt ein Arbeitnehmer insofern gegen seine nachwirkenden Geheimhaltungspflichten müssen die Ansprüche vor dem Arbeitsgericht geltend gemacht werden. Dies galt schon nach bisherigem Recht[1354] und gilt auch im Falle einer Verletzung von nachvertraglichen Wettbewerbsverboten nach §§ 74 ff HGB. 741

Zusätzlich bestimmt § 2 Abs. 1 Nr. 3 lit d) ArbGG, dass die Arbeitsgerichte bei unerlaubten Handlungen, die im Zusammenhang mit dem Arbeitsverhältnis stehen, zuständig sind. Geheimnisverletzungen nach § 4 GeschGehG stellen derartige unerlaubte Handlungen dar. Erforderlich ist lediglich, dass die unerlaubte Handlung in einer inneren Beziehung zu dem Arbeitsverhältnis steht, sie also in der besonderen Eigenart des Arbeitsverhältnisses und den ihm eigentümlichen Bezugspunkten ihren Ursprung hat.[1355] Ein solcher Zusammenhang ist dann anzunehmen, wenn der Verstoß zugleich eine Verletzung des Arbeitsvertrages darstellt.[1356] Da die vertragsimmanenten und nachwirkenden Pflichten in 742

1351 RegE GeschGehG, BT-Drs. 19/4724, S. 35; *Francken*, NZA 2019, 1665 (1666).
1352 *Reinfeld* (2019), § 6 Rn. 21.
1353 RegE GeschGehG, BT-Drs. 19/4724, S. 35.
1354 Vgl. dazu *Köhler*, in: Köhler/Bornkamm/Feddersen (2021), UWG § 12 Rn. 2.4.
1355 *Alexander*, in: Köhler/Bornkamm/Feddersen (2021), GeschGehG § 15 Rn. 15.
1356 *Reinfeld* (2019), § 6 Rn. 27.

ihrem Umfang jedoch über den Schutzbereich des Geschäftsgeheimnisgesetzes hinausgehen, indem sie mehr geheime Informationen erfassen als lediglich Geschäftsgeheimnisse, wird eine Vertragsverletzung und somit ein Zusammenhang i.S.d. § 2 Abs. 1 Nr. 3 lit. d) ArbGG in der Regel zu bejahen sein. In Zukunft werden sich Streitigkeiten um die fortgesetzte Nutzung redlich erlangter Geheimnisse durch einen Arbeitnehmer über § 4 Abs. 2 Nr. 2 und 3 GeschGehG nur noch auf den Bestand einer etwaigen Verpflichtung beziehen, die in diesem Sinne Ausfluss des Arbeitsvertrags ist und insofern die Zuständigkeit der Arbeitsgerichtsbarkeit begründet. An der Zuständigkeit der Arbeitsgerichte in Geschäftsgeheimnisstreitsachen bestehen damit keine Zweifel mehr und die Zahl der arbeitsgerichtlichen Entscheidungen wird wohl zunehmen.[1357]

743 Maßgeblich wird aber der jeweils vorgetragene Lebenssachverhalt sein, sodass ein fehlender sachlicher und zeitlicher Bezug zum Arbeitsverhältnis und die Geltendmachung von allein gesetzlichen Ansprüchen nicht zwingend zur einer Zuständigkeit der Arbeitsgerichte führt.[1358]

744 Obwohl entsprechendes bereits nach bisherigem Recht galt, lässt sich feststellen, dass die anzunehmende ausschließliche Zuständigkeit der Arbeitsgerichte im Falle einer Geheimnisverletzung durch einen bestehenden oder ehemaligen Arbeitnehmer regelmäßig missachtet wurde. Dies lag daran, dass Ansprüche teils aus Arbeitsvertrag, teils aus Deliktsrecht, teils aus lauterkeitsrechtlichen Ansprüchen geltend gemacht wurden. Anwendung fanden je nach Sachverhaltskonstellation und Sachvortrag die Zuständigkeitsregelungen des Lauterkeitsrechts, des GVG oder des ArbGG. Da es sich jedoch um eine Frage des Rechtswegs handelt, gelten für eine mögliche Verweisung die Regelungen der § 17a GVG und § 48 Abs. 1 ArbGG, sodass in zweiter Instanz keine Zuständigkeitsprüfung mehr durchgeführt wird. Dies hat zur Folge, dass zu ähnlich gelagerten arbeitsrechtlichen Sachverhalten sowohl der Bundesgerichtshof als auch das Bundesarbeitsgericht Entscheidungen gefällt haben.

745 Ansprüche gegen den neuen Arbeitgeber wird der Geheimnisinhaber im Wege der Zusammenhangsstreitigkeit des § 2 Abs. 3 ArbGG geltend machen können. Eine solche setzt voraus, dass eine Klage, die vor ein ordentliches Gericht gehört, in einem rechtlichen oder unmittelbar wirtschaftlichen Zusammenhang mit einer arbeitsrechtlichen Streitigkeit steht. Allerdings darf kein Widerspruch zu einer ausschließlichen Zuständigkeit eines anderen Gerichts bestehen. Ein solcher Konflikt kommt insbesondere dann in Betracht, wenn sich die Klage gegen den Mitbewerber lediglich nach wettbewerbsrechtlichen Ansprüchen richtet. Insofern steht § 13 UWG einer Zusammenhangsklage entgegen.[1359]

[1357] *Reinfeld* (2019), § 1 Rn. 13.
[1358] Vgl. dazu bspw. OLG Nürnberg, Beschl. 24.07.2008, BeckRS 2009, 3908; *Gregor*, in: BeckOK GeschGehG, § 15 Rn. 4.
[1359] So BAG, Beschl. v. 10.06.2010 – 5 AZB 3/10, GRUR-RR 2010, 447 (448)

2. Prozessuale Möglichkeiten

Um den Bestand des Geschäftsgeheimnisses zu schützen haben Geheimnisinhaber ein Interesse daran, es im Prozess vor der Öffentlichkeit und sämtlichen Prozessbeteiligten weiterhin geheim zu halten. Dies gilt ebenso vor dem Prozessgegner, wenn sich nicht mit Sicherheit feststellen lässt, ob er das Geschäftsgeheimnis tatsächlich oder nur in Teilen kennt. Das bisherige Recht war in der Lage dem Grunde nach ein gewisses Schutzniveau gegenüber der Öffentlichkeit zu etablieren, hielt gegenüber dem Prozessgegner jedoch kaum Möglichkeiten bereit. Dies war einer der wesentlichen Kritikpunkte hinsichtlich der Durchsetzung von Ansprüchen wegen einer Geheimnisverletzung.[1360] Denn die Öffentlichkeit konnte über §§ 172 Nr. 2, 173 Abs. 2 GVG von der mündlichen Verhandlung und der Verkündung der Entscheidungsgründe ausgeschlossen werden. Darüber hinaus ermöglichte § 174 Abs. 3 GVG den weiterhin Beteiligten eine Geheimhaltung aufzuerlegen. Letztlich bestand beim Gesuch eines Dritten auf Akteneinsicht nach § 299 Abs. 2 ZPO die Möglichkeit das Geheimhaltungsinteresse einer Partei als entgegenstehenden Grund zu berücksichtigen.[1361] 746

Nach der Legaldefinition des § 16 GeschGehG finden die neuen prozessualen Regelungen Anwendung auf Klagen, durch die Ansprüche nach dem GeschGehG geltend gemacht werden. Für andere Verfahren gelten entsprechend die alten Regelung weiterhin.[1362] Abhängig sind die prozessualen Maßnahmen davon, dass das Gericht die Informationen nach § 16 Abs. 1 GeschGehG vorab als geheimhaltungsbedürftig einordnet. Diese Einstufung kann auf Antrag einer Partei schon ab Anhängigkeit des Rechtsstreits durchgeführt werden, die glaubhaft machen muss, dass ein Geschäftsgeheimnis betroffen ist.[1363] 747

Nimmt es dies vor, unterliegen die Beteiligten nach § 16 Abs. 2 GeschGehG einem Nutzungs- und Offenlegungsverbot. Dieses besteht auch gegenüber Zeugen, Sachverständigen und sonstigen Vertretern der Parteien und gelten auch noch nach Abschluss des Verfahrens weiter. Darüber hinaus hat das Gericht die Möglichkeit nach §§ 19, 20 GeschGehG weitere Beschränkungen anzuordnen, die bis hin zu einem Ausschluss der Öffentlichkeit reicht. Nach § 19 GeschGehG kann das Gericht auf Antrag einer Partei zusätzlich den Zugang zu Dokumenten und der mündlichen Verhandlung auch für Prozessbeteiligte beschränken sowie die Öffentlichkeit von der mündlichen Verhandlung auszuschließen. Diese Kernmaßnahmen werden in den §§ 17 ff. durch die Möglichkeit Ordnungsmittel zu verhängen, die Geheimhaltung nach Abschluss des Verfahrens anzuordnen 748

1360 *Ann*, GRUR-Prax 2016, 465 (467); *McGuire*, GRUR 2015, 424 (433); *Kalbfus*, WRP 2019, 692 (698); *Druschel/Jauch*, BB 2018, 1218 (1219); *Ohly*, GRUR 2019, 441 (442).
1361 *Schregele*, GRUR 2019, 912 (912).
1362 *Schregele*, GRUR 2019, 912 (913).
1363 *Schlingloff*, WRP 2018, 666 (670).

und das Urteil auf Kosten der unterlegenen Partei zu veröffentlichen, flankiert.[1364] Diese Maßnahmen sollte bereits im Rahmen der Klageschrift beantragt werden.[1365] Die prozessualen Vorschriften des GeschGehG wurden zwar in ihren Grundzügen begrüßt, weisen dennoch gewisse Defizite auf, welche ihre Effektivität anzweifeln lassen.[1366]

749 Die Vorschriften der §§ 16 ff. GeschGehG sind zugleich für Verfahren in Geschäftsgeheimnisstreitsachen vor den Arbeitsgerichten anwendbar, denn im Gegensatz zu § 15 GeschGehG besteht nicht die Einschränkung auf »Klagen vor den ordentlichen Gerichten«.[1367] Im Übrigen wird es bei den verfahrensrechtlichen Bestimmungen des ArbGG und der ZPO verbleiben.[1368] Im Rahmen gerichtlicher Verfahren gegenüber Arbeitnehmern werden die besonderen Geheimnisschutzregelungen allerdings eine untergeordnete Rolle spielen. Denn es geht nicht um eine mögliche Verletzung durch einen Außenstehenden, sondern um eine Person, die im Regelfall Zugang zu dem Wissen hatte. Daher befinden sich die Geheimnisse in Streitigkeiten zwischen Arbeitnehmer und Arbeitgeber in der Regel bereits in der Sphäre des Arbeitnehmers, sodass eher ein geringes Interesse besteht, die Nutzung im Prozess erlangter geheimer Dokumente zu verhindern.[1369] Vollständig irrelevant werden sie grundsätzlich nicht sein, da sie den prozessualen Gestaltungsspielraum eines jeden Geheimnisinhabers deutlich erweitern. Dies gilt allerdings nicht für den Fall, dass die Informationen, welche dem Arbeitnehmer bekannt sind, bereits veraltet sind.

750 Die Streitwertbegünstigung nach § 22 GeschGehG wird in diesem Zusammenhang allerdings von besonderer praktischer Bedeutung sein. Denn Streitgegenstand wird in der Regel ein wertvolles Geschäftsgeheimnis sein und auf Beklagtenseite eine Privatperson sitzen. Während der gerichtliche Schutz und die Aufrechterhaltung dem Geheimnisinhaber unter Umständen mehrere Millionen Euro wert sein kann, sind derartige Summen für einen Arbeitnehmer nicht aufzubringen und bedeuten in der Regel den finanziellen Ruin.[1370] Zu beachten hat der Arbeitnehmer die formalen Voraussetzungen der Streitwertbegünstigung nach § 22 Abs. 3 GeschGehG, wonach der Antrag insbesondere vor Verhandlung der Hauptsache zu stellen ist.

1364 *Schregele*, GRUR 2019, 912 (913).
1365 *Schulte*, ArbRB 2019, 142 (146).
1366 *Schregele*, GRUR 2019, 912 (912), *Ohly*, GRUR 2019, 441 (444 f.).
1367 BT-Drs. 19/4724, S. 34; *Gregor*, in: BeckOK GeschGehG, § 15 Rn. 5; *Reinfeld* (2019), § 6 Rn. 5.
1368 BT-Drs. 19/4724, S. 34.
1369 *Barth/Corzelius*, WRP 2020, 29 (36).
1370 *Barth/Corzelius*, WRP 2020, 29 (36).

VI. Zusammenfassung

Steht die Verletzung eines Geschäftsgeheimnisses durch den Arbeitnehmer fest und greift kein Rechtfertigungsgrund ein, können sich gesetzliche Ansprüche aus den §§ 6 ff. GeschGehG ergeben, die weitestgehend denen des immaterialgüterrechtlichen Schutzes gleichen. In Folge dessen ist ein Rückgriff auf zivilrechtliche Generalklauseln nur noch im Ausnahmefall notwendig. Unabhängig von den Ansprüchen des GeschGehG sind die arbeitsrechtlichen Sanktionsinstrumentarien stets anwendbar, da sie über den Schutz von Geschäftsgeheimnissen hinausgehen und gegenüber aktiven Arbeitnehmern auch den Schutz vertraulicher Angaben bieten. Mittels dieser Möglichkeiten kann ein Unternehmen gegenüber einem geheimnisverletzenden Arbeitnehmer einerseits die Kündigung oder eine Abmahnung aussprechen oder auf Unterlassung, Beseitigung und Schadensersatz klagen. 751

Diese Anspruchsgrundlagen unterliegen zugleich Beschränkungen: Einerseits greifen die Grundsätze der beschränkten Arbeitnehmerhaftung, sodass eine Schadensersatzhaftung insbesondere bei leichter Fahrlässigkeit entfällt und nur im Falle grober Fahrlässigkeit bzw. Vorsatz besteht. Andererseits besteht die Möglichkeit, dass die Abwehr- und Auskunftsansprüche der §§ 6–8 GeschGehG wegen Unverhältnismäßigkeit ausgeschlossen sind. Letzterem wird jedoch gegenüber Arbeitnehmern nur in Ausnahmefällen eine besondere Bedeutung zukommen. 752

Während die Ansprüche gegenüber Arbeitnehmer durch die arbeitsrechtlichen Haftungsbeschränkungen insofern keine substantielle Erweiterung erfahren haben, werden dem Geheimnisinhaber aber durch § 4 Abs. 3 und § 12 GeschGehG Möglichkeiten an die Hand gegeben, um Ansprüche gegen den Arbeitgeber für den bspw. ein ehemaliger Arbeitnehmer tätig ist, geltend zu machen. Bedenken sollte er jedoch, dass das GeschGehG auch für ihn eine Haftungsverschärfung mitbringt. Nicht nur kann er selbst als mittelbarer Täter in Betracht kommen, sondern ihm können auch die rechtswidrigen Taten in Bezug auf fremde Geschäftsgeheimnisse, die einer seiner Beschäftigten getätigt hat, zugerechnet werden und zwar verschuldensunabhängig. Zuständig für Klagen gegenüber Arbeitnehmer und deren Arbeitgeber wegen einer Verletzung von Geschäftsgeheimnissen sind in der Regel die Arbeitsgerichte. 753

H. Zusammenfassung in Thesen

I. Defizite des lauterkeitsrechtlichen Geheimnisschutzes

Der lauterkeitsrechtliche Geheimnisschutz wies zahlreiche Defizite auf. Primär 754
bereitete hier die strafrechtliche Ausgestaltung mit seinen personellen, zeitlichen und sachlichen Einschränkungen Schwierigkeiten, da die Normen dem Bestimmtheitsgebot folgend, wenig flexibel waren und nur auf bestimmte Fallkonstellationen tatsächlich Anwendung fanden. Die Hürden reichten von dem kaum zu erbringenden Nachweis bestimmter Tathandlungen und Motive über das unvollkommene Rechtsfolgensystem, welches nur im Ausnahmefall gegen denjenigen, der den wirtschaftlichen Vorteil aus der Tat zog, Ansprüche gewährte bis hin zu der riskanten Rechtsdurchsetzung. Selbst wenn es gelang diese Hürden zu überwinden, konnte der Wettbewerbsvorsprung nicht wiederhergestellt und der Schaden nicht kompensiert werden. Damit bestand eine Diskrepanz zwischen den angeblichen Vorteilen und den faktischen Problemen des Geheimnisschutzes.

Diese Systematik erschwerte die Abwehr und Verfolgung von Geheimnisverletzungen 755
durch Arbeitnehmer immens. Der Geheimnisschutz gegenüber diesen beruhte bis zur Umsetzung der Geheimnisschutzreform auf einer kaum zu überblickenden Anzahl an Geheimnisschutznormen, jedoch im Wesentlichen auf den lauterkeitsrechtlichen Straftatbeständen der §§ 17 ff. UWG. Zivilrechtlich wurden sie durch Generalklauseln, deren Anwendungsbereich weitestgehend unklar war, und arbeitsvertraglichen Pflichten ergänzt. Diese Unübersichtlichkeit, das fehlende zivilrechtliche System und die widersprüchliche Rechtsprechung in Bezug auf den Umfang der vertraglichen Pflichten führten dazu, dass der Geheimnisschutz gegenüber Arbeitnehmern besonders im nachvertraglichen Bereich wesentlichen Rechtsunsicherheiten unterlag. Maßgeblich für diese ungenügende Ausgestaltung war das Unvermögen des Gesetzgebers, die Interessen der Arbeitnehmer und Arbeitgeber in Einklang zu bringen. Einerseits wurde nämlich nur das Strafrecht als wirksames präventives Mittel anerkannt, andererseits begrenzte der Gesetzgeber die Haftung damit zugleich auf bestimmte Fälle. Es war für Unternehmen häufig kaum möglich, eine Geheimnisverletzung zu verfolgen.

II. Das Geschäftsgeheimnisgesetz

Das Geschäftsgeheimnisgesetz hat zu einer substantiellen Veränderung des Geheimnisschutzrechts 756
in Deutschland geführt. Der strafrechtliche Schutz wurde durch ein zivilrechtliches Schutzkonzept abgelöst, welches zuvorderst das Ziel

H. Zusammenfassung in Thesen

verfolgt, Innovationen zu fördern. Dies führt dazu, dass im Verletzungsfall nicht auf zivilrechtliche Generalklauseln zurückgegriffen werden muss, um einen Unterlassungsanspruch oder eine Schadenskompensation zu erlangen. Damit einher geht zugleich auch ein deutlich effektiverer Schutz gegenüber Arbeitnehmern, denn es lassen sich zahlreiche Probleme einer Lösung zuführen.

757 Vor allem die Festlegung einer Definition des Geschäftsgeheimnisses schafft Rechtssicherheit. Mit den erweiterten Handlungsmöglichkeiten des Geheimnisinhabers steigen aber zugleich die Anforderungen an das Vorliegen eines Geschäftsgeheimnisses nach § 2 Nr. 1 GeschGehG. Es lassen sich diesbezüglich zwei Änderungen ausfindig machen:

758 Zunächst müssen Unternehmen ihre Geschäftsgeheimnisse sorgfältig evaluieren und durch angemessene Geheimhaltungsmaßnahmen schützen. Verlangt wird nunmehr ein Tätigwerden des Geheimnisinhabers, indem er sowohl gegenüber Außenstehenden als auch Arbeitnehmern Maßnahmen etablieren muss, die dem Schutz des Geheimnisses dienen. Ein Geheimhaltungswille ist insofern nicht mehr ausreichend. Art und Umfang ist dabei abhängig von der geheimen Information im Einzelfall, wobei sowohl faktische als auch rechtliche Maßnahmen möglich sind. Im Hinblick auf die verschuldensunabhängigen Eingriffstatbestände dienen diese aber der Warnung, dass ein Geschäftsgeheimnis verletzt wird. In Bezug auf Arbeitnehmer ist zwischen den Maßnahmen im bestehenden und beendeten Arbeitsverhältnis zu unterscheiden. Während des Arbeitsverhältnisses müssen die Informationen vor allem durch tatsächliche Maßnahmen wie Markierungen und Zugangsschutz gesichert werden. Geheimhaltungsvereinbarungen sind indes nicht konkret genug und daher nicht in der Lage die Warnfunktion zu erfüllen. Im nachvertraglichen Bereich werden mangels Weisungsrecht und Einwirkungsmöglichkeiten des Arbeitgebers im Wesentlichen Geheimhaltungsvereinbarungen und Wettbewerbsverbote als Maßnahme notwendig sein.

759 Des Weiteren ist ein tatsächlicher wirtschaftlicher Wert von Nöten. Dieser ist enger als das bisher erforderliche Geheimhaltungsinteresse und setzt einen tatsächlichen Handelswert voraus. Damit werden die Anforderungen strenger, da es sich insofern um ein objektives Korrektiv handelt. Dies hat insbesondere auch zur Folge, dass rechtswidrige Informationen nicht Gegenstand des Schutzes sind.

760 Damit ist die Zahl der geschützten Informationen zwar unter Umständen kleiner, jedoch rechtfertigt sich die Forderung nach einem wirtschaftlichen Wert und angemessenen Geheimhaltungsmaßnahmen damit, dass nunmehr jeder objektive Eingriff Ansprüche auslöst. Daher fungieren die Geheimhaltungsmaßnahmen als Warnung gegenüber dem potentiellen Verletzer und erleichtern zugleich die Feststellung, ob ein Geschäftsgeheimnis unbefugt oder befugt erlangt wurde.

III. Geheimnisschutz gegenüber Arbeitnehmern

Der Geheimnisschutz gegenüber Arbeitnehmer besteht sowohl aus dem Schutz nach dem Geschäftsgeheimnisgesetz als auch arbeitsrechtlichen Grundsätzen. Diese stehen nebeneinander und greifen zum Teil auch ineinander ein. Wesentlich ist, dass Arbeitnehmer sowohl im bestehenden als auch – in abgeschwächter Form – im nachvertraglichen Bereich einer Geheimhaltungspflicht unterliegen, die sich aus dem Arbeitsverhältnis selbst und gesetzlichen Regelungen ergeben kann. Diese arbeitsrechtlichen Pflichten bestanden bereits vor Inkrafttreten des GeschGehG, sind unabhängig von der Gesetzesreform und werden durch diese auch nicht berührt. Sie wirken sogar über das Handlungsverbot des § 4 Abs. 2 GeschGehG notwendigerweise in dieses hinein. 761

Während der Schutz über das GeschGehG lediglich im Falle rechtlich geschützter Geschäftsgeheimnisse eingreift, ist der arbeitsrechtliche Geheimnisschutz aber auch weitergehender, da er vertrauliche Angaben erfassen kann. Aus diesem Grund ist das Vorliegen eines rechtlich geschützten Geschäftsgeheimnisses nicht zwingend für ein Vorgehen gegen einen Arbeitnehmer vorausgesetzt. 762

Obwohl der Regelungsumfang in Bezug auf das Arbeitsrecht im Geschäftsgeheimnisgesetz insgesamt eher begrenzt ist, ergibt sich aus der neuen Schutzkonzeption ein deutlich klareres Bild. Die Aufhebung der §§ 17 ff. UWG und die Etablierung eines eigenständigen Geheimnisschutzgesetzes bietet nunmehr eine handhabbarere Grundlage für die Bestimmung der Rechte gegenüber geheimnisverletzenden Arbeitnehmern. Die Konzeption aus Schutzgegenstand, Handlungsverboten, Ausnahme- und Rechtfertigungstatbeständen und eigenständigen zivilrechtlichen Ansprüchen führt dazu, dass zahlreiche Konflikte des bisher bestehenden Systems aufgelöst werden. 763

IV. Dogmatische Einordnung des Geschäftsgeheimnisses

Geschäftsgeheimnisse stellen nunmehr subjektive Rechte dar. Dies beruht nicht zuletzt auf den zahlreichen Parallelen, die es mit dem klassischen Immaterialgüterrecht aufweist. Die Schutzkonzeption des Geschäftsgeheimnisgesetzes als auch der Zweck der Geschäftsgeheimnis-Richtlinie sprechen nunmehr dafür, dass sich die Geschäftsgeheimnisse weitgehend den Immaterialgüterrechten angenähert haben, wenn auch in einer abgeschwächten Form. In seiner Ausschluss- und Zuweisungswirkung reicht es nämlich nicht vollständig an die Immaterialgüterrechte heran. Dennoch ist der Schutz derart immaterialgüterrechtsähnlich ausgestaltet, dass es sich um eine Rechtsposition handelt, die weit über den verhaltensbezogenen Behinderungsschutz des Wettbewerbsrechts hinausgeht. Übertragen auf die Kategorien des deutschen Rechts würde dies bedeuten, 764 dass Geschäftsgeheimnisse individuelle Rechtspositionen darstellen, die aufgrund eines Ausschluss- und Zuweisungsgehaltes in ihrer Struktur den absoluten Rechten entsprechen.

V. Zuordnung zum Geheimnisinhaber

765 Die Einordnung als subjektives Recht bringt zudem eine Zuordnung des Schutzgegenstandes zu einem Rechtsträger, dem Geheimnisinhaber mit sich. Geheimnisinhaber und damit die legitimierte Person in Bezug auf das Geschäftsgeheimnis ist derjenige, der das Geschäftsgeheimnis rechtmäßig kontrolliert. Die Kontrolle stellt eine Tatsachenfrage dar, während die Rechtmäßigkeit eine Rechtsfrage ist. Hier sind die aus dem Arbeits- und Immaterialgüterrecht bekannten Zuordnungsprinzipien anzuwenden. Ob der Arbeitgeber Inhaber ist, bestimmt sich somit einerseits danach ob er auf tatsächlicher Ebene Geheimhaltungsmaßnahmen zur Kontrolle des Wissens etabliert und sich auf rechtlicher Ebene die Rechte an der dem Geheimnis zugrundeliegenden Information gesichert hat.

766 Durch diese Zuordnung lässt sich letztlich auch eine Abgrenzung zwischen Geschäftsgeheimnissen und Erfahrungswissen der Arbeitnehmer erreichen. Statt nämlich lediglich auf eine Abgrenzung zwischen den beiden Begrifflichkeiten abzustellen, wird hinterfragt, ob die als Geschäftsgeheimnis geschützte Information dem Arbeitgeber überhaupt als Geheimnisinhaber zugeordnet ist. Nur dann kann er nämlich die Ansprüche nach den §§ 6 ff. GeschGehG überhaupt geltend machen und dem Arbeitnehmer jegliche Verwendung untersagen. Daher muss der Arbeitgeber sicherstellen, dass er sich die dem Geheimnis zugrundeliegende Information durch vertragliche oder gesetzliche Möglichkeiten zuordnet. Diese Vorgehensweise rechtfertigt sich letztlich damit, dass ein Arbeitnehmer nach den Zuordnungsregelungen durch den Arbeitgeber finanziell zu entschädigen ist bzw. durch sein Arbeitsentgelt bereits entschädigt wurde. Hat der Arbeitgeber dies nicht getan, verbleibt ihm für den nachvertraglichen Bereich lediglich die Vereinbarung eines karenzentschädigungspflichtigen Wettbewerbsverbots nach §§ 74 ff. HGB, um den ehemaligen Arbeitnehmer an der Nutzung zu hindern.

767 Als Erfahrungswissen verbleibt einem Arbeitnehmer daher alles Wissen, welches dem Arbeitgeber nicht durch immaterialgüterrechtliche, arbeitsrechtliche oder vertragliche Vereinbarungen zugeordnet ist. Dieses Wissen muss zugleich aber auch auf dem Tätigkeitsbereich des Arbeitnehmers beruhen, mithin redlich erlangt worden sein und er muss es auch seinem Gedächtnis wiedergeben können.

VI. Die (nachvertragliche) Geheimhaltungspflicht der Arbeitnehmer

Liegt ein Geschäftsgeheimnis des Arbeitgebers vor muss hinterfragt werden, auf welche Art und Weise der Arbeitnehmer an die Information gelangt ist. Erst nach dieser Feststellung kann die Frage geklärt werden, ob es dem Arbeitnehmer erlaubt war, die Informationen zu nutzen oder sogar offenzulegen. Unbefugt erlangte Informationen dürfen folglich nach § 4 Abs. 1 und 2 GeschGehG nicht verwendet werden. Dies hat für Arbeitnehmer keine weitgehende Bedeutung, da es im Streitfall mit Arbeitnehmern in der Regel um das befugt erlangte Wissen gehen wird, welches dieser zur Ausübung seiner Tätigkeit benötigte und nach Beendigung des Arbeitsverhältnisses mitnehmen möchte. Diesbezüglich kann die Verwendung nur untersagt werden, wenn der Arbeitnehmer einer entsprechenden Nutzungsbeschränkung oder Geheimhaltungspflicht unterlag. An dieser Stelle sind die arbeitsrechtlichen Grundsätze des Geheimnisschutzes von wesentlicher Bedeutung, da das Geschäftsgeheimnisgesetz keine eigenen Beschränkungen oder Pflichten statuiert. Insofern muss immer auf Vereinbarungen oder Regelungen außerhalb des GeschGehG abgestellt werden. Neben den vertragsimmanenten und den wenigen gesetzlichen Pflichten können sich solche aus ausdrücklichen Vertragsabreden ergeben. 768

Während dies im bestehenden Arbeitsverhältnis keine Schwierigkeiten bereitet, da dem Arbeitsvertrag entsprechende vertragsimmanente Pflichten zu entnehmen sind, finden die vertraglichen Pflichten grundsätzlich mit Beendigung des Arbeitsverhältnisses ihr Ende. Allerdings wirkt die vertragsimmanente Geheimhaltungspflicht nach. Dies begründet sich auf einem nachvertraglichen Schuldverhältnis, dessen Umfang abhängig von der jeweiligen Interessenlage ist. Da Geschäftsgeheimnisse, die im Rahmen von Arbeitsverhältnissen erlangten wurden und im Gedächtnis der Arbeitnehmer verbleiben, besonders risikobehaftete sind, ist hier eine nachvertragliche Geheimhaltungspflicht anzunehmen. Hierfür spricht, dass es dem Richtlinienzweck entspricht, Ressourcen in unnötige Geheimhaltungsmaßnahmen zugunsten der Innovationsförderung sparen zu können und bereits im Rahmen der Zuordnung eine abschließende Entscheidung getroffen wurde, wem das Geschäftsgeheimnis zuzuordnen ist. 769

Der geänderten Interessen- und Rechtslage entsprechend ist die nachvertragliche Pflicht jedoch abgeschwächt und schützt nur noch dem Arbeitgeber zugeordnete Geschäftsgeheimnisse und keine vertraulichen Angaben. Jedoch wird sowohl die Offenlegung als auch die Nutzung untersagt sein, da keine akzeptable Abgrenzung zwischen diesen Handlungen möglich erscheint. 770

Weitergehende Pflichten lassen sich dem Grunde nach nur durch karenzentschädigungspflichtige Wettbewerbsverbote erreichen. Nachvertragliche Geheimhaltungsvereinbarungen werden den Schutz nur in geringem Umfang bezüglich einzelner Informationen erweitern können und im Falle einer weiteren Reichweite nicht selten die Grenze zum Wettbewerbsverbot überschreiten. Nichtsdestotrotz werden sie als Geheimhaltungsmaßnahme anzuraten sein. 771

H. Zusammenfassung in Thesen

VII. Rechtsfolgen und Grenzen einer Geschäftsgeheimnisverletzung

772　Liegt ein Handlungsverbot vor muss im Einzelfall geprüft werden, ob die Handlung unter Umständen gerechtfertigt ist. Hier kommen vor allem Fälle des internen Whistleblowings gegenüber der Arbeitnehmervertretung und des externen Whistleblowing gegenüber Außenstehenden in Betracht. In der Praxis ist die Bedeutung dieser Normen jedoch als gering anzusehen, insbesondere da rechtswidrige Informationen nicht als Geschäftsgeheimnis geschützt werden können. Der Anwendungsbereich der Vorschriften ist nur eröffnet, sofern der Arbeitnehmer fälschlicherweise Geschäftsgeheimnisse weitergegeben hat, da er annahm einen vermeintlichen Gesetzesverstoß oder Fehlverhalten aufzudecken oder mittelbar Geheimnisse offenbaren muss, um einen tatsächlichen Verstoß aufzudecken.

773　In einem letzten Schritt müssen – sofern kein Rechtfertigungsgrund einschlägig ist – die Rechtsfolgen der Geheimnisverletzung gewählt werden. Während die Verletzung eines Geschäftsgeheimnisses sämtliche Ansprüche nach dem GeschGehG anwendbar macht, gewährt das Arbeitsrecht auch dann Ansprüche, wenn die Pflichtverletzung vertrauliche Angaben betrifft. Neben Unterlassung, Beseitigung und Schadensersatz muss der Arbeitgeber überlegen, ob er eine Abmahnung oder Kündigung aussprechen möchte. Zugleich wird dem Arbeitgeber auch die Möglichkeit gewährt, gegen den neuen Arbeitgeber, welcher die Geheimnisse unter Umständen zu seinem Vorteil nutzt, vorzugehen und diesen für die Geheimnisverletzung verantwortlich zu machen.

774　Zu bedenken ist jedoch, dass Arbeitnehmern im Rahmen des Schadensersatzes arbeitsrechtliche Haftungsbeschränkungen zu Gute kommen. Daneben besteht die Möglichkeit Ansprüche – mit Ausnahme des Schadensersatzanspruches – wegen Unverhältnismäßigkeit auszuschließen. Die praktische Bedeutung dieser Gegenrechte wird allerdings eher gering sein.

775　Während der Geheimnisbegriff selbst eine Einschränkung erfahren hat, besteht zugleich eine Rechtsfolgenausdehnung, denn dem in seiner Rechtsstellung verletzten Geheimnisinhaber stehen mit den gewährten Rechtsfolgen und Ansprüchen des GeschGehG deutlich weitergehende Sanktionsmöglichkeiten als nach bisheriger Rechtslage zur Verfügung. Hierbei ist neben der Vernichtungsmöglichkeit von rechtsverletzenden Produkten vor allem auf die Haftung von mittelbaren Tätern und die Arbeitgeberhaftung für fremdes Handeln zu nennen.

VIII. Abschließender Vergleich

776　Die Regelungen der Richtlinie und des GeschGehG führen zu einer deutlichen Klarstellung bezüglich zahlreicher streitiger Punkte. Zwar musste schon nach der bisherigen Rechtsprechung im nachvertraglichen Bereich sehr genau abgewogen werden, ob Arbeitnehmer vor allem redlich erlangte Geschäftsgeheimnisse weiternutzen oder offenlegen durften. In keinem Falle konnte ihnen jedoch die Verwendung ihres Erfahrungswissens untersagt werden. Nunmehr ist allerdings keine Abwägung mehr erforderlich, sondern es wird nach den arbeitsrechtlichen und immaterialgüterrechtlichen Grundsätzen festgestellt, ob dem Arbeitgeber das Wissen zugeordnet ist. Dadurch lässt sich rechtssicher eine Abgrenzung zu den Erfahrungen und Fähigkeiten der Arbeitnehmer erreichen, welche sie auch nach neuem Recht jederzeit verwenden dürfen. Aus diesem Grund wird die Verwertung von Erfahrungswissen entgegen der anderslautenden Behauptungen in der Presse nicht betroffen. Damit ist von der eingangs erwähnten deutlichen Schlechterstellung von Arbeitnehmern durch die neuen Regelungen nicht auszugehen. Insbesondere verbleiben den Arbeitnehmern ausdrücklich ihre Erfahrungen und Fähigkeiten, während gerade die Unternehmen in die Pflicht genommen werden für angemessene Maßnahmen zum Schutz der Geheimnisse zu sorgen. Zu ihrer Pflicht wird es auch gehören, dass sie sich die Informationen von den Arbeitnehmern sichern und sich zuordnen lassen müssen.

Damit ist die Aussage, dass die Auswirkungen des Geschäftsgeheimnisgesetzes auf den Umgang mit arbeitnehmerseitigen Geheimnisverletzungen gering sind,[1371] dem Grunde nach nicht zutreffend. Denn der unübersichtliche und zum Teil stark eingeschränkte lauterkeitsrechtliche Geheimnisschutz wurde einem deutlich klarer strukturierten und weniger fehleranfälligen System zugeführt. Die nunmehr bestehende Notwendigkeit, Geschäftsgeheimnisse einem Geheimnisinhaber zuzuordnen, führt dazu, dass sich die Abgrenzung zum Erfahrungswissen dogmatisch sauber und logisch lösen lässt. Zudem lässt sich durch die Schutzkonzeption die Annahme einer nachvertraglichen Geheimhaltungspflicht von Arbeitnehmern begründen. Diese Klarstellung des Schutzes führt dazu, dass sowohl Arbeitnehmer als auch Arbeitgeber problemlos bestimmen können, welche Rechte ihnen zustehen und welchen Pflichten sie unterliegen.

777

1371 So bspw. *Trebeck/Schulte-Wissermann*, NZA 2018, 1175 (1180); *Richter*, ArbRAktuell 2019, 375 (378).

Abkürzungen

a.A.	andere Ansicht
a.F.	alte Fassung
ABl.	Amtsblatt
Abs.	Absatz
AEUV	Vertrag über die Arbeitsweise der Europäischen Union
AfP	Zeitschrift für das gesamte Medienrecht
AGB	Allgemeine Geschäftsbedingungen
Anm.	Anmerkung
ArbErfG	Arbeitnehmererfindungsgesetz
ArbR	Arbeitsrecht
ArbRAktuell	Arbeitsrecht Aktuell
ArbRB	Arbeitsrechtsberater
Art.	Artikel
AuR	Arbeit und Recht
BAG	Bundesarbeitsgericht
BB	Betriebsberater
Bd.	Band
BeckOK	Beck'scher Onlinekommentar
Beschl.	Beschluss
BGB	Bürgerliches Gesetzbuch
BGH	Bundesgerichtshof
bspw.	bspw.
BT-Drs.	Drucksache des Bundestags
BVerfG	Bundesverfassungsgericht
bzw.	beziehungsweise
CB	Complaince Berater
CCZ	Corporate Compliance Zeitschrift
CR	Computer und Recht
d.h.	das heißt
DB	Der Betrieb
DesignG	Designgesetz
DÖV	Die Öffentliche Verwaltung
EGMR	Europäischer Gerichtshof für Menschenrechte
E.I.P.R.	European Intellectual Property Review
Einf.	Einführung
Einl.	Einleitung
ErfK	Erfurter Kommentar
etc.	et cetera
EUGH	Europäischer Gerichtshof
EUV	Vertrag über die Europäische Union
EuZA	Europäische Zeitschrift für Arbeitsrecht

Abkürzungen

EuZW	Europäische Zeitschrift für Wirtschaftsrecht
f./ff.	folgende/fortfolgende
Fn.	Fußnote
FS	Festschrift
GebrMG	Gebrauchsmustergesetz
GeschGehG	Geschäftsgeheimnisgesetz
ggf.	gegebenenfalls
GRUR	Gewerblicher Rechtsschutz und Urheberrecht
GRUR Int.	Gewerblicher Rechtsschutz und Urheberrecht, Internationaler Teil
GRUR-Prax	Gewerblicher Rechtsschutz und Urheberrecht, Praxis im Immaterialgüter- und Wettbewerbsrecht
GRUR-RR	Gewerblicher Rechtsschutz und Urheberrecht, Rechtsprechungsreport
GWR	Gesellschafts- und Wirtschaftsrecht
h.L.	herrschende Lehre
h.M.	herrschende Meinung
HGB	Handelsgesetzbuch
Hrsg.	Herausgeber
i.S.d.	im Sinne des/der
i.V.m.	in Verbindung mit
IIC	International Review of Intellectual Property and Competition Law
IPRB	IP-Rechtsberater
IT	Informationstechnologie
JA	Juristische Arbeitsblätter
LauterkeitsR	Lauterkeitsrecht
LG	Landgericht
lit.	littera
MAH	Münchencer Anwaltshandbuch
MarkenG	Markengesetz
MDR	Monatszeitschrift für Deutsches Recht
MittdtPat	Mitteilungen der deutschen Patentanwälte
MüKo	Münchener Kommentar
NJW	Neue Juristische Wochenschrift
NJW Spezial	Neue Juristische Woche, Spezial
NJW-RR	Neue Juristische Woche, Rechtsprechungsreport
Nr.	Nummer
NStZ	Neue Zeitschrift für Strafrecht
NZA	Neue Zeitschrift für Arbeitsrecht
NZA-RR	Neue Zeitschrift für Arbeitsrecht, Rechtsprechungsrepot
NZG	Neue Zeitschrift für Gesellschaftsrecht

öAT	Zeitschrift für das öffentliche Arbeits- und Tarifrecht
OLG	Oberlandesgericht
PatG	Patentgesetz
PatR	Patentrecht
RdA	Recht der Arbeit
RG	Reichsgericht
RL	Richtlinie
Rn.	Randnummer
S.	Seite; Satz
s.	siehe
st. Rspr.	ständige Rechtsprechung
TRIPS	Agreement on Trade-Related Aspects of Intellectual Property Rights
u.a.	und andere
UrhG	Urhebergesetz
UrhR	Urheberrecht
Urt.	Urteil
UWG	Gesetz gegen den unlauteren Wettbewerb
v.	von; vom
vgl.	vergleiche
VO	Verordnung
Vor.	Vorbemerkung
WRP	Wettbewerb in Recht und Praxis
z.B.	zum Beispiel
ZESAR	Zeitschrift für europäisches Sozial- und Arbeitsrecht
ZIP	Zeitschrift für Wirtschaftsrecht
ZUM	Zeitschrift für Urheber- und Medienrecht
ZVertriebsR	Zeitschrift für Vertriebsrecht

Literatur

Ahlberg, Hartwig/ Götting, Horst-Peter	Beckscher Onlinekommentar zum Urheberrecht, 30. Edition, München 2021 (zitiert als: *Bearbeiter*, in: BeckOK UrhR).
Ahrens, Hans Jürgen/ McGuire, Mary-Rose,	Modellgesetz für Geistiges Eigentum, Normtext und Begründung, München 2012.
Aldoney Ramirez, Rodrigo	Der strafrechtliche Schutz von Geschäfts- und Betriebsgeheimnissen, Kenzingen 2009.
Alexander, Christian	Gegenstand, Inhalt und Umfang des Schutzes von Geschäftsgeheimnissen nach der Richtlinie (EU) 2016/943, in: WRP 2017, S. 1034–1045.
Alexander, Christian	Geheimnisschutz nach dem GeschGehG und investigativer Journalismus, in: AfP 2019, S. 1–11.
Alexander, Christian	Grundstrukturen des Schutzes von Geschäftsgeheimnissen durch das neue GeschGehG, in: WRP 2019, S. 673–679.
Almeling, David S.	Seven Reasons Why Trade Secrets Are Increasingly Important, in: 27 Berkeley Tech. L.J. (2012), Vol 27 Issue 2.
Ann, Christoph	EU-Richtlinie zum Schutz vertraulichen Know-hows – Wann kommt das neue deutsche Recht, wie sieht es aus, was ist noch offen?, in: GRUR-Prax 2016, S. 465–467.
Ann, Christoph	Geheimnisschutz – Kernaufgabe des Informationsmanagements im Unternehmen, in: GRUR 2014, S. 12–16.
Ann, Christoph	Know-How – Stiefkind des Geistigen Eigentums?, in: GRUR 2007, S. 39–43.
Ann, Christoph/ Loschelder, Michael/ Grosch, Marcus	Praxishandbuch Know-How-Schutz, Köln 2010 (zitiert als: *Bearbeiter,* in: Ann/Loschelder/Grosch).
Apel, Simon/ Walling, Sebastian	Das neue Geschäftsgeheimnisgesetz: Überblick und erste Praxishinweise, in: DB 2019, S. 891–896.
Aplin, Tanya	A critical evaluation of the proposed EU Trade Secret Directive, in: Kings College London, Legal Studies Research Paper Series, No. 2014, 25.
Arens, Stephan	Gesetz zum Schutz von Geschäftsgeheimnissen (GeschGehG) – Neue Herausforderungen für den Geschäftsführer, in: GWR 2019, S. 375–377.

Literatur

Arians, Knut	Der strafrechtliche Schutz des Geschäfts- und Betriebsgeheimnisses in der Bundesrepublik Deutschland, in: Oehler (Hrsg), Der strafrechtliche Schutz des Geschäfts- und Betriebsgeheimnisses in den Ländern der europäischen Gemeinschaft sowie Österreich und Schweiz, Band 1, 1978.
Auer-Reinsdorff, Astrid/ Conrad, Isabell (Hrsg.)	Handbuch IT- und Datenschutzrecht, 3. Auflage, München 2019.
Baranowski, Anne/ Glaßl, Ramon,	Anforderungen an den Geheimnisschutz nach der neuen EU-Richtlinie, in: BB 2016, S. 2563–2569.
Bartenbach, Kurt	Der Schutz von Betriebs- und Geschäftsgeheimnissen im Arbeitsleben, in: Personalrecht im Wandel, Festschrift für Wolfdieter Küttner, 2006, S. 113–138.
Bartenbach, Kurt/ Bartenbach, Anja	Patentlizenz und Know-How-Vertrag, 7. Auflage, Köln 2013.
Bartenbach, Kurt/ Volz, Franz-Eugen	Arbeitnehmererfindungsgesetz, 6. Auflage, Köln 2019.
Barth, Günther/ Corzelius, Christoph	Geheimnisverrat im Zuge eines Arbeitnehmeraustritts – Eine Case Study nach der Reform des Datenschutz- und Geschäftsgeheimnisrechts, in: WRP 2020, S. 29–36.
Bauschke, Hans-Joachim	Geschäftsgeheimnisse und Bezug zum Whistleblowing – Gesetzliche Neuregelung, in: öAT 2019, S. 133–136.
Beckermann-Rodau, Andrew	The choice between patent protection and trade secret protection: A legal and business decision, in: 84 J.P.T.O.S. 371 (2002).
Benkard, Georg	Patentgesetz, 11. Auflage, München 2015.
Bissels, Alexander/ Schroeders, Kathrin/ Ziegelmayer, David	Arbeitsrechtliche Auswirkungen der Geheimnisschutzrichtlinie, in: DB 2016, S. 2295–2299.
Böhm, Rainer/ Nestler, Anke	EU-Richtlinie zum Know-How-Schutz: Quantifizierung des Schadensersatzes, in: GRUR-Prax 2018, 181–183.
Bone, Robert G.	A New Look at Trade Secret Law: Doctrine in Search of Justification, in: 86 Cal. L. Rev. (1998), S. 241.
Böning, Marta/ Heidfeld, Birgit	Gesetzentwurf zum Schutz von Geschäftsgeheimnissen (GeschGehG) – Maulkorb zu Lasten der Beschäftigten und ihrer Interessenvertretungen, in: AuR 2018, S. 555–558.
Brammsen, Joerg	Wirtschaftsgeheimnisse als Verfassungseigentum – Der Schutz der Betriebs- und Geschäftsgeheimnisse gem. Art. 14 GG, in: DöV 2007, S. 10–17.
Brammsen, Joerg	»Durchlöcherter« Bestandsschutz – Wirtschaftsgeheimnisse im 21. Jahrhundert, in: ZIP 2016, S. 2193–2201.

Brammsen, Joerg	Reformbedürftig! – Der Regierungsentwurf des neuen Geschäftsgeheimnisgesetzes, BB 2018, S. 2446–2450.
Bronckers, Marco/ McNelis, Natalie	Is the EU obliged to improve the protection of trade secrets? : an inquiry into TRIPS, the European Convention on Human Rights and the EU Charter of Fundamental Rights, in: EIPR 2012, S. 673–688.
Brost, Lukas/ Wolsing, Daniel	Presserechtlicher Schutz vor der Veröffentlichung von Geschäftsgeheimnissen, in: ZUM 2019, S. 898–904.
Brudermüller, Gerd/ Ellenberger, Jürgen/ Götz, Isabell/ u.a. (Bearb.)	Palandt – Bürgerliches Gesetzbuch mit Nebengesetzen, 80. Auflage, München 2021 (zitiert als: *Bearbeiter*, in: Palandt).
Brunner, Richard	Trendstudie zur Zukunft des geistigen Eigentums, in: MittdtPat 2017, S. 444–447.
Burghardt-Richter, Ingrid/ Bode, Johannes	Geschäftsgeheimnisschutzgesetz: Überblick und Leitfaden für Unternehmen zu Wahrung ihrer Geschäftsgeheimnisse, in: BB 2019, S. 2697–2702.
Busche, Jan (Hrsg.)/ Stoll, Tobias/ Wiebe, Andreas	TRIPs – Internationales und europäisches Recht des geistigen Eigentums, 2. Auflage 2013.
Büscher, Wolfgang	Gesetz gegen den unlauteren Wettbewerb: UWG, 1. Auflage, Köln 2019 (zitiert als: *Bearbeiter*, in: Büscher).
Büsching, Heino	Der Anwendungsbereich der Eingriffskondiktion im Wettbewerbsrecht, Baden-Baden 1992.
Calliess, Christian/ Ruffert, Matthias (Hrsg.)	EUV/AEUV, Das Verfassungsrecht der Europäischen Union mit Europäischer Grundrechtecharta, Kommentar, 4. Auflage, München 2011.
Callmann, Rudolf	Betriebsgeheimnis und Arbeitnehmer, MuW 1931, S. 310–314.
Czernik, Ilja	Der (Rechts-)Schutz gegenüber dem Verrat von Vertriebsgeheimnissen, in: ZVertriebsR 2015, 231–234.
Dann, Matthias/ Markgraf, Jochen	Das neue Gesetz zum Schutz von Geschäftsgeheimnissen, in: NJW 2019, S. 1774–1779.
Dietz, Rolf	Die Pflicht der ehemaligen Beschäftigten zur Verschwiegenheit über Betriebsgeheimnisse, in: Festschrift für Justus Wilhelm Hedemann zum 60. Geburtstag, 1938, S. 330–350.
Doepner, Ulf	Anmerkung zum wettbewerbsrechtlichen Geheimnisschutz im Zivilprozess, in: Festschrift für Winfried Tilmann zum 65. Geburtstag, 2003 S. 105–120.
Dorner, Michael	Know-How-Schutz im Umbruch: rechtsdogmatische und informationsökonomische Überlegungen, Köln 2013.

Dreier, Thomas/ Schulze, Gernot	Urheberrechtsgesetz Verwertungsgesellschaftengesetz Kunsturhebergesetz, 6. Auflage, München 2018 (zitiert als: *Bearbeiter*, in: Dreier/Schulze).
Druschel, Johannes/ Jauch, Andreas	Der Schutz von Know-How im deutschen Zivilprozess: Der status quo und die zu erwartenden Änderungen, Teil I: Der derzeitige und zukünftige prozessuale Geheimnisschutz im Know-how-Verletzungsverfahren, in: BB 2018, S. 1218–1223.
Dumont, Nicolas M.	Happy End für ein Stiefkind? – Regierungsentwurf zur Umsetzung der Know-how-Richtlinie, in: BB 2018, S. 2441–2446.
Eckhoff, Franz/ Hoene, Verena	Geheimnisschutz durch Vertragsgestaltung? Wie Sie die Spielräume des Geschäftsgeheimnisgesetzes effektiv nutzen, in: ArbRB 2019, S. 256–259.
Ellger, Reinhard	Bereicherung durch Eingriff: Das Konzept des Zuweisungsgehalts im Spannungsfeld von Ausschließlichkeitsrecht und Wettbewerbsfreiheit, Tübingen 2002.
Enders, Theodor	Know How Schutz als Teil des geistigen Eigentums, in: GRUR 2012, S. 25–31.
Erbs, Georg/ Kohlhaas, Max/ Häberle, Peter (Hrsg.)	Strafrechtliche Nebengesetze, 233. Auflage, München 2020 (zitiert als: *Bearbeiter*, in: Erbs/Kohlhaas)
Ernst, Stefan	Das Geschäftsgeheimnisgesetz – Praxisrelevante Aspekte der Umsetzung der EU Richtlinie 2016/943, in: MDR 2019, S. 897–903.
Eufinger, Alexander	EU-Geheimnisschutzrichtlinie und Schutz von Whistleblowern, in: ZRP 2016, S. 229–231.
Fezer, Karl-Heinz	Der zivilrechtliche Geheimnisschutz im Wettbewerbsrecht – Zur wettbewerbsrechtlichen und arbeitsrechtlichen Dogmatik nachvertraglicher Verschwiegenheitspflichten eines ausgeschiedenen Arbeitnehmers, in: Festschrift für Fritz Traub zum 65. Geburtstag, 1994, S. 81–104.
Fingerhut, Michael	Datenmissbrauch und Geheimnisverrat durch Mitarbeiter, in: BB 2014, S. 389–393.
Fischer, Susanne	Der Schutz von Know-How im deutschen materiellen und Internationalen Privatrecht, Baden-Baden 2012.
Fitzner, Uwe/ Lutz, Raimund/ Bodewig, Theo (Hrsg.)	Beckscher Onlinekommentar Patentrecht, 19. Edition, München 2021 (zitiert als: *Bearbeiter*, in: BeckOK PatentR).
Forkel, Hans	Zur Übertragbarkeit geheimer Kenntnisse, in: Festschrift für Ludwig Schnorr von Carolsfeld: zum 70. Geburtstag, 1973, S. 105–124.

Forst, Gerrit	Die Richtlinie der Europäischen Union zum Schutz von Personen, die Verstöße gegen des Unionsrecht melden, in: EuZA 2020, S. 283–301.
Francken, Johannes Peter	Das Geschäftsgeheimnisgesetz und der Rechtsweg zu den Gerichten für Arbeitssachen, in: NZA 2019, S. 1165–1166.
Franzen, Martin/ Gallner, Inken/ Oetker, Hartmut	Kommentar zum europäischen Arbeitsrecht, 3. Auflage, München 2020 (zitiert als: *Bearbeiter*, in: Franzen/Gallner/Oettker).
Freckmann, Anke/ Schmoll, Andrea	Geheimnisschutzrichtlinie: Neuer Standard für Vertraulichkeitsvereinbarungen und arbeitsvertragliche Verschwiegenheitsklauseln, in: BB 2017, S. 1780–1785.
Friedman, David D./ Landes, William M./ Posner, Richard A.	Some economics of trade secret law, 5 J. Econ. Persp. (1991), S. 61–72.
Fritzsche, Jörg/ Münker, Reiner/ Stollwerck, Christoph	Beckscher Onlinekommentar UWG, 8. Edition, München 2020 (zitiert als: *Bearbeiter*, in: BeckOK UWG).
Fuhlrott, Michael	Geschäftsgeheimnisschutz durch arbeitsrechtliche Sicherungsmaßnahmen, in: ArbRAktuell 2020, S. 79–81.
Fuhlrott, Michael/ Hieramente, Mayeul (Hrsg.)	Beckscher Onlinekommentar GeschGehG, 2. Edition, München 2020 (zitiert als: *Bearbeiter*, in: BeckOK GeschGehG).
Fuhlrott, Michael/ Hieramente, Mayeul	Arbeitsrechtlicher Handlungsbedarf durch das Geschäftsgeheimnisgesetz, in: DB 2019, 967–972.
Fusbahn, Jens Klaus	Die Rolle des Strafrechts und der Strafverfolgungsbehörden im Recht des Geistigen Eigentums und der Medien, in: IPRB 2016, S. 212–216.
Gärtner, Anette	Zum Richtlinienentwurf über den Schutz von Geschäftsgeheimnissen, in: NZG 2014, S. 650–652.
Gaugenrieder, Eileen	Einheitliche Grundlage für den Schutz von Geschäftsgeheimnissen in Europa – Zukunftstraum oder Alptraum, in: BB 2014, 1987–1992.
Gaugenrieder, Eileen/ Unger-Hellmich, Dagmar	Know-how-Schutz – gehen mit dem Mitarbeiter auch die Unternehmensgeheimnisse?, in: WRP 2011, S. 1364–1380.
Gaul, Dieter	Die nachvertragliche Geheimhaltungspflicht eines ausgeschiedenen Arbeitnehmers, in: NZA 1988, S. 225–233.
Gaul, Dieter	Wechselwirkungen zwischen Urheberrecht und Arbeitsrecht, insbesondere Grenzfragen des Arbeitnehmererfindungsrechts, in: NJW 1961, S. 1509–1515.

Gerdemann, Simon	Revolution des Whistleblowing-Rechts oder Pfeifen im Walde? Der Richtlinienvorschlag der Europäischen Kommission zum Schutz von Whistleblowern, RdA 2019, S. 16–28.
Gloy, Wolfgang/ Loschelder, Michael/ Erdmann, Willi (Hrsg.)	Handbuch des Wettbewerbsrechts, 4. Auflage, München 2010 (zitiert als: *Bearbeiter*, in: Gloy/Loschelder/ Erdmann).
Gödde, Konrad	Die nachvertragliche Verschwiegenheitspflicht des Arbeitnehmers, Bonn 1999.
Götting, Horst-Peter/ Meyer, Justus/ Vormbrock, Ulf	Gewerblicher Rechtsschutz und Wettbewerbsrecht: Praxishandbuch, Baden-Baden 2011 (zitiert als: *Bearbeiter*, in: Götting/Meyer/Vormbrock).
Götting, Horst-Peter/ Nordemann, Axel	UWG, Handkommentar, 3. Auflage, Baden-Baden 2016 (zitiert als: *Bearbeiter*, in: Götting/Nordemann).
Greßlin, Martin/ Römermann, Martin	Arbeitsrechtliche Gestaltungsmöglichkeiten zum Schutz von betrieblichen Know-How, in: BB 2016, S. 1461–1465.
Gündogdu, Alev/ Hurst, Sascha	Änderungen für den Schutz von Geschäftsgeheimnissen durch das GeschGehG – Eine Synopse, in: K&R 2019, S. 451–456.
Günther, Jens/ Böglmüller, Matthias	Arbeitsrecht 4.0 – Arbeitsrechtliche Herausforderungen in der vierten industriellen Revolution, in: NZA 2015, S. 1025–1031.
Haedicke, Maximilian	Rechtskauf und Rechtsmängelhaftung, Tübingen 2003.
Harte-Bavendamm, Henning	Der Begriff des Geschäftsgeheimnisses nach harmonisiertem Recht, in: Festschrift für Büscher, Köln 2018.
Harte-Bavendamm, Henning	Reform des Geheimnisschutzes: Naht Rettung aus Brüssel? Richtlinienvorschlag zum Schutz von Geschäftsgeheimnissen, in: Festschrift für Helmut Köhler zum 70. Geburtstag, 2014, S. 235–252.
Harte-Bavendamm, Henning/ Henning-Bodewig, Frauke (Hrsg)	Gesetz gegen den unlauteren Wettbewerb (UWG) mit Preisangabenverordnung – Kommentar, 4. Auflage, München 2016 (zitiert als: *Bearbeiter*, in: Harte/ Henning).
Harte-Bavendamm, Henning/ Ohly, Ansgar/ Kalbfus, Björn	Das Gesetz zum Schutz von Geschäftsgeheimnissen, 1. Auflage, München 2020 (zitiert als: *Bearbeiter*, in: Harte-Bavendamm/Ohly/Kalbfus).
Hasselblatt, Gordian N.	Münchener Anwaltshandbuch Gewerblicher Rechtsschutz, 5. Auflage, München 2017 (zitiert als: *Bearbeiter*, in: Hasselblatt).
Hau, Wolfgang/ Poseck, Roman	Beckscher Onlinekommentar BGB, 57. Edition, München 2021 (zitiert als: *Bearbeiter*, in: BeckOK BGB).

Häublein, Martin/ Hoffmann-Theinert	Beckscher Onlinekommentar HGB, 27. Edition, München 2020 (zitiert als: *Bearbeiter*, in: BeckOK HGB).
Hauck, Ronny	Der RefE für ein Gesetz zum Schutz von Geschäftsgeheimnissen (GeschGehG), in: WRP Die Erste Seite 2018, Nr. 6.
Hauck, Ronny	Grenzen des Geheimnisschutzes, in: WRP 2018, S. 1032–1037.
Hauck, Ronny	Geheimnisschutz im Zivilprozess – was bringt die neue EU-Richtlinie für das deutsche Recht?, in: NJW 2016, S. 2218–2223.
Hauck, Ronny	Was lange währt... – Das Gesetz zum Schutz von Geschäftsgeheimnissen (GeschGehG) ist in Kraft, in: GRUR-Prax 2019, S. 223–225.
Heermann, Peter W./ Schlingloff, Jochen	Münchener Kommentar zum Lauterkeitsrecht, 2. Auflage, München 2014 (zitiert als: *Bearbeiter*, in: MüKo LauterkeitsR (2014)).
Heermann, Peter W./ Schlingloff, Jochen	Münchener Kommentar zum Lauterkeitsrecht, 3. Auflage, München 2020 (zitiert als: *Bearbeiter*, in: MüKo LauterkeitsR (2020)).
Heinzke, Philippe	Richtlinie zum Schutz von Geschäftsgeheimnissen, in: CCZ 2016, S. 179–183.
Herrmann, Volker	Praktische Auswirkungen der neuen EU-Richtlinie zum Schutz von vertraulichen Know-How und Geschäftsgeheimnissen, in: CB 2016, S. 368–370.
Hesse, Hans Gerd	Züchtungen und Entdeckungen neuer Pflanzensorten durch Arbeitnehmer, in: GRUR 1980, S. 404–411.
Hieramente, Mayeul/ Golzio, Jann Ole	Die Reform des Geheimnisschutzes aus Sicht der Compliance-Abteilung – Ein Überblick, in: CCZ 2018, S. 262–267.
Hieramente, Mayeul/ Wagner, Sebastian	Strafrechtliche Grenzen der Informationsbeschaffung über (ehemalige) Mitarbeiter der Gegenpartei eines Zivilrechtsstreits, in: GRUR 2020, S. 709–715.
Hille, Christian Peter	Sind bisherige Vertraulichkeitsvereinbarungen unwirksam? – Anforderungen aus GeschGehG und § 307 BGB, in: WRP 2020, S. 824–831.
Hoeren, Thomas/ Münker, Reiner	Die EU-Richtlinie für den Schutz von Geschäftsgeheimnissen und ihre Umsetzung – unter besonderer Berücksichtigung der Produzentenhaftung, in: WRP 2018, S. 150–155.
Holthausen, Joachim	Die arbeitsvertragliche Verschwiegenheit – Vertragsgestaltung nach Inkrafttreten des GeschGehG, in: NZA 2019, S. 1377–1383.

Literatur

Hoppe, Christian/ Möller, Ralf	Wie weit reicht die Geheimhaltungspflicht im Arbeitsverhältnis? Verschwiegenheitsklauseln, in: AuA 4/2015, S. 213–251.
Hubmann, Heinrich	Das Recht am Arbeitsergebnis, in: Beiträge zum Arbeits-, Handels- und Wirtschaftsrecht: Festschrift für Alfred Hueck zum 70. Geburtstag, 1959, S. 43–67.
Hunold, Wolf	Rechtsprechung zum nachvertraglichen Wettbewerbsverbot, in: NZA-RR 2007, S. 617–625.
Kalbfus, Björn	Angemessene Geheimhaltungsmaßnahmen nach der Geschäftsgeheimnis-Richtlinie, in: GRUR-Prax 2017, S. 391–393.
Kalbfus, Björn	Die EU-Geschäftsgeheimnis-Richtlinie – Welcher Umsetzungsbedarf besteht in Deutschland?, in: GRUR 2016, 1009–1017.
Kalbfus, Björn	Know-How-Schutz in Deutschland zwischen Strafrecht und Zivilrecht – welcher Reformbedarf besteht?, Köln 2011.
Kalbfus, Björn	Rechtsdurchsetzung bei Geheimnisverletzungen – Welchen prozessualen Schutz gewährt das Geschäftsgeheimnisgesetz dem Kläger?, in: WRP 2019, S. 692–699.
Kather, Peter	Arbeitgeberwechsel von Know-How-Trägern, in: VPP-Rundbrief Nr. 3/2005 S. 108.
Keilich, Jochen	Reden ist Silber, Schweigen ist Gold – eine Übersicht über die Geheimhaltungs- und Verschwiegenheitspflichten im Arbeitsrecht, in: SPA 2019, S. 153–155.
Keller, Erhard	Protokoll der Sitzung des GRUR-Fachausschusses für Wettbewerbs-Markenrecht zum Referentenentwurf eines Gesetzes zum Schutz von Geschäftsgeheimnissen (GeschGehG) am 25.4.2018 in Berlin, in: GRUR 2018, S. 706–708.
Kempter, Michael/ Steinat, Björn	Compliance – arbeitsrechtliche Gestaltungsmittel und Auswirkungen in der Praxis, in: NZA 2017, S. 1505–1512.
Kiefer, Jonas	Das Geschäftsgeheimnis nach dem Referentenentwurf zum Geschäftsgeheimnisgesetz: Ein Immaterialgüterrecht, in: WRP 2018, S. 910–917.
Kiel, Heinrich/ Lunk, Stefan/ Oetker, Hartmut (Hrsg.)	Münchener Handbuch zum Arbeitsrecht, 5. Auflage München 2021 (zitiert als: *Bearbeiter*, in: MHdB ArbR).
Kiethe, Kurt/ Groeschke, Peer	Die Durchsetzung von Schadensersatzansprüchen in Fällen der Betriebs- und Wirtschaftsspionage, in: WRP 2005, S. 1358–1370.
Kiethe, Kurt/ Hohmann, Olaf	Der strafrechtliche Schutz von Geschäfts- und Betriebsgeheimnissen, in: NStZ 2006, S. 185–191.

Klein, Fabian/ Wegener, Theresa	Wem gehören Geschäftsgeheimnisse?, in: GRUR-Prax 2017, S. 394–396.
Köhler, Helmut	Zur territorialen Reichweite wettbewerbsrechtlicher Unterlassungstitel, in: Rechtsdurchsetzung: Rechtsverwirklichung durch materielles Recht und Verfahrensrecht: Festschrift für Hans-Jürgen Ahrens zum 70. Geburtstag, Köln 2016, S. 111–120.
Köhler, Helmut/ Bornkamm, Joachim/ Feddersen, Jörn (Hrsg.)	Gesetz gegen den unlauteren Wettbewerb PAngV, UKlaG, DL-InfoV, Beck 37. Auflage 2019 (zitiert als: *Bearbeiter*, in: Köhler/Bornkamm/Feddersen (2019)).
Köhler, Helmut/ Bornkamm, Joachim/ Feddersen, Jörn/ Alexander, Christian	Gesetz gegen den unlauteren Wettbewerb – GeschGehG, PAngV, UKlaG, DL-InfoV, Beck 39. Auflage 2021 (zitiert als: *Bearbeiter*, in: Köhler/Bornkamm/Feddersen (2021)).
Kolasa, Magdalena	Trade Secrets and employee mobility, Cambridge 2018.
Koos, Clemens	Die europäische Geschäftsgeheimnis-Richtlinie – ein gelungener Wurf? Schutz von Know-How und Geschäftsinformationen – Änderungen im deutschen Wettbewerbsrecht, in: MMR 2016, S. 224–228.
Kraßer, Rudolf	Der Schutz des Know-how nach deutschem Recht, in: GRUR 1970, S. 587–597.
Kraßer, Rudolf	Grundlagen des zivilrechtlichen Schutzes von Geschäfts- und Betriebsgeheimnissen sowie von Know-how, in: GRUR 1977, S. 177–183.
Kraßer, Rudolf	Urheberrecht in Arbeits-, Dienst- und Auftragsverhältnissen, in: Festgabe für Gerhard Schricker zum 60. Geburtstag, München 1995, S. 77–116.
Kraßer, Rudolf/ Ann, Christian	Patentrecht Lehrbuch zum deutschen und europäischen Patentrecht und Gebrauchsmusterrecht, 7. Auflage, München 2016.
Kraus, Michael/ Leister, Alexander	Daten und Geheimnisschutz im Homeoffice – Schutzkonzept zur Vermeidung von Bußgeld- und Haftungsrisiken, in: CCZ 2021, S. 111–114.
Kunz, Jürgen	Betriebs- und Geschäftsgeheimnisse und Wettbewerbsverbot während der Dauer und nach Beendigung des Anstellungsverhältnisses, in: DB 1993, S. 2482–2490.
Küttner, Wolfdieter/ Röller, Jürgen	Personalbuch 2020, 27. Auflage 2020 (zitiert als: *Bearbeiter*, in: Küttner)
Larenz, Karl	Zur Struktur »subjektiver Rechte« in: Beiträge zur europäischen Rechtsgeschichte und zum geltenden Zivilrecht: Festgabe für Johannes Sontis (Hrsg. Baur, Fritz) 1977, S. 129–148.

Literatur

Lauck, Simon	Angemessene Geheimhaltungsmaßnahmen nach dem GeschGehG, Weshalb der Wert des Geschäftsgeheimnisses irrelevant ist, in: GRUR 2019, S. 1132–1133.
Lejeune, Mathias	Das Geschäftsgeheimnisgesetz – Anmerkung zur Umsetzung der EU-Richtlinie 2016/943, in: ITRB 2019, S.140–144.
Lejeune, Mathias	Die neue EU Richtlinie zum Schutz von Know-How und Geschäftsgeheimnissen – Wesentliche Inhalte und Anpassungsbedarf im deutschen Recht sowie ein Vergleich zur Rechtslage in den USA, in: CR 2016, S. 330–342.
Lembke, Mark A.	Nachvertragliche Wettbewerbsverbote in der Praxis, in: BB 2020. S. 52–61.
Lemley, Mark A.	The Surprising Virtues of Treating Trade Secrets as IP Rights, in: 61 Stan. L. Rev. (2008), 311.
Loewenheim, Ulrich	Bereicherungsansprüche im Wettbewerbsrecht, in: WRP 1997, S. 913–918.
Maaßen, Stefan	»Angemessene Geheimhaltungsmaßnahmen« für Geschäftsgeheimnisse, in: GRUR 2019, S. 352–360.
Maierhöfer, Christopher/ Hosseini, Roksana	Vertraglicher Ausschluss von Reverse Engineering nach dem neuen GeschGehG: Ein Praxistipp, in: GRUR-Prax 2019, S. 542–544.
Maume, Philipp/ Haffke, Lars	Whistleblowing als Teil der Unternehmenscompliance – Rechtlicher Rahmen und Best Practice, in: ZIP 2016, S. 199–208.
Max-Planck-Institut	Stellungnahme des Max-Planck-Instituts für Innovation und Wettbewerb vom 12.5.2014 zum Vorschlag der Europäischen Kommission für eine Richtlinie über den Schutz vertraulichen Know-hows und vertraulicher Geschäftsinformationen (Geschäftsgeheimnisse) vor rechtswidrigem Erwerb sowie rechtswidriger Nutzung und Offenlegung vom 28.11.2013, COM (2013) 813 final, in: GRUR Int. 2014, S. 554–560.
Mayer, Markus	Geschäfts- und Betriebsgeheimnis oder Geheimniskrämerei?, in: GRUR 2011, S. 884–888.
McGuire, Mary-Rose	Der Schutz von Know-how im System des Immaterialgüterrechts Perspektiven für die Umsetzung der Richtlinie über Geschäftsgeheimnisse, in: GRUR 2016, S. 1000–1008.
McGuire, Mary-Rose	Know-how: Stiefkind, Störenfried oder Sorgenkind? Lücken und Regelungsalternativen vor dem Hintergrund des RL-Vorschlags, in: GRUR 2015, S. 424–436.

McGuire, Mary-Rose	Neue Anforderungen an den Know-How-Schutz: 3 Gründe, sich schon heute mit der neuen Geschäftsgeheimnis-RL zu befassen, in: MittdtPat 2017, S. 377–383.
McGuire, Mary-Rose	Neue Anforderungen an Geheimhaltungsmaßnahmen?, in: WRP 2019, S. 679–688.
McGuire, Mary-Rose	Begriff und Rechtsnatur des Geschäftsgeheimnisses – Über ungeschriebene Unterschiede zwischen altem und neuem Recht, in: Festschrift für Henning Harte-Bavendamm zum 70. Geburtstag, München 2020, S. 367–383.
McGuire, Mary-Rose/ Joachim, Björn/ Künzel, Jens/ Weber, Nils	Der Schutz von Geschäftsgeheimnissen durch Rechte des Geistigen Eigentums und durch das Recht des unlauteren Wettbewerbs (Q215), in: GRUR Int. 2010, S. 829–840.
Meier-Beck, Peter	Monopolprinzip – ein Beitrag zum Recht an der Erfindung, in: Patentrecht: Festschrift für Thomas Reimann zum 65. Geburtstag, Köln 2009, S. 309–321.
Mes, Peter	Arbeitsplatzwechsel und Geheimnisschutz, in: GRUR 1979, S. 584–593.
Möhrenschlager, Manfred	Das neue Computerstrafrecht, in: wistra 1986, S. 128–142.
Molkenbur, Josef	Pflicht zur Geheimniswahrung nach Ende des Arbeitsverhältnisses, in: BB 1990, S. 1196–1201.
Moll, Wilhelm (Hrsg.)	Münchener Anwaltshandbuch Arbeitsrecht, 4. Auflage 2017 (zitiert als: *Bearbeiter,* in: MAHArbR).
Mölling, Peter	Geheimnisschutzklauseln und nachvertragliche Wettbewerbsverbote, Bielefeld 1991.
Motzer, Stefan	Die »positive Vertragsverletzung« des Arbeitnehmers: zugleich ein Beitrag zur Bestimmung von Inhalt und Rechtsnatur der Arbeitnehmerpflichten, Köln 1982.
Müller-Glöge, Rudi/ Preis, Ulrich/ Schmidt, Ingrid (Hrsg.)	Erfurter Kommentar zum Arbeitsrecht, 20. Auflage 2021 (zitiert als: *Bearbeiter,* in: ErfKArbR).
Müllmann, Dirk	Auswirkungen der Industrie 4.0 auf den Schutz von Betriebs- und Geschäftsgeheimnissen, in: WRP 2018, S. 1177–1182.
Müllmann, Dirk	Mehr als nur Whistleblowing: Gesetz zum Schutz von Geschäftsgeheimnissen, in: ZRP 2019, S. 25–26.
Nabert, Sebastian/ Peukert, Matthias/ Seeger, Börge	Arbeitsrechtliche Aspekte des Geschäftsgeheimnisgesetzes, in: NZA 2019, S. 583–588.
Nastelski, Karl	Der Schutz des Betriebsgeheimnisses, in: GRUR 1957, S. 1–8.

Oetker, Hartmut	Neujustierung des arbeitsrechtlichen Schutzes von Geschäftsgeheimnissen vor Offenbarung durch das Unionsrecht, in: ZESAR 2017, S. 257–264.
Ohly, Ansgar	Das neue Geschäftsgeheimnisgesetz im Überblick, in: GRUR 2019, S. 441–451.
Ohly, Ansgar	Der Geheimnisschutz im deutschen Recht: Heutiger Stand und Perspektiven, in: GRUR 2014, S. 1–11.
Ohly, Ansgar/ Sosnitza, Olaf	Gesetz gegen den Unlauteren Wettbewerb mit Preisangabenverordnung – Kommentar, 7. Auflage, München 2016 (zitiert als: *Bearbeiter*, in: Ohly/Sosnitza).
Osterrieth, Christian	Patentrecht, 5. Auflage, München 2015.
Pallasch, Ulrich	Weiterbeschäftigung von Arbeitnehmern nach Vertragsbeendigung, in: NZA 2017, S. 353–357.
Partsch, Christoph/ Rump, Lauritz	Auslegung der »angemessenen Geheimhaltungsmaßnahmen« im Geschäftsgeheimnis-Schutzgesetz, in: NJW 2020, S. 118–121.
Partsch, Christoph/ Schindler, Claudia	Ansprüche bei Rechtsverletzungen des Geschäftsgeheimnisses, in: NJW 2020, S. 2364–2369.
Passarge, Malte	Der Entwurf eines Gesetzes zum Schutz von Geschäftsgeheimnissen (GeschGehG) – Das Gegenteil von gut gemacht ist gut gemeint, in: CB 2018, S. 144–147.
Peukert, Alexander	Güterzuordnung als Rechtsprinzip, Tübingen 2008.
Pfaff, Dieter	Der Know-how-Vertrag im bürgerlichen Recht, Dogmatische Einordnung, Haftungsvoraussetzungen und Haftungsfolgen, in: BB 1974, S. 565–570.
Pfeiffer, Gerd	Der strafrechtliche Verrat von Betriebs- und Geschäftsgeheimnissen nach § 17 UWG, in: Festschrift für Rudolf Nirk zum 70. Geburtstag, München 1992.
Pfister, Bernhard	Das technische Geheimnis »Know how« als Vermögensrecht, München 1974.
Png, Ivan P. L./ Samila, Sampsa	Trade Secrets Law and Mobility: Evidence from ›Inevitable Disclosure‹, 2015.
Preis, Ulrich (Hrsg.)	Der Arbeitsvertrag, 5. Auflage, Köln 2015 (zitiert als: *Bearbeiter*, in: Preis)
Preis, Ulrich/ Reinfeld, Roland	Schweigepflicht und Anzeigerecht im Arbeitsverhältnis, in: AuR 1989, S. 361–374.
Preis, Ulrich/ Seiwerth, Stephan	Geheimnisschutz im Arbeitsrecht nach dem Geschäftsgeheimnisgesetz, in: RdA 2019, S. 351–360.
Rauer, Nils	Richtlinienentwurf: Europaweit einheitlicher Schutz von Geschäftsgeheimnissen, in: GRUR-Prax 2014, S. 2–4.

Redeker, Sandra Sophia/ Pres, Sascha/ Gittinger, Corin	Einheitlicher Geheimnisschutz in Europa – Die Entwürfe zur Know-How-Richtlinie, deren Konsequenzen für das innerbetriebliche Vertragsmanagement (Teil 1), in: WRP 2015, S. 681–688.
Redeker, Sandra Sophia/ Pres, Sascha/ Gittinger, Corin	Einheitlicher Geheimnisschutz in Europa und die erforderlichen Auswirkungen auf den Zivilprozess (Teil 2), in: WRP 2015, S. 811–817.
Reinfeld, Roland	Das neue Gesetz zum Schutz von Geschäftsgeheimnissen, München 2019.
Reinfeld, Roland	Verschwiegenheitspflicht und Geheimnisschutz im Arbeitsrecht, Göttingen 1989.
Reinhardt-Kasparek, Sarah/ Kaindl, Gerd	Whistleblowing und die EU-Geheimnisschutzrichtlinie – Ein Spannungsverhältnis zwischen Geheimnisschutz und Schutz der Hinweisgeber?, in: BB 2018, 1332–1336.
Reiserer, Kerstin	Zwei Jahre Gesetz zum Schutz von Geschäftsgeheimnissen: Chancen, aber auch Risiken für alle Arbeitgeber, in: DStR 2021, S. 1053–1056.
Reufels, Martin/ Pier, Julian	Vertraulichkeit im Arbeitsverhältnis Probleme und Reaktionsmöglichkeiten bei Verschwiegenheitsverletzungen des Arbeitnehmers, in: ArbRB 2016, S. 57–60.
Reuter, Wolf J.	Wettbewerbsrechtliche Ansprüche bei Konflikten zwischen Arbeitgebern und Arbeitnehmers – Terra Incognita?, in: NJW 2008, S. 3538–3544.
Richter, Tim	Das Geschäftsgeheimnisgesetz und dessen Ausstrahlung in das Arbeitsrecht, in: ArbRAktuell 2019, S. 375–378.
Richters, Swantje/ Wodtke, Carolina	Schutz von Betriebsgeheimnissen aus Unternehmenssicht – Verhinderung von Know-How Abfluss durch eigene Mitarbeiter, in: NZA-RR 2003, S. 281–288.
Risch, Michael V.	Comments on Trade Secrets sharing in high velocity labor markets, in: Employee Rights and Employment Policy Journal, Volume 12 Number 2, S. 339–346.
Risch, Michael V.	Why do we have trade secrets?, in: 11 Intellectual Property L. Rev. 1 (2007).
Rody, Yasamin	Der Begriff und die Rechtsnatur von Geschäfts- und Betriebsgeheimnissen unter Berücksichtigung der Geheimnisschutz-Richtlinie, Baden-Baden 2019.
Rolfs, Christian/ Giesen, Richard/ Kreikebohm, Ralf/ Udsching, Peter (Hrsg.)	BeckOK Arbeitsrecht, 59. Edition, München 2021 (zitiert als: *Bearbeiter*, in: BeckOK ArbR).
Rosenthal, Simone/ Hamann, Gunnar	Das neue Geschäftsgeheimnisgesetz – Ein Überblick, in: NJ 2019, S. 321–325.

Rother, Gereon	Rechte des Arbeitgebers/Dienstherrn am geistigen Eigentum (Q 183), in: GRUR Int. 2004, S. 235–240.
Sack, Rolf	Internationales Lauterkeitsrecht nach der Rom II VO, in: WRP 2008, S. 845–865.
Säcker, Franz Jürgen/ Rixecker, Roland/ Oetker, Hartmut/ Limperg, Bettina (Hrsg.)	Münchener Kommentar zum Bürgerlichen Gesetzbuch: Band 2, Schuldrecht – Allgemeiner Teil, 8. Auflage München 2019, Band 5, Schuldrecht – Besonderer Teil II 8. Auflage München 2020, Band 7, Sachenrecht 8. Auflage München 2020, (zitiert als: *Bearbeiter*, in: MüKoBGB).
Salger, Carsten/ Breitfeld, Anja	Regelungen zum Schutz von betrieblichem Know-How – die Abwerbung von Mitarbeitern, in: BB 2004, S. 2574–2581.
Salger, Carsten/ Breitfeld, Anja	Regelungen zum Schutz von betrieblichem Know-how – die Sicherung von Geschäfts- und Betriebsgeheimnissen, in: BB 2005, S. 154–159.
Sander, Charlotte	Schutz nicht offenbarter betrieblicher Informationen nach der Beendigung des Arbeitsverhältnisses im deutschen und amerikanischen Recht, in: GRUR Int. 2013, 217–228.
Schaub, Günter	Arbeitsrechts-Handbuch – Systematische Darstellung und Nachschlagewerk für die Praxis, 18. Auflage, München 2019 (zitiert als: *Bearbeiter*, in: Schaub ArbR-Hdb).
Schaub, Günter/ Koch, Ulrich (Hrsg.)	Arbeitsrecht von A-Z, 25. Auflage, München 2021 (zitiert als: *Bearbeiter*, in: Schaub/Koch).
Schlinghoff, Jochen	Geheimnisschutz im Zivilprozess aufgrund der Know-How-Schutz Richtlinie – Was muss sich im deutschen Prozessrecht ändern?, in: WRP 2018, S. 666–671.
Schmeding, Michael	Wettbewerbsrechtliche Grenzen der Abwerbung von Arbeitskräften: Zugleich ein Beitrag zum Stand des Schutzes von Unternehmensgeheimnissen beim Arbeitsplatzwechsel, Hamburg 2006.
Schmeisser, Fabian	Arbeitsrechtliche Auswirkungen des Geschäftsgeheimnisgesetzes (GeschGehG): Der neue Standard für einen wirksamen Geheimnisschutz gegenüber Arbeitnehmern, in: AnwZert ArbR 4/2020 Anmerkung 2.
Schmid, Manfred/ Willems, Lara-Christina	Das neue Geschäftsgeheimnisgesetz, in: AuA 2019, S. 88–92.

Schmitt, Laura	Whistleblowing revisited – Anpassungs- und Regelungsbedarf im deutschen Recht- Zugleich ein Beitrag zu den arbeitsrechtlichen Auswirkungen der Geheimnisschutzrichtlinie, in: RdA 2017, 365–370.
Schnabel, Christoph	Rechtswidrige Praktiken als Betriebs- und Geschäftsgeheimnisse?, in: CR 2016, S. 342–348.
Scholz, Franz (Hrsg)	GmbH-Gesetz Kommentar, 12. Auflage, Köln 2018 (zitiert als: *Bearbeiter*, in: Scholz GmbHG).
Schöwerling, Christian	Die Geheimhaltungsvereinbarung: (K)ein Auslaufmodell?, in: GRUR-Prax 2015, S. 52–54.
Schregle, Ronja Marie	Neue Maßnahmen zum Schutz in Geschäftsgeheimnisstreitsachen – Wegbereiter für den effektiven Rechtsschutz, in: GRUR 2019, S. 912–917.
Schreiber, Markus	Das neue Gesetz zum Schutz von Geschäftsgeheimnissen – ein »Freifahrtschein« für Whistleblower, in: NZWiSt 2019, S. 332–338.
Schricker, Gerhard/ Loewenheim, Ulrich (Hrsg.)	Urheberrecht: Kommentar, 5. Auflage, München 2017 (zitiert als: *Bearbeiter*, in: Schricker/Loewenheim).
Schulte, Wienhold	Mehr Schutz für Geschäftsgeheimnisse, in: ArbRB 2019, S. 143–147.
Schulze, Reiner	Bürgerliches Gesetzbuch – Handkommentar, 10. Auflage, Baden-Baden 2019 (zitiert als: *Bearbeiter*, in: Schulze BGB).
Schwab, Brent	Arbeitnehmererfindungsgesetz, 3. Online-Auflage 2018.
Schwab, Brent	Der Arbeitnehmer als Urheber, in: NZA-RR 2015, S. 5–9.
Selz, Ilan Leonard	Zuordnung und Transaktion von Geschäftsgeheimnissen im Informationszeitalter, in: PinG 2019, S. 21–25.
Siems, Mathias M.	Die Logik des Schutzes von Betriebsgeheimnissen, in: WRP 2007, S. 1146–1151.
Singer, Reinhard/ Preetz, Friedrich	Der Schutz von Betriebs- und Geschäftsgeheimnissen im Spannungsverhältnis mit Arbeitnehmerrechten, in: Innovaties Denken zwischen Recht und Markt, Festschrift für Hans-Peter Schwintowski, Baden-Baden 2017, S. 791–814.
Sprenger, Markus	Das Geschäftsgeheimnisgesetz und seine Auswirkungen auf das Arbeitsrecht des öffentlichen Dienstes, ZTR 2019, S. 414–421.
Stancke, Fabian	Grundlagen des Unternehmensdatenschutzrechts – gesetzlicher und vertraglicher Schutz unternehmensbezogener Daten im privaten Wirtschaftsverkehr, in: BB 2013, S. 1418–1425.

Literatur

Steinmann, Sabrina	Die Geschäftsgeheimnis-Richtlinie: Vorwirkung und unmittelbare Anwendbarkeit, in: WRP 2019, S. 703–710.
Steinmann, Sabrina/ Schubmehl, Silvan	Vertraglicher Geheimnisschutz im Kunden-Lieferanten-Verhältnis – Auswirkungen der EU-Geheimnisschutzrichtlinie am Beispiel der Automobilindustrie, in: CCZ 2017, S. 194–198.
Stumpf, Herbert	Der Know-How Vertrag, 3. Auflage, Heidelberg 1977.
Taeger, Jürgen	Die Offenbarung von Betriebs- und Geschäftsgeheimnissen, Baden-Baden 1988.
Thiel, Linda	Das neue Geschäftsgeheimnisgesetz – Risiken und Chancen für Geheimnisinhaber, in: WRP 2019, S. 700–703.
Többens, Hans W.	Die Straftaten nach dem Gesetz gegen den unlauteren Wettbewerb, in: WRP 2005, S. 552–561.
Többens, Hans W.	Wirtschaftsspionage und Konkurrenzausspähung in Deutschland, in: NStZ 2000, S. 506–512.
Trebeck, Joachim/ Schulte-Wissermann, Lisa	Die Geheimnisschutzrichtlinie und deren Anwendbarkeit: Auswirkungen auf Compliance und Whistleblowing im deutschen Arbeitsrecht, in: NZA 2018, S. 1175–1180.
Troller, Alois	Das technische Geheimnis im System des Immaterialgüterrechts, in: GRUR Ausl. 1958, 385–394.
Ullrich, Ines	Der Schutz von Whistleblowern aus strafrechtlicher Perspektive – Rechtslage de lege lata und de lege ferenda, in: NZWiSt 2019, S. 65–71.
Ulrici, Bernhard	Vermögensrechtliche Grundfragen des Arbeitnehmerurheberrechts, Tübingen 2008.
van Caenegem, William	Trade Secrets and Intellectual Property: breach of confidence, misappropriation and unfair competition, Alphen aan den Rijn 2014.
von Bar, Christian	»Nachwirkende« Vertragspflichten, in: AcP 179 (1979), S. 452–474.
von Busekist, Konstantin/ Racky, Frank	Hinweisgeber- und Geschäftsgeheimnisschutz – ein gelungener Referentenentwurf?, in: ZRP 2018, S. 135–138.
von Stechow, Henning	Gesetz zur Bekämpfung des unlauteren Wettbewerbs vom 27. Mai 1896: Entstehungsgeschichte und Wirkung, Berlin 2002.
Von Steinau-Steinrück, Robert	Arbeitsrechtliche Auswirkungen des Geschäftsgeheimnisgesetzes, in: NJW-Spezial 2019, S. 498–499.

Wabnitz, Heinz-Bernd/ Janovsky, Thomas/ Schmitt, Lothar (Hrsg.)	Handbuch des Wirtschafts- und Steuerstrafrecht, 5. Auflage, München 2020.
Wadlow, Christopher	Trade secrets and the Rome II Regulation on the law applicable to non-contractual obligations, in: EIPR 2008, S. 309–319.
Wagner, Sophia	Know-How – Einordnung in das Zivilrecht, Köln 2016.
Wandtke, Artur-Axel/ Bullinger, Winfried (Hrsg.)	Praxiskommentar Urheberrecht, 5. Auflage, München 2019 (zitiert als: *Bearbeiter*, in: Wandtke/Bullinger).
Weigert, Daniel	Angemessene Geheimhaltungsmaßnahmen im Sinne des Geschäftsgeheimnisgesetzes – Geheimnisschutz ad absurdum?, in: NZA 2020, S. 209–214.
Wennakoski, Anna Aurora	Trade secrets under review: a comparative analysis of the protection of trade secrets in the EU and in the US, in: E.I.P.R. 2016, 38(3), S. 154–171.
Werner, Rüdiger	Verrat von Geschäftsgeheimnissen durch ausgeschiedene Mitarbeiter, in: WRP 2019, S. 1428–1433.
Wexler, Rebecca	Life, Liberty, and Trade Secrets: Intellectual Property in the Criminal Justice System, in: 70 Stan. L. Rev. 1343 (2018), S. 1343–1429.
Wiedmann, Michael/ Seyfert, Stefen	Richtlinienentwurf der EU-Kommission zum Whistleblowing, in: CCZ 2019, S. 12–21.
Wiese, Elena	Die EU-Richtlinie über den Schutz vertraulichen Knowhows und vertraulicher Geschäftsinformationen – Inhalt und Auswirkungen der Richtlinie (EU) 2016/943 auf den gesetzlichen Schutz des Unternehmensgeheimnisses, Bern 2017.
Winzer, Florian	Der Schutz von Geschäftsgeheimnissen im Zivilprozess : Chancen der Geschäftsgeheimnis-Richtlinie zur Modernisierung des deutschen Verfahrensrechts, Köln 2018.
Wunner, Katharina	Die zivilrechtliche Haftung für Geheimnisverwertungen durch Beschäftigte im Lichte der Geschäftsgeheimnis-Richtlinie, in: WRP 2019, S. 710–716.
Wurzer, Alexander J.	Know-How-Schutz als Teil des Compliance Managements, in: CCZ 2009, S. 49–56.

Sachregister

Die Zahlen beziehen sich auf die Randnummern.

Absolutes Recht 348
Akzessorietät 27, 48, 88, 460
Arbeitgeber 98, 100, 381
- Einwilligung 492
- Haftung 729
- Interesse 153
- Weisungsrecht 138
Arbeitnehmer
- Begriff 125
- ehemalige 264, 518, 527, 553
- Erfahrungswissen 282
- Garantenstellung 137
- Geheimhaltungspflichten 138, 527
- Geheimnisverletzung 5, 490
- Interesse 9, 98, 101, 153
- Rechte und Pflichten 60
Arbeitnehmermobilität 81, 115, 584, 586
Arbeitnehmervertretung
- Erlaubnistatbestand 477
- Geheimhaltungspflicht 171, 195
- Mitbestimmungsrecht 239, 697
- Rechtfertigungsgrund 696
- Schutzbereich 116
Arbeitsergebnis 377, 381
Arbeitsrecht
- Anwendungsvorrang 117
- Grundsätze 97, 115
- Verhältnis zum Geheimnisrecht 110
Arbeitsrechtliche Sonderverhältnisse
- Arbeitnehmererfinder 173
- Auszubildende 172
- Betriebsrat 171
- Geschäftsführer 170
- Handelsvertreter 172, 571
- öffentlicher Dienst 172
- Rechtsanwälte, Steuerberater, Wirtschaftsprüfer 172
- Vertrauenspersonen 172
- Vorstand und Aufsichtsrat 169
Arbeitsverhältnis
- Beendigung 107, 145, 152
- Interessenkonflikt 9, 99, 103
- Vertragspflichten 114, 135, 563

Arbeitsvertrag 127, 382, 516
- Pflichten 63
Ausschließlichkeitsrecht 326, 330
- Ausschlussfunktion 348, 350
- subjektives Recht 359
- Zuordnungsfunktion 353

Berechtigtes Geheimhaltungsinteresse
  136, 271
Berufserfahrung *Siehe* Erfahrungswissen
Beschäftigter *Siehe* Arbeitnehmer
Betriebs- und Geschäftsgeheimnis 37,
  191, 192, 193
Betriebsrat *Siehe* Arbeitnehmervertretung
Betriebsvereinbarung 112, 160, 168

Diensterfindung 173, 384, 392, 397, 398,
  400
Doppelschöpfung 85, 330, 351, 476
Dücko-Entscheidung 318

Erfahrungswissen 283
- Abgrenzung 180, 283, 284, 295, 537,
  539
- Begriff 293
- Einheitstheorie 284
- Trennbarkeitstheorie 284
- Wettbewerbsverbot 639
Erlangung 464, 468, 486
Erlaubnis
- Arbeitnehmer und Arbeitnehmervertretung 477
- Arbeitsverhältnis 496
- Harmonisierung 78
- -tatbestand 93, 475, 484
- unabhängige Schöpfung 476

faktische Kontrolle 368
Fortwirkung 621

Geheimhaltung 198
- faktische 3
Geheimhaltungsklauseln 122

339

Sachregister

Geheimhaltungsmaßnahmen 225
- Angemessenheit 232
- Geheimhaltungsvereinbarung 257
- im Arbeitsverhältnis 237, 238, 241, 256
- nachvertragliche 264, 622, 623

Geheimhaltungspflicht
- Arbeitnehmer 135, 178
- gesetzliche 169
- nachvertragliche 166, 175, 179, 518, 532, 579, 608, 621
- rechtsgeschäftliche 159
- vertragsimmanente 132, 151, 159, 196, 256

Geheimhaltungsvereinbarung
- Abgrenzung 629, 640
- Arbeitnehmer 122
- Bedeutung 159, 202, 488
- Geheimhaltungsmaßnahme 257, 622
- Grenzen 162
- Inhalt 160
- nachvertragliche 167, 264, 573, 627
- unwirksame 260
- Verletzung 487, 488

Geheimnischarakter 198, 204

Geheimnisinhaber
- Befugnisse 84, 364
- Lizenznehmer 371
- rechtmäßige Kontrolle 363, 469
- Zuordnung 303, 355, 368, 371

Geheimnisschutz
- alternative Funktion 333
- Entwicklung 23
- ergänzende Funktion 320
- Grenzen 650
- im Arbeitsverhältnis 60, 97, 110, 121, 490
- lauterkeitsrechtlicher 23, 37, 56
- nachvertraglicher 60, 61, 526
- zivilrechtlicher 48, 65

Geheimnissphäre 90
Geheimnisträger 330, 372
Geheimnisverrat 39

Geschäftsgeheimnis 186
- Anforderungen 189
- Begriff 192
- Einschränkung 302
- Harmonisierungsgrad 79
- Rechtsnatur 309, 312, 316, 336, 357
- Verletzlichkeit 3, 330
- Zuordnung 361

Geschäftsgeheimnisgesetz 70
- Anwendungsbereich 93
- Gesetzgebungsverfahren 31
- Schutzgegenstand 185, 190
- Schutzkonzeption 453, 459, 600
- Schutzzweck 89
- Stammgesetz 32, 70
- Systematik 83
- Verhältnis zum Arbeitsrecht 110

Geschäftsgeheimnis-Richtlinie
- Anlass 28
- Arbeitsrecht 114, 115, 125
- Harmonisierungsgrad 78, 79
- Hinweisgeberschutz 670
- Schutzgegenstand 73, 76
- Systematik 72
- Ziel 72

Geschäftsgeheimnisstreitsachen 749
Gewerblicher Rechtsschutz 325

Hinweisgeberschutz 659
- externer 660
- interner 660
- Rechtfertigungsgrund 666
- rechtswidrige Informationen 677
- Verfahren 690

Hybride 357

Immaterialgüterrecht 330
- Ausschlussfunktion 348
- Untergraben des 317
- unvollständiges 316, 340, 357
- Zuordnung 389

Industrieböden-Entscheidung 66
Informationen über Gesetzesverstöße *Siehe* Rechtswidrige Informationen
Inhaber *Siehe* Geheimnisinhaber
Innovations- und Investitionsförderung 89, 221, 338, 590
Interessenabwägung 65, 167, 288, 304
Interessenkonflikt 103
- Allgemeininteressen 102
- Arbeitgeberinteressen 100
- Arbeitnehmerinteressen 101
- wandelnde Interessenlage 153

Investigativer Journalismus 656

Know-how 188

Sachregister

Kollektivvertrag 111
Kommerzieller Wert 216
Kundendatenprogramm-Entscheidung 208
Kundenlisten-Entscheidung 535

Lizenzierbarkeit 346, 355

Markenrecht 323
Marktverhaltensregelung 89, 342
Meinungs- und Informationsfreiheit 656
Mittelbare Geheimnisverletzung 473

Nachwirkung 526, 562
Nebenpflichten 152
Need-to-know-Prinzip 250
Nutzung 228, 466, 484
Nutzungsbeschränkung 161, 487, 489

Offenlegung 465, 484, 510

post contractum finitum 563
Privatgeheimnisse 210
Prozessuale Regelungen 59, 746

Recht am Arbeitsergebnis 377
Recht des Geistigen Eigentums 315, 319, 336
Rechtfertigungsgrund 654
Rechtmäßige Kontrolle
– Arbeitgeber 437, 439, 441, 443, 449
– Geheimnisinhaber 363
– Zuordnungsfunktion 355
Rechtsverletzer 116, 343, 705
Rechtswegzuständigkeit 739
Rechtswidrige Information 677
Registerrecht 324
Reverse Engineering 90, 199, 479, 504
Rücksichtnahme- und Schutzpflicht 121, 133, 135, 137, 144, 152, 172, 256

self-disclosing products 205
Sozialpartner 111
Spritzgießwerkzeuge-Entscheidung 66
strafrechtliches Bestimmtheitsgebot 64, 457, 502
Subjektives Recht 316

Tarifvertrag 112, 168
Tatbestandsausnahmen 453

Titandioxid-Entscheidung 535
Treuepflichten *Siehe* Rücksichtnahme- und Schutzpflichten
TRIPS 29, 185, 225

Urheberrecht 321, 323, 414

Verletzungstatbestände 84, 453
Vertragsstrafe 161, 235
Vertrauliche Angaben
– Anwendbarkeit 141
– Begriff 138
– Geheimhaltungsmaßnahme 256
– nachvertraglich 197
– rechtswidrige Informationen 223

Wettbewerbsfreiheit 154
Wettbewerbsverbot 146, 150
– Entschädigungspflicht 166, 632
– Kundenschutzklausel 643
– nachvertragliches 149, 629, 631, 634
– Rechtsfolgen 638
– vertragsimmanentes 123, 143, 151, 159
Wettbewerbsvorsprung 135, 189
Whistleblowing 659
Whitelist 475
Wirtschaftlicher Wert 207, 216
– Handelswert 209, 218
– Rechtfertigungslösung 212
– rechtswidrige Informationen 216, 218, 222
– Tatbestandslösung 215

Zuordnung 361
– Arbeitnehmererfinder 391
– Design 431
– Freie Erfindungen 403
– Freie Werke 418
– Halbleitertopographie 387, 431
– Leistungsschutzrechte 427
– Pflichtwerke 415
– Rechtssubjekt 355
– Schöpferprinzip 379
– Sortenschutzrecht 429
– technische Verbesserungsvorschläge 386, 406
– Werk 414
Zuordnungswechsel 57, 359, 361
Zuweisungsgehalt 354

341

Karlsruher Schriften zum Wettbewerbs- und Immaterialgüterrecht (KWI)

Band 1
Rechtserhaltende Benutzung bei abweichender Markenform
Von Dr. Ingo Frommeyer
2002. XIV, 343 Seiten, kartoniert   ISBN 3-452-25272-8

Band 2
Vorsprung durch Rechtsbruch
im Spannungsverhältnis zwischen Konkurrentenschutz und Popularklage
Von Dr. Jens Martin Zeppernick
2002. XIV, 157 Seiten, kartoniert   ISBN 3-452-25318-X

Band 3
Die Schutzschranke des § 23 MarkenG
Benutzung von Namen, beschreibenden Angaben und Ersatzteilbezeichnungen durch Dritte im geschäftlichen Verkehr
Von Dr. Christian Wolf
2003. XVIII, 283 Seiten, kartoniert   ISBN 3-452-25435-6

Band 4
Erfahrungssätze im Kennzeichenrecht
Von Stefan Risthaus
2003. XVIII, 425 Seiten, kartoniert   ISBN 3-452-25477-1

Band 5
Vertriebsbindungen
Zulässigkeit und Schutz nach der Rechtsprechungsänderung
Von Dr. Tilmann Andreas Büttner
2004. XVI, 216 Seiten, kartoniert   ISBN 3-452-25803-3

Band 6
Der Schutz der abstrakten Farbmarke
Von Dr. Kathrin Samwer
2004. XVI, 417 Seiten, kartoniert   ISBN 3-452-25817-3

Band 7
Dezentrale Softwareentwicklungs- und Softwarevermarktungskonzepte
Vertragsstrukturen in Open Source Modellen
Von Dr. Carsten Schulz
2005. XIV, 334 Seiten, kartoniert   ISBN 3-452-25965-X

Band 8
Die markenrechtliche Erschöpfung beim Parallelimport von Arzneimitteln
Eine Untersuchung über die Ursachen und Entwicklung der Rechtsprechung zum Umpacken sowie der Markenersetzung beim Parallelhandel mit Arzneimitteln sowie ihrer Folgen für den europäischen Binnenmarkt
Von Dr. Morton Douglas
2005. XIV, 401 Seiten, kartoniert   ISBN 3-452-26089-5

Band 9
Die Europäisierung des Wettbewerbsrechts
Der Verhältnismäßigkeitsgrundsatz im lauterkeitsrechtlichen Irreführungsverbot
Von Dr. Tobias Wuttke
2005. XVI, 281 Seiten, kartoniert   ISBN 3-452-26229-4

Band 10
Abwehransprüche für den Nehmer einer einfachen Patentlizenz
Von Dr. Karsten Knobloch
2006. XVIII, 368 Seiten, kartoniert   ISBN 3-452-26342-8

Band 11
Elektronische Bildbearbeitung im Urheberrecht
Von Dr. Axel Oldekop
2006. XVI, 378 Seiten, kartoniert   ISBN 3-452-26351-7

Band 12
Idealvereine und andere Nonprofit-Organisationen im Wettbewerbsrecht
Von Dr. Daniel Voigt
2006. XII, 326 Seiten, kartoniert ISBN 3-452-26367-3

Band 13
Normung, Standardisierung und Immaterialgüterrechte
Von Dr. Stefan Maaßen LL.M.
2006. XIV, 410 Seiten, kartoniert ISBN 3-452-26387-8

Band 14
Wettbewerbsbeschränkungen im System der Legalausnahme
Von Dr. iur. Mirko Becker
2006. X, 218 Seiten, kartoniert ISBN 3-452-26063-1

Band 15
Technizität im Patentrecht – Aufstieg und Niedergang eines Rechtsbegriffs
Von Dr. Paul Tobias Schrader
2007. XIII, 230 Seiten, kartoniert ISBN 978-3-452-26621-7

Band 16
Internationales Wettbewerbs- und Immaterialgüterrecht im EG-Binnenmarkt
Kollisionsrecht zwischen Marktspaltung (»Rom II«) und Marktintegration (Herkunftslandprinzip)
Von Dr. jur. Oliver Baetzgen
2007. XIX, 351 Seiten, kartoniert ISBN 978-3-452-26377-3

Band 17
Kunstzitate in Malerei und Fotografie
Von Dr. Celia Kakies
2007. XII, 176 Seiten, kartoniert ISBN 978-3-452-26630-9

Band 18
Die verfahrensrechtliche Behandlung der Entflechtungsvergütung in der deutschen Fusionskontrolle
Von Dr. Jürgen Kühnen
2008. XII, 130 Seiten, kartoniert   ISBN 978-3-452-26972-0

Band 19
Rechtsbruch und Kommunalwirtschaft
Von Dr. Rüdiger Mann
2008. XVI, 200 Seiten, kartoniert   ISBN 978-3-452-26927-0

Band 20
Die Generalklausel der Richtlinie über unlautere Geschäftspraktiken – ihre Interpretation und Umsetzung
Von Dr. Thomas Dohrn
2008. XIV, 346 Seiten, kartoniert   ISBN 978-3-452-26970-6

Band 21
IT-Outsourcing und Betriebsübergang im Sinne des § 613a BGB
arbeitnehmererfindungsrechtliche und arbeitnehmerurheberrechtliche Problemlösungen
Von Dr. Sabrina Leinhas
2009. XVI, 302 Seiten, kartoniert   ISBN 978-3-452-27085-6

Band 22
Der Strukturvertrieb von Versicherungen
Werbeverhalten und Anreizsystem aus wettbewerbsrechtlicher Sicht
Von Dr. Andreas Schulz
2010. X, 222 Seiten, kartoniert   ISBN 978-3-452-27257-7

Band 23
Risikoverteilung im Verlagsvertrag nach deutschem und englischem Recht
- aus dienstleistungsrechtlicher Perspektive -
Von Dr. Sandra Müller
2010. XVIII, 448 Seiten, kartoniert   ISBN 978-3-452-27297-3